順治 — 嘉慶朝

清實錄經濟史資料

國家財政編·貳

《〈清實錄〉經濟史資料》課題組成員：

陳振漢　熊正文　蕭國亮

李　湛　殷漢章　葉明勇

武玉梅　羅熙寧

北京大學出版社
PEKING UNIVERSITY PRESS

第六節　其他雜項收入

一、官款生息

（一）鑄幣贏餘

（順治一一、二、戊子）工部題報：寶源局十年分鼓鑄餘銀，三萬二千六百兩有奇。（世祖八一、一六）

（乾隆一一、四、甲申）又諭：據張廣泗奏稱，黔省錢局及採買銅觔，內有運鉛秤頭及錢局公費，可以節省，餘鉛可以獲息，每年可得二萬餘金，以爲通省開河、修城之用等語。黔省開局鼓鑄，以及採運銅觔，歷年已久，並未奏報節省。著訥親於家信內，將原摺鈔錄，寄與愛必達，令其將從前何以並未奏聞，至今始行陳奏，有無情弊之處，查明具奏。（高宗二六五、一三）

（乾隆一五、六、乙未）湖南巡撫開泰奏：湖南省於乾隆九年設鑪，每年所鑄，除支銷火工外，實得正餉錢二萬一千九十四串零。前經議定，於給散兵餉時，每銀百兩，搭錢五千文，每錢一千文，准銀一兩，核計歸還成本，每年約餘息五千餘兩，備充公用。今自乾隆九年正月初三日起，扣至十四年正月初一日，除正餉及節年搭放錢文外，共餘庫貯錢一萬三千五百一十九串零。此項錢，每年所剩有限，數目多寡不齊，既難按期勻搭，久積又易鏽損。查現在民間錢價甚昂，應請於省城設官局，聽民易換，於庫項民用，均有裨。下部知之。（高宗三六七、一二）

（乾隆一五、六、丁酉）戶部等部議覆：調任雲南巡撫圖爾炳阿奏稱，滇省省城、臨安、東川、大理現在分設四局鑄錢，搭放附近兵餉及驛堡夫役工食等項，甚屬充裕。惟曲靖、開化、廣南三鎮營相距窵遠，不能一體搭放，兵民未免向隅。查廣西府城，乃適中之地，而廣羅協駐劄同城，若於廣西府設鑪一十五座，每年鑄錢六萬餘串，曲靖、開化、廣羅、廣南鎮標協營兵餉，照銀七錢三之例，每正錢一千文外，加息錢二百文，作銀一兩，按季搭放，每年除工本外，約獲餘息七千餘兩。再查廣西府從前鑄運京錢，俱有成規，今所需銅、鉛、錫及價值運腳，仍照前辦理，鑪房、器具等項，拆舊補新，毋庸動項。應如該撫所請。至鑄局事務，如何委員總理巡察，及應用工料、鑄出本息錢文、易銀還項各事宜，應令新撫岳濬確查具題。從之。（高宗三六七、一三）

（乾隆一七、五、甲子）户部議覆：雲南巡撫愛必達奏稱，滇省歲需官兵俸餉銀九十萬餘兩，除支本省地丁商稅外，尚少二三十萬，而存貯銀不過五十萬餘，每俟他省撥協。查本省產銅旺盛，積年所存，供京省鼓鑄外，尚有一千八九百萬觔。鉛錫亦皆土產，現湯丹、大水、碌碌等廠地，一屆開課之期，錢價頓貴，廠民受虧。請於附近各廠之東川府，除舊鑪二十座外，添設五十座，每年需工本銀十萬六千八百兩零，共鑄出本息錢二十二萬四千餘串，除去物料工食之費，餘錢搭放銅鉛價腳等用。每銀一兩，照兵餉例，給錢一千二百文，除還工本外，每年可獲息銀四萬三千餘兩。所需工本，於積存銅錫銀內借動。約二年半歸還，嗣後以息作本。應如所請。增鑄錢文搭放，易銀以資備貯。從之。（高宗四一四、九）

（乾隆一七、七、癸酉）又諭：阿恩哈奏，辦理生息銀兩一摺。所見甚謬。前因該督撫、提鎮經理不善，延久未清，是以令其善爲料理，俾賞卹得霑實惠，原本亦可漸次歸足耳。乃即有誤會之總兵丁大業，欲減賞卹條款，經巡撫定長駁正奏聞，傳旨申飭。不意阿恩哈謬誤亦復如此。無論增息歸本，重利病商，萬不可行。即所稱賞卹規條，去其過優過濫，語亦非體。賞卹當有節制，豈不爲歸本起見，即可任其過優過濫乎？如果有過濫當裁之處，何必待欲歸足原本，方行辦理乎。前恐各省中有似丁大業之錯誤辦理者，已令於奏事之便，傳諭各督撫、提鎮。阿思哈雖未接到，何以亦如此陳奏。著嚴行申飭。（高宗四一八、二五）

（乾隆一九、九、乙巳）湖廣總督開泰奏：湖北各標營原領惠濟本銀三萬兩，除節次歸還外，尚欠二萬一百有奇，現籌歸本。查湖北鼓鑄，設鑪二十座，原係每月二卯，前以修理城工，奏准加鑄，以餘息完借項修城之費。今營運本銀，趕緊歸結。因思鑄局中每月正卯加卯之外，尚可再加二卯，以加鑄餘息，歸完全數。完後尚有餘息，再撥辦城工。得旨：如所議行。（高宗四七三、一七）

（乾隆二〇、四、癸酉）吏部尚書仍管四川總督黃廷桂奏：川省各府城垣，頹圮者多，地方官力不能修，又無正項可動。據藩司明德稟稱，湖北江岸城工，取資於鑄錢餘息，似可仿照。查川省向設鑪三十座，止敷搭放俸餉，如再加鑪三十座，每年所鑄錢，除歸還成本，約可得息銀六萬兩，藉以修葺城垣，不數年間，可期一律重新。其加鑪所需銅鉛，臣已逐細籌畫，無慮不足。得旨：有益地方之事，詳悉爲之可也。（高宗四八七、二八）

（乾隆二六、一〇、己丑）又諭曰：馮鈐奏，該省加卯鼓鑄，錢文充裕，請酌分於衡州、常德二府，暨長沙府屬之湘潭縣，設局易換，每錢一串，易銀一兩一錢六分一摺。錢文既多，錢價自平，民用實爲便利。但前此加卯，原爲興修城垣而設，今既減價，其於成本無虧缺，或尚有餘利，足敷城垣工程之用與否？且現今市值，較乾隆十一年漸減，通覈鼓鑄成本餘息，尚有若干，該撫現籌分發別屬易價，該處錢法，諒已流通，或將湖南所有餘錢，就便從糧船搭運至京，是否尚可平減市價，以資利用，亦裒多益寡之一法。著傳諭馮鈐，令其詳悉酌籌，一併具奏。若不能行，不必勉強。尋奏：楚南地屬苗疆，原估應修城垣，再遲坍頹愈甚。如以鼓鑄餘息，合銅價砂稅，修益陽等十八處城工，足資興築。若將餘錢全數運京，既多耗費，而餘息較少，工竣需期。應留本省出易，充修城之用。得旨：允行。（高宗六四七、一二）

（**乾隆二六、一一、甲戌**）戶部議准：雲南巡撫劉藻疏稱，東川新局正鑄，已歷九載，積息銀至四十萬餘兩。請自二十七年爲始，酌減一半，合加鑄半卯，湊五十爐。從之。（高宗六五〇、一六）

（**乾隆二七、六、戊戌**）湖廣總督愛必達奏：湖北各營兵米，除鄖陽，荊門二協營，全支本色，其餘督撫兩標，及武昌、襄陽等二十二標協營，向係本折兼支，並有全支折色者。內除衛昌營每石折銀七錢，復於耗羨下，寬給三錢，餘營俱僅折七錢。生齒日繁，糧價日貴，實不敷買食。查寶武局每年鑄錢，除搭放兵餉外，尚餘五萬七千餘串，例發售以平市價。請即於此項下，照每營折色銀數，每發錢一串，較之發銀，每兩可餘一錢七、八分，藉以多買米糧，扣存米折銀兩，即還鑄本。至此項局錢，每串作銀一兩，除去成本，猶有餘息。而改給米折之外，尚餘錢二萬餘串，再合之加卯所鑄，仍得隨時出易，以便民用。從之。（高宗六六四、一二）

（**乾隆二七、六、庚申**）湖南巡撫馮鈐奏：前經奏准寶南局加鑄錢，以餘息充修益陽等十八處城工之用。近因礦廠開採年久，銅苗未能全旺，局內餘銅，僅敷本年加鑄，來年隻供正卯，及撥協北省之用。若因加卯，又向別省採買，再加運費，則餘息無幾。計二十六年加鑄起，至本年底，可得鼓鑄餘息銀七萬四千餘兩，加司庫原存銅價砂稅等銀，共有銀十三萬二千餘兩，以之充修安仁、耒陽等十二處城垣，並茶陵等三處護城隄岸，已足敷用。惟益陽、攸縣、平江三處城工，需費無出，但俱在腹地，尚可稍緩修理。請將癸未年加卯，暫行停止，每年正鑄錢文，除搭放兵餉外，尚得餘息八千餘兩，連每年所收銅價砂稅銀一萬四五千兩，積至四年，即可將益陽等三處城垣，陸續修整。從之。（高宗六六五、一五）

（**乾隆二八、一〇、癸丑**）雲貴總督吳達善奏：滇省湯丹、碌碌廠採銅，上年奏准每百觔加銀四錢。該二廠每年辦銅六七百萬，約需加價銀二萬六七千兩，於本年加卯鑄息內支給外，即將前年存積餘銀四萬兩，逐漸添補。查自乾隆二十七年十月，奉文加價起，至本年八月止，未滿一年，共辦獲銅七百二十餘萬觔，是將來加卯年息，及前年存積餘銀，必不敷加價之需。請於東川新舊二局鑪內，本年冬季，每旬每鑪，加鑄半卯，仍於銅本內借支鑄本，鑄出錢文，照例以一千二百文作銀一兩，扣解道庫。除歸還借款及支銷經費外，計一季可獲息銀一萬一千九百餘兩，以備來年加價之需。將來每年冬季，應否加鑄，屆期隨宜辦理。從之。（高宗六九七、二〇）

（**乾隆二九、一二、丙午**）雲貴總督劉藻奏：雲南永昌、順寧二府，地處極邊，界連外域，年來木梳野匪與緬甸所屬之木邦，不時搆釁。木邦又與耿馬各土司毗連，如木梳由木邦至耿馬等境，須渡滾弄江，是沿江一帶口隘，實爲中外扼要之區。查滾弄江邊，有鎮康所屬之喳里上渡、耿馬相近之滾弄中渡、茂隆鄰近之南外下渡、孟定所屬之南捧河口、及芒市所屬之三台山、遮放所屬之蠻坎箐、猛卯所屬之底麻河等七處最爲緊要，應設卡常川防守。所需土練，即在分隸各土司地方，就近派撥。於喳里上渡，撥鎮康壯練五十名；滾弄中渡，撥耿馬壯練一百五十名；南外下渡，撥茂隆廠壯丁五十名；南捧河口，撥孟定壯練三十名；三臺山，撥芒市壯練五十名；蠻坎箐，撥遮放壯練六十名；底麻河，撥猛卯壯練六十名。每處令各該土司，另選明白幹練一人，立爲頭目，督率巡防。每年分委猛猛土巡檢。南甸安撫土司，就近查察。並於各隘造礮臺及哨樓卡房。再練丁遠戍江邊，口糧宜量爲折給。除南外下渡係茂隆廠沙丁，應聽該廠委辦外，其餘土練，每名日給口糧鹽菜銀四分，頭目倍之。二土司按月赴卡巡查，往返需時，每次各給銀五兩，以資盤費。統計目練四百六名，每年九月十五日秋末撥防起，至次年三月十五日瘴盛止，共需口糧等銀三千零二十六兩四錢，加以犒賞並目前建造臺卡，及將來歲修各項，通計每歲約需銀四千餘兩，未便動支正項。請於雲南省局量爲加鑄。該局二十五爐，每爐加鑄半卯，除歸鑄本經費外，約獲息錢五千二百餘串，可易銀四千三百餘兩，移解司庫。令永、順二府領給。得旨：如所議行。（高宗七二五、三〇）

（**乾隆三〇、四、甲戌**）四川總督阿爾泰奏：川省兵紅白事件賞需銀，於乾隆二十四年奉旨令各省督撫就地方情形，籌議具奏。經前督臣開泰奏請，將川省各營內交商生息之項，全數徹回，歸還原本。其重慶、夔州二處，向無民當，營中自行開設，生息充賞，仍令照舊開設。並請於鹽茶項下，動銀一萬四千五百餘兩，交寶川局每年加鑄二卯，除扣還工價外，可得利銀七千七百餘兩，足敷賞卹，並可陸續歸本。而重、夔二當，本銀四萬一千九百餘兩，每年息銀僅獲五千三四百兩，較之錢局懸殊。臣與藩司等悉心計議，不若將營員所設官當概停，其當本銀四萬一千九百餘兩，定限於三十一年歲底完繳；此內酌留一萬九千餘兩，交錢局隨卯帶鑄，除歸還價本，餘息足敷添補賞項之用。至停當以後，未經帶鑄以前，所需賞項，擬於犒賞屯番案內，鼓鑄餘息撥用；俟帶鑄獲有餘息，即行歸還原項。得旨：如所議行。（高宗七三五、一七）

（**乾隆三〇、一二、庚午**）雲貴總督劉藻、雲南巡撫常鈞等奏：莽匪屢擾普洱邊境，調兵勦捕，需費繁多，請加鑪鼓鑄。於三十一年正月起，省局添鑪五座，加鑄十卯，通計可得本息錢三萬一千一百餘串，除雜費外，實得錢二萬五千四百餘串。以一串二百作銀一兩，共作銀二萬一千一百餘兩。除銅、鉛、錫工本銀外，實獲餘息銀八千三百餘兩，以備防邊之用。報聞。（高宗七五一、一九）

（**乾隆四七、八、辛未**）四川總督福康安奏：寶川局從前增設新鑪，鑄錢出易，每歲約餘息銀六萬餘兩，留爲修城之用。嗣因產銅短絀，奏請暫停。臣現在嚴督廠員採挖，務期旺盛，其舊增鑪座，仍當隨時酌量，漸復原卯鼓鑄，俾餘息充盈，遇有城工需用，無虞缺乏。從之。（高宗一一六二、一五）

（**乾隆二七、四、甲戌**）諭軍機大臣等：據高恆奏，辦理拏獲私鹽車船變價充餉一摺。船隻既可裝運鹽觔，斷無一船僅變價二三錢之理，明係該地方官一任書役佔變，不行稽查所致。該鹽政已咨商督撫，將各該處拏獲船隻，印烙解交運司，驗明原船之堅固朽爛，酌量辦理。但各省皆有緝私之責，車船變價，猶其小者，如此相沿陋弊，必因漫不經心。私鹽充斥，職此之由。著傳諭各該督撫，嚴飭所屬，嗣後務宜實力拏獲私販，其車船務須詳驗明確，從實估變。如州縣官暨胥役等或有變多報少，與將原獲車船，轉售私梟等弊，即行查明条處。高恆摺著鈔寄閱看，可於直省督撫奏事之便，傳諭知之。（高宗六五八、一七）

（二）平糶贏餘

（**乾隆二八、七、己未**）又諭：據德爾格奏稱，闢展屯田所收穀石，自二十六年十一月起，至本年三月止，共糶銀二萬八千兩有奇。本年六月，又糶銀一萬二千三百兩有奇，已歸入正項動撥等語。闢展屯田收獲，支給官兵外，仍節次盈餘至四萬餘兩，辦理甚善。若增兵開墾，糶價充公，可省內地解費，殊爲有益。但該處屯田無多，又經裁徹兵丁，何以有餘若此？著傳諭德爾格所餘穀石，作何出糶之法？收穫再多，俱能如此出糶否？派兵增墾，尚可容若干人？即查明具奏。再烏嚕木齊屯田多而商賈衆，哈喇沙爾亦有屯田，若能照闢展出糶，更善。併傳諭旌額理、達桑阿知之。（高宗六九〇、六）

（**乾隆四五、四、癸丑**）諭軍機大臣等：據富綱奏報，閩省平糶倉穀盈餘銀一十四萬五千餘兩一摺。內稱，前任藩司錢琦奏准，以平糶之有餘，補常平之不足。將平糶盈餘銀兩，撥給各屬，買補常平缺額，俟各屬買補不敷，通融酌撥等語。閩省常平缺額米石，自屬因時調劑，爲有備無患之善策。閩省糶穀既積有盈餘，數至十餘萬兩，各省平糶，即多寡不等，均有盈餘，是否亦照此辦理，著傳諭各省督撫，即行查明據實覆奏。（高宗一一〇四、六）

（**乾隆四五、四、辛未**）直隸總督袁守侗奏稱：遵旨確查平糶盈餘銀兩，向來直屬平糶倉糧，秋後買補，有較原價節省者，亦有仍照原價買補者，通計每歲盈餘銀四、五百兩至一千五、六百兩不等。提解司庫，遇有正需，報部動用現存司庫平糶盈餘銀二萬六千六十兩。各屬出糶溢額倉穀，并屯糧米穀，例准糶賣報撥，共存銀一萬五千七百八兩。倘地方偶遇偏災，賑貸常不敷用，未能以平糶盈餘，作買補缺額。報聞。（高宗一一〇五、一三）

（**乾隆四五、五、壬寅**）江蘇巡撫吳壇奏：遵旨確查平糶餘銀，自乾隆二十二年以前，統計積存銀十二萬七千餘兩，經前督臣尹繼善奏請撥歸差務之用。今截至四十三年，除陸續報部撥用外，實存銀九千四百三十五兩有奇。江蘇通省常平缺額一萬八千餘石，爲數無多，俟應行買補時，酌量發給辦理。報聞。（高宗一一〇七、一〇）

（**乾隆四五、六、己酉**）大學士管浙閩總督暫署浙江巡撫三寶奏：浙省糶餘銀，前經奏准，至五萬兩以上，即造册報部充餉。其各屬買補平糶倉穀，即將糶價給發無庸借動別款。報聞。（高宗一一〇八、二）

（**乾隆四五、六、丙寅**）江西巡撫郝碩奏：遵查司庫平糶餘銀，歷經撥充京餉，及收養老民、借支生息外，現止收貯銀二萬六千二百一十七兩。應專留爲撥補倉穀缺額之需，不得移充他用。報聞。（高宗一一〇九、五）

（**乾隆四五、七、壬寅**）湖南巡撫劉墉遵旨覆奏：湖南通省常平倉穀，現在並無缺額，而歷年平糶盈餘銀實存二萬八千餘兩，將來按年續收，漸有增多。如遇常平缺額之時，即將此項撥給，以充買補之需；其各屬倉廠朽壞者，仍請於此項內動支興修。報聞。（高宗一一一一、一六）

（**乾隆四五、七、甲辰**）廣東巡撫李湖遵旨覆奏：粵東各屬常平倉穀，並無缺額，無需動項採買。所有積存平糶盈餘銀，俟數至十萬兩以上，除酌留一萬兩備撥買補不敷外，餘報部充餉。下部知之。（高宗一一一一、二〇）

二、其他

（一）官租牧場、房屋等

（**乾隆八、閏四、壬申**）刑部奏：旗人認買官房，將俸祿錢糧坐扣抵償，除未滿年限，私行拆賣者，仍照例治罪外，其已完帑項，作爲本人產業者，或有因頹敗無力修葺，或萬不得已拆賣濟急等情，城内報步軍校、城外報司坊官批呈存案，准其拆賣。至於兵民自置產業，無論院内、臨街，如有以上情節，均聽自便。從之。（高宗一九一、三）

（**乾隆一三、七、庚寅**）工部等部議准：陝西巡撫陳宏謀奏稱，遵旨查明陝西一帶古帝王陵寢，會典開載有祭者，黃帝之橋陵、周文王、武王、成王、康王、漢高祖、文帝、宣帝、魏文帝、唐高祖、太宗、憲宗、宣宗等十三陵。此外周、秦、漢、唐之陵，尚數十餘座，向令地方官防護，每年造册報部，而其中多未築圍墻，又無守陵之户，所云防護，有名無實。至於聖賢、忠烈之墓，後裔無人者居多，作踐侵損，尤所不免。欽奉諭旨，酌築圍墻，以資保護，誠曠古盛典也。惟是諸陵前有隙地數十畝至數十頃不等者，有止數畝圈築圍牆者，有並無隙地者，應清查界址，設立陵户。請將清出隙地，給附近居民耕種，免其升科，充爲陵户。除畝數無多，即作陵户工食外，多者酌收租息，以充修葺圍墻及撥給並無隙地陵户工食之用。又查黃帝之橋陵，文、武、成、康之陵，周公、太公之墓，均有享殿，年久傾圮。將來所收租息積餘，爲修葺各享殿，及先賢祠宇之用。統於每歲防護册内造報。其前代諸王妃嬪及諸臣，事業未甚表著者，雖不在築牆防護之例，仍令地方官留心看視，不致湮没。凡前賢有後裔衰微者，亦爲築牆防護。從之。（高宗三一八、一五）

（**乾隆一四、三、己酉**）又諭曰：直隸總督那蘇圖奏稱，直屬官房未經售出者，歷年漸久，難照原估召變，今按時價確估，責令地方官出售。一千兩以下之案，限一年變價。一千兩以上之案，限二年變價。如有遲逾，查參送部嚴加議處等語。此等入官房屋，年久未售，自不無損壞，若不減價速售，必將益就坍塌。著照所奏，依現估之價，勒限辦理。但向來應變官房，初估之時，原可速售，惟是地方官吏，懷挾私心，利其賃租取息，以致部民認買，多方刁頓，因而觀望不前。及至年深頹朽，不得不減價出售。積弊相沿，各省皆所不免。若不定以分賠之例，此風何所底止？著傳諭那蘇圖，將直屬官房一百四十四案，內除雍正年間入官之房，事經久遠，辦理各員陞遷物故者多，無庸著賠外，所有自乾隆元年以來，入官房屋，逐案詳晰查明。將本案應減之價，著落歷任承辦不力之員，分案勒令照數著賠，其已經物故者，姑從寬免。至現在承變之員，既定以年限召變，不必責令代賠。此朕欲使將來承變官房人員，知所警惕，不致視公項爲利藪，又恐賠累者衆，故降此旨。蓋直屬官房，多係雍正年間估變之案，其在乾隆年間，爲數有限。今雍正年間官房，既經開豁，不令經手各員賠補。即乾隆年間，又將物故者寬免。則著落代賠者，不過數案，亦不過現在陞遷降革數員，其得免於追補者甚衆。此朕格外之恩。第當令那蘇圖悉知此意，勿使屬員與聞也。（高宗三三六、一）

（乾隆一七、三、辛卯）〔陝甘總督黃廷桂〕又奏：關中書院，經費無多，請將督撫二標馬廠清出餘地租銀，添撥以充公費。奏入，報聞。（高宗四一一、一九）

（乾隆二二、一、庚子）諭軍機大臣等：莊有恭所辦朱蚰一案，……且如地方豪户爲富不仁橫行鄉曲，即重罰示懲，原可酌量辦理。從前方觀承查辦直隸民典旗地案內，曾經罰銀十餘萬兩，以爲城工之用者，當經奏聞。得旨允准。……（高宗五三○、一五）

（乾隆二七、一一、庚申）軍機大臣等議復：察哈爾都統巴爾品奏稱，察哈爾右翼地租銀，前經議准通計四旗畫一辦理。查右翼租銀，每年共四千一百五十餘兩，除給戴千寺等，及總管印房、游牧主事各衙門紙筆銀兩外，餘銀三千二百餘兩。應按各旗佐領多少，均勻分派。正黃旗給銀一千四十一兩零，正紅、鑲紅、鑲藍各七百二十三兩零，交該總管修補旗纛等項。計每佐領下有甲之護軍、領催、披甲等七十名，纛各二、旗各七、五人合給帳房一，均於此項支銷。其餘存貯，通計四年後，每佐領約餘銀一百二、三十兩，即查明貧乏户口分賞等語。應如所請，並令該都統等將每年所收銀及需用存貯數目，造册咨部。從之。（高宗六七四、一）

（乾隆三○、六、甲寅）軍機大臣等議覆：西安將軍新柱奏稱，西安官兵遇有遠差，向由餉銀斂湊，復借重利，不肖之員，未能管束，反借此侵漁，有關兵丁生計，請將所餘房租銀借給坐扣等語。查此項租銀，爲八旗公用，除累年需用外，現在庫存四千四百餘兩。應如所請，按官兵差遣遠近支借，作爲二年扣還。令該佐領、協領出具保結，以杜弊端及虧欠等事。從之。（高宗七三八、一七）

（**乾隆三五、三、庚辰**）諭：據增海等奏稱，伊犂去年徵收舖戶房屋及田園租銀，共一萬七十餘兩，除公用二千八百九十餘兩，連舊存銀共三萬一百六十四兩零等語。從前明瑞奏，伊犂駐劄兵丁紅白事件，賞項無出，請設立滋生銀兩，以爲賞卹之用。朕以伊犂駐劄兵丁，皆係莊浪等處，薰染漢習、廢棄無用之人，特命之服習勞苦，操練技藝。況滋生銀兩，究屬取利，斷不可行，曾經嚴行訓飭。今觀伊犂存貯房屋田地等項租銀，歷年積至三萬餘，且次年仍可徵收。兵丁居住，亦有年所，尚能耐習勞苦，習學技藝，似堪造就。此項銀兩，既非正項，著加恩作爲伊犂兵丁紅白事賞卹之用，仍著該將軍酌量撙節辦理。（高宗八五四、一）

（**乾隆三七、一〇、丙子**）諭軍機大臣等：據秦璜奏，廣州旗人隙地空房取租，於乾隆二十九年，經前任將軍楊寧等奏明，每年收銀，作爲修理衙署等項公用。至上年原任將軍特克慎、副都統恆泰、劉沛德等，勒派多收銀五百五十九兩零，並不奏明。秦璜到任後，據住房民人呈控，查明原案，應免其增添，並請將恆泰等交部察議等語。此項租銀，未經奏明，遽行加增，固有不合，但秦璜此時忽行条奏，明係知被恆泰列款劾参，故藉此搜尋訐告。秦璜於本年正月十九日，到廣州將軍之任，據稱到任後前往教場，據民人控告，當時何以不即行奏聞？縱使尚須查覈，則收支租項，皆係有司經營，無難立時查辦，何至稽延八月有餘，始爲此奏？且此項係將軍副都統衙門公共之事，試問秦璜半年餘，豈竟一無關支？乃至此時，始云不敢瞻徇隱忍，不行具奏，是於挾嫌報復之中，兼之取巧諉過，其爲狡詐更甚。至賃屋召租，原應按間取值，居民既日漸加盛，租息自應照屋加增，若非額外妄加，又何必遽請減免。況此係奏明公用之項，從前特克慎等之咎，止於應奏不奏，亦無甚大過。著傳諭李侍堯、德保，將此歸入前案，一併確查審擬具奏。秦璜原摺，並著譯漢鈔寄。（高宗九一八、二七）

（**乾隆四一、三、丁丑**）戶部議奏：據臣部郎中評德、理藩院員外郎永齡，會同山西布政使黃檢，履勘和林格爾、東白塔爾二處，俱有歧路，可避歸化城之稅，商人越漏，應查禁。請交山西巡撫，飭該處營弁，於巡防地方之便，實力稽察。或有勒索，許附近丞倅詳稟，丞倅徇隱，令該道揭報条治。從之。（高宗一〇〇四、八）

（**嘉慶一〇、五、己酉**）又諭：據德楞泰等奏，請將成都滿營牧廠改墾水陸地畝所增租銀，於二十四佐領下，各增養育兵一名；由馬價項下撥銀五千兩生息，作爲獎賞兵丁、幫貼出差等事之用一摺。成都滿營繕習鳥鎗之幼丁，並無幫貼。該處滿兵生齒日繁，獎賞等事，不無需費，德楞泰等籌畫情

形,於兵丁生計有裨,著照所請辦理,年終造册送部覈銷。(仁宗一四四、二五)

(**嘉慶一六、二、癸巳**)諭內閣:鐵保奏,查明歷次辦理回疆鋪面房間,及收取地基銀兩章程,請妥議以免紛擾一摺。據稱,回疆鋪面房間,向例止分頭、二、三等,每月按等取租銀三錢、二錢、一錢歸公,並無另立名目。今據三成以查出葉爾羌商民添蓋房間,奏請按間增租,於發摺之後,始行咨送摺稿,並稱三成於頭、二、三等之外,增出上上等、上等各名目,每間每月徵銀至五六錢之多,既與向例不符,且未經札商,即行入奏,請交那彥寶查照成例覈實詳議等語。前據三成奏請增取葉爾羌商民房地租銀一節,朕早知其所辦非是,已降旨交鐵保親往查辦,計此時尚未奉到。今據奏,三成於新疆地方,擅改舊章,錙銖較量,並不與統轄之員會商妥辦,率行奏請,已屬不合。三成著交部先行加等議處。鐵保即遵前旨親赴該處,會同那彥寶詳細確查,如三成於增添租銀,尚無侵蝕情弊,著來京聽候部議,若尚有藉端紛擾、私用入己之處,即著嚴叅革審,以示懲儆。(仁宗二三九、一五)

(**嘉慶一九、一一、壬寅**)〔河南巡撫方受疇〕又奏:續查滑、濬二縣逆產三十餘頃,請撥給增設都司營及書院、義學、留養局等處徵租。從之。(仁宗二九九、一五)

(**嘉慶二四、一、乙卯**)又諭:伯麟等奏,籌辦臨安江外善後事宜條款一摺。朕詳加披閱,……其叛絕各產報撥充公一條,新設江內要隘,派兵常川防守,冒瘴奔馳,自應量加獎賞,著即將二十二、三兩年臨安軍務叛絕各產,房屋招變,田畝佃種,每年租息,除完納錢糧外,同房屋變價銀兩,俱解貯臨安府庫,以供賞需。仍將動用收存數目,報明督、撫、司道查覈。……其嚴禁土司苛派一條,夷地民人亦與編氓無異,該土司等科派擾累,致令飢寒不免,易滋事端。嗣後著嚴行誡飭,不准額外誅求。儻有不遵,將該土司等查叅治罪。……以上各款,朕逐加訓示,該督等惟當行之以實,持之以久,以期綏安夷衆,永靖邊疆。(仁宗三五三、一九)

(二)罰没貲財

(**雍正一三、一〇、丙寅**)定蒙古部落存公罰項分賞有功之例。諭曰:舊例扎薩克蒙古等,凡治罪,俱照九數罰取牲畜,存寄公處。雍正十年,皇考特降諭旨,謂此項罰取牲畜,與其存寄公處,不若即交與該盟長扎薩克等,於罪人名下,照數追出,賞給伊等旗內勤於公事、出力報效之人。曾交部議。彼時因有軍務,未及施行。今軍務大概已定,應遵照皇考原降恩旨,將罰取蒙古牲畜，不必存寄公處。交與該盟長扎薩克等，照數追出，務須秉公賞給實係勤勞報効之人，以示勸懲。著伊等將辦理之處，仍行報部查覈。（高宗四、三）

（**乾隆一二、三、壬子**）諭軍機大臣等：張迶結交劣守，仗勢殃民，橫行鄉曲，現在確審定擬。其平日欺凌訛詐，魚肉善良，今既敗露，所有貲財，應爲地方公用。著將伊勘過家産，入於江賑項內，以充賑濟之需。可傳諭尹繼善、安寧，令其遵照辦理。（高宗二八七、八）

（**乾隆一四、五、乙亥**）諭軍機大臣等：各省查辦入官房屋一案，經朕於上年四月內，降旨傳諭各督撫籌酌妥辦，已據陸續議覆。今納敏奏稱，前項房屋，遵照部議查估定價之後，如有坍塌傾圮者，似應委員詳加確勘，據實造冊、詳報咨部等語。納敏奉到此案諭旨，業經年餘，即此時查辦妥協，已屬稽遲，乃尚云似應委員詳加確勘，爲此遊移未定之詞，大非實力辦公之道。即此而觀，則其諸事延誤，殆可概見。著傳旨申飭，并諭令總督黃廷桂、新任巡撫衛哲治，即將此案詳查確實，妥協辦理，具摺奏聞。尋會奏：安屬官房，除阜陽、太和、休寧三縣變價，現飭起解外，其南陵、歙縣等縣之房，從前照時價估計，累任不早承變，傾圮難售，自應量減原估數目，勒限半年，著落該管知府飭縣覓變，逾限叅處，并照下江官房之例，酌限承買一二年陸續交納，以清此案。仍將所減之數，各按該員在任月日，分別著賠，再各案內尚有歙、休等縣未變山塘地基，應照官房例，勒限半年。得旨：下部知之。（高宗三四一、三〇）

（**乾隆五七、九、辛丑**）諭軍機大臣曰：和琳奏，查辦沙瑪爾巴家産，及依什甲木参物件，變價銀兩，或歸軍需項下抵銷，或入藏庫充公備用等語。沙瑪爾巴爲此案罪魁，現在抄出貲財什物，自當全數歸公，其所燬鍍金銅像，即按照現令新鑄寶藏字樣，鼓鑄錢文，給兵丁通行使用。……（高宗一四一二、一一）

（**乾隆五七、一二、庚午**）又諭曰：福康安等奏酌定唐古忒番兵訓練事宜、藏內鼓鑄銀錢各摺。所稱新設番兵經費，祇須商上給番目錢糧二千六百餘兩，其餘俱係以沙瑪爾巴仲巴貲産，及丹津班珠爾家繳出之項支給等語。此項查抄沙瑪爾巴仲巴貲産並丹津班珠爾繳出莊田，自應一律歸入達賴喇嘛商上，作爲新設番兵經費之用。但廓爾喀與唐古忒滋事之由，皆因前次噶布倫索諾木旺扎爾，於貿易時，從中刻扣，私加稅銀。經廓爾喀呈訴，彼時留保住、慶麟等，隱匿不奏，噶布倫索諾木旺扎爾，畏罪服毒身死。雖已降旨將伊扎薩克台吉職銜革去，不准伊子承襲，但其家産，尚未查出，歸入達賴喇嘛商上。該噶布倫係首先起釁之人，若任其子孫坐享豐贍，不足以示懲儆，且其罪重於丹津班珠爾。著福康安等，將索諾木旺扎爾所有家產，逐一查明，同沙瑪爾巴等田莊貲產，一律歸入商上。此項財產，袛應以公濟公，作爲新設番兵三千名每年經費之用。其另摺奏於察木多等處，抽撥兵六十名，撥調守備二員，把總一員，外委二員，在江孜、定日等處駐劄巡查，所有例給換防之費，原係綠旗官辦，仍照例官爲支給，不必用其商上之項。……（高宗一四一八、八）

（乾隆五八、七、癸巳） 諭軍機大臣曰：和琳奏，查抄沙瑪爾巴等貲產，估變銀六萬四千餘兩，又各處莊田每年應得租銀七千一百餘兩，遵旨賞給達賴喇嘛，足敷每年如綳甲綳番兵等養贍之用，無需再從商上增補等語。已批該部知道矣。此項查抄物產賞給達賴喇嘛，以爲貼補如綳等口食，實屬以公濟公。但每年動用若干、餘剩若干，均應由駐藏大臣覈明分報戶部、理藩院，以備稽覈。現在藏內值甫經整頓之後，是以仍留和琳在彼辦理，以資駕馭。將來係松筠前往接辦，亦屬可信之人，但松筠亦不能久駐藏內，嗣後接手者豈能盡如伊二人之足資倚任？設再有如俘習渾者，見此項抄變存公銀兩無所考覈，任令達賴喇嘛左右之人從中浮開冒銷，甚至通同染指，更屬不成事體。至達賴喇嘛商上出入，前亦有旨交駐藏大臣一體稽察，但恐商卓特巴等因官爲查察，不能任意侵漁，藉稱商上用度不敷，此則不可。現在所添番兵，已將抄產賞給，支用尚有寬餘。至達賴喇嘛用度，藏內本有賦稅，且各蒙古番衆布施亦復不少，即有進益稍少之年，亦可裒多益寡，如經理得宜，自必有盈無絀，不至缺乏。和琳等惟當留心稽覈也。總之，藏內諸事，節經朕詳悉指示，和琳俱能認真遵辦，已有端緒，仍宜趁此斟酌盡善，永遠可遵。再交與松筠接辦數年，實力奉行，俾積習盡消，庶將來更換之人，即循謹自守，亦可率由舊章，不至仍前廢弛，方爲妥善。……尋奏：前將沙瑪爾巴等貲產估變銀兩，及每年各處莊田租息，遵旨賞給達賴喇嘛後，隨即造册，將變產各物，備文點交商上，並諭令商卓特巴將開除餘剩數目，呈報駐藏大臣衙門查覈。誠恐商卓特巴等從中侵蝕，不無弊竇，令於每年報部。惟查開墾地畝，須俟明春至八九月間始能刈穫，應請自明年秋收後，每年於十一月造册報部。下部知之。（高宗一四三二、一）

（乾隆五九、二、甲子） 又諭：上年九月內，據和琳覆奏，估變查抄沙瑪爾巴貲產銀六萬四千餘兩，招人開墾地畝，耕種青稞。又各處莊田，應收租銀七千一百餘兩，遵旨俱賞給達賴喇嘛，爲每年如綳甲綳及番兵等應得口糧之用，有盈無絀。請自五十九年秋收後，每年於十一月造册報部備案等語。此項變產銀兩,既經和琳招人開墾荒地,耕種青稞,迄今已屆半年,此時開荒播種,自已辦有成效。所收租息,前據和琳奏,計算如綳甲綳及番兵應得口糧,有盈無絀。但計此項租息,每年可得若干,除支口糧外,尚餘若干,本年秋收後,至十一月造報之期,自可得有總數,將來所餘租銀,存貯何處,作何稽察,不致爲商卓特巴等私自侵用,及支放口糧外,有無別項開銷之處,著傳諭和琳等詳晰查明覆奏。(高宗一四四六、一四)

(三) 銅鉛餘息

(**乾隆一二、一二、乙酉**) 貴州布政使恆文奏:黔省多產鉛礦,而礦廠轉運銅鉛,餘利甚多。前督臣張廣泗任內,向係上下通融,私相授受,並未奏明充公。迨聞愛必達授貴州藩司之信,始將銅鉛各廠餘息,奏充開河、修城之用。惟是黔省正供無多,公費有限,張廣泗凡遇各項公用,不惜重費,多係捐貲給發,其實所用即此項之餘息也。張廣泗在黔多年,一切苗疆吏治民生,料理整頓,日有起色,誠如聖諭,張廣泗在黔,過少功多,已在聖明洞鑒中矣。得旨:此係至公之論。目今既定章程,則前此之事不必論矣。(高宗三〇五、四一;東八、二四)

(**乾隆一三、二、乙丑**) 諭軍機大臣等:貴州節省銅鉛餘息,每年約可獲銀二萬餘兩。乾隆十一年,據總督張廣泗奏明,留充本省開河、修城之用,經軍機大臣覆准在案。此項銀兩,原不始於今日。黔省僻在邊遠,大概經費不敷;遇有地方公務,想來多於此內捐給,是以從前未經報出。此亦該省通融辦理之處。朕思地方公項止有此數,盈於此者絀於彼。今既將銅鉛餘息,奏明歸公,一切公用,勢必別無所出。黔省爲苗疆要地,修葺賞號等事,在所不廢。如此辦理,不知將來遇有地方公事,尚可不致妨礙否?張廣泗奏明之後,現在作何籌辦,可傳諭孫紹武,令其查明覆奏。於伊奏事之便寄去。(高宗三〇八、一〇)

(**乾隆一三、八、癸巳**) 又諭軍機大臣等:貴州銅鉛餘息一案,乾隆十一年,總督張廣泗摺奏,經軍機大臣議覆,准其留充公用。朕以黔省乃苗疆重地,此項銀兩既已歸公,恐將來遇有公事,辦理或致妨礙,因傳諭孫紹武,令其查奏。今據愛必達奏稱,銅鉛餘息,每年共二萬餘兩,自十一年張廣泗奏明以後,始有廠局羨餘名目,其未奏歸公以前,每年並無定數,亦無案據。而餘鉛息銀,則係十一年始行奏請,實非舊有之款。黔省現在地方公事,有額支銀兩,田租課稅,及奏明之廠局羨餘,酌劑辦理,尚可不至拮据等語。黔省一應公用,既有各項銀兩,堪以敷給,自可如愛必達所奏辦理。

但銅鉛息銀一項，自愛必達補授藩司，詳悉查核，張廣泗恐其發露，始行奏請歸公。目下既經查明，各項公費，已有動支之款，則從前未經奏明之時，此項銀兩歸於何處，即或張廣泗另有因公動用之事，亦豈全無支銷數目？外省錢糧事件，常有隱伏之弊，司事者恐有後慮，輒抽減文卷，以掩其跡，令人無可稽核。積習相沿，匪伊朝夕。可傳諭愛必達，令將此事前後收支緣由數目，留心密查，據實奏聞。朕亦不過欲悉此事之梗概，不必過於張揚，急為綜覈，稍露形迹也。（高宗三二二、三〇）

（乾隆二〇、八、丙辰） 吏部等部會議：兩廣總督楊應琚奏，……永安、豐順等縣開採黑鉛，實存餘鉛三十萬餘觔，請酌留十萬觔，餘變賣充餉。將來配鑄餘存積至五萬觔，即照例變價。均應如所請。從之。（高宗四九四、二一）

（乾隆二六、五、壬子） 諭軍機大臣等：愛必達等奏，滇省銅廠，自加價採辦後，多獲餘息一摺。據稱，二十五年青龍等廠，共辦過銅一百餘萬觔，計多獲息銀二萬九千餘兩。但此項銅觔，是否全數發賣，抑係將現存之銅，統計覈算息銀，共有此數？其湯丹、大碌等各廠，二十四、五兩年辦銅二千六百餘萬，共得額課息銀五十餘萬兩，此內除去額課，及起運協撥各項銅觔外，實在多餘銅若干？并該督所稱清完廠欠，究係作何歸補，是否於二十四、五兩年內全數清完？摺內尚未明晰。著傳諭劉藻令其一併詳查具奏。尋奏：查原定銅價，每百觔給銀四兩，自乾隆二十五年後兩次增至六兩，廠民工本漸裕，足資採辦，獲銅加倍，計銅一百萬觔有零。該價銀九萬二千餘兩，計除給過廠民原價及廠費腳價銀共六萬二千五百餘兩外，該餘息銀二萬九千餘兩，並非發賣獲息也。至湯丹、大碌等廠，二十四、五兩年來，實餘銅二百四十萬有零，得額課二萬一千六百五十餘兩。至各廠舊欠，自增價後，廠力漸舒，已於乾隆二十二、三、四、五等年，將積欠銀十一萬餘兩，陸續追完。報聞。（高宗六三六、一七）

（四）其它

（順治四、二、丁亥） 復山西額站銀十五萬八千六百九十三兩，並禁私派。從巡撫申朝紀請也。（世祖三〇、二三）

（順治八、閏二、丁丑） 諭禮部：國家生財，自有大道。僧道納銀給牒，瑣屑非體；且多有輸納無措，逃徙流離，殊為可憫。以後僧道永免納銀。有請給度牒者，該州縣確查，呈報司府，申呈禮部，照例給發。著即傳諭通知。（世祖五四、二五；東三、三九）

（順治一五、五、戊午）九卿、詹事、科道會議禮部條奏四事：……至查給僧道度牒，令照舊納銀，以杜姦宄；及請裁無益人役、儒士五名，匠役八名，會同館馬法四名，通州館馬法六名，會同館夫四十五名，二款俱應如該部所議行。從之。（世祖一一七、一八）

（雍正二、一、丁酉）河南巡撫石文焯摺奏：請將巡撫衙門繳存節禮及節省規例銀兩，解充西寧軍餉。奉上諭，助餉之說，斷然不可，止宜留充本省公用。如補苴虧項，修理城垣、道路、橋梁、隄岸及兵馬、器械、犒賞之需，以公完公，方爲允協。將用過數目開除，摺奏以聞。（世宗一五、一一）

（乾隆七、一、庚寅）河東鹽政尚琳奏，請將充公未報之附餘錢糧，報部覈銷。綠河東公務，每年五十兩，加重二錢，以爲鎔成元寶之費。現在各項支給，只需庫平，所餘加增二錢之數，悉行充公，向未報部。請自乾隆七年起，造册送部，候撥充餉。又查蘆葦變價銀兩，貯庫充公。嗣後應分晰款項，由部覈銷，節省銀兩。或係公務內節省，或係各兵役空缺，自應各歸本款覈銷，不得別附名色，致多牽混。得旨：此事不便交部。汝如是據實陳奏，澄清辦理，固屬可嘉。恐太清則後難爲繼，汝其酌量辦理。或既稱附餘，至歲底奏明，或交內務府，或賞何人之處，請旨，尚屬可行之事耳。將此旨汝處記檔，亦不必咨部也。（高宗一五九、一六）

（嘉慶四、二、甲寅）又諭：昨有人條奏，貴州學政向來進取童生，例繳紅案銀三兩八兩不等，後則愈加愈多，廩保、書役籍端需索，遂至四五十兩等語。因令軍機大臣傳詢差滿貴州學政談祖綬。據稱，各省學政，俱有棚規，一切書役飯食及硃價、卷價、棚廠等費，皆取給於此；惟貴州並無棚規，向於童生取進後，令出紅案銀兩，每名自一二兩至五六兩，作爲出考費用。談祖綬按試各府時，亦相沿辦理，但止令量力繳進，從無多至四五十兩之事。此等棚規紅案銀兩，原係相沿陋規，貴州學政養廉本少，距京較遠，學政挈其家屬，延請幕友前赴任所，需費自不免稍多，而該省並無棚規，出考一切費用，令新進童生量爲致送，其事亦尚在情理之中；即各省學政棚規，亦係陋習相循。貼補考費，非私賣秀才可比，若將棚規紅案銀兩，概行裁革，則學政辦公竭蹶，豈轉令其取錄不公，營私納賄耶？況各省地方官所得各項陋規，不一而足，尚難一一禁止，乃獨於讀書寒畯出身、膺衡文之任者，過事搜求刻覈，亦殊屬無謂。惟此項紅案銀兩，祇應令新進童生量力交送，總不得過五六兩之數，其實在無力者，即當量爲減免，不得強令交納，在學政既可從容辦公，而新進寒微，亦可共邀體恤。倘該學政等於規外復加

多索，甚或於校士時有徇法婪贓之事，則必重治其罪，不稍寬貸也。將此通諭知之。(仁宗三九、三〇)

　　(**乾隆六〇、二、丙辰**) 諭軍機大臣等：據孫士毅奏，四川彭山縣江口，自上年起至本年正月止，撈獲銀三千餘兩等語。此事從未見奏明，今日問倭什布方知之，所辦殊爲失體。江口地方，如果遇有餉銀沉溺等事，自應令地方官實力撈獲，以重帑項。若並非官項，止係江中間有行旅往來，沉失銀兩或於沙中淘摸零星銀砂，附近貧民或在彼撈揀，亦不過沙裏淘金，藉資餬口，又何值派官打撈，與細民爭利？況國家帑藏充盈，又豈在此錙銖之數。而派員督辦，人工等項，轉滋糜費。且江水長落靡常，忽有忽無，豈能作爲定制？或遇該處小民撈獲銀兩，其中倘有爭競訐告之事，再秉公剖辦自屬可行。今以大江深水中無定處所，小民相沿撈取零星銀兩，忽歸官辦，成何體制？孫士毅係讀書人，尚有見識，不應如此錙銖較利。著傳諭該署督，此項銀兩，竟毋庸派員經理，以便民利而符體制。(高宗一四七〇、一四)

第三章 財政支出

第一節 俸餉

一、宗室及皇戚年俸津貼（包括賞賜、俸給、歲給、別例）

（順治一、一〇、辛未）定諸王、貝勒、貝子、公俸祿：攝政王，三萬兩；輔政王，一萬五千兩；親王，一萬兩；郡王，五千兩；貝勒，二千五百兩；貝子，一千二百五十兩；鎮國公、輔國公，俱六百二十五兩。（世祖一〇、九）

（順治三、一、丁丑）定給俸制：攝政王，銀二萬兩；和碩親王，銀一萬兩；多羅英郡王，銀一萬兩；多羅郡王，五千兩；多羅貝勒，二千五百兩；貝子，一千二百五十兩；宗室公，六百二十兩；一等公，三百兩；三等公，二百八十兩；一等昂邦章京，二百五十兩；二等昂邦章京，二百三十兩；三等昂邦章京，二百一十兩。一等梅勒章京兼半個前程，一百九十兩；一等梅勒章京，一百七十兩；二等梅勒章京，一百五十兩；三等梅勒章京，一百三十兩；一等甲喇章京兼半個前程，一百二十兩；一等甲喇章京，一百一十兩；二等甲喇章京，一百兩；三等甲喇章京，九十兩；牛录章京兼半個前程，八十兩；牛录章京，七十兩；無世職大學士，六十兩；一等侍衛、無世職甲喇章京、理事官、前鋒參領、半個前程章京，五十兩；無世職牛录章京、副理事官、主事、二等侍衛、漢啟心郎，四十兩；閒散章京、鳴贊官、三等侍衛、鑾儀衛官員、前鋒侍衛、無世職管半個牛录、迎送官，三十五兩；驍騎校、護軍校、他赤哈哈番、牧長、尚膳官、司庫、看守地壇壇尉，三十兩。（世祖二三、一三）

（順治五、七、庚辰）以宗室貧乏，賜公瓦克達白金六千兩，固山貝子尚善、公喀爾楚渾各五千兩，公拜尹圖、鞏阿岱、錫翰、蘇布圖、扎喀納、努賽、富喇塔、杜爾祜、穆爾祜、特爾祜、杜嫩、薩弼、顧爾瑪洪及宗室巴爾楚渾、巴思翰、胡世巴、篇古各三千兩，莊田各一所，德馬護一千兩。（世祖三九、一一）

（順治七、一、癸酉）更定滿洲王貝勒以下官員支給俸米數目：和碩親王，六千石；親王，四千石；郡王，二千石；貝勒，一千四百石；貝子，八百石；宗室公，六百石；一等公，三百石；二等公，二百九十石；三等公，二百八十石；二等伯，二百六十五石；三等伯，二百六十石；一等精奇尼哈番，二百五十石；二等精奇尼哈番，二百三十石；三等精奇尼哈番，二百十石；一等阿思哈尼哈番兼一拖沙喇哈番，一百九十石；一等阿思哈尼哈番，一百七十石；二等阿思哈尼哈番，一百五十石；三等阿思哈尼哈番，一百三十石；一等阿達哈哈番兼一拖沙喇哈番，一百二十石；一等阿達哈哈番，一百十石；二等阿達哈哈番，一百石；三等阿達哈哈番，九十石；拜他喇布勒哈番兼一拖沙喇哈番，八十石；拜他喇布勒哈番，七十石；空銜梅勒章京、侍郎、阿思哈尼哈番等官，六十石；拖沙喇哈番、空銜甲喇章京、理事官、一等侍衛、阿達哈哈番等官，五十石；空銜牛录章京、副理事官、主事、二等侍衛、拜他喇布勒哈番等官，四十石；空銜拖沙喇哈番等官、三等侍衛，三十五石；驍騎校、護軍校、他赤哈哈番等官，三十石。（世祖四七、四）

（順治七、六、戊申）更定滿洲王貝勒以下官員支給俸銀數目：和碩親王，一萬兩；親王，六千兩；多羅郡王，四千兩；多羅貝勒，二千兩；固山貝子，一千兩；公，五百兩；一等公、二等公、三等公，俱一百兩；二等伯及三等伯，俱九十兩；二等及三等鎮國將軍、三等精奇尼哈番，各八十兩；一等阿思哈尼哈番兼一拖沙喇哈番、三等阿思哈尼哈番，各七十兩；一等阿達哈哈番兼一拖沙喇哈番、三等阿達哈哈番各六十兩；二等拜他喇布勒哈番，四十兩；空銜阿思哈尼哈番等官，各三十六兩；空銜甲喇章京、一等侍衛，各三十四兩；空銜牛录章京、副理事官、拖沙喇哈番，各三十二兩；拖沙喇哈番等官及三等侍衛，各三十兩；驍騎校、護軍校、他赤哈哈番，各二十五兩。（世祖四九、八）

（順治一〇、一、癸巳）更定多羅貝勒以下及品官歲支俸禄：宗室貝勒，銀二千五百兩；固山貝子，一千三百兩；鎮國公，七百兩；輔國公，四百兩；一等鎮國將軍，三百兩；二等鎮國將軍，二百七十五兩；三等鎮國將軍，二百五十兩；一等輔國將軍，二百二十兩；二等輔國將軍，二百兩；三等輔國將軍，一百七十五兩；一等奉國將軍，一百五十兩；二等奉國將軍，一百二十五兩；三等奉國將軍，一百兩；奉恩將軍，七十五兩；異姓一等公，七百兩；二等公，六百八十五兩；三等公，六百六十兩；一等侯兼一拖沙喇哈番，六百三十五兩；一等侯，六百一十兩；二等侯，五百八十五兩；三等侯，五百六十兩；一等伯兼一拖沙喇哈番，五百三十五兩；一等伯，五百一十兩；二等伯，四百八十五兩；三等伯，四百六十兩；一等精奇尼哈番兼一拖沙喇哈番，四百三十五兩；一等精奇尼哈番，四百一十兩；二等精奇尼哈番，三百八十五兩；三等精奇尼哈番，三百六十兩；一等阿思哈尼哈番兼一拖沙喇哈番，三百三十五兩；一等阿思哈尼哈番，三百一十兩；二等阿思哈尼哈番，二百八十五兩；三等阿思哈尼哈番，二百六十兩；一等阿達哈哈番兼一拖沙喇哈番，二百三十五兩；一等阿達哈哈番，二百一十兩；二等阿達哈哈番，一百八十五兩；三等阿達哈哈番，一百六十兩；拜他喇布勒哈番兼一拖沙喇哈番，一百三十五兩；拜他喇布勒哈番，一百一十兩；拖沙喇哈番，八十五兩；固山額真尚書，一百八十兩；梅勒章京、侍郎，一百五十五兩；甲喇章京、理事官、一等侍衛，一百三十兩；牛录章京、副理事官、二等侍衛，一百五兩；拖沙喇哈番品級官、三等侍衛，八十兩；護軍校、驍騎校、他赤哈哈番，六十兩；七品等官，四十五兩；八品等官，四十兩。其禄米照俸銀，一兩支給一斛。（世祖七一、二二）

（順治一三、三、丙戌）定歲給宗室內無子承襲孀居福金等銀米例：郡王福金，銀一千五百兩；貝勒福金，銀八百兩；貝子福金，銀五百兩。米照銀給發。鎮國公以下，奉恩將軍以上夫人，照民間封贈孀婦例，視夫俸禄銀米額數，量給一半。（世祖九九、五）

（順治一八、三、戊寅）諭户部、理藩院：外藩蒙古，當太祖、太宗皇帝時，同滿兵各處争戰效力，不分内外，皆一體敘功，給與世職。今在内各官俱給俸禄，外藩世職亦應給俸。爾部院即會同酌議妥確具奏。（聖祖二、一一）

（順治一八、四、癸未）定外藩蒙古世職俸禄例，視在内世職俸禄之半。（聖祖二、一二）

（順治一八、四、壬辰）諭户部：旗下滿官，世職大者照世職支俸，所管職任大者照職任支俸。今在外各武官有世職者，世職雖大止照見管職任支俸，殊非滿漢一體之意。嗣後在外武官，世職大者照世職支俸，職任大者照職任支俸。其心紅、紙張等項，係衙門公費，不應算入俸銀數内，著另給。柴薪等項，在内各官已經裁革，外官亦應裁革。其在外無世職武官，應照在内武官一體支俸，爾部即確議具奏。（聖祖二、一六）

（康熙七、四、庚辰）裁義王孫徵淳俸銀二千兩，仍歲給三千兩。藩下官役酌撥地土，停其支給銀米。（聖祖二五、二三）

（康熙四、三、壬寅）命八旗滿洲、蒙古、漢軍武臣之廕生、監生二十歲以上不能學習者，照各品級給與頂帶，隨旗上朝，給俸。（聖祖一四、二九）

（康熙一〇、四、乙酉）命宗室中除大罪革職人員外，閒散宗室子弟年

十八歲以上及無父之子，俱照披甲例，給以銀米養贍。(聖祖三五、一九)

（**康熙二二、六、庚辰**）議政王大臣等遵旨議覆：閒散宗室十五歲以上及未滿歲數無父幼子，俱給以拖沙喇哈番俸。至革職閒散宗室俱不准給，內革退微職章京等，或貧不能度日，聽其具呈宗人府，察明具奏，月給銀四兩。從之。(聖祖一一〇、三)

（**康熙四四、一二、庚戌**）宗人府題參閒散宗室對德校射時不到，應罰俸。得旨：聞對德無房居住，居於城外，是以未到校射之處。視宗室中有貧無以爲生者，如何使之得所，爾等覈議具奏。尋議：現在宗人府有借放本銀六萬兩，所生利銀二萬兩。應查宗室最貧者，以此利銀二萬兩，酌量給與。從之。(聖祖二二三、一二)

（**乾隆三、六、己丑**）宗人府奏：遣往盛京駐劄之宗室章京富爾善等，請給俸銀、俸米。得旨：從前宗室章京等遣往盛京駐劄，曾加恩賞給伊等銀兩、地畝，何至不能養贍家口？著給與伊等半俸半米。(高宗七〇、一七)

（**嘉慶二二、七、壬子**）諭內閣：八旗滿洲、蒙古、漢軍，例有養贍孤寡錢糧，朕聞宗室覺羅內孤寡人口，向無養贍成例，該衙門如何辦理之處，著宗人府王公查明具奏。尋奏上。得旨：前因宗室覺羅內孤寡人口向無養贍成例，令該衙門查明具奏。茲據奏稱，宗室覺羅孀婦生有子嗣及有可過繼爲子者，向例不待及歲，分別給予養贍銀米。至無可過繼之孀婦及無伯叔兄弟之孤女，向由該族長、佐領等自行辦給，並無養贍成例等語。八旗滿洲、蒙古、漢軍孀婦、孤女，俱有例給養贍錢糧，宗室覺羅內孤寡無依者，尤當加恩贍卹，俾資生計。除宗室覺羅孀婦親子、繼子，仍照向例不待及歲給予養贍外，其宗室孀婦無子可繼者，著每月給予二兩養贍銀米，無伯叔兄弟之孤女，著每月給予養贍銀一兩五錢，覺羅孀婦無子可繼者，著每月給予一兩五錢養贍銀米，無伯叔兄弟之孤女，著每月給予養贍銀一兩，用示推仁矜恤至意。(仁宗三三二、六)

（**嘉慶二三、九、戊戌**）諭內閣：前因京城宗室支派蕃衍，盛京風俗淳厚，物產豐饒，酌量移居，以養以教。前已按名給餉，計歲授租，築室界產，俾安生業。茲朕再蒞陪都，體察邇年市值加增，恐食指稍多之戶，所得餉、租，尚不敷養贍。著加恩將移駐盛京宗室月食餉銀三兩之戶，每年於盛京戶部內倉額徵粟米項下，每戶賞給二十二倉石，春秋兩季照數給領，俾生計益臻寬裕，用示朕布惠推恩至意。(仁宗三四六、一四)

二、王公百官俸給及旅差供應

（一）俸給則例

（**順治一、八、己巳**）定在京文武官員支給俸祿柴直。仍照故明舊例：正一品，文折支俸銀二百一十五兩五錢一分二釐，武九十五兩一分二釐；從一品，文折支銀一百八十三兩八錢四分四釐，武八十一兩六錢九分四釐；正二品，文折支銀一百五十二兩一錢七分六釐，武六十七兩五錢七分六釐；從二品，文折支銀一百二十兩五錢八釐，武五十三兩四錢五分八釐；正三品，文折支銀八十八兩八錢四分，武三十九兩三錢四分；從三品，文折支銀六十六兩九錢一分六釐，武二十九兩五錢六分六釐；正四品，文折支銀六十二兩四分四釐，武二十七兩三錢四釐；從四品，文折支銀五十四兩七錢三分六釐，無武職；正五品，文折支銀四十二兩五錢五分六釐，武一十八兩七錢六釐；從五品，文折支銀三十七兩六錢八分四釐，武十六兩五錢三分四釐；正六品，文折支銀三十五兩四錢六分，武一十五兩二錢一分；從六品，文折支銀二十九兩八分四釐，武一十二兩四錢三分四釐，以下無武職；正七品，折支銀二十七兩四錢九分；從七品，折支銀二十五兩八錢九分六釐；正八品，折支銀二十四兩三錢二釐；從八品，折支銀二十二兩七錢八釐；正九品，折支銀二十一兩一錢一分四釐；從九品，折支銀一十九兩五錢二分。至無品之武官、試百戶，折支銀六兩七錢六分；署試鎮撫，折支銀五兩七錢一分四釐。其本色祿米，文自正一品至從九品，武自正一品至試職，俱一十二石。柴薪，直堂內閣大學士歲額柴薪銀一百四十四兩，直堂一十四名，共銀一百四十兩，加宮保者，每季增柴薪銀六兩；詹事府正詹掌府，如係尚書，歲額柴薪銀一百四十四兩；如係侍郎，一百二十兩；少詹事，七十二兩；府丞，四十八兩；主簿、錄事，各銀二十四兩；歲額直堂十名，共銀一百兩；直廳二名，共銀二十兩；左右春坊諭德兼侍讀、中允兼編修、贊善兼司直、檢討，歲額柴薪銀四十八兩；直堂各八名，各銀八十兩；司經局洗馬兼修撰，歲額柴薪銀四十八兩；直堂七名，共銀七十兩。翰林院大學士，歲額柴薪銀七十二兩；侍讀、侍講、修撰，各四十八兩；編修、檢討，各三十六兩；提督各館少卿，各七十二兩；待詔、孔目，各二十四兩；制誥敕房中書舍人，各三十六兩；庶吉士、譯字官，各一十二兩；帶俸等官照品級加領；翰林院歲額直堂一十五名，共銀一百五十兩；制誥敕房直堂四名，共銀四十兩；提督館直堂一十二名，共銀一百二十兩。吏部尚書，歲額柴薪銀一百四十四兩；侍郎，一百二十兩；郎中、員外、主事，各四十八兩；司務，二十四兩；歲額直堂四十八名，共銀四百八十兩；四司直廳各四名，各銀四十兩；司務廳直廳二名，共銀二十兩。其五部尚書、侍郎、郎中、員外、主事、司務，歲額柴薪俱與吏部同；户部照磨、寶鈔司提舉，歲額柴薪銀各二十四兩；歲額直堂四十七名，共銀四百七十兩。十三司直廳各四名，各銀四十兩；司務、照磨、直廳各二名，各銀二十兩；禮部歲額直堂四十八名，共銀四百八十兩；司務廳直廳二名，共銀二十兩；四司直廳各四名，各銀四十兩；兵部武學教授，歲額柴薪銀三十六兩，訓導二十四兩，京衛經歷二十四兩，五城兵馬司指揮四十八兩，副指揮、吏目，各二十四兩，歲額直堂三十名，共銀三百兩；武選司直廳八名，共銀八十兩；謄黃直廳四名，共銀四十兩；額設清黃柴薪銀七十二兩；歲額車駕司直廳四名，共銀四十兩；職方司直廳看監八名，共銀八十兩；武庫司郎中直廳四名，共銀四十兩；員外、主事，各直廳二名，各銀二十兩；前司主事直廳一名，銀十兩；司務直廳二名，共銀二十兩；刑部照磨、檢校、司獄，歲額柴薪銀各二十四兩；歲額直堂四十五名，共銀四百五十兩；十三司直廳各四名，各銀四十兩，司務、照磨、直廳各二名，各銀二十兩；工部營繕所所正、所副，寶源等局大使、副使，歲額柴薪銀各一十二兩；歲額直堂四十名，共銀四百兩；四司直廳各四名，各銀四十兩；司務、直廳二名，共銀二十兩。都察院左都御史，歲額柴薪銀一百四十四兩；左副都御史，一百二十兩；左僉都御史，七十二兩；經歷，四十八兩；都事、照磨、檢校、司獄，各二十四兩；御史，三十六兩；歲額直堂四十五名，共銀四百五十兩；經歷司直廳四名，共銀四十兩；照磨、司務、直廳各二名，各銀二十兩。通政使司通政使，歲額柴薪銀一百二十兩；左右通政，各七十二兩；左右參議，各四十八兩；經歷、知事，各二十四兩；歲額直堂五十名，共銀五百兩。大理寺正卿，歲額柴薪銀一百二十兩；左右少卿，各七十二兩；寺丞、寺正、寺副，各四十八兩；評事，三十六兩；司務，二十四兩；歲額直堂、直廳二十二名，共銀二百二十兩。六科都給事、左右給事、給事歲額柴薪銀各三十六兩；歲額各科朝房直各四名，各銀四十兩。尚寶司正卿、少卿、司丞，歲額柴薪銀各四十八兩；歲額看朝房直七名，共銀七十兩。中書科中書舍人，歲額柴薪銀三十六兩；試中書舍人，二十四兩；帶俸等官，照品級加領；歲額看朝房直四名，共銀四十兩。太常寺正卿，歲額柴薪銀一百二十兩；少卿，七十二兩；寺丞，四十八兩；典簿、博士、奉祀、祀丞、司樂、協律郎、贊禮郎，各二十四兩；冠帶樂舞生，一十二兩；歲額直堂一十八名，共銀一百八十兩；直廳四名，共銀四十兩；典簿廳直二名，共銀二十兩。光祿寺正卿，歲額柴薪銀一百二十兩；少卿、寺丞，各四十八兩；典簿、録事，各二十四兩；四署署正，各四十八兩；署丞、監事，各二十四兩，銀庫大使，一十二兩；看朝房直四名，共銀四十兩。國子監祭酒，歲額柴薪銀七十二兩；司業，四十八兩；監丞、典簿、博士、助教、學正、學録，各銀二十四兩；歲額直堂一十名，共銀一百兩。太僕寺正卿，歲額柴薪銀一百二十兩；少卿，七十二兩；寺丞，四十八兩；主薄、大使，各二十四兩，歲額直堂十名，共銀一百兩；歲額主薄廳直二名，共銀二十兩。鴻臚寺正卿，歲額柴薪銀七十二兩；少卿、寺丞，各四十八兩；主薄、署丞、鳴贊、序班，各銀二十四兩；歲額直堂二十名，共銀二百兩；主簿廳直二名，共銀二十兩；司賓、司儀二署直，各二名，各銀二十兩；看倉等項直三名，共銀三十兩。行人司司正、司副、行人，歲額柴薪銀各三十六兩；歲額直廳看倉七名，共銀七十兩。欽天監監正、監副、春夏秋冬中五官正，歲額柴薪銀各四十八兩；靈臺郎、保章正、挈壺正、監候正、司晨、司曆、博士、主簿，歲額柴薪銀各二十四兩，加銜者倍之；歲額直堂書房、主簿廳把門、觀象台直，共一十九名，共銀一百九十兩。太醫院院使、院判，歲額柴薪銀各四十八兩；御醫、吏目，各二十四兩；歲額直堂一十名，共銀一百兩。上林苑監、監正、監副，歲額柴薪銀各四十八兩，監丞、典署、署丞、典簿、録事，各二十四兩；歲額直廳四名，共銀四十兩。宗人府經歷，歲額柴薪銀四十八兩；歲額直堂直廳二十名，共銀二百兩。五府都督，歲額直堂八名，計銀八十兩；看朝房二名，共銀二十兩；經歷，歲額柴薪銀四十八兩；都事二十四兩；歲額直廳四名，共銀四十兩；帶俸都督，歲額柴薪銀四十二兩；錦衣衛都督，一百六十八兩；都督同知、都督僉事、都指揮使、都指揮同知，各一百四十四兩；署都指揮僉事、都指揮僉事、指揮使，各一百二十兩；指揮同知，九十六兩；指揮僉事，七十二兩；帶俸指揮使等官，四十八兩；經歷，三十六兩；歲額直堂二十六名，共銀二百六十兩。鎮撫司千户、鎮撫，歲額柴薪銀各四十八兩；歲額直堂四十三名，共銀四百三十兩。（世祖七、一三）

（**順治一、一一、庚戌**）國子監祭酒李若琳條奏太學事宜：一、教官之選補宜速。太學官舊額三十九員，今裁定十四員，尚缺學正、助教等官未補。滿洲子弟濟濟盈庭，授書課習，亟需師儒啓迪。查吏部候選進士、舉人有學行兼優、年力俱富者，乞選補成均，以資多士模範。一、學長之虞餼宜復。太學舊規，監生中有友伴、堂長、禮生等名，率諸生課習、讀書、習禮，今應以二廳六堂分配八旗，每一旗須學長四人，八旗須三十二人，選擇有學有品者充之，照例月食廩米八斗八升。如率子弟讀書有效，咨部量才考用。至太學爲禮法之地，舊設禮生十五人，文廟丁祭、釋菜、執爵、駿奔皆所必需，應月給廩米六斗六升，俟效力年深，量補鴻臚。庶諸生樂業趨事，文教聿興矣。下所司議。（世祖一一、二一）

（順治一一、六、癸未）戶部奏：國家所賴者賦稅，官兵所倚者俸餉，關係匪輕。今約計北直、山東、山西、河南、浙江、江南、陝西、湖廣、江西、福建、廣東十一省，原額地丁銀三千一百六十四萬五千六百六十八兩有奇，內除荒亡蠲免銀六百三十九萬四千兩零，地方存留銀八百三十七萬一千六百九十六兩零，起解各部寺銀二百零七萬六千八十六兩零，該臣部項下銀一千四百八十萬三千八百八十四兩零。內撥給十一年分各省鎮兵餉銀一千一百五十一萬八千四百兩零，應解臣部銀三百二十八萬五千四百八十兩零。又應找撥陝西、廣東、湖廣等處兵餉銀一百八十萬兩，又王公文武滿漢官兵俸餉銀一百九十萬一千一百兩零，計不敷銀四十一萬五千六百兩零。此外有鹽課、關稅銀共二百七十二萬四百兩零，又會議裁扣工食等銀二十九萬九千八百兩零。除補前項不敷銀數外，止應剩銀二百六十萬四千六百兩零。又有臨時水旱災傷蠲免及小民拖欠數目，不能如額；又每遇出征，需用銀米，及採買物料、餵養馬匹草豆、賞賚等項，難以預定；雖此外尚有原無定額雜項銀兩，爲數無多。臣等思錢糧乃國家經費所賴，兵民命脉所關，不容少缺。且滿兵用度全倚月餉，不知營運，拙於謀生；又儧辦馬匹、盔甲、器械，設無贏餘，何以養贍家口？此斷宜預爲籌畫者也。查布政司衙門，有左右二布政使、經歷、照磨、都事、理問、檢校等官七員，每年俸薪、經費、衙役工食共銀二千八百四十一兩零；按察司衙門，有按察使、經歷、照磨、知事、檢校、司獄等官六員，每年俸薪、經費、衙役工食共銀一千七百四十六兩零；一府有知府、同知、通判、推官、經歷、知事、照磨，又教授一員，訓導二員，共十員，每年俸薪、經費、衙役工食共銀二千六百七十兩零；一州有知州、州同、州判、吏目，又有學正一員，訓導二員，共七員，每年俸薪、經費、衙役工食共銀二千一十一兩零；一縣有知縣、縣丞、典史，又有教諭一員，訓導二員，共六員，每年俸薪、經費、衙役工食共銀一千八百二十一兩零；又各省有兵馬道員共一百四十三員，每年俸薪、經費、衙役工食共銀十一萬五千一百五十五兩零；又中軍、守備、千把總等官，共一百七十四員，計每年俸廩銀共一萬九千九百六十八兩零；兵一萬四千九百五十名，計每年需用錢糧銀共二十六萬八千二百五十四兩零，米三萬五千一百石，料一萬九百四十四石，除米豆、草束，共該銀四十萬三千三百七十兩零。或將此中閒冗官員，併無事地方官兵，酌量裁汰，將所裁錢糧，於緊要處養贍滿洲兵丁，似可有裨於國計矣。得旨：所奏每年出入錢糧數目，知道了。內外閒冗官員，吏部會同九卿、詹事、科道等官，確議具奏。其地方無事官兵，應否量行裁汰，著該督撫詳察確議具奏。（世祖八四、二六）

（**順治八、三、癸未**）上召戶部尚書巴哈納等問曰：各官俸銀，用需幾何？應於何月支給？大庫所存，尚有若干？奏曰：俸銀支於四月，共需六十萬兩；今大庫所存，僅有二十萬兩。上曰：大庫之銀，已爲睿王用盡，今當取內庫銀，按時速給。夫各官所以養贍者，賴有俸祿耳。若朕雖貧，亦復何損？（世祖五五、四）

（**康熙三〇、一〇、癸巳**）理藩院議覆：外藩四十九旗輔國公每年給俸銀二百兩，緞七疋，今四十九旗扎薩克台吉及喀爾喀扎薩克台吉等應照輔國公之半支給。從之。（聖祖一五三、一二）

（**雍正三、九、丁酉**）諭戶部：朕體恤臣工，時深軫念，每思經理區畫以贍其俯仰之資。查舊例，在京大小漢官，每年俸米，俱支給十二石。蓋因向日漢官，攜帶家口者少，食指無多。故給米十二石，即可粗足。今見漢官帶家口者多，若俸米仍照舊數，則日用或有不敷，難免內顧之慮。嗣後在京大小漢官，著按俸銀數目，給與俸米，俾祿糈所頒，足供養贍，以示朕加惠群臣之至意。（世宗三六、三）

（**雍正七、一、丙午**）諭蒙古王等：朕思從前所定外藩扎薩克蒙古王等之俸祿，此於內地王等較少者，必非以內外之故，遂有多寡之分也。或因爾蒙古王等人員眾多，且在外藩居住，費用尚爲儉約，而國家錢糧亦或有不敷之處，故將爾等俸祿從少定議耳。今朕恭承上天垂佑，聖祖仁皇帝貽庥，天下太平無事，數年以來，屢登豐稔，國家錢糧，頗爲饒裕。朕爲統馭天下萬物之主，凡事當周詳籌畫而行，爾蒙古王等以下，扎薩克一等台吉以上之俸，今著概行加增一倍賞給。再，平常一等台吉，從前俱無俸祿，今亦著照扎薩克一等台吉等，所食百金之俸賞給。此乃朕特行加恩爾等之處，朕亦未敢遽爲定例，總以國家錢糧之出入，敷與不敷爲定耳。嗣後著戶部，理藩院於每年歲底，將仍給與原俸或加賞之處，會同具奏請旨，朕於臨時酌降諭旨。（世宗七七、一）

（**雍正一〇、五、癸亥**）諭八旗都統等：八旗借支公庫及廣善庫銀兩，數十年來拖欠未完者，尚有四十餘萬。當時原因旗人每遇急需，即向人那貸，以至每年所得俸餉，不足補償，愈至窘乏，於是特設公庫、廣善庫，以周其不足。而伊等罔知感恩，任意花費，至有僞捏事端，一人名下，多至三四千金者。國家庫帑，百姓脂膏，豈容恣其虛詒？盜竊濫用，情甚可惡。是以其人雖故、亦於其子孫弟姪及家下披甲人等俸祿錢糧、坐扣一半、俾人知祖父欠帑、日後爲子孫之累、庶冒領、侵蝕之風可以少息。但八旗官兵賴俸祿錢糧應差、欠帑人數衆多、儻生計艱難、未免有誤公事。著將八旗借欠公庫、廣善庫案內人員、本身已故、將伊子孫等坐扣一半俸餉抵補伊祖父舊欠者、開恩豁免、以降旨之月爲始、照舊賞給。此朕格外之恩、後不爲例。其餘虧空、侵蝕、那移、婪贓等項、仍遵前旨、分別查奏。（世宗一一八、五）

（**雍正一一、三、丙午**）又諭：喀爾喀車臣汗垂扎卜、具奏懇請俸祿。從前未給喀爾喀汗等俸祿者、蓋欲伊等各守舊業、不令同衆扎薩克王等一例將屬下人等另編旗分佐領、是以未給俸祿。今車臣汗垂扎卜既以請給具奏、著給與親王之俸、每年加賞銀二千五百兩、其土謝圖汗、扎薩克圖汗、亦著行文詢問、伊等若不願請俸、仍守舊業、各聽其便、若情願請俸、亦著照車臣汗垂扎卜之例賞給。（世宗一二九、一四）

（**乾隆一、一、丙辰**）給教職俸。諭：教職乃師儒之官、有督課士子之責。蒙皇考世宗憲皇帝加恩優待、屢次訓勉、且與有司一體賞給封典。朕即位以來、念伊等官秩卑微、恐以冗散自居、不思殫心盡職、特加品級、以鼓勵之。查舊例教職兩官同食一俸、未免不敷養廉。著從乾隆元年春季爲始、照各員品級給與全俸。永著爲例。（高宗一一、一五）

（**乾隆一、三、癸卯**）給予告在籍大學士尚書全俸。諭：凡大臣中、有引年求退、奉旨以原官致仕者、均係宣力甚久、素爲國家優禮之人。雖經解組、仍當加恩、以示眷念耆舊之意。現在滿漢大學士及曾爲部院尚書、予告在家者、俱著照其品級、給與全俸。在京於戶部支領、在外於該省藩司支領。永著爲例。（高宗一四、一五）

（**乾隆一、三、丁巳**）戶部議覆：前署湖廣總督、大學士邁柱疏稱、忠峝等十五土司地方、改土爲流、議設知府、同知、通判、知縣、縣丞、經歷、典史、巡檢等官、額編俸銀共八百三十餘兩、各項人夫舖兵、歲給工食共四千九百八十餘兩、請按年在司庫地丁銀兩動支。應如所請。從之。（高宗一五、一二）

（**乾隆一、八、丁丑**）加在京文員俸。諭：俸食爲事君之心、而重祿乃勸臣之道。從前在京文員、俸入未足供其日用、時廑皇考聖懷、是以雍正三年、特旨增添漢官俸米、而各部堂官、又加恩給與雙俸、其餘大小各員、原欲次第加恩、俾得均沾渥澤。今朕仰體皇考嘉惠臣工至意、彷彿雙俸之例、將在京大小文員俸銀、加一倍賞給、令其用度從容、益得專心於官守。所給恩俸、著自乾隆二年春季爲始。再從前賞給各部堂官雙俸時、欽奉皇考諭旨、遇有罰俸事件、止罰正俸、其恩俸仍行支給。今各員所加之俸、亦照此

例行。（高宗二五、一）

（**乾隆二〇、一一、戊戌**）軍機大臣等議復：倉場侍郎雙慶奏：京倉收貯黑豆，積五十餘萬石。請照乾隆十八年例，以豆代粟，抵放俸米，並令在京各官，按照品級承買關支，於廉俸項內扣價。其成色稍低者，分給五城，照時價酌減平糶。應如所請。從之。（高宗五〇一、二〇）

（**乾隆二五、四、乙亥**）諭軍機大臣等：伯克霍集斯、和什克伯克、額色尹、瑪木特、圖爾都和卓等安置京師，著照伊等應得俸銀，賞給祿米，以資養贍。嗣後在京安置回人，俱遵照辦理。（高宗六一〇、一）

（**乾隆二五、七、甲辰**）改定督撫及各道食俸數。戶部議覆：湖北布政使公泰奏稱，道員向有參政、參議、副使、僉事等銜，俸銀分別三、四、五品支給。乾隆十八年，奉旨俱爲正四品，停其兼銜。品級既經改正，食俸應照品級。今查湖北、河南、陝西等省道員，原編俸銀照三品一百三兩者九缺，江蘇省九十五兩者一缺。請嗣後道員食俸，俱照四品支給。應如所請。再各省督撫，均兼尚書侍郎銜，其俸銀亦應照兼銜。查兩江、兩廣、湖廣、閩浙總督，俱兼尚書銜，而食俸仍照二品、三品。江蘇、浙江、廣東、福建、湖北、湖南巡撫，俱兼侍郎銜，而食俸仍照三品。應請將各省兼尚書銜之總督，均支食一品俸；兼侍郎銜之巡撫，均支食二品俸，通行遵照。從之。（高宗六一六、三）

（**乾隆二七、一一、壬午**）諭：今年京師諸物價昂，各大臣官員等應扣俸項，已施恩展限一季。諸王等借俸、罰俸等項，應行坐扣者，亦著於明年春季免其全扣，仍支給一半，於下季扣抵。其竟不得俸銀者，如莊親王、果親王罰俸一年之處，著施恩免其半年。（高宗六七五、八）

（**乾隆二八、三、己卯**）諭：去年將官員等秋季應扣各項銀兩，曾經降旨，俱令展限一季。今年春季官員等扣項，該部俱照例坐扣。但今正值青黃不接之際，諸物價值，尚未平減。著加恩三品以下官員，今年春季俸銀內所扣各項銀兩，仍照上年秋季全支之例，俱行找給，下季再行坐扣。（高宗六八三、一〇）

（**乾隆二九、四、庚寅**）禮部議准：伯都訥副都統扎隆阿奏稱，伯都訥地方監獄，應添設無俸從九品醫官一員，照吉林之例，由驛站官屯壯丁民人內挑補，給與十二人口糧及藥價銀兩。從之。（高宗七〇八、一二）

（**乾隆五三、七、壬戌**）予大學士雙俸雙米。諭：向來六部尚書侍郎，每年俱給予雙俸雙米，而大學士之兼管部務者，則照尚書例，俸米俱屬雙支，其不兼部務之大學士，每年係雙俸單米。大學士領袖班聯，職分較大，

所得俸米，比尚書轉少，殊未允協。嗣後大學士之不兼部務者，亦著加恩給予雙俸雙米，以符體制。（高宗一三〇八、五）

（**乾隆五九、一二、辛酉**）諭：本年春間得雨稍遲，入夏後雨水較多，現在錢價過賤，自因銀兩短少之故。且錢價既賤，物價未免昂貴，官員、兵丁，生計稍艱。著加恩自王以下，滿漢各官，俱賞借半年俸銀。其閑散宗室、覺羅、八旗兵丁，各賞借半年餉銀。均作爲三年，按季按月扣還歸款，以示朕加惠官兵，恩施無已之意。（高宗一四六六、一四）

（**嘉慶一、六、庚寅**）更定官員支領俸米例。諭內閣，向來各省運京漕糧，俱係交貯通倉，嗣因文武微員，遠赴通州關米，不無糜費，因加恩交部酌議，改運京倉收貯給發，原以示體卹之意。惟是改貯京倉後，運丁又須赴京交米。雖津貼之費，原在該丁等餘米之內，並非另有增添，但多一周折，未免多一番勞費。嗣後江浙白糧俸米，應仍舊運貯通倉，在文武官員等，皆有廉俸公費，原可赴通支領，不在省此錙銖腳費。至他項俸米，或可仍照新例就近在京倉關支，不致另有耗費，或一併照舊均行改歸通倉之處，著交戶部，會同倉場，悉心詳議具奏，以期經久無弊，兩有裨益，方爲妥善。尋議奏：江浙白糧，應遵旨仍舊運貯通倉，至漕糧俸米，與白糧運京情形不同，毫無貼費，自應仍照乾隆五十九年新例辦理。惟查向來官員應領俸米三色，白糧最少，若令赴通支領，是每季須兩處領米，既屬分歧，且腳費或逾米價，莫如將白糧概行劃歸在通領米之王公大臣支領，其在京領米之文武官員應領白糧，全以稉米抵放。再文武各員，既裁其上色白糧，若將下色粟米仍令支領，未免偏枯。應將此項粟米，劃歸王公大臣，而將王公大臣應領稉米，抵給文武各員。辦理平允，可期永遠遵行。報可。（仁宗六、九）

（二）養廉津貼及其則例

（**順治四、四、甲午**）戶部酌議官員經費，言文職官員除額設俸薪外，有必不可缺之費用、衙役等項，所以資養廉、供使令也。前朝半取給於額派，半取給於贖鍰，殊無畫一之條。今取舊牘，悉心參酌，自督、撫、按、藩、臬、守、令，以及佐貳、教職，按官之崇卑，事之繁簡，以定經費、衙役之多寡。即明列條編冊中，照數徵派，按季關支。此外毫有私增，即計贓論罪。從之。（世祖三一、二〇）

（**康熙二六、七、丙午**）大學士等奏：戶部請裁公費。上曰：目下國計充裕，所爭不在於此，況貧官需此以資生者甚多，豈可盡裁？著仍照見行例行。（聖祖一三〇、二八；東九、三八）

(**雍正三、三、丁卯**)諭雲貴總督高其倬、貴州巡撫毛文銓、提督趙珅等：黔省狆苗最爲不法，上年三、四月間，輒敢蟻聚搶奪集市，定廣協副將領兵驅逐，官兵多被損傷。至八月間，撫提會調兵丁二千名，委員進勦，於九月行至定番州，兵丁強買民物，喧鬧罷市，暮抵谷藺地方，夜火不戢，又復焚毀熟苗五寨，以致民苗合圍射傷官兵。夫師出以律，乃沿途騷擾平民，激變熟苗，種種強橫，何漫無法紀竟至如此！且狆苗及紅黑諸苗之巢穴，附在各州縣者，種類不一，出沒無常，朕意與其有事而加勦撫，孰若未事而預爲計畫？黔省文武各官，委靡成風，匪伊朝夕，爾等須大爲整頓，身先倡率。文自司道以至府州縣衞，惟撫恤是務；武自鎮協以至參遊備弁，惟操練是勤。務使民無派累之苦，兵無怠玩之習。將見各處向化熟苗，必皆舉踵企慕，擇其頭目中淳良可用者，命該管官宣播恩德，加以優賚，俾各愛養所屬，以備驅策。其有干紀犯科者，從而重懲，以示警戒。不一二年間，內地之民莫不感激奮勵。已附之夷人，胥皆畏威懷惠，彼狆苗及紅黑諸苗，多與漢姦聲氣相通，自當俛首帖耳，望風慴息，猶敢縱肆猖獗乎？設有怙惡不悛者，亦必審察，果係族類衆多，稔惡渠魁，始遣熟苗頭目先行招撫，撫之不從，然後行知所在將弁，塞其奔逸之路。一面命熟苗頭目率伊部落前往勦捕，大兵從而繼之，自獲全勝。所獲牲畜等物，即頒賞熟苗，酬其功績，將勞效尤著之輩，或奏請賜一職銜。如是平定一、二處，則其餘不待招撫，而歸誠恐後矣。至於直省各員，俱有火耗羨餘，畀之養廉。黔省錢糧額寡，耗羨無幾，或以養廉不足，加派民苗。然州縣員缺較他省無多，猶易爲設法。莫若將各項陋規通盤查清，即以本省之所出，還濟本省之公用，似屬允協。聞自巡撫、提鎮及司道等官，各有納糧官莊，每歲收米千百石至數十石不等，府州縣亦間有之。此皆國家正賦，豈容私行隱占？又聞貴陽、鎮遠、安順、普安四處榷稅，每歲抽收一、二萬金，而報解正項，不過數千。思南、威寧、黔西、大定、畢節等處，俱有過往牛、馬、銅、鹽並落地等稅，每歲可收至八九千金，少亦不下二三千金，而報解正項，不過數百。此等府州縣，養廉太覺有餘。至若都勻、思州、石阡、平越、獨山、麻哈、廣順、定番、清鎮、安平等處養廉，又甚屬不足。一省之中，豐嗇縣殊，安可不爲調劑？嗣後爾督撫，應將各處稅課逐一清查，每年盈餘若干，量留該管官養廉，餘者貯庫，並將文武各員所占官莊交納之米，盡數貯倉，闔省錢糧耗羨，一總提解，合此三項，通行會計，自巡撫、司道以下及府州縣，分別衝僻繁簡，酌定養廉之數，而派與之。如此，則溥徧均平，缺美者無虧空之虞，缺苦者亦不致科累民苗。上下俱無染指，各員咸得奉公盡職矣。再者除養廉外，量存數千金貯司庫，以備賞犒兵丁、苗猓之用，亦未始非裨益地方之一助也。爾等其周思詳議，具摺陳奏，務令官民兩賴，可以永久行之無弊。庶幾地方寧輯，民苗樂利，以副朕懷遠籌邊之至意。（世宗三〇、三七）

（**雍正五、一、丁未**）諭內閣：各省將軍，俱已量給養廉銀兩，惟奉天、黑龍江、船廠三處將軍，並無養廉之項，著將長蘆鹽課餘銀內，動用六千兩，分給三處將軍。至旗下大臣及有職掌之官員，亦宜量給養廉，著動用兩浙鹽課餘銀一萬兩，分給兩翼前鋒統領、護軍統領、前鋒參領、護軍參領、前鋒侍衛等。再動用兩淮鹽課餘銀二萬四千兩，分給八旗都統以下至參領等官。（世宗五二、二一）

（**雍正五、三、癸卯**）署湖廣總督福敏摺奏：臣奉命至楚，任事之後，即查衙門從前陋規，盡已革除。惟武昌廠稅一項，每年約計贏餘六七千或七八千不等。又鹽商未裁禮銀四千兩，前任督臣楊宗仁留此為總督養廉之用。臣非敢矯廉干譽，緣受恩深重，自奉過厚，踧踖難安，除一切用度外，計餘銀四千兩。今因饑民停賑，恐青黃不接易致乏食，即以存銀買米散賑，用廣皇仁。至兩省刑名錢穀，事務殷繁，必須幕賓相助辦理，所需修金等項，臣俱於歲底將支用存貯細數，另行奏聞。奉上諭：此事汝不必矯廉，汝係暫時署理，若令後任難乎為繼，亦非情理之平。督撫衙門養廉，自當酌定數目，朕豈有令汝等枵腹從事之理？況一切賞犒兵弁、延納幕賓之需，有斷不可省者。山西、陝西、河南督撫養廉，朕皆許以三萬金，因楚省何項可作督撫養廉，朕未周知，難以批諭耳。汝膺署理之任，正可一秉公恕，斟酌允當之數，隨便附奏。（世宗五四、二一）

（**雍正六、九、癸丑**）諭內閣：陝屬之河西官員等，奉職邊方，地瘠事繁，非內地可比。加以承辦大差，更多勞費，朕心深為軫念。聞向來各官養廉，皆於徵糧耗米內，分派支給。朕思耗糧一項，未能充補大小官員之用。查三邊稅務，有贏餘銀兩。著總督岳鍾琪，會同該撫，將河西道、府、廳、州、縣、衛、所，分別大小、衝僻，於河西稅羨耗糧二項下，比照陝員銀數支給，以為養廉之費，具習奏聞，即行辦理。俾伊等用度從容，勤於職業，以副朕加恩邊地官員之至意。（世宗七三、五）

（**雍正六、一一、乙丑**）諭內閣：湖南官員養廉，已令該撫將通省耗羨計算，均勻分給。又該省各府雜稅銀兩項下，有報出贏餘銀七千二百二十兩，著該撫將此項添入，亦可少資各官養廉之用。（世宗七五、一四）

（**雍正六、一一、乙亥**）諭戶部：滇省邊鎮諸臣，用度不敷，朕深為軫念。著將報明公件餘剩銀一萬三千兩，全行賞給提鎮等官，以為養廉。若有贏

餘，令該提鎮酌爲營伍公事之用，以副朕眷念邊鎮之至意。(世宗七五、二四)

（**雍正六、一二、庚子**）諭戶部：江南錢糧，積欠甚多，總理務在得人，分查亦須專責。著戶部侍郎王璣、刑部侍郎彭維新前往，會同署巡撫尹繼善、巡察御史伊拉齊、布政使趙向奎總理其事。其分查各府大員，蘇州府，著交與知府徐永祐，蘇郡事務煩多，著該督撫委員代理；松江府，著派浙江杭嘉湖道王溯維，其杭嘉湖道員缺，著李衛委員署理；常州府，著派蘇松糧道馮景夏，若馮景夏輪當押運之年，著總漕張大有委員代管押運；鎮江府，著派福建汀漳道朱鴻緒；太倉州，著派湖廣岳常道溫而遜，其汀漳道、岳常道印務，著該督撫委員署理；江淮揚三府及徐、通、邳、海四州分查大員，著各部院堂官，於在京科道及部屬內，揀選保舉引見派出。至協查各府所屬州縣，應用四十餘員，亦著各部院堂官，於候補、候選州縣，及曾任江南之州縣因公罣誤，無虧空未完者，各舉所知，並將吏部記名人員，一併帶領引見，候旨命往。若在京派往之員，或不敷用，或不能勝任，著尹繼善、趙向奎、徐永祐、王溯維、馮景夏、朱鴻緒、溫而遜將所知堪任清查之員，各行保舉，該署撫會同總理大臣奏聞。現今浙江總督李衛，管理江南督緝之事，此清查積欠事務，亦令李衛與聞。其總理大臣、分查協查各員，作何分別給與日用養廉之資，著該部議奏。(世宗七六、一五)

（**雍正七、一、辛未**）戶部遵旨議覆：清查江南積欠錢糧，其分查各府，於欽派五員外，應再派四員；協查各州縣，應派四十九員。其總理大臣，每員應給養廉銀三千兩，分查，每員一千兩，協查，每員四百兩。得旨：著御史戴永椿、給事中錢兆沆、禮部郎中許均、刑部郎中胡增耀前往分查；協查之員，著派魏化麟等二十三員；其不敷用人員，著總理大臣、分查大員各行保舉，以足戶部所議之數。(世宗七七、一三)

（**雍正一〇、三、戊寅**）諭內閣：向因武員養廉不敷，以致扣剋兵餉，是以酌定親丁名糧，以爲養贍家口之費；又因營伍公用無資，定有額兵百名准抽二名之例。似此曲加體恤，無非施恩於弁員，使應有之兵數，再無虛冒，以收戎行之實用也。近聞各省中。尚有數處不能全除空糧之弊，或於親丁名糧之外，仍有家人、長隨頂名支領者。又有字識、匠作之類，亦得濫充額數，暗佔兵糧者。且或遊手之輩，賄求濫充，而勇力之人，轉不得入選。每遇調撥差用，則委靡退縮，不耐勞苦。前歲湖廣提標，曾以兵丁二百名，調補鎮筸四營，其中逃避者，即已過半。又如援勦黔苗時，提標兵丁，往來鎮筸六里等處，跋前躓後，行役維艱。國家歲費帑金，養一兵，期獲一兵之用，若實存之名數，既有空虛，而在伍之兵丁，又復怯懦不振，則所謂武備修明者安在乎？著該管大臣，用心稽查，勤加訓練，務將陋規永革，諸弊悉除。毋得溺於積習，苟且因循，負朕委用。儻屢經訓飭之後，仍有不知悛改者，定當加以嚴譴。（世宗一一六、一二）

（**雍正一一、八、丙辰**）大學士管翰林院掌院事張廷玉等遵旨議奏：新科庶吉士蒙恩議給廩餼，謹酌每月各給銀四兩五錢，其器用什物向工部支取，並撥給官房一所，為教習館，令庶吉士等肄業其中；新刊上諭，每人各賜一部；內府所刊經史詩文，每種頒發三部，永遠存貯館內，以資課習。從之。（世宗一三四、六）

（**雍正一三、六、乙亥**）諭戶部：各省從前辦公，無項可動，上下共相捐應，官民並受其累。即各官薪米之需，皆取給於該地方之耗羨，而地方大小不一，多寡亦不均平，往往不能固其所守，此人人洞悉其弊者。山西巡撫諾敏始請提解耗羨之法，後各省督撫次第效法。將經年費用之款項，衙門事務之繁簡，議定公費，派給養廉，俾公事私用，咸足取資。自行此法以來，吏治稍得澄清，閭閻咸免擾累。此中利益，乃內外之所共知共見者。各省布政司職掌錢糧之總匯，自應加意慎重。其應批解者隨時查催，不使拖欠；其應支給者，嚴加稽核，不致冒濫。庶財用常充，而官民永受其益。乃數年以來朕留心體察，外省布政使中竟有庸劣無識之人，將此項銀兩視為無足重輕之物，而不念其為民脂民膏。或那補借支，或任意費用，前任含糊交代，後任不便深求，竟將有關國計民生之項，漸成紙上空談。而督撫亦不查察。似此，日久愈難清楚矣。在當日舉行之初，朕原降旨，此事若善於奉行，則地方可受其益；儻奉行之不善，則地方轉受其累；各省之能行與否，總聽該督撫自為酌量，並未強其一例通行也。今覽近日情形，恐漸有不妥之處，將來貽人以口實，則非朕准行之本意也。著戶部先行查明各省公費養廉銀兩，其有按年造冊咨送查核無差者，無庸清查外，其並未造冊咨送及雖有冊籍而籠統開造者，其中必有不清之處，即著勒定限期，令造清冊，送部查核。至於清查之法，應自該省議定公費養廉之年分起，至前任卸事之日止，將額徵公費完欠、雜支同餘剩未給各數目，按年歸款。各官養廉照依正署、起止月日、應得分數並扣除空缺，逐一徹底清查。其收數內有拖欠未完者，分別可否著追；其支數內有透動加增者，分別是否應給。現在各年應存銀兩有無那移、虧缺，分晰接受，催追著落完補。嗣後按年分晰造冊，隨同奏銷錢糧各冊，咨送戶部核銷。如此，則各省存公銀兩，可以漸次清理，而接任各官收支，亦必慎重，於國計民生，均有裨益矣。（世宗一五七、四）

（**乾隆一、一、甲子**）福建巡撫盧焯奏：州縣養廉，宜按年全支，以資

辦公。得旨：此奏是。即照此辦理。將奏聞奉旨處存案，並咨部知之。(高宗一一、二五)

(乾隆一、二、甲戌)定江南佐雜養廉。諭曰：聞江南佐雜等官，向來未議養廉，該省事務繁多，差譴絡繹，倍於他省，微員俸少力薄，未免衣食艱難。查江蘇有不充餉之鹽規銀兩，安徽司庫有存公耗羨銀兩，著總督趙宏恩、巡撫顧琮、趙國麟，公同查核，仿照江西、湖廣之例，酌定數目，每年賞給，以爲養廉，示朕體恤微員之至意。(高宗一二、一六)

(乾隆一、二、壬辰)大學士張廷玉、尚書海望議覆：江南總督趙宏恩、織造李英疏稱，龍江西新關務，需用解費添平水脚銀一萬五千兩，每年織造、關稅兩衙門，養廉一萬五千兩，請於贏餘項下動支；舊有歲收衙規照驗單票等項，約銀一萬兩，亦請於贏餘銀內支存備用。均應如奏行。從之。(高宗一三、二五)

(乾隆一、六、辛巳)戶部議准：奉天將軍那蘇圖奏請，將軍衙門辦事官員，照盛京五部司員例，管檔主事一員，每月給公費銀三兩；筆帖式十一員，每員月給公費銀一兩；協領四員，照郎中例，每員月給公費銀三兩；佐領等官十員、防禦四員，照員外郎主事例，每員月給公費銀二兩二錢；驍騎校五員，照司務廳例，每員月給銀一兩五錢。在盛京戶部庫支領。從之。(高宗二一、六)

(乾隆一、六、癸未)給京員養廉。諭總理事務王大臣：國家命官分職，亮采宣猷，固欲各矢公忠，共襄國事；然必俯仰無憂，而後可以專心效職。朕臨御以來，洞知京員俸祿所入未足供其日用，深爲厪念。祇以量入爲出，國有常經；必須籌畫周詳，始可施行久遠。今查得戶部有平餘銀兩，係各省與正供隨解之項，每年約有十六七萬金不等。此項銀兩，在內在外，原存貯以備公事之用者，若即以分給部院辦事之人，作爲養廉，於情理亦爲允協。著總理事務王大臣等，查明部院各衙門事務之繁簡，官員之多寡，其原有飯銀已足敷用者，無庸賞給；其不敷者，酌量加添；其向來並無飯銀者，酌量給與。至翰、詹、京堂等衙門，雖事務不繁，而淡薄較部院更甚，均當令其一體沾恩。可按數分派，詳悉妥議具奏。再外省武職俸錄之外，尚有心紅紙張及親丁名糧之屬，而旗員別無養廉，此亦久厪朕懷者。前已加恩將步軍營之章京等，量給空糧，資其用度。今參佐等員，其有空糧者，無庸賞給外，其未經賞給者，亦應照例分別賞給，以昭朕優恤文武臣工之至意。總理事務王大臣，其一併妥議具奏。(高宗二一、八)

(乾隆一、七、辛酉)署四川巡撫、兵部侍郎王士俊奏：遵旨酌議川省各官養廉，即在地丁耗銀內清扣，併陳川省近來私派盡革，養廉又少，辦事多致周章，或有可籌畫之處，即當陳請。得旨：是。徐徐經理，不可急遽更張，亦不可因循怠惰。（高宗二三、二九）

（乾隆一、八、壬申）加上下江學政養廉。諭曰：各省學政，有衡文育材之責，關係綦重。從前各賞養廉，資其用度，俾得堅持操守，砥礪廉隅，衡鑑公明，共襄國家作人之鉅典。天下人文繁盛，應試眾多者，莫如江南。學政養廉，江蘇二千兩，安徽一千五百兩，較他省為少，以此養贍家口，延致幕客，未免不敷，所當加恩體恤者。著從今秋為始，上下兩江學政養廉，各賞銀四千兩，使伊等用度從容，益得盡心於職業，以副朕任官課士之至意。（高宗二四、一四）

（乾隆二、四、辛未）禁收童生卷價。諭：聞安徽所屬地方。應試童生，有完納卷價之陋例，其費彙交知府；直隸州除修葺考棚外，有餘則補學政養廉之不足。雖每童所出不過錢數十文，而在貧寒書生，亦不免拮据之苦，且學政養廉，朕已特頒諭旨，加至四千兩，甚屬寬裕，更不必取資於卷價。至於修葺考棚，乃地方之公事，應動存公銀兩辦理者。著將童生交納卷價一事，永行禁止，毋使不肖官員及胥吏人等，借名苛索，致滋擾累。（高宗四〇、三二）

（乾隆二、七、丁亥）又諭：昨據戶部議覆，淮安關監督唐英因各項經費及書役飯食不敷，請動贏餘一案，行令江南總督慶復會同該監督等，各就地方情形籌畫，使吏役人等，養贍有資，不致多虧稅課之處，妥議具奏等語。朕思商民皆為赤子，輕徭薄賦，俾人人實沾惠澤，乃朕愛養黎庶之本懷。但恐官吏不能實力奉行，仍多取巧以飽私橐，則徒於國課有虧，而於商民無益。即如年來各省關稅較前額數大減矣，而其取之商民者，仍似未減。若關稅果已減輕，則商貨價值，亦應平賤；今京師貨物勝貴，仍復如前，可知商民未得實沾減稅之益矣。至於在官胥役，自不能枵腹辦事，如果能弊絕風清，於商賈毫無需索，即動撥贏餘，以為伊等養贍之資，亦理之當然，朕所不惜者。若司出納之臣，以為贏餘既已歸公，不便輕動，而又欲使胥吏得以養贍，伊等豈能為無米之炊，不重索之商民，更有何術乎？是朕欲恤商，而商民未得沾減稅之益，轉以籌畫胥吏，而商民更受加稅之苦矣。江南淮安等關，或因胥吏添設過多，以致工食不足，則當量行裁汰。且查管關官員養廉之數，亦覺太豐，亦可通融分給。如再有不敷，則於贏餘項內。動用以補之。但亦必須酌定額數，不得任意加增。務使胥役有餬口之資，不致暗取陋規，營私作弊；而商民往來，得實受朕輕徭薄賦之恩，方為妥協。恐慶復等未能深知朕意，可寄信曉諭之。（高宗四六、二）

（乾隆二、九、戊子）户部議覆：順天府府尹陳守創奏言，府丞、治中、通判等，亦係地方官，應照直省地方官例，酌予養廉。查府丞等官，駐劄京城，既不得支領恩俸，又不能與外官一例，應照府尹每年養廉四百之數遞減：府丞，二百四十兩；治中，二百兩；通判，一百六十兩，以資家口盤費。其餘經歷等七官，查直隸佐雜，從前原無養廉，惟照本俸各加一倍，與京職相同，而無俸米，庶内外畫一。得旨：如所議行。（高宗五〇、四）

（乾隆二、九、壬辰）户部議覆：蘇州巡撫邵基疏稱，蘇州、鎮江、淮安、大河、揚州五衛事務甚繁，請照江淮、興武二衛之例，每衛各給養廉銀五百兩。其太倉、鎮海、金山、儀徵、徐州五衛，事務稍簡，每衛各給養廉銀四百兩。均應如所請。以乾隆元年爲始，一體支給。從之。（高宗五〇、二九）

（乾隆二、九、辛亥）吏部議覆：太僕寺卿蔣漣奏，直省各官養廉應令就近支領。查道府養廉，爲數既多，若在州縣支領，恐滋弊竇。其州縣佐雜等，應如所奏，在該處徵銀内撥給，按季册報。得旨：依議。州縣以下等官養廉於各州縣就近支給，可省解司赴領之煩。仍令該管上司不時稽察，毋得啟豫領、透支等弊。（高宗五一、二〇）

（乾隆二、閏九、丁丑）户部議覆：兩淮鹽政三保疏請，淮分司所屬劉莊、五佑、新興、廟灣四場，改隸泰分司管轄；泰分司所屬拼茶、角斜二場，改隸通分司管轄。所有原定養廉，淮分司三千二百兩、泰分司二千七百兩、通分司二千二百兩，多寡不同，原因缺有繁簡。今既改隸，事務適均，請將淮分司養廉内裁減五百兩，撥給通分司，各養廉二千七百兩。又板浦一場，因徐瀆場裁併，養廉六百兩，莞瀆一場，養廉四百兩。今莞瀆、徐瀆、板浦三場，分爲板浦、中正二場，事務適均，請將二場各給養廉五百兩。又白駒場裁併草堰，馬塘場裁併石港，餘中場裁併餘西，事務增繁，請各增給養廉一百兩。從之。（高宗五三、六）

（乾隆二、一一、癸酉）又諭：署直隸河道總督顧琮養廉四千兩，稍不敷用，現在副總河已經裁缺，所有養廉銀二千兩，著一併賞給。（高宗五七、二）

（乾隆三、三、甲寅）大學士管川陝總督查郎阿奏：駐劄西寧總理青海夷番事務副都統巴寧阿，咨請應需養廉。查前任該處副都統，奉旨給養廉銀六千兩，自應照例支給。疏入，報聞。（高宗六四、七）

（乾隆三、五、己巳）（户部）又議准：甘肅巡撫元展成疏請，安西、靖遠同知、通判，照寧夏水利官員之例，每員給公費銀三百六十兩；柳溝等四衛，照内地次衝州縣，給公費銀三百六十兩。赤金一所，照内地簡僻之縣，給公費銀一百六十兩。均於乾隆三年爲始，於司庫公用項内動支。從之。

(高宗六九、七)

(乾隆三、六、丙午) 户部議准：廣西巡撫楊超曾疏請，將桂、平、潯三廠贏餘稅銀，增給苗疆府、州、縣養廉。從之。(高宗七一、一六)

(乾隆四、四、乙巳) (兩江總督那蘇圖)又奏：向來江省塘工水利人員，日用薪水，給有養廉。請將欽差汪漋、德爾敏，每月酌給養廉銀二百兩。得旨：著照所議行。(高宗九一、一九)

(乾隆四、五、辛亥) 户部議准，倉場侍郎宗室塞爾赫等奏：京通十五倉，滿漢監督，共三十員。每員每年，請酌給養廉銀三百兩。至通州三倉監督，應得變賣蔴袋、白糧飯銀，既給養廉，請將此項存貯通庫，以作開放白糧辦公之用。從之。(高宗九二、七)

(乾隆四、六、甲辰) (江蘇巡撫張渠)又奏：巡撫養廉不敷辦公，請照督臣衙門另給公費之例減半，每年賞給公費銀二千兩。得旨：此在汝可耳。著照所請行，將奉旨處咨部知之。(高宗九五、一八)

(乾隆四、七、丙午) 户部議准：給廣西新設鹽運司知事，每歲養廉銀一百二十兩。從之。(高宗九六、三)

(乾隆四、八、壬寅) 諭：據江蘇巡撫張渠奏稱，江蘇按察使孔傳焕，先在江寧驛鹽道任內，私自多支平餘銀一千七百餘兩，本年三月間，經署道晏斯盛查出通詳並請另案歸結。臣因檢查雍正八年原奏，驛道議給養廉銀五千五百兩，內在上江藩庫支銀三千兩，下江藩庫支銀二千兩，其餘五百兩，即在該道餘平銀內支給。後雖咨請加增，部議實未覆准。……且孔傳焕平日辦事，不獨昏憒糊塗，抑且全不寓目。計其任事，已逾三月，審解之案，不滿三十件，率意闒茸，任催罔應，必不能勝臬司之任等語。孔傳焕著解任。摺內所參情由，即交與巡撫張渠嚴查定議具奏。江蘇按察使事務，著翁藻暫行署理。(高宗九九、二一)

(乾隆四、九、戊午) 增直隸總河養廉。諭曰：直隸總河養廉四千兩，實不敷用。從前曾賞給六千兩，係正副二員分用。今藩司因副總河已裁，仍照四千兩之例給與，未免稍覺拮据。以後每年著賞六千兩，永以爲例。(高宗一〇〇、二〇)

(乾隆四、一二、壬午) 江蘇巡撫張渠奏：遵旨密議，江寧驛鹽巡道，援照安蘇二糧道例，請增養廉。查鹽道較糧道管辦事務，繁簡迥殊。原議養廉五千五百兩，已屬寬餘。毋庸議增。惟鹽道養廉，向係上江司庫撥三千兩，下江司庫撥二千兩，其餘五百兩，另於道庫平餘銀內動支。請嗣後統於下江司庫支領。得旨：如所請行。(高宗一〇六、二二)

第三章　財政支出 / 519

（乾隆六、一、乙未）兩廣總督馬爾泰奏：兩省鹽羨餘銀，各項公用支應外，歲有存積。而兩粵提鎮，除親丁俸薪，別無所入，辦公實難。東省前於鹽課殘引項下，歲給提鎮，人三四百兩，各鎮尚可資藉；提督所轄員弁營伍甚多，公私用度紛繁，拮据實甚。應於鹽餘內，歲給千金，為賞需用。至西省一提二鎮，親丁內馬糧較少，兩鎮俱屬邊瘴，亦應照東省各鎮，歲給三四百金。再督臣衙門，另有各種鹽例陋規，已積至二萬餘兩，而廣西南寧府城垣，多有傾圮，各州縣養廉，多寡不等，有終歲止得三四百金者。請即將前項修整城垣，餘銀生息，以助養廉甚少之州縣。得旨：著如所議行。（高宗一三五、一九）

（乾隆六、五、癸巳）[廣西右江鎮總兵張朝宣]又奏謝賞給鹽課餘銀。得旨：所以加賞養廉者，亦令汝等日給從容，整飭營伍耳。若訓練不勤，操守不清，則賞以示恩，罰以示懲，豈有偏廢之理乎？（高宗一四三、三〇）

（乾隆六、七、丙戌）豁免山東各屬未完、空缺等項養廉銀三千七百六十七兩有奇；已徵在官，侵隱未解，及衛所各官，雍正三、四兩年透動存留耗羨銀五千七百八十八兩有奇；又雍正二年至六年州縣養廉透動耗羨銀八萬三百一十六兩有奇。從山東巡撫朱定元請也。（高宗一四七、一五）

（乾隆六、九、辛卯）（閩浙總督宗室德沛）又奏：老鹽倉以西，草塘改建石工。奉旨：著傅森、伊拉齊公同監修。該將軍織造，養廉有限，請照按察使完顏偉查察工程之例，每年各給銀五百兩，以資往來盤費。得旨：此不過暫往，何得同完顏偉耶？（高宗一五一、二二）

（乾隆六、一一、辛卯）（江蘇巡撫陳大受）又奏：下江事務殷繁，前撫臣尹繼善、喬世臣、顧琮，在於關稅例規，每年提解四五千兩不等，以備公事之需。又經前撫臣張渠、徐士林各奏養廉不敷，請於江安、蘇州糧道及海關道衙門平餘銀內，每年提解二千兩，以為公用。俱蒙俞允。今臣調任下江，應得養廉，實覺不足。合無仰懇恩准，照前撫例提解。得旨：照徐士林之例行。（高宗一五五、二三）

（乾隆八、五、辛亥）安徽巡撫範璨奏：各關有口岸近而事簡者，裁委官一員，書役二十名；其巡船工食一切雜費，及現在官役飯食、紙張等項，概以九折核給。歲可節存銀三千餘兩。再蕪關稅課，向係按季解部，若改為兩季，歲又可節存銀九百餘兩。得旨：是。咨部知之。（高宗一九三、一六）

（乾隆八、九、庚子）戶部議覆：閩浙總督那蘇圖覆奏，閩省鹽政，應行酌改各款。查場員薪水銀二千八百六十兩，節據該督彙同各場役食等銀，於每年奏銷，造入長價錢水等冊內，報部查核在案。其籠支羨餘等銀，一千七百一十七兩，向無報部之案。今該督等既稱係從前在外准收，所有單開年得薪水、籤支羨餘等銀。共四千五百七十七兩，應如所請，准照舊收取，以資辦公。又單開西河、浦下二館，事務甚繁，年給薪水，實不敷用，請於裁減州縣規禮銀內，撥湊銀二百兩，亦應如所請辦理。其單開王祥團歸公籤支銀六十兩，應解貯道庫，以充公用，均按年造入長價錢水等冊內，報部查核。至州縣各官業已按照事務繁簡，給有養廉，何得於養廉外，又復議給鹽規？即各州縣中，或有原定養廉不敷，尚須酌給公費者，亦止應核查實屬不敷州縣量給，未便任意概議加增。況州縣於鹺務，原有考成、緝私、追欠等項，本屬分內，何得以水客在其轄下，裁革規禮？恐其懷私歧視爲詞。所有單開各州縣廳年收規禮銀一萬八十四兩，內除撥湊西河、浦下二百兩准支外，其酌給各該州縣銀五千七百四十四兩，應令再行確查。如原定養廉已敷，則此項毋庸議給；若果不敷，必須酌給，據實查明，分晰具題核議。其單開下剩充公銀四千一百四十兩，俟將酌給各州縣規禮查明具題之日再議。至從前奏報水客致送規禮，有一千兩以外之處，該督既稱原係訪聞，今逐加核實，確係自二十四兩至七百餘兩不等，並無千兩以外州縣等語。應毋庸議。又稱哨丁，向係在場於誠謹鄉民內募充，並非兵丁派撥，專爲巡查、督曬、緝私而設，今請酌汰一十七名，其餘照舊存留。應如所請。從之。（高宗二〇一、七）

（**乾隆八、一一、己酉**）定織造養廉額。尚書納親議奏，前據杭州織造管北新關務蘇赫納奏稱，織造兼理關務，江寧、蘇州兩處，各項經費均有定額，惟北新關向無定額，由管關之員按年支銷，期滿奏聞，亦未造冊報部。錢糧理應慎重，關口每歲員吏、丁役一切雜費，約需銀一萬五百六十餘兩，請於一年期滿，造冊送部查覈。至養廉爲辦公日用幕脩等需，從前亦無定額，聽管關之員自行支用，多寡不齊，請交內務府酌定章程。旋據內務府議奏：查江寧龍江關辦公銀一萬五千兩、養廉銀一萬五千兩，蘇州織造兼管滸墅關養廉銀二萬二千兩，今專管織造，養廉銀一萬兩，從前管北新關務各員，約支養廉銀一萬二三千兩不等。惟伊拉齊任內，每歲支一萬兩，應照此定額，久遠遵行等語。查杭州至京，較江寧、蘇州爲遠，除織造應得鹽規養廉銀一千六百兩外，再酌給銀一萬兩，似無浮多。應照內務府議定額，至蘇州織造，祇支養廉銀一萬兩，亦屬允當。惟江寧未免過多，應一律定爲一萬兩。將來如有交別員兼管者，已有本任養廉，不准再支，從之。（高宗二〇五、二〇）

（**乾隆一〇、三、癸巳**）增廣西同知、通判及州縣各官養廉。諭：廣西地處邊遠，聞各官養廉，有不敷用者。蓋緣酌議之初，皆就各地方餘潤之多寡，以定數目，是以參差不等。其不足之員，應思變通之法，以濟其艱窘。上年朕特降諭旨，令那蘇圖、託庸，將州縣以及同知、通判各官，秉公確查。何員應增若干；並將何項銀兩，酌撥萬金給與，逐一妥議具奏。今據那蘇圖、託庸奏稱，臣等率同司道，細覈通省同知、通判、州縣等官，除原撥養廉耗羨，已足敷用。或經管鹽務等項，現有餘潤，並未缺少者，均毋庸增給外，其餘四十九缺，按其事務之繁簡，地方之衝僻，擬增養廉四百兩者二缺，增三百兩者九缺，增二百兩者二十七缺，增一百兩者十一缺，共需萬金之數。查粵省鹽務項下額徵西稅銀兩，係屬正項，可以動撥。謹繕清單進呈等語。著照那蘇圖、託庸所議之數，從本年爲始，即行增給。俾各員等用度寬舒，潔己奉公，以副朕體恤臣工之至意。原單並發。該部即遵諭行。（高宗二三七、六）

（乾隆一〇、七、乙亥）［户部］又議准：閩浙總督馬爾泰疏稱，閩省各州縣，原派養廉，多不敷用，前經督臣那蘇圖奏請酌給鹽規銀辦公，查鹽規一項，計銀一萬零八十四兩。原議各州縣酌留之數，自四十八兩起至二百兩止，共計五千七百四十四兩。今量行覈減，止給四千九百六十四兩。至西河、浦下二處委員，仍照原定二百兩撥補，餘銀解貯道庫歸公。從之。（高宗二四四、七）

（乾隆一〇、八、丁未）户部議覆：盛京佐領管理中江稅務監督恩特奏，中江稅務，向未設立衙署，監督併書役人等，俱係賃房居住，其解送錢糧等費，稅員自行經理，辦公每至拮据。請照領給盤費之例，於火耗銀内動支等語。查中江稅差，原派盛京部員就近徵收，並未設經費銀兩，續因揀派京員前往，道里遥遠，始行議給盤費。今該監督以各項經費繁多，請照例支用火耗銀兩，自應酌量給與，以資辦公。從之。（高宗二四六、一〇）

（乾隆一〇、一一、辛未）諭：朕即位以來，厪念八旗兵丁生計，增添錢糧，賞借庫銀，酌給官地官房，復屢加恩賚，曲爲籌辦。而伊等生計，仍未能寬裕。實因生齒日繁，一時難以比户充贍，朕當緩爲籌畫。至於各旗都統等，雖已賞給坐糧養廉，而生計亦未寬裕，應如何按照伊等職任繁簡，分別增給養廉，動用何項錢糧；又辦事章京内，有未經給與坐糧養廉者，應如何加恩給與得項之處，著軍機處詳悉議奏。尋奏：領侍衛内大臣，每年各賞給銀九百兩；滿洲都統，各七百兩；蒙古、漢軍都統、前鋒統領、護軍統領，各六百兩；滿洲副都統、步軍統領，各五百兩；蒙古、漢軍副都統、内大臣、散秩大臣、鑾儀使、上駟院、武備院卿、步軍翼尉，各四百兩。歲共需銀六萬三千九百兩。至辦事章京內,惟印務章京,未有養廉。請照副參領之例給與,歲共需銀二萬二千五百兩。通計大臣官員,需銀八萬六千四百兩。除領侍衛內大臣等原有養廉外,餘不敷銀四萬六千四百兩,每年由户部領取。大臣等定爲二季,於三月支給十分之四,十月支給十分之六。在軍營之大臣,各按原職支給;賞給副都統銜之在軍營者,照蒙古、漢軍副都統例支給;參領等員,年終支給。其領侍衛內大臣處生息銀兩,向交廣儲司,今歲不敷養廉銀,請暫於廣儲司滋生銀內領用。得旨:依議。其不敷賞之銀,著於户部銀庫飯銀內動用。(高宗二五二、七)

(**乾隆一二、三、丁未**)諭軍機大臣等:兩淮、天津,設有鹽運使二缺,並無多辦事件。其責任不過稽查錢糧出入,尚不如各道員有刑名、地方等事,其所得養廉款項,反數倍於各道員,殊爲未協。着該鹽政查明,酌留若干,期於敷用,其餘悉行裁減,歸於公項。以有餘補不足,酌盈劑虛之道,亦當如此。向來該鹽政節省養廉,以及平餘等項,每年請旨,此項亦著入於此內,一併具奏請旨。尋長蘆鹽政伊拉齊奏:長蘆舊定運使等員養廉,爲數過多,請照山東運使等員之例,運使五千兩,運同二千兩,運判一千六百兩,餘裁減歸公。通計每年實在歸公銀六千一百二十兩,即於本年爲始,扣存運庫,歲底奏解。又兩淮鹽政吉慶奏:查運使養廉,較各道爲多,請酌留四千兩。自本年丁卯綱爲始,其減存銀二千兩,入於奏報節省摺內。請旨報聞。(高宗二八七、二)

(**乾隆一二、五、己亥**)諭軍機大臣等:各省督撫養廉,有二三萬兩者,有僅止數千兩者。在督撫俱屬辦理公務,而養廉多寡懸殊,似屬未均。著軍機大臣等酌量地方遠近、事務繁簡、用度多寡,量爲衰益,定議具奏。尋議:查各督撫養廉銀,現在湖廣總督一萬五千兩,兩廣一萬五千兩,江蘇巡撫一萬二千兩,江西、浙江、湖南、湖北、四川各一萬兩,不甚懸殊,無庸置議外,直隸幾輔重地,事務繁多,總督養廉止一萬二千兩,較各省覺少,請增銀三千兩,山東、山西、河南三省,同屬近地,事務用度亦屬相倣,且俱係兼管提督,而山東、山西二省各二萬兩,河南止一萬二千兩,請將山東、山西二省各減五千兩,河南增三千兩,各成一萬五千兩之數。廣東巡撫一萬五千兩,廣西止八千四百餘兩,雖廣東用度稍多,然相去太遠,請將廣東減二千兩,廣西增一千六百兩,以足一萬兩之數。再川陝總督雖有節制邊方、犒賞兵丁之費,然養廉三萬兩,較各省過多;而西安、甘肅二省巡撫,西安居腹裏,甘肅爲邊地,乃西安二萬兩,甘肅止一萬一千九百兩,請將川陝總督減五千兩,西安巡撫減八千兩,甘肅巡撫增一百兩,以足一萬二千兩之數。閩浙總督其道里遠近，事務繁簡與兩廣相仿，而養廉二萬一千兩，未免過多，請減三千兩。福建巡撫養廉一萬二千兩，未免不敷，請增一千兩。江蘇巡撫養廉銀一萬二千兩，安徽則止八千兩，雲南巡撫一萬五百五十兩，貴州則止八千五百兩，亦屬未均，請將安徽巡撫增二千兩，貴州增一千五百兩，以足一萬兩之數。至各省督撫養廉，間有奇零，乃從前據火耗之額定數。今既經定制，零數應刪。請將兩江總督養廉銀一萬八千二百兩內去零銀二百兩，雲貴總督、雲南巡撫各去銀五百五十兩。從之。（高宗二九〇、一五）

（**乾隆一三、二、丙寅**）又諭：向來鹽政衙門，有贏餘閒款銀兩，存留運庫，為各項幫貼雜費之用。昔年皇祖巡幸，遇有賞賚及辦差之需，多於此內動給，後因雍正年間，巡幸未舉，遂將此項奏明歸公。今朕此次東巡，扈從人等，俱各謹遵約束，安靜無擾。伊等出差，雖賞給盤費、俸餉、馬匹，亦不至於拮据，但既扈從勤勞，而又安靜奉法，宜加恩賚。此次隨來之王公大臣暨官員兵丁拜唐阿等，俱著加恩賞賚，所需銀兩，即於長蘆鹽庫存留公項銀內動給。其應作何分別等第之處，著總理行營王大臣等議奏。嗣後每年令兩淮鹽政解銀十萬兩，長蘆鹽政解銀五萬兩交內務府，以備此等行幸賞賜之用。（高宗三〇八、一二）

（**乾隆一三、閏七、辛巳**）又諭：向來蘇州織造，每年有養廉銀三萬餘兩，海保在任時，兼管關務，支銷過多。嗣經訥親奏定，每年養廉銀一萬兩，滸關監督，定以養廉銀一萬二千兩。一應辦具，俱在此項動用。今滸關亦交圖拉管理，若因其已有織造養廉，此項不應重給，則以一萬兩之養廉，兼辦安寧所辦各項，自有不敷；若將滸關養廉一併賞給圖拉，未免過多。可傳諭圖拉，令其將兩處辦貢等項，酌量每年需銀之數，悉心核定；其應行核減若干，據實奏聞。（高宗三二一、四一）

（**乾隆一三、一〇、丁未**）戶部議准：護四川巡撫宋厚奏稱：辦理糧務之員，應每年給養廉銀二千兩，隨帶員外、主事，每月四十兩，紙張、筆墨銀，每月六兩。書吏，每月口糧銀四兩。經略，每月養廉銀一千兩，賞需銀一萬兩。書吏，每名盤費銀四兩，紙張、筆墨銀，每月十二兩。內大臣、護軍統領等，每月行裝銀三百兩，每日鹽菜銀五錢。二三等侍衛，行裝銀一百二十兩，鹽菜銀一錢四分。藍翎侍衛，鹽菜銀八分。又被擄逃回及投誠番民，日支口糧米八合三勺或炒麪一升，俟蕩平，另議安插住支。再，西路加調官兵，增運糧餉，應購買騾馬三百頭，平坦處所，安設馱運，每匹價銀八兩。從之。（高宗三二七、二一）

（**乾隆一四、九、乙亥**）安徽巡撫衛哲治奏：鳳陽關向設委官六員，每員歲給養廉銀一百兩，嗣經裁去二員。今監督事務，奉旨命鳳陽府知府兼管。正陽大關，稽查彈壓需員。查鳳陽府通判，分駐正陽，請就近委令查辦。原減委官二員養廉銀二百兩，即給該通判支領。報聞。（高宗三四九、三二）

（乾隆一四、一〇、甲申） 諭軍機大臣等：前因麗柱身爲鹽政，統轄商人，乃與之往來交結，是以傳諭申飭。今據覆奏，惟以訓誨周詳，曲賜寬宥等浮泛套語，含混敷衍，其如何與相往來交結情節，及實在知過改悔，並無一語奏及，甚屬朦混。著伊將如何交結之處，明白回奏。至養廉項內辦貢一節，何至需用一萬二千兩之多？長蘆較兩淮事務簡少，嗣後著以一萬五千兩，爲鹽政養廉，所餘銀兩，及上年奏明節省之四千五百兩，一併解交。（高宗三五〇、二二）

（乾隆一四、一二、丙子） 定外任借支養廉例。諭：給事中葛峻起奏，請申嚴私放官債之弊一摺。欲使月選各官，知所顧惜，而射利之徒，不得居奇巧取，意非不善，而未得善爲辦理之道。蓋折扣重利之債，本非人所樂從，特迫於程限，資斧維艱，宿逋負累，不能不出於稱貸，即重利有所不顧耳。若如該給事中所奏，定以治罪之條、處分之例，勢必稱貸無門，於人事多所未便，更或私相授受，居奇者益逞其挾制之術，轉致陽奉陰違，有名無實。又孰從而禁之？朕思外任官各有養廉，本該員應得之項，但例應到任後起支。今若於引見得缺之後，准其於戶部具呈豫支，酌量道路之遠近以定多寡，知照該上司，於該員到任後扣除歸款，不願者聽。一轉移間，將扣折重利之弊，可不禁自止。此雖細故，而曲體人情，實乃加恩格外。如此而尚有簠簋不飭，侵牟剝民，罔恤官箴者，繩以重辟，其又奚辭？其如何分別省分，著爲定數，著九卿詳悉定議具奏。至所奏嚴禁聽信長隨之弊，仍屬空言。其何以責成各督撫禁止之處，亦著九卿一併議奏。尋議：雲南道、府，酌借銀一千兩，州、縣，六百兩，同知、通判，四百兩，州同、州判，二百兩，在部領憑之佐雜等官六十兩。貴州道、府，九百兩，州、縣，五百兩，同知、通判，三百五十兩，州同、州判，一百五十兩，佐雜等官五十兩。四川、廣東、廣西、福建、甘肅、湖南，道、府，八百兩，州、縣，四百兩，同知、通判，二百兩，州同、州判，一百二十兩，佐雜等官四十兩。江西、浙江、湖北、江蘇、安徽、陝西，道、府，七百兩，州、縣，三百兩，同知、通判，二百五十兩，州同、州判，一百兩，佐雜等官四十兩。奉天、河南、山東、山西，道、府，五百兩，州、縣，二百兩，同知、通判，一百五十兩，州同、州判，八十兩，佐雜等官四十兩。直隸道、府，三百兩，州、縣，一百五十兩，同知、通判，一百兩，州同、州判，六十兩，佐雜等官三十兩。均俟引見得缺後，吏部彙行知照戶部，有情願借支者，即持憑赴部具呈，取具連名互結，劄庫照發，不願者聽。知照該督撫，到任後，於應得養廉，限一年內分作四季扣完。至雲貴離京最遠，所借養廉較多，奉天向因額徵耗羨無幾，原定養廉較少，准一年半內扣完。並令該督撫，將所扣銀於歲底彙解部庫。至揀發道府以下試用人員，請按分發省分，照實授官減半酌給，委署有缺時坐扣。如有陞遷、調任、丁憂者，即咨行新任調任扣抵。其赴京起復候補，有續借銀，亦於新任內接扣。參革告病等官，於本員名下勒追，在途病故，及到任後尚未扣清而病故者，於通省道府以下，例應借支養廉等官攤扣。至所奏嚴禁聽信長隨之弊，久有例禁，請嗣後令督撫轉飭各該上司，按季查覈，如奉行不力，將該上司照失察例議處，督撫照不行詳查例查議。從之。（高宗三五四、一）

（**乾隆一五、三、甲寅**）軍機大臣等奏：長蘆、兩淮運使養廉，初定本屬過優，前經各鹽政奏請酌減，長蘆減為五千，兩淮減為四千。惟河東運使原定一萬兩，自雍正十三年前鹽政孫嘉淦奏減四千兩後，至今尚多於長蘆、兩淮，亦應一體酌減。請照山西各道之例，減為四千兩，餘令充公。再長蘆鹽政、山東運使，較兩淮事簡而養廉轉多，亦請減為四千兩。得旨：是。（高宗三六〇、一八）

（**乾隆一六、九、己巳**）戶部議覆：閩浙總督喀爾吉善奏稱，福建延平府屬南平縣縣丞，移駐峽陽；建寧府屬甌寧縣縣丞，移駐嵐下街。所有離縣遼遠，附近峽陽之壽嚴、吉田、塘源、建興、梅北、安福等里額徵米銀，及附近嵐下之梅歧等十六圖漁課，請歸該縣丞徵。嗣後田畝買賣推收，長遠分隸，命盜事件，仍由縣審轉；戶婚田土等項，責成縣丞審理。再，該縣丞既分理刑名，所有原設養廉四十兩外，請加增一百二十兩，即於分徵耗羨內支給。應如所請。其添建衙署，該督另疏具題。從之。（高宗三九八、一四）

（**乾隆一八、一二、壬午**）定外任武職借支養廉例。諭：前因文職官員，自京赴任，盤費維艱，往往重利借貸，是以准其豫借養廉。武職官員，未經議及。嗣後副將以下，著加恩照文員之例，一體准其借給。其應作何酌量省分及扣除歸款之處，交該部分別定議。尋議：除八旗駐防官員，例支廩給路費，及不由部選之衛所守備千總，各省在外拔補之千把，均毋庸議外，其副將以下等官，應按省分職銜定議。雲南，副將借銀四百兩，參將二百四十兩，遊擊二百兩，都司一百五十兩，守備一百兩；貴州，副將借銀三百六十兩，參將二百二十兩，遊擊一百八十兩，都司一百三十兩，守備九十兩，均限二年扣繳。四川、廣東、廣西、福建、甘肅、湖南,副將借銀三百二十兩,參將二百兩,遊擊一百六十兩,都司衛守備一百二十兩,營守備八十兩,衛所千總六十兩,營千總四十兩。江西、浙江、湖北、江蘇、安徽、陝西、副將借銀二百八十兩,參將一百八十兩,遊擊一百四十兩,都司衛守備一百兩,營守備七十兩,衛所千總五十兩,營千總三十五兩,均限一年半扣繳。河南、山東、山西,副將借銀二百四十兩,參將一百五十兩,遊擊一百二十兩,都司九十兩,衛守備八十兩,營守備六十兩,衛所千總四十兩,營千總三十兩。直隸,副將借銀二百兩,參將一百二十兩,遊擊一百兩,都司七十兩,衛守備六十兩,營守備五十兩,千總二十五兩,均限一年扣繳。統於引見得缺後,兵部彙知戶部。盤費缺乏者,令該弁持劄赴部具領;不願者聽,仍知照各省,俟該弁到任後,於名糧養廉內,按限扣歸。從之。(高宗四五二、一)

(**乾隆一九、七、丁未**)湖北巡撫張若震奏:湖北原定養廉六百兩之州縣,內遠安、南漳、光化、均州、鄖縣、鄖西、房縣、保康、竹山、竹谿、興山、長陽、巴東、建始、當陽等十五州縣,地要事繁,實不敷用;應各增銀二百兩。擬於原定一千三百兩之漢陽、黃陂、孝感、荊門、江陵,一千二百兩之興國、蘄州,一千一百兩之黃岡、蘄水、沔陽、天門,等十一州縣,各減二百兩。一千兩之監利、武昌、黃梅、大冶、蒲圻、嘉魚、麻城等七縣,並九百兩之廣澤縣,各減一百兩,加給不敷州縣。得旨:減有餘,補不足,可行之事也。(高宗四六九、二五)

(**乾隆二一、九、乙未**)九江關監督辦理窰務尤拔世奏:請將監督養廉一萬一千兩,照道府本任支領二千兩,其餘九千兩,移爲燒造瓷器之用。得旨:此皆細事,不足較。至汝在鳳陽關,將部駁普福不應免之項,沽譽寬免,且又不豫奏請旨,是屬何心?汝其明白奏來。(高宗五二一、一五)

(**乾隆二二、四、壬午**)戶部議准:調任湖南巡撫陳宏謀疏稱,前因衡陽縣事繁,分設清泉一縣。所有衡陽縣額賦,半撥清泉縣徵收。裁衡陽府同知官俸改撥清泉縣知縣,裁司獄改撥清泉典史。知縣養廉一千二百兩,除同知六百兩外,應另增六百兩。各項祀典支銷,兩縣酌半分撥。衡陽原進武生十五名,請增一名,兩縣各得八名。撥衡陽縣倉穀六千石,以爲清泉縣常平、社倉積儲之用。從之。(高宗五三七、二一)

(**乾隆二三、二、己卯**)戶部議准:雲南巡撫劉藻奏,前裁中甸州判,移楚雄同知於中甸,議給養廉六百兩。部議以數增原額,覆令覈題。查原議移員養廉,較楚雄原額雖增二百兩,但裁二爲一,且該員有查驗進藏商販、

徵收錢糧諸務，請仍照原議數增給。從之。（高宗五五七、一四）

（**乾隆二三、八、庚午**）户部議覆：湖北巡撫莊有恭奏稱，湖北各驛丞原管驛站錢糧，向無養廉。現錢糧統歸州縣管理，其酌留之東湖、山陂、港口、停前、石橋、孱陵、呂堰、建陽等八驛丞，請每員給銀六十兩；兼管驛務之團風、陽邏、仙居口三巡檢，每員三十兩，於江夏等縣額設養廉銀內支撥。應如所請。從之。（高宗五六九、三）

（**乾隆二四、一二、庚辰**）諭：前因月選官由京赴任，資斧不無拮据，曾經加恩准其在部借給養廉，於到任後扣還。其佐雜微員，在籍候選，雖與需次京師者有間，而道里遠近不一，伊等微末之員，或因按限赴任，措置路費，不免揭借滋累，亦堪軫念。著一體加恩，就伊等本省領憑之後，准於藩庫內呈借養廉，以示體恤。其作何分別程期、酌定數目，及扣還報部之處，該部定議具奏。尋議：在本省領憑赴任，五百里至一千里以外者，州同、州判酌借銀六十兩，佐雜三十兩；二千里以外者，州同、州判八十兩，佐雜四十兩；三千五百里以外者，州同、州判一百兩；五千里以外者，州同、州判一百二十兩，佐雜俱五十兩；七千里以外者，州同、州判一百五十兩；八千里以外者，州同、州判二百兩，佐雜俱六十兩。於各本省司庫耗羨銀內給發，按季報部。仍知照任所各督撫，俟該員到任後，照在部借支之例，於養廉內分季扣還。從之。（高宗六〇二、六）

（**乾隆二五、二、乙巳**）湖南巡撫馮鈐議准：布政使許松佶奏稱，鳳凰營通判駐劄鎮篁，土地瘠苦，苗猺雜出，詞訟皆歸審辦。又有兵民交涉事件，較永綏、乾州兩廳為倍繁，其額設養廉五百兩，不敷辦公。永州府同知原定苗疆難缺，增給養廉銀一百兩；今已將苗疆難字樣刪除，應即以所增養廉銀酌減，撥補鳳凰廳通判。得旨：如所議行。（高宗六〇七、二〇）

（**乾隆二五、一〇、丁丑**）吏部等部議准：總督銜管理甘肅巡撫事吳達善條奏，安西五衛地方，經部議准，改為一府三縣。應行事宜，……一、道、府、丞、倅，並知縣、佐雜、教職各員，均地處極邊，食物昂貴，差務紛繁，俸銀請仍按品級照例支給。其養廉公費，安西道於歲額養廉三千兩外，給公費銀五百兩；知府照內地歲支養廉銀二千兩外，給公費銀五百兩；巴里坤同知，照舊歲給養廉八百兩，公費三百六十兩外，增公費一百四十兩；哈密通判，照舊歲給養廉六百兩、公費三百六十兩外，增公費一百四十兩；新設三縣知縣，應歲支養廉六百兩，公費四百兩。淵泉縣分駐馬蓮井縣丞，應歲支養廉四百兩；府經歷，三百兩；三縣典史，二百兩；教授、訓導，例無養廉，各給公費六十兩。……應如所請。從之。（高宗六二二、九）

(乾隆二五、一二、己丑) 定駐劄回部厄魯特辦事大臣等養廉。軍機大臣議覆：回部厄魯特駐劄大臣，事務繁雜，每歲請各給養廉銀二千兩。查西藏、西寧坐辦事務之大臣，均歲給養廉銀三千兩，未免過優，請於駐劄西藏大臣養廉內各減銀五百兩，駐劄西寧大臣養廉內各減銀一千五百兩，歸入駐劄西路辦事養廉款內。從之。(高宗六二七、九)

(乾隆二五、一二、丙戌) 又諭曰：安泰等奏稱烏嚕木齊等處耕種地畝，需用牛隻等語。甘省素產驢頭，用以耕種，原可以代牛力。且發價購買，尚屬易辦。現已降旨五吉、永寧，令其於巴里坤、哈密及喀爾喀之貿易商民，帶有富餘牛隻、驢頭，酌量採買。著傳諭楊應琚於肅州一帶，按照該處情形，不拘數目，量爲採買驢頭，陸續解往烏嚕木齊，交與安泰等備用可也。但不可以此累民。(高宗六二七、五)

(乾隆二六、二、乙酉) 吏部等部議覆：兩江總督尹繼善疏稱，江寧添設布政司，應照蘇州布政司之例，設理問、庫官各一員。……均應如所請。至各直省布政使養廉，從前各照本省額徵耗羨酌定，但事務繁簡不同，自宜多寡適均。今江寧新設布政使，應給養廉銀八千兩。其直隸、江蘇兩省，原定各一萬兩，應各裁減一千兩。山東、河南、福建、陝西、廣東五省，原定各一萬兩，應各裁減二千兩。山西原定九千兩，應裁減一千兩。湖南原定八千三百兩，應裁減三百兩。雲南原定八千四百兩，應裁減四百兩。至江西原定七千二百兩，應增八百兩。貴州原定四千五百兩，應增五百兩。廣西原定五千五百二十兩，應增四百八十兩。其安徽、湖北、四川三省，原定各八千兩，浙江、甘肅兩省原定各七千兩，應仍其舊。從之。(高宗六三〇、二一)

(乾隆二六、四、戊戌) 山西巡撫鄂弼奏：太原省城駐防滿營城守尉一員，歲僅支俸銀一百三十兩，米一百三十斛。今春駕幸五臺，荷蒙詢及，令酌給養廉，今議照直隸保定城守尉例，歲支養廉二百兩。得旨：如所議行。(高宗六三五、二七)

(乾隆二六、一一、甲子) 諭：前因西陲平定，新疆廣闊，所有移駐大臣官兵，歲需養廉經費，比前或致增多。是以特命在外辦事大臣等，詳查奏聞。頃據舒赫德覆奏，軍機大臣通行較覈，則葉爾羌、喀什噶爾等城駐防應需各項，合之陝甘節省諸費，視未用兵以前，不但絕無所增，實可減用三分之二。其屯墾自給之糧，既可不糜運費，且將來種地日開，所入倍當充裕，又不在此時約計之內。此皆一一指數可按者。前用兵之初，庸愚無職之徒，好生浮議，朕固不屑深辯，今武功大定，又或以長駕遠馭，不無多耗內地物力爲疑。今經查覈，不但未曾多費，而且有所節省。夫天子不言有無，國家有當用者，雖累臣萬，不可惜也。朕非錙銖較量，但因西陲用兵，始末所關，不得不詳爲剖晰，以曉庸衆，俾知此番武定，並非耗帑勤遠之爲。將此通諭中外知之。（高宗六四九、三四；東一九、二五）

（**乾隆二八、八、乙酉**）軍機大臣等奏：查哈密、巴里坤、伊犂、葉爾羌等處，官兵養廉鹽菜等項，曾經覈算，每年共須銀四十三、四萬兩。今伊犂、烏嚕木齊二處增設官兵，約須增銀一、二萬兩。合之各城舊額，每年不過四十五、六萬兩。若於甘肅等處裁徹兵丁馬乾等項，節省六十六萬餘兩內支用，每年尚可節省十八九萬餘兩。即將來索倫、察哈爾各兵一千，莊浪、涼州兵三千，攜眷移駐後，廉俸鹽菜，雖又加增，計尚有京口、杭州所裁漢軍兵丁分例，可給索倫、察哈爾等兵。濟州、莊浪官兵，仍得原舊分例，無庸議增。報聞。（高宗六九二、二）

（**乾隆二八、一二、辛丑**）諭：從前外任道府以下各官，由京赴任，加恩借給養廉，以資路費，原屬體卹伊等，俾免重利揭借之累。嗣因伊等竟有既借官項，仍復揭借多金，致市儈隨任索取，遂登參牘者，是以部議停止。今思外任人員，得缺之始，資斧維艱，轉令壟斷之徒，以官項既停，乘間居奇，行李益致拮据。是豫借養廉一事，本屬善政，爲一二不自愛惜之員，輒行中止，未免因噎廢食。嗣後仍著加恩，准其借給。但赴任人員內，情形各有不同，從前一概准借，並無區別，現在應作何分晰妥辦，及扣還時，遇有無著人員，應作何通融還項之處，著該部詳定章程，妥議具奏。尋議：酌借銀數、扣還限期，著追攤扣，俱照原例外，其捐班有力者，不准借支。丁憂、終養、告病、起復、降調，前任借款扣抵未完，應將未完項截算借支。全未扣繳者，不准續借。已經借支之告病降補，一年外不領文赴補者，及終養、丁憂、養親事畢，服闋後，一年不領文赴補者，該旗籍勒限著追。陞調、丁憂、起復、參休、告病未扣養廉病故，實在無著者，於原任地方攤扣。從之。（高宗七〇一、七）

（**乾隆三〇、閏二、己酉**）軍機大臣等奏，遵旨查明浙省杭嘉湖道，兼管海防，事務繁劇，額設養廉僅二千五百兩，而糧、鹽兩道，各額設五千兩。請各撥五百兩，增作海防道養廉。得旨：是。（高宗七三〇、五）

（**乾隆三〇、閏二、乙亥**）是月，安徽廬鳳道兼管鳳陽關稅務卓爾岱奏：臣道任養廉，儘敷公用；所有本年關任養廉銀六千兩，辦公銀六千兩，毋庸支領。得旨：嗣後於關任養廉內，每年賞汝一千兩。即後任亦照此辦理。（高宗七三一、一九）

（**乾隆三三、二、甲申**）軍機大臣等議奏：上年查辦各省將軍都統養廉，所有江寧將軍應得銀，因尹繼善曾記另有鹽規一款，未經報部，奏請行查。今據高晉等奏，鹽規及地租二項，每年將軍得銀三千零六十二兩，合之原編隨旗歲支名糧，通計四千五百五十兩，爲數過多，應酌定歲給養廉二千五百兩；其江寧左右副都統，監規及地租二項，每年各得銀五百九十六兩，合之原編隨甲歲支名糧，通計各得一千六百七十餘兩，亦屬過多，應酌定歲給養廉各五百兩。至地租一項，應於每年徵收後，歸駐防營內充公，其裁扣銀，請存貯司庫，歸款辨理。從之。（高宗八〇五、二十三）

（乾隆三三、三、乙未）户部議准：調任江蘇巡撫明德奏稱，江蘇同知養廉，例給五百兩，通判四百兩，辦公俱屬不敷。查蘇州督糧同知、太湖同知，地廣事繁，請各增五百兩。其餘同知九，通判十，各增一百兩。清河縣原定一千三百五十兩，請增四百五十兩。崇明縣原定一千兩，請增三百兩。至武進、陽湖二縣，原定各一千六百兩，請裁武進一百兩，陽湖四百兩。高郵、寶應、金匱三州縣，原定各一千五百兩，請各裁三百兩。奉賢、青浦二縣，原定各一千五百兩，請各裁五百兩。常熟、昭文、崑山、新陽、江陰、溧陽、泰州、鹽城、阜寧、鎮洋、嘉定十一州縣，原定各一千二百兩，請各裁二百兩。從之。（高宗八〇六、一〇）

（乾隆三四、一、庚戌）軍機大臣會同禮部等部議奏：據各督撫遵旨覆奏到，各省學政按臨各府州，隨帶鋪陳家人、幕友、夫馬、船隻。除直隸等十四省向係學政自行發價雇覓，仍照舊外，其廣西、湖南、雲南、貴州四省，係官爲供應，應禁止，一體責令自雇。至護送勅印、扛擡文册箱夫馬，各省亦未畫一。請嗣後學政考竣一府，即將尋常文卷封固，交提調官徑送學政衙門。其必應隨帶者，用夫十二名護送勅印，用馬四匹；路險，加夫四名。水路，船一隻，遇灘險加小船二隻。均於驛站夫馬、船隻內撥給報銷。餘夫馬暨日用食物，令自行雇覓。如濫應、濫索並短發價值及發價後州縣繳回學政收受者，令該督撫參奏。督撫徇隱，併議處。再各省考棚，一切應用之物及學政衙門額設書役工食，應酌動公項報部，不得令地方官再行捐備。至學政養廉，各省原額多寡不等，殊未平允。今查直隸、江蘇、安徽、陝甘、山東、山西、福建、雲南，原定各四千兩；湖南三千六百兩，均毋庸另議。其河南六千六百六十六兩，廣東四千五百兩，浙江二千五百兩，加學租餘銀一千七百兩，應均以四千兩爲額，計減三千三百六十六兩；其江西原定二千四百兩，酌增一千一百兩；廣西原定二千兩，四川三千兩，貴州二千七百兩，湖北三千兩，俱酌增至三千二百兩，尚餘一百六十餘兩。查奉天府丞兼管學政原定養廉四百兩，應以此項增給。從之。（高宗八二七、一五）

（乾隆三四、一二、丙子）又諭：據喀寧阿奏，盤查司庫雜項銀兩，有前撫良卿，長支本年冬季養廉銀九百九十餘兩，係原任布政使張逢堯經放。請將張逢堯交部嚴加議處，其良卿豫支銀兩，並於張逢堯名下勒令追賠。再張逢堯進京陛見，亦曾借支養廉銀九百三十餘兩，現在移咨追解。又良卿尚有豫支三十五年春季養廉銀八百兩，高積署布政使時，長支養廉銀七百八十餘兩，皆係高積經放，歸於審案著追等語。各省養廉，例應按季支放，今黔省既有透支之事，恐他省似此者亦所不免。著再申諭各督撫藩司嗣後無諭大小等官養廉，一概不准透支。其藩司自支養廉，並將支用日期，報明督撫存案。如有故違豫支者，該督撫即行參究追賠；如督撫徇隱不奏，及自行濫支者，一經發覺，將督撫藩司一併從重治罪。至張逢堯身爲藩司，乃於良卿豫支養廉，徇情透給，且於起身時，自行豫借養廉，均屬違例。張逢堯著交部嚴加議處，所有伊經放之良卿豫支養廉及伊借支養廉，共一千九百二十餘兩，均著落張逢堯名下十倍賠繳，以示懲儆。（高宗八四九、二七）

（乾隆三六、一一、丁未）軍機大臣等奏：軍機處滿漢章京四十餘人，蒙恩每年於戶部銀庫內，賞銀四千兩；步軍統領官員番役等，蒙恩每年賞官租銀三千餘兩，尚不敷辦公之用。請於內務府官員，賞給賣薄價銀三萬兩內，每年拔出八千兩，添給軍機處五千兩，步軍統領衙門三千兩。從之。（高宗八九六、一八）

（乾隆三九、一二、己亥）軍機大臣議奏：烏嚕木齊參贊大臣，前經奉旨改爲都統。經部議准，烏嚕木齊都統，視本身官階支領養廉，照京城蒙古漢軍都統例，支領在案。今烏嚕木齊領隊大臣永慶、古城領隊大臣永安、巴里坤領隊大臣德雲等，俱由京城副都統前往該處。伊等應領養廉等項，亦應照烏嚕木齊都統辦理。所有烏嚕木齊每年養廉六百兩，巴里坤每年養廉五百兩，令其照舊支領外，請仍照京城蒙古漢軍副都統，每年支領養廉隨甲銀五百四十四兩例，令烏嚕木齊領隊大臣，每年領養廉銀一千一百四十四兩；巴里坤領隊大臣，每年領養廉銀一千零四十四兩；其古城領隊大臣養廉，現據索諾木策凌奏請，照巴里坤領隊大臣支領。著即照所議辦理。至伊等願在京支領、在彼支領之處，俱著隨宜呈辦。從之。（高宗九七三、九）

（乾隆四一、五、乙亥）又諭曰：富德前在軍營，多用賞號銀兩。朕以軍營官兵，凡有奮勉出力者，俱覈其功績，分別陞拔賞賚。各項加恩之處，不爲不多，何以復有賞號名色？節經降旨查詢，並交部覈辦矣。今日據阿桂奏稱，賞號一項，係沿川省之舊，不但將軍參贊等，各有賞號備用，即總督衙門，亦有賞需銀數千兩等語。總督養廉豐厚，遇有獎賞之事，理應於養廉內，自行賞給，何得復備賞需款項。此實相沿陋習，亟宜刪除。惟新設之成都將軍，管轄衆番，每有必需賞犒之事，而所定養廉較少，若再令其自行發賞，未免不敷用度，自應酌量加添，俾無缺乏。著傳諭文綬，即將該督衙門所有賞需一款，永遠裁去。其成都將軍，每年應添給養廉數千，以供賞用，但不必仍留賞需名色。將此由四百里傳諭知之。仍將作何酌定之處，即行覆奏。（高宗一〇〇八、一五）

（乾隆四一、五、己卯）工部等部議准：陝甘總督勒爾謹疏稱，添設皐蘭、平番二縣主簿，裁哈密酤水巡檢，移駐嘉峪關各事宜。一、皐蘭主簿，專管黃河橋梁船隻，支領水手工食，並料理糧餉，抽收木稅。一、平番主簿，專管水利及民間爭水詞訟，並私銷、私鑄、私鹽、私茶等項，俱准拏解送縣查辦，其餘詞訟，不得攙越。一、主簿署，將所裁肅州九家窰州判署，變價建蓋。不敷銀兩，借閒款添補，在該員養廉內，分年扣還；巡檢署，照從前所裁酤水巡檢例建造。一、主簿照內地佐雜例，各額設養廉六十兩；巡檢係邊缺，設養廉二百兩。其俸銀俱照例支給。一、鑄給皐蘭縣主簿管理河橋、平番縣主簿管理水利各條記、肅州分駐嘉峪關巡檢司印信。一、主簿定爲要缺，巡檢定爲邊缺，均令在外揀選調補。從之。（高宗一〇〇八、二〇）

（乾隆四一、六、丁卯）定各省將軍養廉。軍機大臣議奏，各省將軍，原定歲支養廉及米豆草折銀兩，多寡懸殊，似宜均齊，以昭平允。除盛京將軍，原支二千兩，伊犁將軍，原支三千兩，兩處事務較繁，自應照舊支給。其餘各駐防將軍，繁簡約略相仿，請均以一千五百兩爲率，其新設成都將軍，亦如之。報可。（高宗一〇一一、二一）

（乾隆四一、一〇、辛酉）甘肅布政使王亶望奏：署任人員，往往借項修署，辦理多不認真。請嗣後暫署人員，概不准借項修署，以杜冒濫。下部議行。（高宗一〇一九、一〇）

（乾隆四二、五、丙子）諭：上年因新設成都將軍時，將各省將軍養廉，通查勻派，除盛京、伊犁外，均定以一千五百兩爲率。但查各該將軍向有應得本色米石，若因勻給養廉，停其支食，未免不敷。著加恩准其仍舊支給。其新設成都將軍，並著一體議給。（高宗一〇三二、二〇）

（乾隆四三、閏六、丙戌）軍機大臣等議：據戶部咨稱，各省勸農賞賚銀兩，直隸、山東、湖北、福建、浙江、廣東、雲南七省，向例俱在耗羨、備公各項下動用。湖南在耗羨項下動用，其餘奉天等省，俱無報銷。勸農一項，原係地方官應辦之事，各省辦理，參差不齊，數目亦多寡不等。請交部行知各省，嗣後勸農賞銀，俱令各衙門自行辦給，毋庸動支公項。報聞。

(高宗一〇六一、二〇)

（**乾隆四三、七、癸卯**）户部議覆：甘肅布政使王廷贊奏稱，武職應修衙署，副將、參將借銀八百兩，分六年扣還；遊擊借銀六百兩，分七年扣還，應如所奏。至都司，照佐雜例，借銀二百兩；守備，照防禦例，借銀一百六十兩；分八年扣還。如係委署人員，不准借給；千總、把總俸廉較少，應動用空缺留半養廉。從之。（高宗一〇六三、二）

（**乾隆四三、一一、丁酉**）諭軍機大臣等：據王亶望奏，浙江巡撫衙門，額設養廉銀一萬兩，諸事已敷用度。向因兼管鹽政，於引費項下，添有養廉銀四千八百兩，及挈鹽、路費、賞賚等項公費銀五千兩，請一併裁減，撥充海塘經費等語。自應如此辦理，已批交該部知道矣。但歷任浙江巡撫，因兼管鹽政，養廉優厚，每將金珠鑲嵌之如意陳設等項，附貢呈進，耗物力而適形其俗，朕所不嘉，向來多不賞收。今該撫既奏裁鹽政養廉等項，更不必復爲此無益之費，著傳諭該撫，嗣後務須遵旨妥辦，不得復以金珠鑲器玩呈獻。（高宗一〇七〇、四三）

（**乾隆四五、八、庚申**）又諭：兩淮鹽務事宜，俱係鹽政經理，運司事務頗少，其每年養廉支用四千兩，爲數未免過多。況各省事簡道員，養廉不過二千餘兩，運司不宜獨優，著將兩淮運司養廉，裁去二千兩。將此傳諭伊齡阿知之。（高宗一一一二、二五）

（**乾隆四六、一二、丙戌**）裁各省武職名糧，覈定養廉額數。軍機大臣會同户、兵等部議復：各省武職，自康熙四十二年酌給親丁名糧，乾隆八年改爲養廉名糧，令遵旨將所扣兵餉挑補實額，議給養廉。查各省奏到清單，自京營直省各提督以至經制外委，共一萬一千七百十五員，臣等將各省督撫提鎮河漕各標營，就其原得名糧，按品覈支養廉，提督請歲給二千兩，總兵一千五百兩，副將八百兩，參將五百兩，遊擊四百兩，都司二百六十兩，守備二百兩，千總一百二十兩，把總九十兩，經制外委十八兩。至在京五營提督以下員弁管轄地方，處分較重，甘肅之烏嚕木齊等處，雲南之勝越鎮、龍陵協，四川之崇化、綏寧、靖遠、懋功、撫邊五營，或係新疆，或在邊境，與腹地不同，均未便照省營員一體辦理。請嗣後除京營提督係部旗大臣兼理，所有應得名糧八百八十兩，應仍照數支給外，副將歲給養廉九百兩，參將六百兩，遊擊五百兩，都司三百兩，守備二百四十兩，千總一百四十兩，把總一百兩，外委二十兩。雲南勝越鎮、龍陵協總兵一千六百兩，副將九百兩，遊擊四百五十兩，都司三百兩，守備二百二十兩，千總一百四十兩，把總一百兩，外委二十二兩。甘肅、烏嚕木齊提督二千八百兩，伊犁、巴里坤總兵二千一百兩，瑪納斯、哈密副將一千二百兩，參將八百兩，遊擊六百兩，都司三百八十兩，守備三百二十兩，千總一百八十兩，把總一百二十兩，外委二十八兩。四川崇化等五營，遊擊五百二十兩，都司三百四十兩，守備二百六十兩，千總一百六十兩，把總一百二十兩，外委二十八兩。於乾隆四十七年始，按季動支。查文職養廉係於耗羨項下動支，今武職事同一例，應令各該省一併於耗羨項下及一切閑款動支，不敷奏明請旨。又雲南提督一員，總兵六員，福建臺灣鎮總兵一員，向於支給名糧外，復又動支耗羨公件銀自六百兩至八百兩不等；廣東水師各營復有加增草乾銀，自一百六十餘兩至二十餘兩不等。今各員既支給養廉，應一併刪除。再山東、江南、江西、浙江、湖南、廣東、廣西、福建、河南、山西，有每年收存鹽當規禮、房地租銀等項作爲官兵巡鹽之費。查武員管理汛地，巡鹽分所應爲，亦請停給。得旨：依議。雲南提督、總兵及福建台灣總兵，或地當煙瘴，或遠隔重洋，均與腹地不同，著加恩於議給養廉外，雲南提督加賞銀五百兩，雲南總兵及福建台灣總兵各加賞銀二百兩，以示朕軫念嚴疆、加惠戒行之至意。著爲令。（高宗一一四七、四）

（**乾隆四七、一〇、己巳**）兵部奏：湖廣總督舒常咨覆，湖南省苗糧六十七分，其鎮筸鎮苗糧三十七分，係分給熟悉苗目，以作賞給苗人牛酒花紅銀牌等項之資，永綏協苗糧二十分，係選熟諳苗目，量其勞逸，定其多寡，給予工食。保靖營苗糧五分，係分給熟諳苗目支領，爲躧緝之用。武岡營苗糧五分，係於各崗寨挑選誠實熟諳苗猺數名，委作苗頭寨長，每季遊巡，分別獎賞，如有餘剩，即留爲緝拏盜賊之用等語。是此項苗糧，與各省公費名糧，事同一例，請刪除名色，照舊作正估撥，爲獎賞苗目等項之需，毋庸募補實兵。至需用賞給牛酒花紅銀牌銀兩，分晰造册查覈。從之。（高宗一一六六、一五）

（**乾隆四八、四、己巳**）軍機大臣會同户部議覆：陝甘總督李侍堯奏稱，甘省地處邊要，土瘠民貧，加以新疆孔道，差使絡繹，衝途各州縣辦公稍形竭蹶，請分別酌增養廉等語。係恐州縣藉差科派起見，事屬可行，但所增未免過多。臣等酌議，最衝之涇州、平涼、隆德、靜寧、會寧、安定、金縣、皋蘭、平番等九州、縣，於原定養廉外，擬加銀六百兩。次衝之固原、古浪、武威、永昌、山丹、張掖、撫彝廳、高臺、肅州、玉門、安西等十一廳、州、縣，擬加銀四百兩，又衝途驛站之東樂縣丞擬加銀二百兩。至所稱換班官員，奉差出口，往還一、二萬里，於例給軍馬外，未免稍有通融等語。此等酬應，已非例所應有，且衝途非止甘肅一省，何以未聞支應竭蹶。

恐此次加增養廉之後，各官藉有明文，肆意多索濫應，應令該督飭該管道府，不時稽查，如有此等情弊，嚴參治罪。從之。（高宗一一七八、一〇）

（**乾隆五三、八、庚寅**）户部議准署江西布政使、按察使額勒春奏稱，江西衛弁，共二十六員，每員歲給養廉一百兩，在次者按月由司支領。其出運之十三員，向係先期總領四季，一遇事故，勢須咨追原籍，至勞案牘。查衛弁春去冬回，原無須四季全領，請嗣後將春夏秋三季養廉令糧道領帶途次，按月支放，遇有事故，扣繳歸款。如糧道回任，即交總運文員支給，其冬季令本弁在司支領，俸薪亦一體照辦。從之。（高宗一三一〇、三）

（**嘉慶五、閏四、乙亥**）永禁紅案陋規。諭內閣：上年因貴州學政養廉本少，該省距京較遠，學政延請幕友，需費稍多，該省舊有紅案陋規銀兩，以資用度，曾降旨予以限制，不得過五六兩之數，其實在無力者，即當減免，不得強令交納。今思此項紅案銀兩，究係陋規，學政本不應得受，雖予以限制，但既有此項名目，難保日久不又逐漸加增。上年所降諭旨，係朕一時思慮未爲周備。該省學政養廉，本係三千二百兩，著該撫於貴州省藩庫閒款內，加恩酌增五百兩，俾資辦公。此後該省紅案陋規銀兩，著永行禁止，不得收受分文。至其餘各省學政，例給養廉，本屬敷用，其向無紅案陋規者，自不得違例索取；若向有此項陋規，俱著一體飭禁。儻有仍前私受者，一經查出或被糾參，必將該學政按例治罪。（仁宗六六、一五）

（**嘉慶九、七、庚子**）吏部議准：原任陝甘總督惠齡題請，皐蘭縣河橋主簿移駐大橫路，並增固原州養廉銀二百兩，鹽茶聽、靖遠縣各六百兩，裁金、安定、會寧、靜寧、隆德五州縣，前增養廉銀三千兩。從之。（仁宗一三一、二五）

（**嘉慶一五、六、丁亥**）諭內閣：恩長奏，河工歲料幫價借款，積欠日多，請復州縣養廉赴司請領之例，以便扣收清款一摺。此項歲料幫價，應於州縣養廉內攤扣還款，自嘉慶五年，各州縣將應得養廉在於應徵項下自行留支，在急公之員，尚知依期清解，而怠玩者遂多延宕，甚至因交代接任，輾轉推諉，以致遞年積欠。現在豫省欠至三十六萬四千餘兩，自應設法清釐，以重帑項。著照恩長所請，豫省州縣養廉，自嘉慶十六年爲始，停其坐支，仍照舊在藩庫支領，隨時扣收，以期年清年款。所有從前未完銀兩，亦應勒限催提，但積欠較多，恐滋虧挪情弊。至按銀數多寡，分限三年勒追，並將遲逾職名，照惰徵正項錢糧分別議處。其已經離豫各員，著落賠繳之處，亦均照該撫所請行。他省不得援以爲例。（仁宗二三〇、六）

（三）差旅供應

（順治二、一二、丙午） 兵部奏言：凡旗下出赴外任者，千里以內，知府以下，俱不給勘合。千里以外，知府填給夫十六名，馬驢五匹頭；同知、運同、運判、推官、知州填給夫十二名，馬驢五匹頭；知縣填給夫八名，馬驢四匹頭。應刊入條例，一體遵行。從之。（世祖二二、一七）

（順治七、一一、壬子） 更定驛傳應付則例：公、侯、伯、內三院、各部院加宮保官，夫三十六名，馬十二匹，水路船二隻，夫、馬不兼支；近京四百里，夫十八名，馬八匹；如在任在差病故，水給船一隻，陸給車一輛，無車處，准夫二十四名。內院大學士、六部尚書、都察院左右都御史、鎮守總兵官都督同知、衍聖公、張真人，夫三十名，馬十匹，水給船一隻，夫、馬不兼支；近京四百里，夫十六名，馬六匹；如在任在差病故，水給船一隻，陸給車一輛，無車處，准夫二十名。六部左右侍郎、都察院副都御史、通政使司通政使、大理寺卿、內院學士、順天府府尹，光祿、太常、太僕寺各正卿，國子監祭酒、左右僉都御史、鎮守總兵官署都督僉事，夫二十四名，馬八匹，水給船一隻；如奉詔敕，加馬二匹；近京四百里，夫十名，馬四匹。內院侍讀學士、侍講學士、通政使司左右通政，大理寺、太常寺、太僕寺各少卿，鴻臚寺卿、順天府府丞、翰林院編修、檢討見充經筵日講及曾任講官，布政使司左右布政使，夫二十名，馬六匹，水給船一隻；如奉詔敕，加馬二匹；近京四百里，夫八名，馬二匹。翰林院侍讀、侍講，通政使司參議、大理寺寺丞、光祿寺少卿，六部郎中、員外郎，夫十八名，馬四匹，水給船一隻；如奉詔敕、節冊及典試，加馬二匹；近京差無應付。翰林院修撰、國子監司業、太僕寺寺丞、六部主事、太理寺正副、光祿寺寺丞，夫十六名，馬三匹，水給船一隻；如奉詔敕、節冊及典試，加馬二匹，夫四名；近京差無應付。翰林院編修、檢討、庶吉士，給事中、御史、評事，中書科中書舍人、行人司行人、太常寺博士，鑾儀衛堂上官不拘加至一二品都督等銜，布政使司參政、參議，按察使司按察使、副使、僉事，行太僕寺、苑馬寺卿、鹽運司運使、同知，實授都司及副將、參將、遊擊不拘加至一二三品都督等銜，夫十二名，馬二匹，水給船一隻；如奉詔敕、節冊及典試、巡方，加馬二匹，夫四名；近京差無應付。五經博士，國子監監丞、博士、助教、典簿，都察院、通政使司、鑾儀衛、五府各經歷、知事，太僕寺主簿、鴻臚寺少卿、欽天監監正副、鑾儀衛見任官，外府同知、通判、推官，鹽運司副使、判官，夫八名，馬二匹，水給船一隻；如奉詣敕，加馬一匹；

以上各官，夫、馬並不兼支；如在任在差病故，各水給船一隻，陸給車一輛，無車處，准夫十六名。六部、都察院、大理寺司務，國子監學正、學錄、典簿，太醫院院使、上林苑監正，太常寺、鴻臚寺寺丞、主簿、鳴贊、序班、署正，太醫院院判、上林苑監副、光祿寺署正、太常寺典簿，上林苑監丞、典簿、署丞，光祿寺典簿、署丞，太常寺奉祀，欽天監五官正、主簿、博士，太醫院御醫、吏目，太常寺署丞、光祿寺監事，給夫八名，馬一匹，驢一頭，水給船一隻；如奉誥敕，加馬一匹；近京百里無應付；如在任在差病故，係正途出身者，給船、給車與八品以上同。（世祖五一、二）

（**順治八、三、丁亥**）都察院條議巡方事宜。一、按臣之差額宜定。督學，則直隸一差，江寧、蘇、松，應分爲二差；巡按，則順天，真定，應併爲一差，江寧、蘇、松、淮、揚，併爲二差，浙江、江西、湖北、湖南、福建、河南、山東、山西、陝西、四川、廣東、廣西，各爲一差；又有巡漕一差，宣大一差，甘肅一差，茶馬一差；巡視鹽政，則兩淮、兩浙、長蘆、河東，爲四差；京通巡倉一差，巡視五城爲小差，照資序酌用。一、出差之限期宜嚴。御史奉差，一經命下，應照主攷分攷例迴避。不見客、不收書、不用投充書吏、員役、不赴宴會餞送。領敕後三日內，即出都門。一、在差之員役宜禁。入境之日，止許自帶經承文卷書吏，所至府、州、縣，取書吏八名、快手八名，事畢發回，隨地轉換；不得留按差書吏承差名色，不得設中軍聽用等官，以及主文代筆。暨府、州、縣運司等官，鋪設迎送，概應嚴禁。一、在差之事蹟宜覈。命下之日，每一差立爲一冊，自出都以及入境，一應條陳、舉劾、勘報等事，按日登記，以憑攷覈。一、差滿之期候宜定。督學奉差，或三年、或二年半，俟歲攷科攷一週，造冊報滿；巡漕、鹽政，一年交代；其餘大差、中差，以一年六箇月爲期，皆照例三月前報滿。至於聲望應褒、溺職當撤者，不拘年月，差回之日，公同攷核，三日內議定優劣，具疏奏請，分別勸懲。從之。（世祖五五、七）

（**順治一一、一〇、己卯**）復定奉差官員驛遞供應則例。一品官，夫二十六名，馬八匹，水路給船一隻，廩給二錢；近京四百里內差，夫十四名，馬五匹；如在任在差病故，水給船一隻，陸給車一輛，無車處，准夫十八名。二品官，夫二十二名，馬七匹，水給船一隻，廩給一錢八分；近京四百里內差，夫八名，馬三匹；如在任在差病故，水給船一隻，陸給車一輛，無車處，准夫十六名。三品官，夫二十名，馬六匹，水給船一隻，廩給一錢六分，如奉詔敕，加馬二匹；近京四百里內差，夫六名，馬二匹。四品官，夫十八名，馬四匹，水給船一隻，廩給一錢四分，如奉詔敕，加馬二匹；近京四百里内差，夫六名，馬二匹。五品官，夫十六名，馬三匹，水給船一隻，廩給一錢四分，如奉詔敕、節冊及典試，加馬二匹。六品官，夫十二名，馬二匹，水給船一隻，廩給一錢二分，如奉詔敕、節冊及典試，加馬二匹、夫四名。七品官，夫十名，馬二匹，水給船一隻，廩給一錢二分，如奉誥敕、節冊及典試，加馬二匹、夫四名。八品官，夫八名，馬二匹，水給船一隻，廩給一錢，如奉誥敕，加馬一匹。九品官，夫八名，馬一匹、驢一頭，水給船一隻，廩給一錢，如奉誥敕，加馬一匹。自三品至八品，如在任在差病故，俱水給船一隻，陸給車一輛，無車處，准夫十六名。九品官在任在差病故，察係正途出身者，亦照此例應付。五品以下官近京差，俱無應付。自一品至九品，夫馬俱不兼支；病故者，俱不與廩給。（世祖八六、一九）

（順治一三、九、辛未）議政王、貝勒、大臣等遵旨會議應裁直省每年存留銀兩。一、撫、按、道臣巡歷、操賞花紅銀六千二百九十二兩。一、預備過往各官供給下程柴炭銀一十七萬一千六十四兩。一、督、撫、按巡歷造冊紙張、摜箱銀二萬八千九百一十六兩。一、衙門桃符、門神價值銀一千四百二十一兩。一、孤貧口糧、柴薪、布疋銀八萬七千七百六十七兩，俱應全裁。其孤貧口糧、柴薪、布疋，於各州縣贖穀預備倉糧内支給。一、朝覲造冊、送冊路費銀一萬七千六百二十二兩。一、生員廩膳銀一十九萬二百二十七兩，俱應裁三分之二。一、考校科舉、修造棚廠工食花紅銀一十七萬六千一百七十五兩。一、鄉飲酒禮銀九千三十兩。一、修渡船銀四萬一千四百一十五兩。一、修理察院公館銀一萬二千一百五兩。一、進表路費銀七千二百五十三兩。一、渡船水手工食銀二萬一千七百七十七兩。一、巡檢司弓兵工食銀四萬六千五百七十九兩，俱應裁其半。一、督撫書役工食銀，俱應照府、州、縣例給發。凡裁銀七十五萬三千六百三十四兩六錢，以濟國用。議上，報可。（世祖一〇三、二九）

（順治一四、一〇、丁丑）諭兵部：近來有司各官，每值驛遞衝繁，支吾無術，至有情急自盡者，殊爲可憫。致此之由，或因他省協濟錢糧，不肯按期照數解交；或因兵馬經過，供應糧料等項，原許動支正項錢糧，事後司府遲留抑勒，不與銷算；或因糧單勘合火牌之外，官役橫加勒索，窘辱不堪。種種情弊，深可痛恨。以後各該督撫按，嚴行察飭。其協濟銀兩，務令如期解交，如有遲延拖欠者，指名參處。其兵馬經過，動支正項錢糧，事完即與轉報開銷，如司府官有抑勒等弊，指名參處；其糧單勘合火牌等件，止許照數支應，有額外勒索陵辱者，即將職官及差役立行指名參奏。若各該督、撫、按朦朧隱徇，不將前項情弊，據實察參，被科道官參奏，及別有發覺，即將該督、撫、按分別情罪重輕，嚴加治罪。爾部傳諭各省督、撫、按遵行，仍刊刻轉行各該屬司、府、州、縣，曉諭通知。(世祖一一二、九)

(康熙七、六、癸未) 兵部議覆：戶科給事中吳國龍疏言，驛遞苦累最甚。除出征大兵及駐防官兵家口，自北往南者，皆係緊急軍機，應照例給夫外，其自南往北者，宜停止給夫，庶不致差繁費重。查出征大兵，關係軍機，應照舊例。其駐防官兵家口，無論往南往北，陸路量給夫車，下水不給縴夫，上水縴夫比舊例減半給發。自京起程者，臣部定限，自外起程者，該督撫定限報部，不許沿途逗留，違者該管官參劾治罪。從之。(聖祖二六、一〇)

(康熙八、一一、癸巳) 戶部題准：宗人府咨開差往祭陵多羅貝勒董額、鎮國公蘭布等所帶人役共八百有餘，馬駝二千有零，盛京地方錢糧短少，沿途驛站不能應付。定例，宗室公等出差，許帶人役十名，馬三十匹，惟貝勒、貝子從無定議。今議貝勒跟隨人二十五名，馬五十匹，貝子跟隨人二十名，馬四十匹。口糧、馬草沿途照數支給。從之。(聖祖三一、一六)

(康熙二九、一、丙辰) 大學士等奏：前遵奉諭旨，以達賴喇嘛使者來往行走，地方官應付駝馬牛羊，甚為苦累，著問明議奏。今臣等議，嗣後若達賴喇嘛有緊要事務差遣人來，駝馬等項，停其地方官捐給，動正項錢糧買給之。上曰：依議。聞一應奉差馳驛官員執事人，不照定例乘驛馬，有擅乘營兵馬匹者。嗣後若有緊急事務，驛馬不敷，候該部奏過，許騎營兵馬匹，未經奏過者，毋得擅乘。(聖祖一四四、九)

(雍正二、一一、庚戌) 八旗滿洲、蒙古都統等遵旨議奏：寧夏地方遼遠，官員兵丁，有遣往之處，照例各給車輛、口糧外，其驛站，舊例一百里為一站，今應改八十里為一站。至駐防兵丁，各養官馬二匹，兩人共養駱駝一隻，今既帶家眷前往，應添馬一匹，共給三匹，到時，仍著餧養二匹。此給與之馬匹，照前各折銀十三兩，令伊等自行置備。由殺虎口過鄂爾多斯，進橫城口前往。再派理藩院章京二員，在鄂爾多斯東西交界處，各駐劄一員，禁止蒙古偷盜，約束兵丁。所用口糧，應用四十日，自京支給二十日，至大同時，再給二十日。馬匹各給草束，纛旗著工部支給，碾四十位，著大將軍年羹堯辦理。於明年四月內，八旗分為八起，兩日一起起程。得旨：兵丁往口外行走，收拾帳房，鑼鍋等物，須得費用寬裕，馬甲每人著加銀三十兩，步甲每人著加銀十五兩賞給。(世宗二六、七)

(雍正一二、八、乙卯) 諭辦理軍機大臣等：朕聞黑龍江兵丁，凡遇差委，俱係自備資斧，及修理倉房、運送物料等事，皆取給於兵丁，呼倫貝爾等處口糧，亦分交兵丁碾辦，似此甚屬可憫。嗣後凡遇官差派遣，著計日賞給行糧，其修理倉房一切費用，著於本地牛馬雜稅並官房租銀內支給，永著為例。(世宗一四六、六)

(乾隆四、一〇、庚寅) 增給出口化番烏拉腳價。諭：據四川松潘總兵潘紹周奏稱，本年八月，出口化番，親見眾番感戴皇仁，漸知禮法，均安住牧。惟是臣等每年出口，應帶弁兵前往，所需馱載烏拉馬牛一百五十之數，例由口內番子送出，口外番子送回。每一馬牛，每日給腳價茶葉一勷，按日給發。但眾番貧寒，恐不敷往回盤費。可否懇恩，每日賞給腳價銀一錢，俾窮番往回敷用，等語。著照該總兵所奏，嗣後每年出口化番應用之牛馬，按數每日賞腳價銀一錢，以資路費。該部可行文該巡撫知之。(高宗一〇三、六)

(乾隆二四、八、丁未) 雲貴總督愛必達奏：武職自總兵以下，例准借支進京盤費。但總兵為封疆大吏，未便與將弁一例，應請停給。至豫支俸餉，向由該管及接任官出具印領，如有陞補他省，及另有事故者，惟具領之員是問，似未平允。應照在部借支之例，移咨各省，分別扣補。並請酌定准支銀數：雲南副將三百兩，參、遊二百兩，都、守一百兩；貴州副將二百七十兩，參、遊一百八十兩，都、守九十兩；題陞豫保之千總，雲南五十兩，貴州四十五兩。不願借者聽。得旨：如所議行。(高宗五九五、二三)

(乾隆四一、四、戊午) 諭軍機大臣等：本日阿桂奏到摺內，有成都縣為富德豫備應需夫馬及隨從官員分例，廣元縣亦豫備馬七十餘匹，夫一百五十名，並公館二座等語。無論富德係有罪之人，業經革職，理應派員解京審訊，何得任其攜帶多人，沿途應付如許夫馬，並為豫備公館，即將軍凱旋，亦不應如此也。地方官因何如此辦理，將來又作何開銷，文綬豈竟毫無見聞。著傳諭文綬，即速查明，據實覆奏。至其經過之陝西等省，未經隆安傳旨拏問以前，富德到站時，是否照川省一例應付，並著各該撫，一併查明覆奏。(高宗一〇〇七、二)

(乾隆四一、四、丁卯) 又諭：向來外省遇有欽差大臣官員，因公過往，地方官為之豫備公館，亦勢所不免，至於公館之外，不應復有繁費。即如此次將軍等凱旋過境，較別項差使，自屬緊要，一切或稍加周到。然凱旋非事所常有，其餘則不當援以為例。且聞各驛站，每有長隨胥役等代辦，向其本官任意開銷，甚至借端科派需索，累及閭閻，流弊滋甚。即如富德，係有罪解京之人，經過地方，止須派員幫同押送出境，乃尚有照常為之備辦公館夫馬者，尤屬不成事體。已諭令該督等查辦矣。看來外省應酬風氣，未能革

除，於吏治甚有關係。地方官豈肯費其養廉，不過仍出之民間，不可不力爲
飭禁。著各省督撫，實力稽查。嗣後驛站官員，應付差使，如有違例逢迎，
稍涉糜費，及長隨胥役藉差派累者，即行嚴參重究。督撫等，或意存袒徇，
經科道參奏，或朕別有訪聞，惟該督撫是問。將此通諭知之。(高宗一〇〇
七、一五)

(乾隆四七、三、乙卯) 諭：據李侍堯清字片奏，查辦甘省虧空一案，
内有各州、縣，因辦理班禪額爾德尼經過地方，借用司府各庫銀十七萬五千
五百餘兩，此內雖有實在應行動支之項，然斷不至如此之多。其承辦官員，
俱已於冒賑案內，抄產正法，現在無從著落賠補，請定限於全省官員養廉
內，陸續扣賠等語。此項銀兩，係從前承辦各員，藉端冒支，該員等俱已查
抄治罪，無從根究。若令無干之後任官員抵賠，將來辦公不敷，又得藉詞致
有虧缺，是因去弊而轉復滋弊，所有此項銀兩，著一併加恩豁免。該部知
道。(高宗一一五三、三)

(乾隆四九、四、壬子) 又諭：據李侍堯奏，肅州、安西等處，雇覓出
口車輛，向例每百里，以一兩六錢覈給。經海祿查奏，止須給銀一兩，續經
覈奏，每百里止須給銀六錢。應查明歷任報銷車價浮冒之各該州縣，一體覈
辦。但此項車價，原係照例給發，其咎在明知例價有餘，不行據實呈出，尚
與舞弊侵冒者有間。可否罰令加倍賠繳，勒限嚴追，暫免革職治罪等語。所
見甚是。雇用出口車輛，從前給價稍優，俾小民運費之外，略得贏餘，以資
餬口。相沿日久，已視爲固然。海祿遽請減去銀一兩，並將歷任經手各員一
體革職治罪之處，所奏未免過當。前已據烏什辦事大臣綽克托奏，喀喇沙爾
以西，戈壁頗多，車輛甚少，若照新定六錢之例，實難雇覓，請仍照從前一
兩六錢銀數支給；而塔爾巴哈台辦事大臣惠齡，亦復咨請到部。是新定車
價，減省過多，各處勢有難行，紛紛咨奏，自係實在情形。理應通盤籌畫，
覈實酌中定價，方可行之永久。著交李侍堯、綽克托、惠齡及各城駐劄大
臣，各按該處實在情形，有無必需仍舊發給車價之處，詳籌妥議，據實具
奏。至此項車價，其咎在始定例之人，其歷任不過照例給發，並未從中侵
蝕，其過在明知有餘，不行據實呈出請減，較之捏災冒賑、憑空舞弊者，輕
重略別。此項人員，俱著免其革職治罪，並毋庸罰令加倍賠交，即照減定之
例，按數追出，已足示警。該部知道。(高宗一二〇五、二四)

(乾隆五三、二、甲辰) 諭：駐劄西北兩路新疆辦事將軍大臣，向係三
年更換，但新疆地方最爲緊要，駐劄大臣到任後，相度情形，一切機宜，甫
能熟諳，若遽易生手，殊與事體無益。第久留彼處，不令攜帶家眷，未免心

存内顧。嗣後除伊犁將軍、參贊大臣、領隊大臣、烏里雅蘇台將軍、參贊大臣俱聽其攜眷前往外。其塔爾巴哈台、喀什噶爾、科布多等處參贊大臣，葉爾羌、阿克蘇、庫楞等處辦事大臣，有願攜眷口者，一體聽其帶往。又烏嚕木齊都統、副都統，俱係額缺，舊例原准攜帶。至塔爾巴哈台、喀什噶爾、葉爾羌三處協同辦事大臣，及烏什、庫車、和闐、英吉沙爾、喀喇沙爾、哈密等處駐劄辦事大臣，俱不必攜帶眷屬，三年期滿時，仍行奏請更換。所有應行賞給攜眷路費之處，著軍機大臣量加覈減議奏。尋奏：向例外省將軍、副都統協領等官，由京赴任者，均由戶兵二部撥給車馬口糧。今新疆大臣內恩准攜眷，請照舊例酌減，將軍給車七輛、馬四十匹、口糧三十分；副都統車六輛、馬三十匹、口糧二十分；三品官車五輛、馬二十匹、口糧十五分；其四品以下官，照此遞減。從之。（高宗一二九八、三〇）

（**乾隆五五、一二、庚申**）諭曰：大臣官員等奉使各省，馳驛往來，應給之馬匹廩給，及跟役口糧，各按品級以爲等差，於兵部勘合內，逐一填註，原不准例外多支。乃派出之大臣等，多假欽差聲勢，騷擾驛站。隨行官員，亦更不知斂戢，以致家奴、跟役，訛索多端者有之。各該省督撫，並不劾參，地方官懼其凌辱，惟求安靜過境，曲加承應，違例濫支，即多用夫馬車輛，勒取供給，亦不敢復行爭較。而辦差之家人、胥役等，藉端派累民間，從中侵冒，其弊將無所不至。昨尹壯圖摺即稱地方官辦理差務，胥役滋擾，商民不無議論一節，所言縱或過當，然近年或因阮光平及各國陪臣入觀時，地方官應付太過，故有此語。若不申明例禁，嚴示懲創，何以肅清郵政？況地方官辦理差務，無論大小官員，皆宜恪遵定例，即朕省方所至，守土官吏，各有除道清塵之責，朕猶曲加體恤，切戒華靡，豈遣派辦事之員，轉可任情滋擾？即如近日旺沁班巴爾自京回伊游牧，以其送格格靈櫬，令沿途酌量給夫，遂致例外多支，擾累驛站。伊不過一蒙古番王，地方官尚如此畏懼，若朕特派出之親信大臣，又將如何供應耶？朕軫惜民隱，凡有赴京控告者，無不欽派大臣前往審辦。今雖馳驛人員，間有騷擾之事，亦不肯因噎廢食，不行派遣，致小民含冤莫愬也。特此降旨，剴切誡諭，嗣後欽差大臣官員，如敢於應得馬匹廩給之外，稍有擾累，一經發覺，即行從嚴治罪。若該督撫等，任聽屬員違例濫付，希圖見好，不行參劾，亦即將該督撫一併嚴究，決不姑貸。（高宗一三六八、二三）

（**嘉慶一三、二、癸酉**）諭內閣：據天津巡漕給事中茅豫奏，該巡漕駐劄天津，每日需用飯食等項，向係該縣供應，請旨永遠禁止等語。所奏甚是。地方官供應差使，其弊多端，雖實用有限，而辦差長隨等即可從中勾結，任意開銷，所費不貲，大爲地方之累。且巡漕駐劄日久，供應既繁，用項無出，該縣勢必藉端勒派。所有此項供應，著即永遠禁止。至該巡漕除例得廩給養廉外，別無應得之項，一切公用，尚爲不敷，著加恩照通州巡漕之例，每月賞給銀五十兩，在天津道海稅留公項下動支，俾資辦公。因思巡視東漕、南漕各御史事同一例，若此二處向來均係地方官供應，自當照此裁革。至裁去供應之外，有無別項應得之款足敷公用，並著各巡漕自行據實具奏。(仁宗一九二、九)

(**嘉慶一三、三、癸卯**) 給巡視南漕御史衙門每月公用銀八十兩。(仁宗一九三、四)

三、軍餉、給養

(一) 軍餉及支付則例

(**順治二、一、癸丑**) 定護軍、撥什庫、前鋒、馬兵月支餉銀各二兩。(世祖一三、一六)

(**順治三、二、丙午**) 定綠旗兵每月一馬，給料豆倉斗六斗，草六十束。(世祖二四、一七)

(**順治四、八、丙申；束乙未**) 先是，綠旗各鎮兵月餉，騎兵有每月給銀一兩五錢者，有給銀一兩者；步兵有給銀一兩者，有給銀八錢者。今定有馬戰兵，每名按月給銀二兩；無馬戰兵，每名按月給銀一兩五錢；守兵每名按月給銀一兩。(世祖三三、二二)

(**順治四、十二、庚寅**) 戶部、兵部奏：差理事官科奎、鍾固，自張家口起，西至黃河止，察得張家口關門迤西、黃河迤東，共一千四十五里。其間險峻處，約六七里一臺，平坦處，約四里一臺，共應留臺二百四十四座；每臺設軍丁三名，共軍丁七百三十二名；其餘台一千三十二座，應不用。故明時得勝堡一口，係察哈爾國討賞出入之路，河保營，係鄂爾多斯部落茶鹽交易之處。以上二口，俱已堵塞。又差理事官滿都戶等，自張家口起，東至山海關止，察得張家口迤東、山海關迤西，共二千四百四里，其間險峻處，約六七里一臺，平坦處，約四里一臺，共應留臺四百一十七座。每臺設軍丁三名，共軍丁一千二百五十一名；其餘臺二千四百五十座，應不用。洪山口、龍井關口、西常峪正關口、潘家口、冷口，俱係捕魚綱戶耕種往來之路，密雲迤後石塘嶺正關口，係民間運木之路，昔戶部於此按板抽稅，以上應留關口共六處。外如常峪口、獨石口、龍門所口、牆子嶺口、黃崖口、羅文峪、董家口、劉家口、桃林口、界嶺口、一片石口，以上十一關口，俱已堵塞。墩臺兵丁，應照城守例，月給米一斛、銀一兩。得旨：河保營既爲鄂爾多斯部落交易鹽茶之地，與董家口俱准開。餘如議。（世祖三五、一七）

（**順治五、二、甲午**）定在外武職經費：提督總兵官加左右都督銜，每年俸薪銀七百一十九兩八錢一分二釐，操賞銀一千五百兩；總兵官加左右都督銜，每年俸薪銀五百九十九兩三錢一分二釐，操賞銀一千兩；加都督同知銜，每年俸薪銀五百八十五兩六錢九分四釐，操賞銀一千兩；加都督僉事銜，每年俸薪銀五百七十一兩五錢七分六釐，操賞銀一千兩；副將每年俸薪銀四百二十七兩四錢五分八釐，操賞銀四百兩；參將每年俸薪銀二百六十七兩三錢四分；遊擊每年俸薪銀二百五十五兩三錢四分；都司僉書每年俸薪銀二百一十七兩三錢四分；守備每年俸薪銀一百三十一兩三錢九分四釐；千總每年廩給銀四十八兩；把總每年廩給銀三十六兩；掌印都司每年俸薪銀三百五十一兩五錢七分六釐；屯操都司每年俸薪銀二百五十九兩三錢四分；行掌印都司每年俸薪銀二百五十九兩三錢四分；行屯操都司每年俸薪銀二百三十一兩三錢四分；經歷每年俸薪銀八十三兩四錢六分；斷事每年俸薪銀與經歷同；都司學教授每年俸薪銀三十一兩五錢二分；衛守備每年俸薪銀一百二十三兩三錢九分四釐；衛千總每年俸薪銀六十六兩七錢六釐；衛百總每年廩給銀三十六兩；專城衛千總每年俸薪銀八十兩七錢零六釐；衛經歷每年俸薪銀六十一兩八錢九分六釐；衛學教授每年俸薪銀三十一兩五錢二分；運糧把總每年俸薪銀一百三十一兩三錢九分四釐。（世祖三六、一四）

（**順治七、一、庚辰**）諭户部：年來八旗止憑踏看澇地給米，是以不勤農務。嗣後踏看澇地，永行停止。自王以下，官員以上，准給俸米一半，仍令勤修農務，秋則種麥耕地，春則運糞播穀，務俾以時從事。（世祖四七、六）

（**順治一〇、二、丙寅**）增八旗小撥什庫月餉銀各一兩，每名月支銀三兩。（世祖七二、二一）

（**順治一〇、七、乙卯**）更定出征諸王及各官每月廩給：和碩親王，二百兩；多羅郡王，一百兩；多羅貝勒，五十兩；固山貝子，四十兩；鎮國公、輔國公、異姓公，各二十五兩；固山額真、侯、伯，各二十兩；梅勒章京、護軍統領、前鋒統領、精奇尼哈番，各十四兩；署梅勒章京、護軍統領、夸蘭大、阿斯哈尼哈番、學士，各十兩；護軍參領、前鋒參領、驍騎甲喇章京、阿達哈哈番、侍讀學士，各七兩；署護軍參領、前鋒參領、驍騎甲喇章京、拜他喇布勒哈番、理事官，各五兩；牛录章京、副理事官、主事、前鋒侍衛、拖沙喇哈番，各四兩；拖沙喇哈番品級官，以護軍校、驍騎校委署章京,以護軍校委署前鋒侍衛,內院他赤哈哈番,筆帖式哈番,各三兩。內有官小而所管職掌大者,照職掌支給;官大而所管職掌小者,照官支給。(世祖七七、九)

（**順治一一、二、甲子;東癸亥**）吏科給事中林起龍奏言:昔兵在盛京無餉而富,今在京師有餉而貧,揆之時地,似宜變通。查會典開載馬匹、軍裝、軍器、草料諸款,舊例全用給兵。乞皇上垂念八旗舊兵爲朝廷禁旅,仍照舊通給錢糧,則人皆蒙恩不苦於窮困矣。下所司詳議。(世祖八一、一;東五、二)

（**順治一三、三、甲午**）諭戶部:向來定制,凡披甲者,皆給月糧。若當出征及有事差遣,因有行糧,其月糧止給一半。朕念披甲人等所有家口,全賴月糧養贍,況出征、差遣均屬公事,方欲其爲國用力,乃復使有內顧之憂,深爲可憫。以後披甲人,雖出征、差遣,其在家月糧,仍准全給。(世祖九九、七)

（**順治一六、八、壬辰**）翰林院掌院學士折庫訥密陳四事:一曰均田以爲披甲人恒產。……一曰增漢軍兵力。……一曰慎選綠旗官兵。今天下錢糧,大半耗於綠旗。雖星羅棋布,徧滿海內,一有寇警,仍請在內禁旅,此皆將帥失人故也。今後凡提鎮等緊要員缺,請不論滿洲、蒙古、漢軍、漢人,但選其夙嫻軍旅、精明强幹之員補授。至該地方武弁及閒散聽用各員內,不乏才幹之人,若該督撫提鎮所見既確,一遇緊要缺出,宜即酌量陞補,以示鼓勵。簡閱士卒內精勇者,號爲前鋒兵,錢糧量加優給,視其勞績擢用,以開上進之路。汰其老弱,不得充數冒濫。庶軍事脩明,不致虛糜糧餉,而地方有事,亦有攸賴矣。……下所司議。(世祖一二七、一五)

（**順治一六、八、庚戌**）戶部左侍郎林起龍條奏更定綠旗兵制。略曰:……今天下旗營兵幾六十萬,每歲費月糧二百餘萬石,餉銀一千餘萬兩。然而地方有事,即請滿洲大兵。是六十萬之多,曾不足當數萬之用,其故何也?臣請一一陳之。如一將官赴任,召募家丁,隨營開糧,軍牢、伴當、吹手、轎夫,皆充兵數,甚有地方舖戶,令子姪充兵,以免差徭,其月餉則歸之本管,此兵丁無實之情形也;馬兵關支草料,多有扣尅短少,至驛遞缺馬,亦借營兵應付,是以馬皆骨立,鞭策不前,此馬匹無實之情形也;器械如弓箭、刀鎗、盔甲、火器等項,俱鈍敝朽壞,惟有三眼鎗,每兵關領一桿,又火門堵塞,雖設無用。至於帳房、窩舖、雨衣、弓箭罩,從未見備,此器械無實之情形也。夫兵,凶器,戰,危事也。孔子曰:以不教民戰,是謂棄之。春秋兩操之法,竟不舉行,將不知分合奇正之勢,兵不知坐作進退之方，此訓練無實之情形也。由是觀之，徒空國帑而竭民膏，雖有百萬之眾，亦何益哉？然其大病有二，一曰貪數多，國家設立營鎮，原以戡亂定禍，固守封疆；今乃責之捕盜，終年不得團練，夫府同知、州吏目、縣典史，本係捕盜之官，原有民壯番快，晝則緝盜，夜則巡警，遇響馬竊盜，尋蹤覓跡，得而拏之，而兵不能也。如直隸一省，綠旗營兵共有四萬一千餘名，不論衝僻遠近，大者八九百名為一營，小者二三百名為一營，用參、遊、都司、守備、千、百總領之，分駐各府、州、縣，名曰專城營。今就一縣城守小營言之，一縣番快，不過三十名；一年工食，百餘兩而已。裁去原為省費，今乃設一部推守備，兩經制把總，領兵一百四五十名，年費月糧二百八十餘石，餉銀一千九百餘兩。反不及一二十名捕快為有用。省乎？費乎？此臣所謂貪數多之情形也。一曰給餉薄，國家出餉養兵，以備戰守之用，然必衣食飽煖，筋力強壯。平居無事，生其投石超距之氣，臨陣對敵，收其捨命報恩之功。今城守兵，每名月關米三斗、支銀一兩；步戰兵，每名月關米三斗，支銀一兩五錢，除扣尅外，一月之中，日用蔬菜所需，冬夏衣服所需，修整器械、鞍轡所需，一人之身，僅能存活，若有父母妻子，則艱難甚矣。然使按月支放猶可度日，今近則數月，遠則半年，猶靳而不與，貧乏之兵何以自支？此臣所謂給餉薄之情形也。說者曰，此時方憂餉缺，若謂餉薄，勢必加增，方憂兵少，若謂數多，勢必裁汰。殊不知自有加餉而餉反省，裁兵而兵反多之術，惜無真心謀國之人耳。如直隸一省，經制官兵四萬一千六百餘名，其中有膂力膽氣、弓馬嫻熟者，抽一萬五千名，即以三萬兵糧餉養之，應用器械，使兵自製，按季點驗，違式者扣餉治罪。約束既定，加意團練，不許影占一名。死故逃亡，申報勾補，每年專差知兵大臣查實奏聞，較之四萬有名無實之兵，不啻天淵矣。此臣所謂加餉而餉反省，裁兵而兵反多之說也。至於城守營制，須斟酌天下阨塞，戶口多少，險夷強弱之處，隨地制宜，因形立鎮。其腹裏州縣，只照舊法添設番快，緝賊捕盜。捕快既足，冗兵濫將，俱可裁汰，所省，更自百倍也。此臣就直隸一省言之，別省可以類推矣。……若夫總督為封疆重臣，總兵為領兵大帥，總督宜使之得選擇將官，因地調補，兵部不得拘以文法。總兵宜使之得召募親丁，隨營食糧，養馬錢糧，亦當加給，以資彈壓。如此，則地方文武大吏，舒心任事，而後兵可練，餉可省也。今總計天下綠旗兵共六十萬，誠抽得二十萬精兵，養以四十萬兵餉，餉厚兵精，地方有警，戰守有人，不致動請大兵。不過十年，可使庫藏充溢。不然，天下之大，處處俱待滿兵，不亦勞乎？伏乞敕下謀臣，深心籌畫，熟思審處，則兵強餉足，封疆鞏固，而地方永享太平

矣。上以所奏深切時弊，多有可採，下所司詳議。(世祖一二七、二三)

（**順治一七、六、乙未**）户部遵諭條奏：國賦不足，民生困苦，皆由兵馬日增之故。江南省舊設有督、撫、提督、水陸總兵官，及江寧駐防滿兵，近又於京口設立都統及左右二路總兵官，共增兵一萬六千名，又增鳳撫標兵一千五百名。而駐訪各官及督、撫、總兵官，又增閒甲。浙江省除先設駐防漢軍及綠旗官兵外，增設滿兵駐防，又增閒甲一千名，隨征兵三千名。兩省既因地方緊要，增設精兵，則從前庸懦官兵，俱應裁減。若腹裏之保定、滄州、太原、西安、漢中皆有滿兵駐防，除督、撫、鎮標外，其餘各營亦當酌減。至於四川，除原設鎮守官兵外，近增成都、建昌提鎮二標兵六千名，又有投誠兵六千名；既已增兵六千，則投誠兵内應令願爲民者爲民，願入伍者，裁革庸懦兵丁補入。雲南平西王下官甲一萬員名，綠旗兵及投誠兵，共六萬名，又有八旗滿兵，需用糧餉甚多，以致各省輓輸困苦至極。合計天下正賦，止八百七十五萬餘兩，而雲南一省，需銀九百餘萬。竭天下之正賦，不足供一省之用。該省米價，每石至二十餘兩，兵民交敝，所係匪小。平西甲兵，素稱精銳，今或撤滿兵，或酌減綠旗並投誠官兵，應敕兵部酌議，務期永遠可行。其在京各衙門官役匠役，亦應敕各該衙門，確查裁汰。得旨：此奏内兵馬錢糧，國家要務，關係重大，著議政王、貝勒、大臣會同密議速奏，餘著各該衙門議奏。(世祖一三六、二一)

（**康熙一、一二、癸丑**）靖南王耿繼茂疏報：自順治十八年九月起，至康熙元年七月止，陸續招撫偽將軍、都督、總兵并副、參、遊、守、千、把總等官共二百九十員，兵共四千三百三十四名，家口共四百六十七名，請敕部酌議各官給與銜俸，兵丁入伍支糧。下部知之。(聖祖七、二三)

（**康熙九、三、丁丑**）諭户部、兵部：滿洲甲兵係國家根本，雖天下平定，不可不加意愛養。近聞八旗甲兵牧養馬匹、整辦器械，費用繁多，除月餉外別無生理，不足養贍妻子家口，朕甚憫焉。月餉銀米，應作何增給，永著爲例，爾二部會同詳議以聞。尋部議：甲兵每人月增銀一兩，歲增米二斛。從之。(聖祖三二、二一)

（**康熙二三、一二、甲午**）户部議覆：福建巡撫金鉉疏言，康熙二十年綠旗官兵俸餉不敷銀四萬五千六百兩，請行撥補具題。應如所請，但冊内有海澄公黃芳世多支司庫銀二千三百六十兩，相應著伊家屬賠完。得旨：黃芳世効力行間，且又身故，所用錢糧，著免其追賠，餘依議。(聖祖一一八、二)

（**康熙二九、九、戊子**）户部題：奉天將軍宗室公綽克託、户部侍郎阿喇彌等預給盛京出征官兵次年二月俸糧，又違例豫給五個月錢糧，應交部察議。其豫給俸餉，應扣除補項。上諭大學士等曰：盛京兵丁，全恃田畝耕穫及月給糧餉，以爲資生之計。昨歲盛京禾稼不登，貧困兵丁，艱於粒食，曾以屯糧頒發賑救。頃值軍興，遣一等侍衛齊蘭布往調盛京兵丁，隨發諭旨，令無馬匹者給與官廠馬匹，無行糧者給以莊屯糧米，官兵踴躍遄征。倉卒之際，置辦一切軍裝，遂支領明年二月分應給俸餉，又豫支五個月錢糧，刻期進發。比厄魯特噶爾丹敗遁，盛京官兵雖未接戰，而奮勇敵愾，深可嘉悅。今若將豫支俸餉復行扣抵，則窮乏兵丁，必致生計艱窘，朕心殊切憫惻。所豫給明年二月分應支俸餉及增給五個月錢糧，免其抵扣，仍令照常支給，以示朕愛養將士、軫恤疾苦至意，其大臣亦從寬免交該部察議。又諭曰：前京城之兵，豫給五個月錢糧，若全扣之，亦必至困乏，其按月止扣一兩，以足其數，有事故則已之。此旨亦傳諭户部知之。（聖祖一四八、一五）

（**康熙三〇、二、癸酉**）諭户部：八旗甲兵，國家根本，當使生計充裕，匱乏無虞。向因剿除三逆，久歷行間，製辦軍器、購送馬匹，兼之户口日增，費用益廣，以致物力漸絀，稱貸滋多。朕每念及，深爲軫惻。若不大沛恩施，清完夙逋，將愈至困迫，難以資生。今八旗滿洲、蒙古護軍校、驍騎校及另户護軍、撥什庫、馬甲并子幼，或無嗣、寡婦、老病傷殘、告退人等家下馬甲，所有積債，爾部動支庫銀給還；漢軍每佐領各給銀五千兩，令其償完債負外，餘者各該都統收貯，以備公用。其口外駐牧八旗察哈爾兵丁，出征隨圍，凡有差使，一同效力，向並未給錢糧，亦屬可憫。嗣後察哈爾護軍校、驍騎校、護軍、撥什庫，著月給錢糧各二兩；甲兵及執事人，並太僕寺牧廠人役，著月給錢糧各一兩，俟其贍足時停支。爾部即遵諭行。又諭：八旗兵丁，債負償完，恐猶有不得已而稱貸之事，若向部內借支，事務繁擾，今發帑銀交與八旗，將各旗內部院堂官派出，會同該旗都統、副都統，視其需用之事借給，於每月錢糧，陸續扣除。如此，則兵丁不至窘迫，將來可免稱貸之累，永有裨益矣。（聖祖一五〇、一四）

（**康熙三一、一二、壬寅**）先是，上以西北有警，命户部尚書馬齊、兵部尚書索諾和，往勘歸化城駐兵之地。至是馬齊等疏言：臣等查勘，右衛與歸化城相近，應移右衛人民出城外，令住郭內，城中蓋造房屋，可以駐兵。殺虎口外迤北五十里，東西五十里內，所有熟荒地畝，近者給兵，遠者給大臣官員。歸化城小，地荒田鹵，難以耕種。歸化城西南三十餘里外，有渾津村，村南十里外，有渾津巴爾哈孫舊城基址，城北有大土爾根河，週圍三里餘，宜展此基址，一面三里，築土爲城，造房駐劄官兵，城之四圍所有田地，可取以給官兵耕種。命議政王大臣等議。尋議覆：歸化城之渾津巴爾哈孫無城，右衛見有城，且近歸化城，大宜駐兵。其往駐時，應撥每佐領護軍三名、驍騎三名，漢軍火器營兵一千駐劄，統以將軍一員，每翼護軍統領各一員，滿洲副都統各一員，漢軍副都統各一員，每旗協領各一員，佐領各七員，防禦各七員，驍騎校各七員。其協領，以實授參領遣往，護軍，每旗以實授護軍參領各四員，護軍校各七員。漢軍一千名，以每翼協領各一員，每旗佐領各二員，防禦各二員，驍騎校各二員，令其約束。每佐領撥撥什庫六名，護軍、撥什庫、驍騎仍照京城例，給以錢糧。駐兵既發之後，按缺補足，其喀爾喀阿爾薩蘭戴青等人丁，三丁合披一甲，可得甲九百六十五名，以五十名爲一佐領，編成十九佐領。蒿齊忒郡王達爾瑪吉里迪旗下人丁，亦以三丁合披一甲，可得甲一百五十四名，編爲三佐領。所餘人丁作爲附丁，選擇材幹善於約束之台吉頭目，授以佐領、驍騎校，附歸化城土默特兩旗，在歸化城四圍遊牧。再發綠旗馬兵一千、步軍二千駐劄，設總兵官一員，標下立爲五營，如有事當行，此新設總兵官，及宣大兩鎮標下官兵，俱聽將軍調遣。將軍以下大小官員口糧及馬之草料，一概停給，以口外五十里以內荒地給之，自力開墾。右衛城內所有民房，俱給價購買，安插官兵。上曰：城內居民，若令移於郭外，必致困苦，可勿令遷移，照常居住。若造官兵房屋，城內難容，即於城外建造。此滿兵有事即行，不必授田。大臣官員宜給與口糧，馬給草料，務使勢力有餘。至於綠旗官兵，遇調用，則宣大綠旗兵在近，調撥甚便，停其添設，其缺，以滿洲官兵增駐。所發護軍之缺，應即補充，驍騎、火器營兵之缺，應行停止。官兵住房，宜撥往駐大臣官員監修。著再議。尋議覆：增設綠旗官兵，應停止。每佐領增發護軍三名、驍騎一名，每佐領兵共十名，其護軍每旗發實授護軍參領七員內，以一員爲夸蘭大，設護軍校十四員，以領之，駐兵既撥之後，其護軍之缺補足，驍騎、火器營兵之缺，不必補足。城內居民，不必遷移，官兵住房，撥工部堂官一員，駐防大臣內每翼一員，及每旗護軍參領等各一員監造。官員口糧，照例給發，馬匹草料，夏秋停給，令其牧放，其口糧、草料，一半折給，一半本色。將大同府應徵地丁銀。改徵本色，以給官兵。得旨：每佐領減去護軍一名、驍騎一名。餘如議。隨授都統希福爲建威將軍，噶爾瑪爲左翼護軍統領，四格爲右翼護軍統領，方額爲左翼副都統，馬錫爲右翼副都統，張素義爲左翼漢軍副都統，吳興祚爲右翼漢軍副都統，令駐右衛。（聖祖一五七、二二）

（**康熙三五、六、乙未**）又諭：朕茲出師，見察哈爾之軍人皆壯健，效力爲最，其護軍每月應加餉一兩；至四十九旗士卒連年出征、巡哨，往返勞

苦，每兵一名，歲以六兩爲率，給與三年。（聖祖一七四、五）

（**康熙三六、一、甲戌**）諭理藩院、户部：屢年以來，察哈爾八旗官兵，從征効力甚苦，伊等向無俸糧，自今察哈爾官員著比照京官俸量減給與。目下護軍暫給二兩，驍騎暫給一兩；以後護軍每月仍給二兩，驍騎一兩。爾等作速定議具奏，即於二月支俸時給之。尋議覆：八旗察哈爾在邊外者及世襲官俸，應照京官俸四分減三給之；參領、佐領以下等官，應照京官俸減半給之；前鋒、護軍，每月一名給二兩；驍騎及執事人員，每月一名給一兩。此官員内有見食俸者，仍照常給與；見任官員内有世襲者，當照減等之數量給；年幼官員尚未當差，宜停其給與。所給官兵俸糧，俟行役既罷、生養充足之日，再行奏止。從之。（聖祖一七九、一〇）

（**康熙四一、四、辛巳**）户部議覆：四川巡撫貝和諾疏言，打箭爐駐扎綠旗官兵，需用糧餉，宜預爲接濟。請於附近鄰省撥餉銀十萬兩，協解來川，應期給發，即將知縣以上各官俸銀，扣捐補項。應如所請。得旨：四川極邊之地，官員度日維艱，不必將俸銀扣捐補項。餘依議速行。（聖祖二〇七、二五）

（**康熙四二、三、庚午**）宗人府又題：二十歲以上閒散宗室等，向蒙聖恩，貧乏者俱賞與房産人口，遇婚喪之事，又給與銀兩。此等閒散宗室，並無行走之處，嗣後應停給拖沙喇哈番俸，年二十歲者照披甲例給與銀米。從之。（聖祖二一一、二五）

（**康熙四四、四、庚午**）賜杭州八旗兵丁餉銀兩月。（聖祖二二〇、四）

（**康熙四四、四、己丑**）賜江寧八旗兵丁餉銀兩月。（聖祖二二〇、一〇）

（**康熙五六、三、庚午**）上諭八旗都統、副都統等：舊例八旗官兵派往馬場牧馬，皆預支俸餉，按月扣除。嗣後每年往口外馬場牧馬官兵，每人各賞給行月錢糧五月，不必扣除俸餉。（聖祖二七一、二三）

（**康熙五七、一二、辛酉**）兵部等衙門遵旨會議福州將軍黃秉鉞條奏福州駐防四旗甲兵缺少馬匹一案，查福建四旗甲兵共一千六百六十名，福建地方無甚需用馬匹，應將一半充爲馬兵，一半充爲步兵。馬兵每名拴馬二匹，餉乾銀兩照例支給；其馬兵充爲步兵之人，仍照馬兵給與餉銀二兩。從前應追缺馬，并支過乾銀，俱從寬免。從之。（聖祖二八二、一三）

（**康熙五八、五、癸未**）議政大臣等議覆：振武將軍傅爾丹等疏言，據巴林多羅郡王額附吳爾衮等稱，内地扎薩克官兵，俱各預備米糧、牛羊、馬匹前來。一年之後，按月給官兵兩隻羊價銀一兩，跟役一隻羊價銀五錢，見今羊價騰貴，原給之口糧銀兩不敷食用，請將内地扎薩克官兵并跟役，每隻羊價俱折銀一兩給散。其喀喇沁之一千兵，歸化城之土默特一千兵，並來種地之土默特一千兵，應得羊價銀兩，亦照此支給。查將軍傅爾丹等軍前，見添發黑龍江等處兵三千，目下既不進兵，應令將滿洲、蒙古、綠旗官兵內，查有殘廢老病者，發回一千餘人，將此發回兵丁之糧餉，酌量添給蒙古兵丁。從之。(聖祖二八四、一二)

(康熙六一、九、戊子) 議政大臣等議覆：署理四川巡撫色爾圖疏言，從前平定西藏，留兵防守，自打箭爐至拉里，曾將四川綠旗土司番兵共留三千五百餘名輓運糧餉。今解藏錢糧，可敷二三年之用，且藏地可以採買米糧，不必多人輓運。但自打箭爐至拉里，設有六十六站，不可無兵防守。臣通計各站酌量駐兵，并將土司番兵亦添入數內，一同駐扎，共需兵一千九百名。其餘兵丁一千六百名，若行撤回，則錢糧亦可節省。應如所請。從之。(聖祖二九九、五)

(雍正二、一、辛丑) 諭八旗都統等：八旗滿洲、蒙古、漢軍人等，俱經累世效力，見今承平既久，滿洲戶口滋盛，餘丁繁多，而護軍馬甲，額設有定，是以不得披甲之閒散滿洲，至有窘迫不能養其妻子者。朕每加憫念，將如何施恩，俾得資生之處，再四籌度，並無長策。若欲增編佐領，恐正項米石不敷；若不給與錢糧養贍，伊等何以聊生？既不能養其家口，何由造就以成其材？今將八旗滿洲、蒙古、漢軍內共選取四千八百人，爲教養兵，訓練藝業。所選人等，每月給與錢糧三兩，計四千八百人，每年共需錢糧十七萬二千八百兩。每一旗，滿洲、蒙古、漢軍共六百名，內滿洲四百六十名，蒙古六十名，漢軍八十名。其漢軍之八十名，令爲步兵，每月給給與錢糧二兩，就此錢糧數內，計其贏餘，通融料理，可以多給四十名兵丁，每漢軍一旗，著選取一百二十名。再軍器內長槍尤爲有用，著滿洲、蒙古每佐領下選取護軍四名、馬甲四名，令其學習長槍。漢軍每佐領下，選取馬甲四名，令其學習籐牌挑刀。此四千八百名教養兵，若計佐領選取，恐其人有多寡不同，應於旗下甲喇內，通計人數選取，則護軍馬甲，益得有用之人，而閒散餘丁，亦得學習成就矣，至於如何編錄教訓管轄之處，八旗都統、護軍統領、副都統等，公同盡心詳酌，務期永遠可行，定議具奏。尋議：滿洲旗下佐領，人數多寡不甚相懸，所選四百六十名教養兵，應令各旗不論佐領，在甲喇內選取。蒙古、漢軍旗下佐領，數目多寡不同，俱應不論旗分，各計八旗總數，按其佐領多寡，均行選取。其選取時，必擇其實係貧乏、諳於騎射、可以學習之另戶餘丁選取。其管轄教訓等事，應令八旗大臣各派員管轄。每五日習步射一次，十五日習馬射一次，優劣分別記名，俟有護軍馬甲缺出，將優者拔用。再滿洲、蒙古學習長槍，漢軍學習籐牌、挑刀，實有裨武備。應令該旗大臣等，照前選取，派員管轄。其教習槍法，由八旗巡捕三營官兵内選取四十人，教習籐牌、挑刀，由巡捕三營及古北口之綠旗官兵内，選取四十人，俱每旗各派五人，以充教習，每月給工食銀三兩。學習人等，三年期滿考試，擢其優者以爲伍長。長槍兵丁每人給官馬一匹，至所用器具，俱行文應辦之處，備辦齎送。從之。（世宗一五、一二）

（**雍正三、三、己酉**）諭八旗大臣等：爾等已經增給親丁錢糧，其前鋒參領、護軍參領、副護軍參領等官，行走之處既多，守衛之責又關緊要，應如何加恩給與親丁錢糧之處，公同會議具奏。尋議：前鋒參領、護軍參領向例給與親丁一名，每月錢糧一兩，今請增給二兩，再折給米銀一兩；其前鋒侍衛、副護軍參領，向無親丁，今亦給與一名，每月給錢糧一兩，折給米銀一兩。得旨：前鋒侍衛亦照依參領給與。（世宗三〇、一五）

（**雍正四、二、癸未**）諭八旗大臣等：從前護軍參領、副參領等，俱加恩賞給親丁錢糧，及折米價銀兩，此次驍騎參領等，甄別訖時，亦給與親丁錢糧及折米價銀兩，稍減於護軍參領等。爾等會議具奏。尋議：驍騎參領見在每月親丁錢糧一兩，每年三季，給米二十四斛。副參領等並無親丁錢糧米石。嗣後參領等，每月給親丁錢糧一兩五錢，再折米價一兩，將米二十四斛裁去；副參領等，每月給親丁錢糧一兩五錢，不折給米價。從之。（世宗四一、一九）

（**雍正四、七、戊申**）户部議覆：兩廣總督孔毓珣疏言，粤東兵米，俱藉本年額徵米石支放。今值青黃不接之時，民苦徵輸緊急，兵苦散給愆期。請於糶三穀内，碾米支放兵餉，秋收照數買補還倉。應如所請。從之。（世宗四六、二四）

（**雍正七、八、辛亥**）諭户部：向來三陵俸工米石，皆係截留漕米支給，自康熙五十年，漕米不敷，經直撫題請，將不敷之米，每石給銀一兩，令遵化、薊州、豐潤三州縣，採買支放。州縣委之吏胥，遂致吏胥串通兵役，折銀代米，私相授受。雖經降旨嚴禁，恐此弊未能盡除。而州縣之運送本色者，車脚之費，不無賠墊，且領銀採買，或值米貴之時，一時難以購辦。官員兵役，未免守候時日，是折銀採買，於官兵均屬未便。著總理三陵事務尚崇廙，將三陵官員、太監、兵役，每年需給俸工米石，分晰白米、稜米、粟米數目，預行造册，咨報户部，户部行知倉場，預行照數截留，分貯遵化、薊州、豐潤三州縣。於庚戌年爲始，所有俸工米石，均以本色給發。如此，則更無不敷之米，陵寢員役，不至守候待支，胥吏兵丁，可免串通折價之

弊，而州縣亦無賠墊腳價之累矣。（世宗八五、六）

（雍正七、一二、丁巳）諭內閣：天津水師營兵丁錢糧，前經部議，每月定爲一兩五錢。朕近聞兵丁用度稍有不敷，已降旨加爲每月二兩。浙江乍浦水師營兵丁，亦應一體加恩，其新拔之兵丁等，每月支銀一兩五錢者，亦著照天津之例，加爲二兩。（世宗八九、二五）

（雍正八、一、戊寅）諭兵部：天津、乍浦兵丁，其錢糧原照潼關例支放，今二處既經添給，潼關兵丁，亦著每月每人各添給錢糧銀五錢。（世宗九〇、六）

（雍正九、二、己酉）戶部議覆：雲貴廣西總督鄂爾泰疏言，貴州省新設古州鎮營，密邇粵西之柳慶二府，所有歲需兵米若干，請於柳慶每年糶三穀內支給。以粵省之穀，易黔省之銀，兩有所資；但持銀赴粵，亦有未便。應即於粵西額徵餘存銀內支出，作爲協黔兵餉，以給米價，及一切運米雜費。該管官於秋成後，照數買補還倉。應如所請。從之。（世宗一〇三、一二）

（雍正九、五、甲子）山西巡撫覺羅石麟疏言：太原駐防兵丁五百名內，派出三百名，前往西寧，所有留營兵丁，不敷差委之用。據各旗閒散丁壯塞爾泰等呈稱，自祖父以來，受國家豢養之恩，情願不領錢糧，當差效力。臣隨選得年力精壯、技藝可觀者一百名，不給錢糧，令其承應差使，俟有兵丁缺出，揀選頂補。得旨：太原各旗閒散丁壯等，即令當差，學習行走，自當酌加恩澤，以示鼓勵。著每名月給銀一兩，米三斗，以資其食用。該撫石麟，時加教訓，務令勤謹效力，黽勉向上。若有名糧缺出，即將伊等揀選頂補，以副朕教養兵丁之至意。（世宗一〇六、三）

（雍正九、七、癸亥）大學士等議覆：陝西西安將軍秦布奏言，西安額設兵丁八千名，今戶口繁滋，將及四萬，請於滿洲餘丁內，挑選一千名，每月暫給餉銀一兩，米三斗，令其當差；遇有調遣之處，即照馬兵例派往，俟兵事告竣，陸續裁汰。應如所請。從之。（世宗一〇八、一）

（雍正一〇、五、丙子）辦理軍機大臣等議覆：散秩大臣塞楞等奏言，臣等至察哈爾地方，會同各總管，遵旨查明八旗諸王大臣、官員等所進蒙古及移居就食蒙古，共計八百餘戶，內選得諳練騎射堪以充兵之壯丁，共五百七十餘名，請五十名編爲一佐領，共十一佐領，分充護軍、領催、驍騎，給以月餉，令操練騎射、鳥槍等項，其製備軍器、馬匹銀兩，照例給與。內有正黃旗原任侍衛阿拉布坦，所進蒙古已敷一佐領，該佐領員缺，請於伊子弟內補授，准爲世管佐領。其餘各佐領，俱係湊集各處蒙古編隸，應爲公中佐領，於察哈爾閒散官、廕生、護軍校、驍騎校內，揀選補授。其護軍校、驍騎校員缺，於察哈爾前鋒護軍領催內選補。至所選壯丁外，其餘閒丁，無可依賴，生計維艱，應照厄魯特佐領下閒丁例，每名月給銀五錢。再察哈爾貧苦兵丁，請每户賞銀十兩，每名賞布二疋，其牧場蒙古，每名止賞布二疋。均應如所請。從之。（世宗一一八、一九）

（**雍正一〇、八、甲戌**）八旗都統等遵旨議覆：看守倉庫，舊係八旗馬甲，應盡行撤回，以便操演。請於八旗滿洲、蒙古、漢軍，或閒散人，或養子開檔人及官兵之家下陳人內挑取二千二十四名，照步甲例，給與錢糧米石，專令看守倉庫，其中有應挑取護軍馬甲者，照常挑取。至管轄此項兵丁，每旗滿洲、蒙古、漢軍，合派十員，統計八十員，再於降級、革職官員內，挑選一百二十人，共爲二百員，令其管轄。此所派降革人員，如不實心效力，交部分別加等治罪，其有勉力行走，五年無過者，令該管大臣於伊等應陞之缺，一併列名。從之。（世宗一二二、一五）

（**雍正一一、五、己亥**）辦理軍機大臣等議覆：靖邊大將軍順承親王等奏稱，京城、各省官兵、喀爾喀兵，每月應得羊價，請增定爲一兩；京城、各省併歸化城之土默特官兵，每月所給口糧，增定爲一斗八升；內地扎薩克兵丁，每年增給四箇月羊隻。均應如所請。從之。（世宗一三一、八）

（**雍正一一、五、乙巳**）辦理軍機大臣等議覆：寧古塔將軍杜賚奏稱，船廠水手、打樺皮人、臺站人丁、閒散壯丁等，共選取一千名，請在船廠地方立營，將伊等爲鳥槍兵，百人內，設領催五名，每月給銀三兩；兵丁每月給銀二兩；添設協領一名，驍騎校八名。其火藥等項，由部解送。應如所請。從之。（世宗一三一、一〇）

（**雍正一三、一〇、戊子**）總理事務王大臣議奏：旗兵革退，應繳糧餉，請照監察御史察喇原奏，一體免其追繳。其逃兵應繳糧餉，請照都統彰格所奏，暫存旗庫，於每年春季彙交户部。從之。（高宗五、三一）

（**乾隆一、二、丙子**）户部議撥浙江省雍正十三年分地丁銀十萬八千八百餘兩，從原任貴州巡撫元展成請，解往黔省，爲新募兵丁糧餉，並製造器械之用。得旨：依議速行。（高宗一二、二〇）

（**乾隆一、二、壬午**）户部又議撥江西省雍正十三年分地丁銀二萬三千七百兩零，解黔省爲官弁俸餉之用。得旨：允行。（高宗一三、九）

（**乾隆一、三、甲子**）户部議准：經略苗疆張廣泗疏稱，台拱逆苗不法，所調各處土兵，與官兵同勞。請將土官照千總酌減之例，日給鹽菜銀三分，土目照把總之例，日給銀二分，土兵日給銀一分。彙入軍需報銷。從之。

(高宗一五、二六)

(乾隆一、八、丁丑)總理事務王大臣遵旨議覆：添給旗員空糧，查八旗滿洲都統，每員隨甲八名，護軍前鋒統領、蒙古漢軍都統，隨甲六名，無庸議給外。其滿洲副都統，隨甲僅三名，蒙古漢軍副都統，隨甲僅二名，今擬各添一名。護軍前鋒、驍騎參領，隨甲一名，今擬各添一名。副護軍、副驍騎參領、前鋒侍衛，隨甲一名，今擬各添半名。上三旗包衣參領等，一體給與。以上所給隨甲，每名給錢糧三兩，米折一兩，於正項內按月關支。至八旗佐領，並上三旗包衣佐領，原各有隨甲一名，康熙四十三年裁去。今奉旨於本佐領下額甲數內，各給一副，應遵旨賞給，俟缺出扣除。其支給隨甲事宜，臣等酌議數條開後：一、文官如尚書、侍郎等兼管都統、副都統者，辦理一旗事務，除旗下養廉不支外，其隨甲應准兼支。郎中等兼參、佐領者，應准兼支隨甲。一、都統、副都統及參領，有兼佐領者，已支領任內隨甲，其佐領隨甲，不准兼支。一、各旗賞都統、副都統等職銜，現有差使者，從前定例，准照漢軍都統等官支給，應仍舊例。其賞空銜不辦事者，不准。一、額外都統、副都統、參領、副參領等，現在辦事者，准照額設官支給。不辦事者，不准。一、世職官員，如男爵以上，已有隨甲，若兼都統、副都統、參、佐領等官者，准支領一處，不得重支。一、文官三品，原有隨甲者，照舊支給。一、都統等官出差在外，已有養廉者，不准兼支。無養廉者，仍行支給。從之。(高宗二五、二)

(乾隆一、一○、戊子)兵部議覆：兩廣總督鄂彌達疏言，廣西地處邊隅，多崇山峻嶺，兵額戰守居多，馬糧甚少，是以武職隨丁，自副將以下，馬餉全無，戰守亦幾相等，不但不能照東省馬二步八，並不及馬一步九之數，一月所領糧餉，不敷養贍。請將副將以下之隨丁，向食守糧者，俱易為步糧。廣西副將都司隨糧，已於雍正十一年間，奏定全給餉銀；應將參遊以下，支食守糧者，俱改為步糧。從之 (高宗二九、一三)

(乾隆二、二、己未)兵部議覆：閩浙總督銜專管福建事務郝玉麟疏請酌設鋪司，閩縣縣丞，應於營前添設一鋪，安兵一名；侯官縣縣丞，於大湖、箬洋、際上、可壙添設四鋪，安兵五名；順昌縣縣丞，於仁壽、洋墩、河墩添設三鋪，安兵三名；寧化縣縣丞，於諶亨橋、黎坊、厂前添設三鋪，安兵三名；寧德縣縣丞，於八蒲、九都添設二鋪，安兵二名，南勝同知，於署前及軍營二鋪，安兵四名，以敷遞送。並請將縣丞衙門鋪兵，照偏僻鋪遞，每兵每年給銀三兩六錢，南勝同知鋪兵工食，每名每年給銀七兩三錢六分，於各該縣地丁內，照數存留支給。應如所請。從之。(高宗三六、二)

（**乾隆二、二、庚申**）兵部議准：署兩廣總督廣東巡撫楊永斌疏請酌添船汛。廣海寨屬上川之三洲灣，下川之大擔灣，各添設四櫓槳船一隻。將香山協撥防狐狸逤汛目兵五十名，抽出三十名，於廣海寨撥兵十四名，共四十四名，分配兩船，遊巡大擔灣。於廣海寨附近水汛，派千總一員經管，外委千總一員專防。三洲灣派把總一員經管，外委把總一員專防。即將狐狸逤汛兵五十名，改歸廣海寨充額。所需配船，及狐狸逤汛目兵，統於廣海寨照數酌撥。至香山之狐狸逤汛屬地方，亦改歸廣海之都斛汛弁，就近管轄。並請將廣海寨屬添設四櫓槳船二隻，共需銀二百二十兩有奇，於乾隆元年地丁銀內支給。從之。（高宗三六、四）

（**乾隆二、五、丁巳**）兵部議奏：福州將軍阿爾賽疏稱，福建水師旗營，現在額兵六百一十二名，每名月餉一兩五錢，領催二兩，俱各給米三斗。維是生齒日繁，各丁眷屬，當初撥往時，計一千一百九十九名口，今新增七百七十名口，每丁多至三四口以及六七口不等，實屬不敷養贍。仰懇援照天津、乍浦水師旗丁現在餉米之例，每月領催賞給錢糧三兩，披甲各二兩，餉米各一石，以資養贍家口。又稱向有教習兵一百一十二名，請一體加增。均應如所請。得旨：依議。（高宗四三、二三）

（**乾隆二、六、丁卯**）總理事務王大臣等奏：又查得熱河八百名駐劄兵，每月領催等食餉四兩，兵丁等食餉三兩，領催、兵丁等，每季應領米四石四斗，共馬二百匹。拴馬者，每匹應得乾銀二兩；今新添駐劄兵一千二百名，應得糧餉亦照此例。從之。（高宗四四、一五）

（**乾隆二、九、戊申**）諭總理事務王大臣：前聞陝西西安等處，夏秋雨少，糧價昂貴，七月間雖得雨霑足，又以河水漲溢，民間田廬，有淹浸之患，朕心軫念，已屢降諭旨。著該巡撫遴委賢員，查勘撫綏，悉心籌畫，毋使一夫失所。今聞西安地方，草束短少，秋冬之際，芻秣尚可支持，明年正、二、三月，則草價更昂，將軍標下兵丁額領之銀，不敷喂馬之用，未免拮据。著將春季三個月駐防兵丁所有草價，加增一倍賞給。一交四月，青草發生，仍照舊例支領。至督撫標下牧馬草價，應否酌添之處，著該督撫妥議具奏。（高宗五一、一〇）

（**乾隆六、六、丙申**）[户部]又議覆：署廣西巡撫楊錫紱奏稱，永從縣逆苗滋事，派兵勦捕。粵兵奉調赴黔，即應黔省支應。但兵行迅速，恐軍糧貽誤。就近派撥柳州府屬懷遠、融縣、柳城倉穀內，先碾米八百石，運交收貯，隨營轉運，以後遵照陸續碾運接濟。各弁兵借給俸餉，備製軍裝，文員知府以下，武弁千總以下，日給薪水鹽菜，豫備賞號銀兩。跟隨官員人役，

按日支糧；搬運軍裝人夫，計程給價。均應如所請行。得旨：依議速行。（高宗一四四、五）

（乾隆六、七、壬辰）〔貴州總督張廣泗〕又遵旨議奏：妥酌黔省情形，共計可裁馬步兵四千六百餘名，馬可改步兵三百九十餘名，千把外委可裁五十餘員，歲省俸餉、馬乾銀八萬七千餘兩，節省米一萬六千七百餘石。得旨：所奏俱悉。應具題候議者也。（高宗一四七、三四）

（乾隆三、十、癸未）加八旗護軍、領催、馬甲、養育兵額。諭：八旗弁兵等，蒙皇祖六十一年教養之恩，不啻天高地厚。我皇考臨御十三年，宵旰焦勞，施恩沛澤，爲旗人籌畫生計者，至周至渥；朕即位以來，仰體皇祖皇考聖心，無時無刻，不以贍養旗人爲念。凡有益於伊等生計者，悉已次地舉行。即如近年之中，借給餉銀數百萬兩，原議按月扣除，未幾仍行豁免。在國帑所費已多，而於旗人究未能永遠補益。今再四思維，八旗生齒，日見其繁，若於每佐領下，各添兵額，則食糧者加增於原數，而閒曠者自少，似爲贍養旗人之本計。除各王公屬下包衣外，查八旗、滿洲、蒙古現有十六歲以上壯丁七千六百餘名，十五歲以下幼丁一萬六千四百餘名；漢軍壯丁，現有二萬五千一百餘名，幼丁七千一百餘名；又圓明園八旗壯丁，現有五百餘名，幼丁一千餘名，共計五萬七千九百餘名。著將滿洲蒙古佐領，共八百八十二個，每佐領添食四兩之護軍一名、領催一名，食三兩之馬甲二名，食二兩之養育兵十名，圓明園八旗，添養育兵四十二名。至於漢軍佐領共二百七十個半，伊等人丁雖衆，其中力能營運者尚多，且佐雜千把，皆可録用，與滿洲、蒙古不同。今酌量每佐領，添領催一名，馬甲二名，養育兵六名。通計加添護軍領催、馬甲四千三百三十餘名，養育兵一萬七千七百餘名。每歲需銀四十三萬九千餘兩，需米九萬六千三百餘石。至於八旗佐領人數，多少不一，若照額加添，或佐領人數不敷，或有人丁而不願披甲者，應於人多之佐領下挑補。其如何辦理妥協之處，著軍機大臣會同議政王大臣、八旗大臣，詳加妥議具奏，此朕格外加恩之舉。旗人等當思國家經費有常，弁兵之額數有定，將來生齒愈繁，豈能更有增益？朝廷曠典，不可屢邀。惟有謹身節用，崇儉去奢，以爲仰事俯育之道，不致匱乏。則朕之施恩爲不虛，而旗人亦永享安寧之福矣。（高宗七八、九）

（乾隆三、一一、癸丑）王大臣等遵旨議覆挑補增添之八旗護軍、領催、馬甲、養育兵缺。查八旗定例，護軍、領催，於該佐領下，馬甲、養育兵、幼丁內挑取。馬甲，於養育兵、幼丁內挑取。養育兵，由十歲以上之幼丁，於鰥寡孤獨等子嗣及無養贍錢糧、度日艱難之官兵子弟內挑取。餘缺，酌量挑補。現查八旗漢軍壯丁、幼丁、圓明園八旗幼丁、俱足挑補加添之領催、馬甲、養育兵缺。惟八旗滿洲、蒙古旗分、佐領額數相等、壯丁、幼丁額數多寡不一。若以旗分人丁多寡、將缺均勻挑補、以後生齒繁多、還缺轉滋紛擾、請將八旗滿洲、漢軍、蒙古、除讀書肄業、不願披甲者、不准挑補外、所有八旗滿洲、蒙古增添之護軍領催、馬甲兵缺、交各該旗、於馬甲、養育兵、幼丁內挑補。增添之養育兵缺、將鰥寡孤獨等子嗣、不拘年歲挑補。又獨身人等、在四項中、尤為可憫、請嗣後有犯輕罪、而情尚可原之革退官職拜唐阿、及自幼殘廢等項人丁、詳查情由、斟酌歲數、給與養育兵錢糧養贍。此外、再令八旗滿洲、蒙古、漢軍大臣等、於無養贍錢糧度日艱難之官兵子弟內、人多旗分、挑取十歲以上之幼丁、無依孤苦者、雖年未及歲、亦准挑補。人少旗分、先挑取十歲以上幼丁、不敷、挑取九歲以下幼丁、仍令該管官員、不時訓誡、務令兵丁等、咸知節儉、不得恃有月支錢糧、濫行花費。從之。（高宗八〇、七）

（**乾隆六、五、癸未**）大學士遵旨議覆：戶部左侍郎梁詩正奏、度支經費、莫大於兵餉。伏見每歲春秋二撥解部銀、多則七八百萬、少則四五百萬、而京中各項支銷、合計須一千一二百萬、入不敷出。蓋因八旗兵餉浩繁、所出既多；各省綠旗兵餉日增、所入愈少。請及時變通。八旗閒散人丁、宜分實邊屯以廣生計；綠旗兵丁、宜量停募補、以減冗額等語。查乾隆二年、五年經御史舒赫德、范咸條奏、將在京旗人、移駐興、盛二京等處耕種、經議政王大臣等屢行詳議。緣寧古塔拉林、阿勒楚喀、琿春、博爾哈屯、海闌素係產參之所、移駐滿洲、不諳耕種、召民開墾、恐行創採、而黑龍江風土、迥異京城、旗人不能與本地人一體種地打牲、耐受勞苦；一遇歉收、難以接濟。奉天亦無曠土可耕。應將八旗閒散人丁分實邊屯之處、無庸議。至直省綠營兵數、雍正元年以前、共額設馬步兵五十八萬二百餘名；後因西陲用兵及苗疆河工等處、增設十一萬六千餘名。嗣經軍務告竣、議裁二萬餘名、尚多浮冗。請將各省標鎮協營、詳查續添兵丁、或可全行裁汰、或可量加裁減；倘有不便裁減者、將馬兵改為步戰、步戰改為守兵。或有地要營單必須添設、止准於通省酌量抽撥、毋輕議增。至恐裁兵一時去業失伍、養贍無資、應候該兵出缺、量停募補。又戶部尚書果毅公訥親等奏、直省一切正雜錢糧、康熙、雍正年間、歲歲相積、仍有餘存。邇年以來、統計直省收支各數、所入僅敷所出、倘有蠲缺停緩、即不足供一歲用度。其支放紛繁、尚須酌為裁減。各省官員毋任其增設、工程宜權其緩急等語。查設官分職、原有定制。從前各省佐雜等官、各督撫有奏請添設改隸、責任轉無專屬。請嗣後倘各省需用人員，止准於通省內隨時改調，不得奏增縻費。再直省一切新建工程，俱經各衙門議准，工部核算工料興修。現在各省城垣，令督撫確查，分別緩急，豫估報部，將來遇水旱不齊之時，以工代賑。其文武衙署，偶有坍塌，祇可隨時粘補；其必需修理者，該督撫斟酌題報，俟部覆方准興修。至民隄民埝，有應修理之處，即於農隙勸導修整，毋動公帑。除臨江濱海邊疆重地，營房、墩臺、海塘、溝渠、隄壩，事關積貯、防守、捍衛民生等類緊要工程外，其可緩興修者，應令各地方官申報督撫勘估，酌量次第題報，庶不致繁興縻費。得旨：八旗人丁分置邊屯一事，著大學士查郎阿、侍郎阿里袞前往奉天一帶，相度地勢，再行定議。餘依議。（高宗一四三、六）

（乾隆六、一一、辛卯）寧古塔將軍鄂彌達、副都統烏察拉、監察御史關福奏：吉林烏拉滿兵三千餘戶，窮苦者一千一百八十五戶，甚窮苦者六百七十八戶。蓋因兵丁每月食餉二兩，又無米石，值屢次出征，每年兩次打圍，需費甚多。又扣豫借生息銀兩，放餉時，除抵扣外，所餘無幾，貧苦逃走者甚多。今值嚴冬，生計維艱。請將極窮苦之六百七十八戶，每戶於資生銀內，借支銀四兩、米四石，於乾隆壬戌年秋季為始，按八季扣還歸款。其貧苦之一千一百八十五戶，尚有口糧，可接續至來年二三月間，俟來春再行斟酌辦理。得旨：如所請即行。（高宗一五五、二一）

（乾隆六、一二、丁巳）大學士等遵旨議覆：荊州將軍袞泰疏稱，駐防滿兵生齒日繁，現在入册閒散幼丁，共計二千六百餘名。請添養育兵八百名，照江寧餘兵之例，每名一月給與錢糧銀一兩五錢，令其習學技藝，遇有馬甲缺出，即於此項挑取。所出之缺，於幼丁內頂補。應如所請。又該處兵丁，每名拴馬三匹，不但折色餵養草料銀不敷，設有倒斃，買補亦不免受累。請亦照江寧、杭州滿兵之例，每名拴馬一匹，餘剩二匹，俱折價扣存，以備買馬之用，分限四十個月，由伊等每月所領草料銀內坐扣。從之。（高宗一五七、一九）

（乾隆七、一一、丙子）和碩誠親王允祕等遵旨議奏，正藍旗滿洲革職貝勒弘眣屬下佐領一缺，作為公中，入旗當差。本佐領下閒散柱兒，年甫十四，現有孀居之祖母、伯母及母，又有伊舅母，因無子嗣，亦相依同居。四孀一孤，並無養贍，而柱兒又懦弱不能披甲，該旗奏請照旗人例，給養育兵錢糧二兩。查包衣佐領下，原未設有養育兵錢糧，惟上三旗包衣佐領下，有給與無子孀婦每月一兩錢糧米石之例，今柱兒雖係包衣，既已暫入旗下，即照此例給與一兩錢糧米石，俟長成披甲或分給王等時停給。嗣後下五旗公中包衣佐領下無養贍之孤寡人等，如有似此家口重者，均給一兩錢糧米石；家口少者，祇給餉銀，不必給糧，俱俟長成披甲，或分給王等時停給。從之。（高宗一七九、一〇）

（乾隆九、四、己未）户部議准：川陝總督公慶復疏稱，甘、涼、肅、安四處，派防哈密官兵，應需乾隆九年分鹽菜、口糧二萬二千八百九十七兩，請於哈密及柳溝衛庫貯鹽菜銀并扣收官兵借支銀內動支。從之。（高宗二一四、一三）

（乾隆九、九、丙子）諭：天津等處，添派駐防兵丁，並派往拉林阿勒楚喀地方。屯田兵丁之缺，應照原議，將八旗養育兵內，銷除二千三百四名。但養育兵特爲養贍並無產業之孤獨人等而設，若盡所出之缺，全行銷除，則於旗人生計無益。著交與八旗，俟駐防屯田兵丁起程後，將每月所出養育兵缺，暫行減半銷除；其餘一半，著照常養贍孤獨人等，展限三年，陸續銷除。（高宗二二四、五）

（乾隆一一、五、壬寅）兵部議准：浙江巡撫常安奏稱，乍浦地方，通達外洋，爲濱海要區，駐防滿兵一千六百名，又有熟練船務綠旗兵四百名，會同滿兵，演習水操，一切營制事宜，俱照天津水師例辦理。此項綠旗兵丁，係由本省沿海各營，抽撥前往，原以綠旗而占滿兵之缺。今滿兵駐防將及二十年，舟楫已能嫻熟，可無藉於漢兵之同操。而人丁家口，滋生日漸蕃衍，餉銀兵額，均有定制，未便議增。若照天津雇募水手之例，遽將漢兵發回，又恐各兵去伍失業。再四籌酌，請就綠旗兵四百名內，撥留二百名，仍歸參將管轄；其餘二百名，俟有事故缺出，停其另募，即在滿兵餘丁內，挑選補用。從之。（高宗二六六、一二）

（乾隆一三、一、己酉）軍機大臣議覆：川陝總督張廣泗奏稱，進勦大金川各兵隨帶軍裝，深受駝馬之累。現續調陝、甘、雲、貴官兵一萬名，應亟爲調劑。查自打箭爐與維州關兩路出口，跬步皆山，非特騎駝難行，且沿途並不產草，及抵賊境，愈屬艱險，馬非跌傷即餓斃。一遇移營，既無民夫雇運，不得不自爲背負。各兵均帶器械，加以軍裝背運，力已先疲，何能銳戰？雖萬餘漢兵，僅可抵數千之用。今續調之兵，若拘舊例給馬出口，誠爲無益。若自各標營起程之日，即令改雇民夫，既恐滋擾，又虞糜費。若至出口地方，再僱長夫，不但驟難雇覓，且抵營亦難約束。謹酌擬陝、甘、四川、雲南征兵，仍照各該省之例，給馱載馬，以資內地馱運。惟每兵百名，准隨帶本營餘丁三十名，以備出口負運軍裝，並各給捏棒、刀斧器械。不但背運可以代夫，即遇派兵進攻，更資看守營壘。且征兵內或有糧缺，即以該餘丁挑補，額數亦免虛懸，但必須酌給口糧並安家之費，乃可使踴躍從事。應於各本營起程時，每名給安家銀三兩，自起程日起，日給米一升。至黔省征兵，向無給駝馬之例，自應仍雇民夫。每兵百名，除亦准帶餘丁三十名外，再給夫五十名，令於內地沿途雇募。俟抵川出口馬匹難行之處，將陝、甘、四川、雲南各兵原領駄馬，寄留內地牧放，以備旋師駄載。黔省所雇民夫，以抵軍營日停止，俟旋師再雇。所有軍裝，即令各餘丁背負，於日給米一升外，加銀三分。俟凱旋進口日，仍止日給米一升，以回抵各本營日住支。雖添調餘丁，不免少費，然征兵俱得實用，馬匹亦免倒斃，仍有節省等語。均應如所奏辦理。惟黔省征兵，每百名給夫五十名，與例不符，應照例給四十名。得旨：依議速行。（高宗三〇七、一五）

（乾隆一四、五、乙卯）戶部議奏八旗俸餉事宜：一、在京八旗文武官，例按春秋二季支俸，俸檔過部後，如有陞放，向不扣除，而新任俸銀仍領，實屬重複。請嗣後俸檔過部後，補放外任，其俸銀即於本季裁。由兵丁請授外省，亦照例裁下月錢糧。一、八旗官兵，指俸認買入官人口，向未定坐扣年限。嗣後除交現銀外，價十兩至三十兩者，限一年坐扣，三十兩至六十兩者，二年，六十兩以上者，三年。一、各省經制文員，并綠旗武職，於俸檔過部後，陞調京職，若照在京文員，給新任雙俸，未免過優。嗣後各省經制文員，照新任應得之俸，給單俸；綠旗武職，給新任俸祿。一、由各旗官學生補放人員，向係月支膏火銀兩，無米，與原餉不同。至由各部院繕本貼寫筆帖式補放者，月支銀米，並非原餉，應均照例給新任俸祿。一、革職留任并閒散人員，奉旨署理職任，臣部以該員等所辦事務，與現任實授者，並無區別，照例一體給隨甲以資辦公在案。以上數條，應請纂入則例。從之。（高宗三四〇、一七）

（乾隆一四、九、甲戌）又諭：八旗生齒日繁，朕即位以來，屢經施恩，但未食錢糧者，不敷養贍。朕現於香山另立一營，設護軍一千，操演雲梯。即將此一千護軍并護軍校之缺，施恩全行開出，各按佐領，選其出色者，挑補護軍校、護軍。其操演雲梯護軍等，照常拴養馬匹外，該旗添官馬一千，分給拴養，伊等既得錢糧養贍家口，亦各相奮勉，而得上進之路。八旗滿洲等，皆朕世僕，當感朕曲為籌畫之恩，勤習武藝，務於儉素，痛戒其奢侈惡習。（高宗三四九、二六）

（乾隆一六、八、丁未）（戶部）又議覆：浙江巡撫永貴奏稱，乍浦滿洲水師營舊兵，每名每月關支餉米二石五斗，每石向例一兩二錢折給，新兵每名支米一石，本年四月奉旨恩加米一石五斗。請除每月支給米一石外，其加

添餉米，照舊兵例，每石一兩二錢折給。以奉旨日爲始，在司庫地丁項下動支。應如所請。從之。（高宗三九六、二二）

（乾隆一八、五、丙辰）諭軍機大臣等：軍營駐防之喀爾喀兵，向仰給於扎薩克，後經加恩月給羊價，每名一兩五錢；乾隆六年，因徹内地之兵，餘米頗多，復增給月米一斗。但此項米放完後，内地運往維艱，且喀爾喀人等，食牲度日，止須給予羊價，存米放完，竟可停給。其鄂爾坤駐防之兵，原爲保護喀爾喀游牧而設，仍酌令各盟，照例給養。至軍營大臣官員，及内地兵米。應如何運往之處，著傳諭舒赫德。詳議具奏。（高宗四三八、一）

（乾隆一八、五、丁巳）軍機大臣等議奏：八旗蒙恩新增馬甲一千，並著於健鋭營建房給住。查此項一千甲缺，滿洲都統每旗應增九十四缺，蒙古都統每旗三十三缺，請交各該旗，於現在養育兵内挑補，俟健鋭營兵房造竣，遣往居住。其如何管轄操演之處，聽健鋭營辦理。此項所遣養育兵缺，即按照一兩五錢之數挑補，再查養育兵，滿洲、蒙古、漢軍二十四旗，共額一萬五千一百二十四名。向支月銀二兩，今於每名下酌勻五錢，六缺内可勻出二缺，又恩添二缺，統計於原額一萬五千一百二十四名外，共增一萬八十八名。此項增出之缺，請按照滿洲、蒙古、漢軍旗分，勻撥挑補。並請嗣後八旗原額養育兵缺出。各旗均照一兩五錢之數，挑補三缺，增挑勻額一缺，月銀亦照一兩五錢支給。從之。（高宗四三八、四）

（乾隆一九、一、戊午）軍機大臣等議覆：盛京禮部侍郎蘇章阿奏稱，養息牧牛羊共四十場，向由京城蒙古官員内，挑選四品總管一員，五品副總管二員，俱非本處人，不諳孳生之道，請裁去總管、副總管三缺，令本處翼長二員管理。再於四十場内每場各放牧長一名。翼長每人月支餉銀二兩；牧長支一兩。如有倒斃及孳生不足，即由該員等俸餉内坐扣賠補等語。應如所請。惟查牧場雖分四十處，儘可就近兼管。臣等酌議，由牧場蒙古内共挑放牧長二十名，每人管理二場，分隷本處翼長總理。從之。（高宗四五四、九）

（乾隆一九、三、戊辰）諭軍機大臣等：前因軍營無事，額駙策凌年老，就近以塔密爾作爲軍營。今有辦理烏梁海之事，軍營應移駐烏里雅蘇台，以塔密爾作爲内地。從前驛站，設自推河至塔密爾。今軍營既移至烏里雅蘇台，自推河直抵烏里雅蘇台爲便。著傳諭舒赫德，成衮扎布，將遷移驛路，自推河直抵烏里雅蘇台之處，定議辦理。再軍營現貯米石，亦著查明。若添兵二三千名，酌量支給，足敷幾年之用，一併具奏。嗣經舒赫德等議，於塔密爾、鄂爾坤二處所存銀米軍器等項，將應運之物派參贊大臣安崇阿、原任巡撫永貴，運至烏里雅蘇台。鄂爾坤、塔密爾所有緑營參將、守備、千總各一員，把總三員，兵三百名，俱移駐烏里雅蘇台大營。再查前因以塔密爾爲軍營，派參贊大臣一員，給與印信，駐剳烏里雅蘇台。今大兵既駐烏里雅蘇台，所有參贊大臣印信，應暫貯。俟辦理諸務既畢，將參贊大臣移於卓克索等處，展界駐剳，另行定擬辦理。至遷移軍臺，查自張家口至鄂爾坤四十四臺，自鄂爾坤至烏里雅蘇台，設喀爾喀臺站十八處。今軍營既在烏里雅蘇台，臺站可直抵軍營，道里較捷。自張家口至烏里雅蘇台道路，今計現設臺站數目與應移臺站正足相當。現派侍衛六格等及喀爾喀臺站台吉等，查明舊設臺站地方，及移設臺站。由何處安臺，應添喀爾喀官兵若干之處，詳細查酌辦理。再查軍營現存米一萬五千餘石，大麥四千九百餘石，臣等現議喀爾喀官兵停其支米，全給羊價銀兩，約計添兵三千名，尚足敷一年有餘支用。報聞。（高宗四五九、三）

（乾隆一九、一二、乙丑）［軍機大臣等］又議覆：定北將軍班第等奏，遵旨將出征滿洲、蒙古，各項兵丁應給口糧，畫一辦理一摺。查從前廩給之數，較今給與察哈爾之項，大略相仿。惟喀爾喀和托輝特之兵，因去游牧近，比從前較少，今應俟明年各路調兵前來，無論滿洲、蒙古、索倫、巴爾虎、喀爾喀、厄魯特，俱一律按照定例給與，令其攜帶炒米、炒麪、牛羊乾肉並鹽菜銀兩。其初到軍營守候之時，亦照定例，每兵一名，每月支給二十日米一斗六升六合，羊一隻，鹽菜銀一兩五錢。至明年進兵時，止議給兩月乾糧，少覺不足。現議於二月內先遣哨探兵前往，應令帶四月乾糧。其現在軍營之察哈爾兵，每月應給羊三隻；但軍營米石甚裕，應裁兩隻，每月給二十日米、羊一隻。喀爾喀兵，仍支給羊價銀二兩一錢。其聲援之喀爾喀兵，既不進勦，仍給羊價銀七錢。臣等並行文西路將軍等，亦照此辦理。從之。（高宗四七九、一二）

（乾隆二一、五、辛卯）諭軍機大臣等：昨據永貴奏稱，北路軍營現存米十二萬一千餘石，可敷一萬兵丁四年之用等語。此惟計算儲備軍需，其賞給各部落屬人口糧一項，未經籌及。杜爾伯特、輝特人等，明歲雖各歸遊牧，但現在伯什阿噶什之子博東齊及達什車淩、烏爾古勒濟勒等，俱將遊牧移至阿爾台地方，尚須賞賚。著傳諭普慶、阿思哈等，約計從前賞杜爾伯特、輝特人等，每年應須糧石若干，所有現存糧石，足支辦給軍需並賞賚新來歸降人等幾年之用，詳悉具奏。至賞給厄魯特口糧，原因其饔飧不給，暫爲補助，並非定爲成例。即如伯什阿噶什之子博東齊等前來之時，其中果有並無牲隻，不能度日者，即酌量資給，若現在可以餬口，不得俱照車淩等之例，一概賞給。並著傳諭舒明、阿蘭泰等遵照辦理。（高宗五一三、一一）

（乾隆二一、九、辛卯）諭：據蘇巴什里奏稱，前歲添派內扎薩克、喀爾喀、烏拉齊等，已在臺差委兩年，妻子俱在臺站。所給錢糧請照喀喇沁之例支給等語。此等烏拉齊與喀喇沁一體當差，著加恩照喀喇沁之例，加倍支給。其二十一臺至二十八臺兵丁二百三十六戶，牲隻間被搶掠，著加恩每戶賞米二石，以示體卹。（高宗五二一、一一）

（乾隆二一、九、己未）又諭：健銳營、索倫、察哈爾、厄魯特駐劄伊犁兵丁，効力行間，深堪軫念。著兆惠動用正項錢糧，酌量賞賜，以示體卹。前降旨令圖什墨勒、扎爾呼齊宰桑等，輪班駐劄伊犁辦事，亦應給與官項。圖什墨勒著按月給銀三十兩；扎爾呼齊給銀二十兩；閒散宰桑給銀十兩；得木齊收楞額等各給銀五兩。伊等自必益加奮勉。兆惠等可即遵照辦理。（高宗五二三、一四）

（乾隆二一、閏九、甲子）大學士管陝甘總督黃廷桂覆奏：安西駐防滿兵，遵旨先撥往三千，豫定章程。查額敏和卓自吐魯番回抵瓜州，即派員照看起程，隨將所遺地畝丈勘，召民佃種收租，以備將來支放滿兵本色月糧。至瓜州及回民所居之頭堡二處，地勢軒敞，應令將軍及副都統等帶兵分駐。所遺兵房，率皆狹小，原有衙署不敷分駐，均應另行估建。其回民分駐五堡，原有土房四千八百餘間，年久坍塌，應行建蓋。再兩省截留一成公費名糧，每歲可省銀二十四萬六千餘兩，其移駐滿兵二千名，合計俸餉、糧料、本折等項，每年需銀三十六萬六百餘兩。如將家口粟米，一半折給，回民所遺地畝，並於一半粟米內搭給二成茶葉，復於五衛額徵內酌撥京斗青稞等糧九千石外，該歲需銀二十四萬四千餘兩，即以截留綠營公費湊支，有盈無拙。至原議扣留公費兵額，係統於一年內裁扣齊全，一年清還各營墊項，兩年後多有節省。應令滿兵於二十三年秋季涼爽時，派撥來安。得旨：如所議行。（高宗五二三、一八）

（乾隆二二、三、辛酉）兩廣總督楊應琚奏：廉州府屬龍門一協，孤懸海島，實兵一千七百六十七名，既無田土可耕，亦無生業可務。向來兵米一石，例支折色七錢。嗣因兵力拮据，濟以潮州府屬南澳租米三百餘石，尚屬不敷。今查有交商生息並竈丁食鹽羨餘二項，歲可得銀一千二百兩，以之加給，計每石可加銀二錢有零。報聞。（高宗五三五、二九）

（乾隆二三、四、辛酉）定邊左副將軍成衮扎布等奏：臣等奉旨烏里雅蘇台等處，駐劄索倫、察哈爾等兵，應酌量徹回。四部落每年派出防秋兵，亦應裁減。查上年臣等奏准北路軍營留索倫、察哈爾兵各一千名，右衛、綏遠城滿洲兵五百名，喀爾喀兵五百名，綠旗兵三百名，除挑往西路索倫兵四百五十名外，餘同察哈爾兵，俱應徹回。至烏里雅蘇台等處，倉庫牲隻，均需照管。新調滿兵駐防未久，及喀爾喀兵在游牧附近更換，請同綠旗兵並俱留存。再四部落防秋兵，從前每年派三千名，定地齊集。今準噶爾既平，即在各游牧豫備，以節糜費。下軍機處議。尋議：成衮扎布請留滿洲綠旗兵照看倉庫牲隻，應如所奏辦理。其索倫兵無多，駐防日久，應同察哈爾兵全行徹回。至所請喀爾喀兵，支給錢糧，現在地方無事，應照舊停支。或食糧有年，亦應減半。再防秋兵毋庸齊集，准各回游牧。得旨：喀爾喀兵丁錢糧，仍照原奏支給，俟索倫等兵徹回時，再如所議行。餘依議。（高宗五六○、一○）

（乾隆二五、三、戊辰）兵部議准：杭州將軍福祿奏稱，杭州駐防各旗壯丁，除漢軍四旗毋庸均齊外，其八旗滿洲、蒙古各佐領下壯丁，多寡不一，請將八旗滿洲現入丁册之閑散人等六百一十九名，按翼均齊，左翼每佐領下應分二十四五名，一旗共應七十五六名。其蒙古八佐領下現入丁册之閑散人等八十五名，亦於左翼每佐領下分十二三名，右翼每佐領下分九名、十名。至乍浦左右二營閑散人等，請即照杭州之例，一體將滿洲旗分按營均齊。蒙古旗分，仍照定例籠統合計均齊。揀選官員，挑補領催披甲，即於均齊旗分內挑選。從之。（高宗六○九、一三）

（乾隆二六、一、己巳）葉爾羌辦事都統新柱等奏：葉爾羌、和闐大臣官兵等共二千五百四十七人，所需鹽菜銀四萬四千八百兩有奇，口糧等項一萬四千二百十七石有奇。其葉爾羌徵收普爾錢文，共三萬三千六百騰格，糧石二千八百帕特瑪。又入官地畝，收租一千餘帕特瑪。和闐徵收錢除支用外，共九千零二十五騰格，糧石一千五百帕特瑪。總計二城徵收錢，可作銀三萬零四百兩有奇，放給鹽菜銀兩，仍不敷一萬四千三百兩有奇。但二城糧共五千八百帕特瑪有奇，以一帕特瑪準五石三斗，共得三萬零七百四十石，除支給口糧外，仍餘一萬六千五百二十石有奇，酌照時價可補銀缺，此外若仍有餘存，即可留爲修造軍裝之用。報聞。（高宗六二九、一七）

（乾隆二六、二、癸未）都統侍郎海明奏：查乾隆二十五年七月起，二十六年六月止，喀什噶爾、英吉沙爾二城大臣官兵、通事、臺站回人，共二千二百餘人，計需鹽菜銀三萬五千七百兩有奇，糧石雜項一萬三千一百四十石有奇。查二城正項徵收普爾錢文三萬六千四百勝格，作銀二萬六千兩，尚不敷銀九千七百兩有奇。徵收正項糧及入官地畝，共糧二萬六千五百餘石，除支給公用外，餘糧一萬二千三百六十石有奇。合之徵收棉花、紅花，共折價錢二萬八千九百二十勝格有奇，作銀二萬六百兩有奇，扣抵不敷之項，仍

餘銀一萬九百兩有奇。二城所出足敷公用，且有贏餘，可以接濟別城。報聞。(高宗六三○、一八)

(**乾隆二七、一一、丙寅**)［軍機大臣等］又議奏：各省駐防及東三省世職，向照京城八旗例，年幼未當差者，給與半俸，十八歲以上差當者，給與全俸。內惟黑龍江之呼倫貝爾世職，給半俸，未及歲者給半俸之半。查此項世職，無大差使，照京城八旗食俸，未免過優，且給俸之處，亦未畫一。請嗣後外省駐防及東三省世職，當差者食全俸，已及歲未當差者食半俸，未及歲者，半俸之內減半給與。從之(高宗六七四、九)

(**乾隆二九、二、己丑**)兵部議覆：山西巡撫和其衷奏稱，河東鹽池圍牆一百二十里，設鋪三十六，鋪設弓兵一。尚有不敷巡緝之處，請於運城、平垣二營撥兵六十，添駐輪巡，仍責成該管都司守備稽查。應如所請。從之。(高宗七○四、一一)

(**乾隆二九、三、戊寅**)軍機大臣等奏：將軍明瑞等將熱河移駐伊犁滿洲兵需用房屋、錢糧，盛京錫伯及厄魯特兵應給牲隻，錫伯兵編設佐領各事宜具奏，臣等遵旨定議。烏哈爾里克舊修綏定城房屋，不敷居住，現在伊犁河修城起屋。熱河滿洲兵，應即於此駐劄，屯田兵一千二百名，今年更換，請酌留六百名，一同修城，則十月內可竣。其熱河及涼洲、莊浪、滿洲兵，一處居住，尤便約束。應俱如所奏。惟是熱河兵到期尚遙，儘可從容成造，不必催促，務令堅固。至所奏滿兵行糧，前經尚書舒赫德等定議奏准，其到後每年應得錢糧，及分地耕種，撙節糧餉之處，交明瑞等酌量辦理。又盛京錫伯兵及厄魯特兵，應同索倫、察哈爾一體游牧。錫伯兵若需房屋，亦令自行修造。又官給孳生羊隻，索倫、察哈爾應給之項，已奏明酌給外，將來厄魯特、錫伯兵，照例每兵給羊二十五隻，約計需四萬餘隻，請將上年停止解送喀爾喀四部落之羊一萬八千隻，交成袞扎布。再辦一萬二千隻，於兵丁等至烏里雅蘇台時，交給帶往。仍於哈薩克貿易內，酌買一萬隻，留伊犁備用。其錫伯兵，應照索倫、察哈爾、厄魯特之例，立昂吉、編佐領。約計千名作一昂吉，六佐領，領催、披甲分派各佐領下。另於索倫滿洲大員內，選派總管、副總管各一人管束，其佐領、驍騎校各六名，即於現往之防禦、驍騎校二十名內選放。如防禦內有可任副總管者，亦即令充補。其餘官員，仍食原俸當差，俟缺出選補。領催二十四名，亦於現往之領催內挑選。餘俱照察哈爾辦理。所有昂吉、佐領應給關防圖記，請令明瑞等擬定字樣，行文該部鑄給。從之。(高宗七○七、一八)

(**乾隆二九、五、丁丑**)諭軍機大臣等：旌額理奏稱，現駐烏嚕木齊之厄魯特兵，舊例每月給銀四錢五分，單丁每月給銀三錢。自給與孳生羊隻以來，生計漸裕，甚爲得所。請將所食錢糧，停其支給等語。此項厄魯特兵，皆閒散餘丁所充，現在伊犂等處者，並未給與錢糧，旌額理等請裁甚是。但厄魯特馬甲等，在烏嚕木齊者，每月俱給銀九錢，在伊犂者，每月給銀一兩。現將烏嚕木齊、庫爾喀喇烏蘇等處厄魯特兵，移駐雅爾城駐防，所有錢糧，應照伊犂兵丁，加恩一體給發。著傳諭明瑞等從伊犂至雅爾時，遵照辦理。其烏嚕木齊佐領錢糧，亦著照伊犂厄魯特佐領之例給發。（高宗七一一、一一）

（乾隆三二、八、乙亥）軍機大臣等議覆：御史西平奏稱，八旗養育兵，每年各賞給米一石八斗八升，按春秋二季，放給三色米石，因伊等年幼，不能親身赴領者甚多，是以令領催代領。該領催因米數無多，概行售賣，折給錢文，不免有賣多給少之弊。嗣後請將養育兵每年應支三色米石，折給稜米，統作一季，於每年二月照數放給，仍令該旗傳令親身赴領。如實係年幼不能親身赴領者，著本佐領下領催代領，如該領催售賣折價，將該領催從重治罪外，仍將該佐領、驍騎校嚴行議處。應如所請。從之（高宗七九二、一四）

（乾隆三四、四、壬申）諭：綠營兵丁出師時，每名日給鹽菜銀三分，閒住日減半。今永昌照此例辦理。但念閒住日減半給與，必不敷用。著加恩將現在永昌駐劄，由四川、貴州調來綠營兵丁等，無論臨陣閒居，悉照三分賞給。至滇省兵丁遇戰退縮，又係本省之人，不應額外邀恩，仍照舊例辦理。（高宗八三三、九）

（乾隆三五、七、庚申）［軍機大臣等］又議准：弘晌奏稱，福州駐防滿兵二千名內，有步甲四百名，其缺出時，向以餘丁挑取。現在閒散丁口，俱屬年幼，請將所出步甲缺，暫停挑補，其糧餉交地方官作爲公項，俟幼丁長成時，再行如數挑補。其無依閒散丁口，請由彼處官房租銀內動用，照養育孀婦孤子例，大口給銀八錢，小口給銀四錢養贍，俟得步甲時，再行停止。從之。（高宗八六五、二）

（乾隆三五、九、壬申）戶部議覆：廣州將軍特克慎等咨稱，查在京八旗現食錢糧之鰥寡孤獨人等，遇有紅白事件，准照養育兵之例，給與賞銀；其在廣州駐防，無倚孀婦，前經將軍增海奏明，給與養育兵錢糧，以資養贍。但此等無倚孀婦，在京在外，同屬旗人，今伊等既蒙賞給養育兵錢糧，而遇有本身病故，及有女出嫁，該處向無給賞成例，請照廣州養育兵之例，一體給賞。其餘駐防各省，均請照此畫一辦理。從之。（高宗八六九、一四）

（乾隆三五、一〇、己亥）軍機大臣等議覆：杭州將軍穆爾泰奏稱，乍浦左右兩營，額設馬甲兵一千六百名，缺出，將閒散滿洲兵內挑補。今閒散兵未成丁者居多，難以挑補。請將馬甲空缺兵糧，改爲養育孤寡兵丁之餉，俟其成丁，再行挑補馬甲。應如所請。從之。（高宗八七一、二九）

（**乾隆三六、二、甲午**）軍機大臣等議覆：都統管理健銳營努三等奏稱，健銳營三千兵內，僅有一百養育兵缺，應請酌增等語。查京城八旗滿洲、蒙古、漢軍，共兵六萬三千九百餘名，養育兵共二萬五千一百缺，覈計每三名內，給一養育兵缺。圓明園兵共三千九百二十餘名，養育兵共四百八十缺，覈計七八名內，給一養育兵缺。今健銳營三千兵內，養育兵共一百缺，覈計三十名內，始有一缺，固應議增。即圓明園兵內，亦應另增。惟京城養育兵，月食餉銀一兩五錢，圓明園、健銳營養育兵，月食餉銀二兩，殊未畫一，應請一例定餉銀一兩五錢。於健銳營、圓明園兵內，均每兵四名，定一養育兵缺。即火器營，亦應做照辦理。惟健銳營、圓明園餉銀二兩之缺，改爲餉銀一兩五銀，尚可餘養育兵餉銀八千一百九十餘缺，請暫存留，俟八旗餘丁滋生浩繁，再行酌量均分。得旨：此項餘缺，不必存留，竟按三兵給一養育兵缺。餘依議。又諭：軍機大臣等議覆努三奏請添設養育兵一事，將八旗、圓明園、健銳營、火器營養育兵之缺，一體按四兵一缺覈計定擬具奏。朕思養育兵之設，原爲養贍糧單口衆並鰥寡孤獨無倚之人，若照軍機大臣議行，缺尚較少，於伊等生計，不無拮据，殊非朕矜卹旗人之至意。朕撫御天下，凡兵民皆仰賴朕恩，宜隨時調劑，令伊等生計寬裕。即如各省偶遇偏災，俱降旨將應納錢糧蠲免，又不惜數萬帑金，動撥賑濟。今八旗生齒日繁，自宜施恩酌增錢糧，以裕生計。其應添養育兵額缺，著按三兵一缺辦理，祇儘糧單口衆者挑補。其鰥寡孤獨，不必分占此缺，朕格外施恩，著由部庫撥帑，每人按月賞銀一兩五錢，以資養贍。此內孤子至十二歲，即令調補養育兵，其遺缺仍於四項人內挑補。如是定例辦理，使八旗人等均霑朕恩，永遠裨益，即每年多需數萬帑金，亦不惜也。將此交八旗都統大臣等，務體朕意，妥協辦理，俾伊等均霑實惠。著通行曉諭知之。（高宗八七九、一三）

（**乾隆三七、六、癸巳**）[陝西巡撫勒爾謹] 又覆奏：陝甘二省，節次調撥綠營兵一萬七千，內陝省派調七千五百，應需俸賞行裝銀十八萬三千七百餘兩，業已全數給領。現在司庫實存銀一百九十七萬九千餘兩，除應解甘省及未領兵餉，留支買糧等項，該銀八十九萬七千五百餘兩，尚存本年地丁及候撥公用銀一百八萬一千五百餘兩。如有動用，即在此數內支給，暫可毋庸籌撥。報聞。（高宗九一一、三八）

（乾隆三七、七、己酉）協理糧餉散秩大臣阿爾泰奏：此次所調川黔兵，未帶餘丁，因將長夫應用。但餘丁一名，月支鹽菜銀五錢，而長夫一名，日給銀八分，所費較多。現飛咨各省隨帶餘丁，……（高宗九一三、三）

（乾隆三七、一一、癸卯）又諭：前因川省南路軍營，食物價值稍昂，站夫負載遠行，僅堪果腹，情殊可憫。曾降旨加恩，照從前進勦金川例，給與回空口糧，以示體恤。今西路官兵，漸逼賊巢，站夫運送軍糧，進路益遠，其口食亦未免稍艱。著加恩照南路例，無論本日、次日，分別口內口外折給回空口糧，俾伊等口食寬裕，自更踴躍赴公，易於集事。並著文綬嚴飭糧運官員，悉心確覈妥辦，務令均霑實惠。（高宗九二〇、二五）

（乾隆三八、三、乙亥）兵部議覆：盛京將軍增海等奏稱，裁汰馬甲所餘錢糧，應添步甲三百八十八名，尚餘銀二千六百一十六兩，添設養育兵四百三十六缺，於滿洲、蒙古、漢軍各佐領下，按鰥寡孤獨人數酌給，以資養贍。如應裁馬甲一缺，即挑補步甲一名，養育兵二名；如挑步甲領催一名，即挑養育兵一名；俱按佐領次序勻挑。至盛京滿洲、漢軍、內務府三旗官學生，共一百四十名，向無公費，請將養育兵內勻出之一百四十分錢糧賞給，以資學習。俱應如所請行。從之。（高宗九三一、一）

（乾隆三八、七、壬戌）又諭：伊犁之滿洲養育兵馬步甲等月糧微少，伊犁現有用過餘剩官糧，著加恩每月每人，加給米二斗四升，俾伊等從容養贍家口。（高宗九三八、一六）

（乾隆三八、一一、辛未）戶部議准：浙江布政使王亶望奏稱，浙省滿洲綠營，暨織造匠糧，向例閏月支給折色銀一兩二錢。查米價秋冬較平，春夏常貴，倘閏月適當春夏，未免不敷購糴。請嗣後不拘何季閏月，總以仲冬月支給折色，兵民悉皆寬裕。從之。（高宗九四七、七）

（乾隆四〇、六、壬寅）軍機大臣議覆：署雲貴總督覺羅圖思德奏稱，……驣越、龍陵、永昌各鎮協，移駐將弁及兵六千五百名，每歲出防四千五百，尚餘兵二千，足資控禦，如屆秋深，應聽該督率同提鎮，酌撥各關隘分防，其兵丁就近調撥。並請照土練出防之例，每日給米一升，折銀二分。亦應如所請行。得旨：依議速行。（高宗九八五、一四）

（乾隆四一、八、丁巳）軍機大臣等議覆：西安將軍傅良等奏稱，前奏請賞給西安兵丁孤寡養贍，經戶部議駁，令就該處情形，通融籌辦，不應動支正款。今於本處養育兵丁一百二十缺內，通融二十缺，再動支每年地租餘銀一千八百兩，兵餉餘平銀七百兩，每日每人給銀一兩。應如所奏。從之。（高宗一〇一五、五）

（乾隆四三、五、戊子）諭：自西安移駐伊犁惠寧城滿洲官兵，支給半分鹽菜銀兩，定限三年。今年五月，已屆期滿，即應停止。但念此項銀兩，關係伊等生計，今若驟停，未免拮据。著加恩將移駐伊犁之步甲、養育兵、匠役等四百餘名，照從前自涼州、莊浪、热河移駐之步甲、養育兵、一體添給糧石，以裕伊等生計。（高宗一○五七、二四）

（乾隆四六、八、甲申）軍機大臣議覆：欽差大學士公阿桂、署理陝甘總督李侍堯奏稱，陝甘兵數，因裁糧扣抵軍需墊項，以致那移改撥，牽混不符。現奉旨俱令挑補足額，並將陝甘兵數酌增。應令該督撫，於每年造册時，將實在正額兵爲一册，屯防移駐兵爲一册，明晰開報，并令各直省遵照。得旨，如所議行。（高宗一一三八、三○）

（乾隆四八、四、丁丑）兵部等部議覆：雲貴總督富綱奏稱，滇、黔兩省應補實兵五千二百餘名，請先儘兵家子弟挑補，易於操演。收伍之後，責令各將弁朝夕訓練，務同舊兵一律可觀。仍咨撫提各鎮不時稽察。至此次新兵挑補後，即應支給餉銀，除省會標營毋庸豫發，其離省窎遠之各標鎮協營，就其應添兵數先發一季餉銀，存貯各該地方官庫，俟招募新兵驗准後，即知會文員按名公同支放，庶入伍新兵可按期支餉，而經手各員亦可免那移之弊。均應如所請。從之。（高宗一一七九、二）

（乾隆四八、八、乙亥）户部議覆：陞任廣西巡撫朱椿疏報，該省添兵二千三百三十四名，内添馬戰兵二百零三名，步戰兵二千二百二十七名，守兵四名。每歲共需乾餉糧草銀四萬五千一百九十三兩有奇。甲辰年春季，共需銀一萬一千二百四十七兩有奇。又上思等營，應需折色銀一千七十一兩有奇，請於乾隆四十八年地丁銀内動給。得旨：允行。（高宗一一八七、一）

（乾隆四九、四、癸巳）軍機大臣議奏：據烏嚕木齊都統海禄奏稱，該處每年實銷經費銀十二萬五千五百餘兩。内運腳一項，既已奏設車輛，計節省銀五萬九千九百餘兩；巴里坤檔房各項浮費應裁，計節省銀九千六百餘兩；至巴里坤過往官兵鹽菜各項銀二千一百餘兩；吐魯番、古城屯田聽差官鹽菜各項銀一萬八千四百餘兩；宜禾縣、吐魯番採買借支滿營兵糧各項銀一萬五六千兩，俱應改於哈密支領。惟該處辦事大臣、司員、筆帖式、養廉各項銀三萬五千五百餘兩，查有奇台縣、濟木薩，解交迪化州買補倉糧一項，現在糧足停辦，每年約扣銀七千五百兩；各廳、縣租税銀二萬八千餘兩，足敷支領；所有每年内地例解經費銀二十餘萬兩，應停撥；各屬存有變價等項銀七萬二千六百餘兩，解貯道庫備用，其累年積存經費四十餘萬，解交伊犁，移咨陝甘總督，將内地撥解伊犁銀，照數截存。均應如所請。從之。

（高宗一二〇四、一九）

（**乾隆五一、三、癸酉**）［河南巡撫畢沅］又奏：駐防開封省城之滿洲官兵，年久丁繁，生計拮据。請添設步兵一百名，每名月支錢糧銀一兩五錢，於成丁閒散內挑取，飭該佐領等，按期勤操。將年老及弓馬平常原額兵，酌移令稽守城門街道。得旨：如所請行。（高宗一二五一、二九）

（**乾隆五一、六、戊子**）諭：據慶霖奏，青州馬甲等，每月請各加賞三名口口糧，仍減半折給；德州請添設步兵五十名，每月應得錢糧，照青州步兵之例支給等語。青州、德州駐防兵丁，生齒日繁，於生計未免拮据，著加恩於青州馬甲等，每人按月再加三名口口糧，共作爲八名口口糧，仍著減半折給。德州所添五十名步兵應需錢糧米石，著照青州步兵一體支給，俾資生計。（高宗一二五七、一）

（**乾隆五三、三、丙寅**）諭軍機大臣等：……再臺灣應辦善後事宜，已節次諭令福康安，會同徐嗣曾熟籌妥辦。今思此次搜捕逆匪，該處熟番，尚爲得力，將來臺灣換班兵丁，前已有旨，諭令酌留一半，即在臺灣募補，毋庸更換。今此等熟番向化已久，馴熟可用，或即照四川屯練楚省苗民之例，酌量挑選，即於應在臺灣募補兵數內，將此項熟番參半充補，既可防範地方，又足以示綏輯，而出力社番，得有錢糧，於生計益資饒裕，似爲兩有裨益。著福康安等將是否可以如此辦理之處，即行詳細商妥，據實具奏，如不可行，亦不可拘泥遵旨。（高宗一三〇〇、七）

（**乾隆五三、七、癸未**）軍機大臣奏：遵旨議臺灣兵丁家屬養贍。查向例內地兵丁，渡海出防，其原籍家屬，每月給米一斗、銀五錢。爲數較少，恐其不敷養贍，請照新疆防兵例，准支行糧、坐糧二項，以示體卹。（高宗一三〇九、三一）

（**乾隆五四、七、丁亥**）軍機大臣等議覆：杭州將軍寶琳奏稱，乍浦旗兵，自乾隆三十三年，裁披甲一百名，今年久生齒浩繁，旗兵不免拮据。請於閒散內仍挑補披甲一百名，每名月給銀一兩。應如所奏，從之。（高宗一三三四、一二）

（**乾隆五五、二、丁丑**）軍機大臣議覆：伊犁將軍保寧奏定伊犁惠遠城添兵事宜。一、伊犁係極邊之地，駐兵年久、生齒日繁，應於惠遠城滿營增步甲額缺四百名，由閒散餘丁內挑取，派員教演連環鳥鎗。其馬甲缺出，即由此內挑取。錢糧動用伊犁租稅支給。一、惠遠城護軍校、前鋒、委前鋒等共四百四十名，每歲戍守巡邊，差使甚繁。應於披甲人內挑取六十名，令與前鋒一體當差，仍食原餉。又四十佐領內，止有護軍校三十二員，應由前鋒內再挑取八名爲護軍校，以資管束。一、閑散兵丁，均係豫備挑甲之人，宜先令經歷勤苦，應令差往守卡弁兵等自帶子弟爲跟役，以便訓練。一、馬上三鎗固係良技，但若盡令學習，於別項技藝，轉致生疎。應照健銳火器營例，挑取百人，專令學習，餘令学習各技。均應如所奏。從之。（高宗一三四九、二九）

（乾隆五六、一、己亥）諭曰：伊犁之索倫達呼爾部落兵丁等，自前往駐防以來，一切官差，甚屬奮勉，且於喀什噶爾、塔爾巴哈台防戍差務，均甚得力。但數年來生齒日繁，向來每月給與一兩錢糧，於伊等生計未免拮据。著施恩伊犁之索倫達呼爾兵丁等，每月賞給二兩錢糧，並加增養育兵三百名，每月給與一兩錢糧，以示朕惠愛旗僕之意。（高宗一三七一、一二）

（乾隆五六、三、甲申）兵部議准：兩江總督孫士毅等奏稱，江南二十河營，原設兵九千一百四十五名，按戰二守八例，實額戰兵一千八百二十九名。現因淮關捐造撥船三百隻，照原議於各河營抽撥兵三百名派管。該處並無登梯簽樁之役，每名給守餉一分，足資養贍。所有原設戰餉二成六十分，應行裁去。又自乾隆二十五年裁裹河下營守備，改船務營守備，撥出守兵二千四百四十四名，歸船務營管轄；又四十六年續撥守兵一百六十四名駕船運柴，復於四十七年裁汰守餉五百四十四名。現存十九河營，計兵六千六百九十三名。照戰二守八例，該戰兵一千三百三十八名，現在戰餉，除請裁撥船戰餉外，尚多戰餉四百三十一名，應行裁去，改爲守餉，以照畫一。從之。（高宗一三七四、二三）

（乾隆五七、一一、丙午）又諭：前降諭旨，令將扎什倫布商上，每年所得羨餘，分給前藏所管唐古忒番兵，俾資貼補。原因扎什倫布商上，素屬豐裕，而派往後藏唐古忒兵丁，係爲保護班禪而設，是以酌爲調劑，令將盈餘分給前藏兵丁，共霑餘潤，同心固守之義。今據福康安等奏，該處商上，自經兵燹之後，迥不如前，一時元氣未能驟復，自不必强其分給。所謂彼一時此一時也。且朕聞班禪額爾德尼年雖幼小，人竟聰慧，勝於達賴喇嘛，自由前輩班禪，實非常人，故其慧性不泯。茲觀其於福康安經過後藏時，跪請朕安，呈遞佛像哈達，並以此次派兵進討，全爲振興黃教起見，專差喇嘛赴京，恭進表貢謝恩，情詞極爲懇摯。又據福康安等奏，薩嘉呼圖克圖於福康安等經過時，亦呈遞佛像哈達，一併進呈等語。前因撒迦溝人數衆多，而該喇嘛又有捐辦糌粑牛隻之事，尚知畏法奉公，已屢降諭旨，令福康安等傳知該喇嘛，准其照舊焚修，毋庸遷徙。今福康安等察看情形，並未將初次欲行查辦之意，向其宣露，所見甚是，自應如此辦理。惟達賴喇嘛親族管事，最易滋弊，此必當嚴禁。昨已降旨，令和琳堅持定力，加意經理。和琳此次在藏，實力整飭，釐剔積弊，朕得之意外，實在可嘉。……再阿旺簇勒提木遺有廟宇財產，若無妥人管束，恐其徒衆覬覦生心，互思攘奪，滋生事端。前據俘習渾等奏，將該喇嘛徒弟建巴多布丹，作爲扎薩克喇嘛，管理廟務徒衆，當經允准。但其人是否妥協，並著和琳留心察看，如建巴多布丹尚能管束則已，否則或商之達賴喇嘛，另於別廟喇嘛內，揀選一人，爲堪布，令其掌管，免致滋事，方爲妥善。……(高宗一四一六、一六)

(乾隆五七、一二、庚午) 軍機大臣議覆：大學士兩廣總督公福康安等奏，遵旨籌議番兵章程。一、唐古忒兵丁，向來五千餘名，係臨時在各寨調遣，有名無實，請嗣後前後藏各設兵一千名，定日、江孜各設兵五百名，在該處就近挑補。……一、番兵酌給口糧。此項額兵三千名，每年各給青稞二石五斗。調遣征兵，每日由商上各給糌粑一勺，並發給執照，免其徭役。至番目除戴綳六名，例各給莊田一分，其餘每年酌給錢糧。如綳各給銀三十六兩，甲綳二十四兩，定綳十四兩八錢，俱由前藏商上支取，交駐藏大臣轉發。……均應如所請。從之。(高宗一四一八、一〇)

(乾隆五九、八、辛巳) 又諭曰：福康安奏，酌給五寨屯練餘丁錢糧，於本省茶息閒款動支，並委員丈出兩金川閒空地畝，增給降番等因一摺。維州協所屬雜谷、乾堡等五寨屯練兵丁，自金川、蘭州、石峰堡、臺灣等處，屢次調派，無不奮勉爭先。前年調赴廓爾喀軍營，往回萬數千里，登艱涉險，尤爲分外出力，邊番素習勞苦，生計維艱，自應量加恩賚。著照福康安所請，將五寨餘丁一千五百名，每名每年照正額餉銀六兩之例，減半賞給銀三兩，即於川省茶息款項內動支，俾資衣食。至金川降番等，歷次調派，亦屬勇往出力，除該處正項地畝，已經開墾外，其餘荒山瘠地，亦著照所請，准令該降番等，於附近處所，自行量加分段耕種，無庸交納錢糧，以示朕惠愛番民，恩施格外至意。(高宗一四五九、四三)

(嘉慶二、三、乙卯) 畢沅等奏：湖南投誠入伍苗兵，不下三萬餘人，均仰給於官，爲日已久。此時大功告竣，自應裁撤，令其耕耘復業。臣等酌議，量予牛具籽種，俟秋收後再行以次酌裁。仍擇其出力較著、艱苦最甚者，酌留萬餘名，派給各苗弁管領，以供差喚。每名月給工食銀五錢，一二年後再逐漸裁革。從之。(仁宗一五、六)

(嘉慶四、六、甲辰) 又諭：……富森布頃有代兵請賞之奏，尤屬恣意妄陳。國家卹賞兵丁，不可勝數，即如每月錢糧，需銀三十二萬餘兩，歲暮復賞皮衣、地租等銀，紅白事件又給恩賞銀兩，此皆格外賞賜，則愛養兵丁

之恩，不爲不至矣。豈有無故屢行加賞之理？（仁宗四七、一一）

（嘉慶四、六、甲辰）又諭：……再朕聞此次健銳、火器二營，派往兵丁二千名，並非選其漢仗技藝，惟以名貼求該管大臣章京等出派，尤堪詫異。滿洲臣僕情願出師，原爲報効國家，今念不及此，惟知往返途中向驛站並地方官索取錢文；及抵軍營，又惟坐食軍餉。是未起程以前，即居心卑鄙，臨陣尚可望其實力用命乎？（仁宗四七、一一）

（嘉慶八、一二、甲子）湖廣總督吳熊光奏：都司麻光裕原帶鄉勇五百名，半係施南府人，隨征數年，技藝嫻熟、多願入伍。查楚省宜昌，居荆州之上，西通巴蜀，爲川楚門戶，且宜昌鎮所轄之施南協、衛昌營等處，俱係改土歸流之地，山深箐密，尤宜認眞稽查彈壓，應俟搜補事竣，即飭該都司將此練勇五百，帶赴巴東江北地方駐劄，各給守糧一分，另立一營，即令麻光裕統領，設馬糧十二分，作爲額外外委，令其管帶操演。巴東西接川省巫山，南連施南，北通興歸等處，最爲扼要之地。該縣向僅守備一員駐劄江南，額兵無幾，若添此勁旅，不但足資彈壓，且各鄉勇可藉此鈐束，不致爲匪。臣仍飭施南各營，出有制兵之缺，即以此項練勇，就近頂補。所添額外外委，宜昌鎮標，有未設額外營分，應即酌量添設。下部議行。（仁宗一二四、八）

（嘉慶八、九、丁酉）河南巡撫馬慧裕奏：豫省額設兵九千九百九十餘名，分佈於一百八廳州縣，經前撫臣景安、吳熊光挑募新兵七千四百名，並將開封團練鄉勇一千一百四十三名，作爲撫標兵丁，先後得旨准行。查荆子關等處，上年酌添營汛，增設額兵二千七百二十四名，曾於前項新兵內挑補一千六百五十六名，下餘糧額，因各兵原籍較遠，難以強令前往，是以就近於土著民人另行招募足數。其節次所募新兵，除挑補額缺並陸續褫革外，尚存兵二千五百二名。現在川陝楚三省肅清，邊防次第全徹，所有前項新兵，若概行裁汰，不特訓練垂成，棄之可惜，而歷年戍守，曾著微勞，且其中無恒業者居多，必須妥爲安頓。所有前項未經補額新兵，請暫留各原營同額兵一體差操，遇有缺出，逐漸挑補，約計二三年內，皆可補入營額；現在所需餉銀，應請照舊支給，入於兵馬奏銷案內造報。下軍機大臣議行。（仁宗一二〇、七）

（嘉慶九、一、辛丑）勒保奏：前以安防官兵，與逐日追賊進勦者不同，糧餉酌量裁減。後因陝楚餘匪，沿邊遊奕，各兵勇在川陝交界逐日搜捕，均應攜帶鍋帳軍裝，且深山老林，食物昂貴，若將馱折等項及加賞鹽菜銀，全行裁減，兵力更形拮据，是以仍前支給。查川省原定留防官兵，遞經裁徹，僅留官兵七千餘名,征勇二千餘名。除征勇照舊支給鹽菜夫價外,所有現留官兵,請仍照征兵分例一體支給。從之。(仁宗一二五、八)

(嘉慶九、八、壬申)軍機大臣議奏那彥成、方維甸具奏會籌寧陝鎮新設官兵一事。查寧陝一鎮,前於嘉慶六年間設立鎮營,額定兵六千名,分布巡防,藉可安插鄉勇。但該鄉勇等多係游手無藉之徒,從前軍務未蕆,將弁兵丁多在行間,或未能隨時整頓。現在搜捕事宜將次告竣,將士不日歸伍,應飭令嚴加管束,有犯即懲。其該管弁員有能訓飭營伍,歷久安靜者,酌加獎拔;儻有管教懈弛知情縱隱情事,立即嚴參究辦。至寧陝營兵餉米折等銀,原係按照陝安鎮兵得項銀數覈定。該營處萬山之中,食物昂貴,兵丁拮据,上年曾經額勒登保奏及,自應亟籌調劑。所有南山內百姓願售之產,若倣照屯田,即須令兵丁等承種,交營員管理。但日久易啟盜賣抗糧等弊,自仍應召佃取租,歸地方官徵收報解,毋使胥吏侵占盜換,以期經久可行。至逢水旱歉收,而兵丁仍行拮据,俱應立法周詳,有備無患。其所請將新兵散調各營,並守備千總以下,不拘例限,酌量對調以孤其勢,並將六千名兵數,量加裁汰之處,應令該督等酌量辦理。從之。(仁宗一三三、二四)

(嘉慶一〇、一一、戊辰)諭內閣:前因八旗生齒日繁,生計不免拮据,當降旨諭令將五營馬兵,以若干缺歸入滿洲、蒙古、八旗閒散人等,分別挑充,令滿洲、蒙古、八旗都統、副都統等,會同步軍統領,及左右翼總兵等,悉心妥議具奏。既而思滿洲、蒙古閒散子弟,挑充五營馬兵,與綠營一體當差,恐不免沾染習氣,致滋流弊。朕從不迴護已過,原欲俟議上時,再行降旨停止。本日據祿康等奏,籌議現在巡捕營兵丁情形一摺,亦見及此,與朕意適相符合,實屬可嘉,能如此盡心國事,方不愧為大臣之道。其所請將差馬撥出二千匹,交與張家口牧放,每月可省馬乾銀五千兩,於八旗滿洲、蒙古閒散內,每旗滿洲額增養育兵二百分、蒙古額增養育兵五十分,八旗共增養育兵二千分,每月給銀一兩五錢,每月統計用銀三千兩,照漢軍養育兵之例,毋庸給與米石。所奏俱屬可行,惟是此項人等挑充養育兵丁,亦應分以等次,如閒散子弟先挑入無米養育兵,再由無米挑入有米養育兵,再由有米養育兵挑入馬甲。如此分別,方足示以限制。至所稱將馬乾銀內餘出之二千兩扣存部庫一節,殊可不必,所省馬乾銀兩,除增養育兵二千分外,尚餘銀二千兩,自當仍於滿洲、蒙古閒散內,酌再添設養育兵,以資生計。其應如何勻派之處,著軍機大臣詳悉議奏。(仁宗一五三、五)

(嘉慶一〇、一一、甲戌)又諭:前經降旨,將巡捕營酌省馬乾銀兩除現議新增養育兵二千名外,其餘每月所餘銀二千兩,應如何再行酌添養育兵以資旗人生計，並各旗應如何分別挑補，及兵部嗣後調取馬匹、協濟差務之處，均交軍機大臣詳議具奏。本日慶桂等奏稱，每月節省馬乾銀五千兩，按照每名月給餉銀一兩五錢，共可得三千三百三十分。合較八旗滿洲蒙古佐領數目，擬於滿洲八旗每佐領下，增設養育兵四名，共二千七百十八名，蒙古八旗每佐領下，增設養育兵三名，共六百十二名，分晰開單進呈等語。所議一切均屬可行。旗人增此養贍之資，惟當倍敦勤儉，勉圖上進，用副朕加惠至意。至向來挑兵之事，祇由各該旗之都統、副都統自行挑取，此次新添養育兵，爲數較多，自當詳覈家口人數，酌量挑補。著軍機大臣，將不管旗務之王、貝勒、貝子、公、散秩大臣、滿洲二品三品四品閣學、京堂，開單進呈，候朕簡派十六員，會同該旗都統、副都統秉公挑補足額，以昭愼重。(仁宗一五三、一一)

(**嘉慶一一、一二、戊戌**) 諭内閣：文寧等奏，酌撥步甲額缺，請以滿洲、蒙古閒散正身挑補一摺。據稱，步軍統領衙門所屬八旗步甲，因係墊道、緝捕各項差使，所有錢糧定例，僅令滿洲、蒙古戶下人挑補，其正身向不挑取，惟獲咎革退之護軍、馬甲，各旗始行送挑。請將步甲内派在各壇廟該班，及派在九門地安等門、北海等處當差之九百五十七名，擬俟缺出，分別陸續咨取正身挑補，以廣皇仁等語。旗人當差，惟在勤愼務正，即屬顧惜顔面；若平日不知安分，流爲匪類，始可謂之卑賤。即墊道、緝捕，何嘗非正項差使？況係派在各壇廟及各門當差，更非墊道、緝捕可比，即與侍衛、護軍、馬甲無異？盡可令正身閒散旗人，及養育兵等充當。多添九百五十七分錢糧，伊等既可藉資養贍，並得官房居住。且遇有各本旗護軍、馬甲缺出，仍可赴挑，亦不礙其上進之路，於旗人生計，實有裨益。著照所請，將分定額數，俟各旗步甲缺出，陸續咨取挑補。以足九百五十七名之額，用副朕嘉惠無已至意。此後有獲咎革退之護軍、馬甲，各旗咨送，即可挑補墊道、緝捕等該項差使。(仁宗一七二、三一)

(**嘉慶一一、一二、己亥**) 諭内閣：慶桂等會奏，議駁御史文修條奏請將地租賞銀，改添無米馬甲萬名一摺，所奏是。八旗兵丁，生齒日繁，朕每籌念鞠謀，俾資生計，特以國家度支有常，未便動增經費。上年業經籌減步營馬匹錢糧，添設養育兵額，昨因大學士等議奏移駐增額一事，復經降旨，將內務府閒款銀二十萬兩，並勅戶部再籌款五十萬兩，一併發商生息，以備籌添養育兵額之用。又准步軍統領等所奏，酌撥步甲額缺，將滿洲、蒙古閒散正身挑補。國家嘉惠八旗，不惜籌撥帑金，多方酌劑，與謀生聚，豈有損彼益此，實惠不至之理？乃該御史輒欲以積年例賞旗租一項，移爲添設馬甲

之需，是欲調劑兵艱，轉爲裁減歲賞。該御史殊不曉事，所奏斷不可行。……（仁宗一七二、三二）

（嘉慶一二、三、癸丑）諭軍機大臣等：勒保奏恭覆諭旨一摺。據稱，川省入伍新兵，俱係隨征鄉勇，自願食糧；從前川北各營共撥過五百四十六名，除開除外，現在業經過制已爲額兵者，共有三百二十七名，其尚未過制仍食新兵錢糧者，祇有一百三十八名，其餘散在各營者，不過數名及一二十名等語。新兵既經入伍，即與陳兵無異。川北各營現未過制之兵，祇有一百餘名，爲數不多，鈐束亦易。該督當飭知營員等一體管教，無庸分別新陳，稍存歧視。總之恪守營規、當差出力者，隨時予以獎拔，其不安本分或滋生事端者，無論新兵陳兵，一有過犯，即當懲處。俾各知所感畏，自可日久相安。方今四海一家，朕撫視外域，與內地臣僕一視同仁，況入伍者同係齊民，更何新舊之殊？即如桂涵、羅思舉，及此次出力之羅貴，均係鄉勇出身，因其奮勉宣力，俱經破格獎擢。該督惟當常時曉諭，勗令該兵丁等觀感效法，以期永受國恩，則衆心悅服，即桀驁性成者，亦不戢自消矣。將此諭令知之。（仁宗一七六、一〇）

（嘉慶一二、四、甲午）諭內閣：朕廑念旗人生計艱難，曾於上年冬間，特降恩旨，頒發內帑銀七十萬兩，交商生息，增設養育兵四千餘名，用資養贍，旋據該部會同八旗都統等議奏，請俟發商生息銀兩解到之時，再行挑補兵缺。已依議行。約計此項銀兩，須至本年冬間方可解京。現在虔求雨澤，朕夙夜齋心，籲祈昊貺。因思旗人望恩倖澤，正復孔殷，若俟此項銀兩年終解到之日，方行挑補兵缺，距今尚有數月之久，未免需緩。所有八旗內務府應增養育兵，著即行挑補，於五月起關支錢糧。其應支銀兩，著於部庫內先行動項撥給，俟生息銀兩解到時，再行歸款，以示朕恩膏速逮，仰迓鴻施至意。（仁宗一七八、七）

（嘉慶一二、六、丙申）定吉蘭泰鹽池地界，東至察漢托羅圭，南至哈爾噶納扎哈，西至三音托里大沙土梁，北至珠勒扎噶，東南至窩鋪布隴，西南至波羅烏珠古爾，西北至扎克扎哈，東北至賀錐，各設看守池鹽兵五名；設外委一員，兵十名，駐附近黃河之察漢庫爾；把總一員、兵十名，駐平羅縣屬之石嘴；守備一員、兵二十名，駐磴口。均在寧夏鎮標派撥，一年更替。應得分例，照口外換防例支給。從護理陝甘總督、布政使蔡廷衡請也。（仁宗一八二、一七）

（嘉慶一七、七、戊寅）又諭：伯麟等奏請照額復設防練一摺。雲南邊外一帶，野夷猓匪，乘間搶掠，從前安設土練，俾資防範，嗣經裁徹。茲該督等奏請於緬寧、騰越等處要隘，照額復設。著照所請，准其復設土練一千六百名，以八百名駐劄緬寧之丙野、雲南之馬鞍對面山梁等十處，以八百名分防騰越之蠻章山等十處，每名日給銀二分，並令該土司等撥給曠土耕種，以資養贍。惟是該處皆係瘴癘之地，內地官兵不能駐劄稽查，各土司操練，恐係有名無實，虛糜糧餉。著俟設立一年後，該督等再查看情形，如可無需防範，即奏明裁徹。（仁宗二五九、一一）

（嘉慶一八、一二、己酉）又諭：章煦奏，防堵後路兵丁，請量給柴薪銀兩一摺。此項留防兵丁，著加恩准其自奉旨之日爲始，每名每日支給柴薪銀三分，照例免其扣還；其應支馬乾銀兩，並准其每匹每日支給銀一錢，以資誘養。其已徹兵丁，不准混入開銷。（仁宗二八一、四）

（嘉慶一九、一、己丑）諭內閣：長齡等奏，留防官兵懇恩支給柴薪銀兩一摺。陝省留防峪口等處滿漢官兵，定例每日只支口糧，不給鹽菜，惟念該兵丁等防守邊卡，堵禦幸勤，著加恩將該處留防官兵，自此次奉旨之日爲始，每兵每日支給柴薪銀三分，俾資食用。其甘省秦階一帶征防之兵，亦著一體支給。（仁宗二八三、一九）

（嘉慶二二、八、丁酉）諭內閣：松筠奏，察哈爾八旗公用款項，請仍行攤扣，無庸借帑生息一摺。前因祥保奏，請借銀五萬兩發商生息，調劑察哈爾八旗公用，仍於各該旗俸餉扣還，當降旨令松筠查議具奏。茲據奏稱，查明各旗幫貼軍站備辦烏拉等差，向俱攤扣俸餉，由來已久。議請均勻攤派兵餉，每兩扣銀三分，除買補倒斃馬匹外，交各旗總管買辦農器，以資生計，無庸借銀生息等語。官兵俸餉，藉資當差養贍，若普行攤扣，殊於該官兵等生計有礙。著加恩仍於口北道庫內賞借銀三萬兩，發商生息。所得息銀，即以調劑察哈爾八旗公用。仍照祥保原奏，分作三年，俟舊欠扣完後接扣歸款。如有不敷，再行奏明請旨。至張家口八旗滿洲官兵俸餉，俱由口北道庫支領，惟察哈爾八旗官兵俸餉，向例赴部請領，往返不無繁費。嗣後察哈爾官兵每年應給俸餉銀十餘萬兩，著直隸藩庫查明，照數先期撥解口北道庫，令其就近支放，以示體恤。即於直隸應行解部款內如數扣除。（仁宗三三三、一四）

（二）糧銀借支

（康熙三四、九、丁丑）盛京將軍公綽克託等疏言：開原等處馬甲月給米二倉斛，步甲月給米一倉斛，需米十三萬餘石；今倉米止二萬餘石，不敷之米，俟明年海運之米補給。戶部議：倉米不足，每兵月給四倉斗。上諭大學士等曰：此議甚屬疎忽。馬甲之中，亦有人口少者，步甲之中，亦有人口多者，一例按甲支給，可乎？海道運米，不可預必明年全到，盛京田穀，亦不可預必明年全收，凡事須曲盡籌畫，豈可徇情定議？此本發回，令察明人口給米。盛京數年失收，務多蓄積，宜將薊州、山海關所貯之米，作何輓運，爾等議奏。(聖祖一六八、一四)

(康熙三四、一二、戊申) 盛京將軍綽克託疏言：請於盛京戶部與奉天府所屬州縣內暫借豆草爲秣養之用，更請預支官兵一年俸餉。上諭議政大臣等曰：前議討噶爾丹，陝西兵由鎮彝取昆都倫一路，大將軍費揚古兵由歸化城一路進發，京師大兵由中一路進發。旣三路進勦，則盛京、寧古塔、黑龍江兵尚無所用。但軍需以馬爲重，其照將軍綽克託所請，給與草豆。飼養之責，選才能官員專董其事，該將軍、副都統等公同巡督。其預支俸餉，俟有出師定期。查前曾支領者給半年，未支者給一年，親齎口糧，每名著攜三月。我軍三路進勦，噶爾丹或勢窮力竭，沿俄儂東竄逃生，令盛京、寧古塔、黑龍江三將軍除前派定兵數外，再酌量增發，相機撲滅。可著副都統齊蘭布馳驛往諭。(聖祖一六九、二六)

(康熙五五、一〇、癸巳) 諭兵部：國家綏靖邊圉，剪除賊寇，必須士馬飽騰，方克立奏膚功。恤兵之道，宜亟講也。朕御極五十餘年，無時不以愛養士卒爲念，內而八旗禁旅，外而各省綠旗兵丁，視同一體。或代還私債，或遣官犒賞，或嚴禁剋減。所以體恤之者，惟恐不至。近策妄阿喇布坦狂逞跳梁，侵我哈密，故特徵兵預備，旣已轉輸糗糧，又復頒給馬駝，籌畫倍周，加惠尤渥。而山陝綠旗兵丁，首奉調遣，遠途跋涉，資用維艱，因而豫借公帑。朕念從軍兵丁，披堅執銳，戮力戎行，又責以還帑，深可憫惻。其綠旗兵丁所借帑金四萬八千八百餘兩，咸與蠲除，並嚴飭統鎋將領實心奉行，倘有仍行私扣者，該督撫據實指參，從重治罪，以仰副朕軫恤邊兵至意。爾部即遵諭行。(聖祖二七〇、五)

(康熙五九、一〇、癸亥) 議政大臣等議覆：靖逆將軍富寧安疏言，據軍前副都統覺羅英柱、常壽、提督路振聲等呈稱，明年大兵進勦，一切軍器、馬匹，應行預備。請借支官兵一年俸餉銀，共三十五萬九千四百二十餘兩，於每季每月給發俸餉時，將伊等所借之銀，扣補還項。如蒙聖恩俞允，祈即敕諭甘肅巡撫綽奇，按數運送軍前。明年如果進兵，即將此銀兩預行借給，否則存留軍前，爲每年軍餉備用。應如所請。從之。(聖祖二八九、二一)

(康熙五九、一二、庚申) 議政大臣等議覆：振武將軍傅爾丹等疏言，明年大兵進勦，請借支官兵一年俸餉銀，共二十六萬三千四百餘兩，於每季每月將所借之銀照數扣補還項。應如所請。得旨：軍興時需用錢糧甚多，爾等於傳爾丹奏請之處應相度機宜，詳核定議。明年果否進兵，及官兵之馬匹、器械曾否齊備，糧餉作何運送，將軍等並未奏聞，爾等亦未議及，止議借支餉銀。儻明年不進兵，至後年進兵，將再借乎？否乎？從前運到軍前之米及種地所收之糧，果否足用，又各官自備牛、種交收之糧，或係空名，亦未可定。官兵惟以借餉爲事，不思借無底止，則錢糧易至匱乏矣。如聽信兵丁之言，預期借餉，又徼倖明年撤兵，或謂功成之日，必邀恩免，此豈將兵之道乎？爾等不加詳核，罷軟從議，亦屬不合。軍務本無年限，必詳加籌度，使糧無匱乏，乃於軍務有益。此本著再議具奏。尋議：傳爾丹奏請借支一年俸餉，不便即給。應行文大將軍等會議，明年應否進兵，及傳爾丹一路官兵應否借支之處，一并題明再議。從之。(聖祖二九〇、一六)

(康熙六一、七、壬子) 議政大臣等議覆：靖逆將軍富寧安疏言，臣准部咨，見今大兵移駐烏嚕木齊地方，其各營軍器整齊及馬匹能否足用之處，令臣查驗具奏。今據都統睦森、副都統薩爾禪、智勇、甘肅提督路振聲等回稱，伊等所屬護軍、驍騎、綠旗兵丁，一應軍器、馬匹，俱各完足，無致貽誤等語；又據副都統英柱、常壽等呈稱，從前襲擊吐魯番等處，馬駝稍有疲損，因以俸餉借抵購買補足，預備進勦。今二年有餘，汛防差使馬駝又不無少虧，仍於見支行糧外借給庫銀，買補馬駝。此所借之庫銀，於將來應給行糧內，按月坐扣清完等語。臣請允其所呈，借給官兵銀十二萬六千九百九十五兩，令其買補缺額馬駝。應如富寧安所請，令陝西巡撫噶什圖如數解送軍營，暫行收貯，俟大兵進勦，准其借與購補馬駝。其存留之官兵，停其借給，照常收貯。從之。(聖祖二九八、一四)

(雍正二、一、己亥) 諭內務府：從前借欠內府公庫銀兩，展限未完者，俱著豁免。(世宗一五、一二)

(雍正四、四、乙亥) 西安巡撫圖理琛，奏請動存庫銀六萬兩，採買豆草，以爲西安兵丁備用。得旨：圖理琛向任廣東布政使時，密奏不准官兵預支俸餉。廣東及各省，原有歲暮預支兩月錢糧之例，伊亦固執不行，以致兵丁度歲艱窘，怨謗繁興。撫臣年希堯強之而後給發。隨經具摺奏聞。比時朕恐圖理琛在廣東未必相安，故改調西安。旋因西安巡撫員缺，遂爾擢用。今圖理琛奏請預支銀兩，採買豆草以備用。是圖理琛爲布政使時，則但知有錢糧，而不知有兵丁；今爲巡撫，又但知邀兵弁之歡心，而不復計錢糧之出納。身爲大臣，乃偏執己私，遂至前後大相予盾。況雍正元年題定，兵馬豆草折糧之例，悉照酌中之價。若遇豐年價賤，兵丁可得餘銀；若遇歉年價貴，許該管上司題請增給，是兵丁原無歉年匱乏之慮。今西安兵丁之豆草，請預買以備用，則他處兵馬之豆草，獨不當預買乎？圖理琛身在西安，即欲加厚於西安之旗標兵丁，豈此外兵丁，皆不當蒙惠乎？若一視同仁，使天下兵丁皆有備用之草豆，其事果能行乎？文武大臣，各有職任，彼此不得干預。西安總統滿洲兵馬，乃將軍之事，延信以宗室而為將軍，經理軍務，乃其專責。圖理琛此奏，即有益於兵丁，亦當與延信商妥同奏，今妄憑臆見，獨自敷陳，顯欲侵將軍之職掌。延信既在同城，於圖理琛此奏，知而不阻，亦屬不合。(世宗四三、一一)

　　(**雍正七、一、癸酉**) 戶部議覆：潮州總兵官尚瀠疏言，沿海各鎮協營，於雍正四年，准廣東總督孔毓珣奏，將羨餘銀兩，買穀貯倉，豫備窮苦兵丁借給之用。今潮州九營內，有沿海六營，已買穀存倉；尚有城守等三營，緣係內地，未經貯穀。臣於六年初冬，捐資買穀三千石，分給三營，照例舉行，請與正項一體交盤。應如所請。從之。(世宗七七、一九)

　　(**雍正一三、六、癸酉**) 辦理軍機大臣等議覆：署寧遠大將軍查郎阿等，摺奏西路軍營撤兵事宜。一、奏稱巴圖魯官兵進口之後，定例止給口糧。索倫、奉天、船廠官兵，路途遙遠，俱恐盤費不敷。請每官一員，借一季俸銀，每兵一名，借半年餉銀，均於軍需銀內動給，造冊送部。於伊等俸餉內，照數扣還，等語。應如所請。一、奏稱江寧等處滿兵，在內地行走，盤費誠恐不敷。到肅之日，請將江寧、荊州每官一員，酌借一季俸銀，每兵一名，酌借四月餉銀。西安、寧夏每官一員，酌借一季俸銀，每兵一名，酌借兩月餉銀。所借銀兩，在該官兵俸餉內扣還，等語。查江寧、荊州領兵各員內，有協領阿山泰、常在等五十四員，前於倒斃馬匹案內，已議革職留任，定例不支俸銀，現無俸項可抵，應毋庸議。至江寧、荊州兵丁，及西安、寧夏官員兵丁，查郎阿等請借銀兩，亦屬過多。臣等酌議江寧、荊州兵丁，借給兩月餉銀，西安、寧夏官員，借給三月俸銀，兵丁借給一月餉銀。所借銀兩，咨部扣還。得旨：索倫、奉天、船廠官兵，效力行走，頗著勤勞。且路途遙遠，伊等所借俸餉銀兩，俱著賞給，不必扣還。江寧、荊州之滿洲官兵，在軍前諸凡不及，廢弛滿洲舊規，甚為無恥。爾等所議不准借給官員俸銀之處，甚是。餘依議。(世宗一五七、三)

　　(**乾隆四、九、己酉**) 又諭：從前欲於八旗官兵生計有益，曾借給俸餉。乃旗人得銀，隨手用盡，並未置有產業。兵丁應得錢糧，按月坐扣，於伊等生計無益。是以前已降旨，免其扣還。將官員應還俸銀，寬展限期，以減其坐扣之數。官員俸銀雖非兵丁錢糧可比，然旗員此際，又經指俸借別項銀

兩，有種種應還之處，伊等生計無益。官員未經扣還銀兩，亦著豁免。戶部所奏另貯銀兩，著歸還原項。（高宗一〇〇、六）

（**乾隆二、四、辛酉**）八旗都統等先以議准禦史諾恩布請禁奸商私買兵米，圖獲厚利一事具奏。上以旗人願借重利，自係急不暇擇，與其使奸商獲利，不如每旗酌撥帑銀一二萬兩，遇伊等有急迫事件，輕利借給，將伊錢糧代扣，庶重利放債之弊，可不禁自止。又前借給旗人俸餉，暫試一二年後，可否仍照原議接續借給，均交八旗大臣公同詳議具奏，經都統等議稱，每旗分給帑銀數萬，遇有緩急，輕利借給，較之借貸重利，固屬有益，但不定以限制，任從支借，亦覺未便。必酌定章程，方可借與。若定有章程之後，例不應支借者，自不借給，一不借給，勢必又借私債。是雖有輕息之款，仍難禁重利之行。至借給俸餉一事，現屆一年，未見實有成效。應照原議，過二年後，再看情形，酌量辦理。餘請如所奏。從之。（高宗四〇、四）

（**乾隆二、九、庚子**）諭總理事務王大臣：朕以八旗生齒日繁，而生計不足，日夜為之籌畫。上年諭令總理事務王大臣悉心妥議，隨經王大臣等議借官兵俸餉各一年，分季扣還，俟二年後，再為酌量奏請。朕思文官已給有雙俸，武員亦給有隨甲，似可敷用。惟兵丁生計，向來艱窘，不無借貸之事。上年借餉時，多有償還舊欠者，今若待二年後，方行找借，恐伊等目前艱難，又復重利借貸，有妨生計。除在京官員及陵寢、通州、沙河兵丁等毋庸借給外，其在京兵丁等，著再借給餉銀半年。通前展限二十四個月，陸續坐扣，俾得藉以經歷度歲之資。爾兵丁等，宜思國家之經費有常，朝廷之賞賚有節，務從儉約，以仰事俯育，共受國家之恩。倘官銀到手，快一時之意，徒事花銷，而不計將來之用度，是既負朕恩，又自取困苦矣。思之思之。著將此旨通行曉諭，並傳諭該部，於閏九月給發。（高宗五〇、三六）

（**乾隆三、八、乙酉**）諭曰：御史稽魯奏稱，八旗生計艱難，請每旗各設一庫，每庫用銀五十萬兩，借與本旗官員以及包衣兵丁，每月每兩令出利銀二分，計年終之時，每庫可得利銀十二萬兩，以五萬兩歸還庫帑，餘銀七萬兩，散與本旗兵丁。十年以後帑銀歸完，即將此項銀兩，永作八旗公庫等語。朕御極之初，加恩借給旗人庫銀，本期有益生計，乃邇年以來，細加體察，知伊等所領銀兩，隨手花費，而每月扣除額餉，於生計轉覺艱難，是以降旨豁免未完之項，停止再借。所降諭旨至為明晰，而稽魯復有此奏，是誠何心？且資本必須營運，方能獲利。旗人辦事當差，日不暇給，何術而能坐獲二分之厚息乎？原不過隨手花銷，而按季按月交納利銀，將受永遠無窮之剝削。是非欲以厚其生計，而轉以朘其脂膏。此乃富豪盤剝小民之計，而稽魯反以爲養贍資生之良策，悖謬極矣。又奏稱，八旗生齒日繁，與其多設養育之方，無如廣開登進之路，凡近京省城府、道、州、縣、副、參、遊、守等官俱宜參用滿洲，京營遊、守、千、把俱以滿洲補用。滿洲之人，農工商賈，俱非所習，除居官、爲兵外，別無資生之策等語。國家分職授官，量材器使，必其人之克勝厥任，方可擢授。年來滿洲中堪任外官者，朕未嘗不量行擢補，然不可定爲成例。蓋八旗官員，文則六部院寺，武則都統參佐，員缺甚多，材略儘可施展。遵循舊例，爲官擇人，尚恐人材不足，何必更開外用之一途？且其意以登進之路，爲養育之方，尤不可訓。文武員弁，原藉以分猷宣力，爲國爲民，今日資生無策，優以官爵，將居官者惟利是圖，安望其潔己奉公，實心任事乎。況員缺有限，而生齒日繁，以此爲養贍之法，豈非妄亂之甚乎？……彼所奏三摺，持論悖謬，妄欲變亂成法。今略撮其大要，宣示於衆。穡魯著交部嚴加議處。（高宗七四、九；東二一、三五）

（**乾隆六、一、戊辰**）免陝甘兵丁借項。諭：陝、甘兩省，自軍興以來，出征兵丁等俱有賞賚，而平時製備軍裝器械等項，陸續借支司庫銀五十七萬兩有奇，例應在本兵名下按季扣還者，除年來已經扣除外，西安司庫未扣銀約二萬六千四百餘兩，甘肅司庫未扣銀約一十九萬六千餘兩。前任總督鄂彌達，以現今兵力不敷，請緩至五年之後，營伍漸充，公費稍裕，再爲扣除。部議以五年之內，不免再有借支，作何辦理，行令總督尹繼善另行妥議。今尹繼善議稱，此項銀兩，應均作五年帶扣；如有營伍需用之處，亦未便竟不借給，應請酌定數目，不許過多，指定限期，不准過久，以便隨同帶扣等語。朕思兵丁等現領之餉，僅足供養贍家口之資，若將新舊借支之項，一併帶扣，則所存無幾，食用艱難；且此項借欠，歷年已久，若本人更換，勢必至貽累妻孥及該管之將弁，朕心深爲憫惻。況西陲軍興以來，陝甘兵丁備極勤勞，而甘省兵丁尤爲出力，著將借欠未完帑銀二十二萬二千四百餘兩，悉行豁免，以示朕優恤邊兵之至意。（高宗一三四、一）

（**乾隆七、四、庚寅**）諭：前因八旗生齒日繁，生計艱窘，是以屢沛恩施，今復賞借庫銀，用資接濟。倘兵丁等將此項銀兩，任意奢靡，仍於生計無益。是在有教養兵丁之責者，善爲訓導之也。當日之都統等，視兵丁如子弟，唯以兵丁等生計、造就人材爲要務；現今之都統等，亦當如此存心，將所屬兵丁，多方教誨。雖人數衆多，不能逐一訓誡，而與所屬之參、佐領等，將兵丁等生計，時刻留心，多方啓迪，俾兵丁等各知自愛，勉圖生計。況都統等應辦之事無多，教養旗人，即是伊等專責。著傳諭八旗都統等務須加意經理，視兵丁之事如己事，痛除奢侈之習，勉循節儉之道，俾兵丁等亦

能自愛身家，方爲妥善。倘兵丁仍復任意浮華，致於艱窘，朕惟伊等是問。（高宗一六四、四）

（**乾隆七、七、丙寅**）步軍統領奏：修整京城臨街房屋，經臣等先後奏聞在案，其臨街小巷，情願借銀修理房基者，據各該業户呈報。地基共一百零一段，可蓋房三百九十七間半。請照通衢大街之例，每間給銀三十兩，共銀一萬一千九百二十五兩；應行修理房屋四十一間半，每間酌借銀二十兩，共銀八百三十兩；二項共銀一萬二千七百五十五兩。請交與各該旗參佐領，取具甘結，赴户部支領，給發本人，作速蓋造，限明春完竣。至所借銀兩，亦照旗人購買官房之例，勒限五年，按季分月還項。得旨：應借三十兩者，著借給十五兩；應借二十兩者，著借給十兩。（高宗一七〇、一六）

（**乾隆七、九、庚辰**）諭：今歲江南淮、徐、陽、鳳、潁、泗等處，水災甚重，米價高昂。此等營汛兵丁，雖有月給糧餉，恐食用尚有不敷。著於司庫内各借給餉銀一季，俟明年再作四季扣還。該部即遵諭行。（高宗一七五、一〇）

（**乾隆八、九、乙酉**）諭：朕此次至盛京，視其兵丁，身材壯健，弓馬嫻熟，猶未失滿洲舊制。大臣、官員等，各相奮勉，訓練整齊，自朕來時，伊等歡欣鼓舞，諸務備辦，甚屬誠敬，尤爲可嘉。朕雖加恩賞賚，念伊等生計，恐屬不敷，所請領取生息銀二十萬兩，著交該將軍，俱借與官員、兵丁等。官員等，展限四年坐扣；兵丁等，於二年後再定限坐扣。俾伊等生計，日臻充裕。（高宗二〇〇、六）

（**乾隆八、一一、己酉**）河南巡撫碩色奏：豫省今歲被災，糧價稍貴，滿漢兵丁所領月餉，實不敷用。現屆歲底需用之時，請分別借給俸餉。千把每員借銀五兩，馬兵每名三兩，守兵每名二兩。於來歲二月起，作十個月扣還。得旨：此即常年亦可行之事也。（高宗二〇五、二四）

（**乾隆九、一、乙巳**）直隸總督高斌奏：河間、天津府屬，上年被災，多方賑濟，咸稱得所。惟是被災地方，薪米豆草，價值俱昂；兵丁所得月餉米折，不敷日用。請將天津鎮、河間協馬步兵丁，於司庫内各借一季餉銀，自本年七月起至來年六月止，按四季扣還。得旨：如所請行。下部知之。（高宗二〇九、一三）

（**乾隆九、三、丁未**）署廣東巡撫策楞議覆：副都統沈之仁奏稱，廣州旗營裕信倉穀，久已支借無存，買補甚費周章。且該處物價高昂，各兵度歲拮据，請將存庫穀價，於年底借給兵丁，分作十個月扣還。應如所請，按名借給八旗四營兵丁，資其度歲。俟豐收之年，穀價平減，仍當酌量買補，以

實倉儲。得旨：著照所議行。（高宗二一三、二四）

（**乾隆九、五、丙戌**）欽差大臣尚書公訥親議奏：杭州將軍薩爾哈岱疏稱，杭州駐防官兵，生齒日繁，漸至窮乏稱貸。經前任將軍等，於通融例馬案內，請令官養例馬，減養一半。兵丁三匹者，養一匹，匠役二匹者，三人合養一匹，其空額，每匹扣價銀十六兩，存貯具奏。現存銀七萬餘兩，請將此項動支四萬兩，量官兵俸餉，減半支給清欠。即於官兵所領草乾銀內，大建每兩扣留五分，小建三分三釐，二年歸款。一年後，可得一半，請復勻給官兵，年收年放，於生計大有裨益。倘遇應用馬處，既有各官兵例馬三千餘匹，且現存銀三萬餘兩，購買不致缺乏等語。臣查核省城官兵例馬，原備緩急之用。從前俱有空缺，經世宗憲皇帝特諭，斟酌拴養，其空缺馬匹，照市價扣銀存公，遇有用馬處，購買備用在案。今該將軍所奏，不但於各官兵生計有益，且存馬存銀，兩足購用。其官兵內有未經扣完革退病故者，除將應扣未完之數開除外，餘再補給，亦於本銀四萬之數無傷。惟是新補兵丁，尚未扣完，即經革退病故，此項作何歸還之處，摺內並未聲明。請行知薩爾哈岱等，查明報部。再此銀原爲買馬備用，今暫濟官兵一時之急，若竟不歸還收貯，亦不可行。請令該將軍接濟數年，俟兵稍寬裕，即將借款陸續遞減，寬限扣完備用。再查杭州兵丁，窮乏已久，雖不能驟令寬裕，而核其每月所得錢糧之外，又有草乾銀兩，今又借給扣存馬價，自可漸至寬裕。仍請飭該將軍嗣後留心訓導，代爲籌畫。得旨：依議。該部知道。（高宗二一六、一六）

（**乾隆九、五、丙戌**）山東巡撫喀爾吉善奏：濟南、武定二府所屬，災祲相繼，米少價昂。濟、武二營所支餉銀糧米，不敷食用。請於司庫內借支餉銀一季，自本年冬季爲始，分四季扣還。得旨：允行。下部知之。（高宗二一六、一八）

（**乾隆九、五、丙午**）［山東巡撫喀爾吉善］又奏：濟、武連災，兵丁食貴，請照江南、直隸之例，於司庫內借支餉銀一季，於本年冬季爲始，作四季扣還。得旨：允行。下部知之。（高宗二一七、三六）

（**乾隆一一、一一、戊申**）諭：今年廣寧等處，因被水災，所有旗人應交米豆，曾經降旨免交。此內廣寧、鳳凰城、岫巖、復州四處，所收更較他處歉薄，而兵丁差務甚煩，生計未免拮据。著加恩於丁卯年春季應領錢糧內，豫借三月錢糧，分春秋二季，照數坐扣。該將軍即遵旨辦理。（高宗二七九、五）

（**乾隆一六、九、甲子**）又諭：朕因浙省寧紹等屬，被旱歉收，米價昂貴，綠旗兵丁，所得月餉，不敷買食，曾經降旨，將被災各標協營兵丁，俱令借給米石，以資接濟。但念該省今年旱災稍重，各屬米糧，一例昂貴，轉瞬隆冬，窮兵衣食，未免多屬拮据。著再加恩，將浙江通省兵丁，每名借給一季餉銀。該撫於司庫內動項借給，俟明年夏季後，分作四季扣還歸款，以示朕格外體卹之意。並傳諭該督提等，嚴飭營弁，毋致絲毫侵剋，俾得均霑實惠。（高宗三九八、一）

（**乾隆一八、一、甲戌**）軍機大臣等議覆：將軍阿蘭泰奏稱，盛京兵所拴馬匹近年倒斃甚多，買補尚未足額，若將錢糧坐扣，生計有礙。請於乾隆十六、十七兩年，官鋪生息。及滋生庫紅白賞餘二項銀內，借給半年錢糧。應如所請。至稱自二十年起，分作三年扣還，兵力究屬拮据。應展至五年，按季扣還歸款。從之。（高宗四三一、五）

（**乾隆二五、六、丁丑**）又諭：伊犂等處屯駐事宜，所有屯田收穫糧石及回子所交稅糧，約足供屯兵若干之用，已降旨舒赫德，令其詳查具奏矣。至甘省經費，有較從前未用兵時，不惟不加多，且更加減省者。從前黃廷桂以綠營兵內借支銀兩至數十萬，一時難於扣還，因奏請凡遇兵丁缺額，不復挑補，以其名糧抵還帑項。已經數年，昨歲據楊應琚奏稱，業有成效，將來扣清之後，其兵丁缺額，自不必再補。是此項名糧，較未用兵之前，已多減省。且甘省各營缺額馬匹，若由內地購補拴餧，其費自多。今各營額馬，除本省足敷應用外，其餘既可不必汲汲買補。而屯田所用馬匹，現又取給於哈薩克貿易，其價值較之甘省購辦已屬懸殊，兼就水草牧放，更非內地拴餧需用荳豆可比。是馬匹一項，較前又可大省。合此數者，前後通計，則軍興數年，所費雖繁，而將來該省經費，日就減省。在疆土既經增擴，而財用仍可不致虛糜。著傳諭楊應琚等，令其將此數項減省之處通盤籌算，所用銀兩較未用兵以前約餘若干，或現在辦理伊始，所省尚少，將來行之既久，自必漸次增多，此時亦可豫行覈計，詳悉具奏。（高宗六一四、九）

（**乾隆二五、九、壬寅**）諭軍機大臣等：八旗官員指俸支借滋生銀兩，原以備緊急事件，免致重息借貸，按季帶扣輕息，作爲紅白事件賞項，俾其生計有益。在旗人員，果能按己項支借，將所借之銀辦理正事，撙節用度。而都統等辦理此事，計其所得俸餉，足敷扣還，始行借給，誠爲美事。今之借銀人員，漫無計慮，祇圖目前，任意支借。銀一到手，鮮衣美食，恣意奢費，不過一兩月間，蕩然無存，至於坐扣之時，則以爲俸餉盡數全扣，口出缺怨之言。都統等平日並不留心，妄行借給，以至一人拖欠千兩有餘，本身既不能償，累及子孫，甚至變其家產入官。以甚有益之舉，而辦理不善，轉

至有累於民。此後旗人支借滋生銀兩，各該都統等，務須詳計所食俸餉足敷扣還與否，不得濫行借給。（高宗六二〇、一）

（乾隆二六、四、戊寅）諭曰：松阿哩案內，有兵丁違例借債，應追入官本銀三千八百餘兩，例應一年限內追完，但念此項借銀，原於各兵餉內分年扣還之項，今於一年限內追繳，兵力未免拮据。著加恩將伊等應追入官本銀，分作十年攤扣，以示體恤。該部即遵諭行。（高宗六三四、一三）

（乾隆二七、六、庚戌）諭：向來八旗官員，支借宗人府滋生銀兩，遇有婚喪事件，復借給俸銀，原欲資其生計。但旗員支借銀兩，用於正項者甚少。且婚喪事件，支借俸銀，於下季即行扣完。或連遇數事，重復支借，即須數季，方能扣清。支借銀兩，不過數日食用充裕，至扣還之時，仍復拮据，是以交軍機大臣詳議停止，並將所借，免息展限坐扣，復於婚喪事件，停止借俸，特加恩賞給銀兩。此內借俸過多者，復交部旗查明，三分扣一。伊等每季扣項無多，且不久即可扣完，旗員由此俱得全俸，於生計大有裨益。此皆朕委曲矜全之至意，各宜深知感激，務思節儉，不得恣意奢靡，私借重債，以致拮据。著將此再通諭八旗知之。（高宗六六五、六）

（乾隆二七、九、戊寅）又諭：前降旨借給八旗兵一月餉銀，分作半年扣還，但時屆寒冬，未免拮据，著加恩展至明年四月起限。（高宗六七一、四）

（乾隆二八、一、辛巳）陝西巡撫鄂弼奏：西安兵上年減退回營，長領俸賞銀，例於此次派出換班兵扣抵。但現在辦裝無措，請先扣十分之二，餘八分於本營分兩年坐扣。其長領車價銀數，較現領車價銀僅十分之一，應全扣。再咸、長二縣承造烏嚕木齊等處臺站大鐵瓦車五十輛，督臣咨派督、撫兩標換班兵，自購騾百七八十頭駕往。臣恐兵丁不能驟辦，飭西、同、鳳、乾四府州屬，分購壯騾，尅期解省，照時價於各兵所領車價銀內，每頭給銀一十五兩。得旨：甚妥，知道了。餘有旨諭。諭軍機大臣等：從前派往軍前官兵，有中途減撤者，所支俸賞銀兩，曾諭俟將來屯戍換班時扣還。今據鄂弼奏，現在換班兵丁，先於應給銀內扣還十分之二，其餘分作兩年完給等語。為期尚覺太迫，著加恩定限四年，俾得從容展扣，以示體恤。至所稱逃兵一項，兵丁雖已在逃，豈竟盡無家屬？乃既玩視軍紀，又恃有他人為之代賠，情實可惡，若一體展限代扣，則不法之徒，轉以領銀潛逸為得計。著傳諭該撫，務令嚴行緝獲，按數著追，毋任漏網。（高宗六七九、一〇）

（乾隆二九、一二、壬午）諭軍機大臣等：明瑞等奏稱，現在伊犁厄魯特兵一千二百名，內僅二百名每月餉銀一兩，請再增二百二十名額餉，合計六佐領，各得月餉七十分等語。著照所請，將厄魯特六佐領，新舊共定額餉

四百二十分，以裕兵丁生計。（高宗七二四、六）

（**乾隆三八、四、甲寅**）户部議准：直隸總督周元理奏稱，天津府屬滄州駐防兵，節年緩徵抵餉地租數多，驟難交納。請將該兵等三十三年借支租銀，於三十八年起按季扣還；三十四、五兩年所借銀，遞年按季接扣。從之。（高宗九三三、二七）

（**乾隆四一、七、丁丑**）又諭：此次平定金川，所有各省緑營調往馬步兵丁，其借支行裝銀兩，應於回營後扣餉還項。因伊等俱曾効力行間，業於恩詔内，展限三年分扣。今復念該兵等應扣之項較多，若於三年内扣完，恐月餉所存無幾，不足以資養贍。著再加恩，照從前平定伊犁回部之例，分作十年坐扣，以示體卹。（高宗一〇一二、一二）

（**乾隆四七、六、辛未**）諭：據常青等奏，今年春季以來亢旱，青草歉生，察哈爾之八旗官兵牲畜傷損甚多等語。察哈爾八旗官兵俱賴牲畜養贍當差，今年雨水短少，牲畜多有傷損，著加恩參領以下官員、兵丁支借一年俸餉添補牲畜，以資生計。將此項支借俸餉，分爲六年坐扣。（高宗一一五八、三）

（**乾隆四八、四、辛酉**）〔盛京將軍宗室永瑋〕又會同盛京工部侍郎德福奏：皇上恭謁祖陵，各項差使派出官二百餘員，兵五千五百餘名，其修補軍器等項，不無所需。上屆派出官兵，皆由未經派出官兵内，少爲斂湊協濟，雖係通融辦理，誠恐不肖官員藉端滋弊，懇恩將現在派出官兵於户部存貯備用銀内，官員借支一年俸薪，兵丁借支半年錢糧，自四十九年春季起，分四季坐扣歸款。報聞。（高宗一一七八、三）

（**乾隆五〇、一〇、壬寅**）諭：本年河南、山東、江蘇、安徽、湖北等省，春夏之間，雨澤缺少，被旱處所較多。業經節次降旨，分別蠲賑，各該處災黎糊口有資，自不致復虞失所。惟是被災地方，米糧價值昂貴，該處兵丁所得月餉，恐不敷買食，生計未免拮据。著傳諭河南、山東、江蘇、安徽、湖北各督撫，即查明坐落災地各營兵丁，其被災較重者，賞借兩月餉銀，於明年夏秋兩季扣還；其被災稍輕者，賞借一月餉銀，於明年夏季扣還。俾得養贍身家，無虞食貴。該督撫其實力體察奉行，以副朕體恤兵丁之至意。（高宗一二四一、一四）

（**乾隆五一、六、丙子**）湖廣總督特成額奏：荆州駐防兵丁，歲需口糧，向以徵存南糧支給，不敷者折色。本年南糧，因歲歉蠲多，且遇置閏，應支折色過多，不敷買食。應於襄漕米内，暫借兩月口糧，並於司庫内借給一月餉銀。米自閏七月至十一月分作五個月支放，於來歲應支本色内，分作八個

月扣還。銀需一萬一百六十四兩,於清還口糧後,分作三季接續扣收。得旨:著照所請行。該部知道。(高宗一二五六、六)

(乾隆五二、四、乙巳)諭:今春以來,熱河地方,穀價較昂,兵丁生計,不無拮据。著施恩借給看守避暑山莊之千總、兵丁等一年錢糧,自明年起作爲三年扣完。(高宗一二七八、二〇)

(嘉慶一〇、三、壬辰)借給盛京派出應行出差官二百三十九員一年俸銀,兵五千七百六十名半年錢糧,從將軍富俊等請也。(仁宗一四一、四)

(嘉慶一〇、八、丙午)諭內閣:朕恭謁祖陵,駐蹕陪都,八旗官兵等承辦道路,及一切差使,均能奮勉無誤。前據富俊奏稱,此次派出官兵,整備馬匹路費等項,每員借給一年俸銀,每兵借給半年餉銀,分作四季坐扣,於二年內歸款。但念該官兵生計多艱,藉俸餉以資養贍,若按限扣交,未免倍形拮据。茲據富俊奏稱,該將軍衙門,經理歲入濚餘銀兩,歷有贏餘,向係酌留辦公之項,等語。所有奉天官兵此次借支俸餉銀八萬六千三百五十九兩,著先於濚餘銀項下,分作二年,照數撥還戶部歸款。此內四萬六千三百餘兩,著加恩免令官兵扣繳;其餘四萬兩,著分作十年,於俸餉內扣還,俾得從容歸款,以紓官兵之力。至富俊所奏,邊外安設卡座官兵鹽菜,木蘭習圍官兵路費,副都統巡查各卡所帶官兵雇覓馱馬等項,及雜項費用等款,每年約共需銀六千九百兩,向係於官兵俸餉內坐扣支用。茲著一體加恩,准其按年於濚餘項下動用開銷。該將軍等有此經費,辦公極爲寬裕,惟當督率所屬認真經理,撙節支用,期歸覈實,毋任浮濫;尤不可以支款不敷,再扣官兵俸餉,致滋苦累也。(仁宗一四九、二四)

(嘉慶一二、二、壬辰)諭內閣:德楞泰等奏,此次勦捕瓦石坪叛匪,徵調各兵、借領銀兩,懇請分別免扣一摺。瓦石坪叛匪滋事,經德楞泰等調派西安、漢南、漢中、西鄉、寧陝滿漢營兵,並羅思舉帶領川兵,會合勦捕,迅速蕆功,實屬奮勇出力。所有該兵等陝省借領銀九千二百七十餘兩,川省借領銀一千二百兩,均著加恩免其坐扣。其業經徵調未到軍營之西安滿營軍標固原各兵,所借行裝銀兩,並著加恩俟該兵等舊項扣完之後,再行起扣,以紓兵力。(仁宗一七五、七)

(嘉慶一二、一〇、甲午)准江蘇鎮江楊舍等十營坐落災地兵丁借支三月銀米,從巡撫汪日章請也。(仁宗一八六、三三)

(嘉慶二〇、九、庚子)貸賽爾烏蘇、穆和爾、噶順三處被災驛丁、張家口、布魯圖官兵一年錢糧,察罕托羅海弁兵半年錢糧。(仁宗三一〇、一五)

（嘉慶二二、一二、甲申）貸直隸正定鎮左、右、龍固、趙州、固關、王家坪、龍泉、倒馬、忠順、涿州、良鄉、新雄十二營，並督標五營駐劄災地兵丁銀米有差。（仁宗三三七、一六）

（三）口糧借支

（康熙二四、一〇、戊戌）戶部題黑龍江墨爾根地方駐防官兵，於康熙二十五年未收穫以前給糧，至秋成後停止，上命以兩年口糧給之。（聖祖一二二、一九）

（康熙二九、四、丁丑）又諭大學士等：此時亢旱，米價騰貴，八旗官兵秋季應支米石，可預給其半。（聖祖一四五、一六）

（乾隆一、一、庚子）總理事務王大臣議覆：易州城守尉瑪哈拉奏請將易州官兵旗人貯穀七萬餘石，每歲春散秋還。應如所請，並請敕下盛京將軍飭知各副都統、城守尉，貯穀備荒散給，豐歲徵還。如遇歉收年分，不得科派積聚。得旨：所議甚是，依議。（高宗一〇、五）

（乾隆一、九、癸丑）總理事務王大臣議准：廣東廣州副將管左翼總兵官事黃錫申奏，請增設左翼鎮標三營倉廠，現有存剩公糧銀兩，買穀三千石存貯。遇穀價昂貴，借給兵丁，秋收還項。從之。（高宗二七、七）

（乾隆二、閏九、辛酉）總理事務王大臣議准黑龍江將軍額爾圖奏：查御史福海，前請整理屯莊一案，須擇實有地畝，力能耕種，苦無牛具之人，始可借給銀兩，應如所議。令由盛京戶部領銀二萬五千兩，分貯齊齊哈爾一萬兩，黑龍江七千兩，墨爾根五千兩，呼蘭三千兩，飭各該管官，查明無牛具兵丁，酌量借給；如係孤身，令同族或同居之人夥種，借給一半牛具銀兩；其另戶閑散人等，亦准指弟兄族人俸餉借領，俱於四年內，坐扣還項，免其加息。得旨：依議。（高宗五二、八）

（乾隆二、一一、丙辰）諭曰：今年近京地方，有被水之處，收成歉薄，以致京師米價，日漸昂貴。朕心軫念，多方籌畫。內而八旗，外而五城，皆設廠平糶官米，以濟民食。乃近來米價仍未平減，朕再四思維，向來定例，每逢歲閏，但增給兵丁一月餉銀，不給米石。是以逢閏之年，往往米價稍昂，而今歲尤甚者，則以畿輔歉收之故。夫漕糧關係天庾，出入皆有常制，固難格外施恩，輕為賞資；然於歲歉米貴之時，又當酌量變通，俾兵丁不致有貴價糴米之累。用是特頒諭旨，將八旗兵丁，借給一月米石。其應於何時支領、將來作何坐扣還項之處，該部速行詳悉定議具奏。尋議：定例八旗甲米，每年春秋冬三季關支，所有戊午年頭季甲米，已於今年十月內支放，現敷兵丁食用。惟歲底春初之時，距來年三月關米，爲期尚遠，未免需米接濟。請將借給米石，於十二月初一日放起，歲內放完，以濟兵食；至坐扣還項，應勻作四季分扣。但每歲春間，青黃不接，市價易昂，須至秋收，蓋藏充裕，價值平減。此項坐扣米石，請於戊午、己未兩年秋冬二季檔內勻扣。從之。（高宗五六、二）

（乾隆三、六、庚戌）雲南總督公慶復奏：以生息餘銀，酌撥各營，將備會同地方官，於秋收時買穀貯倉；倘遇水旱不齊，青黃不接，米價昂貴之時，借資兵食。得旨：此事須爲之以漸，而行之以實，方爲有益，正不必急遽也。儘生息之餘，先試行看。（高宗七一、二六）

（乾隆三、七、庚辰）兩廣總督鄂彌達遵旨議奏：東省營倉穀石，例於每年青黃不接之時，散借兵食，俟秋後扣餉買補還倉。近因各兵月餉，皆資養贍，一時扣買，未免拮据，即令於出借倉穀之日，按月扣餉，積至秋收買補，甚爲利便。今署總兵馬成林，請分早晚二造散借，即作兩次扣買。查東省早造收穫不及十分之四，晚造十居其六；每年穀價，至晚造始平。若於早造價貴時，即行扣買，必多扣餉銀，兵丁受累。請不拘兩次散借扣買，總期因時制宜，俾兵丁得沾接濟。至左翼鎮營，貯穀無多，秋收總買，亦不至民間穀價昂貴。即偶或價昂，請將縣倉穀撥給收貯，以扣存之價交縣，亦無不可。得旨：著照所議行。（高宗七三、二一）

（乾隆五、五、戊辰）江南江北壽春鎮總兵官吳進義奏：上年奏准每歲收成後，動用公項餘銀一千兩購買米麥，於青黃不接，米價昂貴時，借給鎮標中、左、右三營兵丁，仍照原價繳還，均各歡呼感激。今請增用每年息賞餘銀六百兩，俾兵食益臻饒裕。得旨：接濟軍食，甚屬有益之舉也。（高宗一一七、二一）

（乾隆一〇、一二、庚子）戶部議准：黑龍江將軍傅森等奏稱，齊齊哈爾地方被旱，黑龍江地方被水。計禾稼失收戶口，齊齊哈爾不敷糧九千五百十九石有奇，請於存公倉糧撥給；黑龍江不敷糧一萬二千二十八石有奇，除撥給公倉細糧一千石，不敷糧數，於備存倉糧內動支借給，俟次年將本處公田及兵丁本身地耕獲糧石補還。得旨：依議速行。（高宗二五四、四）

（乾隆一一、一、丙申）福建巡撫周學健奏：閩省各營兵丁及各衙門書役，向例凡遇歲暮與青黃不接之時，皆有豫借倉穀並銀兩之事。查節年出借兵役米穀，雖扣價存庫，而未經買補者，不下十餘萬石。皆緣扣還之價太少，購補不敷，以致倉項虛懸。請嗣後兵丁豫借之項，願借銀者，借穀一石，折給銀六錢，於餉銀內按月扣還。願借穀者，借穀一石，於月糧內分季

扣還米五斗。其書役等借穀一石者，亦折銀六錢，即在應領工食、鹽菜銀内扣還。得旨：所辦頗妥。知道了。（高宗二五七、一七）

（**乾隆一一、一〇、壬申**）諭：據將軍傅森奏稱，本年五月間，黑龍江地方因山水陡發，附近旗民人等田畝俱被水災，七月間又降嚴霜，秋收無獲，請借給口糧、籽種、料豆，以資接濟等語。朕思本年黑龍江地方，被災較重，現在借給之糧，若仍令其補還，伊等未免拮据。所有此項糧米，著加恩即行賞給。該部知道。（高宗二七六、一五）

（**乾隆一一、一〇、癸未**）户部議覆：黑龍江將軍傅森等奏稱，墨爾根、齊齊哈爾、黑龍江三城，八旗兵丁水手人等耕種地畝，現查明先後被水被霜情形，所穫糧石，不敷食用，請照例於不敷之月起，分別借撥倉糧等語，應如所奏。行該將軍等，在於公倉並備存倉糧内，動支撥發。除動用公倉糧毋用補還外，其借動備存倉糧，仍於次年如數補還。又稱，博西等八站，站丁地畝被水，收穫無多，請按各站坐落地方遠近，分別借糶等語，亦應如所奏辦理。至所稱黑龍江現貯倉糧，止二萬二千餘石，該處需用甚多，不敷儲備，亦准在呼蘭倉糧内，動撥一萬八千石，運往黑龍江，存貯備用。從之。（高宗二七七、一〇）

（**乾隆一八、八、丁未**）諭：新駐巡查圍場兵丁，雖與以地畝，尚未耕種，於明歲秋收。為期尚遠，此時恐難接濟。著交熱河道，就近將倉穀借與半年口糧，作五年扣還。（高宗四四五、一三）

（**乾隆二二、八、己丑**）甘肅巡撫吴達善奏：甘省安西提標各營兵，每年應支本色糧，向例按距肅遠近折價，自赴肅州買運。本年安西等衛風災，糧價甚昂，折價實屬不敷。請照乾隆九年雅爾圖奏准之例，將安西提標各協營本年冬季兵糧，於附近各本衛倉每馬兵一名，借給一月糧二石，步兵一石五斗，餘令通融買食。其動缺糧，俟價平時飭各衛按數買補。用過價銀若干，在各該營應領季餉内扣還歸款。得旨：如所議行。（高宗五四五、三三）

（**乾隆二二、一二、甲申**）又諭：甘、涼、肅、安一帶，各標營官兵，因本年米價稍昂，曾經加恩，每兵賞借四個月口糧，以資接濟。其陝省延綏一鎮，地屬邊徼，差務絡繹，本年秋收適值歉薄，各營口食未免拮据，來歲青黄不接，為時正長，朕心深為軫念。著照甘、涼、肅、安之例，無論馬、步、守兵，每名賞借四個月口糧一石六斗。自十二月起按月米麥兼支，俟來年照各本營折色，四季扣還歸款，以示體卹邊兵至意。該部遵諭速行。（高宗五五三、二四）

（**乾隆二三、一二、己巳**）大學士伯管陝甘總督黄廷桂奏：甘、涼、肅出差邊兵家屬，月領銀一兩。糧價昂，不敷買食。存營兵，差繁糧少，不能兼顧家口。現每兵一名，借給糧四斗。延綏鎮屬兵，差務尤繁，又值歲歉，每兵借給糧一石。均於來年各應領糧餉內，分四季扣還。得旨嘉獎。（高宗五七七、八）

（乾隆二四、七、壬子）又諭：直屬夏秋以來米價稍昂，因截留漕糧並酌撥倉穀，令各該地方設廠平糶，民食不致拮据。所有通省各營兵丁，並著加恩，令該督提等查明確數，每名借給糧一石，俟明年夏季起分作一年扣還。其附近水次者，即於截存漕糧項內動撥，餘即就各該處倉糧內借給，以示體卹。該部即遵諭行。（高宗五九二、七）

（乾隆二七、六、丁巳）諭：天津地勢低窪，近因雨多積水，柴米價值稍昂，兵丁買食，未免拮据。著加恩將存津左右城守三營現操馬步守各兵，每名借給米一石，俾資接濟。於明年應得餉米銀內，再行分作四季扣還，以示體卹。（高宗六六五、一二）

（乾隆二八、一、癸未）圍場總管齊凌扎布奏：去年被水歉收，新舊駐防兵丁生計拮据。請於豐收之達呼爾掛甲屯、波羅河屯、土城子等倉，借給口糧，分作五年交還。從之。（高宗六七九、一四）

（乾隆二八、二、己丑）諭軍機大臣等：據圍場總管齊凌扎布奏稱，去歲雨水稍多，現今糧價昂貴，兵丁買食維艱，懇將土城子、波羅河屯等處倉糧內，借給看守圍場兵丁，每名各小米十倉石等語，已照所請批示矣。此項兵丁，買食既屬拮据，自應速為酌撥，以資接濟。可將此傳諭方觀承，即飭各該倉遵照辦理。（高宗六八〇、一）

（乾隆四四、一、庚戌）湖南巡撫李湖奏：長沙、岳州、常德、澧州四府州屬，因上年旱災米價昂貴，其駐劄災地之撫、提、兩標暨長沙、洞庭二協、岳州、常德、澧州三營，並毗連災地之辰州協，非災地而僻處苗疆之鎮篁鎮標，各兵雖有應領銀米，但眷屬買食貴米，究形竭蹶，請借給一月兵餉，於本年夏、秋、冬三季餉銀內扣還，報聞。（高宗一〇七五、一八）

（乾隆四五、九、己亥）湖廣總督富勒渾等奏：湖北施南協、襄陽鎮左營、宜昌鎮左營、後營、遠安營等五協營，因坐落地方，向無額徵米石，又水險山崇，難於撥運，兵米俱係折支。近來生齒日繁，穀價昂貴，每屆青黃不接，兵丁買食維艱。雖例得借支州縣倉穀，秋成扣還，但覈計此五協營坐落之恩施等十一州縣，常平額穀，止七萬餘石，兵借過多，則存給民買者無幾，於民食不無相妨。臣等查武昌、漢陽、沔陽、黃岡、蘄水、蘄州六州縣，現有積存漕南餘耗米一萬三千餘石，原係應行出易之項，可酌撥變價，分交施南等五協營坐落之恩施等十一州縣，乘此秋成價平，照數買穀分貯，於青黃不接時，由營員詳明，飭該州縣碾米，每兵一名，按月借米三斗，共准借一石二斗爲止。即於秋季兵餉內，照時價扣收，移交州縣買穀還倉。報聞。（高宗一一五、一五）

（**嘉慶一六、一二、壬子**）貸吉林額木赫索囉被水兵丁口糧。（仁宗二五一、七）

（四）屯田、河兵糧餉供支和用費補給

（**康熙三九、七、丙申**）諭兵部：朕前南巡時，見應差宣樓等項船隻朽壞未修者甚多，每年水手工食及修造銀兩爲數不少，地方官將此項銀兩不行照數支給，以致船隻朽壞，差遣有悮，水手亦致困苦。此後著該督詳察，照數支給，務俾均沾實惠。（聖祖二〇〇、七）

（**康熙五九、九、辛卯**）工部等衙門議覆：河道總督趙世顯疏言，河標葦蕩營兵，原令砍取葦柴，以備工程之用。今蕩地淤墊，不産葦柴，葦蕩營之弁兵，虛糜俸餉，請將此營裁去。其兵丁原係農民，即將蕩地撥給，開墾輸租。至河工需用葦柴，有裁兵餉銀一萬八千餘兩，並蕩地陞科銀兩，可以購買備用。於河工有益。應如所請，裁去葦蕩營千總二員、把總四員及兵丁一千二百三十名。從之。（聖祖二八九、七）

（**雍正七、七、辛亥**）諭內閣：黃河隄岸，乃運道民生所關，最爲緊要。年來殫心經理，增卑培薄，幸隄工堅固，共慶安瀾。獨是工程報竣，例應歸汛修防，而額設河兵、堡夫，只能修補水浪衝激之區，防備臨險搶護之用。至於隄身一年之內，風雨淋漓，車馬踐踏，漸至侵蝕者，亦勢所必有；而隄遠工多，不能責諸寥寥兵役也。朕留心訪察已久，又復詢問通曉河工之人，知故明總河潘季馴，每歲派夫加高五寸，載在河防一覽；即從前河臣靳輔，亦有每兵一名，招募幫丁四名，給以隄內空地耕種免糧，歲令加土五寸之議，與朕計慮之處，實相符合。朕思隄工雖千有餘里，若按丈每年加修五寸，計費不過三四萬兩；儻置之不議，一年剝削四五寸，合十年而計之，其所費之多，恐有不止於加修之數者。況河流漲漫不時，難以預料，何若逐年增修保固，爲未雨綢繆之計也。著南北兩河總督尹繼善、嵇曾筠悉心商酌具奏。至於州縣派夫錮弊，久經嚴革，而募丁給田之說，亦不可行。其每年歲修之費，或動用藩庫帑金，或於臨何州縣應解公用銀兩內，就近支給，若有不敷，仍於藩庫撥補。亦著河臣一併定議具奏。（世宗八三、二三）

（**乾隆一、一〇、戊辰**）總理事務王大臣議覆：大學士仍管川陝總督查

郎阿疏言，陝省應役屯丁，舊額二千名，其中幇貼苦累甚多。現在公務漸減，請酌裁一千名，令其歸農輸賦；其存留一千名，於每年原給兌食銀糧之外，各給銀二兩，在司庫內支給。應如所請。從之。（高宗二八、一三）

（乾隆一、一〇、辛巳）增設江南河兵戰糧。諭總理事務王大臣曰：朕查江南河工，額設二十河營，兵丁九千一百四十五名，內戰糧一百四十六名，月給銀一兩五錢，守糧八千九百九十九名，月給銀一兩，專供力作，修護工程，胼手胝足，經歲勤勞。內有樁手一項，更爲緊要，身冒危險，勞苦尤多。祇因額設戰糧無幾，各營樁手，大率照衆食守糧一分。勞異而餉同，可爲軫念。著將額設河兵九千一百四十五名，改爲戰二守八；設戰糧一千八百二十九名，守糧七千三百一十六名。俾勤勞較多之樁手，均得領食戰糧，以示朕加恩優恤之至意。此所改戰糧，每名每月，增銀五錢，共增銀一萬九千餘兩。著照例在於外解河銀內，一併動支報銷。再查各省標兵，俱曾賞給帑銀，生息營運，以濟緩急。此二十河營兵丁，著將河庫現貯公項平餘銀內，撥一萬兩賞給，以爲營運之資，俾伊等一體沾恩。（高宗二九、五）

（乾隆一、一〇、癸未）工部議覆：河南山東河道總督白鍾山疏言，豫省黃河南北二岸，綿長一千二百餘里，豫河、懷河二營，共止河兵一千一百名，除守備、千把、坐糧，並拔補分防把總、巡查料廠、看守柳圍、遞送公文外，止七百九十六名；又除撐駕浚、柳船兵三百四十名，實在力作河兵，止四百五十六名；一遇工程險要，顧此失彼。請將駕船河兵，改歸本汛調遣。其浚、柳船，每隻另募長夫一名，在船看守，歲給工食銀八兩。遇有需用運料之時，柳船，每隻五名，浚船，每隻三名，添雇水手撐駕，每名日給銀五分。又請於豫、懷二營，添協辦守備一員，於効力人員內，銜缺相當者委用。如果稱職，遇河營守備缺出題補。並應如所請。從之。（高宗二九、八）

（乾隆一、一二、癸酉）河東河道總督白鍾山疏言：河標兵駐劄濟寧，爲南北水陸通衢，居民繁庶，家鮮蓋藏，每至青黃不接之時，米價必昂。州民尚有常平捐積等穀，可以接濟，營兵並無儲積，不得不稱貸貴糴。迨銀餉到手，加利償還，未免拮据。請照廣東鎮臣黃錫申奏定營倉積穀濟兵之例，於河標生息銀內，支買穀四千石，設倉存貯。責令城守營都司經管，河標副將盤查稽察。下部議行。（高宗三二、二四）

（乾隆二、九、癸巳）命河南兩省河兵樁手，得食戰餉。諭總理事務王大臣：聞河營兵丁內，有樁手一項，下埽簽樁，履危蹈險，較之力作兵丁更爲辛苦。前將江南二十河營兵丁，改爲戰二守八，俾樁手均食戰餉，以賞勤勞。而河南、山東兩省河兵，尚循舊制，所當照江南之例，一體加恩者，著將河、東兩省河兵，亦改爲戰二守八，用力較多之樁手得食戰餉，以示朕慎重河防，優恤戎行之至意。（高宗五〇、三〇）

（乾隆二、一二、辛丑）寬免甘肅大通協永安營兵丁試種無成，應賠籽種、農器銀一百七十兩有奇。（高宗五九、五）

（乾隆三、四、辛亥）（河東河道總督白鍾山）又奏：濟寧河標兵丁，向無積儲倉糧，每歲青黃不接之時，兵食艱苦，即咨部將庫存生息餘銀，買穀收貯，春借秋還，免其加息。今又屆其時，曾咨部將存貯價銀，按名借給，定限夏秋二季繳還。茲各兵已繳一半，如俟秋餉領到，全數完納時，再行收買穀石，恐致價長；即於此時催令完繳，又不免於追呼，應即動支糴麥收貯。得旨：理應如此辦理者。（高宗六七、三二）

（乾隆三、一二、甲午）工部議覆：貴州總督兼管巡撫事張廣泗疏報，清查絶産，安設屯軍，所有修築屯堡，撥給器械一切事宜。一、各處屯堡，宜分別土石工程，估計建築。應如所請。土牆一丈，工料銀二兩六錢，口糧米六斗；石堡一丈，工料銀四兩八錢，口糧米一石二斗；其堡地高低平凹之處，酌定丈尺，遞爲增減。一、屯軍器械，宜分別修造。應如所請。將鳥鎗等一切器械，查明應修應造，酌費多寡，按數支給修造。一、屯軍搬移，宜分別給與盤費。應如所請。每站大口給銀五分，小口三分。一、隨辦屯務各官役，宜酌給費用。應如所請。隨辦屯務弓算、書手、刻字匠役人等，每名日給米一升；清查叛產，登記册籍紙張等費，每月給銀五兩；佐雜官專往一路者，給銀三兩。一、屯軍口糧，宜分別接濟。應如所請。秋冬應募者，接濟致夏秋而止；春夏應募者，接濟至秋冬而止；大口日給米八合三勺，小米四合一勺五抄。從之。（高宗八三、三）

（乾隆六、一〇、癸丑）户部奏：調往直隸總督孫嘉淦奏稱，宣化鎮屬派往阿爾台種地回營兵丁，先曾豫借餉銀七千二百兩，可否分作十二季扣還。得旨：種地兵丁應扣餉銀，著寬期作十二季扣還。（高宗一五三、九）

（乾隆八、三、甲戌）諭：上年淮徐一帶水災，米價騰貴，朕念漕標河標兵丁，食用艱難，准借一季餉銀，於今年分作四季扣還。今朕聞得彼地被災之餘，糧價不能平減，兵丁額支糧餉，折色爲多，若再按季扣除，則食用愈覺難支，可爲憫惻。著將上年借支之項，目下暫緩，俟本年秋成之後，米糧價平，再行扣除還項。該部即遵諭行。（高宗一八七、九）

（乾隆八、八、癸丑）[户部]又議覆：奉天府府尹霍備奏稱，旗兵遇歉乏食，應需口糧，旗倉不敷，在民倉借給，秋收還倉，實屬有益。查奉天旗兵分駐各城，有田地可耕者，或自種、或租佃，秋收後家有糧石，可以完納。應如所請。嗣後旗兵乏食，在旗倉指餉糴買外，再有不敷，准於民倉內借給。該管官造具册結，送將軍衙門，轉咨府尹。飭令該州縣官，即行查明倉米年分，次第開放。出納時如有尅扣短少、淋尖多取，及胥役借端刁難等弊，查出嚴加治罪，該管官從重參處。旗兵交還糧石，亦不得以潮濕糠粃，混行攙雜。該管官員、領催，或將借出米石，侵吞肥己，以侵盜兵糧例，分別參處治罪。所借米，定於秋後完交，免其加息，止於正糧外，每倉石量收耗一升，以爲出入抛撒、添補席片之用。倘奏銷前不能全交，該管旗員，照催徵錢糧未完例議處。從之。（高宗一九八、六）

（**乾隆八、一〇、己卯**）江南河道總督白鍾山奏：葦蕩左右兩營，舊定額柴，因汛弁目兵通同盜賣，裝運船兵又復沿途改捆偷售，以致工料日虧。今酌陳事宜。一、各汛地畝，應查明分割十段，設頭目十名，各管兵若干；每兵一名，分地一區，各立界址經管。倘有缺少，惟該管兵是問。一、葦柴開採，定以霜降爲期，令該管將備，下蕩督採。定限年內採十分之六，於來年清明前全數採完運交。一、蕩地遼闊，全賴溝渠深通，方可依限出筏。從前葦營備弁，領有挑溝銀兩，半歸私槖。應委員會同營備，確估興挑，並委幹練効力官，住工監督。一、向例浚船，每幫裝柴五百三十六束，柳船，每隻九百束，石船，每隻一千五百束。船大料少，船兵等利其裝載不多，遺留在蕩者，可以任其售賣。今委幹員在汛，酌令加裝，每幫實可增柴二百餘束，每運一次，可增柴四萬餘束；每年左右兩營，可增柴四十餘萬束；增載多運，即可依限濟工。惟運柴交廠，雇人馱負、堆垜及添補繩纜等項需費，請照糧船附帶土宜之例，每浚船一幫，准帶餘柴二十束，柳船三十束，石船五十束，委員給銀收買，資其前項餘費，不許船兵私賣。仍將此柴另堆給廳，准作工料，扣銀抵帑。一、浚、柳、石船裝柴，往往脫幫停泊，以圖盜賣。應照糧船例編號依幫，令沿途文武催儹，不許停泊。得旨：諸凡留心經理，殊可嘉也。（高宗二〇三、一九）

（**乾隆一三、三、庚戌**）又諭：據將軍阿蘭泰等奏稱，拉林一千滿洲，去歲所荒地畝，因伊等力量不足，將原給地一千頃，不能全行耕種，所收穀石，因還從前所借穀石，並備籽種，以致口糧不能接濟等語。一千滿洲，口糧既已不敷，著該將軍等於拉林倉穀，借給一萬石以資接濟。此項穀石，俟原借穀八千石扣還後，分作五年扣還。該部即遵諭行。（高宗三一一、二四）

（**乾隆一三、五、辛卯**）又諭：河防兵丁內，有樁手一項，下埽簽樁，較之衆兵，更爲出力。前已降旨，將河南、山東二省河兵，照江南之例，改爲戰二守八，俾椿手均食戰糧，以賞勤勞。今思直隸河工，雖不得與河、東二省比並，然椿手較衆兵，出力爲多，亦當加恩鼓勵。著將直隸河兵改爲戰一守九，俾用力較多之椿手，得食戰糧，以厚其養贍。該部即遵諭行。（高宗三一四、二〇）

（乾隆一四、二、甲申）户部議准：盛京將軍阿蘭泰奏稱，查盛京各城旗倉糶穀，例不准兵指餉認買，又無現銀，殊形拮据。請嗣後有願指買者准給，扣餉歸還，既無抑勒，又不致短欠。糶出米，以旗地應交米抵補；餘米，遇米貴時，不拘糶三例，平價發賣。倉貯不致壅積，無患霉爛。前議收穀不收米，及遇可開海運之年，許天津、山東海船買米例俱停。從之。（高宗三三四、六）

（乾隆二二、一二、甲戌）又諭曰：黃廷桂請將軍營用剩之馬，挑送數百匹，爲烏嚕木齊等處屯田之用，昨已有旨詳悉傳諭矣。軍需馬匹，不妨多爲豫備。著傳諭塔永寧於晉省營馬內，擇膽壯者酌撥二、三千匹解甘。其挑缺營馬，另籌買補。如價例不敷，不妨據實奏聞，量爲加增。至烏嚕木齊一帶屯田需用牛馬，甘省耕牛難購，騾馬、萊馬亦屬無多。如晉省民馬內，除買補營馬外，有騾馬及不堪乘騎之細小馬匹，俱可酌量收買，或五、六百匹或千餘匹，即行解赴甘省。至川省所產氂牛頗多。其馬匹雖小，不堪馳驅進勦，而服犁耕地，尚屬可用。可傳諭開泰將川省牛馬酌量購買一、二千，即騾馬亦可湊數，於來年陸續解交甘省。即不能趕赴春耕，亦可補下年之用。得此兩省協濟，無煩另爲籌辦矣。并傳諭黃廷桂，其如何豫備員弁接收分送，俟開泰、塔永寧咨到之日，一面辦理，一面奏聞。（高宗五五三、二）

（乾隆二三、一、己丑）諭軍機大臣等：前因烏嚕木齊屯田處所，需用牛隻，已有旨令開泰購買氂牛解甘，以備墾種。今據黃廷桂奏，川省所產，大半俱係水牛，其黃牛不過十之一二。口外天寒，不能適用等語。黃廷桂久任川陝，於兩省情形皆所熟悉。川省黃牛既少，於口外不甚相宜，自可無庸採買。且現據黃廷桂，於陝省竭力措辦牛一二千頭，添補應用，似可無誤春耕。著傳諭開泰，所有川省氂牛一項，不必辦解可也。（高宗五五四、三）

（乾隆二三、八、甲戌）軍機大臣等議覆：巴里坤辦事副都統阿里袞奏稱，巴里坤糧餉均由哈密運送，請將徹回屯田兵即安插哈密，以節運費。再哈密駐兵二千名，設卡七十三處，現酌留塔勒納沁等三十三處，其餘四十處均可裁徹。又聽差兵亦可量減，請將徹減各項兵六百名調往屯田。查屯田兵因耕作初興，收穫恐不敷養贍，是以議令徹回就食，俟來年播種再往。既稱哈密可以安插，且較巴里坤更省運費，應如所奏。至準噶爾業經平定，哈密

卡座自當量減，亦應如所奏，將徹減兵歸入屯田兵數，知會黃廷桂、永貴等辦理。從之。（高宗五六九、九）

（乾隆二三、八、乙亥）軍機大臣等議覆：四川總督開泰奏稱，雜谷改土歸流屯兵，廷議停其一月行圍，并不必拘僉兵名色，致滋紛擾。……再屯兵本不食餉，今行圍既停，遇調遣時，止給口糧，無需給賞。其土弁等仍應酌留，量給養瞻之資。除土守備、屯總照舊外，請將總旗十五名減五名，大旗三十名減十名，小旗六十名減二十名，酌撥每年錢局加卯息銀七百三十八兩，分別賞給。均應如所請。從之。（高宗五六九、一〇）

（乾隆二三、九、癸丑）大學士管陝甘總督黃廷桂奏：接辦理屯田大臣永貴、努三等咨稱，吐魯番一帶地土多風，糜穀性鬆易落，明春止種粟穀、青稞、小麥三色，共需籽種一萬九千餘石，但現有駝隻不敷馱運。查永貴又稱，自吐魯番至烏嚕木齊所經七嶺，修鑿業可行車。又據兆惠稱，阿克蘇烏什等城已降，回人應交麥稞，足敷兵糧，可停解送。則屯田籽種，或以車載，或以各省解到駝騾輓送，應聽吳達善、永貴等就近酌辦。得旨：諸凡甚妥。（高宗五七一、三三）

（乾隆二三、一〇、甲子）大學士管陝甘總督黃廷桂奏：准屯田大臣永貴咨，明歲屯兵，每名種地十五畝外，酌加五畝，共計新舊屯兵一萬七千名，應添籽種七千二百餘石。本年甘、涼、肅收成歉薄，採購艱難。查肅倉有撥剩小麥六百數十餘石，再令該州動用倉貯，易換新麥三百餘石。又武威縣原辦粟穀籽種八百石，均令轉運哈密。現巴里坤、塔勒納沁二處有收穫青稞，令就近撥運三千石，闢展吐魯番、托克三等處。秋收粟穀，可取用二千四百餘石。該處粟穀原備明歲屯兵口糧，應由哈倉運補。得旨：嘉獎。（高宗五七二、二三）

（乾隆二三、一〇、壬申）又諭：適因黃廷桂咨商兆惠、永貴辦理屯田，朕已諭令專辦烏嚕木齊籽種，其伊犁屯田事務，交與兆惠等於回部酌派籽種農器運往矣。伊犁屯田，原爲駐防兵丁糧餉起見，伊等乘騎馬匹，稍爲休息自可助耕，如有不足，則輔以人力。但回人甫經平定，派出籽種時，或即抵應納之貢賦，至農器則給以官價。若仍有未便，亦從容籌畫，不可勉強從事。（高宗五七三、八）

（乾隆二四、一〇、癸巳）諭軍機大臣等：楊應琚奏，陝甘兩省酌留公費名糧，除彌補各營公私借墊銀外，尚餘存庫銀三十六萬八千餘兩等語。前此酌定扣留此項銀兩，原爲通融調劑，俾帑項不致久懸，而兵丁亦免按名扣抵，實爲一舉兩得。今自二十年辦理以來，不特借墊全清，現在更有餘剩，可見行之確有成效。著傳諭該督，此時尚有應辦善後軍需，酌扣公費名糧，應仍照前辦章程，妥協經理。所有存貯餘銀，著該督詳細查明。自前項彌補既清以後，所有續辦解馬，及一切公私借墊等款，並將來有無應行酌量協濟之處，一一據實奏聞。到日候朕降旨加恩，即於此項銀兩撥用，庶以獎勵急公，倍加踴躍，於軍務轉輸，兵丁生計，均有裨益。（高宗五九九、一）

（**乾隆二五、四、丙子**）軍機大臣議奏：黑龍江將軍綽勒多奏稱，呼倫貝爾、撥爾德二處，舊有軍營撤回之索倫、達呼爾兵，計二千三百九十五名，支給半分錢糧，在打牲處捕貂。此項出自恩賞，並非實缺，遇有事故缺出，按名裁汰。計乾隆七年至二十四年，共裁一千三百三十七缺，現存一千五十八缺。查此次游牧徹回之索倫、達呼爾兵，亦係軍營出力，請准前例再挑二千名，專充捕貂，亦支給半分錢糧，以昭恩賞。應如所請。從之。（高宗六一〇、三）

（**乾隆二五、八、壬午**）河東河道總督張師載奏：查河工設立河兵、堡夫兩項，修防隄埽工程，向有缺出，募民頂補。河兵係武弁管轄，力作守兵每名歲給餉米銀十四兩，樁埽戰兵二十兩。堡夫係文員管轄，工食銀六兩。同屬修防勞苦，所得餉米工食，數大相懸。且河兵由守拔戰、拔外委、拔分防，遞陞至千把以上，進身有階，堡夫工食外，別無寸進。是以河兵缺出，不待召募，即報充有人。堡夫缺出，多觀望不前。查雍正年間，設立河兵，原係堡夫送補。令堡夫既多困苦，而河兵所辦工程，皆堡夫素所熟睹，應照例調劑。飭道廳營汛，嗣後凡遇河兵缺出，武汛即移知文員，揀選精壯堡夫頂補。得旨：甚是，如所議行。（高宗六一八、一一）

（**乾隆二五、一一、辛丑**）軍機大臣議覆：伊犁屯田需用牲隻，購辦解送，長途糜費。查商都達布遜諾爾、達里岡愛牧場，總計馬駝十二萬八千有奇，牛三萬九百有奇，羊三十四萬九千八百有奇。請抽馬二萬、駝一千、牛六千、羊六萬，就牧場官兵內選熟習牧放飼秣之人，於來年草青時解送伊犁。仍請旨簡派侍衛照管起程，並行令巴里坤、烏嚕木齊大臣沿途派兵護送。從之。（高宗六二四、二）

（**乾隆二五、一二、丙戌**）又諭曰：安泰等奏稱，烏嚕木齊等處耕種地畝，需用牛隻等語。甘省素產驢頭，用以耕種，原可以代牛力；且發價購買，尚屬易辦。現已降旨五吉、永寧，令其於巴里坤、哈密及喀爾喀之貿易商民，帶有富餘牛隻、驢頭，酌量採買。著傳諭楊應琚，於肅州一帶，按照該處情形，不拘數目，量爲採買驢頭，陸續解往烏嚕木齊，交與安泰等備用可也。但不可以此累民。（高宗六二七、五）

（乾隆二六、九、乙丑）軍機大臣等議覆：參贊大臣阿桂奏稱，塔爾巴哈台，與俄羅斯、哈薩克相近，應駐兵屯田，請從伊犁派領隊大臣一員、馬兵及屯田兵一千名，前往駐劄。自輝邁拉呼至都圖嶺設卡二十一所，酌派官員侍衛等帶兵分駐。查現在侍衛止餘六員，請再派十五員，並遷移杜爾伯特、扎哈沁部落，以壯聲勢。再伊犁存糧現餘萬石，請俟此次換班兵到齊，再行派撥等語。除塔爾巴哈台駐防，業奉旨俟伊犁積蓄充裕再辦，其遷移杜爾伯特等部落，亦有旨停止外，所有調取侍衛之處，既暫停駐兵，毋庸多派，擬揀選四員，交明瑞等帶往。至現在伊犁等處駐防換班兵，查前據阿桂奏請伊犁駐馬兵三千名，經臣等議准，今塔爾巴哈台暫停駐兵，亦毋庸多設，應設兵二千五百名；又葉爾羌馬兵五百名內，酌留三百名，裁二百名；喀什噶爾馬兵四百名內，亦留三百名，裁一百名；其英吉沙爾、阿克蘇各駐兵二百名；烏嚕木齊駐兵五百名，仍照舊額；合計兵四千名。今屆換班，應派京師滿洲兵二千、黑龍江滿洲索倫兵一千、察哈爾、厄魯特兵一千，前往更換。此等兵僅係防守，應照征戰兵減半賞給。滿洲兵二千人，人給馬二匹，二人合給駝一隻。得旨：葉爾羌事務甚簡，有馬兵二百名，即已足用。著將酌留之三百名內，再撥一百名駐伊犁。其察哈爾、厄魯特等兵，著富德、巴圖濟爾噶勒馳驛前往揀選。再此次換班兵丁，行走甚緩，沿途宜加意牧養馬駝。從前征戰兵丁，馬駝倒斃過多，尚須賠補，若伊等不知愛惜，則是自取罪戾。著明瑞及領隊大臣，將此通行傳諭官兵等知之。(高宗六四五、二一)

（乾隆二七、一二、乙巳）伊犁將軍明瑞等奏：據旌額理等咨稱，烏嚕木齊屯田，多以哈薩克馬耕，性不相宜，不如用牛之便。因本處僅有牛六百餘隻，聞伊犁牛甚多，商量通融辦理等語。查伊犁現有牛三千三十餘隻，除歸入孳生牧群外，餘一千九百餘隻，計以一千隻屯田，餘九百餘隻，俟開歲春融，派員牧養，解送烏嚕木齊。報送。(高宗六七七、五)

（乾隆二八、二、丙午）軍機大臣等議覆：察哈爾都統巴爾品奏稱，數年來解送伊犁牛羊，因牛性不能遠行，倒斃過多。應如所請，嗣後牛一折羊五，可得羊二萬，交頭起行走察哈爾解，再屯田需牛。查喀爾喀距伊犁較近，請令成袞扎布每年辦牛千隻以內，寬期行走。從之。(高宗六八一、五)

（乾隆二八、一一、丁丑）又諭曰：明瑞等奏稱，今年伊犁綠營兵丁耕種地畝，所收米麥、胡麻各項，俱較上年分數倍多，可否將種地官兵加恩之處候旨等語。著照所請，特辦事官員交部議敘，兵丁等照例賞賜，以示鼓勵。(高宗六九九、一六)

（乾隆二九、五、甲戌）軍機大臣等議准：伊犁將軍明瑞等奏雅爾駐兵事宜：……一、兵丁沿途及到後口糧，現在雖有牛馬車輛，足敷裝載，但牲隻專供屯田之用，若遠行重載，難免疲瘦。請於伊犁通融辦交羊一千二百隻，派兵解送，合之烏嚕木齊存剩羊三千餘隻，分給各項兵，則可稍省載運口糧，牛馬皆有餘力，於屯田有益。一、雅爾築城以後，哈薩克商人，必就近貿易，此例一開，則所用緞疋銀兩，既須從伊犁運送，而所換馬匹牲隻，又須送往伊犁，殊爲煩瑣。請飭諭哈薩克商人，俱向伊犁貿易，其有攜帶牲隻數少者，如雅爾有須補額之處，亦仍令其交易。但伊等路費既省，其馬匹等作價，應較伊犁少減。（高宗七一一、七）

（乾隆二九、八、癸巳）又諭曰：阿桂奏，巡邊查閱營伍摺內，所稱新附雜谷蒼旺番民三千餘户一節，此事端委，未甚明晰，已於摺內批諭。蒼旺番民，自前此策楞等辦理之後，其設立土屯，是否兼隸内地官員管轄，抑或另設屯弁專管，兼現在兵制營務，一切情形若何，著傳諭阿桂，令其詳悉查明奏聞。尋奏：查此項番民，自乾隆十七年，經策楞等辦理後，改土歸流，將威茂協副將、都司帶兵共七百名，移駐彈壓，並設理番同知，辦理案件。又於各寨番民内，設屯兵三千名，土都司、守備、屯總及大小總旗等項頭目，分隸管束。平時不支糧餉，遇有調遣，照土兵例支給守糧。每年秋間，該協點驗一次，衰弱者裁汰另補。土都司、守備等員，俱在武職衙門聽差。各土弁仍聽該管文武統轄。二十年，督臣黃廷桂，議請設法鼓勵，每年秋冬，調集土兵，行圍一月，操演武藝。動餘息五十餘兩，以爲支給一月口糧，及修理軍裝，賞給牛酒花紅之用。嗣於二十三年，督臣開泰恐礙番民耕作，奏准減圍十日，照舊斂兵。止撥銀七百餘兩，分賞土備屯總等七十七員名，又銀二百四十兩，買辦煙茶牛隻，於斂兵時分賞屯兵，現在遵照辦理。臣此次巡邊，查各寨番民，日在該管文武衙門聽候差遣，豫備夫馬，爲數頗覺過多。已嚴飭該協、丞減去十之八九，並將酌定數目，移咨提督，行令藩司立案，除額外差派。報聞。（高宗七一六、一八）

（乾隆二九、一一、庚午）伊犁將軍明瑞等奏：臣等會議雅爾駐兵一事，經軍機大臣議覆准行。今爲期已近，臣綽克托等先派索倫官兵巡查，驅逐哈薩克等。續領官兵，帶運糧餉、籽種、器具起程，所有應行事宜，謹開列具奏。一、烏嚕木齊籽種，不敷備帶。臣等議將伊犁存貯之項協濟，仍令參將吳士勝等，於瑚圖畢等處撥運；其軍器火藥，亦揀選帶往。一、城工農務，所須器具，烏嚕木齊存貯之項，尚足敷用，仍於綠旗兵内，挑選匠作，購辦物料，以備臨時添補。一、輓運車輛，共需八百有餘，每車馬一匹，俱於牧群撥用，仍量帶餘馬，以備疲乏。一、庫貯緞疋，除酌量存留烏嚕木齊，以備哈薩克貿易外，餘皆帶往，可省陸續運送之費。一、前議雅爾駐兵，哈薩克前來貿易者，量收牲隻，以備屯田。其大隊商販，仍令前往伊犁。但恐哈薩克等，貪圖就近，不復前往伊犁，其價值應行酌減。再豫備賞給之緞布茶葉，均請照伊犁之例。報聞。（高宗七二三、九）

（**乾隆三〇、二、戊戌**）諭軍機大臣等：伍彌泰等奏稱，烏嚕木齊屯田，尚需馬六百九十二匹，行文伊犁請給，經明瑞等以伊犁現亦需用，俟貿易有餘，再行撥送，擬派員購買，每匹估給價銀八兩等語，辦理殊屬錯謬。烏嚕木齊等處，數年來積貯頗豐，倘屯田馬匹稍有缺額，即先將現在馬匹供用，其不敷者，亦無妨少緩。且哈薩克貿易馬匹，纔值銀二三兩，今以銀八兩，購馬一匹，頓增三四倍矣。著傳諭伍彌泰，所購馬匹如業經給價則已，否則毋庸購買。並傳諭明瑞等知之。（高宗七二九、八）

（**乾隆三〇、一一、癸未**）又諭：據阿桂等奏稱，烏什屯田兵八百名，需用農器，在阿克蘇購買，並行知高廷棟，將闢展所貯鍬、鐝等物解送等語。昨楊應琚奏，烏嚕木齊屯兵一千名，所需農器，就近在闢展、哈密、巴里坤取用，如不敷，由肅州辦往。闢展等處所貯農器，既解往烏嚕木齊，烏什又復取用，恐有不敷。著傳諭楊應琚、阿桂等，令其會商妥辦，務期不誤烏什、烏嚕木齊二處耕作。（高宗七四八、二三）

（**乾隆三一、一〇、丙寅**）陝甘總督吳達善等奏：軍機大臣等議，以烏嚕木齊添兵屯糧，是否有益，並有無糜費，令臣等酌議。查烏嚕木齊等處多有可耕之地，招民耕種，莫如兵屯為善；多一屯兵，即多得一兵之糧，而積貯亦得充裕。就現派兵六百名籌算，官兵往返支領，暨在屯五年所費，共需銀五萬六千四百七十餘兩，糧一萬五千六十餘石。按屯糧五年約收糧四萬二千餘石，除抵用外尚存糧二萬六千九百餘石，以每石銀一兩六錢計，共值銀四萬三千九十餘兩。又加以馬步兵各半派撥，內扣缺馬三百匹，停支料草乾銀五年，節省銀二萬一千五百兩，共銀六萬四千六百五十兩零。除抵用外，尚餘銀八千一百八十餘兩。即內中或盈縮，亦不甚懸殊。如再撥兵一千或二千名，便可照此遞算出入。至陝甘逼近邊塞，兵額較多，今口外已成內地，即多撥幾千名，辦理亦易。惟烏嚕木齊現在存糧未裕，若驟撥多兵，恐有不給。俟現撥兵六百名耕種一年，獲有餘糧，擬於乾隆丁亥年派赴兵一千名，戊子年再派一千名。此後尚需屯兵若干，臣等酌視情形奏撥。得旨：如所議行。（高宗七七一、二三）

（**乾隆三四、三、己亥**）又諭曰：誠泰由伊犁回京，詢及承辦城工各事宜。據稱，洪郭爾鄂博西南之柔遠城內，建有兵房，已將熱河、涼州、莊浪兵共四千名移駐；其東南巴彥岱地方，原議移駐西安兵二千名，因彼處僅築城垣，其兵房雖將所需門牕物料製備，尚未建造，故未駐兵等語。從前因阿桂奏稱，伊犂地方被蝗，秋收歉薄，請將西安兵暫停移駐。恐建立兵房，無人居住，必至損壞，是以暫停建造。今思阿桂從前所辦，殊屬非是。伊犂被蝗，不過偶然，彼處田土肥沃，易於成熟，早應將西安兵移駐。況物料現已製備，若不及時修造，則又將有用之物虛擲矣。但誠泰奏稱，現在修造房屋，各兵盡行徹回伊犂，所貯糧石，除放給該處員弁外，是否尚敷移駐兵支放之處，無憑查覈。著傳諭永貴，將巴彥岱城內所備物料，及時派綠營兵建造房屋，并將倉貯糧石，自今冬起至明年秋穀登場時，是否足敷放給西安移駐兵丁之處，詳細覈算。如能及時修造，糧石亦可敷用，即將西安兵於秋末冬初移駐。倘未能辦理齊備，亦著據實奏聞。尋奏：查現在倉貯米足敷移駐兵二千名支放之用，但年歲豐歉無常，應籌備留餘。請暫將西安兵一千名移駐，餘一千名，俟三十七年再行遣往。所需房屋，即陸續建造，仍由烏嚕木齊、烏什、哈喇沙爾等處派撥綠旗兵五六百名，前往屯田以廣積貯。下軍機大臣議行。（高宗八三一、二）

（**乾隆三六、一○、乙酉**）軍機大臣等議覆：黑龍江副都統福珠禮奏稱，黑龍江一百三十五名，食二兩餉銀屯田兵缺，改爲二百七十名一兩錢糧之缺，以一半挑爲屯田兵，以一半養贍陣亡病故之子。應如所請。從之。（高宗八九五、九）

（**乾隆三七、一、癸丑**）又議覆：伊犂將軍舒赫德奏，籌議巴里坤移駐滿洲官兵事宜。一，巴里坤綠營兵，向散處城內，今移滿兵駐城西，應將綠營兵撥居東城，以免攙雜。一，滿營官兵房署，將西城原有綠營官兵房署撥住，不敷，添建。綠營兵盡移東城，應另蓋房屋。城內隙地無多，原住民人，除客民舖房酌留外，餘悉令移住關廂，每間給移造銀三兩。其綠營屯兵，無父兄子弟在營食糧者，令攜眷赴屯，就住現有房屋，以節改建工費。一，巴里坤添建房署，本地匠役難雇，請照烏嚕木齊例，雇匠役外，派兵興修。匠役月支工價銀六兩，口糧三十觔；兵除正支鹽菜銀三分、口糧一觔外，日增銀三分、麪四兩。其購買車輛器具，工竣變價歸款。至撥運木植馬，二月內給原額料草，三月後日給料豆三升，倒斃，工竣後照例三分請銷。一，滿兵馬歲需草料，宜照伊犂例，六分拴養馬每匹月支料一石二斗，內折價一兩三錢七分零，支本色二斗一升四合零。其應支草六十束，於屯兵回戶，收穫穀草內撥支。所需料石，或於增添屯兵種獲糧石內支給，或於附近哈密等處運支，請勅下陝甘總督籌辦。均應如所請，惟移駐巴里坤二千兵，據稱於今冬移駐，恐與烏嚕木齊兵，途次擁擠，且糧餉亦難猝辦。臣等酌議，明春先移駐一千，餘一千，俟陝甘總督酌定官兵俸餉口糧後，於三十九年春，再行移駐。從之。（高宗九〇一、三）

（乾隆三七、六、庚午）諭軍機大臣等：據舒赫德奏稱，淘金奎屯河與巴木巴爾等處游牧相近，且一百二十名兵，每年淘得之金，較種地所收糧食迴少，可否將奎屯、呼圖畢河二處淘金之兵，全行徹回之處，請旨等語。此項兵丁，原爲屯田而設，伊等既不善於淘金，且轉誤屯田正事，今既試淘不利，自應全行徹回，仍令屯田。但金乃天地自然之利，果所產豐盛，聽民淘取，官於十倍之內，或抽一二分，於事尚屬有益。若出產減少，任民淘取，加以管束，不免生事。莫如嚴禁，概不准淘，有私淘者，一經拏獲，盡行入官。著傳諭舒赫德、巴圖濟爾噶勒、索諾木策凌、巴彥弼等，將現在奎屯、呼圖畢河淘金兵徹回，仍令屯田外。此二處所產之金，或應令民人淘取，官爲抽分，或應嚴禁不准淘取之處，伊等妥議具奏，惟計於事有益，不得見利而貽害也。（高宗九一〇、七）

（乾隆三八、九、辛巳）又諭：先經降旨，烏嚕木齊攜眷駐劄種地兵三千餘名，其支給鹽菜銀兩，著暫行停其裁汰，俟過一、二年，伊等生計就緒，再行奏裁。自乾隆三十四年正月起，迄今已越數年，理應裁汰。但伊等向不支給口糧，且眷口居住城內，伊等在屯居住種地，若即將鹽菜銀兩裁汰，於生計仍未免拮据。所有伊等應支鹽菜銀兩，著加恩再展限二年。（高宗九四三、三二）

（乾隆四〇、七、戊午）諭：烏嚕木齊提標攜眷屯兵，支給鹽菜銀兩，已經數載，例應停止。前因該兵等，眷屬在城居住，隻身在屯耕作，生計不無拮据，特降旨將伊等應支鹽菜銀兩，施恩再展限二年。今歲又已屆滿，所有鹽菜銀兩，即應裁汰。但念各兵每歲額支本折糧銀，尚有應扣節省之項，恐不敷養贍當差，未免稍覺竭蹙。著加恩，將該處提標所屬馬步屯兵，原支四個月本折糧石，悉照安西舊例，統按原估，每石二兩二錢，全數折銀實給，令其自行買食，俾得通融日用，衣履有資，以示體卹邊屯至意。該部即遵諭行。（高宗九八六、一六）

（乾隆四一、四、壬寅）諭軍機大臣等：據明亮等奏，酌籌現留屯兵，請照舊例，每日給米一升，其加給銀四錢，即可裁去一摺。屯兵原非打仗征兵可比，所有加給銀四錢，自應節裁。即每日給米一升之處，亦暫時籌辦則可，將來酌定屯兵永遠章程，自當照例妥議。至稱餘丁一項，目下分設營汛,各處兵丁,砍運木石,趕砌碉房,尚屬無暇,可否俟碉房工竣,即行裁徹等語。此項留屯兵丁,原不應有餘丁,若以趕築碉房,需用工作人力,則屯土兵練等,素所熟悉,儘可役使。即云此時兵丁無暇,或資餘丁之力,亦當定立限期,或半月、或數月,示以節制,嚴行督催,一俟工竣,即行裁徹,庶不致久延糜帑。著將此傳諭明亮等知之。(高宗一〇〇六、二)

(乾隆四一、五、乙酉)諭:軍機大臣等議覆,阿桂等奏兩金川善後事宜摺內,所有番境應設綠營兵六千五百名,歲需屯墾鹽菜銀七、八萬兩,請於江蘇、安徽、浙江、江西、湖北、山東、河南、山西等內地省分,酌減名糧抵補一款,尚未妥協。朕平定兩金川,不惜七千餘萬帑金,原爲綏靖邊圉,一勞永逸之計,何靳此七八萬鹽菜之需。況江浙等省營分,雖居腹地,亦有差操防汛之事,若酌減名糧,於各該省兵丁生計,殊屬有礙,自可毋庸裁減。所有川省歲需屯兵鹽菜之費,著該督文綬,即於正項內動支。至番地初定,新設營汛,全資將軍控馭彈壓,自應令將軍每年至兩金川新設營分,巡查兩次,副都統亦當每年巡查一次。將所有滿兵輪派隨往,庶駐防兵丁,常得演習勤勞,即綠營官兵,亦知所觀法。(高宗一〇〇八、二五)

(乾隆四四、七、丙申)諭軍機大臣曰:特成額等奏,酌定金川新疆屯防經費奏銷章程一摺。據稱,節年撥解新疆,支給官兵夫役番屯人等,鹽菜月費工價及辦運籽種、牛具、口糧、腳價等項,共撥用銀五十一萬四千五百餘兩,並請於軍需實存項下,再撥銀十八萬八千四百五十餘兩,另存備用,連前共撥銀七十萬兩,統歸屯防案內報銷等語。金川新設屯防以來,僅閱三載,何以撥用銀款至七十萬兩之多?殊不可解。況從前移駐屯兵,原就彼處舊有之房屋糧食,並非事事俱由創始,即或房屋略需添葺及修建廟宇,所費亦屬有限,不致數逾鉅萬。至籽種、牛具、口糧、月費等項,支給本自無多。況官兵既經屯種,亦有所得糧食,可以湊給,而番人屯種,自耕自食,更毋庸濫給口糧,何至糜費若此?且新疆設立營汛,係經久之計,若每年動用至十餘萬,則是平定金川,竟成永增多費,實屬不成事體。著傳諭特成額、文綬等,即行詳悉確查,將支給過銀數,分款開列清單,即行呈覽,究當每歲多增用若干,迅速具奏。此旨由六百里諭令知之。(高宗一〇八六、一四)

(乾隆四四、八、壬申)又諭:據特成額等覆奏,金川新疆屯防經費,歷年用過銀四十一萬五千餘兩,皆照奏咨定例支用,自應照奏明酌定章程,造冊報部覈銷。至所稱每年約需銀十萬餘兩,除前經奏徹屯防官兵二千三百餘員名,計歲需已減十分之三,所有四十四年分,約計應用銀六萬五千餘兩等語，殊覺不成事體。兩金川設鎮安營，本屬綏靖邊圍經久之策，若因此而歲需兵餉不貲，除已裁徹屯防官兵，尚需六萬餘兩，年復一年，長此安窮，實為非計。從前平定準噶爾，籌辦屯田事宜，將陝甘兩省腹地各營兵額漸次裁減，不但足供新疆經費，且支給之外，尚有盈餘，所辦最為妥善，今金川所設屯防經費，亦當仿而行之。蓋邊省多設弁兵，原為捍禦外夷之計，如準部回部，既歸版圖，則陝甘內地兵額即可裁減。至川省各營兵額較多，原為防守番境而設，今兩金川俱經蕩平，新設鎮營屯駐，足資控制，毋庸川省內地兵丁，復為衛禦，自應將川省腹地各營兵數，酌量裁減，以抵新疆經費之用，但兵額一時未便遽裁，止須遇有兵丁缺出，即為停補，數年之後，自可足數，如此不動聲色，以漸妥辦，裁兵既不虞其失所，而經費亦不致於添多，方為兩全之道。至欲將新疆官兵，於今冬再徹一千名，轉可不必，原議添設防兵，本為彈壓番境，若裁減過多，恐不敷駐守，且於體制非宜，自不若議裁腹地兵額之為得當也。著傳諭特成額、文綬、明亮即行悉心籌畫，通盤覈計，詳悉妥議，迅速覆奏。（高宗一○八九、一二）

（**乾隆四七、三、乙巳**）諭軍機大臣等：李侍堯奏，陝甘綠營扣留公糧一摺。內稱，各提鎮協營，惟涼州鎮屬，尚有未扣銀一萬四千餘兩，應於本年夏秋二季餉銀內扣還歸款，因兵餉不敷散給，請仍展限扣繳等語。止可如此辦理，甘省綠營額設公費，以備營中一切公用，向來各營任意開銷，遞年虧缺，轉將公糧那墊，壓季展扣，甚至涼州鎮屬，未扣銀有一萬四千餘兩之多。此項虧缺銀兩，起自何年，歷任總兵等，有無染指侵蝕之弊，著傳諭詳細清查，據實具奏，不可稍存迴護之見。尋奏：該鎮公費不敷，始自乾隆二十一年，嗣因相沿糜費，愈積愈多，致藉公糧墊補，歷任總兵等，尚無染指侵蝕情弊。請嗣後撙節公費，餘出銀兩，陸續彌補，下部知之。（高宗一一五二、四）

（**乾隆五二、三、丁亥**）軍機大臣等議覆：成都將軍鄂輝、四川總督保寧奏稱，川省新疆五營屯兵，自奏裁後，實存兵二千六百三名。從前辦屯所需牛隻，係官為採買，每年倒斃，動項買補，所收糧石，盡數交官。嗣經奏明停支鹽菜口糧，將地給兵自種自食，惟該兵等領有官牛，未繳原價，遇有倒斃，仍須買補；或借扣餉銀，及遇事故除糧，更不免公賠攤派，殊多未便。查該處地久經墾熟，非若辦屯之初，必資牛力。如需用牛，不妨聽其自行措買，所有原領牛價，請令分年繳納清款，以紓兵力。應如所奏。從之。（高宗一二七七、七）

（**嘉慶一三、一、丁未**）諭內閣：兵部議駁，觀明奏請於齊齊哈爾、黑龍江、墨爾根、呼蘭四城添設步甲、撥款生息一摺，所議甚是。齊齊哈爾等處閒散壯丁增多，該將軍即欲籌畫生計，自應廣闢地畝，飭令力田，方爲本務；乃輒請添設步甲，撥款生息，以資養贍。無論該四城壯丁共有一萬五千餘名，今即添步甲五百名，仍不能徧給；而海內生齒日繁，若各處駐防，率皆以丁數增多，紛紛奏請添設兵額，尤屬不成政體。觀明身係滿洲，不揣事之窒礙難行，率爲此奏，實屬不曉事理。著照部駮不准行，仍傳旨申飭。（仁宗一九一、七）

（五）發付方式與餉項改折

1. 發放方式

（**康熙二二、八、丁卯**）戶部遵旨議覆：盛京、寧古塔將軍、各部衙門，有緊要事件，差官給與火牌，照舊從驛站供應。平常移文，一概停其差遣官役。無舖兵地方，交與驛站傳送；有舖兵地方，交與舖兵傳送。又每年取領官兵俸餉及緞疋等物，所差官兵太多，嗣後取領俸餉，止許差部官一員，旗下章京一員、烏林人一名、撥什庫披甲三十名；取領緞疋等物，止許差司庫一員、烏林人一名。著爲令。從之。（聖祖一一一、三二）

（**康熙三三、七、丁亥**）戶部議覆：山西巡撫噶爾圖疏言，右衛駐防大兵，供應米豆草束，原議一半本色，一半折給；其一半本色內，不敷米豆草束，或照改折之價，或照改徵之價折給。應令該撫會同將軍定議具題再議。得旨：此事關係緊要，著戶部尚書馬齊馳驛速往，會同該將軍等確議具奏。（聖祖一六四、一二）

（**康熙四四、八、己酉**）戶部議覆：八旗都統會同倉場侍郎疏言，今年秋季應給兵丁之米，於八月照舊例全給；自來年爲始，將兵米分作三分，二月至九月給二分，十月至正月給一分。應如所請。得旨：依議。前爲給米之事，八旗都統衆議沸騰，後復依倉場侍郎所奏議給。此必有慫恿之人。初倡言者爲誰，著傳問京師都統等。尋八旗都統等以都統齊世、瓦珥達倡言是實具奏。得旨：都統齊世口快而好生事，倡爲議論，殊屬可惡，瓦珥達附和，亦屬可惡，俱著革職，交刑部嚴加治罪。（聖祖二二二、四）

（**雍正二、一〇、戊子**）戶部議覆：福建巡撫黃國材疏言，福、泉、漳三府及福寧州，均兵多米少，應湊給折色；其興、延、建、邵、汀五府，均米多兵少，應將餘米運至省倉配給。應如所請。從之。（世宗二五、一〇）

（**雍正八、六、戊戌**）四川巡撫憲德疏言：噶達上中下三渡、吹音堡等處新駐官兵口糧，前經化林協副將楊大立，請給本色，而一路山徑險峻，輓運艱難，懇敕督臣查郎阿、提臣黃廷桂，再行酌議。得旨：噶達等處兵丁口糧，據該副將等稱，彼地米價甚貴，商販每斗須八九錢、一兩不等，從前所定折色之價，不敷買米之用，請永遠供運本色，而憲德等則以民夫挽運艱難，奏請會同督臣，再加酌議等語。兵丁遠駐邊方，朕心深爲軫念。彼地米價既貴，自當格外加恩，著憲德等就近酌量，並詢問弁兵等，或即照商販之價，給與折色，令兵丁自行採買；或多添脚價，給與民夫，運送本色，散給兵丁。著該撫等悉心定議，務令兵糧富足，民力不擾。(世宗九五、一)

(乾隆一、三、丁酉) 總理事務王大臣等議覆定邊大將軍平郡王福彭奏給兵丁米糧、羊價一摺：蒙古防秋兵三千，近在遊牧處所，應如所請，酌給羊價。駐劄兵與防秋不同，應令平郡王以糜黍、蕎麥等糧間給。索倫兵如之。又議慶復奏：官兵支領月糧，每月量給大麥六日，麥二日，糜黍一日。駐劄兵即照此例。亦應如所請。從之。(高宗一四、四)

(乾隆六、一、乙未) 吏部尚書、署兩江總督楊超曾奏：蘇局鑄錢，搭放通省兵餉。江寧各營汛守，均屬下江所轄，每年俸餉，向在江寧司庫支給。今蘇局錢文，若拘向例，未免偏枯，請一例搭放。仍於江寧司庫內，將錢價扣解蘇藩，抵還成本。得旨：所辦甚妥。知道了。(高宗一三五、一四)

(乾隆六、八、庚申) [户部] 又議覆：綏遠城建威將軍補熙奏稱，綏遠城駐防兵米，改爲全支本色，所需米較前倍加。請於向例撥銀五萬兩外，再加撥三萬兩，於秋後採買。應如所請。嗣後按年核計應用確數，具題請撥，於豐收價平時多行買補，如遇歉收價昂，仍暫停止。從之。(高宗一四九、一二)

(乾隆七、六、丁巳) 甘肅提督李繩武奏：甘省有買貯倉石麥五千四百二十餘石，每遇青黃不接之時，散給各兵，仍在各兵季餉內扣還原價，以備糶買接濟；但糧價低昂不定，扣法自應變通。請嗣後每歲時價較貴於原價，仍應照原價扣還，倘時價反低於原價，應即依時價減扣，以恤窮卒。得旨：即如是辦理可也。(高宗一六九、二七)

(乾隆七、七、丙戌) [湖南巡撫許容] 又奏：永順協應支兵米，雍正七年設營之初，每石折銀六錢。雍正八年，總督邁柱，以彼地產米稀少，兵丁不敷買食，奏請增給四錢。乾隆二年，巡撫高其倬以永順地方，常年米價，以銀一兩不敷買米一石，奏請借動公項銀二千四百兩，買貯米石給兵；但近倉之兵，支領甚易，遠汛之兵，曠日需費。今願買食雜糧，莫若全支折色，因時制宜，於兵丁實爲便易。得旨：依議。(高宗一七一、三〇)

（**乾隆一三、六、戊辰**）欽差兵部尚書班第等覆奏：軍前文武員弁跟役，額設定數，支給口糧，但隨帶之役，與額數多不足。如總兵定例跟役二十四名，副將十六名，其實在人數，並無如許之多，向俱照額支領，以餘米變價，補日用不足。今酌定半米半折，既省轉授之煩，食米仍無缺乏。至土兵未離本境者，原有該地出產炒麪糌粑，足資餬口，本不專藉口糧。且其中殷實土司，素有儲積者，即令全領折價，亦所樂從。臣等隨時隨地，酌看調劑，可無食用匱乏之虞。報聞。（高宗三一六、二一）

（**乾隆二七、三、辛丑**）户部議准：直隸總督方觀承疏稱，南運、子牙二河乾隆二十六年夏秋冬三季並本年春季兵餉，例於景州、交河等州縣二十六年地糧銀内派解。該州縣上年水災，錢糧分別蠲緩，所有應解兵餉，請於二十五年地糧銀内改撥，開徵抵還。從之。（高宗六五六、一一）

（**乾隆三六、五、己巳**）是月，直隸總督楊廷璋奏：直隸駐防二十一處，所有月餉支本色者十處，支折色者十一處。惟古北口、喜峰口、羅文峪、千家店四處，米價常平，仍照例動支折色；其霸州、昌平州、良鄉、東安、順義、玉田、采育七處，市價稍昂，每石折銀一兩，兵丁不敷買食。請嗣後該七處，除防守尉、防禦、驍騎校，仍支折色外，所有駐防披甲，例支折色銀兩。免其按季赴領，豫於秋收時，發該地方官領回，代為採買備貯，按季支放。得旨：如所議行。（高宗八八五、二五）

（**乾隆三九、六、辛亥**）是月，閩浙總督鐘音奏：向例各省標營，每年於青黄不接之時，將應貯接濟兵丁穀價，散給各兵，於秋冬二季餉銀内，照數扣還，俟歲豐減價之時，再行採買。查從前每穀一石，定價五錢，邇年閩、浙兩省，雖屢獲豐稔，糧價平賤，若較三十年前之存價採買，總屬不敷。況採買既需運腳，又有折耗，而歷年借銀扣餉，各兵久已稱便。應請將此項穀價銀兩，長存備借，仍於每年扣還，毋庸購買。得旨：如所議行。（高宗九六一、三六）

（**康熙四〇、四、戊辰**）湖廣總督郭琇疏言：湖南常平倉穀春米得二十萬石，若收貯倉中，必致朽爛，請旨作何支用。得旨：此米著即撥給荆州兵餉。（聖祖二〇四、四）

（**嘉慶一一、一〇、丙子**）諭内閣：勒保奏請增新營米折銀數一摺。據稱，該省新設太平協等營米折銀兩，原係各照所隸鎮協例價，每斗以九分二釐，九分五釐畫一定給，惟各該營地處萬山之中，素不產米，又復不通商販，與腹地米價貴賤懸殊，所得折價不敷買食，請照綏寧、泰寧等營之例，每斗折銀二錢四釐，並請將通巴一營，照安阜等營豫領一年米折，俾得及時收買等語。從前泰寧營分駐化林兵丁既有因米折不敷奏准增給成案，此次新設太平等營，同係遠駐深山，艱於買食，自應援照一律辦理。所有太平協標左右兩營，及竹峪關、鹽廠、大昌、黃楊堡等營兵丁一千八百名，應領米折，著加恩准其以每斗二錢四釐折給，其通巴一營，亦著加恩准其豫領一年米折銀兩，俾該兵丁等生計充餘，得以專意操防，期於戎政有裨。（仁宗一六八、二）

（嘉慶一六、七、丙戌）軍機大臣議復：喀什噶爾參贊大臣鐵保等奏，烏什錢文不敷搭放一摺。查烏什兵丁鹽菜，俱以銀錢四六搭放，烏什每年例調經費銀一萬二千兩，茶封折價銀五百餘兩，已足敷用，所需錢款，每年在阿克蘇支領。惟向來兵丁鹽菜，係給普爾錢一百六十文，合銀一兩，自嘉慶五年奏准，銀一兩給普爾錢二百二十文，每年多放錢三百七十九串七百餘文，不敷錢款，即以烏什鑄局積存錢內添補搭放，至十五年積存錢款業已用完。今擬將屯田兵丁裁徹六十五名，暨班外留駐之兵四十二名全行歸伍，並將兵丁食羊折價錢文，改為銀錢四六搭放。應如所奏辦理，以汰冗兵而節浮費。從之。（仁宗二四六、一二）

（嘉慶一九、三、己亥）又諭：托雲泰奏，請將阿克蘇庫貯普爾錢文，折銀散放官兵鹽菜，暫停內地撥解本年經費銀兩一摺。阿克蘇現在庫貯普爾錢文，積有三千三百餘串，自應酌量折放，以省調解之繁。著照所請，將該處現存銀六千二百八十餘兩，按月散放完竣外，所有官兵應支七成鹽菜銀兩，即將此項普爾錢無論官兵，俱以二百二十文為一兩散放。其官員應領三成錢，仍以一百六十文為一兩給領。自本年四月起至明年九月止，本年應調經費銀一萬一千兩，著暫停調解。嗣後該處庫貯普爾錢文，積存數目足敷散放一年鹽菜銀兩，即停調經費一次，並著照所議行。（仁宗二八七、九）

2. 餉項折改

（康熙一二、三、癸酉）戶部議覆：偏沅巡撫盧震疏言，衡州府屬之臨武、藍山、桂陽及彬州、桂東、宜章諸汛僻處山陬，不通舟楫，官兵支放月糧，仰給鄰縣。道路險遠，運米艱難。請每米一石，折銀四錢給發，誠為便利。應如所請。從之。（聖祖四一、一四）

（康熙二八、二、甲辰）戶部議覆：四川陝西總督葛思泰疏言，陝西駐防兵馬歲需米豆草束，向派西安府屬州縣供辦；因各屬離省窵遠，且山路駝載，民力艱難，若全支折色，則省會採買，糧草不敷，又恐累兵。請半支本色，半給折色，兵民兩便。應如所請。從之。（聖祖一三九、一六）

（康熙三三、八、丁未）差往右衛戶部尚書馬齊，回京疏言：臣等會議右衛駐防官兵，供應米豆草束，一半不敷本色，應照改徵之價支給，自行採買本年冬季馬匹料豆。應將大有倉米，抵給一半料豆，一半折給價值，亦照改徵之價折給。再右衛地方，所出之草不多，應將殺虎口東邊地方，給與右衛官兵，斫木割草。又查殺虎口向有鑲藍旗馬廠，旗下蒙古，應令其於殺虎口東北，酌量遷移。從之。（聖祖一六四、一七）

（**雍正一、三、乙未**）戶部議覆：雲南巡撫楊名時奏稱：兵多米少之昆明等十六府州縣并建川駐扎各兵月糧，每年酌給本色三季，折色一季，其一季折色米，共三萬一百五十一石八斗零，應照時價借動庫銀折給。於兵少米多，並運解最遠之祿豐等十二府州縣，照數折徵，解銀還項，停四年折徵一次之例。應如所請。從之。（世宗五、一五）

（**雍正九、二、己亥**）戶部議覆：湖廣總督邁柱疏言，湖南各營兵米，向例俱以六錢折給，今永順、保靖、桑植三營地方，係新闢苗疆，產米既少，商販亦稀，價值昂貴，若照內地六錢折給，兵丁日食不敷。請自雍正九年為始，將永順營兵米以一兩折給，保靖、桑植二營，以八錢折給。應如所請。從之。（世宗一〇三、四）

（**雍正九、二、丁未**）諭大學士等：從前阿爾泰兵丁駐劄之時，糧運維艱，是以廷議每兵每月祗給米一斗，併羊價五錢。邇年以來，羊價漸長，所給銀兩，不足羊隻之值；月米一斗，亦有未敷，不免半菽之虞，朕心深為軫念。查察罕叟爾每年屯種所獲，富有餘貯，而運送糧石，較前亦易。著將現今調撥軍營防守之滿洲兵丁，每名月給米二斗四升九合；其戍守阿爾泰之滿洲兵丁，每名月給米二斗；至察哈爾土默特兵丁，每名月給米一斗五升，以示朕恩恤兵丁之意。（世宗一〇三、一〇）

（**乾隆一、二、癸未**）戶部議覆：閩浙總督郝玉麟疏稱，福州府屬之閩安左右二營、烽火營、羅源營，延平府屬之城守營，分防大田、尤溪兩縣；建寧府屬之鎮標，分防政和、壽寧兩縣；楓嶺營、邵武府屬之城守營，分防建寧、泰寧兩縣。各兵米，向支本色，遠道候領，在在苦累。請分別改給折色，於糧驛道承領；其各營存剩米石，請改抵福州旗標協營折給之用。應如所請。從之。（高宗一三、一一）

（**乾隆一、二、甲申**）戶部議覆：閩浙總督郝玉麟疏請，福寧、建寧、汀州三鎮，延、邵二協，烽火門、楓嶺、桐山三營兵丁眷米，每石改給折銀九錢，令於臺穀糶價動用，仍於福寧等倉，照數平糶歸還。應如所請。從之。（高宗一三、一三）

（**乾隆一、六、甲子**）又諭：晉省各營兵米折色一項，從前每石折銀四錢幾分,至五錢、六錢不等,蒙我皇考軫念兵丁米價不敷,概令每石折給七錢,是已較舊例加增矣。今朕訪聞此加增之價,仍有不敷之處,所宜再爲籌畫者。查省北米價,較平於省南,著將省北大同鎮屬各營路米折,每石加銀二錢,共折給銀九錢;省城撫標及省南太原鎮屬各營路米折,每石加銀三錢,共折給銀一兩。於本年秋季爲始,即在地丁銀兩內支給。將來年歲豐歉不定,若有應增應減之處,著該撫臨時酌量奏聞。至撫標現有額外二營,其應支兵米,亦照此例加增。(高宗二〇、三)

(乾隆二、閏九、庚辰)諭總理事務王大臣:今年陝西西安一帶地方,收成歉薄,糧豆價貴,而草價更屬高昂。將軍標下兵丁額領之銀,不敷喂馬之用,已降諭旨,將明春三個月草價,加增一倍賞給;並令督撫等將本標牧馬草價,應否酌添之處,妥議具奏。今思陝省駐城八旗三標官兵馬匹,所有米豆二項,俱領折支之價,自行採買,今年價值昂貴,兵丁購買,未免艱難。除從前已經支給者無庸加增外,著將現有應折未支之米豆,照原定每石一兩之價,加添銀五錢,俾兵丁等力量寬餘,不致有添價採辦之苦。此朕格外加恩,後不爲例。(高宗五三、一二)

(乾隆二、一二、己酉)增給直隸遵化等州縣駐防兵米,本年折價未敷銀二千九百三十二兩有奇,從直隸總督李衛請也。(高宗五九、一二)

(乾隆三、九、戊寅)直隸總督李衛奏:直隸駐防兵米,定例每石折銀一兩,上年因直屬被水,原價不敷採買,每石請增給銀三錢;現在雨水過多,窪地被淹之處,米價甚昂。請將各處駐防兵米,照上年之例,增給價銀。再查保定駐防兵米,向係採買本色支給,但一時採買,恐因此長價,有礙民食。請就近將清苑縣運到備糶截漕米石,撥動搭放。得旨:如所請行。(高宗七七、一七)

(乾隆三、一一、乙酉)户部議覆:署蘇州巡撫許容疏言,今歲常鎮各屬,雨澤稀少,米價必貴。請於京口駐防兵己未年春夏二季米折銀內,酌動三分之二,買米貯倉,仍留一分,按期搭放,每月給二十日本色,十日折色。至給發本色,總照每米一石,折銀一兩二錢之額,準時價以定米數多寡。應如所請。從之。(高宗八〇、二)

(乾隆三、一二、戊子)[户部]又議:甘肅巡撫元展成疏言,各提鎮營官兵馬匹,歲需糧料草束,除估支本色外,其餘定例每糧料一石,折銀一兩,草一束,折銀一分,發各官兵自行採買。惟肅州、嘉峪關等營,地處極邊,安西……等營堡,遠在塞外,官兵糧料,每石自一兩五錢至二兩二錢不等,草每束折支三分。原議大兵徹後,照例議減,乾隆二年,大兵既徹,例應議減。原署撫臣劉於議題明照舊折給。三年,復經前撫臣德沛題明來歲再減。今當估撥己未年兵餉,肅州、嘉峪關等營地方,產糧有限,本年麥豆歉收,安西鎮地處口外,諸物騰貴,且今歲赤、靖、柳溝等處俱已報災,請仍照舊分別估撥,俟踰年收成豐稔,照時價核減。應如所請。從之。(高宗八二、二三)

(**乾隆三、一二、丁酉**)(户部)又議:四川巡撫碩色疏言,威茂協分駐舊保縣兵丁,西去威州八十餘里,跬步皆山,兵米俱自郫、灌二縣買運,較分駐汶、威之兵,需費甚多。請如南坪、晉安等營,每斗折給銀二錢四釐。又威、茂、汶、保一帶地險,商販鮮通,兵丁應領米折銀,請如普安等營,頭年九月,將次年餉銀預領,俾得及時採買。查分駐舊保兵丁,去威較遠,輓運維艱,自難照汶、威之兵,每斗折銀一錢六分三釐;但竟如南坪、普安,每斗折銀二錢四釐,是以八十餘里,運米一石,增腳價四錢一分,未免過多,應請每石加折銀二錢。至威、茂、汶、保一帶,該撫既稱難通商販,應如所請,將兵丁應領折色,照普安等營,如數先年支給。從之。(高宗八三、九)

(**乾隆四、五、丁卯**)(户部等)又議覆:陝西巡撫張楷覆奏,調任湖北巡撫崔紀、署西安布政使帥念祖,先後陳請陝省增貯米石。查西安省會,爲旗標兵丁屯聚之區,自宜較各州縣,廣爲積貯。請於道倉内採買京斗穀十萬石、豌豆二萬石,歉收借給,價平買補。至陝省旗標鎮營,歲需本色糧料,向例額徵不敷,每石折銀一兩。請於米價昂貴時,附近州縣倉内,撥給本色糧一二月,按糧扣銀,豐收買還。均如所請。從之。(高宗九三、一二)

(**乾隆五、一一、壬午**)諭:甘省提鎮各營,歲需糧料,例係本折兼支,於額徵糧内估撥;如遇歉收緩徵之年,本色不敷,則將應估本色之糧料,亦行酌估折色。朕聞乾隆三年分,原估涼州鎮標本色糧料,共三萬二千九百餘石,係於乾隆二年預爲估撥;嗣因乾隆三年涼屬收成歉薄,例應緩徵原估前項額糧,除將現有之糧供支外,尚不敷本色糧一萬二百餘石,照例改估折色,每石按部價估銀一兩。緣兵糧例係季首關支,於未經改定之時,已值應支秋季兵糧之候,兵食嗷嗷,遂借採買積貯糧三千六百餘石,暫資五營兵丁之急需。至估撥乾隆四五兩年分兵糧,又因涼屬連經歉歲,民欠難徵,每年本色糧,俱僅敷一月有餘。而今年涼屬又遇偏災,現在預估辛酉年本色,亦止敷兩月之米,是窮兵餬口,尚且不足,難以再行扣還借項,是以三年分所借積貯糧石,至今尚未還倉;其改估之折色銀兩,現存司庫。查積貯糧石,向無供支兵食之例,而涼屬連歲歉收,糧價昂貴,若令將扣存改折之項,買糧還倉，則市價較之部價，相懸過半。朕深念邊塞窮兵，度日艱難，准將此項糧石，作正報銷，免其扣還本色；其存庫銀兩，留作折色之用，以示朕加惠邊兵之至意。（高宗一三〇、三三）

（乾隆七、二、丁巳）戶部議准：山西巡撫喀爾吉善奏稱，綏遠城駐防兵草折銀兩，於開墾地畝歲徵銀內，給四分之一；但口外九月開徵以前，無項可支，難按月給放，又不便借動他款，請統於估項冊內，一體撥給。所有額徵草折銀一萬二千七百兩零，飭各屬徵報，以抵採買米豆之需。從之。（高宗一六一、一二）

（乾隆七、五、辛巳）定加增甘省兵糧折色例。諭：甘肅地方，遠在邊陲，土瘠兵貧，非內地可比。向來散給兵丁口糧，俱係四本八折，而倉貯不敷之處，又於四本之中多給折色，是兵丁之得本色愈少矣。每當米價昂貴之時，所領折色，不敷糴米之用，度日未免艱難。朕心深為軫念，用加特恩。著將舊例每糧一石折銀一兩者，增銀二錢，定為一兩二錢之數，料豆亦照此加增，從乾隆七年秋季為始，永著為例。俾邊遠寒苦兵丁，俯仰寬裕，他省亦不得援例以請。該部可即傳諭陝甘督撫知之。（高宗一六七、一一）

（乾隆七、一一、甲戌）大學士等議准：湖廣總督孫嘉淦奏稱，提標、鎮筸、永州、龍陽、辰州、沅州、澧州、臨武、宜章、桂陽、九豀、常德、永定、常水師十四標營，俱支折色，每米一石，折銀六錢，在當日米賤時，原可敷用。今兩湖生齒日繁，兼以各處採買，糧價日昂，折銀六錢，不能買米一石，兵丁日食維艱，不可不為籌畫。但向徵折色之處，若改徵本色，則邊氓苦累；若增給兵米折價，則標營繁多，經費有定。臣酌量變通，應將停運黔米，分派給兵，並將兵米折價銀豫給，買米搭放。至湖北本折兼支之督、撫、穀城等十九標營，並全支折色之撫標技勇兵丁，及施南、遠安二營，每石折銀七錢，較湖南雖稍寬裕，但時價仍有不敷。北省又無閒款米石可以通融，應將全支折色之營，每年豫給二季折銀；本折兼支之營，每年豫給一季折銀，令各該營弁，於秋成時購買，不必另建倉廒，即囤放於將弁公廨，次年米貴時，按月支放，並扣還豫支銀；俟通省米價平減，即停止。從之。（高宗一七九、六）

（乾隆一一、一二、己巳）戶部議准：河南巡撫碩色疏稱，豫省乾隆十二年兵丁月米，輪當豁免，請將本年地丁銀內，豫撥折給。從之。（高宗二八〇、一五）

（乾隆一三、一〇、丁亥）［軍機大臣等］又議覆：陝西巡撫陳宏謀奏稱，陝省收成歉薄，糧價倍於常年，所有兵丁米、豆、草價，不敷購買。查該省米、豆價值，於雍正元年定例，米、豆，每石折銀一兩，草，一束折銀一分，如歉收之年，該督撫聲明具奏。乾隆二年，因陝省歉收，糧價昂貴，草束短少，奉旨米、豆，每石加增銀五錢，草，每束加增銀五釐。此係特恩，並不爲例，未便援請，應仍照定價給發。得旨：西安駐防官兵現在應領米、豆、草束，著照乾隆二年加增之例，減半賞給，以示優恤。（高宗三二六、二〇）

（乾隆一四、二、甲辰）諭軍機大臣等：據策楞、岳鍾琪會奏，軍前所調土兵，應領行裝、坐糧銀兩，酌將米石折給，其離營窵遠之裏塘、巴塘及十二部落等處，不願領米者，仍聽其照例，由地方官請領銀兩等語。從前頒賞番民銀兩，官吏乘機侵漁，率皆有名無實，上司相隔遥遠，耳目不能周察，番民無所控訴，逐致急而生變，失番心而啓邊釁，多由於此。今裏塘等所給銀兩，斷不可仍蹈前弊。著傳諭策楞、岳鍾琪，令其實力督率屬員，按名分給，務期均霑實惠，毋得聽官吏欺朦，稍有侵蝕。此等事皆伊二人專責，各宜加意查察。（高宗三三五、二二）

（乾隆一四、六、辛卯）户部議准：原署四川巡撫班第疏稱，嘉順營兵米折，向止領冬春二季回營採買，未便豫支夏秋二季。該營邊寒米少，且往返需時，操防恐誤。請嗣後每年夏秋米折，即於具領冬春二季時豫支。從之。（高宗三四二、二五）

（乾隆一五、六、乙酉）〔軍機大臣等〕又議覆：署江蘇巡撫覺羅雅爾哈善奏稱，京口駐防兵歲需糧，舊例以丹徒縣漕米撥充，并附近之丹陽、金壇二縣漕米添給。雍正二年，改將鎮屬漕米，全數起運，其歲需兵糧，每石折銀一兩二錢，自行購買。彼時米價尚平，未見拮据，今二十餘年，米價漸增，計折銀買米，僅得十之六七，食用不敷，請照舊給本色等語。應如所請。惟查從前改折之處，原防不肖官胥乾折挪用、私收侵蝕等弊，今既照舊例，其如何立法，俾諸弊盡除之處，令該督撫酌定章程，再行具奏。從之。（高宗三六六、一六）

（乾隆一六、六、己亥）大學士等議覆：京口將軍薩爾哈岱奏稱，京口駐防兵米，向於丹徒等縣漕米内，兌撥本色。雍正二年，改給折色，每石銀一兩二錢，經前任江蘇巡撫雅爾哈善，以連年米貴，奏請仍給本色，但部文自十六年冬季爲始，於徒、陽二邑漕糧，各半截給。本年入夏，米價尤昂，請即於秋季，在徒、陽二邑常平倉貯，各半給領，冬季漕米截扣歸補等語。查常平積貯攸關，若分撥倉米一萬六千六百餘石，倘有所需，恐不敷用。應將京口秋季兵米，分撥一半本色，一半仍給折色；所動常平倉米，仍於漕米

截留之際，照數歸補。從之。（高宗三九二、五）

（乾隆一八、三、甲戌）戶部議准：湖廣總督永常疏稱，襄陽鎮標中、前、左、右四營，并襄陽城守、均房、安陸等七營，所轄地方，乾隆十七年，被旱歉收，米價昂貴，兵食拮据。各該鎮營，請豫領米折銀二千四百四十五兩有奇，採買米石接濟。從之。（高宗四三五、七）

（乾隆一八、七、庚午）戶部議覆：四川總督黃廷桂奏稱，青雲營地處偏僻，不通商販，河水阻隔，各汛兵糴運維艱。請照威茂協例，將該營每年四季米，於頭年九月豫行折色給領，乘時採買，按月支放。應如所請。從之。（高宗四四三、六）

（乾隆二一、一一、壬子）戶部議准：山西巡撫明德奏稱，汾州營料豆，向領折色，近年糧貴，所領不敷，應將太原理事通判等倉內米一百四十八石，易豆二百二十二石，再加建曠收租豆六十石，留支半年馬料，餘照數撥給汾營。再汾州離省稍遠，領費跋涉，文水縣距省一百六十里，距汾止八十里，應劃出倉豆二百九十五石，就近交納汾州府倉。從之。（高宗五二七、九）

（乾隆二二、七、丙午）又諭曰：戶部議覆江寧駐防兵米，於京口本色內改撥一案。前因京口駐防兵米，折色不敷買食，是以特准改給本色。今若更議改撥，令江寧、京口彼此適均，雖亦持平之道，但兵民生計，增之固覺有餘，而已增復減，則彌形不足，且京口多留此數月本色，俾兵丁不與閭閻爭購，其與民間米價，不亦有益乎？然在江寧僅支四月本色，折色亦不敷市價，未免拮据。著加恩給與八月本色，於江寧府屬漕糧內酌留兩月，其餘兩月及遇閏米石令該督按照時價採買支給，不必於京口本色改撥。至其餘四月，仍給折色。部議無庸增價之處，著加恩照該督所奏，每石准其增銀一錢，以示惠養防兵之意。（高宗五四三、二）

（乾隆二三、一、庚寅）又諭：上年豫省被水，疊經降旨蠲賑。昨復於加賑四次之後，更予加賑一月。小民得此接濟，可至麥收矣。其該省駐防八旗官兵，額支兵米，向例俱給折色。現在糧價稍昂，若照定例，粳米每石一兩五錢；粟米每石一兩二錢支給，恐不敷買食。著加恩於本年二月起，將應支米石，給與半年本色，以裕兵食，用示體卹旗兵至意。該部即遵諭行。（高宗五五四、六）

（乾隆二三、二、辛未）戶部議覆：署廣西巡撫鄂寶奏，粵西新太等營，歲需兵米，例支一半折色，一半本色。本色現不敷放，請借就近州縣常平倉穀折發。應如所請，並令該署撫將動借倉穀，每石定價四錢，支地丁銀。發

該州縣買補。從之。(高宗五五六、二二)

（**乾隆二三、六、癸亥**）［大學士等］又議覆：甘肅巡撫吳達善奏，昨歲大兵進勦及駐防牧放屯田各官兵一萬餘員名，經臣奏撥哈密食糧二萬石，今春不敷接供，復請撥哈密、甘肅等處三色糧二萬石，運交軍營備貯。今歲各項官兵，統算約二萬餘員名，數增一倍，就前原撥糧石，支放難期足用。查向來凱旋官兵鹽菜口糧，長支者按口扣抵，少領者計日找給。伊等在外製備衣履，皆藉此找支之糧補用，似應少爲變通。將來凱旋官兵需找口糧，莫若酌以二成本色、八成折價搭給。倘有借食他人口糧，必需歸還本色者，仍支領本色。其願領折價者，聽其自便等語。查軍營糧石，最關緊要，現在巴里坤貯糧無多，大兵凱旋找給，若一概補領本色，未免不敷。應如該撫所奏，此項找給口糧，酌以二成本色，八成折價，不拘色樣，每石以八兩定價。從之。(高宗五六四、一八)

（**乾隆二三、一二、丙辰**）諭：甘省因年來辦理軍需，兵民輻輳，米糧市價未免稍昂。所有各營兵丁應支折色，若仍照舊支給，兵丁不免拮据。著將該省滿營官兵，除六個月照舊折支外，其六個月如有改支折色者，每石加賞銀一兩。其甘、涼、寧、西、肅五提鎮所屬，並蘭州撫標城守、固原提標各官兵，除八個月照舊折支外，其四個月有改支折色，以及六個月本色馬料改支折色者，每石俱加賞銀一兩。安西口外每石著加賞銀一兩五錢。至陝省延綏鎮屬地方，偶被災歉，著將明歲應關折色，亦照甘省甘涼各鎮之例，一體每石加賞銀一兩。再甘省應納草束，業已降旨豁免，其滿漢各營折支草價，恐不敷採買，著將口外安西提屬每束加銀一分五厘，口內寧夏涼莊滿營及甘、涼、寧、西、肅、延綏六提鎮屬，蘭州撫標城守，固原提標每束各加銀一分，以示體卹兵弁之意。該部即遵諭行。(高宗五七六、二一)

（**乾隆二四、一一、壬戌**）諭：霸州固安等十處駐防兵米，向係給發折色，今歲畿輔一帶雖屬有秋，而米價未免稍昂。明春青黃不接之際，兵丁糴買，不無拮据。著加恩將霸州、固安、良鄉、東安、順義、采育營、玉田、昌平、古北口、遵化州十處，所有本年冬季及二十五年春季駐防兵米折色，每石加銀三錢，以示體恤。該部遵諭速行。(高宗六〇一、一)

（**乾隆二五、六、癸酉**）湖廣總督蘇昌奏：辰州協兵糧，例放折色，每石六錢。又經奏准，於湖南省停運黔米項下，派給十四標營。辰協兵每年每名額領一石四斗零，又准豫給次年一季折色五錢四分。其所領本色止敷四月有餘之糧，折色合之市價，購米無多，實不敷口食。請於藩庫朋銀項下，動借一千五百兩，每歲秋成赴產米處買運，俟停運米項支完之後，陸續搭放。

所借朋銀，分作五年，於該協兵餉內扣還歸款。得旨：如所請行。（高宗六一四、二）

（**乾隆二六、六、辛卯**）軍機大臣等奏：據安泰奏稱奉諭烏嚕木齊等處屯田餘糧，不必解送巴里坤，酌量減價折給兵丁，扣抵鹽菜銀兩。查官收米麯，減價折銀，自屬兵丁所願，但食用不盡者，必籌轉售之法。今烏嚕木齊等處商人，曾有以貨物易換兵丁米麯之事，若令其交銀現買，似亦可行等語。應如所奏，酌將兵糧一石，定價九錢，每次給與五斗，扣銀四錢五分。至商人則較兵丁加增，照時價稍減，酌令交銀一兩五、六錢，給糧一石。從之。（高宗六三九、一四）

（**乾隆二七、二、癸巳**）軍機大臣等議准：葉爾羌都統新柱奏稱，葉爾羌、和闐、臺站回人，俱耕種附近閒田。所穫糧足敷支領。若將鹽菜銀折給糧石，臺站距村莊甚遠，即令糶賣，亦無購買之人，轉致徒爲積貯。請將每月應折糧，交阿奇木伯克，照時價糶賣，分給錢文。從之。（高宗六五五、一七）

（**乾隆二九、三、辛巳**）湖廣總督李侍堯奏：督撫兩標及武昌城守營額兵繁衆，差使最多，其應支糧餉，向例五月中旬後，但支折色，每米一石，折銀七錢。惟人稠糧貴，買食維艱。查常平額內，貯有南漕耗米一項，例於青黃不接時出糶，秋成買穀還倉。江夏、漢陽二縣，共有南漕耗米一千一百九十六石有奇。請飭該二縣於每歲四月內，定價撥給各兵，由縣扣餉買補。得旨：如所議行。（高宗七〇七、二四）

（**乾隆二九、五、甲寅**）戶部議覆：陝西巡撫明德奏稱，該省駐防官員，歲支粳米，近來採買，價值浮冒，應照例覈減。得旨：陝西粳米，出產既屬稀少，則糈廩所資，若麥石粟米，皆可隨其土宜，以供日用，何必拘泥採購成例，以致往復覈銷，徒繁案牘。自後如照節次所定採購價值，酌中定爲折色支給，在買食者，一切聽其自便，所獲尚有餘贏，而地方官亦不致辦理拮据，藉口減銷賠墊，尤爲一舉兩得。摺內前次應追銀兩，著加恩寬免一半還項，其折色定價，即行酌議具奏。尋奏：每石定爲二兩六錢，折色支給。從之。（高宗七一〇、五）

（**乾隆三〇、九、辛卯**）諭軍機大臣等：據東陵貝子等會奏，查議運薊米石，改支折色一案，既稱官兵等俱以折價買食有餘，情願支領折色；而摺後又云，米糧缺少之年，其價不能購如應需之數，仍令兵役等暫支米石等語，甚非辦事之道。粟米每石折價一兩四錢，較直隸舊例每石一兩之數，已屬加恩寬給。設偶有米糧稍缺、價值甚昂年分，彼時自當籌辦，何必此時即鰓鰓豫爲過計？轉使兵丁等得以藉口，一遇糧價稍昂，輒冀關支本色。所謂民可使由，不可使知，豈有定立章程之初，輒爾豫存遷就，尚何以辦公事耶？此必公義未能通曉事理，拘小見而不知大體。方觀承因彼係專司之人，不復與之辨執，遂有此議耳。已降旨申飭公義。除將原摺交軍機大臣節刪，交部定議外，並將此傳諭該督知之。（高宗七四五、三）

（**乾隆三六、七、庚申**）諭：古北口地方，因潮河盛漲，連年被水，情形較重，疊經頒發帑金，善爲撫卹，並賞銀葺屋，俾有安居，開倉平糶，賞借月糧，使軍民足資口食。惟是該處兵糧，祗提標歲支一季本色，餘俱用折色關支，既無贏羨流通，而米糧入市，又屬稀少，偶遇雨水稍多之年，價值易致昂貴，日用糴買，未免拮据。茲經臨詢覽，雖景象尚覺安恬，而善後經營，宜令益臻饒裕。昨歲曾於口內添建倉厫，貯穀八萬石備用。因思積貯既屬充盈，而新陳亦當量爲出易，若兵食使之寬裕，則餘糧兼可瞻及閭閻，自爲一舉兩得。著加恩，將古北口駐防八旗兵丁，及城守營提標綠旗兵丁應支月糧，自本年爲始，每年支給兩季本色，以示體卹。其如何酌定章程，按數準支，及將來作何源源運貯接濟之處，並著該督楊廷璋詳晰妥議具奏。（高宗八八九、一一）

（**乾隆四六、九、壬子**）欽差大學士公阿桂、署理陝甘總督李侍堯，又奏：西安添設弁兵，其應給俸餉，請在藩庫支領。其粳米、粟米、料豆在糧道倉內支領，如額徵不敷，應照例支司庫折色，其紅白賞卹銀，在開墾馬廠空閒地租內支給。其應建官署二十所、兵房四千六百間，共估銀三萬九千六百二十兩，在官置鋪房取租支用餘銀內，並移駐兵丁衙署變價項內支給，有不敷處，在藩庫墊給，即按年將房租餘銀，解司歸款，下軍機大臣會同兵部議行。（高宗一一四〇、二九）

（**乾隆五一、一、甲戌**）（湖廣總督特成額）又奏：湖北衛昌營，坐落苗疆，產稻甚少，歲需兵米，除春夏二季，撥江陵等縣南米供支外，秋季將鶴峰、長樂二州縣官穀碾供；不敷，該二州縣每石領價七錢買供。冬季按每石七錢價，折銀給兵自買。乾隆元年，前署督臣史貽直因兵買維艱，題明每石寬給銀三錢，俟五年後，田墾米多，仍照七錢原額折給。嗣後五年一題，迄今五十一年，俱因米貴，未復原額。現查米價仍昂，與其存待復原額虛名，不若將寬給折色，賞爲定額，於公項內動支。得旨：允行。（高宗一二四七、二六）

（**乾隆五一、三、癸酉**）湖廣總督特成額……又奏：沿途麥苗，均因春雨及時，青蔥暢茂。得旨：覽奏欣慰。又奏：駐防荆州滿營兵米，向撥湖北各州縣額徵南米供支，新徵南米，未解荊時，於存貯荊倉、襄漕米內借給。上年各屬被災，蠲賑南米，徵解踰期，致去年十二月並本年三月初七以前滿營兵米，不敷支放，請均於荊倉存貯襄漕米內借支。其三月初七至七月初二，應支米，因災蠲撥給折色，秋成未屆，兵買維艱，請照調支冬月本色例，並於支贖襄漕及添貯兵穀內碾放。又武昌、東湖、鄖陽、襄陽、均州、穀城等六倉，應支綠營兵米，亦因災徵解不齊，請照荊倉例，一律借各本倉襄漕米穀支放。得旨：如所請行。(高宗一二五一、二七)

(乾隆五三、一二、庚子)諭：熱河滿洲官兵。自駐防以來，歷年已久，生齒日繁。而此數年一切官差，均各勤勉。著加恩嗣後伊等。每季應得半分米折銀，每石著照一兩四錢折給。(高宗一三一八、三二)

(嘉慶一、八、癸未)軍機大臣議覆：陝甘總督宜綿奏稱，陝西邠州、商州、長武三營，原定兵餉，皆全支折色銀，並無本色糧料，亦無加折之項，較別營均屬偏枯。商州產糧稍多，請月支加折銀三錢；邠、長二營，請月支加折銀四錢等語。查該三營地當孔道，差務繁多，兵力自形拮据。惟銀兩之增減，總以糧價之昂賤為準，本年糧價較昂，應如所請；其糧價平減之年，仍照原定兵餉支給，不得援以為例。從之。(仁宗八、一〇)

(嘉慶九、三、丁巳)命河南駐防兵，夏季月餉改給本色米石，以堵築衡工，錢糧價均昂貴故也。(仁宗一二七、二七)

(嘉慶一一、一一、壬申)加江南狼山鎮標兵丁米折銀每石二錢，從總督鐵保請也。(仁宗一七一、二六)

(嘉慶二二、七、辛亥)又諭：伯麟等奏，邊地兵糧採買維艱，懇請仍照原議，兼支折色一摺。滇省緬寧地處極邊，產米稀少，該處歲需兵米額徵及撥運秋糧，不敷支放，仍需給價，於本境採買。現在新增兵丁每年不敷兵米較從前增至一千七百餘石，若令全數採買，必致有妨民食。該督等奏請照普洱、威遠二鎮營之例，於秋冬二季兼支折色。加恩著照所請，緬寧廳新舊兵丁月糧，准其於每年秋冬二季大建月，折給銀十日，小建月折給銀九日，每石折給銀一兩八錢，令兵丁自行買食；其餘不敷米八百餘石，仍以每石一兩價銀發給該廳採買。自嘉慶二十二年秋冬二季起，本折兼支，其二十、二十一年所支本折，歸案分別報銷。(仁宗三三二、六)

(六) 官兵移駐辦差幫貼及其他工食支出

(順治四、十、甲戌)兵部議覆：兩廣總督佟養甲疏，請調大同督鎮二標官兵二千員名，防勦兩廣，坐糧如例支給，仍各賞銀一兩五錢，資辦衣

裝。從之。(世祖三四、九)

（**康熙四、四、乙亥**）浙江巡撫蔣國柱疏言：浙江省地狹民稠，無尺土不輸將國課。駐防滿兵樵採，未免病民。請於額餉外，每月加給柴價銀兩。下部議。(聖祖一五、六)

（**康熙一二、一二、戊午**）諭戶部：前出征兵丁各給銀十兩，今出兵甚速，不比往時，恐有窮困兵丁稱貸辦裝，除給銀十兩外，再各增給十兩；委署章京之護軍校、驍騎校以下，護軍、撥什庫、甲兵、弓匠以上，各給銀二十兩；鐵匠等亦各增給銀十兩。(聖祖四四、一六) 5399

（**康熙二五、九、庚寅**）先是，議政王大臣等議覆，差往盛京兵部尚書伊桑阿等回奏，臣等會同盛京副都統穆泰議得盛京等處，地方廣潤，應請增兵防戍。查烏喇、寧古塔，原有駐防兵三千名，請分撥一千五百名，移駐黑龍江；將盛京兵一千五百名，移駐烏喇、寧古塔；再將在京兵一千五百名，移駐盛京，庶就近遷移，不致勞頓，應如所奏。上諭大學士等曰：今遣發兵丁，使盛京之兵，又行遷移，必致苦累。此本著存貯爾衙門，俟秋後再奏。至是，大學士等復行請旨。上曰：遣兵防戍，所繫最要，盛京雖云沃壤，但人民稀少，米糧未必饒裕。恐大兵移駐，米價一時騰貴。議政王大臣等所議未悉，著侍郎郭丕、學士禪布，速往問明該將軍、副都統來奏。尋郭丕等回奏：臣等會同酌議，烏喇、寧古塔所補兵數，應即將在京兵丁發往駐防，不必又將盛京兵分撥，餘應如前議。但目下糧食未足，耕種不及，一應口糧，應令該將軍等於興京等處，採買預備。得旨：此時天氣寒冷，這派往駐防兵丁，暫行停止，俟來年秋收後陸續發往。耕種地畝事務，著戶兵二部議奏。(聖祖一二七、一八)

（**康熙三五、九、戊辰**）諭大學士伊桑阿：此番出兵，八旗官員及兵丁人等，俱照今年出征例給兩月行糧；如前已出兵，今次又往，各賞銀十兩。朕所駐蹕驛中，每驛使備空草，以餵出兵者之馬，照各處定例散給。(聖祖一七六、一〇)

（**雍正二、九、癸卯**）諭戶部：前往臺灣換班兵丁，俱在臺灣支給糧餉，伊等所留家口，無力養贍，必至內顧分心。著將兵丁所留家口，每戶賞月米一斗，內地米少，即動臺灣所有之米，合算船價，僱運至廈門，交地方官按戶給發，務使均霑實惠。(世宗二四、三)

（**雍正七、四、甲午**）諭內閣：八旗兵丁並各省駐防，以及各標兵丁，朕已賞給銀兩，令該管官員經營生息，以濟其吉凶緩急之用。今因征勦准噶爾，派出兩路大兵，遠臨邊塞，此所派兵丁等既為國家效力行間，朕心更為軫念，已於行糧恩賞外，給與坐糧，以養贍其家口。但兵丁等出門之後，家中若有吉凶之事，料理無資，不可不爲籌畫周濟。除京城八旗出征兵丁，該旗照例支給外，其奉天等處八旗出征兵丁，著照京城護軍之例，吉禮賞銀十兩，喪禮賞銀二十兩。其直隸、山東、山西、河南、陝西等處出征綠旗兵丁，著照京城驍騎之例，吉禮賞銀六兩，喪禮賞銀十二兩。凡此賞給銀兩，其有已經孳生利息之處，即於利息內支給，其未曾賞銀，及雖經賞銀，而尚無利息可支之處，即動正項錢糧支給。著該管官員通行曉諭，使出征兵丁咸共知悉，伊等家中遇有應領賞銀之時，即報明本管官，出具領結，照數支領，毋得稽遲。俾效力行間之士均沾實惠，無內顧之憂，以副朕加恩沛澤之至意。(世宗八〇、一八)

（雍正七、五、丙寅）諭八旗大臣等：八旗官房俱係身犯重罪、貪婪人員入官之物，不過以備賞賜耳。此次出征之大臣、官員、兵丁，俱係前往軍前效力之人。如大臣內有因房屋狹隘願換官房居住者，著怡親王、傅爾丹查明指給，爾等由該旗取具圖樣呈覽，朕另降諭旨；其營總及章京內，有願換官房者，亦准其換住。再護軍校、驍騎校、護軍馬甲內，有租典房屋居住者，著該旗大臣等確查各該旗所有官房，於大兵起程之前，酌量賞給，俾兵丁等每月得省房租，以爲家口生計之資。(世宗八一、三三)

（雍正八、一〇、壬寅）(大學士等)又議覆署兩江總督史貽直疏言，江南營伍廢弛，亟宜修整，請照浙閩二省之例，於下江五十九營額兵三萬八千七百九十四名內，除各官隨糧並餘尾例不應扣及缺數不及扣者不扣外，其餘每守餉百名，留出公糧三分，自雍正辛亥年爲始，陸續扣出，各存本營，將甲械旗幟，次第整頓修理。俟通完之日，仍照浙閩二省例，將所扣之糧募足補數，以實營伍。應如所請。從之。(世宗九九、五)

（雍正八、一〇、辛亥）諭兵部：年來出征兵丁，在外支給口糧，而仍給與坐糧以養贍其家口。蓋因其荷戈持戟，效力戎行，不忍令有內顧之慮也。至各省土兵，有派撥征勦者，則於起程時賞給銀兩，而無養贍家口之例。朕思本身遠出在外，則於營生之計，不能兼顧，其父母妻子或至俯仰無資，深可軫念。嗣後土兵之出征者，除恩加賞賚外，其父母妻子在家，照守兵坐糧之例，每月給銀九錢、米三斗，米折銀賞給。著督撫提鎮差委官弁，前往該地方，會同土官，秉公散給，務令均霑實惠。儻有侵蝕、扣剋等弊，一經發覺，定行從重治罪，決不寬貸。目今雲貴川廣等省效力之土兵，即照此例行。並將此旨通行曉諭各省土兵知之。(世宗九九、一四)

（雍正一〇、四、壬辰）諭辦理軍機大臣等；西路兵丁口糧，從前議定每名日支粟米八合三勺，或炒麵一勺。駐劄之時，本無不足，惟有事行走及對敵之際，晝則追奔攻擊，夜則防範巡查，非駐劄之時可比，恐舊數稍有不敷。嗣後凡遇此等日期，著每名日支粟米一升，其應支炒麵之日，每名日支一勺四兩，俾兵丁等口糧寬裕，以昭朕格外加恩之至意。至分派屯種各兵，耕耘播耨，胼胝為勞，其耕種之一月內，所支口糧，亦照行走攻戰之兵米麵一體增給。著即傳諭大將軍岳鍾琪等知之。（世宗一一七、五）

（**雍正一〇、閏五、乙未**）諭辦理軍機大臣等：前因西路軍營兵丁行走攻擊之時，從前所定口糧不敷，朕已加恩增給。今思兵丁駐劄之時，亦應使之口糧寬裕，以鼓勤勞。其如何酌量加增之處，爾等妥議具奏。尋議：駐劄之兵，與行走、坐卡之兵，俱十日給米一斗，十日給麪十二勺半，則口糧皆可充裕。得旨：依議。兵丁等遇有調遣行走之時，每月著再加賞羊價銀七錢。（世宗一一九、六）

（**乾隆一、五、甲寅**）總理事務王大臣議：定邊大將軍慶復等奏，臣等議留索倫巴爾虎兵二千名，令齋三率領一千，駐劄額克嶺、綽起圖等處；托勒德爾率領一千，駐劄烏里雅蘇台，料理運送什物。至綽爾多、蘇爾泰所領奉天兵一千，傅達理所領吉林烏拉兵一千，令隨額駙策淩，駐劄鄂爾坤附近有水草處。李如栢所領綠旗兵一千，內有山西兵五百，即令李如栢率領守鄂爾坤城；直隸兵五百，令遣副將等一人率領防守塔密爾城。其暫留種地兵丁及罪人等，令卓鼐、周瑛管轄，暫留烏里雅蘇台及罕廈爾。綠旗兵一千，令高翰管轄，並俟草生時遣歸駐劄。鄂伊袞特里默喀爾喀兵一千五百，以一千人留駐烏里雅蘇台，於喀爾喀參贊貝勒中，用一人更番管轄；餘五百人，駐鄂爾坤，於喀爾喀副將軍中，亦用一人更番管轄。其徹回官兵，請如去年發還官兵例，應領馬匹，各減半辦給。滿洲家選兵丁，舊例人給馬三匹，今減一匹，各給二匹。去年漢軍人給車腳銀十二兩，今軍營馬多，亦請人給馬二匹，到京後赴本旗滿洲都統繳還。至綠旗兵人給車價銀六兩，其各項兵丁運載軍器什物，亦給車價銀六兩。分給口糧，如前計算，抵其原處，遠者七十日，其次六十日，近者五十日，種地及罪人攜帶妻子者，每口給車價銀四兩，大口日給米八合三勺，小口半之，定於五月初九日，以次起行。此次徹還官兵，雖或未經戰陣，然在營効力，均已數年，中亦有在額爾得尼昭等處臨陣者，請定以三等，與前番一體揀選酌用。應如所請。從之（高宗一九、八）

（**乾隆一、一一、丙辰**）諭總理事務王大臣：現今兩路大兵，已經徹回，而鄂爾昆、烏里雅蘇台尚有駐防之奉天兵二千名，寧古塔兵一千名，黑龍江兵二千名，綠旗兵二千名，喀爾喀兵一千五百名，種屯綠旗兵六百名，哈密地方，尚有駐防綠旗兵五千名，共一萬四千一百名，俱各戍守邊疆。際此嚴冬，卡倫瞭望，偵探巡查，倍覺寒苦，朕心深爲軫念，著每名賞給銀三兩，爲製辦冬衣禦寒之具，該管大臣，即於軍營口存貯銀內，按名散給，務令均沾實惠。（高宗三一、九）

（乾隆四、一二、辛丑）（大學士鄂爾泰等）又議：湖廣總督班第等奏，會辦湖南鳳永苗地情形，係爲壓伏該寨，擒治凶苗，俱符臣等原議。又稱，龍三保已經投到，餘犯自應逐一令其擒獻，如就獲審無抗匿卽黨惡，可完結，不必調集別標兵丁。至稱算鎮永綏協兵，此番名雖遊巡，實係出師。請每名每日給食米一升，其雇運、賞犒等用，已酌撥正項銀兩，俟入軍需冊報銷等語。應如所請。得旨：依議速行。（高宗一〇七、二三）

（乾隆五、九、丁酉）給臺灣換班兵盤費。諭軍機大臣：福建臺灣換班兵丁，遠戍重洋，向蒙皇考聖心軫念，於本省應領月餉外，添賞伊家口留住內地者，每月米一斗，銀二錢八分零，以資養贍，誠屬格外之恩。今朕聞得班兵更換之時，一切行李衣裝，不能無費，甚爲拮据，每於本營私派幫貼而後啓行，是行者居者，均有未便。可寄信與總督德沛，令其將閩省生息銀兩，查算餘剩之數，每年共計若干。卽於此項內，分別班兵路途遠近，賞給往來盤費，永禁營中幫貼之弊，庶於內外兵丁，均有裨益。（高宗一二七、二三）

（乾隆八、五、丁酉）又諭：朕聞臺灣換班兵丁，一切行李，俱係各番社撥車供應，原議每里給銀五釐，資其飯食，三年合算，共需銀六百九十九兩五錢。乃以彼地無公項可動，以致文移往來，不能按期給發。查臺地有官莊項下徵收租粟銀兩，撥充內地各官養廉者，著每年扣出銀二百三十三兩一錢零，每逢三年，合扣銀六百九十九兩五錢，以爲換班兵丁雇備車輛之費。至內地養廉之項，則於司庫另行撥補。庶兵丁無患運載之艱，而番黎亦免候領之苦。著該部卽傳諭該督撫知之。（高宗一九二、二〇）

（乾隆一二、二、丁卯）[兵部]又議覆：天津水師營都統富昌等奏稱，水師營水手，原設二百名，請將每船正副舵工、正頭椗、阿班、舢板、繚手等各存留一名，船二十隻，共存留水手一百二十名，撥附水師營應用，餘八十名應裁。照例每人賞銀三兩，發回本籍。（高宗二八四、一四）

（乾隆一二、八、甲子）軍機大臣等議覆：副都統保德奏稱，軍營侍衛官員拜唐阿等，應換班時，隨伊等報滿日期更換，未有定時。此等人員，一出張家口，均騎蒙古馬匹，若適遇冬春，牲畜疲瘦之時，應付馬匹及供應食物，未免拮据。請將軍營換班人等，於五月半間自京起身；換回之人，於七八月間來京。其差使來京者，除有要事外，其尋常賫送檔冊事件，亦俟五月起身，於九月間回至軍營。再軍營換班，若均在一年，應換之人太多。請將看水草侍衛、部院衙門官員，作爲一年更換；守卡侍衛，作爲一年更換。再口外行走，惟工珠及珠爾惠兩路，若分年分路行走，蒙古人等自不致拮据等語。均應如所奏辦理。現在軍營官員，冬春應換者，即照此奏，俟來年五月內更換。其看水草侍衛，向係新舊錯綜更換，不便令與部院官員，一時全換。現在侍衛十員內，仍留一半，另作一次更換。從之。（清高宗二九六、八）

（乾隆一三、三、壬寅）甘肅提督永常奏：甘郡内地，糧價雖賤於安西，因標兵皆係土著，家口衆多，糧餉皆按季關支，季首關餉時，餬口外所餘無幾，每至季中空月，已屬拮据，添補衣服，更覺艱難，借貸受重利盤剝，且有告貸無門者，冬令無皮衣兵，竟有大半。設遇徵調，何能望其勇往？雖例有恩賞銀兩，足備皮衣，奈甘郡不產皮張。查現有節年餕駝節省餘銀，與其閒貯，不若以之接濟兵丁。因差員向西寧產皮之處買皮，西安布賤之處買布，製造裘服，發給無皮衣兵，雖得免冬寒。而春暖又將皮衣典換春衣，隨爲贖貯，至冬發給，免其出息。一切用度，隨時酌給，旋借旋扣。請嗣後但有節省之項，即入接濟項下辦理。俟買駝添補時，仍照例動用。報聞。（高宗三一一、三）

（乾隆一六、九、辛巳）軍機大臣等議覆：山東巡撫原任河南巡撫鄂容安覆奏，尚書舒赫德條陳各省標營增扣名糧，以充公費一款。查豫省除南陽鎮，向有官地租息可敷公費外，其河北鎮屬九營，及撫標左右二營，公費尚多不足。前請以蘭陽等十縣官莊地畝一百餘頃租息，分撥各營，以濟公用。部議以此項租息，經前督臣王士俊奏請歸公，接濟民食，未便撥歸營伍，但豫省地廣兵單，既難再行增扣，又無別項可籌，且官地租息無多，民食原不藉此接濟，若歸營伍，稍添公費，實於民無損，於兵有益。應如所請，令撫、鎮按各營額兵多寡、事務繁簡分撥。其收支查核，酌定章程，妥協辦理。從之。（高宗三九九、四）

（乾隆二〇、五、戊戌）又諭：據富勒赫奏，福建駐防第一起滿兵，自直隸、山東以來，俱係陸路。折給口糧，自行買食。至江省水路，每兵只給口糧米八合三勺，一切柴薪、鹽、菜日用家伙，並未備辦，甚爲拮据，地方官每名捐給十文等語。派往駐防兵丁，應給口糧，自有定例，何以兵丁等陸路行走，道經兩省，口糧並無不敷，獨至江省水路，忽致如此拮据之理。或因派往駐防兵丁等，本非安靜守分之人，在途日久，伊等以離京已遠，妄思借端多索，而地方官輒額外捐給，急圖了事，亦未可定。果爾，則該督撫之辦理不善，亦概可見。尹繼善身任總督，值此滿兵過境，雖已派出大員，亦應親往彈壓，務期料理妥協。乃祇任彭家屏在彼專辦，並不親身督察，是伊平日間好逸養高之錮習，仍未悛改，大非敬公率屬之道。著傳旨申飭，仍令將兵丁口糧，該省是否照例辦理，因何致有不敷之處，即行據實查奏。再現在該兵等，不日即抵浙、閩，且此後起數尚多，著傳諭喀爾吉善，務飭派出專辦此事之同德等，妥協辦理，令兵丁等共知節制，不得因循江南前轍，故爲遷就。（高宗四八九、二六）

（**乾隆二○、五、戊戌**）又諭：據富勒赫奏，福建駐防第一起滿兵，至江省水路，地方官因口糧未敷，每名捐給錢十文，辦理實有未妥等語。兵丁行程，水陸無異，應得口糧，自係照例畫一辦理；何獨於江省水程，致有不敷，須地方官捐給錢文？此等派往駐防兵丁，多屬喜事之徒，沿途額外需索，事所不免；或直隸、山東一路地方官，即已如此捐給，江南承照辦理，而前此無人奏出，亦未可定。可傳諭詢問方觀承、郭一裕等，此項兵丁從前經過該省，是否照例支給，有無藉口不敷，額外捐給之處，據實查奏。不得因從前奏報兵丁出境摺內，已經聲明毫無需索，今復稍存迴護掩飾之見。尋直隸總督方觀承、山東巡撫郭一裕覆奏：兵丁經過境內，實屬安靜，並未額外求索，地方官亦毫無捐墊。報聞。（高宗四八九、二七）

（**乾隆二一、一○、乙亥**）諭軍機大臣等：黃廷桂奏，請派滿洲兵二千名，駐劄瓜州。現在巴里坤已設庫倫，其從前派往兵丁一千名，應行更替。著即於派駐瓜州滿洲兵內，先派一千名，令往巴里坤駐防。其瓜州駐防兵一千名，著照黃廷桂所奏，俟戊寅年再行派往。所有此次揀選派兵事宜，著軍機大臣議奏。尋議：派兵駐劄巴里坤，應設協領二、佐領八、防禦八、驍騎校八、筆帖式一，俱由八旗應陞人員內揀往。其兵由八旗前鋒護軍披甲人內挑派，於明年二月內起程。沿途折給車輛、口糧、草乾銀，悉照西安兵移駐涼州、莊浪之例。再官兵攜眷前往，應酌給協領、佐領整裝銀四十兩，立產銀六十兩，防禦、驍騎校、筆帖式整裝銀三十兩，立產銀五十兩。兵整裝銀二十兩，立產銀三十兩。其整裝銀在京給發；立產銀俟抵巴里坤支給。巴里坤現有駐兵房屋，著黃廷桂派員修葺。從之。（高宗五二四、一七）

（**乾隆二二、三、辛酉**）［大學士管陝甘總督黃廷桂］又奏：哈密年滿防兵，今應派換。向來於安、甘、涼、肅各提鎮內就近揀派，今查有派往巴里坤种地兵五百名，即係甘、涼、肅三處之兵，現因巴里坤地畝荒廢已久，不能妥種，經將軍成袞扎布等奏請，暫令回營。請即以此項兵作爲換班防兵，應支整裝賞項，即以前經賞領之項抵數，無庸另給。得旨：甚妥。(高宗五三五、二九)

(**乾隆二二、九、己未**)閩浙總督楊應琚、福州將軍新柱等奏：福州駐防漢軍四旗甲兵，恩准出旗爲民，併改補綠營糧缺，臣新柱先經奏准，如綠營原有兵房者，每名賞搬移銀二兩，無兵房者，賞賃屋銀六兩。其窮苦閒散户口，每户賞資本銀八兩在案。其轉補省會之綠營各兵，近在同城，賞銀原足敷用。惟轉補提、鎮各外標營者，程途水陸遠近不同，家口多寡不等。水路雖係灘河，尚有船隻。陸路則並無車輛騾馬，皆須雇夫擡運，所賞搬移銀，實屬不敷。無力者往往身在外營，家口留省。似不得不變通籌辦。臣等酌議，除搬移賃屋銀，仍照原議分別賞給外，其轉補各外標營之甲兵，家口尚在省城及將來應行轉補家口須帶往者，懇恩准照該兵之家口多寡，每名口、每百里陸路酌賞路費銀三錢，水路減半。所需銀統於出旗漢軍截曠項下動支。得旨允行。(高宗五四七、二八)

(**乾隆二三、一二、丁巳**)諭：扈從兵丁所得幫銀，向例係不出差者津貼出差之人，由所借庫銀内扣給，固屬伊等應出之項。但兵丁生計全賴錢糧，若將幫銀坐扣，伊等不無拮据。著加恩將此項銀兩俱動官項賞給，現在應扣銀十四萬五千餘兩，亦加恩免其坐扣，俾伊等生計有資，以便學習技藝。該都統等宜用心管束兵丁，循守旗人樸素之習，毋致糜費。將此通行曉諭八旗人等知之。(高宗五七六、二三)

(**乾隆二三、一二、己巳**)又諭：據同福柱奏稱，黃廷桂調撥營馬二千匹，至涼州餧養，伊親行送往，並派協領瑚柱等作九起行走等語。解送馬匹之滿洲綠旗官兵，沿途所需行糧，有無應給官項。伊等至涼州照看飼秣時，應如何加恩賞給，可傳諭黃廷桂查明議奏，再降旨賞給，以示體恤。尋議：今歲口内外糧價翔踊，解馬官兵額支盤費不敷，向例協領、佐領、參將、遊擊口内日支銀四錢，口外五錢，今請口内每日加銀一錢，口外二錢。防禦、都司、守備向例口内日支銀三錢，口外三錢七分五釐，應請口内日加銀八分，口外一錢六分。驍騎校、千總、把總日支盤費銀口内二錢，口外二錢五分，應請口内日加銀六分，口外一錢二分。至牽馬兵丁，向例無論口内外，日支銀四分，今請口内加銀六分，口外一錢。從之。(高宗五七七、八)

(**乾隆二五、三、甲寅**)諭軍機大臣等：阿桂奏稱……官兵行糧，例載滿洲索倫等兵丁，月支羊三隻，綠旗兵月支二隻。現在伊犁未通貿易，綠旗兵於開墾營造亦屬勤勞，請一體支給，俟秋收後再照舊例等語。著照所請行。來年所發屯田兵丁,秋收前亦照此辦理。其烏什之貧回五百餘人,亦准將霍集斯所存糧石,酌量借給,以爲籽種,秋收時照數扣還,併傳諭舒赫德知之。(高宗六〇八、一三)

(乾隆二六、七、己酉)軍機大臣等議覆:參贊大臣舒赫德等奏稱,庫車以西至喀什噶爾各城,駐劄官兵,應給口糧羊隻。現在購辦充裕,惟本年已逾半載,毋庸多給,滿洲、蒙古兵各支給兩月,綠旗兵各支給一月,儘敷養贍。請嗣後定爲每年滿洲、蒙古兵支給三月,綠旗兵支給一月等語。查各回城購羊,多寡難以豫定,如限於成數,遇採買不敷之時,礙難辦理,除本年羊隻充裕,應如所請外,嗣後每年惟視購買之多寡,酌量辦理。多則滿洲、蒙古兵支給四月,綠旗兵酌給一、兩月,否則滿洲、蒙古兵酌給三、兩月,綠旗兵止給米麪。從之。(高宗六四〇、一二)

(乾隆二七、一〇、丙申)又諭曰:據淑寶奏,伊犁撤回綠營官兵八百四十五員名,自哈密照例支給口糧等項,令其回肅等語。哈密距肅已近,且撤回官兵,自非派往官兵可比,其應付口糧等項,向來有無成例。今伊犁撤回各官兵,所有支給口糧等項,伊雖自稱照列,其實係照何例,並給與幾日之處,著楊應琚查明具奏。可將此傳諭知之。尋奏:向例官兵口糧,自肅州至哈密,往返均按站支給二十一日,嗣經裁減二日,此次仍給十九日。第回兵與派往有別,請嗣後再減五日,祗給十四日。得旨:如所議行。(高宗六七二、九)

(乾隆二七、一〇、庚子)軍機大臣等議復:喀什噶爾辦事尚書永貴、陝甘總督楊應琚等奏,新疆綠營兵丁換班事宜,一、新疆南北各城綠營兵一萬餘名,除烏嚕木齊攜眷移駐兵外,計換班兵七千餘名,應於陝甘各營攤派。查安西提標五營,業經分駐巴里坤等處。哈密一協,兵少差繁,均毋庸派撥。其餘各營,實兵七萬四千餘名,每千名派往百名,每兵百,派千總、外委各一管領。一、派出兵,以一營同駐一城,如數不敷,於近營添撥。即以本營員弁領轄。一、官兵俸賞,照英吉沙爾換防例,官每員,支給俸一年,兵每名,支給銀十五兩。一、各官騎本身例馬,每匹日支草束銀一分,於馬乾銀內扣還。每兵四名,給車一輛,由肅州送至哈密。其前赴防所,兵三名,給駝一隻,折銀十八兩自購,所領駝價,至防所後,交該督等量其道里遠近,酌減扣繳。均應如所請。從之。(高宗六七二、一七)

(乾隆二八、一、丁亥)軍機大臣等議覆:黑龍江將軍國多歡奏稱,索倫兵向無跟役,應准挈眷,賞項照上年派往伊犁之察哈爾官兵例,每户給整裝銀三十兩,駝一隻,折銀十八兩,人給馬一匹,帳房鑼鍋折銀六兩。起程時裹帶兩月口糧，每丁月給監菜銀一兩五錢，俟辦給孳生牲隻日停，再各賞銀十兩，置辦軍器。其次起兵丁，應於何處過冬，及派出筆帖式、領催等於喀爾喀選帶嚮導行走，俱交成衮扎布酌辦。再據察哈爾都統巴爾品奏，應派餘丁一千名，不必分翼分旗，惟選壯者，作兩起前往。遵旨派達克塔納、成果帶領，應給行裝產業，照例辦理。從之。（高宗六七九、一五）

（**乾隆二八、二、癸丑**）諭軍機大臣等：巴祿、楊應琚所奏籌辦涼州、莊浪滿營官兵移駐伊犂，及漢軍官兵出旗各事宜二摺，已交軍機大臣議奏。至另摺所請，於涼州、莊浪甲兵三千二百名內，查其年老殘廢孤寡幼稚之戶，酌留五百名，統歸涼州駐劄，改設城守尉一員管轄等語。朕初閱時，以移駐之兵，既皆精銳，足壯新疆營伍。其老弱殘廢之跋涉維艱者，自不妨區別酌辦。至於遷移帑項，不致虛糜，猶其後焉者也。當於摺內批諭，即可併入議行。但思設立駐防，原為地方起見。今新疆開拓二萬餘里，涼州、莊浪一帶已成腹地，是以特准軍機大臣所議，將該處駐防官兵，移駐伊犂，漢軍則令改調綠旗營缺，及聽其散處為民，而俸餉經費，即可挹彼注茲，化無用為有用。且伊犂屯田豐收，水草暢茂，尤於伊等生計有益。今若因老弱廢疾孤幼等戶，遂酌留兵額五百名，改設城守尉等官，不但非駐防體制，而就逸惡勞、安土重遷之徒，勢必紛紛託詞規避。此風斷不可長，即該將軍亦轉覺難於辦理。此內果有前項戶口，萬不能遠赴伊犂者，伊等原從西安移駐涼州、莊浪，至今不過二、三十年，自可體察實情，量為酌留，仍令回至西安，交該將軍歸入佐領，就便安插，又何必為此委曲遷就之舉耶？另摺所奏，不必再議。仍將此詳悉傳諭巴祿、楊應琚知之。尋軍機大臣議奏：一、涼、莊滿蒙兵挈眷移駐伊犂辦裝銀，官按品級賞俸一年，兵每名賞銀三十兩，跟役二兩。一、步兵自涼、莊至哈密，每二名並跟役給車一輛。至伊犂，每名給馬一匹，折銀八兩，到後繳還十分之三，分二年坐扣。眷口照例給車外，每戶添給行李、鍋、帳車一輛。一、應需盤費鹽菜口糧，照安西提標兵移駐烏嚕木齊例，分別支給。跟役無論多寡，准量給一名鹽菜銀，不准更支盤費。一、帳房照察哈爾兵移駐伊犂例給價，釁具應所本有，不準折給。一、抵哈密後，應由闢展烏嚕木齊臺路前進，仍令該將軍、總督、辦事大臣等遴員沿途照料。從之。（高宗六八一、一二）

（**乾隆二九、二、癸未朔**）尚書舒赫德奏：前軍機大臣議厄魯特兵移駐伊犂，由邊外行走，照從前察哈爾兵例，一體給與銀兩口糧。惟是從前帶領察哈爾兵之官員等，送到即回，是以僅給一年俸祿，照品級給馬匹及監菜銀，不給駝隻。今此次挈眷移駐，情形不同，自應給與駝隻。但恐伊犂水草不甚相宜，請改給牛馬各一，於孳生牧群內挑用，並交察哈爾都統巴爾品酌添如數，派鄉導帶領行走。至熱河滿洲官兵，亦應照軍機大臣原議，與涼莊滿洲官兵，一體給於俸餉。官員等每家口四人，給車一，每戶給裝載什物車一；兵丁等每戶給車一，兩戶給裝載什物車一。再官員等應給之項，業經辦給，其兵丁應給銀兩，酌留三分之一，興給賞跟役之銀，俟明年由伊犁前往雅爾時，令將軍等照數給與，庶免中途花費。得旨移駐伊犁兵丁，雖有厄魯特總管等官帶領，沿途無一大員，不能統速，著派護軍統領烏勒登送往伊犁，交代後，仍著回京。其自京往伊犁之厄魯特等，即交烏勒登帶至熱河。再厄魯特官兵，應得馬二千餘匹、牛四百餘隻及豫備添補馬牛，若自巴爾品處送至熱阿，未免長途疲乏，應令緩行，迎至伊等所經路口等候，俟厄魯特官兵到時撥給。再派出之厄魯特官兵，所欠孳生官店價銀四百餘兩，著加恩豁免。餘依議。（高宗七〇四、二）

（**乾隆三一、七、甲午**）又諭：據溫福等奏稱，烏嚕木齊攜眷駐防兵丁及該管官員等，每月支領監菜銀兩，前經議定，俟數年後居處服習，即行裁汰。今前後移駐兵丁內，有已過三年將及四年者，嗣後俱以四年為定限，四年限滿，裁去鹽菜銀兩，惟支俸餉等語。烏嚕木齊攜眷前往屯田綠營兵丁，除原食錢糧外，復支給鹽菜銀兩，原因烏嚕木齊係新定邊疆，諸物昂貴，加恩賞給雙分，使伊等生計有資。今烏嚕木齊等處商民雲集，與內地無異，非初派駐防時可比，鹽菜銀兩，自應裁汰。但現在烏嚕木齊兵丁尚有從前軍需應扣之項，如扣項未完即裁鹽菜銀兩，於伊等生計不便。著加恩暫停裁汰，俟伊等扣項完結，再行裁汰。官員鹽菜銀兩，亦照兵丁辦理。嗣後陸續派往官兵，當為區別，如本營原有欠項，至烏嚕本齊應坐扣者，仍支給鹽菜銀兩，俟扣項完結，即行裁汰；其本營無賠項者，念伊等甫經派往，除應支俸餉外，著加恩支給一年鹽菜銀兩，次年即不必支給。（高宗七六五、一五）

（**乾隆三一、一二、辛酉**）諭：打牲烏拉採珠人等，每月俱支給餉銀五錢，但伊等生齒日繁，生計不無拮据，著加恩每月支給銀一兩（高宗七七五、一七）

（**乾隆三二、三、甲申**）[軍機大臣等]又奏：現派健銳營兵五百名，令護軍統領觀音保帶往雲南，應請照例賞給護軍統領及營總、章京、護軍校各二年俸，兵丁每人各銀四十兩製裝。此次由驛站前往，經過南省，道路紆狹，一時全行，恐車馬未能猝辦。請作為十隊，每隊五十名，頭隊即於四月初四日，隨總督明瑞起程，餘俱隔二日一隊起行。每隊令營總章京一名帶領，仍著觀音保、總管前後行走，妥為約束。其沿途經過地方，均交各督撫照例豫備，忽致遲誤。得旨：依議。兵丁經過直省著觀音保，河南著佛德，湖北著閔鶚元，湖南著三寶，貴州著良卿，善爲照料起程。（高宗七八一、一二）

（乾隆三三、四、己巳）諭軍機大臣等：阿思哈奏，駐防兵丁出缺挑補，所有馬械往往私相頂售，流弊無窮，請於馬價項下，借給月餉銀內扣還等語。馬械爲兵丁所必需，乃豫省積習，竟至新舊頂售，重利倍償，輾轉受困不已，實爲兵累。今若借支官項，令其扣清辦理，則挑補新甲，既按月出利，而舊甲之家，又得有現給整銀，自屬兩便。但弓刀等項所值無幾，若借給銀五十兩未免過多。今爲量酌調劑，即予以四十兩已足敷用。該撫可即遵照辦理，將此傳諭知之。（高宗八〇八、二三）

（乾隆三四、一二、丙寅）諭軍機大臣等：今日召見各省陛見將軍、副都統等，問及官兵因公出差借貸官項，有動用馬價者，有豫先扣存俸餉臨時借給者。官兵借項，動用存公銀兩，尚屬可行。若豫扣俸餉，不惟有損伊等生計，且亦不成事體，著通行傳諭各省將軍、副都統，嗣後一切差務，須少派官兵，以惜其力其，其有緊要差使，應須借貸官項者，除紅白賞銀外，另籌款項備給，不得扣存俸餉。（高宗八四九）

（乾隆三七、六、己卯）定邊右副將軍大學士溫福等奏：查征兵向例，皆有餘丁，以供樵汲。黔兵向在滇省出征，照滇省例給與馱載，不帶餘丁。及至由滇赴川，所有軍裝口糧等項，征兵不能兼顧，而川省軍需局，又未將應照何例查明酌辦，臣等飭查未覆。彼時因進兵緊急，酌議每兵百名，給長夫四十名，以濟急需。嗣據軍需局詳稱，舊例並無隨營長夫，綠營官兵每二名，折給馱馬鞍屜銀八兩六錢零，雇夫背運。臣等以既有折銀之例，黔兵至成都時，即應按例給發，俾其內地雇夫。今於大兵深入之後，令在番地雇用，其勢難行。且陝甘兵既給馱載餘丁，而黔兵獨無，亦覺偏枯。又經飭局再議，據稟稱，黔兵既無餘丁，應照黔省出師例，按餘丁數目，每兵百名，給長夫三十名。近據道員查禮稟稱，奉有桂林札，隨營長夫，究須全徹。是長夫一項，忽給忽停，承辦之員，礙難辦理。得旨：軍機大臣等速議具奏。尋議：川省節次調到黔兵，既未帶有餘丁，節經溫福飭議，該局屢易其說，致軍營無所適從，實屬經理不善。但現在黔兵隨營進勦，運送薪水，事事需人，既給長夫，自不便徹。臣等酌議，該省軍需局所議照黔省出師例，按餘丁數目，每兵百名，給長夫三十名之處，尚屬平允，自應仍行給與。從之。（高宗九一〇、二三）

（乾隆三七、一〇、丁丑）軍機大臣等議覆：西安將軍福僧阿等奏稱，西安、寧夏滿兵，移駐巴里坤各事宜。三十兩內，每馬兵，一、扣銀十五兩，以八兩買羊，七兩製貨，步兵匠役，每名扣存七兩五錢，以四兩買羊，三兩五錢製貨。一，西安兵因不敷派撥，議裁養育兵一百，添馬甲二百二十。今加添馬兵，已經裁退，養育兵一百，請仍還原額。均應如所請。從之。（高宗九一九、四）

（乾隆四一、一、乙酉）諭：軍機大臣議駁劉秉恬等所奏，各省凱旋綠營兵丁，自成都省城起身以後，應支鹽菜銀兩，請照新例，加賞四錢之處。固因內地經行，非口外可比，第念兵丁等隨營征勦，均係出力之人，茲屆凱旋，各回本營，亦當厚加優卹。既係凱旋，由內地行走。著加恩，於每月應給鹽菜銀九錢之外，加給二錢，俾沿途日用，益資寬裕。（高宗一〇〇〇、三七）

（乾隆四四、四、戊午）［軍機大臣等］又議准：原任寧夏將軍扎什扎木素等奏稱，駐防官兵出差幫項，自乾隆三十五年賞銀一萬兩，作爲定額，除紅白事件、進京引見、操演礮位及修理軍器兵房等五款尚敷用外，至如進京奏事、操練行圍、牧效馬匹、將軍、副都統陛見隨帶官兵等四項，細覈原數，實屬不敷。查寧夏廠地陸續開墾，每年租銀除公用外，餘一千二百二十二兩零，空閒衙署每年租錢除公用外，餘五百餘串，合此二項，足給一年官差，應請添入。從之。（高宗一〇八〇、六）

（乾隆五〇、六、己卯）諭：據福康安奏巴里坤駝廠兵丁鞋腳口食、領馬弁兵鹽菜銀兩，前經海錄議裁，兵丁等未免苦累，請准其照舊支給；又烏嚕木齊種地遣犯，較兵丁減半交糧，而巴里坤種地遣犯，則與屯兵一律交納；且哈密所屬之塔勒納沁屯田遣犯俱有加增口糧並例支鞋腳等銀，巴里坤屯田遣犯，每名每月止支麪三十觔，此外再無貼補；又在工馬牛，烏嚕木齊等處係全支料石，每歲每百匹准倒三十匹，巴里坤則減半支給料石，又每歲每百匹止准倒八匹，亦屬偏枯，請酌覈加增等語。巴里坤兵丁，既據福康安查明自裁汰各費之後，未免苦累，且體察該屯種地遣犯及在工情形，稍爲竭蹙，自係實情。所有駝廠鞋腳口食及領馬弁兵鹽菜銀兩，著照所請，准其照舊支給。其在屯種地遣犯口糧鞋腳，暨在工馬牛料石及報倒數目，並著福康安會同奎林覈實定議，奏請酌增，以示體恤。（高宗一二三二、一）

（乾隆五三、八、辛卯）戶部等部奏：遵旨增議擡運征兵軍裝各事宜，一、駐防向騎本身官馬，如遇疲乏無馬更換，每二名并跟役共給車一輛，如路不通車，每車改給馬騾五匹頭；如路不通騎，不給騎馬，令兵丁步行，將馱馬每匹折給夫二名背運。一、綠營外委馬兵，向騎本身官馬，如疲乏無馬更換，每三名給車一輛，如不通車，每車改給馬騾四匹頭；如不通騎，令外委等步行，其外委跟役應得馱馬，每名折給夫二名，其兵丁每百名給夫八十名。除例帶餘丁三十名外，給夫五十名背運。一、步、守各兵，每四名給車一輛，如不通車，每車改給馬騾四匹頭；如不通騎，令兵丁步行，其步兵每百名給夫六十名，除例帶餘丁二十名外，給夫四十名。其守兵例無餘丁，每百名給夫五十名背運。從之。（高宗一三一〇、五）

（乾隆五四、四、丙辰）閩浙總督覺羅伍拉納、福建巡撫徐嗣曾奏：臺灣澎湖各營原額戍守班兵一萬二千一百七十六名，向由內地各營均勻派往，三年輪替。惟是臺灣一營之兵，每派至內地七八營、至數十營不等，以致弁兵不相認識，稽查為難，此後換防弁兵，請於督撫提鎮協標各營分，整齊歸一劃撥。如某營應派外委千把若干員，某營應派馬步戰守兵若干名，一營仍歸一營，總共挑出，指定前往臺灣某營更替，畫一註冊，無許混淆，分作四起，每起以三個月為期，各按營分，歸總撥換。擬將新增戍防經制額外外委十六員、兵一千二百名，同原額內應派水陸馬步守兵二千三百名，統共弁兵三千五百一十六員名，為第一起，班程糧餉，於本年四月初一日畫一起住；又派撥內地水陸各營三千五百名，為第二起，班程糧餉，於七月初一日畫一起住；又派三千五百名為第三起，班程糧餉，於十月初一日畫一起住；又派二千八百七十六名為第四起，班程糧餉，於五十五年正月初一日畫一起住。各起弁兵，統於一年內全數換竣，仍俟三年屆滿，換回原營歸伍。得旨：如所議行。（高宗一三二七、三四）

（乾隆五八、五、辛酉）軍機大臣議准欽差大學士孫士毅疏稱，此次辦理廓爾喀軍務先後派調大小金川屯土弁兵，共計七千九百餘名。其鹽菜銀兩，俱係查照五十三年進勦巴勒布之例辦理，除德爾格土兵中途奉徹，祇給口糧馱載外，其餘奉派隨征或由鑪城取道，或由草地遄行，計抵西藏路程均有六七千里，道險塗長，勢不能不給與鹽菜，以資日用。若將此項銀兩，復行查扣，呈繳為難，請將屯土弁兵出口進邊，每名支過鹽菜銀九錢，免其扣還，其加增銀四錢，仍以到軍營之日起支，離營之日停止。從之。（高宗一四二九、三二）

（嘉慶四、五、己未）又諭：各省兵丁月餉，原藉以養贍家口，不得絲毫攤扣，乃聞各營於差使盤費，俱扣通營兵餉，即同文員扣養廉相似。文員之養廉豐厚，尚不可扣，況眾兵月餉幾何，忍心扣取，以致伊父母妻子啼饑號寒，而欲使之盡力操練，豈可得乎？又提鎮等查閱營伍時，亦於餉內攤扣費用。兵丁等養贍無資，或在外兼習手藝，訓練生疏，營伍廢弛，所關非細。著各督撫、提鎮，嗣後兵丁差使盤費，俱當於各營留存公項內籌撥，不得攤扣月餉，並嚴禁一切酬應私費。儻敢陽奉陰違，一經發覺，必當從重懲治。再各營占役兵丁之弊，前因步軍統領衙門各員私用步甲，曾降旨令各省通行飭禁。再在京都統等衙門跟班馬甲，亦曾諭令不得過二人。今外省提鎮以下，將在伍之兵任意役使，甚至以工匠人等亦令食糧，以致操防反屬虛名，而兵丁竟成虛設。並著各督撫、提鎮查明嚴禁，以肅營制而昭覈實，實力奉行。(仁宗四四、四)

(七) 對官兵的賞恤

1. 賞恤

(**順治三、七、丁巳**) 給江寧從征浙閩各官家口俸銀三分之一，兵丁家口月餉之半。(世祖二七、八)

(**順治一八、三、丁巳**) 諭戶部：八旗水淹田地，每田二日給米一斛。近聞食用不敷，殊勘憫念，著每田一日給米一斛。應給之米，候糧船抵通，即於船上支給，不必等候入倉。既省搬運腳價之費，又杜倉中攙和糠粃，且船隻早得回空。其支兌時，該管官務嚴加稽察，不得疎忽滋弊，擾害船丁(聖祖二、三)

(**順治一八、三、癸亥**) 命保定府、滄州、德州三處水淹田地，照京城八旗例，每田一日給米一斛。(聖祖二、四)

(**康熙二、一〇、甲子**) 給八旗水淹地方米二百五十八萬石。(聖祖一〇、九)

(**康熙三、九、癸丑**) 遣官查勘八旗被水、旱、蝗災莊田，賑給米粟共二百一十三萬六千餘斛。(聖祖一三、六)

(**康熙一〇、一〇、乙未**) 以八旗屯地旱荒，給被災旗人米一百六十四萬七百石。(聖祖三七、四)

(**康熙一二、九、丁亥**) 戶部題：八旗水淹地畝，請每晌給糧二斛。得旨：依議。著將一半折銀給與。(聖祖四三、一四)

(**康熙二〇、六、戊戌**) 吏部尚書介山自福建班師回京。上諭曰：爾出征甚勞，察哈爾衆兵進征亦為勞瘁，茲回本地，宜加給行糧。(聖祖九六、一七)

(**康熙二二、七、辛卯**) 工部題：駐防外省官兵在京房屋，應令戶部給發房價，其房屋，給本佐領內無屋窮兵居住。從之。(聖祖一一一、八)

（康熙二八、三、戊辰）賞江寧鎮江杭州駐防兵丁一月錢糧。（聖祖一四〇、一）

（康熙二八、九、辛酉）諭户部：今歲畿內亢暘，田畝鮮穫，朕所深悉，被災人民，已加恩蠲賑。八旗田莊，俱在畿輔近地，同屬災傷，滿洲、蒙古、漢軍甲兵，皆須養馬，原資禾稼以供飼秣，今穀既不登，芻豆必致湧貴，雖給有月餉銀米，可以贍育家口，貧乏兵丁，經營草料，恐滋困累，朕殊用軫念。著詳察實係窮兵，無力養馬者，開列名數送部，自本年十月起至來年秋成時止，其馬匹所需錢糧應加給賜，以昭朕一體愛恤兵民之意。作何恩給，爾部確議具奏。尋議：無力養馬兵丁，月給銀三兩。從之。（聖祖一四二、九）

（康熙二八、一〇、辛巳）户部題：盛京、遼陽、興京屯莊所種田地，頃因亢旱及霜隕，米穀不收，應免其納租。移咨盛京户部，詳計所需米數，發銀採買賑濟。上曰：盛京地方，今年亢旱，米糧不收，聞兵丁見在買米而食，朕心深切軫念。其令户部侍郎阿山乘驛速往，與盛京各部大臣公同察明，量其度歲所需，令內務府官往取莊上所有之米散給，俾得均沾實惠。（聖祖一四二、二一）

（康熙二八、一〇、癸巳）户部議覆：直隸巡撫于成龍疏言，兵丁藉月糧度日，今歲天旱，米豆草價騰貴，請於原折價外增添一半。其所請過浮，應令巡撫將時價詳加核實，奏明再議。上曰：今歲直隸地方旱荒，米豆草束折價，若不增給，兵丁必至苦累，可如該撫所請增給。宣府、古北口等沿邊地方，見有積穀，可將此米支與附近兵丁，不必折給；其賑濟亦令動支此米。（聖祖一四二、二七）

（康熙二八、一二、己丑）大學士等遵旨會議：今歲亢旱，我皇上軫念八旗護軍兵丁，已增與一倍錢糧，伊等莊屯人口，足以養贍，應將護軍兵丁莊屯人口不議外，或窮寡婦及屯居倚田爲生者，又或家無披甲人，止食一鐵匠之糧，此等窮人，應察明酌量賜恤。上曰：兵丁雖已增添錢糧，其窮困之人，見在家口尚不能養，何能養及莊屯人口？可將此等人，察明再議。（聖祖一四三、二一）

（康熙二九、二、己巳）户部遵諭議奏：八旗不能贍養之莊屯人口及窮官、護軍、撥什庫兵等之莊屯人口，共二萬二千四百二十八人，每人給米一石。至於子身寡婦、退甲護軍、撥什庫及無馬甲止一兩錢糧者，其家口莊屯人口，共六萬三千七百一十九人，每人亦給米一石。得旨：此等人口，俱應給米糧，可令速給之。（聖祖一四四、一六；東一一、三）

（康熙二九、六、壬午）諭大學士等：所派漢軍一千五百鳥鎗兵，各賞銀十兩，如不遣發，免其追取。（聖祖一四六、一八）

（康熙四二、四、己亥）上諭八旗都統、前鋒統領、護軍統領、副都統、參領、佐領等曰：朕爲官兵生計，不時廑念，前已屢施大澤，今年詔款內復特沛鴻恩，不惜數百萬帑金遍行賞賜。嗣後軍卒人等，應人人務立生計，清償夙逋，豐裕度日。倘有不肖之輩，不思撙節儉約，惟知縱酒酣飲，鮮衣肥馬，過於費用，則不數日間，仍如未沛恩澤時。爾等俱有督率之責，不當徒以督率爲名，亦當誘之向善，使人人以孝弟爲本，各知自守，愛惜產業，則不特風俗可致淳樸，而朕恤兵之心，亦不至徒勞矣。可將此旨刊刻，遍示軍卒人等。受朕重恩如此，倘仍行賭博，行止不端，朕斷不輕貸，必將爲首者立正典刑。朕念切兵民生計，是以親書諭旨。欽哉。（聖祖二一二、九；東一五、二三）

（康熙五六、一一、甲戌）諭戶部：朕統御寰區，撫綏萬國，無分中外，凡兵民生計，未嘗一日不爲勤求也。自勦滅三逆以後，爲八旗甲兵，詳加籌畫。曾頒發帑金數百萬兩，代清積逋，又資其匱紲，復賞銀數百萬兩。凡隨圍出征，雖給行月錢糧，官駝馬匹，猶恐用度不繼，設立八旗官庫，以濟官兵。四十五年，復施恩將官庫未經扣完銀三百九十五萬六千六百餘兩，盡與除免。嗣後官庫事務，漸至紛擾，故停止八旗之庫，設立總庫。自此以來，官兵有益，庫內案件，亦甚清楚。但每月扣取錢糧，朕深爲廑念。曾有無恥積惡撥什庫，侵欺兵餉。朕故交與戶部，將兩月錢糧一次支放，俱令給與本人。近聞領取銀兩兵丁，甫出部門，即被人持去。公庫既行扣除，又復償還私債，兵丁所剩甚少，以此養贍室家、奉行差務，斷然不足。朕每懷及此，深切軫惻，茲特大沛恩施，式宏撫育，停止公庫，將見今未行扣完銀一百九十六萬八千兩有奇，通行豁免。自五十七年正月爲始，著給兵丁全分銀兩。爾部即傳諭八旗都統等，出示通曉，俾咸知朕優恤禁旅至意。（聖祖二七五、一七；東二〇、一六）

（康熙五九、一〇、庚戌）諭兵部：朕惟國家綏乂地方，愛養兵民，實係緊要。朕自臨御以來，夙興夜寐，無時不以軍民生計爲念。比年策妄阿喇布坦蠢動跋扈，侵我哈密，殲及拉藏，占取藏地，搖擾土伯特、唐古特人民；再吐魯番之人，皆近四川、雲南一帶邊境居住，準噶爾人等，若將土魯番侵取，又將土伯特、唐古特人民煽惑，侵犯青海，不但難於應援，亦且難於取藏。是以調四川、雲南滿漢官兵，由拉里前發，西路大兵，由青海進藏。官兵俱感朕豢養之恩，遵朕指授，各加奮勵，直抵險遠絕域，克取藏地。殊堪軫念，應大沛恩澤。四川、雲南滿漢官兵，從前所領俸餉，俱著免其扣取，仍遣堂官將取藏之四川、雲南官兵，每人賞銀十兩，即給本人妻子，以示朕軫恤官兵勞苦之至意。爾部即遵諭行。（聖祖二八九、一五）

（**雍正二、一、丙戌**）賞給巴爾庫爾滿洲、察哈爾緑旗種地兵丁銀兩有差。（世宗一五、五）

（**雍正三、七、癸亥**）諭八旗大臣等：朕前降旨發庫銀八萬兩，賞八旗，按各佐領以内，均匀定其數目，該旗酌量賞給。爾等惟矢誠秉正，查其實係貧乏之人，量其實有裨益之處給與。將此可曉諭衆人。（世宗三四、二二）

（**雍正四、五、己酉**）諭領侍衛内大臣等：朕思教育三旗之記名功臣子孫，若令伊等在一處讀書，則教授之人，必不加勉。而衆幼童聚於一處，亦不得實在肄業。將此内二十歲以上，曾習清漢書者，爾等查明，各與二兩錢糧米石，令在部院爲貼寫筆帖式。令該管大臣，將優者保奏，以筆帖式補用。若二十歲以上之不曾讀書者，照護軍與四兩錢糧米石，令在捕牲執事人處行走，並給養馬錢，優者，即可用爲侍衛，或補授官職。其十九歲以下者，如在家能延師教訓，無庸併及，其餘每月與四兩錢糧，以爲延師肄業之費。此次恩施，並將大臣等之子孫一體均沾，交伊等父兄，令將子弟之文武學業，加意教訓，俟伊等至二十歲時奏聞。朕所以如此施恩者，凡欲成就功臣之子孫也。伊等父兄，理宜仰體朕意，各自諄切教其子弟，庶伊等之文武學業，俱得漸進，以底於成就矣。（世宗四四、三九）

（**雍正五、四、己亥**）諭管理旗務諸王及滿洲文武大臣等：自古人生以節儉爲本，蓋節儉則不至於困窮，糜費則必至於凍餒，此理所必然者也。本朝滿洲素性淳樸，凡遇出兵行圍，俱係自備，並無違誤，而生計各足。近來滿洲等不善謀生，惟恃錢糧度日，不知節儉，妄事奢靡。朕屢曾降旨，諄諄訓諭，但兵丁等相染成風，仍未改其糜費之習。多有以口腹之故而鬻賣房産者，即如每飯必欲食肉，將一月所得錢糧，不過多食肉數次，即罄盡矣。又將每季米石，不思存貯備用，違背禁令，以賤價盡行糶賣，沽酒市肉，恣用無餘，以致闔家匱乏，凍餒交迫。尚自誇張，謂我從前曾食美物，服鮮衣，並不悔悟所以致此困窮者，乃以美食鮮衣之故也。今漢人謀生，尚知節儉，殷實之家，每日肉食者甚少。其貧乏之人，孳孳謀食，僅堪餬口，若滿洲等果能節儉，將每月所得錢糧少使留餘，則日久習成，生計自裕，産業可立矣。或有不肖之輩，不守本分，妄行糜費，既至貧乏，惟希恩賞。從前皇考軫念兵丁效力行間，至有債負，曾發帑金五百四十一萬五千餘兩。一家獲賞，俱至數百。如此厚賞，未聞兵丁等置有産業生計滋益者，悉由妄用於衣食，徒令貿易之人得利，一二年間，蕩然無餘，心愈奢侈，而生計較前反加窘乏。其後又發帑金六百五十五萬四千餘兩，賞賜兵丁人等。亦如從前，立時費盡。朕自即位以來，除特行賞賜外，賞給兵丁一月錢糧者數次，每次所賞，需銀三十五六萬兩。此銀一入兵丁之手，亦不過妄用於飲食，不及十日，悉爲烏有，亦何裨益？且庫帑俱係國家之正項，天下百姓之脂膏，豈可無故濫行賞賚，以累百萬之帑項，徒供伊等數日口腹之費乎？若不將惡習改除，朕即有施恩之意，亦不可舉行。兵丁等果將朕訓諭之意曉然明晰，實心遵行，痛改妄行糜費之習，朕加恩賞賜，衆亦可得永遠均沾，至生計各遂之時，始知朕所以愛養滿洲之恩，爲至深且切也。王大臣等，亦宜各從儉約，以爲下人之表率，行之既久，自可挽此惡習。滿洲乃國家根本，朕知之既深，豈有不教之理？朕自即位以來，衆人有論朕爲太嚴者，由朕欲衆人痛改惡習，進於善良，止其奢靡，使知儉約，凡朕意慮所及之處，悉申禁令。而不肖匪類，不得肆行其意，或妄加議論，如朕曾有禁止酗酒、禁止賭博、赴園館、鬥雞及鸜鵒蟋蟀、雇人當差、放印子銀兩、典錢糧米石、用黃銅器皿等諭旨，悉爲兵丁等身家計也。如此訓誨不已，衆人咸應體朕苦衷。且此等訓誡，咸係皇考從前禁止之事，並非創始於朕。但當時之臣工，未能實意奉行，是以一應惡習，未能得改。今王大臣官員內，仰體朕旨，加意奉行者，不過十居其五，大半未愜朕懷。而無知之人，遂論以爲過嚴。如欲使若輩稱爲寬仁之主，何難之有？但不加約束，任其種種糜費，則不但坐視滿洲等漸流至於不得衣食，毫無顏面，即以國家全力養贍伊等，亦且不能給足，朕意實有所不忍，勢亦必不可也。爾等其仰副朕意，各將所屬官兵，及閒散人等，剖析情理，不時詳加訓誡。（世宗五六、一三）

（雍正五、七、甲戌）發庫帑賞給八旗兵丁。滿洲，每佐領一百兩；蒙古，每佐領七十兩；漢軍，每佐領五十兩。上三旗包衣佐領、內管領及五旗諸王之包衣佐領，俱照滿洲旗下賞給。以雨水連綿，房垣傾倒故也。（世宗五九、二二）

（雍正七、一、己未）諭兵部：福建、臺灣戍守之兵丁，父母妻子留在內地，前已加恩，每月給與米糧，以資養贍。聞臺兵之例，每月將所領錢糧扣留五錢於內地，爲養贍家口之用。朕思兵丁遠涉海洋，所得餉銀又復扣除以養家口，恐本身用度或有不敷。今沛特恩於駐臺兵丁，每年賞給銀四萬兩，爲養贍家口之用。著總督等均勻分派，按期給發，俾兵丁本身食用既得寬舒，而父母妻子之在內地者，又得養贍，以示朕恤兵賞勞之至意。（世宗七七、一〇）

（雍正七、五、壬戌）諭内閣：自本朝開國及平定三藩，廓清朔漠以來，襃忠録功之典，最爲優渥。凡文武官弁、兵丁之効力行間，著有勞績，及臨戎致命，遇敵受傷者，皆赤心報國之人，朝廷沛澤加恩，惟恐不速。乃近年以來，部臣辦事，遲緩因循，往往因一二事之駁查，遂將衆人䘏賞之典，俱致淹滯。即如陝甘川省，從前攻勦南川、北川、青海桌子山等處之文武官弁、兵丁，已經查核明晰，應行䘏賞議敘，衹因青海等處功加册結内，有原任巡撫王景灝、同知張梅革職離任，所造册結，無印可鈐，部議駁查，以致南川等案䘏賞之處，一并稽延。經朕訪察而後知之。夫官弁例應議敘者，不得早沾國恩，固爲不可，而陣亡受傷人等遲至數載之後，尚未邀帑金之賜，尤可憫惻。著該部速行䘏賞議敘。嗣後凡有出兵加恩之案，其中若有應行駁查者，止將應查之人扣除，俟查明補給，不得因一二人之行查，而稽遲衆人應得之恩典。將此永著爲例。又如從前進藏出征之官弁、兵丁，若有預借銀兩，而本身陣亡，或在軍中受傷、病故者，除照例䘏賞外，其所預借銀兩，概免追還。（世宗八一、二一）

（雍正七、閏七、庚辰）諭兵部：駐藏兵丁，其家口在家，著照出征兵丁之例，給與坐糧以爲養贍之資，若家有喜喪事件，亦照出征兵丁例，賞給銀兩。（世宗八四、六）

（雍正八、八、乙卯）命查八旗兵丁，因地震致垣舍坍塌者，每旗各賞銀三萬兩，按各佐領人數，均勻分給。圓明園八旗兵丁，每旗各賞銀一千兩，以爲修葺屋宇之用。（世宗九七、一一）

（雍正一三、九、辛丑）又諭：出徵兵丁，勞苦効力，甚屬可憫。現在軍前之滿洲、蒙古、漢軍兵丁，已各賞伊家一月錢糧外，著於軍營再加賞一月錢糧。其在軍營之綠旗兵丁，亦加恩賞給一月錢糧。（高宗二、一五）

（雍正一三、一〇、丁亥）諭總理事務王大臣：少卿巴德保係山海關監督任内因事徹回之員，理應將更換徹回縁由，聲明摺内，乃伊公然似任滿人員，含糊具奏。顯係有心隱匿，希圖恩賞，殊屬不合。巴德保著交該部察議具奏。其羨餘銀一萬四千兩，毋庸賞給。著賞給内閣官員等四千兩，其餘一萬兩，交總理事務王大臣等酌量賞給朕往雍和宮沿途管街步兵等。（高宗五、二七）

（乾隆一、四、庚午）宗人府議奏，鑲藍旗滿洲都統豐盛額條奏，閒散覺羅等，遇有紅白事出，俱加恩賞銀兩，覺羅較之宗室，雖曰有間，究非常人可比，請照護軍校、驍騎校、前鋒護軍，茶膳房拜唐阿、城門吏、各部院筆帖式之例，酌量加增。紅事賞銀二十兩，白事賞銀三十兩。此項賞銀亦照宗室之例，著該旗將其本生年月日時，開寫保送到臣衙門，以便稽查。年終同恩賞宗室銀兩一併彙題。但此項恩賞銀兩，亦不可不擬定章程，七品以下官員，至閒散覺羅，准其支領，曾任侍衛官員，告退之閒散覺羅，亦准支領。其覺羅驍騎校、護軍校雖係六品官，但係支食錢糧，亦准支領。子以下，六品官員以上，及現任大臣官員侍衛等，不准支領，自覺羅大臣以下，閒散覺羅以上，獲罪至監禁者，不准支領。命下之日，頒行八旗。一體遵行。從之。（高宗一六、一二）

（乾隆一、七、己酉）總理事務王大臣奏：家選兵二千名，調遣軍營已五六年，今俱徹回歸化城，應遵原降諭旨，歸入旗分。除本人於調遣時，每名賞銀一百兩，又賞給其家主身價一百兩無庸議外，其父母妻子，應交該旗查明，每名賞給家主身價銀十兩。俟歸化城築竣時移駐，暫令各佐領兼轄，另行註冊，按月減半給與糧米，以資養贍。起程後，仍照原議辦理。再雍正十三年，額駙策凌前往科布多時，因各營兵多官少，曾奏請於家選兵内揀選五十名，委署本營驍騎校，並非實額，亦應照家選兵一體賞給糧米，其由軍前賞給虛銜，仍准兼充。從之。（高宗二三、二）

（乾隆一、九、丁酉）加賞藏及哈密官兵錢糧。（高宗二六、一三）

（乾隆二、三、丁巳）諭總理事務王大臣：時值亢旱，雨澤未降，凡所以弭災之道，俱應籌畫，已屢降諭旨矣。今思婚姻以時，王化所重，怨女曠夫，宜加優恤。現在八旗内務府兵丁閒散人等内，男女有年二十八歲以上，或已經締姻，力不能嫁娶，或因家計貧乏，並未及議姻者，著每名賞銀十五兩，以完其婚嫁之事。其内務府壯丁，有似此者，著賞銀七兩。其應用何項錢糧，作何辦理之處，著八旗大臣，會同内務府，速行詳議具奏。（高宗三九、一八）

（乾隆二、四、癸未）署理都統事務和碩恒親王弘晊等議覆：總理事務王大臣奏，徵收地租，分給貧乏旗人，以爲恆產。奉上諭：朕以八旗無業貧人，居無定宅，終日縈懷，並不知京畿有空閒地面；今既有可修蓋之處，爾等查明，即行修造。但僅以本年租銀充用，其能有幾？若俟來年之租，亦覺遲緩。現在圓明園舊有英秀、懦弱二營，即將此二營空房拆毀運京，其修造之需，動用本年租銀之處，爾等悉心詳議具奏。俟數年後，空地蓋成房屋時，所得租銀，如何賞給旗人，或另有裨益之處，臨時再行議奏。欽此。現在查明空地，共四百八十二塊，約計可容房四千五百餘間。此次修造，若待全行查明空地，且俟冬月得租，再行興工，則迫於嚴寒，礙難修造。況一年之租，亦不能修造若干。臣等將現在空地查明數目，移咨工部，量定地面尺丈，情願售賣者，照官價給予外，其圓明園舊有之英秀、懦弱二營空房，派員折毀，運京備用。尚餘空地可蓋房屋者亦即豫備應用之物，入秋興工。再查得八旗所有空地，多寡不同。若本旗蓋成房屋，即令本旗人居住，則房數不均，請交部查看已成之房屋，於臣等八旗就近之處，陸續分給居住。此項房間，除開檔人等外，其無房屋之護軍校、驍騎校、另户護軍、領催、馬甲及孤寡人等，量户口之多寡，賞給居住。其未查明之空地，俟查明時，亦咨行該部，一體修蓋。奏入報聞。（高宗四一、二六）

（乾隆二、五、丁未）總理事務王大臣等奏：理藩院所報内扎薩克沿戈壁防兵，及遊牧處備兵之數具奏。奉旨：觀内扎薩克王所報沿戈壁防秋駐兵所需馬匹、糗糧，俱伊等自辦；但此兵止令其豫備，用與不用，尚介兩可。若每年如此，則蒙古等不勝其累。倘必須遠駐，人畜並困於往返，宜如何加賞？與其每年虛糜帑項，與出兵無異，不若令其在遊牧處豫備，以候調遣。遇有調遣之處，倍加賞賚，辦理啟行，著詳議具奏，並移咨詢問額駙策凌，此兵在遊牧處豫備有益與否，令據所見奏聞。王大臣等覆奏：臣等伏思内扎薩克兵沿戈壁駐防，雖聲援稍近；但六盟長下三千兵，分駐六處，相距數百里，力弱勢單，即歲加恩賞，未必得收其用，不但虛糜帑項，而蒙古等往返如織，勞費殊甚。若令三千兵亦在遊牧處豫備，於聲援不致遲誤，而伊等亦不勞苦，應行文扎薩克等，令防秋兵暫停啟行，與遊牧處豫備兵八千名，同聽調遣，即於本處駐劄，其兵丁馬畜、軍器，整理儲備，聞調即行，無誤時刻。又查前次調遣内扎薩克蒙古官兵，賞王貝勒俸一年，各台吉銀一百五十兩，章京銀一百二十兩，副都統銀一百兩，參領銀八十兩，佐領銀六十兩，驍騎校銀四十兩，兵丁銀二十兩，其鹽、茶、口糧及僕從人役悉分等支給。此兵若有調遣，請如前例賞給。移咨額駙策凌，令其具奏，俟奏到再議。得旨：依議速行。（高宗四三、三）

（乾隆二、七、辛丑）賞直隸各營汛被水兵丁銀兩有差。（高宗四六、二五）

（乾隆二、一二、丙午）通給兵丁嫁娶賞銀。諭：從前恩賞兵丁生息銀兩，濟其吉凶事之用。八旗原議内，稱遇有喪事之家，如親祖、祖母及妻室方准與，若子孫多者，但視其應得之一人給與，其餘子孫不得多領等語。此並非爲嫁娶而言也。乃直隸各標，錯認文意，以爲止賞長子長女，其次子次女俱不在恩賞之列，以致邇年以來，恩澤不能普霑。查八旗並不如此辦理也。直隸如此，或他省有似此者，亦未可定。著通行傳諭，凡兵丁娶媳嫁女，無論長次，均許邀恩。況歷年生息已久，公費諒無不足；倘有不敷之

處,各該管大臣,亦當酌量均勻料理之。(高宗五九、一○)

(**乾隆三、四、庚子**)廣州將軍阿爾賽奏:請以生息餘銀,賞給旗兵,製補軍裝、器械。得旨允行。(高宗六七、三)

(**乾隆三、七、乙卯**)大學士等議覆:內閣學士雅爾呼達奏稱,張家口、獨石口、古北口、馬蘭關、喜峰口、冷口、羅文峪等處,俱係屏藩重地,駐劄兵丁甚少,請量爲添撥。現在京城八旗砲洲、蒙古,生齒繁多,可令各處分駐。應如所請。至所稱在軍前行走之年老病退人等,請照官員全俸、半俸之例,分別賞給錢糧。查兵丁既非官員可比,且人衆亦難徧及;請嗣後老疾告退兵丁,曾在軍前打仗者,每名月給銀一兩,米一斛,其未經打仗者,止給銀一兩,以養餘年。得旨允行。(高宗七二、四)

(**乾隆三、一一、戊寅**)廣州將軍阿爾賽奏:四營兵丁,紅白事故向例各賞銀四兩,未免不敷。請白事加給二兩,紅事加給一兩。八旗砲手、弓匠,紅白事,向例照八旗甲兵減半賞給,亦覺拮据。請與甲兵一例,白事賞銀十兩,紅事賞銀六兩。得旨:如所請行。(高宗八一、三七)

(**乾隆三、一二、乙酉**)戶部議奏:八旗官員、兵丁孀居之妻,賞給週年半分俸餉各款。一、年老告休,賞給半分俸餉人等之妻,向照伊夫所食半俸,減半賞給,請嗣後照全俸減半。一、軍營效力、年老殘廢及貧無家業,又無食糧子嗣,月支銀米人等之妻,亦照伊夫所支銀米,減半支給。如無米者,仍支給一兩錢糧。一、世職官員人等之妻,如世職已給族中承襲,准支給週年半俸。一、末經當差支食半俸雲騎尉之妻,仍准支給半俸。一、陣亡賞給半分俸餉人等之妻,向因伊子挑取養育兵,將半分俸餉裁汰,請嗣後仍照常支給,俟伊子得有差使,銀米敷足時再裁。從之(高宗八二、一三)

(**乾隆四、一、甲戌**)諭:據侍郎班第等奏稱,寧夏所有滋生本銀二萬兩,又利銀八千餘兩,俱已借給官兵;請分爲五十個月扣完。但現有應扣駝價,及借支藩庫收拾軍器銀兩,應請將此二項應扣之銀,暫行停止等語。此次寧夏地震甚重,與尋常被災者不同,朕心深爲憫念。前已降旨將寧夏寶豐、新渠等處新徵舊欠,俱行豁免,其滿洲官兵,所有應扣駝價,及借支藩庫收拾軍器二項銀共一萬九千八百餘兩悉著豁免。至所借生息銀兩,可分爲五十個月扣清。但生息銀兩,係永遠裨益之項,不可空缺;今因一時急需,借給官兵,著班第等將動用何項銀兩,即行照數補足,以資生息之處,妥議辦理奏聞。餘俱照班第所請行。(高宗八五、八)

(**乾隆四、三、丙寅**)正紅旗蒙古都統查克丹等議奏:食二兩之養育兵,年十歲以上者,遇有紅事賞銀四兩,白事賞銀八兩。從之(高宗八九、六)

（**乾隆六、四、癸卯**）加賞防邊兵丁。諭：聞兵丁前赴綏遠城，沿途需用盤費，及至彼處，置備器具，並償還宿欠，所費甚多，每月錢糧，餘剩無幾，甚爲艱窘等語。此項兵丁，係豫備邊外倉猝調遣，若遇有事故，隨即起身，方於事有濟。今伊等生計艱難如此，若一遇有調撥之處，安能迅速啟行？且用度不敷，年復一年，積漸愈深，更加窮困，殊非朕優恤戎行之意矣。朕思兵丁專賴錢糧養贍，若將伊等所借之債清還，俾每月錢糧得有贏餘，撙節度日，自至饒裕。著加恩每兵一名賞給銀二十兩，交與該將軍等。其如何將伊等所借之債清還，並食用可資接濟之處，詳加籌畫，即行奏聞。此特格外加恩，伊等理宜將賞給銀兩，不妄爲花費，償還宿債，量入爲出，以圖生計。若但顧目前，頃刻花費，又致借債，不但負朕之委曲愛恤，而格外之恩，亦非可頻邀也。著通行諭各兵丁，該大臣官員等仍不時稽察教訓。尋覆奏：每兵一名扣銀三兩存公生息，一年後察看其有窘迫者，將滋生利息賞給。至現賞之十七兩，令盡償宿逋，無得妄費。從之。（高宗一四〇、一〇）

（**乾隆六、七、己巳**）閩浙總督宗室德沛奏：閩省各標鎮協營獲息銀兩，除賞給兵丁紅白事件，及臺、澎班兵遊巡車輛等項外，每年剩銀八千餘兩。查臺、澎兩處，實兵一萬一千餘名，以餘剩之息銀，作班兵之盤費，頗爲充足。興化、漳州、泉州等府屬各營，每兵一名，給銀一兩；福州、福寧、延平、建寧等府屬，每名給銀一兩五錢；邵武、汀州等府屬，每名給銀二兩。概以起程之日，於各該營就近支領。至各兵三年期滿，換回內地，亦於臺營剩息項下，分別撥給。下部知之。（高宗一四六、一六）

（**乾隆六、一〇、己亥**）諭曰：八旗人等喜喪事故，給予恩賞銀兩者，原欲使旗人得霑實惠，因後有冒領者，始定以冒領人之子孫，及其同居之伯叔兄弟，併其子孫，俱永不給與恩賞銀兩，此亦所以懲戒欺罔之人也。但此內有知情者，有不知情者，如果係知情，自當照例停給，若並不知情，因一二不肖者，混行冒領，即將伊等伯叔兄弟，一併株連，至於子孫，俱永遠不得霑恩，稍爲過甚，亦非朕惠濟旗人之意。嗣後如有冒領銀兩等情，同居知情者照例永不給與恩賞，若係實不知情，仍照常給與。其如何分別定例之處，著交八旗大臣，再行詳議具奏。尋議：嗣後八旗有冒領恩賞之事，將冒領之人，從重治罪，永遠不給恩賞，伊族中伯叔兄弟，通同作弊者，亦照本身冒領辦理。不知情者免議。其失察之叅領、佐領、驍騎校、領催、族長等，俱分別議處，其派出稽察章京，不親至本家查驗，以致冒領者，一併議處，如或其事屬實，僅多領銀數者，與稽察章京無涉，應無庸議，將多領銀

兩追出，並將該參領、佐領、驍騎校、領催、族長等分別議處。從之。(高宗一五二、八)

（乾隆八、八、丙子）諭：此次口外之蒙古臺站章京、兵丁等，馳遞公文，牧放牲畜，晝夜當差，殊爲可憫，著加恩賞給坐臺章京等，彭緞各三疋；兵丁等，毛青布各八疋；至隨營備辦烏拉人等，分段當差，亦著賞給，章京等彭緞各二疋；兵丁等毛青布各四疋。(高宗一九九、六)

（乾隆八、一一、辛丑）諭：本年朕恭謁盛京，隨往兵丁，均屬効力。前雖賞過一月錢糧，但回鑾時正值嚴寒，修補衣服，費用稍多，著再加恩賞給護軍校、驍騎校及兵丁執事人等各一月錢糧。除扈從王公大臣外，其侍衛官員，所借一年俸祿，應如何展限坐扣之處，著原議之王大臣議奏。尋奏：原議内借支文武官員一年俸祿，作爲二年扣還。但查文員係食雙俸，而原借乃正俸尚有恩俸應展一年限，作爲三年分扣。武弁係食單俸，應展二年限，作爲四年分扣。從之。(高宗二〇五、六)

（乾隆一〇、五、己卯）大學士等議覆：四川巡撫紀山征勦瞻對，請加賞土兵一摺。查雍正八年，進勦瞻對土兵，奉世宗憲皇帝恩旨加賞。經黃廷桂等議於賞銀三兩外，再加二兩，并每百名給牛一，每二十名給羊一。今進勦瞻對，事同一例，應如所奏，以示鼓勵。至賞給牛羊之處，係從前黃廷桂等推廣恩旨，並非著爲成例，應無庸議給。至土兵賞給安家銀米之處，查雍正八年十月奉上諭，嗣後土兵之出征者，除恩賞外，其父母妻子，照守兵坐糧之例，每名月給銀九錢，米三斗。此次出征之川省西寧土兵，自應遵照折銀給發，於奉文之日起，回巢之日止。至添派江卡德爾格土兵二千名，係屬閫外之土兵，就近効力，與閫内土兵，遠涉戎行者不同；其安家銀米，應無庸議給。得旨：照從前例賞給。諭戶部：向來各省土兵，派撥征勦者，止於起程時賞銀三兩，並無養贍家口之例。雍正八年進勦瞻對，蒙皇考恩旨，於常例賞銀三兩之外，加賞銀二兩。並令其家口，照守兵坐糧之例，每月給銀九錢，米三斗，所以示優恤也。此次進勦瞻對，所派土兵，著照雍正八年之例，一體賞給。再從前進勦瞻對，漢土兵丁，有賞給牛羊之處，此次亦著照例賞給。務令均霑實惠，以副朕鼓勵戎行之意。該部即行文該督撫、提鎮等知之。(高宗二四〇、九)

（乾隆一三、五、甲辰）江南河道總督周學健議奏：河葦各標兵照標營一例全賞，每年需銀二千六七百兩不等，惠濟本銀，祇一萬五千兩，息不敷用。應於河標現存息銀内，再支五千兩，交商營運，息銀足敷全賞，於來年秋季爲始，即照標營例賞給，俟積有餘剩成數，陸續歸欵。下部知之。(高

宗三一五、一六）

（**乾隆一三、七、癸卯**）又諭：據福建巡撫潘思榘奏稱，沿海弁兵澳甲人等，拏獲偷渡人犯，每起或十餘人或數十人，似宜量為獎賞。請於客頭包攬贓銀，奸梢載渡般隻，追變之日，即行賞給，以示鼓勵等語。國家設立塘汛兵弁，稽查匪類，躧緝奸匪，是其分內應辦之事，若著為賞例，恐兵弁人等，非賞不行，轉非責成之道。至客頭贓銀，奸梢船隻，追變之日，即或弁兵有需鼓勵，用以給賞，亦應將作何查辦，及分別等次酌賞，是否可以久行無礙之處，詳悉籌及，今該撫摺內并未聲明。著傳諭潘思榘，令其會同喀爾吉善，悉心妥議，另行具摺奏聞。尋奏：嗣後偷渡船隻，尚在沿海口岸，兵目澳保人等，在本管汛界拏獲，毋庸給賞。如在洋面遊巡追獲者，按獲犯名數，十人以上，賞銀二兩，每十名以上，遞加二兩。若尚未出洋，而別汛兵目澳保盤獲，減半給賞。其賞銀，俱於本案追變贓銀船價內支給，餘入官充公。仍將偷渡人犯，審明於何處出口，將該汛之疎縱兵役，一併究擬。其失察之該管員弁，照例查參。下軍機大臣議行。（高宗三一九、一一）

（**乾隆一五、一、癸酉**）是月，直隸古北口提督布蘭泰奏：查定例，地方失事，專汛、兼轄之弁員，均有疎防降罰處分。惟汛兵遇強竊事件，三月不獲，僅予答責。及其已獲，雖有酌賞之文，而無支給之項。是罰既云輕，賞復有缺，請嗣後遇盜竊案件，如承緝汛兵，一月不獲，該管官弁按月提比，逐案責懲，仍勒限嚴緝。能一月內獲本案首盜者，賞銀二十兩，獲夥盜者半；獲竊盜者，每三名賞銀十兩。一月外緝獲者賞各半。其緝獲妖言妖書，以及強竊、窩家、響馬、老瓜、掘塚等賊，均照首盜、夥盜分別給賞。緝獲掏摸，亦照竊盜等項給賞。於恩賞生息及公費贏餘項內動支。如節次獲盜犯五名以上、竊賊十名以上者，於步戰騎兵內，以次考拔。至騎兵，則給以額外外委把總頂帶。隨汛差操，其勤慎者准遇缺實補。若有誣良私拷，各依律懲治。至提屬營汛，並請於扈從後，照例親往巡查。有應定事宜，另奏請旨。得旨：告之方觀承，聽其酌議具奏。至朕往五臺，汝不必扈從，照例巡查營伍可也。（高宗三五七、一九）

（**乾隆一六、三、乙丑**）諭軍機大臣等：策楞等請將頗拉差賦五百餘兩，賞給班第達之處，已諭令酌量賞給。班第等宣布明旨後，竟將頗拉差賦，作伊等酌量賞給可也。再駐藏大臣，一切獎賞之費，在所必需。其養廉公費銀兩，目今何數，是否足敷用度。若不敷用，據實奏聞加給。著策楞、兆惠，速為會同查辦。尋奏：駐藏大臣如副都統等官，自成都起程，一切行裝折色，向照豐裕例支給。即以此項餘存，為駐藏賞號差遣路費之用。去歲經部覈減，照西寧例給，僅敷辦理行裝。雖到藏後，每月仍前支領折色銀一百六十餘兩，並無贏餘。遇獎賞番衆、兵丁及差遣查汛，費均無出。請於西藏糧務軍需項下每年支銀五百兩，半備賞需半爲差遣路費。得旨：如所議行。（高宗三八五、一四）

（乾隆一九、五、丁未）諭軍機大臣等：從前派往出兵之喀爾喀王公扎薩克等，俱未經賞賜。因出兵一事，原爲保護喀爾喀而起，且與伊等游牧甚近，無需賞賚。此次派出喀爾喀兵六千名和托輝特兵五百名，現因準噶爾投誠人等，令於喀爾喀部落內採買羊隻牲畜，接濟厄魯特口糧，雖經給價，恐於蒙古生計稍艱，著傳諭將軍策楞等，將派出喀爾喀王公扎薩克等職名，開列奏聞，照依內地扎薩克施恩，一體賞賚。（高宗四六五、二〇）

（乾隆二五、三、己酉）綏遠城建威將軍公恒祿議覆：右衛副都統素玉奏稱，兵丁紅白事件恩賞銀兩，前因右衛資生銀不敷，祇賞給現兵之祖父母、父母、本身妻室及子女初次嫁娶等八件。其兵丁續娶及繼妻病故、並無子嗣之孀婦病故、又曾經出兵因疾革退之兵丁，其本身妻室病故及子女嫁娶等項，均未經賞給。今右衛資生銀，除節年分賞及歸還藩庫一萬兩外，現存餘本息銀一萬二千五百餘兩，已屬充足。請照京師、綏遠城例，一體照原食錢糧賞給。應如所請。從之。（高宗六〇八、四）

（乾隆二六、六、壬申）又諭曰：阿桂奏，范時綬由烏嚕木齊送羊一萬三千隻，全抵伊犁，辦理妥協。又懇於辦送回空駝隻後，仍來伊犁効力等語。范時綬前因解送阿克蘇羊隻妥協，曾賞給參領職銜。此次更屬奮勉，著加恩授爲頭等侍衛。烏嚕木齊亦有應辦事務，仍在原處行走，不必又往伊犁。其在事官員，著交部議敘，兵丁等賞給錢糧一月。（高宗六三八、六）

（乾隆三〇、五、甲辰）兩廣總督李侍堯奏：廣東省各營兵紅白事件，原經酌定規條，分別賞給。嗣緣改減息銀，不敷支放，又奏定照原定賞格八折給發。乾隆二十四年，廣州各屬時氣流行，兵屬事多賞倍。所收息銀儘用外，尚不敷銀二萬一百餘兩，數多難補。是以臣前任內奏請將兵丁父母身故及祖父母身故原定賞銀六兩四錢者，減爲四兩；原定賞銀三兩二錢者，減爲二兩；俟歸清借項，仍照例給發。今查自酌減以來，除清遠借項，截至乾隆二十九年，餘銀一萬九千九百零，足敷原賞。請仍照八折賞格，一例給發。得旨：著照所請行。下部知之。（高宗七三七、二八）

（乾隆三三、二、戊子）調任山西巡撫彰寶奏：賞卹兵丁紅白銀兩，向須營員查明，結報上司，批准後方得給發，緩不濟急，仍復指項稱貸，利息不貲。查紅白之事，隧伍兩鄰，共見共聞，而賞項亦有成規，不能捏報冒

濫。應將賞䘏銀兩，隨餉按月發交貯庫，遇兵丁實有紅白事件，該管員弁查明，速即就近照數給發。報聞。（高宗八〇五、四五）

（乾隆三四、八、癸丑）兵部議奏：各省賞給兵丁紅白銀兩，先以營運生息充賞，由臣部覈覆。現各省綠營生息停徹，另籌別款充賞。臣部無由詳查，應歸戶部題覆。至駐防紅白賞銀，向係戶部辦理，並不會同臣部查照。請嗣後不分駐防綠營，總令外省一面冊報戶部，一面報臣部查覈。統由戶部移查臣部兵丁確數後題銷。從之。（高宗八四〇、五）

（乾隆三五、三、丁未）諭軍機大臣等：現在留駐隴川等處之貴州省兵丁，因係隔省駐守，是以加恩賞給一月錢糧；其本省昭通等鎮兵，亦係調離本鎮，因一併加恩賞給半月錢糧。至永昌、騰越、普洱各兵丁，即在本營地方防駐，不在應賞之例。將此傳諭彰寶、明德知之。（高宗八五五、二七）

（乾隆三五、七、癸酉）兩江總督高晉、江寧將軍容保、署江蘇巡撫薩載奏：江寧、京口兩處駐防官兵，因人民衆多，燒烟價貴，設措買柴，甚以爲苦。前儀徵縣，有入官蘆洲，經臣容保，奏懇賞借餘息銀一萬五千兩置買，即於官兵俸餉內，分作三年扣還。京口駐防官兵得有此項蘆柴，頗獲利益。今臣高晉、臣薩載，查有上元縣入官八卦洲蘆地，向撥歸蘇州府普育兩堂。近因江陰縣，有段山沙洲一段，其租息約與上元縣之八卦洲相等，請即就近撥入蘇堂，仍將八卦洲撥還江寧。即照京口之例，准令江寧八旗官兵，公同置買，其應繳地價銀，亦即於官兵俸餉內，分作三年扣還。得旨：如所議行。（高宗八六五、二六）

（乾隆三七、一〇、庚辰）察哈爾都統常青奏：察哈爾八旗，除鑲白旗兵無甚貧乏外，其鑲黃等七旗無室家、畜產，窮苦不能當差者，一百九十名，若不早爲辦理，難保無逃竄爲匪等事。請動用該處現存地租銀一萬一千餘兩，每名賞給三十兩，飭各該旗總管、參領等妥爲經理，俾有室家，置備馬匹畜產。再該處有無倚之寡婦三口，請各賞銀十五兩，令置產業謀生。從之。（高宗九一九、九）

（乾隆三八、一〇、壬寅）又喻：所有八旗應追各種賠欠之項，有查家產變抵者，有於本身及子弟等俸餉減半坐扣者，其間情節不同，若係侵虧貪黷，及案情較重者，自應勒限嚴追，若係分賠、代賠、攤賠之項，其事屬因公，情節亦輕，原可量爲寬減；且有應追之數甚多，而所得俸餉有限，扣至百十年不能完清者，更屬有名無實。著軍機大臣會同各該部詳晰確查，分別妥議具奏。尋奏：八旗賠項，案情輕重不同，應分別定議，一、屬員及胥役侵欺銀兩，上司與該管官不能查出照例分賠者，仍按限勒追。一、前任及所屬辦公不善銀兩，歷任官及各上司該管官分賠，但事非專責，請減十分之五。一、本人無著，責令代賠，及本人及其子孫無著，兄弟叔姪代賠。本非應追之人，情節較輕，又本任既已分賠，復因同案之人行追無著，議令攤賠。事屬科及，均請寬免。至坐扣俸餉，除本限在三十年內者，仍分別辦理，其三十一年外者，概予寬免，案情較重聲明請旨。從之。（高宗九四五、三）

（乾隆四一、五、辛未）上御太和殿，諸王、貝勒、貝子、公、文武官員進表慶賀如儀。以加上崇慶慈宣康惠敦和裕壽純禧恭懿安祺寧豫皇太后徽號禮成，頒詔天下，詔曰：……用光大禮特沛覃恩，所有應行事宜，開列於後。一、五嶽四瀆遣官致祭。一、歷代帝王陵寢，遣官致祭。一、嶽鎮海瀆廟宇，及歷代帝王陵寢，該督撫查勘應修葺者，動項報銷。一、在京文武各員，俱著加一級，任內有降級處分者，即予抵銷。一、承辦軍需之戶部軍需局、兵部議功所，量予議敘。一、軍營自將軍、參贊至將弁等，其勞績懋著者，所有革職降級留任處分，概予開復；其無出眾勞績而曾經戰陣者，所有降級留任處分，亦著加恩寬免。一、大兵經過地方，辦差官員，俱屬急公黽勉，著各該督撫查明，咨部議敘。一、大兵所過州縣，除侵盜錢糧及貽誤軍需外，一切降罰處分，事在五月初一日以前者，概從寬免。一、川省軍營，前後所調馬步兵丁，借支行裝銀兩，例應於餉銀內分扣還項者，加恩展限三年。一、傷病回營兵丁不能充伍者，該管將弁，查明本家如有子弟至戚，可以教練差操，即令頂食名糧，免致失所。一、滿兵跟役逃脫，如無偷竊軍械馬匹等情，著照前降寬免餘丁諭旨，交部一體覈擬發遣。一、臺站官員，已有旨查明，交部議敘，其驛站夫役人等，軍興以來，甚屬勞苦，著該督撫加意撫卹。一、在京滿洲、蒙古、漢軍馬步兵丁，俱著加恩賞給一月錢糧。一、京城巡捕三營兵丁，著加恩賞給一月錢糧。一、滿洲兵丁披甲，隨征効力被傷，不能披甲，及年老有疾退閒者，俱加賞賚。一、國子監貢監生及各學教習，俱免監期一月。一、直隸、山東軍流以下人犯，業因蹕路經由，降旨減等發落；其在京刑部及各直省軍流以下人犯，並著加恩，概予減等發落。一、凡流徒人犯，在流徒處所身故，其妻子情願回籍者，該地方官報明該部，准其各回原籍。一、各省要路橋梁，間有損壞者，地方官查勘應修之處，詳報督撫奏明修理。一、各處養濟院，所有鰥寡孤獨及殘廢無告之人，有司留心，以時養贍，毋致失所。……（高宗一〇〇八、四）

（乾隆四五、九、戊寅）諭：今夏雨水較多，京城房屋間有坍損，八旗兵丁生計不無拮据。著加恩普賞給一月錢糧，以示優賚。該部知道。（高宗一一一四、二）

（乾隆四五、九、辛巳）諭：本年雨水過多，京城兵丁等俱經賞給一月錢糧，所有古北口兵丁，著加恩一體賞給。其熱河兵丁，雖已經賞給一次，恐食用仍形拮据，著再賞給半月錢糧。（高宗一一一四、八）

（乾隆四五、一一、壬午）諭：朕從前有旨，將直隸旗租銀仍賞八旗兵丁，經部議，挑選八旗兵丁中差使勤慎者，賞給兩月錢糧，以示鼓勵。今思一人得兩月錢糧，亦不能立家産，不過隨手花費，而不得賞者，未免向隅。且分別挑選該管官員，不無瞻徇出入之弊，殊非朕普惠八旗兵丁之意，此後著將直督解到銀兩，足敷普行賞給八旗兵丁一月錢糧時，該部即奏聞，普賞一次（高宗一一一八、七）

（乾隆四六、四、壬子）又諭：此次派出官員兵丁等賞項，諒多已置備行裝，若一時令其繳還，恐伊等力有不能。所有未經起程之官員兵丁，著照部議，分作兩年扣還；其已經起程續奏徹回者，著加恩賞給一半，以示體卹。（高宗一一二八、一七）

（乾隆四七、六、辛未）又諭曰：熱河厄魯特之官兵，已駐數載，俱各感激朕恩，一切差使，亦頗奮勉。第念伊等駐劄熱河年久，其中或有孀婦及未成立之孤女，若不給與養贍，朕心深爲不忍，著交副都統恒秀查明，有似此者，每月每口賞給一兩錢糧，以資生計，將此永遠爲例，以示朕撫恤厄魯特之意。（高宗一一五八、三）

（乾隆四七、一二、辛未）諭：前經降旨，將直隸旗租銀兩，俟足敷賞八旗兵丁一月錢糧時，即行普賞一次。現在直隸解到租銀，已足敷用，著加恩普行賞八旗兵丁一月錢糧，以示朕加惠旗人，用普春祺之意。（高宗一一七〇、一五）

（乾隆四八、一二、己巳）諭：前經降旨，直隸解到旗租銀兩，足敷八旗兵丁一月錢糧，即行普賞一次。現在直隸解到租銀，已足敷賞之用。著加恩普賞八旗兵丁一月錢糧，以示朕加惠旗人，用溥春祺之意。該部即遵諭行。（高宗一一九四、二一）

（乾隆四九、二、癸酉）又諭：朕清蹕時巡，恩施宜溥。所有江浙二省派出辦差兵丁，著加恩賞給兩月錢糧。（高宗一一九九、四）

（乾隆四九、一二、己丑）又諭：前經降旨，直隸解到旗租銀兩，足敷普賞八旗兵丁一月錢糧，即行普賞一次。現在直隸總督解到租銀，已足敷賞給之用。著加恩普賞八旗兵丁一月錢糧，以示朕加惠旗人，敷布春祺之意。（高宗一二二〇、一五）

（乾隆五一、一二、己酉）諭：前經降旨，直隸解到旗租銀兩，足敷普賞八旗兵丁一月錢糧，即行普賞一次。現在直隸解到租銀，已足敷賞賚之用，著加恩普賞八旗兵丁一月錢糧，以示加惠旗人，俾生計益資充裕。該部即遵諭行。(高宗一二七〇、一一)

（乾隆五二、一二、庚戌）又諭：前經降旨，直隸解到旗租銀兩，足敷普賞八旗兵丁一月錢糧，即行普賞一次。現在直隸解到旗租，已足敷賞賚之用，著加恩普賞八旗兵丁一月錢糧，俾八旗兵丁生計益臻充裕，以示春祺錫慶，有加無已至意。該部即遵諭行。(高宗一二九五、一〇)

（乾隆五三、七、辛未）又諭：荊州被水，駐防兵丁，衝斃多人，房屋器具，皆被淹浸，殊爲可憫。著將借給伊等銀兩，俱施恩免其繳還；其淹斃馬一千二百餘匹，不必買補，且現在亦無拴養之地。著交烏爾圖納遜等，照數於牧群內擇其肥健者，於明年秋涼咨付。並令圖桑阿等派兵接護分給，免其繳價。仍著阿桂查看被災情形，如尚有應行賞卹之處。即一面奏聞，一面辦理，以副朕軫念兵丁，有加無已至意。(高宗一三〇八、二九)

（乾隆五三、一二、戊戌）諭：前經降旨，直隸解到旗租銀兩，足敷普賞八旗兵丁一月錢糧，即行普賞一次。現在直隸解到租銀，雖不足敷賞賚之用，但念該兵丁等寒冬歲暮，生計維艱。著於節年積存項下撥補足數，加恩普賞八旗兵丁一月錢糧，俾生計益臻充裕，以示春祺錫慶，有加無已至意。該部即遵諭行。(高宗一三一八、二六)

（乾隆五四、一二、戊午）諭：前經降旨，直隸解到旗租銀兩，足敷普賞八旗兵丁一月錢糧，即行普賞一次。現在直隸解到租銀，已足敷賞賚之用，著加恩普賞八旗兵丁一月錢糧，俾生計益臻充裕，以示春祺錫慶，有加無已至意。該部即遵諭行。(高宗一三四四、一三)

（乾隆五五、一二、甲子）又諭：前經降旨，直隸解到旗租銀兩，足敷普賞八旗兵丁一月錢糧，即行普賞一次。現在直隸解到租銀，雖不足敷賞賚之用，但念該兵丁等寒冬歲暮，生計維艱。著於節年租存項下，撥補足數，加恩賞八旗兵丁一月錢糧，俾生計益臻充裕，以示敷錫春祺，有加無已至意。該部即遵諭行。(高宗一三六九、八)

（乾隆五七、一二、己巳）諭：前經降旨，直隸解到旗租銀兩，足敷普賞八旗兵丁一月錢糧，即行普賞一次。前在直隸解到租銀，足敷賞賚之用，著加恩普賞八旗兵丁一月錢糧，俾生計益臻充裕，以示敷錫春祺，有加無已至意。該部即遵諭行。(高宗一四一八、五)

（乾隆五八、一二、癸亥）諭：前經降旨，直隸解到旗租銀兩，足敷普賞八旗兵丁一月錢糧，即行普賞一次。現在直隸解到租銀，雖不足敷賞賚之用，但念該兵丁等寒冬歲暮，生計維艱，著於節年積存旗租項下，撥補足數，加恩普賞八旗兵丁一月錢糧，俾生計益臻充裕，以示敷錫春祺，有加無已至意。該部即遵諭行。（高宗一四四二、五）

（乾隆五九、一二、庚申）諭：每年臘月於直隸解到旗租銀兩，普賞八旗兵丁一月錢糧。本年此項銀兩，至今未據解到，該兵丁等寒冬歲暮，生計維艱。若俟解到後，再行給發，未免遲緩，著於部庫節年積存旗租項下，先行撥動，加恩普賞八旗兵丁一月錢糧。俟直隸旗租解到，再行歸款，以示朕敷錫春祺，恩膏速沛至意。該部即遵諭行。（高宗一四六六、一三）

（嘉慶四、六、丙辰）又諭：八旗兵丁，平日更番差操，練習弓馬，專藉所得錢糧用資養贍。户口日增，不免生計維艱。……恭查雍正元年、乾隆元年恩詔，八旗兵丁，曾賞一月錢糧。朕於嘉慶元年登極，亦照前例舉行，所有八旗滿洲、蒙古、漢軍各兵丁等，今著再行加恩賞給一月錢糧。八旗兵丁，朕屢經降旨飭令勤加訓練，熟習技勇，近聞該兵丁等因日用拮据，甚至弓箭不能整齊，今得此賞項，俾資霑潤，並可爲補製弓箭之用。現在錢價較貴，若賞給銀兩，易錢未免虧折，而户部局錢尚屬充裕，著按照官例，每銀一兩，折給制錢一千文，較之市價，該兵丁等更可多得錢文，於生計更爲有益，而銀價亦可平減。至户部局員發放官錢，或從中折扣錢數不能足陌，此等弊端，恐所不免，著責成管理錢法堂之王大臣嚴行督率，實力稽查，務須照數實給，不許短少剋扣。儻有前項情弊，經朕察出，或被糾參，惟該管錢法堂之王大臣是問。至户部放錢，已嚴禁短缺，但各該旗員赴局關支，有需運腳，恐承領之員，又復以運費藉辭，從中剋扣，則該兵丁等仍不能普霑實惠。著各旗准其動用房租，各營則動用公費，作爲運腳。並著該管都統、副都統及前鋒統領、護軍統領等，實心稽察，嚴行管束。務令將所領恩賞錢文，足數散給各兵。儻既有動支腳費，而承領旗員尚有私行短扣者，即據實嚴參懲辦。若該管大員不行查出，別經發覺，必當重治其罪。仍著步軍統領衙門，將此旨刊刻謄黄，張掛通衢，並分行刷給各旗分及健鋭、火器等營，一律實貼宣示，俾得家喻户曉，以副朕繼志推恩，加惠旗營至意。（仁宗四七、二八）

（嘉慶四、八、戊戌）倭什布奏報：勦捕湖北歇馬河竄匪，並招撫投出難民七百餘人。賞……兵丁一月錢糧。（仁宗五〇、八）

（嘉慶四、一〇、丁酉）明亮奏報：殲斃張漢潮賊匪。出力員弁議敘有差，賞兵丁一月錢糧。（仁宗五三、一五）

（嘉慶四、一〇、壬寅）德楞泰奏報：勦除高家營賊匪，生擒首逆高均

德、高二等。得旨：獎賚。封德楞泰二等男，授參贊大臣；副都統銜溫春等，議敘賞賚有差；賞兵丁一月錢糧。（仁宗五三、二〇）

（嘉慶七、一二、癸丑）以三省邪匪悉平，論功行賞（仁宗一〇六、八）

（嘉慶九、一一、丙午）賞八旗兵丁一月錢糧。（仁宗一三七、一〇）

（嘉慶一二、二、癸酉）又諭：值年旗都統等以奉旨撥帑生息，賞添養育兵額，恭代八旗兵丁具奏謝恩。朕以八旗滿洲、蒙古生齒日繁，家計不無拮据，特沛恩綸，又撥生息帑銀七十萬兩，令添養育兵額，以裕旗人生計。但國家經費有常，格外之恩，豈可屢施？該都統等俱有管教兵丁之責，當以國事爲家事，視兵丁如子弟，實心訓誨。俾所屬兵丁勤慎當差，節儉度日。切勿苟且因循，膜視公務。兵丁等嗣後益當感此殊恩，各以清語騎射爲本，篤志練習，崇尚節儉，慎勿任意奢靡，妄冀屢邀曠典。父教其子，兄勉其弟，革奢侈之澆風，復敦龐之舊俗，以期家給人足，毋負朕諄諄告誡至意。（仁宗一七四、五）

（嘉慶一七、三、壬辰）諭内閣：慶成等奏，養贍孤寡銀兩，今昔情形不同，酌籌支放一摺。據稱，福州駐防滿洲官兵内無依孤寡，舊有月支養贍銀兩，有依孤寡，不支養贍，於甲兵月餉内攤助，情形實多拮据。現在旗庫積存節年養贍餘剩銀八千八百餘兩，請撥出銀一千八百二十兩零，修理坍塌官租房間，其七千兩交商生息，以息銀合之前項生息併房租銀兩，除無依孤寡人口支放外，餘銀酌給有依孤寡人口等語。福州駐防有依孤寡人口，較之無依者尤多，其攤幫月餉之甲兵，亦因此日形窘乏，自應酌籌調劑。著照該將軍等所請，准其於節年積存餘銀内，撥銀一千八百二十兩，將官租房屋修理，其七千兩交兩首縣發商生息。每年所得息銀，湊同前項生息併房租共銀四千七百餘兩，除無依孤寡人口支放二千五、六百兩外，餘銀二千餘兩，先儘有依孤寡中人口最多，而所依甲兵生計平常者，照大口八錢，小口四錢舊規，依次支放，俾生計漸資寬裕，而甲兵亦不至攤扣拮据。（仁宗二五五、二一）

2. 欠項的蠲除與緩償

（康熙二四、五、癸未）四川陝西總督禧佛疏請免追進川兵丁長支錢糧，九卿等兩議，一、請命巡撫、提督等詳察，一、請遣大臣嚴察。得旨：向年軍興之時，兵丁甚屬勞苦，若嚴行扣追，朕心深爲不忍。此項錢糧，應與豁免，以示朕優恤士卒至意。（聖祖一二一、六）

（康熙四四、八、甲午）諭大學士等曰：康熙四十二年春，朕往巡南省，見山東歲歉民飢之狀，即命截漕停徵，蠲免錢糧；遣情願効力官員，前往賑濟；追至秋間，又撥八旗官員，令每佐領領銀一千兩，分往頒賑，民乃復蘇。是以効力人員，皆令議敘。今各佐領借支未還銀兩，如仍向佐領按數扣除，則兵丁糧餉必致不敷。著將官庫利銀七十萬兩，抵還此銀之數，免其扣除。(聖祖二二二、一)

(康熙四五、一一、癸酉) 諭户部：朕念八旗禁旅，爲國家根本所繫，時加恩愛養，用俾生計充盈。或動支公帑數百萬，代清積逋；或於各旗設立官庫，資濟匱絀。所以爲衆甲兵籌畫者甚切。康熙四十二年又曾頒發帑金，貸給八旗兵丁，共六百五十五萬兩有奇。至康熙四十五年冬，除陸續扣完外，尚未完銀三百九十五萬六千六百兩有奇。若仍行按月扣取，恐各兵營辦器用、贍養室家必有不敷之慮。朕每懷及此，深切軫惻。茲特大沛恩施，式弘撫育，將未經扣取銀兩，通行豁免。爾部即傳八旗都統等出示徧諭，俾咸知朕優恤禁旅至意。(聖祖二二七、二〇)

(雍正五、九、丁卯) 雲貴總督鄂爾泰疏奏：雍正二年雲南提督郝玉麟，帶兵由中甸前進乂木多時，各兵曾借餉銀五萬七千二百四十餘兩。雍正四年撤兵之時，原議作三年扣還。今已扣除本年夏秋二季銀七千一百一十兩，其餘尚有四萬三千兩。若三年扣還，兵丁略覺艱難。請寬作六年扣還。得旨：當日兵丁前往乂木多時，未免起身匆忙，馬駝之屬，略覺多費。朕心軫念。原欲將借支餉銀，全行豁免，以示恩恤，因一時未暇降旨。今覽鄂爾泰所奏，著將應扣銀四萬三千兩，悉行豁免。其已扣之七千餘兩，仍照數賞給兵丁。以副朕愛養兵丁之至意。(世宗六一、一二)

(雍正七、一二、戊申) 又諭：康熙五十九年，陝省解送駝馬進藏，文武官五十員，每員借支肅州公庫銀五百兩，爲行裝、路費之資。本係應給之項，因當時該督撫未經題報，不敢作正項開銷，是以各員回陝之時，仍於各名下著追補項，至今尚有未完銀一萬六千八百兩。朕念伊等効力戎行，遠涉藏地，雖非衝鋒破敵者比，而間關行役，亦屬可憫。著將未完銀兩，概行豁免；其已完者，悉給還本員，或交伊之屬；如該員有別項虧欠應追者，即准其抵補，以示優恤勞役之至意。(世宗八九、一六)

(雍正一〇、四、癸巳) 免雲南、貴州所屬烏蒙清水江、古州丹江等處兵丁借支銀兩有差。(世宗一一七、六)

(雍正一〇、五、癸酉) 諭內閣：八旗人員借欠公庫、廣善庫官銀本身現在而未完者，著一併開恩豁免。(世宗一一八、一六)

(雍正一〇、閏五、戊子) 免陝西甘、涼、寧、肅各提鎮營兵借支銀一

萬八千四百兩有奇。(世宗一一九、二)

（乾隆二、五、丙辰）諭總理事務王大臣：朕前聞得川省出師黔省，病故弁兵，有借支銀兩，例應扣還者，特降諭旨，令該撫查明數目具奏，以便加恩豁免。今據護理四川巡撫印務布政使寳啟瑛奏稱，查有第一次出師黔省，病故署副將壽長等借支川庫軍需銀五百，兵丁借支川庫軍需銀二千八十四兩六錢五分，又病故署守備王禄等並兵丁，在黔省借支糧務銀三百五十四兩。第二次出師黔省，病故署總兵王廷詔等並兵丁，共借支川庫軍需銀三千三百十四兩，又兵丁借支川庫軍需置備鞍馬二千二百五十七兩六錢五分，又在黔省借支糧務銀八十一兩，共借川黔兩省銀八千五百九十一兩三錢等語。此等病故弁兵所借銀兩，雖有扣還之例，但伊等本身已故，今於家口名下扣還補項，未免力量艱難。著將此項銀兩，悉行豁免，以示朕優恤弁兵之至意。(高宗四三、一八)

（乾隆三、三、丁卯）又諭：上年因陝甘地方收成歉薄，物價昂貴。曾准各營兵丁等豫借銀兩，糴買糧石，以資接濟，例應陸續扣還。朕念地方歉收之後，兵丁力量不敷，伊等既有從前所借未曾扣清之項，又有借辦軍裝、火藥銀兩應行按季扣除，合計所扣之數過多，兵丁食用未免艱窘。著大學士查郎阿酌量本地情形，再寬其期；酌展三四季，以紓兵力，示朕優恤邊兵之至意。(高宗六四、二四)

（乾隆三、七、丙辰）免八旗兵丁借扣未完餉銀。諭曰：朕即位以來，爲旗人生計，多方籌畫，凡有裨益之事，無不舉行。因屢有條奏，以爲支借庫銀有益者，是以將餉銀借支一年。續又借支半年。乃見兵丁借銀之初，未嘗無補，而物價一時騰貴，所領之銀，隨手花費，並不能置立產業；而每月扣除額餉，於生計轉爲無益。非養贍旗人之善策。今特加恩，著將扣除未完之餉銀，悉行豁免，停止再借。至於伊等生計，如何有益之處，朕另爲籌計，從容辦理。(高宗七二、四)

（乾隆三、七、辛酉）免直隸省節年出征並駐防種地弁兵借支銀一萬六千四百九十兩有奇。(高宗七二、一六)

（乾隆三、八、丙午）免江蘇京口駐防綠旗各營未完折中米價銀二萬三千一百五十一兩有奇。(高宗七五、一二)

（乾隆三、一二、戊戌）豁免雍正七年至十三年西北兩路出征之護軍校等員，滿洲、蒙古、漢軍、綠旗兵丁借支未完銀十二萬七千四百七十五兩有奇。(高宗八三、一六)

（乾隆四、一二、辛卯）免換防官兵扣還借項。諭：從前定議西路派換哈密等處防兵、官員借給一年俸銀，馬兵借給銀六兩，步兵借給銀四兩。其備戰兵遇有調遣，官員借給二年俸銀，馬兵借給銀十兩，步兵借給銀六兩；俱於回營之日，在俸餉內分年扣還。朕念官兵人等，遠役勞苦，回營之日，復將俸餉坐扣，其差操防汛，以及養贍家口等費，未免艱難。著將所借銀兩，俱行賞給，免其回營坐扣。嗣後如有派撥，即照所借銀兩之數賞給，以昭朕優恤戎行之至意。（高宗一〇七、九）

（乾隆五、一一、丙申）署甘肅提督王廷極奏：河西一提五鎮，自軍興以來，兵丁製辦軍裝、接濟糧餉，陸續共借支銀二十四萬五千餘兩；內除連年扣還，尚欠銀四萬九千九百九十餘兩。查此項借欠，以本兵之所借，扣之本兵，固屬當然。但本兵一有事故，窮卒妻孥，萬無完理，勢必令該管官代賠。難保無頂替名糧，代還扣項者。且兵丁中老弱不行挑退，新募尚未汰完，皆因借項未清，不得不暫時姑容也。仰懇特頒諭旨，概予豁免。得旨：知道了。尚有全省應扣之項，朕一併加恩豁免也。（高宗一三一、一七）

（乾隆六、七、丙戌）豁免獨石口兵丁開墾地租銀三十一兩有奇。從獨石口副都統寶善請也。（高宗一四七、一五）

（乾隆七、三、癸酉）諭：湖北標鎮協營，於雍正九年派調馬兵一千名，赴陝出口，駐劄涼州，隨帶馬一千匹。所有曾經支領乾銀，以部例折算。該扣還一千三百一十三兩。此項雖不在豁免之例，朕念各兵效力邊陲，勞苦可憫；且事歷多年，其中事故更換者不少，本兵家屬，既不可以著追，而現在之兵丁所領糧餉，又僅敷每日之食用，難以扣抵從前之欠項，朕心軫恤。著將長支豆草價銀一千三百一十三兩，悉予蠲免，俾戎行得沾恩澤。該部可即行文該督撫知之。（高宗一六二、二二）

（乾隆七、一〇、辛卯）諭：此次施恩借給八旗兵丁庫項，有因兵丁內曾指錢糧認買公產地畝，其每月所餘錢糧，不敷坐扣，不准借給庫銀者。若因認買公產地畝不得支借，於伊等生計無益。此等認買地畝之人，應扣錢糧，著展其限期，一年作為二年扣除。其每月少扣所餘錢糧分內，亦著補行借給。至於官員有認買公產地畝者，伊等應扣之俸銀，亦照兵丁一體展限扣除。再定例，官員紀錄一次，抵罰俸半年；若遇罰俸一個月至五個月者，因不至銷去一次紀錄，遂不准抵銷，照常罰俸。又有因兩三案並發，所罰之俸，雖至銷去一次紀錄，亦不准抵銷。但官員等因公事黽勉議敘記錄，乃因所罰俸少，不至銷去紀錄，遂不准抵銷，照常罰俸，於伊等生計，亦屬無益。嗣後旗員應罰之俸，不至銷去一次紀錄者，著照王等紀錄之例，暫行註冊，俟再遇罰俸案件，合算抵銷，以示朕體恤八旗官兵，俾生計饒裕，得以

一體霑惠之至意。(高宗一七六、一○)

(**乾隆一一、九、辛丑**)豁免雍正九年豫省赴西兵丁借支銀一萬四百八十七兩。(高宗二七四、一七)

(**乾隆一二、一一、庚子**)大學士等議覆：川陝總督張廣泗奏綏輯邊營各款。一、兵丁積欠，除各營新借及未還生息銀兩，並製辦鉛藥借領銀兩，均應扣還。其雍正年間派往軍營並各處駐防長支鹽菜、草料，並少交馬價，未扣銀一萬七千九十餘兩；又乾隆元、二、三等年派往哈密等處駐防支借製辦行裝，未扣銀六千二百九十餘兩；又自雍正十三年至乾隆九年護送喇嘛夷使進藏，少交馬匹、鍋帳等項，未扣銀九百三十餘兩；以上各項，可否豁免等語。查此項閱年既久，若按年坐扣，兵力不免拮据，但帑項攸關，應否豁免，候旨遵行。一、給發糧餉，於前三日，將應扣朋馬等項示諭，此外分毫不許攤扣。至軍械小有損敝，令各兵自行修理；年久朽壞及鉛藥不敷，俱於公糧內動支。號衣盔甲，收貯公所，非大操不許穿用；因公遠差，准於公糧內動支盤費；新官到任、上司過往，不准離汛送迎；督提鎮將、員弁公出，不許多隨兵丁。違者照例議處。……諭曰：甘省各標協營及陝提標內兵丁積欠，有雍正七、八、九、十等年，出徵西路軍營，派往哈馬爾、達巴漢等處長支鹽菜、草料，並馬乾馬價；乾隆元、二、三等年，所派駐防哈密、赤金等處並豫備戰兵製辦行裝，及雍正十三年至乾隆二、五、六、七、八、九等年，護送夷使進藏，少交馬匹、鍋帳、羊價等項，借支未扣銀共二萬四千餘兩，例應於每年餉銀內，按季扣還。但念邊省生計艱難，現在兵丁尚有應扣之項，若將歷年積欠，一例坐扣，未免拮据。著加恩令該督撫查明豁免，以紓兵力。該部即遵諭行。(高宗三○二、一七)

(**乾隆一四、二、辛丑**)戶部議准：黑龍江將軍傅森疏稱，黑龍江八旗水師營兵丁閒散人等所耕田畝，因夏旱秋霜成災，所有應交乾隆十二年借給糧石，請緩至十四年秋後徵收。從之。(高宗三三五、一七)

(**乾隆一五、二、乙酉**)陝甘總督尹繼善奏：寧夏鎮標，上年十二月豫放本年春季兵餉，各兵以所扣欠項過多，懇求免扣。營員始則呵叱而散，嗣又全數散給。聞眾兵驟散時，居民恐其滋事，竟有暫罷市肆者。伏思各兵借項果多，營員自當酌量體卹，不應一例坐扣。如實係應扣，亦不應於懇求後，復行全給，致啓兵丁挾制之漸。誠恐營員料理不善，約束不嚴。或有兵丁驕縱，以致百姓驚疑。而文武各官，通同掩飾，亦未可定。現在檄查密訪，俟有確情，另行辦理具奏。得旨：甚是。知道了。汝爲總督多年，不慮生事，而但慮息事。如此等處留心，正合朕意。勉之 (高宗三五八、一六)

（乾隆一八、一〇、辛亥）陝西巡撫鐘音奏：上年查出商囤麥石，奏明於西安、同州、鳳翔三府屬收買，分撥歉收之區平糶。運貯省城者，借給九營兵，照原本扣餉歸款。茲各屬貯麥糶完，除歸還麥本，並運費外，尚有盈餘銀兩。因思兵丁借項，在散給時青黃不接，故照成本定價。今市糧已賤，動款復清，請將兵丁應扣原價，酌量減免。報聞。（高宗四四九、二九）

（乾隆二一、一、辛未）諭：據署黑龍江將軍綽勒多奏，齊齊哈爾、黑龍江、墨爾根、呼蘭等處，八旗水師營、驛站、官莊人等，各年未完糧石，並本年借給口糧，共十五萬五千餘石，請分年完交等語。齊齊哈爾等處連年被災歉收，兵力自多拮据，兼之調派隨征，甚爲出力，朕心深爲軫念。著將齊齊哈爾、黑龍江、墨爾根、呼蘭等處，節年未完借欠糧石，並本年借給口糧十五萬五千餘石，俱加恩免其完納，以示優卹。該部即遵諭行。（高宗五〇四、六）

（乾隆二一、六、丙寅）大學士管陝甘總督黃廷桂奏：准署安西提臣傳魁咨稱，安屬地處口外，與哈密、巴里坤軍營附近。現在防兵多於安標調撥，且軍務未竣，遇有大差，存營兵馬不時調遣。若將公私借墊等項，統於一年限內並行裁扣名糧，實屬辦理掣肘。應如所請，先將公私借墊儘數扣足，所遺馬步糧缺，即抵各官親丁養廉公費。得旨：如所議行。（高宗五一五、二〇）

（乾隆二五、八、壬午）諭軍機大臣等：前因噶隆阿奏，莊浪副都統佛倫接濟兵力及買補缺額馬匹等，欠項一萬六千餘兩，請展限扣還。朕因陝甘各營未扣銀兩，當不止莊浪一處，諭令該督等查明具奏。今據軍機大臣會同督臣楊應琚，議查吳達善摺內查奏各項未扣銀兩，俱經現在辦理內，如佛倫因公借欠一項，應統俟查辦到日，請旨酌量展扣等語。朕念該營未經奉有緩扣諭旨，恐仍先照例扣還，兵力未免拮据。著吳達善將佛倫此項銀兩，暫行停扣，統俟各案查明奏到後，再行分別降旨可也。尋據陝甘總督楊應琚、莊浪副都統噶隆阿奏覆，查原任副都統佛倫，因公借欠各項銀一萬六千二百餘兩，內除買補缺額並添餧馬匹等項，共銀一萬五百七十餘兩，原係軍需借欠之項，應統歸兩省滿漢各營軍需借欠案內覈辦。惟佛倫接濟兵力，借支銀一萬四千六百餘兩，除節次查扣外，尚未扣還銀五千六百九十餘兩。此項原因歲值歉收，於應支折色兵餉內豫期借支，並非軍需借欠之項，自應即行查扣。惟是莊浪滿營馬甲，計僅一千名，今又有分作六年、十年應扣之項，若復將此項豫支餉銀即行扣還，兵力誠未免拮据。請將此項豫支未完餉銀，分作兩年查扣歸款。得旨：如所議行，於前項扣完時再扣。（高宗六一八、九）

（乾隆三〇、五、丙申）吉林將軍恒禄等奏：吉林失火，應蓋房間，請借官兵民人等俸餉銀兩。得旨：吉林地方，三年内失火二次，官兵民人等修造房屋，未免拮据。著加恩將借與伊等之俸餉銀兩，俱著展限扣繳，三年者展爲五年扣完，五年者展爲十年扣完。餘照所請辦理。（高宗七三七、一〇）

（乾隆三〇、一〇、乙巳）又諭：八旗官員因事故離任，尚有未完宗人府銀並紅白事借俸滋生等銀，在伊等親戚家族及保官披甲兵丁並子孫俸餉各銀内扣還者，共一萬六百七十兩零；又因無俸餉可扣，按季交納者，共七千七百兩零；俱係應完之項。今八旗世職，應接扣欠項銀四萬餘兩，已加恩免其扣交，此項銀兩，著加恩一併豁免，以示體卹。（高宗七四六、五）

（乾隆五四、一一、戊戌）諭：據嵩椿等奏，盛京等五城連年被災。所有本年借支倉穀，請展限追繳等語。盛京等五城連年被災，其本年春季借支倉穀，若仍令展限繳完，兵力仍不無拮据。所有盛京遼陽、廣寧、岫巖、復州兵丁，領借倉穀一萬九千五百五十四石，並著加恩寬免，以示體卹。（高宗一三四三、一）

（乾隆五九、三、丙申）豁免涼州、莊浪滿營弁兵借支俸餉銀如例。（高宗一四四八、一六）

（乾隆六〇、四、乙未）諭：前交各省大臣等將民欠各項銀兩查明，奏到時，經朕概行寬免。茲據舒亮查奏，自五十四年起至五十九年，因災支借齊齊哈爾打牲旗下兵丁、黑龍江打牲官莊丁驛夫等，尚未繳完穀七萬二千三百餘石，銀十萬四千六百九十餘兩等語，著加恩概行寬免，以示朕體恤旗下世僕至意。（高宗一四七六、二二）

（嘉慶一〇、四、庚午）諭内閣；昨據勒保奏，查明軍營賞需銀兩一項。朕閲單内所開各員，均無力追繳，惟勒保尚任總督，廉俸較優，若將其餘寬免，獨令該督賠繳，未免偏枯。業經降旨將此次川省軍營賞需，加恩免其追繳，作正開銷。因思上年楚省奏清查軍需款目案内，有帶兵大員犒賞銀六萬餘兩，亦經降旨免其追繳。惟全保等原奏，稱福寧、鄂輝、永保、惠齡所收銀兩，雖係犒賞官兵，究皆曾任督撫，養廉優厚，興肇所收或係賞兵，或係盤費，應請照數追賠。當經照議均令賠繳，今勒保既已加恩免賠，所有楚省已支賞需，自應一體施恩。除興肇應賠銀兩，現令吳熊光等查奏，俟奏到時再降諭旨。其福寧、鄂輝、永保、惠齡應賠賞兵之項，著加恩免其追繳，以示體卹。（仁宗一四二、一九）

（嘉慶一二、六、己卯）諭内閣：軍機大臣會同户部議覆德楞泰等奏川省官兵例内例外借支各項可否酌免成數請旨一摺，並將陝省官兵前經加恩減免銀數及四川省現在奏請減免銀數，分繕清單進呈，朕詳加披閱。川陝等省出師官兵，例內借支銀兩，先經加恩免扣三成，嗣因陝省勦捕叛匪徵調官兵，復經降旨飭查，無論例內例外借支各款，再行酌免成數，原係出自特恩。德楞泰等即因川省官兵例餉無多，欲將借項酌扣，俾免拮据，亦當援照陝省之例奏懇施恩。何以率將例外借支之項請免三成，其例內未扣之款，既將五品以上各官再請酌免二三成，復將六品以下員弁與兵丁等俱請全數寬免？較之陝省免扣之數，加增數倍。伊二人祇知市恩沽譽，不顧帑項無著，殊屬非是，均著傳旨申飭。所有川省官兵借支未扣銀兩，著再加恩，查照陝省之例，無論例內例外，官弁寬免十分之二，兵丁寬免十分之三，以示體恤。(仁宗一八一、一四)

3. 陣亡官兵的撫卹

(**乾隆三五、五、壬午**)諭軍機大臣等：據熊學鵬奏，把總王標，領解官兵俸餉銀錢，私自繞路，附搭米船，出洋遭風沉溺，該把總王標，及目兵趙學俊等，共一十四名，俱皆淹斃等語。把總王標，領解餉銀，應由陸路行走，乃私附米船海運，以致遭風沉溺，使其人尚在，並當治以違例之罪，其死實由自取，原可無庸加恩。至跟隨淹斃之兵目，係從把總同行，非伊等所能自主，著該撫查照內洋因公失風之例，量予賞卹。其裝載兵米船隻，如係例應海運，所有溺斃之兵丁水手，亦著一體查辦。再此項銀兩錢文，全行沉失，或該把總別有從中侵隱捏報逃匿情弊，則應徹底嚴查，從重究治。著該撫一併查明，具摺覆奏。尋奏：健跳汛兵米，向由水路載運；王標實係溺斃，並無捏逃侵隱別情，兵丁水手，應照陣亡例減半卹賞。報聞。(高宗八五八、九)

(**乾隆三五、一〇、辛丑**)予出師緬甸病故前鋒參領富哈禪等二百八十四員、兵四千五百九十七名，卹賞銀兩有差。(高宗八七一、三五)

(**嘉慶三、七、甲戌**)予貴州征苗陣亡……兵丁趙坦等一千九百八十二名賞卹如例。(仁宗三二、四)

(**嘉慶三、一二、辛卯**)予湖北陣亡……兵丁武彥國等二百七十二名賞卹如例。(仁宗三六、七)

(**嘉慶三、一二、辛卯**)予四川陣亡……士兵韓三箇等五十二名賞卹如例。(仁宗三六、七)

(**嘉慶三、一二、丁酉**)予雲南陣亡土把總刁文龍、周靖，四川陣亡屯外委甲洛祭葬、世職；屯土兵阿南等四百四十六名，賞卹如例。(仁宗三六、

八)

（嘉慶三、一二、丁未）予陝西、四川陣亡……兵丁馬振國等四百四十八名，蒙古遣犯羅布桑等十四名，賞卹如例。（仁宗三六、一二）

（嘉慶四、九、丙辰）補予貴州、湖南勦苗陣亡……兵丁李再春等一百十八名加倍賞卹。（仁宗五一、一）

（嘉慶五、二、壬子）予四川陣亡……兵丁馬志高等一千六百七十九名，賞卹如例。（仁宗六〇、三四）

（嘉慶五、二、壬子）予陝西陣亡……兵丁閔德聖等一百六十三名，賞卹如例。（仁宗六〇、三五）

（嘉慶五、五、辛亥）予湖北陣亡……兵丁哈豐阿等一千三十八名、傷亡兵丁郭萬福等五百五十八名、鄉勇周天錫等三百七名、淹斃兵丁高奉文等二十六名賞卹如例；陝西……陣亡淹斃兵丁徐貴等三十三名賞卹如例。（仁宗六八、三〇）

（嘉慶五、八、壬申）予四川陣亡傷亡鄉勇丁上義等二百五十一名，賞卹如例。（仁宗七三、一一）

（嘉慶六、一〇、甲子）予陝西陣亡……甲兵束楞額等九十五名，兵丁柯九國等一千二名，鄉勇蔣紹南等六百八十五名，傷亡兵勇柴大茂等五十七名。賞卹如例。（仁宗八九、一一）

（嘉慶六、一一、戊戌）予陝西陣亡守備雙德、把總郭守方、外委安正剛祭葬、世職，馬兵姜乃忠等九十名，步兵劉安等一百八十四名，賞卹如例。（仁宗九一、一八）

（嘉慶六、一二、己酉）予陝西陣亡……兵丁杜正等三百八十七名賞卹如例。（仁宗九二、一〇）

（嘉慶六、一二、己酉）予四川、湖北陣亡……兵丁慶保等十一名賞卹如例。（仁宗九二、一〇）

（嘉慶七、四、甲辰）予陝西、湖北、四川勦捕賊匪節次陣亡……傷亡額外外委馬兵屈復泰等三百五十四名，步兵王建得等九百二十二名，追賊淹斃馬兵耿元祥，賞卹如例。（仁宗九七、五）

（嘉慶七、六、丁卯）予湖北、陝西……陣亡傷亡馬兵許國棟等三十一名、鄉勇陸玉等一百十四名，番兵次力等五十六名，賞卹如例。（仁宗九九、三二）

（嘉慶七、七、戊子）予湖北、四川陣亡……馬兵彭士華等九十八名、步兵張有等八百四十二名、鄉勇董魁等六百七十一名，賞卹如例。（仁宗一

○一、四)

（嘉慶八、二、甲子）予四川、陝西、湖北陣亡……兵丁王家元等八百五十八名、鄉勇張升等一千二百五十六名，賞卹如例。（仁宗一〇八、一四）

（嘉慶八、三、癸丑）予湖北陣亡……兵丁周連城等二百三十九名、鄉勇余發祥等一百二十六名，賞卹如例。（仁宗一一〇、二一）

（嘉慶八、六、己卯）予陝西、甘肅陣亡……馬兵李有學等一百八十二名，賞卹如例。（仁宗一一五、三）

（嘉慶八、六、己卯）予四川、湖北陣亡……馬兵吳經邦等八十五名、步兵閔華等一千一百八十一名、鄉勇李盛宗等七名，賞卹如例。（仁宗一一五、三）

（嘉慶九、三、乙卯）予陝西、甘肅、湖北陣亡……兵勇王朝貴等五百二名，賞卹如例。（仁宗一二七、二五）

（嘉慶九、四、癸亥）予四川、陝西、湖北陣亡……兵丁王漢升等七十七名，傷亡兵丁李仲林等一百九十五名、鄉勇周士榮等一百四十二名，淹斃兵丁侯得勝等十名，賞卹如例。（仁宗一二八、五）

（嘉慶九、五、庚寅）予四川、陝西、湖北陣之……兵丁柳福奉等二百一名，鄉勇馬連升等二十一名賞卹如例。……傷亡……兵丁晏奎等七十名，賞卹如例。（仁宗一二九、三）

（嘉慶九、五、庚子）予四川、陝西、湖北陣亡……兵丁武占魁等五十四名、鄉勇任士友等四千四百六十五名，傷亡兵丁張林興等四名、民壯楊升等六名、鄉勇馬永琳等二名，……賞卹如例。（仁宗一二九、一三）

（嘉慶九、七、甲辰）予四川、陝西、湖北陣亡……兵丁阮得勝等二十八名，鄉勇汪周全等三千八百三十五名，賞卹如例。（仁宗一三二、一一）

（嘉慶九、一〇、甲戌）予陝西、四川、湖北陣亡……兵丁趙得祿等一百五名，傷亡兵丁彭友貴等八十二名，賞卹如例。（仁宗一三五、一九）

（嘉慶一二、四、乙亥）予……閩浙捕盜被戕兵丁李得龍等八十八名賞卹如例。（仁宗一七七、六）

（嘉慶一七、四、癸丑）予廣東捕盜被戕……兵丁蘇鱣等四百四十七名賞卹如例。（仁宗二五六、一一）

（八）驛站夫驛工食及馬匹草料

（順治二、一二、壬寅）兵部議覆：保定巡撫郝晉疏言，驛遞廩給口糧，各地方無一定之數，以致借端需擾。今擬廩給一分，支銀一錢；口糧一分，

支銀五分。即增入刊冊，徧示恪遵，毋得違例滋擾。從之。（世祖二二、一〇）

（**順治六、一、辛未**）保定巡撫于清廉奏：驛遞困敝已極，請視差緩急，量行裁汰。餵養改歸縣令，應付仍屬驛丞。庶驛政永清，公事無誤。得旨：驛傳原備軍國重務，豈容繁差致困？著遵照經制應付，有濫給牌票及例外多索者，許該地方官參奏治罪。（世宗四二、六）

（**康熙四、四、庚申**）兵部議覆：廣西道御史劉源濬疏言，協濟未免稽遲，改解乃能應急。應如所請，以本處正項錢糧，作本處驛站支用；他省協濟銀兩，改爲正項解部。從之。（聖祖一五、二）

（**乾隆一、七、甲寅**）兵部覆准，原任黑龍江將軍那蘇圖奏：齊齊哈爾所屬烏蘭諾爾驛站起，至呼蘭地方止，應設六站，每站派兵十名，給馬五匹，牛五隻，所有倒斃馬牛並草料、公費等項，照茂興驛站例支給，其丁於舊站餘丁內挑選，每丁給銀七兩。又駐兵之呼倫貝爾，雖於波爾德兵一千名內派往百名，設十臺，但波爾德兵已操練數年，應停其分撥，將伊等之缺，於打牲索倫達呼爾內，挑取無牲畜之丁六十名，免其交納貂皮，設六臺。再於呼倫貝爾兵丁內，挑選四十名，設四臺，每丁賞馬二匹，乳牛三隻，永遠坐臺當差。每馬折給銀六兩，牛五兩，自行購買，每臺給車十輛，其往返差送公文之人，每臺年給米二倉石。從之。（高宗二三、七）

（**乾隆二、一一、乙丑**）命加山西驛站料草銀兩。諭曰：前侍讀學士世臣，從山西祭告回京。奏稱晉省驛站養馬銀兩，有不敷之處，未免賠累，朕發交廷議。旋據議稱，直省驛站工料，向因浮冒裁減，今若再議加增，恐復開浮冒之端。應無庸議。今朕查得各省料草銀兩，每馬一匹，河南、湖南俱係五分，浙江、江南俱係六分，山西則四分五分不等。晉省地狹民稠，人多服賈，不若江浙等省之舟楫往來，到處可通商販，是以糧草價值，平時昂貴。而又當秦蜀之衝，差使絡繹。所有額支銀兩，除去鞍屜各項雜用外，每馬一匹，實支銀不過二三四分不等。以致各州縣，俱藉口價值不足，派民採辦，甚或從中漁利，弊竇叢生，閭閻受其擾累，所當酌量變通者。著將晉省驛站料草銀兩，比照浙江、江南之例，每馬加足六分；至鞍屜各費，仍照常例，毋庸議加。巡撫石麟、布政使許容，可悉心辦理。嗣後養馬料草，悉照時價採買，如有絲毫派累小民者，嚴參治罪。朕因晉省情形如此，特降諭旨，他省不得援以爲例。（高宗五六、一三）

（**乾隆三、一二、己亥**）復江南山、清等六州縣驛站水夫舊數。諭：江南驛站水夫，前經巡察御史條奏，裁六留四，即以裁存工食，爲大差經臨，僱募民夫每百里給價一錢之用。今朕聞得江南之山、清、桃、宿、邳、沛等六州縣，地處衝繁，差務既倍於他邑；河多閘壩，挽拽更難於平川。其間守候耽延，尤多遲滯。驛地裁夫之後，以一錢爲僱募之價，實有不敷，官民不無賠累之苦，所當酌量變通者。著將此六州縣原裁六分水夫之數，仍照舊例增復。俾民無科派之擾，官無賠墊之虞。該部即行文該督撫知之。（高宗八三、一六）

（乾隆五、一二、丙寅）吏部尚書署兩江總督楊超曾奏：江寧驛鹽道，經管驛站般隻，每年例解戶部飯銀一百二十兩，工部飯銀二百四十兩，向於各船工食項下扣解。近因各船差使絡繹，用度不敷，難以再扣。查該道衙門，尚有支放平餘銀兩。請嗣後均於此內照數題解。奏入，報聞。（高宗一三三、二一）

（乾隆七、四、丙午）兵部議准：御史薛澂奏稱，直省額設長養驛夫，半屬空缺。臨時雇覓，無事則官吏、夫頭分肥。應請行令各省督撫，嚴飭所屬司驛各員，按名召募，毋令虛冒工食。從之。（高宗一六五、四）

（乾隆七、六、丙申）兵部等部議覆：甘肅巡撫黃廷桂疏稱，陝省至蘭南路之摩雲、沙泥、柳林、窰店、石井五所，各額設牛十五隻、夫十五名，北關、甸子、寧遠、伏羌、秦州、清水六所，各設募夫三十名，鳳林、定羌各設牛五隻、夫五名，和政所設牛四隻、夫四名。查所牛所夫向因供支餉鞘而設，近來餉鞘並不經由南路，別項差使亦少，未便虛設耗帑。請將摩雲等五所牛隻，並鳳林、定羌、和政三所牛夫，均行裁汰。北關等六所，應各裁募夫十名；並摩雲五所所夫，改爲募夫，留站供差。倘裁減之後，差務必須遞運者，應照各站雇車例，動項雇募應差。又涼州府屬之黑松、沙井等十驛，同處河西，地衝差繁，不減於各驛。草豆騰踴，亦等於他站。現在乾銀不敷，請將河西各站，日支銀八分五釐之馬一千六百一十三匹，每馬日減銀五釐，歲共減銀二千九百三兩四錢。沙井等十驛，馬三百七十二匹，每馬日增銀三分，連額共支八分，歲共增銀四千十七兩六錢；即以所減河西乾銀并裁減夫牛銀共五千三百四兩六錢增給。仍餘銀一千二百八十七兩，解司充餉。又直隸階州成縣所屬之小川驛，額馬止十一匹，毋庸專員，應將夫馬歸併成縣管理。狄道州轄之沙泥驛，額馬二十匹，馬少差簡，應歸併該州管理。寧夏府屬之同心、沙泉二驛，額設驛丞一員，分隸廳州，多有未便，且地僻馬少，應將同心驛夫馬歸併靈州，沙泉驛夫馬歸併西路廳分管。所有小川、沙泥、同心、沙泉四驛驛丞三缺，悉行裁汰。均應如所請。從之。（高宗一六八、一五）

(乾隆七、七、辛巳）兵部議准：熱河副都統達爾黨阿奏稱，寬城驛漢站，設把總二員、外委二員。伏思内地驛站事繁，管站止驛丞一員。今寬城一驛，馬僅六十匹，又無差務，應裁把總外委各一員。再漢站既設把總，若不給與陞路，老於臺站，不無生弊。請嗣後人材騎射可觀，誠心辦事者，咨送督提考驗，補放千總，以示獎勵；把總員缺，在臺站外委壯丁内挑補。再寬城驛原設牛三十頭、車三十輛，查一年差使無多，且牛車遲緩，似屬無益。請將車三十輛，抽撥十輛，給喜峰口驛，留車十輛，給寬城驛。其原設牛裁去，不必添馬，即於各本站六十匹馬内，挑選十匹應差。從之。（高宗一七一、一二）

（乾隆七、一二、甲午）户部議准：安徽巡撫張楷奏稱，宿州虹縣、臨淮、靈璧等州縣，連年被水，錢糧停徵，所需驛站銀，俱於司庫借給。今鳳陽等府、靈璧等州縣，七年夏又被水。夫馬工料無支，應仍在司庫借給。至各屬現被秋災，俱經委員確勘，一切民衛錢糧，遵例停徵。驛站夫馬，難以噉待。應自本年夏季爲始，所需工料銀糧，在司庫匣費内暫行借支，統於次年麥熟後，啓徵歸款。從之。（高宗一八〇、一一）

（乾隆八、三、戊午）户部議准：署直隸總督史貽直疏稱，直屬各州縣驛站缺額工料，乾隆八年春夏二季，應需九折銀一萬四千六百兩零。若照例俟乾隆八年開徵後給發，司驛各官，無力墊辦。請將春季工料，於司庫乾隆七年地糧銀内動支；夏季工料，於乾隆八年地糧裁站銀内動支。涿州、良鄉、通州、三河、安肅五屬，每歲地畝，圈退無定，徵糧未有確數，請照各州縣攤丁額數題撥。榆林、土木、雞鳴、宣化、懷安、萬全、長安、鵰鶚、雲州、赤城十驛，曾於乾隆七年奉裁浮夫，請除裁夫數目題撥。從之。（高宗一八六、四）

（乾隆八、四、癸丑）又諭：上下江驛站馬匹，現行之例，芻豆每日給銀六分。在豐稔之年，自足敷用，今歲歉價昂，州縣不無賠累。昨歲被災州縣，其驛馬每日准銷八分，俟秋收豐稔停止。其有收地方，不得援以爲例。（高宗一八九、二一）

（乾隆一〇、一二、庚子）吏部等部議復：盛京兵部侍郎敷文奏稱，驛站官員書吏，馬乾馬匹等項，舊例未盡合宜者，酌量更正。……一、盛京西路北路等站馬乾，請分別地方，量爲增減。應如所請。暫將北路開原等驛，每馬裁馬乾銀一分，攤貼去省窵遠之西路沙河等驛。開原等處將來如或不敷，仍題明照舊支給。一、奉天倒馬之例，向定額三分。但差使勞逸不等，倒馬有過分、不及分者，請核實辦理。其不及分者，驛丞量予議敘。查驛馬倒斃，雖有定額，並非任其儘額開報，冒支價值。應令該侍郎，嗣後嚴查各驛馬匹。實在倒斃者，額内准領價買補。侵冒價值者參處。至驛馬原係驛丞專責，倒不及額亦分所宜然，該侍郎請少倒馬三匹，紀錄一次。無庸議。一、各驛馬匹，宜計差役繁簡，酌請調撥。應如所請。鳳凰城等八驛，每驛裁馬二匹。以十五匹，添撥穆奇等三驛。餘一匹裁。……從之。(高宗二五四、三)

（**乾隆一一、一〇、庚午**）兵部議覆：直隸總督那蘇圖疏稱，直屬衝繁地方，差使絡繹，夫役奔馳，馬匹損傷，請倍給工料等語。查直屬各驛，支銷錢糧，多寡懸絕，自應分別衝僻，核定數目。請嗣後至衝繁驛遞，差使最多者，其馬匹草料，照臣部館所額馬之例，日准銷銀六分七釐五毫；次者照江南、山西之例，日准銷銀六分；最簡僻者，照河南、湖廣之例，日准銷銀五分。各驛騾亦日銷銀五分，驢日銷銀三分。至各項夫役工食，亦應酌定數目。馬牌、夫頭、馬頭人等，日支銀六分；餧馬夫役日支銀四分五釐；扛、轎車、包騾、驢、縴水、走遞、傳報、聽事等夫、獸醫、車牌、廚役等項，日支銀四分；抄牌、字識、水、火、門、茶、倉庫、館防答應、執事、鍘草等夫，日支銀三分；遞皂日支銀二分。著爲定例。從之。(高宗二七六、一三)

（**乾隆一三、四、戊寅**）兵部等部議覆：川陝總督張廣泗疏稱，甘、涼、西、肅一提三鎮，各設孳生駝二百隻。請照太僕寺兒母駝分配之例，每提鎮設母駝一百七十五隻。兒駝二十五隻，以兒母駝一百六十隻爲一群。餘駝四十隻，寄群牧放。酌添牧兵二名。每處派牧長千把一員，牧副外委一員，牧兵九名，並派守備一員督理。牧駝兵月給靿鞋銀三錢，始終勤慎者，該管提鎮於公費内犒賞。所需鍋帳，於存營項下撥給。牧長、牧副及兵於五年内，每母駝一百隻孳生四十隻者，毋庸議敘；額外孳生一隻至十隻者，守備記錄一次，牧長紀錄二次，牧副記錄一次，兵賞銀一兩；遞增以十隻爲差。設廠三年後，孳生駝羔，各提鎮印烙，將數先咨督臣存案，至五年均齊時，委員赴各處印烙，將數及經管官兵姓名，造冊具題。五年後，駝羔照例配搭，餘兒駝騸割另牧。再孳生駝内，如有口老病廢不能產羔者，呈驗變價等語。均應如所請。至該督所議，孳生駝倒斃逾額，分別議罰一款，臣等酌議倒斃不論多寡，總以續得孳生抵補，毋庸另行定議。惟孳生四十隻以下者，應如所議，少一隻以上者，守備、牧長罰俸半年，牧副、兵丁各責四十；遞少亦以十隻爲差。從之。(高宗三一三、三〇)

（**乾隆一三、一一、壬子**）陝西巡撫陳宏謀奏：陝西境内，自豫省閿鄉驛，至四川神宣驛，計程一千三百餘里。内西安至寶雞，四百餘里，尚屬平坦，餘皆棧道。請於西安之京兆驛、武功縣、寶雞縣、鳳縣、留壩驛、褒城縣、沔縣、安臺七處，每臺備馬八百匹，共需馬五千六百匹。通省驛馬，可調撥一千二百六十五匹，營馬可調撥二千七百三十五匹，尚不敷馬一千六百匹，應需雇備。再，每臺需車三百輛。自京兆驛至寶雞縣，尚可行車，自寶雞至四川神宣驛，不可行車，酌議以騾三頭，代車一輛。共計五臺，需雇騾四千五百頭。向來陝省每一頭，每百里給腳價銀二錢，今以路逕險阻，兼之歲歉，草料昂貴，應照蘭州甘肅事例，給銀三錢。民運每百里，亦給銀三錢，回日，一錢五分。官兵住宿并招徠鋪戶貨賣，俱已妥協。得旨：覽奏嘉悅。頗見汝急公之誠。勉之。(高宗三二八、五)

(乾隆一三、一一、壬子) [陝西巡撫陳宏謀] 又奏：陝西自鳳翔府屬之寶雞縣，至漢中府屬之寧羌州黃壩驛，抵川境，計一十六州縣，驛站俱在棧道中，原設額馬，僅五十餘匹，夫馬工料，額價甚少。自金川用兵以來，司驛各員，難於支應。臣於本年五月陳奏，請增夫馬，經原任大學士公訥親，以陝省馬較川已多，川省業堪馳應，陝省未便加添。惟是川、陝二省，界雖毗聯，道路平險各別，棧道在陝境者，十居其八，驛馬勞傷，實較川省為甚。自本年五月後，各驛又添腰站，在在緊要，無可通融，更值連年歉收，草料昂貴。請准臣原奏，將漢中府屬之寧羌、黃壩、大安、沔縣、黃沙、褒城、青橋、馬道、武關、留壩、松林、三岔、鳳縣、草涼等十四州縣驛，每站暫添馬二十匹，馬夫十名。每馬一匹，無論新舊，均照例日支草料銀八分五釐；馬夫一名，日支工食銀五分。其鳳翔府屬寶雞、東河二驛，騾馬易雇，毋庸添馬，草料，亦請每日支銀八分五釐，馬夫工食，每日支銀五分。俟軍務竣，即將添設馬撤去，夫、馬、工料，照舊額支領。得旨允行。下部知之。(高宗三二八、六)

(乾隆一三、一一、壬子) [陝西巡撫陳宏謀] 又奏：陝境臺站需用馬騾，不下一萬二千餘匹，前後在站，應計一百餘日，所需餧養之豆料，為數繁多。沿途買供，難免騰貴。查潼關廳倉內，有支剩存貯之莞豆一萬石，應出糶交價，於省城就近采買，備貯道倉，請借給各驛，俟明年豆收後，令照數採買，運交道倉。至鳳翔、漢中一帶州縣，距潼關較遠，查二府暨邠州所屬長武等縣，尚有存貯候撥及常平應用出易之豆，可就近借支。得旨：好，知道了。(高宗三二八、七)

(乾隆一四、三、乙亥) 諭軍機大臣等：那蘇圖題臺站馬匹一本，經部議覆，朕已降旨依議。本內所稱獲鹿縣之鎮寧驛，每馬日支草料銀三分六釐，井陘縣之陘山驛，每馬日支草料銀四分，不敷喂養。請照晉省甘桃驛之例，每馬日支銀六分。在通省驛站項下，餘剩扣解藩庫之留貳廩糧等項內，通融撥補等語。直省驛站，日支料價銀兩，久經定額。鎮寧、陘山二驛，何以獨有不敷？若因供應兵行不無多費，則此時軍務已竣，何以轉請加增？且直隸驛何以援照晉省爲例，其留貳銀兩，是否即在三十六萬節省項內，抑於三十六萬准銷之外，另有解部之款？至永定章程一案，其從前如何具奏，軍機大臣會同該部如何定議之處，本內俱未聲明。可傳諭那蘇圖，令其據實分晰，具摺奏聞。（高宗三三七、二一）

（**乾隆一九、一、癸丑**）諭：據鄂容安奏，江省驛站，每馬一匹，日給銀六分。現在草料昂貴，請循照七年成例加給等語。上年鳳、潁、淮、徐各屬被水，驛站情形，不無拮据。著照所請，准其加給二分，俟本年秋收後停止。（高宗四五四、五）

（**乾隆一九、一二、癸亥**）諭：上年揚州府屬，與淮徐二處，俱經被水成災。所有乾隆十八年分揚屬驛站草料，著准照淮徐一體加給。（高宗四七九、五）

（**乾隆二〇、一、癸未**）又諭：據兆惠等奏，請將喀爾喀驛站羊隻，照喀喇沁例，每隻給銀七錢。此兩年差務絡繹，現又進兵，著照所請給與。（高宗四八〇、一二）

（**乾隆二〇、一〇、丁巳**）兩江總督尹繼善奏：向來兩江驛馬，每匹日支草料銀八分。雍正十二年，覈減二分。乾隆七年，淮、徐被災，奉旨准銷八分。今歲上江鳳、潁、泗、滁、和下江江、淮、揚、徐被水，蘇、常、鎮被潮，每馬日支銀六分，不敷發價。請循七年例，暫加二分，俟明秋停止。得旨：著照所請行。（高宗四九九、四）

（**乾隆二〇、一一、丁丑**）又諭：前據尹繼善等奏，請將上江之鳳、潁、泗、滁和下江之江、蘇、常、鎮、淮、揚、徐等處被災地方驛馬草料，每日暫行加給二分，業經照請准行。其廬州府屬亦有被災之處，所有驛站草料，亦著一體加給。（高宗五〇〇、一八）

（**乾隆二一、九、癸卯**）諭軍機大臣等：據雅爾哈善等轉奏貝勒扎那噶爾布、扎哈沁宰桑鄂爾齊木濟各摺，鄂爾奇木濟應付來往官兵口糧馬匹，甚屬可嘉，著加恩補授散秩大臣，賞戴孔雀翎，並賞銀一百兩。扎那噶爾布奏稱，伊所屬坐臺人等，並未支領口糧等語。從前扎拉豐阿等奏稱，厄魯特坐臺兵丁每月俱給與錢糧，或因扎那噶爾布情願自備資斧，未經給與。著查明一體賞給。並著永貴通查各路臺站，將來徹兵之後，應派兵丁若干，酌量安設。其坐臺兵丁，亦應照北路之例，令兵丁等帶領戶口同居，並賞給馬匹牲隻，俾資生計。會同兆惠……查明辦理。（高宗五二二、七）

（乾隆二一、九、甲辰）又諭：西路各處坐臺之厄魯特等，皆係新降人衆，生計未能充裕，如往來馳驛，概行取給馬匹口糧，伊等力難供應。嗣後除奉旨馳驛者，仍照常由臺站辦給。其自各處往來差委人員，俱著於各原地方辦給馬匹口糧，不得沿途支取。著爲令。（高宗五二二、一〇）

（乾隆二一、一〇、癸酉）軍機大臣等議奏：據兆惠奏稱，每臺應派察哈爾兵十名，傳遞事務，厄魯特人五十名，管理馬匹牲隻，綠旗兵五名種地。每十臺派綠旗官一員總領，辦理臺站及種地事宜，五臺派筆帖式一員總領，每臺派委署筆帖式一員，登記檔案。現在大兵徹回，每臺只應設馬四十匹，駝五隻。兵丁每年給錢糧八個月，每月二兩；茶葉四個月，每月一包。其種地收穫糧石，即給爲口糧。所有厄魯特供應口糧之處，悉行停止。至馳驛官兵，馬不得過五匹，駝不得過一隻，跟隨臺兵不得過二名。違者參奏。凡部限六百里緊要事件專行遞送。其尋常事件，俱交管臺人員，於馳送六百里事件之便，一併遞送等語，應如所請。交巴里坤辦事大臣及永貴、第魯巴等辦理。至噶勒藏多爾濟、扎那噶爾布及額林哈畢爾噶一帶各台吉等，曾經供應臺站人等牲隻口糧，遵旨賞給緞疋，一併交兆惠查明分賞。從之。（高宗五二四、一三）

（乾隆二五、二、辛巳）兵部議覆：河南巡撫胡寶瑔奏稱，豫省額設驛馬，現裁九百匹。每年額支雜費銀，照各驛裁馬數目，分別酌減銀九百五十五兩零。應如所請。至稱馬夫俱照現存馬，按二馬一夫酌留，僅裁三百八十名。應令確查各原名數，按馬裁夫。從之。（高宗六〇六、一三）

（乾隆二六、三、庚戌）兵部議准：甘肅巡撫明德奏稱，甘省驛馬工料，向因河東諸物平賤，每馬日支銀五分。河西料草昂貴，每馬八分。但今昔情形不同，自應量爲調劑。請將河西各驛馬二千二百六十三匹，每匹日減銀七釐。其河東中路十五站馬七百五匹，每匹日增銀二分。再河西沿邊之花馬池等五驛馬二十匹，每匹例支銀四分，應增三分三釐。口外安西以東十塘軍臺馬二百匹，每匹例支銀八分五釐，應增五釐。從之。（高宗六三二、一六）

（乾隆二八、三、丙子）軍機大臣等議准：天津都統長生奏稱，天津近年草豆昂貴，月給二兩餒養銀不敷。擬留馬三十二匹備差，餘全令出青。每年餒養銀，四月至九月，發給一兩五錢。十月至次年三月，二兩五錢，令兵豫買，不至臨時昂貴。月從之。（高宗六八三、五）

（乾隆三四、一〇、丙辰）諭：據富明安奏，兵部覆准范宜賓條奏，東省運河煞壩期內，裁減水夫工食一案。查該省水夫，向係長養在驛，每日僅得工食銀二分七釐，若裁去四月工食，每日僅得銀一分八釐零，窮民口食不敷，勢必散逸，遇有要差，臨時雇覓，倍多糜費。且煞壩實在日期，每年不過兩月餘，而銅鉛守凍船隻，均須撥役看守，非因煞壩而虛費錢糧，請照舊存留等語。所奏是。東省水夫工食難於裁減，該撫既將實在情形入告，自毋庸瑣屑裁扣，使窮民口食拮据，轉致貽誤公事。所有德州等十四處水驛人夫工食毋庸扣減之處，著照該撫所請行。（高宗八四四、二九）

（乾隆三四、一〇、乙亥）諭軍機大臣等，……據富明安奏，水夫係長養在驛，每日僅得工食銀二分七釐，若再裁去四月，貧民口食不敷，勢必散逸，臨時雇覓，需費倍多，且煞壩實僅兩月有餘，其中尚有撥夫應差之處，並無虛費等語。自毋庸瑣屑議裁，轉致紛更無益。已降旨照該撫所請行。（高宗八四五、四二）

（乾隆三六、五、丁卯）兵部議：署雲南巡撫諾穆親奏稱，滇省營驛馬，除東川一營照四川例，餘俱定價十八兩，不能再減等語。查滇省軍需已竣，應遵戶部原奏，減爲十五兩。得旨：滇省此項營驛馬價，兵部議令按每匹十五兩報銷，固屬照例覈覈。但該省自承辦軍需馬匹以來，孳生尚未能蕃庶，現在購買不無拮据。著再予以二年之限，每匹仍准以十八兩報銷。俟二年後，再照覈定十五兩之例辦理。（高宗八八五、二一）

（乾隆四四、二、甲戌）戶部議覆：調任湖北巡撫陳輝祖奏稱，湖北省本年輪鬮錢糧，武昌、鄖陽等府屬，額徵支應驛站等項銀，亦在鬮內。除裁節馬價等項銀歸地丁，無庸請補外，其夫馬工料等項，共需銀九萬七千有奇，請於鄰省撥支。應如所請，於安徽上年撥剩漕項內，如數撥解。從之。（高宗一〇七七、八）

（九）其他人員工食賞卹

（順治二、七、壬申）定歲給故明宗室贍養銀兩、地畝：親王，銀五百兩；郡王，銀四百兩；鎮國將軍，三百兩；輔國將軍，二百兩；奉國將軍，一百兩。中尉以下，無論有無名封及各王家下人丁，每名各給地三十畝。（世祖一九、二〇）

（順治九、五、辛卯）詔給國子監肄業監生月米三斗。（世祖六五、七）

（康熙二四、五、庚子）復直隸各省儒學廩生餼糧三分之一。（聖祖一二一、一五）

（康熙四、八、丙子）戶部議覆：江寧巡撫韓世琦疏言，京口在城民房，除圈給駐防八旗官兵外，所存無幾。今投誠人員安插京口，請以籍沒入官之房令其居住。依士民公議，將房價輸官，軍民兩便。應如所請。得旨：投誠

人員，既有入官房屋安插居住，復於百姓收價，未合。著不必收價。(聖祖一六、一四)

（雍正一、八、丁卯）諭總理事務王大臣等：都統、前鋒統領、護軍統領、副都統內，頗有家計艱窘之人，頃者，外省副都統等既已酌給親丁坐糧，將如何酌給伊等坐糧之處，著議奏。尋議：京城滿洲都統，親丁八名；蒙古、漢軍都統、領侍衛內大臣，六名；前鋒統領、護軍統領、步軍統領，五名；滿洲副都統，三名；蒙古、漢軍副都統，二名；步軍總尉，一名。每月給銀三兩，每歲給米一十二石，每石折銀一兩。從之。(世宗一〇、二二)

（雍正一、一一、辛卯）諭理藩院：據大將軍年羹堯奏稱，青海台吉索諾木達什在布隆吉爾地方，由羅卜藏丹津處脫身來歸等語。向者，索諾木達什盡忠効力，乃被叛賊羅卜藏丹津誘擒，今聞伊已來歸，良慰朕懷。索諾木達什先與駐劄柴旦木地方之官兵一處効力，繼又往西藏軍前竭誠報國，深屬可嘉，特沛殊恩，著封為貝子，給與上等產業，加意撫綏，併著大將軍傳諭，俾知朕意。(世宗一三、一二)

（雍正二、二、丙寅）刑部尚書勵廷儀奏：請團練民壯，於每州縣選取五十名，分習鳥鎗、弓箭、長槍。其尤壯者，選為頭役，即於州縣俸工內酌給工食，勤加訓練，於武備實有裨益。得旨：此奏甚好，嚴諭直省督撫實心奉行。(世宗一六、二六)

（雍正二、二、丙寅）撫遠大將軍年羹堯摺奏：據岳鍾琪報稱，二月十四日，領兵至席爾哈色地方，知吹拉克諾木齊，現在天城察罕哈達居住，因即派兵前往，擒獲男婦牲畜甚多。吹拉克諾木齊，於十四日帶三百餘人，乘夜遁往噶斯地方。其屬下都喇爾寨桑及扎錫敦多卜之母，帶領屬下人口馬匹逃遁，被台吉盆蘇克注扎爾等擒獲投獻，即賞給伊等緞匹、銀兩，令帶領蒙古兵五百名，往噶斯一路追擒吹拉克諾木齊，並令守備劉廷彥等帶兵同往。再訪得羅卜臧丹津，仍在原處居住，大兵務於十九日至伊所住地方進勦。奏入，報聞。(世宗一六、二七)

（雍正四、二、辛未）理藩院奏，青海親王察罕丹津等起程北歸日期。得旨：察罕丹津等既欲於十一日起程，著初十日至圓明園陛見。伊等俱因青海之亂，被賊搶掠，此時回去，恐牲口盤費不足，著將內庫銀各賞給一千兩。(世宗四一、六)

（雍正七、五、庚申）四川提督黃廷桂奏報：黃螂土司國保，呈請歸流，情詞懇切，應行具奏請旨。得旨：各處土司呈請改土為流者，朕俱不允，屢降諭旨甚明。今據黃廷桂摺奏，黃螂土司國保，屢次具呈，懇請題達，且稱祖遺土地，多被隣封侵佔，兼以轄屬愚頑，難以管教，惟恐貽累子孫等語。朕念該土司國保，素知遵奉法紀，自會勦米貼，軍興以來，隨營効力，更爲恭順，其所轄土民，亦無助逆惡蹟，今屢次懇請改土爲流，既於伊身及其子孫有益，朕不忍違其所請。著給與守備職銜，并賞銀五千兩，爲立產安居之用。其願居何處，著該提督向伊詢明，悉心酌議，善爲安插，俾其永遠得所，以副朕懷。（世宗八一、一九）

（**雍正一〇、三、癸酉**）諭内閣：工部尚書馬喇從藏回京，朕詢及沿路番子等生計景況，據奏稱番子等仰賴皇恩，俱得各安生理，此内得爾格特之部落番子，向來甚屬恭順安分，自隸内地之後，更加勤謹効力，於一應差使，行走無誤，鼐格等亦稱伊等事達賴喇嘛甚屬恭敬等語。得爾格特人衆，從前出兵藏内，曾經効力，今復於一應差使，竭力行走，甚屬可嘉，理應特沛恩澤，以示鼓勵。得爾格特之爲首土官，著給與宣慰司職銜，再賞緞十疋，銀三千兩，令伊酌量賞屬下辦事勤謹之頭目等。（世宗一一六、一〇）

（**雍正一一、三、戊戌**）諭内閣：朕統御中外，一視同仁，凡番族人等有遵奉法紀、抒誠効力者，無不厚加恩澤，如四川口外之疊爾格土目等，奉公趨事，上年已頒諭旨，從優賞賚。其打箭爐之明正、裡塘等土司土婦及頭目人等歸誠内附十數年來，謹守住牧，奉法急公，内地兵丁赴藏駐防，經行該地，番民等遞運糧石，供應承辦，雖按數給發脚價，不使擾累，而伊等効力奔走，於一切差使，並無遲誤，勤勞恭順，甚屬可嘉，應厚加恩賞，以示獎勵。又聞土民中有生計艱難者，亦應加賞恤，俾得並沐恩施。其爲何分別賞賚之處，著查議具奏。尋議，四川各番部中，明正一部，最爲恭順，土司土婦効力尤多，請各賞綵緞十疋，所屬頭目人等，賞銀二千兩。其裡塘、巴塘、乍了、乂木多四部宣撫司以下，應賞綵緞，自十疋至六疋，以次酌給，所屬頭目人等，每部賞銀一千兩。黎烏齊、羅隆宗、説板多、冰壩四番部土司大胡土克圖以下應賞綵緞，自八疋至四疋，以次酌給，所屬頭目人等，每部賞銀六百兩。至各部番民内有生計艱難者，行令該督黃廷桂委員會同該土司等，查明動帑賞恤。從之。（世宗一二九、九）

（**乾隆二、二、庚午**）戶部議覆：蘇州巡撫邵基疏言，江省各屬，編徵歲貢坊儀、旗、扁等銀，各就該處額編酌給，偏枯不均。請照舉人盤費之例，將通省額編銀兩，合計各府州縣學出貢名數，匀派支給。應如所請，並通行直省督撫，一體遵照辦理。從之。（高宗三六、一六）

（**乾隆二、九、己巳**）免荒缺攤扣役食。諭總理事務王大臣：外省有荒缺銀兩之處，向例在於知府以下等官俸工内扣除抵補。朕念佐雜微員，力量單薄，不應在扣除之內。已於乾隆元年三月內降旨，諭令在督、撫、司道大員及府、縣正印官俸工內酌量均攤，以抵所缺之數。今思官有尊卑，役無大小，微員俸工既經免其攤扣，其餘各衙門人役，皆當差効力之人，額支工食數兩，藉以養贍其家，若因荒缺扣除，則伊等餬口無資，情有可憫。查此項共計銀一十二萬餘兩，著於乾隆戊午年為始，各省大小衙門人役工食，俱准於地丁項下，照額定之數全行支給，免其扣荒，使執役之人，均沾恩澤。（高宗五二、二一）

（**乾隆三、四、甲辰**）加恤各省貧生。諭：各省所有學田銀糧，原為給散各學廩生貧生之用，但為數無多，或地方偶遇歉年，貧生不能自給，往往不免飢餒，深可憫念。朕思伊等身列膠庠，自不便令有司與貧民一例散賑，嗣後凡遇地方散賑之時，著該督撫、學政飭令教官將貧生等名籍開送地方官核實詳報，視人數多寡，即於存公項內量撥銀米移交本學教官，均勻散給，資其饘粥。如教官開報不實，給散不均，及為吏胥中飽者，交督撫、學政稽察，即以不職參治。至各省學租，務須通融散給極貧、次貧生員，俾霑實惠。此朕體恤貧生之意。若生員等不知感激自愛，因此而干預地方，恃有生監護符，以致肆行種種不法之事，該督撫等仍應照例查察，毋使陷於罪戾。（高宗六七、一三）

（**乾隆六、二、己未**）戶部議覆：署貴州布政使陳惠榮奏，黔省各營，共添兵七千一百餘名，營伍已屬充實。下游新疆，又偏設屯軍防範。且現有餘丁一千二百餘名，足資拔補調遣，不必撥項招養，以省浮費。應如所請。其已經招養之餘丁，若遽裁汰，未免家口養贍無資，應請留俟各營出有糧缺，先儘此項陸續頂補開除。從之。（高宗一三七、五）

（**乾隆七、五、己卯**）［大學士等］又議覆：湖廣總督孫嘉淦奏，苗猺秉性頑蠢，反覆不常，全在約束得宜，方可以潛消其釁。今苗疆文員怯懦，不敢深入岡寨。一切爭訟劫殺等事，多屬武弁管理，因而汛兵營目，借端需索，以致激成事端。嗣後應請諭令該省督撫，嚴飭苗地有司，凡刑名劫奪等案，務須親身經理。如屬怯懦、無能，不得濫膺其任，武弁止許協力緝查，亦不得竟行剖斷。再苗人散居無統，各有頭人，為眾苗所服。今應於各寨中，用其頭人為寨長。一岡中取頭人所信服者，立為岡長，使約束寨長而統於縣令，如有過犯，縣令易置之。每岡長一名，照鎮筸土百戶之例減半，每年給工食銀十二兩。統計城步五岡設正副長十名，綏寧四岡設正副長八名，又於扶一、扶二、六甲、六馬等處添設五名，所需無多，應即於現清出各岡叛產租穀內給發。如此以苗治苗，兵端可息。均應如所奏，酌量辦理。從

之。（高宗一六七、七）

（**乾隆一〇、二、壬申**）署陝西布政使慧中奏：錢糧徵解，照戥准兌，遇有支放，照封驗看。一切平餘，應請裁革。至陝藩書役，向無工食，隨事需索陋規。並請查明革除。照部科書辦例，量給紙筆、飯食。得旨：此等弊，只可去其太甚者，書役之弊，豈能盡革？縱動公項予之，不過多費此一項耳。而彼之需索，仍不能盡除。各省皆然，不獨陝省。此摺交慶復看，令其酌量。（高宗二三五、二〇）

（**乾隆一〇、五、庚子**）户部等部議准：陞任湖南巡撫蔣溥疏稱，寶慶府理猺同知，移駐長安地方，所有關帝廟祭祀銀三十五兩七錢零，請照永綏廳之例支給。又該同知設有倉庫、監獄，應添設斗級、禁卒、庫子七名，歲共給銀四十二兩。從之。（高宗二四一、二〇）

（**乾隆一一、九、壬寅**）户部議准：江蘇巡撫陳大受疏稱，江省民壯，屢奉部覆議裁，除溧水等十二州縣，先經裁減六十八名外，兹復按照簡僻地方，將江浦、震澤、青浦、婁縣、陽湖、金匱、沛縣、鎮洋、嘉定等九縣，再行酌裁四十八名。其通省實存民壯，共二千三百五十九名。從之。（高宗二七四、一九）

（**乾隆二一、一二、壬午**）户部議覆：雲南巡撫郭一裕奏稱，滇省每年鹽稅銀，除起解正課各項外，以餘銀三四百兩，支給書巡工食，每多不敷。因思商人運鹽到者，一年之內遲速多寡，難以概定，應請每年以一千五百二十兩供支，遇閏加徵銀一百二十六兩。倘有餘，另於額外盈餘項下，據實造報。應如所請，著爲定額。從之。（高宗五二九、六）

（**乾隆四八、九、乙巳**）户部議覆，吉林將軍慶桂奏稱：阿勒楚喀、拉林二處官莊壯丁五十五名，除陸續挑補殘疾壯丁之缺，壯丁十二名，俟五年滿交糧石之日報部辦理外，其餘壯丁四十三名，自乾隆四十一年起至四十五年止，此五年內能滿交糧石內，有未入尺之子十四名，各應除出一子，照例入於吉林民籍，無子嗣壯丁二十九名，應照例注冊，係生子之日，除出一子報部辦理。應如所請。從之。（高宗一一八九、六）

（**乾隆五一、七、辛未**）陝西巡撫永保奏：陝省長安等二十三廳州縣，積年長支所夫工食銀六萬五千餘兩，經前撫畢沅奏准在額支銀內，分作三年扣還外，餘著原借各員賠補，限內均可全完。請嗣後遇新舊交代時，如前任有此借項，新任詳報上司，飭前官賠補；倘私行流抵，查出著落接受之員完繳。庶流弊可除，庫項不致懸宕。得旨：有治人、無治法，全在汝實力爲之。（高宗一二五九、三〇）

第二節　軍費、軍糧及其它軍用物資

一、軍費

（一）順治朝

（**順治五、一、丙午**）以湖南六府底定，苗民就撫，頒賜平南大將軍恭順王孔有德黃金二百五十兩，懷順王耿仲明、智順王尚可喜各二百兩，續順公沈志祥一百兩。其有功將士，各賞銀兩有差。（世祖三六、三）

（**順治一四、一〇、癸巳**）發內帑銀二萬兩，賞給出征福建、湖廣兵丁、匠役家口。（世祖一一二、一五）

（**順治一五、九、壬子**）發帑金三萬兩，賞鑲黃、正黃、正白三旗下藍翎官，及護軍校、護軍。（世祖一二〇、十七）

（**順治一五、九、壬戌**）發帑金二萬兩，賞鑲黃、正黃、正白三旗下藍翎官，及護軍校、護軍。（世祖一二〇、二〇）

（**順治一五、九、癸亥**）發帑金三萬兩，賞出征護軍校、護軍、撥什庫、兵丁、弓匠等家口。（世祖一二〇、二一）

（**順治一六、五、辛巳**）諭戶、兵二部：雲貴新入版圖，百姓皆朕赤子。念十餘年來，逆寇李定國等竊踞南服，民久在水火之中，困於誅求，生計日蹙，疾痛莫告。今大兵所至，群黎歸命，歡若更生。但聞兩省地方，生理未復，室廬殘毀，田畝荒蕪，俯仰無資，衣食艱窘。朕每念及，不勝憫惻。至南征大兵，閱歷險阻，長驅深入，糧餉恐有時不繼。今特發內帑銀三十萬兩，爾部即差的當員役，刻期齎往經略軍前，以十五萬兩賑濟兩省真正窮民，其十五萬兩令經略臣收貯，見今進討三路大兵，如有需餉甚急者，立行接濟。爾部即遵諭行。（世祖一二六、一一）

（**順治一六、七、壬午**）命戶部尚書車克往江南催集各省錢糧，製造戰船。賜之敕曰：進剿海寇，製造戰船，需用錢糧浩繁，必應用不匱，始可刻期告成。今特遣爾前往江南，凡各省額賦，除兵餉外，酌量堪動項款，移會各該督撫，作速催取起解，爾察明驗收，轉發督造船隻官員，用濟急需。如各該督撫催督不力，司道有司，徵解延緩，致誤營造，即指名題參，以憑究處。爾受茲任，益當夙夜恪勤，副朕簡倚之意。（世祖一二七、八）

（**順治一七、四、甲寅**）議政王、貝勒、大臣等會議：平西王吳三桂疏言，永曆在緬，偽王李定國借以鼓惑衆心，相應進勦。其見在雲南滿洲官兵，聽該藩與各都統商酌率往。至於兵馬錢糧，所需甚多，不惟措處維艱，亦萬難即運至滇。目前應用草料，敕該藩設法措備，務使兵民兩利。再查户部撥給雲南十七年八分兵餉銀三百三十萬兩，已經催解。其已解到者，聽該藩支給進征兵丁；其未解到者，仍嚴飭各督撫星夜解往，以爲接濟。疏入，未報。旋命學士麻勒吉、侍郎石圖前往雲南，與平西王吴三桂面商機宜。(世祖一三四、二二；東華七、一八)

（**順治一七、六、乙酉**）季振宜又言：天下財賦，莫盛於東南，亦莫竭於東南。如雲南兵餉以千萬計，閩浙兵餉以百萬計。今以滇南初服，委之平西王，令其便宜從事。該藩兵力原厚，而滿洲緑旗兵丁，復屯數萬，其間更番往來，經歷數省，供億夫船糧糗，所費不貲。是不獨雲南困，而數省俱困矣。……(世祖一三六、四)

（二）康熙朝

（**康熙一五、二、癸酉**）諭大學士索額圖等：近發内帑銀十萬兩與提督趙良棟，賞給軍民。今在平涼大兵及緑旗兵俱勤勞報效，大將軍圖海前往，亦可酌議發帑給賞。川中撤回之兵，前攻取朝天、七盤等處，後又圖取秦州，效力甚多。凡失事皆在主將，非關軍士。可寫諭旨二道與大將軍圖海，令申飭諸將，其總督、巡撫亦有失事之責，宜嚴行曉諭。議政王、貝勒、大臣，會議行之。(聖祖五九、二五)

（**康熙一五、二、乙亥**），諭平涼滿漢軍士：爾等年來各處征勦，爲國效力之處，朕悉聞知。今圍攻平涼，屢次衝鋒陷陣，奮勇殺賊，嚴冬掘壕，遠道樵採，備歷艱苦，朕心深爲憫惻。兹命撫遠大將軍太子太傅都統大學士圖海，統率禁旅，往討逆賊，雖目前國用殷繁，念爾等戮力行間，勤勞已久，特發帑金五萬，齎至軍前，普加恩賜，以昭朕優恤之意。爾等同心協力，益勵忠義，速剪賊寇，朕不吝復加優賞，爾等勉之。(聖祖五九、二九)

（**康熙一六、五、乙巳**）先是，上諭兵部：前安親王岳樂等疏請紅衣礮，隨已發往。今聞袁州到長沙，道路險阻，運礮夫役既多，爲費實繁。若礮一到，即得長沙，則解送固宜，倘難猝拔，則送亦何益？念安親王兵久入湖南，馬多致斃，已自京撥馬，陸續發往。今將軍穆占率精兵會勦，猶未克取長沙，與賊對壘如故。我兵甚衆，芻秣無多。即馬到長沙，勢必坐致疲瘦，不堪驅策。可令馬匹暫停袁州，紅衣礮暫留南昌，温代先赴安親王岳樂、將軍穆占等軍前，詳議以聞。安親王所統軍士，雖曾給賞，爲時已久，應撥正項錢糧，再行頒賜。總督董衛國無論何項錢糧，撥二十萬兩，解赴袁州，俟温代自長沙回日，酌量轉解。至是，温代奏曰：臣詢安親王岳樂、將軍穆占等，皆云紅衣礮即到，亦未必能遂破長沙。芻秣誠少，而軍士缺馬甚多。應否解送，請旨裁奪。上乃命留紅衣礮於南昌，仍令温代解銀、馬赴安親王岳樂、將軍穆占軍前。（聖祖六七、七）

（康熙一六、七、丁酉）廣西巡撫傅弘烈疏言：臣前請大兵接應，力任進取兩廣。今廣東全省已定，廣西乃臣專責，無可他諉。臣與將軍莽依圖等議欲進兵廣西，緣敕印未至，無以爲信。且臣兵寡弱，必得尚之信官兵同臣進取，庶克有濟。又，收復廣西、雲、貴，須招集土司，土司官員專取憑於印信，若以廣西、雲南各土司印信頒發，招撫一處，即給一新印，以杜反覆，則逆賊可不煩大兵而滅矣。臣標官兵，經年缺餉，兼少馬匹，請量撥給，以資進勦。得旨：覽奏，詞意忠懇。傅弘烈可仍以廣西巡撫爲撫蠻滅寇將軍，給以敕印；尚之信速遣所屬官兵與傅弘烈同定廣西；土司印信，禮部鑄給；其官兵錢糧，令總督金光祖給銀十萬兩，俟秋涼再發馬匹。尋又命户部撥銀十萬兩，解赴傅弘烈軍前。（聖祖六八、八）

（康熙一七、三、丙戌）撫蠻滅寇將軍廣西巡撫傅弘烈疏言：粵西地方，僅存梧州一府，滿漢兵馬芻糧浩繁，力難供應。得旨：大兵糧餉關繫殊急，不可但取給廣西，宜令廣東協濟。平南王尚之信可支餉銀二十萬兩，解赴廣西，並令廣東督撫運致糧草，俾無誤軍需。（聖祖七二，一一；東五、二六）

（康熙一七、四、庚辰）先是，因廣東糧缺，進勦粵西大兵饟運難繼，上命撥江西銀十萬兩、安徽銀十五萬兩，由江西採買米穀，運送廣東。至是，江西總督董衛國疏言，江西地方殘敝，購米未可即得。得旨：據董衛國奏，江西購米艱難，前撥安徽帑銀十五萬兩，宜就近付江南督撫採辦，陸續運至江西，轉運廣東。但輸輓軍糧，所關甚重，可令户部郎中胡什巴、員外郎莫羅，馳驛赴江西、廣東，隨宜區畫，毋困民力，毋悮軍需。（聖祖七三、五）

（康熙一七、六、丁酉）諭兵部：朕御極以來，孜孜圖治，欲使天下治安，兵民富庶，共享雍熙。不意逆賊吳三桂背恩反叛，擾亂地方，數年以來遣兵征討，尚未授首。以致出征將士披堅執鋭，盛暑祁寒，備極勞苦。且興師日久，滿洲、蒙古、漢軍或器械朽壞或有馬匹倒斃借貸置辦者，或年幼未經分給田畝，軍資器用，悉稱貸置辦。種種疾苦，朕深爲憫惻。但逆賊未滅，不得已而用兵。諸路官軍，其奮勇勦除，底定疆土，凱旋之日，一切稱貸俱令該部代償，諸處調集之兵，遣還汛地，咸令得所。朕詔諭昭如日月，將示大信於天下，斷不食言。至於從征官兵戰陣被創，尤堪軫恤。勿俟大兵到齊，所有應得銀兩，速察給其家。爾部即傳示內外，俾喻朕恤兵酬勞至意。（聖祖七五、三八）

（康熙一八、五、癸丑），議政王大臣等議奏：廣西官兵乏糧，請令兩廣督撫由廣東設策運糧。得旨：不必自廣東輓運。令遣戶部賢能官二員，採買湖廣米，運至廣西軍前。其湖廣、武岡諸處官兵，亦令料理備辦。（聖祖八一、六）

（康熙二〇、一、戊寅）郎中額爾赫圖疏言：軍糧僅供目下之用，請速撥餉米接濟。上諭：大兵糧餉，所關重大。巡撫王新命，可先撥湖廣銀十萬兩，星夜解交郎中額爾赫圖。至由川江運送兵米，亦宜乘此水退之時，源源不絕，速運軍前。如或遲緩，貽誤軍機，所司各官，俱按軍法重懲不宥。（聖祖九四、七）

（康熙二〇、二、戊申）四川陝西總督哈占疏言：永寧一路大兵急需糧餉，秦民輸運軍需，困敝已極。若於永寧、瀘州諸處採買支給，兵民兩便。得旨：陝西巡撫鄂愷等支西安庫銀六萬兩，遣賢能官會同永寧道，於永寧、瀘州諸處採買，四川巡撫杭愛、布政使劉顯第等督趣監運，勿誤軍需。（聖祖九四、二一）

（康熙二九、七、癸巳）安北大將軍和碩恭親王常寧奏：臣既出喜峰口，當由何道進兵？上曰：視其道之近者，往與大軍會。其出古北口之兵糧儲多，爾等未會之際，糧宜節省，出邊後有助糗糧者聽助，籍其姓名以聞，所助牛羊俱收畜，及時以散給之。炎暑軍行，恐人馬勞苦，其令晝止夜行。（聖祖一四七、八）

（康熙三四、一一、戊寅）諭大學士等：中路運米車四千輛，若責令直隸、山東、河南三省捐雇，恐各地方官不體朕意，借端科派，致累小民。朕今並不動戶部錢糧，特發內帑銀六萬兩，著于成龍等督造。但每車載六石，及炊具營帳諸物，過重可添造一千輛，自足用矣。（聖祖一六九、九）

（康熙三五、二、丙午）諭議政大臣：前命于成龍等用內帑錢糧督造中路運米車四千輛，又兩次增造一千五百輛。今朕營需用車輛，不必令地方官預備，即於增造車內，分撥二百輛供應。（聖祖一七一、一〇）

（康熙三五、三、乙丑）諭議政大臣等：內廄馬撥一千匹，兵部馬撥五百匹，八旗佐領所養馬內擇其肥者撥一千五百匹，共三千騎。於每佐領所留護軍一百名內，酌量派出，令同內廄人，將此馬趕護，於三月二十日起行，出張家口，約行二十餘日可到。此馬到時，如正當對敵之際，則給兵騎用，甚有裨益；即旋師時，令兵丁騎用，亦大有濟。其趕護馬匹之護軍與內廄人，亦應照出征人例，給馬四匹。此項馬匹，著副都統管上駟院事宗室阿喀納、二等侍衛鄂克濟哈等帶來。(聖祖一七一、二五)

（**康熙三六、一、乙卯**）諭理藩院尚書班迪等：今觀噶爾丹勢甚窮蹙，天與不取，坐失事機。應撥兵預備。今次出兵，亦分爲兩路，兵各三千名。此兩路兵不必預定期約，令相機而行。綠旗營派兵從少，馬則從多，方可與滿兵同行。米則照常隨行外，沿邊有牛羊可買，著動支正項錢糧，每路各買牛羊二萬發去，於軍資大有裨益。至運米以馬駝爲要，亦當多備，須選賢員往甘州寧夏採買。爾等集議以聞。尋議覆：大同所有前鋒四百，鳥鎗護軍一千，火器營兵二百，黑龍江兵五百，並留駐大同新滿洲護軍二百，駐扎寧夏副都統阿蘭台兵七百，共合三千，令一路進征。將軍博霽率西安兵二千，現駐肅州，再令將軍孫思克，於所屬標營內選兵一千，每人酌給馬匹，合爲三千，令一路進征。應給綠旗兵之馬，即於綠旗兵馬內選肥壯者給與。至所需駝、馬、騾、驢、牛、羊，在肅州、寧夏採買，每處選部院賢能官五人，與督撫地方官會同採買。得旨：軍中所需駝、馬、牛、羊，在寧夏者，交西安副都統阿蘭台採買；在肅州者，交駐扎宣化侍郎席密圖往肅州採買；著照時價，勿得短少。至大將軍伯費揚古，如目下有事，仍率前鋒統領碩鼐所備之兵而行，如目下無事，在大同養馬，俟出兵則率前鋒與是軍同行。黑龍江兵應令往右衛屯駐預備。餘如議。尋差侍讀學士阿爾賽等十員，分往寧夏阿蘭台、肅州席密圖處，會同監買。(聖祖一七九、二)

（**康熙三六、四、庚戌朔**）諭議政大臣等：此地至兩狼山地方，一百二十里無水，應於于成龍等未到之先，集軍中駱駝，送米過此無水之地。令內大臣明珠、都統噶爾瑪、王永譽押去，到後著噶爾瑪、王永譽留彼守米，著明珠帶回駱駝。舊歲中路進兵，各驛備米供給兵厮、商販，故人不至饑；此次進兵，所關甚要。凡事不得不周祥籌畫，朕已遣往寧夏取米五百石矣。俟到後，留貯於此。隨來兵丁，亦酌量留之，著一大臣駐此管轄。將此米從驛站陸續緩運，每驛量留米，俟回師之兵厮、商販乏糧者給之。上駟院趕來馬一千四百餘匹，亦留於此，擇水草善地牧放肥壯，俟回師之兵有乏馬者給之。鄂克濟哈仍駐寧夏，凡馳報之事，由新設邊外驛站馳送，則路近而無悞。總督吳赫船站，照常安設，船站以外，令設蒙古驛站，馳報軍機。(聖祖一八三、一)

（**康熙五四、四、丁亥**）又諭：喀喇沁兵行期甚速，路復遙遠，著侍郎覺和托、一等侍衛色楞，攜內帑一萬兩，速往賞賜。(聖祖二六三、一四)

（康熙五四、四、乙未）諭議政大臣等：軍中糧務，甚屬緊要。前勦噶爾丹時，曾由兩路運米至翁金河，乃已經熟識之地，而推河與翁金甚近。又從前兩路所運之米，至回軍時，尚未用完。度今所用錢糧，最多不過三四百萬，可以足用。著户部動支正帑運送。……再西安、甘肅巡撫處，著將河東鹽課銀四五十萬解往。（聖祖二六三、一九）

（康熙五四、六、壬申）諭議政大臣等：今敏珠爾公所住厄德爾齊老圖地方，去推河不遠，應令祁里德等在厄德爾齊老圖左，近擇有水草、可以耕種及魚獸繁多處，移兵駐扎。則既便於打牲，又可保護敏珠爾公等眷屬。將米運至駐兵處，不但有益，而進兵亦近。運米事不可遲緩，著即繕摺具奏。尋議政大臣等議覆：應行文將軍費揚固、散秩大臣祁里德，會同喀爾喀汗王等公議，於敏珠爾公所居厄德爾齊老圖左近額克阿拉爾、和布多、烏闌古木等處，擇有好水草、可以耕種、要緊適中處，令衆兵會集駐扎。現在右衛等處官兵所領之糧，雖足一年之用，但給發兵丁之糧，不可不預爲起運。應將湖灘河朔細米，動運二萬四千石，先就近令直隸、山西動正項錢糧採買馬騾一萬五千匹，於七月驅至湖灘河朔，運米一萬二千石至駐兵處；再於山東、河南，亦動正帑購買馬騾一萬五千匹，明年草青時送至湖灘河朔，運米一萬二千石至駐兵處。將此運過米石馬騾，於大兵前進時，令馱子母礮位等物。再御制子母礮，應運三十位給將軍席柱處，五十位給將軍費揚固處備用。從之。（聖祖二六四、三）

（康熙五四、八、乙丑）議政大臣等議覆：四川陝西總督鄂海疏言，甘肅存倉米麥及現在採買米石，儘足配給兵丁。又莊浪、西寧、鞏昌三處，有舊貯粟米四萬餘石，將此米運送三萬石至甘州，與甘肅存倉之麥陸續運至軍前，相兼支給，軍需有餘。若從隣省運送，路遠費多，請行停止。應如所請。從之。（聖祖二六五、一）

（康熙五四、八、壬辰）鑾儀衛鑾儀使董大成疏報：臣於六月二十二日領兵從肅州出嘉峪關，自嘉峪關至噶斯口三千餘里，行至常馬爾河，因山水暴發，所有運米牲口及兵丁所乘馬匹，多致傷損倒斃。今於八月十二日抵噶斯口。得旨：自邊上至噶斯口，一千七百里，曾經阿南達奏過，今董大成何以又稱有三千餘里？噶斯口路徑甚窄，策妄阿喇布坦斷不由彼行走。今正寒冷之時，著董大成將噶斯口迤內放火燒荒，領兵回赴肅州。（聖祖二六五、七）

（康熙五四、一二、甲申）議政大臣等議覆：散秩大臣祁里德疏言，明年所運軍糧，若用直隸、山西、山東、河南購買馬騾運送，稍覺勞苦。請於喀爾喀左翼車臣汗衆扎薩克，令協濟駝隻，則運送米石，較爲便易。應如所請。令車臣汗等旗分協濟駝隻六千，於青草未發之前，度量自湖灘河朔，至扎布罕之中途有水草處，屯扎預備。見今尚書殷特布所買四千駝隻外，再令增買二千。此所買六千駝隻，兩次即可運米二萬石。自湖灘河朔運至中途有水草處，再用喀爾喀之六千駝隻，作兩次運送軍前。其四省馬騾，應就近撥八千匹，於明年草生之時，送往甘肅，交尚書富寧安，爲兵丁騎載之用。從之。(聖祖二六六、一八)

（康熙五五、閏三、辛酉）議政大臣等奏：據兵部尚書殷特布疏稱，在張家口及歸化城等處，共買駱駝六千餘隻。應送至宣化、大同，交與都統圖思海，以備運米之用。從之。(聖祖二六八、一)

（康熙五六、九、丁巳）議政大臣等議覆：靖逆將軍尚書富寧安奏稱，滿洲、漢軍官兵及各綠旗兵丁，以來歲進征，當豫行整理馬匹、軍器等物，借支俸祿錢糧，共計銀二十五萬六千兩有餘。請如數借給，俟事定之日扣除。得旨：此次官兵雖未臨陣克取地方，然同心効力，甚屬可嘉。將朕內庫銀兩，發出二十六萬，令其整理馬匹、器械。如恐路遠不能即達，將附近地方所有銀糧，著戶部速行料理。成功時，此項銀兩不必扣除；若無効力之處，空回各本汛者，如議政所議，仍行扣除。見將內庫銀兩，照數交與戶部。此項錢糧，係朕特恩，其另造檔案，務令清楚。(聖祖二七四、二)

（康熙五七、一、壬申）諭議政大臣等：去年朕欲撥一大臣在甘州駐扎，辦理軍務，今額倫特既在西寧，諸事可以無虞。且自有軍機以來，凡事朕皆預爲籌畫調度，後亦無不相符者。近經將軍富寧安奏請兵餉，朕已下旨賞給銀二十五萬兩，今提督師懿德奏請撤兵，此銀付之空處。不知朕於軍機事務，並不惜錢糧，已動用過數百萬兩矣。又甘肅等處綠旗兵丁，自出兵以來，曾賞過馬匹、錢糧、口糧，并給在家之妻子米糧。此等恩澤，曾否均沾，其間有無尅扣，尚未明晰。如兵丁之在家妻子未沾恩澤，朕心亦不能安。……(聖祖二七七、一四)

（康熙五七、一、戊寅）諭議政大臣等：兩路軍兵駐扎邊塞二三年矣，勞苦殊甚，衣服亦將損敝，朕深加軫念，特令製衣二萬襲。見今所有一萬襲，派侍衛一員，由內地驛站送至將軍富寧安軍前，賞給軍兵；再一萬襲，俟製造完日，送至將軍傅爾丹軍前。著爾等大臣查驗，裝載牢固發往，如尚有不敷，計算軍兵數目，照此衣服，將庫貯布疋賞給，令其自行製造。(聖祖二七七、一七)

（康熙五八、一二、戊午）議政大臣等議覆：山西巡撫蘇克濟疏言，兵部咨稱：來年仍將湖灘河朔之米，運一萬石至軍前。臣查先年自湖灘河朔運米，將所用之駱駝，并鞍屉口袋等物，自大同雇覓夫車，送赴湖灘河朔，每次用銀一萬餘兩。若就近即將大同府大有倉之米，由得勝口轉運，則路途既近，且可節省雇覓夫車之費。應如所請。從之。（聖祖二八六、二〇）

（康熙六〇、九、戊申）議政大臣等議覆：靖逆將軍富寧安疏言，康熙五十七年內蒙皇上恩賞巴爾庫爾官兵羊七萬隻，除進兵襲擊及派兵吐魯番等處，將所賞之羊撥用外，尚存羊二萬餘隻。見在吐魯番屯扎官兵應續運口糧，每糧一石，需運費銀幾及三十兩；若給羊一隻，充米一斗，價銀止一兩五錢，而解送尤易。懇再撥官羊數萬隻，交送巴爾庫爾軍前，不但吐魯番等處軍餉、羊米兼給，節省甚多，即於來年進勦軍需，亦有裨益。應如所請。從之。（聖祖二九四、一五）

（三）雍正朝

（雍正二、一、辛丑）兵部議奏：直隸巡撫李維鈞疏言，從前宣化鎮出師軍士，所給十個月行糧、兩個月口糧，經部准議政大臣等原議，乃係給與，並無扣還字樣，請旨免扣在案。今古北、密雲等鎮協營官兵與宣化鎮屬官兵，同時同地一體出師，所給錢糧，請照宣化鎮之例，免其扣還。應如所請。從之。（世宗一五、一五）

（雍正二、三、甲申）諭總理事務王大臣等：青海逆賊羅卜藏丹津之事，大將軍年羹堯、奮威將軍岳鍾琪以及兵丁，皆奮勇殺賊，於十五日內，即能將逆賊勦滅平定，殊爲可嘉。年羹堯，著授爲一等公，再賞一精奇尼哈番；岳鍾琪，著授爲三等公；凡效力官兵，俱加優恩策勳外，著戶部動用錢糧二十萬兩，送至大將軍年羹堯處，分別官兵效力等次賞給，以示格外加恩之意。（世宗一七、一一）

（雍正三、二、甲申）諭靖逆將軍富寧安：軍興以來，已經數載，爾在軍前效力，小心謹慎。提督路振聲，係初次派往之人，在邊地效力已久。現今策妄阿喇布坦之事未完，又不便撤兵。若以兵丁久戍之故，即令更換，轉令伊等軍前數年勞績，有初鮮終矣。但爾等在外年久，甚厪朕懷。今特賞帑金二十萬兩，內給將軍二萬兩、提督五千兩，其餘按弁兵效力年分，以爲賞賜之等次。綠旗兵丁，向係輪班行走，伊等作何賞賜之處，爾會同路振聲商酌。所賞銀兩，著行文年羹堯，動西安庫帑，派賢能官員，解送賞給。（世宗二九、一四）

（雍正四、一二、戊午）四川巡撫法敏疏言：建昌所屬苗猓，種類不一，冕山賊蠻金格、關壽、阿租等，狂悖不法，從前並未殲其兇首，因調漢土官兵，分路進勦。而金格等潛匿山箐，茲又添兵深入梁山搜捕。除各處調來土兵量給口糧外，查官兵內地行走，無支給口糧之例。但官兵深入崇山峻嶺，購米維艱，與出口無異，請暫照松潘戍守兵丁之例，支給口糧，於官兵應領米折銀內，陸續扣還。得旨：向來官兵凡在內地行走者，例不給與口糧。朕思內地亦有遠近之分，行走不無遲速之別，宜酌加恩澤，以獎勤勞。今建昌官兵，因進勦賊蠻，已經深入梁山，此地舊稱險遠，並非內地可比，而賊徒金格等，潛匿荒僻之區，尚未授首。現在官兵各處搜勦，奮勇效力，甚屬可嘉。查前歲進勦南坪時，官兵俱經給與口糧。今進勦梁山官兵，著照南坪之例，一體支給口糧，以示朕撫恤兵丁之至意。（世宗五一、一）

（雍正五、一〇、戊子）戶部遵旨議覆：西安八旗出征官員所借銀兩，請於各人所得俸銀內坐扣，其休致病故者，俱於伊等子弟所得俸銀錢糧扣完。得旨：凡出征兵丁所借銀兩，朕已加恩，盡行豁免。其官員等所借俸銀，未曾豁免者，原有深意。蓋官員與兵丁不同，若與兵丁一體豁免，則將來遇有差遣之時，本人不便借支，該管官不便借給，緩急之際，轉覺無所資藉。朕所以未曾降旨豁免者，正加恩於出征之官員也。但已經休致及亡故之人，本身既無俸可扣，於其子孫俸餉內扣還，朕心不忍。除有罪革職人員外，著加恩全行豁免。至外委之員，本無俸祿可以指借，當時何得借與以市私恩？著查明，於原借給之將軍大臣名下追補。凡滿洲、蒙古、漢軍、綠旗各處出征之官員，俱照此旨行。（世宗六二、一一）

（雍正八、一〇、戊午）諭內閣：烏蒙逆蠻不法，雲貴、四川見在用兵征勦。聞川省之永寧、建昌地方，山路崎嶇，所用軍糧，皆須民人背負，方能運送，非若坦途之可以車馬馱載也。舊例每糧一石，運送百里，給與腳價一錢，而民夫一名，止能背負米糧三斗，百里之程，須行兩日。是百姓一日之所得無幾，未足供其日用之資。著該撫即行確查，凡川省有山路險峻之處，運送軍糧需用人力，與永寧，建昌相類者，著將腳價速議加增，一面奏聞，一面即行給發。其他雲貴等省，若有似此腳價不敷之處，亦著該督撫確查增添，仍一面奏聞。該地方有司，務當實力禁止侵冒等弊，使力役之民，實沾恩澤。（世宗九九、二三）

（雍正九、一、乙亥）諭大學士等：準噶爾賊人，乘我西路軍營不備，傾其醜類，犯我卡倫，盜趕駝馬。總兵官樊廷等領兵二千，轉戰七晝夜，擊殺賊眾，又將盜去駝馬牲畜奪回。樊廷忠勇冠軍，頗得勝算；總兵張元佐、副都統綽般、台吉袞布、三等台吉定匝拉錫領兵應援，奮力夾攻，大敗賊人；副將張朝良以孤軍被困，而能全師出圍。凡此將弁，皆見義能勇，致身效力，均屬可嘉。樊廷，著賞銀一萬兩，給一等阿達哈哈番；張朝良、冶大雄，俱著賞銀五千兩，給拜他喇布勒哈番；張元佐、綽般，俱著賞銀三千兩，給拖沙喇哈番；台吉衮布著封公爵；三等台吉定匝拉錫，著授爲扎薩克一等台吉。其餘有功將弁，俱著大將軍岳鍾琪查明奏聞，加恩從優議敘。再著署內務府總管鄂善，馳驛前往肅州，於軍需銀兩內，動支十萬兩，令大將軍將此番出征弁兵等，查明戰功等第，按名賞給。至陣亡將弁兵丁，分晰查明造册具奏，從優賞卹。該督撫動用正項錢糧，於安西地方，建立忠勇祠，將陣亡之將士等，設造牌位致祭。俾義烈將士，永遠流芳，以示朕崇獎忠勳之至意。（世宗一〇二、九）

（雍正九、九、丙寅）靖邊大將軍傅爾丹摺奏：臣等遵旨公議，率科布多兵丁，撤回察罕叟爾地方。今陸續自賊營脫回之人，俱云賊兵在誇額爾齊斯地方。查夸額爾齊斯，在阿爾泰之傍，科布多城之西南，相隔不遠，而與布拉罕路口甚近。見今城內所有官物甚多，今若退兵率衆回行，萬一賊隨後擾犯，甚屬可慮。至官物內，可土埋者，惟鐵器，其餘糧二萬三千石、銀八十萬兩、火藥、鉛子、賬房、緞布、茶葉等，皆軍營要物，大約需駝一萬二千隻，方能運載。臣已行文於順承親王，並喀爾喀三處副將軍，傳集駝隻到後，臣領兵由科布多河東北一路，往赴察罕叟爾駐劄。奏入報聞。（世宗一一〇、七）

（雍正九、一一、癸亥）靖邊大將軍傅爾丹摺奏：臣等公同會商，以十月十三日大兵自科布多城起程，弁兵各給口糧。所有帑銀六十八萬七千三百兩，分令各大臣、官員、兵丁攜帶，並將火藥、鉛子均匀馱載，就近由布夒爾烏哈爾扎，沿途食雪，向察罕叟爾進發。十月十七日，行至綽諾海拉琥地方，據振武將軍順承親王咨稱，九月二十二日，戰敗賊夷，大策零敦多卜等俱已逃遁，喀爾喀副將軍等分路遠追，因賊夷已踰阿爾泰山嶺，即撤軍回營等語。臣遂統率大兵，選擇水草，休養馬匹，向察罕叟爾，緩行至撥通烏闌地方。又咨稱，驛站俱已接續，所有軍機事件，應仍由大將軍處奏聞，不必據咨轉奏。所有臣等回赴察罕叟爾，領兵起程日期，理合繕奏。得旨：傅爾丹既至察罕叟爾，著將靖邊大將軍印交順承親王掌管，振武將軍印著傅爾丹掌管，協同順承親王辦理事務。（世宗一一二、四）

（雍正一〇、五、戊辰）又諭：巴爾庫爾出征之西安滿洲兵三千名，寧夏兵一千名，出口已將二年，冬衣不無敝損，應行加恩添補。查莊浪現有存貯皮袍褂三千套，皮帽三千頂，著署督查郎阿、巡撫許容再於蘭州添製皮衣

一千套，皮帽一千頂，俱於秋間解送軍營，賞給西安、寧夏滿洲兵，以示朕格外加恩之至意。(世宗一一八、八)

(雍正一〇、八、甲申)命撥戶部庫銀二百萬兩，解送北路軍營，備賞給有功官兵之用。(世宗一二二、一八)

(雍正一一、二、丙子)命分別賞賚厄爾得尼招地方破賊官兵銀九萬九千兩有奇。(世宗一二八、一三)

(雍正一一、五、乙未)辦理軍機大臣等議覆：經略軍務大學士伯鄂爾泰摺奏，特斯、台錫里二處駐劄兵丁，原以截勦賊人，今賊人大敗之後，勢不再來，此處似無庸駐兵。明歲大兵前進阿爾泰，乘機攻勦，今歲交秋，應緩行至科布多等處，選擇水草，連營駐劄，則人畜不致勞苦。其前往科布多時，每人各給兩月口糧，用官駝載往。其餘八月口糧，需用八萬石，應交范毓馪陸續運往。……(世宗一三一、六)

(雍正一一、六、乙卯)命發布疋二十萬，賞給北路軍營兵丁。(世宗一三二、三)

(四) 乾隆朝

1. 用兵金川軍需

(乾隆一〇、四、甲子)大學士等議奏：據四川巡撫紀山奏稱，雍正八年進勦瞻對，派漢土兵一萬二千名，支給米麨軍需等項，爲數浩繁；今兵數視昔有加，糧餉宜多豫備。查雅、爐二倉，現貯米七千六百餘石。附近雅郡各州縣，約貯穀尚多，應先碾運五千石。至爐，即酌發軍需銀買補。所需炒麨，在打箭爐裏、巴二塘籌辦。又查司庫存貯軍需銀，現有一十八萬餘兩，又爐、雅二庫，合計五萬八千餘兩，未便全用，應請先於司庫封貯、備貯二項銀三十九萬三千兩內，暫時借動，一面題請酌撥鄰省協餉歸項。所有軍糧軍需，令幹練道員，駐爐總理，並酌設正協糧務分辦。除應支月費口糧、騎馱等項，照例支給外，其將備弁兵，借支製備軍裝，土兵按名給發安家坐糧，及加賞銀兩，並漢土各兵之鹽菜、口糧、茶葉、羊折，官兵跟役、通事、譯字、斗級、倉夫人等，應支口糧、工食等項，雍正八年有例可循者，俱遵照辦理。其關外土兵，從前止給口糧，不支鹽菜，但同一效力疆場，應請一體支給鹽菜。至差委土目番蠻，賞需難以豫定，應聽總統及總理道員酌辦。又稱雅倉現存米，應先運赴爐倉。嘉眉等府州酌撥米，應水運至雅。從雅赴爐運費，除陸運照採買軍需之例支給；其水運，因軍糧不容刻緩，所需水脚與平常運送不同，應請照雍正九年報銷之例。其自打箭爐以外，應令明正裏、巴二塘土司，各派頭目土兵押運。蠻夫烏拉運送各糧務交收，更於臣標派熟練官兵四百名，沿途押運。脚價照例支給，運耗照例報銷。其各糧務處，催運支放需用兵，亦於臣標派百名聽用。所有押運聽差官兵，支給各項，均請照派撥進勦官兵辦理。押運土目番兵，應令總理道員酌賞鼓勵。其軍需銀先運赴爐地交收，轉運各糧務支放，均請照例給發運價。至一應糧餉，俱須防護。若移營分路進勦，糧務處應聽總統酌留官兵護守。並查自打箭爐至藍墩番塘，人少不敷差使，應請增漢兵馬匹，以速文報。安設隨營軍臺，以通信息。造船以便來往，建橋以濟行人。雇募水手、匠人，以備驅策。酌派守護官兵，以利禦寇。均應如所奏，尌酌妥辦。事竣後，將用過錢糧數目，造冊報明戶部查核。得旨：依議速行。（高宗二三九、二三）

（乾隆一〇、六、己酉）四川巡撫紀山奏：瞻對頑番不法，前委千總向朝選前往曉諭。乃下瞻對班滾，已發兵二百餘名，在西納山下插營阻擋。該千總隨令瞻對頭人，將公文發去，令其回覆。而班滾仍復支吾。及至上瞻對七林坪土寨，照前曉諭。又藉稱土司已故，家內不知，並未放夾壩等語。彼此推諉，始終不獻贓賊，自宜示以兵威。師出糧隨，現已起運雅郡倉米四千八百八十餘石；並接運所需青稞，已在爐地購定三千石。裏巴二塘，共豫購一千五百石。其軍需銀亦俱運爐接濟。得旨：知道了。兵貴神速，今汝等尚無進師之期，而彼已有兵阻擋矣。善用兵者如是乎？亦諭李質粹知之。（高宗二四二、一八）

（乾隆一〇、六、丙辰）諭軍機大臣等：瞻對土番不法，擾害地方，朕不得已，允督撫等所奏，發兵進勦，以懲兇惡。目前所請錢糧，已至五十萬之多矣。夫用兵貴於神速，始克成功。乃川督辦理此事，甚屬遲緩……（高宗二四二、二七）

（乾隆一〇、一一、丁丑）戶部議准：四川巡撫紀山疏稱，進勦瞻對，應行籌備各事宜。一、官兵借支行裝，並馱馬鞍屜銀，總兵，照雍正九年西征例支給，副、參、遊、守、都司、千把、外委、馬步兵等，均照雍正八年進勦瞻對例支給；惟馱礮馬匹，此次應每礮一位，添馬二匹；弁員跟役，照乾隆八年出師郭羅克例，跟役三名，合給馱馬一匹，鞍屜一付。一、奉派瓦寺木坪等處土兵，每名賞銀五兩；月給家口坐糧銀九錢，米三斗，每斗折銀八分五厘。其遠在瞻對以西之冷宗蕱、德爾格土兵，移令領兵總統，彙具總領，即於糧務處，就近支給。漢土兵丁，百名賞牛一隻，折銀三兩，二十名賞羊一隻，折銀五錢。官兵鹽菜口糧，照雍正八年例支給。一、糧餉宜籌備。查雅、爐二倉，現貯米七千八百餘石。需米孔急，即於雅屬就近辦運；可稍緩者，於通水次之嘉、眉二府州屬，或動碾倉穀，或發銀採買六七千石，轉運接濟；炒麵於上下木鴉渣壩魯密等處採買。司庫存銀不敷，即借用貯備司庫銀。俟安慶、江西、湖廣等三省協川軍需銀解到日歸還。一、辦運軍米，宜按程准銷折耗，給發腳價。分南北二路，先各運米二千石。南路交中渡收貯，北路交子龍收貯。並令總統，於糧運要道，酌留官兵護守。一、打箭爐爲出口總匯，請添委佐雜一員，聽差外委兵十五名，運糧解餉兵三十名，通譯二名，斗級倉夫二名。裏塘、巴塘、章谷、甘孜，各設正糧務官一員，裏塘添撥協辦雜職一員。德格地方，設正糧務官一員。子龍設辦糧外委二名，總理糧務。派委幹練大員，駐爐督辦。並撥給弁兵十五名，以備差遣。一、打箭爐至德格，應按道途遠近，酌設隨營軍台。每台安馬六匹，蠻夫四名。自爐之折多塘至巴塘，添設漢塘。每塘安馬四匹，蠻夫二名。自裏塘至擦馬所，安設蠻塘，每塘安馬五匹，共撥土兵二百名。一、章谷、甘孜、春科、德格四渡，每渡造渡船二隻。設管船外委一名，兵丁四名，通事一名，水手四名。龍察壩建立橋梁，設管橋外委一名，兵丁四名。中渡原設渡船四隻，自換用蠻水手後，撐駕未熟，請仍調內地水手四名幫渡。撥外委二名，兵丁八名管理。並設護運糧餉兵三十名。得旨：依議速行。（高宗二五二、二四）

（**乾隆一一、三、丙戌**）諭軍機大臣等：瞻對一事，前因慶復、紀山奏請用兵，以爲一勞永逸之計，朕是以允行。今遣發兵丁，已陸續增至二萬有餘，兵餉已撥至百餘萬兩。自去年七月進勦，至今春已歷九月，兵衆糧多，曠日持久，尚未奏厥膚功。……（高宗二六一、七）

（**乾隆一二、五、丁未**）諭：征勦金川，前已撥銀四十萬兩，協濟川省，但軍營糧餉，務須充裕，著戶部於附近四川省分，再撥解銀二十萬兩，以備支用。（高宗二九一、八）

（**乾隆一二、六、戊辰**）戶部議覆：據四川巡撫紀山奏請，添撥軍餉銀六十萬兩。前因進勦金川，於江西、湖北二省，撥銀四十萬兩，本年五月十八日，復奉旨於附近四川省分，再撥銀二十萬兩。經臣部議，於江西撥銀二十萬兩，共六十萬兩。江西之二十萬兩，紀山雖未接到部咨，但軍需銀兩，理應充裕，應如所奏，再於廣東留備銀內，撥六十萬兩協濟。從之。（高宗二九二、一六）

（**乾隆一二、六、癸酉**）諭軍機大臣等：從來兵貴神速，各將折衝，未有不以師老重費爲戒者。大金川之事，調兵逾半載，撥餉過百萬矣。前據慶復、張廣泗奏報，迄今已幾兩月，所調陝兵，何時到齊？慶復、張廣泗於何時前進？宋宗璋、許應虎進兵以來，軍聲若何？賊人見大兵雲集，情形若何？何時可搗賊巢？俱宜不時奏報，何以尚未具奏？深用厪念。其鑒瞻對前車，迅奏膚功，所有近日軍情，作速詳悉奏聞。（高宗二九二、二四）

（**乾隆一二、六、丙子**）諭軍機大臣等：……從前辦理土蠻，總未能得經久長策。即如瞻對之役，調兵二萬四千，糜餉幾至百萬。……（高宗二九三、二）

（**乾隆一二、一〇、己卯**）又諭：從前大學士慶復辦理瞻對軍務，曾奏請動支川省養廉銀六千兩，以充公用，經朕允行。今張廣泗辦理大金川軍務，事屬一體，所有川省養廉銀兩，亦准其動支。俾用度充裕，賞賚有資。該部即行文知之。（高宗三〇一、九）

（**乾隆一二、一一、壬辰**）戶部議覆：四川巡撫紀山疏稱，進勦金川案內，前後撥湖北、江西、廣東等省銀一百二十萬兩，陸續動用銀一百萬兩零，請再於鄰省添撥銀五十萬兩，解川備用等語。應如所請，於秋撥留協銀內，湖南撥銀三十萬兩，江西撥銀二十萬兩。從之。（高宗三〇二、九）

（**乾隆一三、四、庚辰**）軍機大臣等議覆：欽差兵部尚書班第、川陝總督張廣泗、四川巡撫紀山等奏籌畫軍糧事宜。一、進勦軍食，原議概給全米，但需米浩繁，輸輓尤艱，請酌中定價。如西路之美諾、占固、孫克宗、黨壩等處，南路之章谷、吉地等處，每石以八兩折支，西路之卡撒、丹噶、南路之正地、甲索，以九兩折支。將來進抵賊巢，每石定以十兩折支。官弁跟役，及土兵在本境者，概半米半折；至官兵及餘丁、礮夫，並土兵遠離巢穴者，給全米，願折支者聽。各臺站運夫口糧，願領折色者，計程增減等語。應如所請。至半米半折，果否足資食用，應俟班弟等查明定議。一、內地運夫口糧，自雅州至打箭爐，計十三大站，每夫背米五斗，共給腳銀一兩三錢二分五厘；餘州縣路平，每夫背米五斗，日給腳價銀五分；概無食米，請於給價外，每日加給口糧一升。西南兩路口外，險窄艱運，向例負重之日，每夫給銀八分，口糧一升，回空只給口糧，不給夫價。其自打箭爐至章谷並木坪一路，程站俱近，毋庸給回空口糧。若西路由桃關、保縣等處出口，俱崇山峻峰，春夏尚多積雪，運夫往往不前。請於負重日照例支給外，回空無拘本日次日，均給口糧一升。又天赦、納凹、班欄三站，每夫於負重日例給腳價外，請增賞銀二分；鄧生一站，又增賞銀一分。一、西南兩路糧運，各設總理道一員，西路又添副總理知府一員，餘悉調用佐雜，不足彈壓，應於兩路糧站，每三臺中，徹去現派佐雜一員，另選丞倅州縣等官，為正糧務，除本管各站外，前後二臺員經管之站，均責令稽查。至南路總理道員，督理打箭爐出口，分運章谷、子龍兩路，其木坪一路，原係接濟西路，所運無多，亦歸該道兼管；今添兵加運，人夫衆多，應照西路設副總理知府一員，即委雅州府知府就近專理，毋庸再設丞倅等官。均應如所請。得旨：依議速行。（高宗三一三、三七）

（**乾隆一三、五、癸丑**）欽差兵部尚書班第、川陝總督張廣泗、四川巡撫紀山會奏：各路現安臺站，計自出口抵各路軍營，均約十餘站至二十餘站，核算一切運費，每米一石，需銀十二三兩至十五六兩不等。口外氣候不齊，夫役疾病逃亡，勢所不免，既難額外多養空夫，又不能臨時購覓。請無論官紳商民人等，願包運者，取具印結，准於內地領米長運。一面領價，一面領米。分限勒期，逕運軍營。西路由成都等處領米，運至美諾、占固、黨壩糧務官交收。三處程站相等，每米一石，應給腳價銀十五兩；南路自成都等處運至吉地，十五兩，自雅州運至吉地，十三兩；自成都運至子龍，十二兩，自雅州運至子龍，十兩。再現在各土司境內，青稞及麥，將次收成，飭員多買。又前赴松潘口外採辦牛羊，搭配兵食。報聞。（高宗三一五、四八）

（**乾隆一三、六、辛酉**）諭軍機大臣等：據户部議覆紀山所請，協撥軍需銀一百萬兩，合之從前所撥已將及四百萬兩。此時大兵雲集，日費不貲，若奏凱需時，饋餉將何所底止。當起事之初，本圖震懾遐荒，爲一勞永逸之計，雖知其難，勢不容已。今勞師動衆，經歷歲時，而兔穴獸嶺，險不可攻，力不能致，全師取勝，究將何道之從。金川在蜀，僻處懸崖，負固陸梁，本不足較。但既已興師問罪，徵調旁省，幾徧西南，若棄此不圖，無以警衆心而威蠻服，番衆圜視而起，其將何以禦之？然自朕反覆思之，命將徂征，固以止亂，班師柔遠，是乃常經。古人云，不以明珠抵鵲，惜其所得不償所失也。爲今之計，果已迅奏膚功，捷音踵至，固不待言；倘尚利害相持，當籌制勝良圖。可以無頓大兵，而狡寇帖服，不致有損國威，斯爲上策。至班滾不過漏網遊魂，無足輕重，如果探囊可得，亦足快心，若勢不能中止，又將頓師經年，更加勞費，則俘班滾而懸之藁街，不足示武。且擒獲班滾，特以服李質粹、慶復之心，明非懸坐疑獄耳。試思傷財動衆，李質粹之首果足償赤子百萬之脂膏耶？不惟李質粹，即慶復又豈足以償之耶？以事理輕重衡之，不如置之不問。此朕宸衷密斷，爲民力物命起見，不然，多者費矣。後之所費，數豈踰前，而區區是較耶？訥親赴川時起程匆促，未暇諭及此，可傳諭訥親，令其統計全蜀情形，熟思審處。伊身在軍前，所見較爲親切，必能善會朕旨。如此番不用兵瞻對，而大兵既撤之後，萬一餘燼復燃，嘯聚生事，又不得不復爲撲滅，以杜後患，則又不如目前多費，爲事半而功倍矣。其一一先機籌及，詳悉密奏，候朕裁酌。張廣泗等可不必令知之，恐致洩漏，以搖惑衆聽。其現在進兵形勢若何，竚俟奏報，以紓遠懷。大學士佳否？近來起居步履如何？隨便奏聞，以慰朕意。（高宗三一六、九）

（乾隆一三、閏七、丁卯）諭軍機大臣等：川省運糧一事，前因紀山所定價值浮多，傳諭詢問。據稱，官運米石，定價每石十四兩七錢，至民間雇夫出口。每名每月俱有幫貼銀兩。而官運軍米，自出口抵營，除支給腳價外，每夫每站俱給口糧一升，兩夫背米一石，即以口外二十站率算，往回口糧，沿途臺站，已開銷米八斗。是給軍之米，大半耗費於運夫等語。查此案班第等尚未奏到，紀山所奏，因此案乃伊自行陳奏之事，不無飾詞回護，未盡確實。若果有此情形，則從前西北兩路軍營，糧餉浩繁，程途遼遠，所有運糧腳價，尚不至如此之多。今以本省之米，轉運本省，即令山谷崎嶇，何至艱難若此？看目下情形，未能剋期奏凱，宿兵既衆，食給爲殷，長此不已，何以爲繼？大學士訥親身在行間，自必豫爲籌及，或事不能中止，則籌兵必先籌食。或別有良法，或如從前西北軍營之例，令范毓馪之子弟領資轉運，可省官給之煩，而於軍餉有濟，亦應早爲料及。是否可行，可傳諭訥親。詳悉妥酌，速行奏聞。（高宗三二〇、二五）

（乾隆一三、一〇、壬午）軍機大臣等議覆大兵進勦金川，辦理起程事宜。查從前遣往北路軍營，滿洲官兵皆給馬。今大金川路遠險狹，牧放不便，臣等酌量，由京至西安，二千六百餘里，請設臺站八處，每臺備馬八百匹，車三百輛。由西安至軍營，多係山路，應交該督撫，酌量平險遠近，應設幾站。如遇不能行車處，覈照車三百輛之數，豫備馬騾。如驛馬不敷，即將綠營馬撥用。如尙不敷，則雇騾應用，馬有倒斃，即動項買補，車輛皆令雇用。現在雲梯兵三百名，業已起程。其餘京兵及東三省兵，共計四千七百名，應分十六起，每起三百名，隔五日一次起程。沿途宿處，或屋不敷，應豫備帳房，或涼棚，俱交該督撫備辦。京兵於十一月初五日始，先行起程，盛京兵於十一月內，船廠兵於十二月十五日，黑龍江兵於十二月內，盡數抵京，即備行裝，自十二月初五日始，隨京兵後，次第起程。派往大臣，每人賞銀四百兩，章京官員，一百五十兩，什長等，八十兩，前鋒護軍等，五十兩，東三省官弁，亦照此賞給。再，查操演雲梯兵，一千名已屬敷用。所添派一千名，仍令操演鎗箭步伐。從之。（高宗三二六、九）

（乾隆一三、一〇、癸未）諭：廣儲司備銀十萬兩，派員運至軍營，以爲協辦大學士傅恒抵營獎賞官兵之用。（高宗三二六、一一）

（乾隆一三、一〇、乙酉）署四川巡撫班第奏酌籌糧運事宜。一、川省碾運軍米，向係照糧攤派里民，先行辦米，至起運時，將倉穀撥給。鄉保乘機侵漁，抑且多動貯穀，倉儲匱乏。如遽議採買，又恐米價騰貴。請每米一石，酌定價銀九錢，聽糧戶零星碾運，按石給價。一、向來商運，悉係碾給倉穀，不無暗行折價，更有派遠縣碾穀運省，轉給各商者，腳費、口糧，諸多糜費。莫若照臣前奏商運每石六錢之數，全行折價。一、內地背夫口糧，向多給倉穀。查口外站夫，艱於覓食，尚可給一半折色，今內地自成都至灌縣等處，在在可買，不若每夫一名，照日給口糧一升，折價一分，聽沿途買食。一、從前附近省城各州縣，即經運米，又令雇臺站長夫，勞逸不均。請嗣後運米，則令附近出口之州縣辦理，派夫，則令離省遙遠之州縣辦理。其運送軍裝、礮位等項長夫。專責成、華二縣雇募。下部知之。（高宗三二六、一六）

（乾隆一三、一〇、辛丑）戶部議奏：署四川巡撫班第，奏請撥軍需二百萬兩。於山西撥銀五十萬兩，廣西撥銀五十萬兩，部庫撥發一百萬兩。從之。（高宗三二七、一一）

乾隆一三、一〇、己酉）是月，戶部奏各省秋撥銀兩。得旨：知道了。湖北、湖南、江西，俱與四川鄰近，著將此三省實存銀一百一萬一千一百餘兩，解往四川，存貯藩庫，以備軍需之用。該部即傳諭各該撫，遵旨速辦。（高宗三二七、二五）

（乾隆一三、一一、丁巳）諭曰：將軍博第奏稱，料理西安兵丁二千名起程，領兵官員支給二年俸銀，前鋒、領催，每人給銀四十兩，馬甲，每人給銀三十兩，置備行裝。伊等具呈，願於餉俸內坐扣還項。西安官兵既為國家出征效力，此項銀兩，即著加恩賞給，不必坐扣。（高宗三二八、二一）

（乾隆一三、一一、辛酉）又諭［軍機大臣等］：軍營糧務，最關緊要。從前辦理運餉，尚無貽誤。現今增調滿漢官兵三萬五千人，合之原撥在營官兵，及隨役人等，數幾十萬，以每人每日支給八合八勺計之，加以輓運人夫口食，一月所需，已為浩繁。況大兵按起前進，來春二月到齊，即須陸續按日支給。縱使奏僮迅速，亦應豫為寬裕儲備。計班第、兆惠，目下甫聞增調之信，應一面速行籌畫撥運，一面將作何辦理，及商運情形，詳悉奏聞。伊等須親身往來查察，務期兵糧充足，以壯士氣。（高宗三二八、三六）

（乾隆一三、一一、壬戌）諭軍機大臣等：署河南巡撫鄂容安奏稱，陝省料理官兵起程，費用不敷，咨撥河南庫貯銀二十萬兩，解陝備用等語……（高宗三二八、三九）

（**乾隆一三、一一、戊辰**）軍機大臣等議奏：據辦理糧餉侍郎兆惠奏稱，軍營官兵夫役日需糧數，黨壩八九十石，現儲米一萬餘石；甲索十餘石，現儲米七千石；正地十餘石，現儲米麨四百餘石；馬奈三十石，現儲米二千餘石。均可無虞。惟卡撒、腊嶺、木岡、左右山梁，日需糧一百六十十石，存貯無多。現在崇德、美諾，儲米二萬四五千石。沿途起運出口，及各臺存積，尚有三四萬石。已令該道齊格，設法輓輸等語。是黨壩、甲索、正地、馬奈等處，僅敷目前，其卡撒、腊嶺等處，已不敷用。將來增調滿漢大兵到齊，尤難供裕。前遵旨傳諭班第、兆惠豫備，計奉到，自必籌畫撥運。應再行令該侍郎等，將各路軍營應需糧，并將來大兵齊集應支糧，通盤籌算。無論商運官運，嚴飭臺站官弁，上緊趕運，不得藉口天寒冰雪遲延。并令該侍郎等，親身督率，撫馭夫役，疏通壅阻。至該省現在未運糧數若干，是否足敷運濟，抑或尚需籌撥，應令查明。一面辦理，一面奏聞。從之。（高宗三二九、八）

（**乾隆一三、一一、庚午**）諭軍機大臣等：四川布政司高越，具奏軍務情形一摺，除兵餉二百萬兩，飭部速催撥解外，所稱西南二路軍糧，尚有米十萬餘石等語。軍糧關係緊要，前已兩次降旨，令班第、兆惠等速行籌辦。今觀所奏情形，餘米無幾，若不豫為經理，恐致臨時周章。經略大學士傅恒抵川，可傳諭伊等，令其留心趕辦，無誤軍糈。再奏稱，辦運軍糧各員，有剋扣腳價者，業經參奏，此外恐有侵帑累民之員，悉心密查，一有所聞，即行揭參等語。此等劣員，自應嚴行查察，豈可稍示姑容？經略大學士到彼，可傳諭班第等，令其留心辦理。……（高宗三二九、一五）

（**乾隆一三、一一、甲戌**）又諭：據署甘肅巡撫瑚寶奏稱，陝省今歲收成歉薄，棧道州縣倉儲有限，今滿洲大兵雲集經行，一切草料，誠恐採買維艱，且恐市價昂貴。查甘屬兩當、徽縣一帶，悉與棧道相接，慶陽、平涼二府屬，亦與西安相近，不若將甘省倉貯豆石，就近撥運，以濟急需。俟大兵過竣，照依撥用數目，買備還倉等語。瑚寶此奏，於經理大兵軍需，甚有裨益。其通融協濟，不分彼此，足見實心任事，殊屬可嘉。著照所請速行，該部知道。（高宗三二九、二九）

（**乾隆一三、一一、戊寅**）户部議准：陝西巡撫陳宏謀奏，請撥給軍需銀四十萬兩。前已將山西省撥解十萬兩，所有不敷銀三十萬兩，於河南省撥解。從之。（高宗三二九、四四）

（**乾隆一三、一一、己卯**）又諭：此番軍興供億，實為浩繁，視從前西北兩路軍營，費用較多數倍。彼時勞師遠出，十有餘年，所費不出六千萬，今用兵僅二載耳，即以來歲春間奏凱言之，亦非千萬不能。如運米腳價，北路經途數千里，曾減至十八兩，今自成都至軍前，祗數百里，而價亦如之。固屬從前所定章程，未爲詳妥，但由斯以觀，經費實亦難乎爲繼矣。在金川小醜，朕本非利其土地人民，亦非喜開邊釁，第以逆酋跳梁不逞，置之不問，無以攝服諸番，寧謐疆圉。前此訥親等措置乖方，以致老師糜餉，若不改弦更張，則人事尚爲未盡。今滿漢官兵，精銳畢集，兵力足矣；經略大學士傅恒，體國公勤，忠勇奮發，將略優矣；徵芻輓粟，士飽馬騰，物力充矣；以此摧鋒前進，自蒙上天孚佑，可一舉而迅奏膚功，誠爲國家大慶。然此就人事言之耳，倘萬分之一有出意料之外，或逆酋自恃天驕，如尉佗之處南粵，未遽掃穴犁庭，一過春期，經略大學士乃朕股肱左右之臣，豈可久勞於外？且入夏雨多，進取非便，而京兵不耐水土，又豈能暴露蠻荒，駐待秋晴攻勦？況以帑藏之脂膏，供不貲之糜費，尤爲非計。我君臣如此辦理，人事已盡，亦海內所共知。朕意此時且應亟力進勦，倘至明年三四月間，尚不能刻期奏績，不若明下詔旨，息事寧人，專意休養，亦未始非兩階干羽之遺意。著將此旨密諭經略大學士知之。（高宗三二九、五五）

　　（乾隆一三、一二、丙申） 又諭 [軍機大臣等]：昨據經略大學士傅恒奏稱，自成都起身製辦行裝，向例，大臣，每員給銀三百兩，侍衛，每員給銀一百二十兩，步軍校、拜唐阿，每名給銀四十兩，兵丁，每人馬二匹，如不用馬，折銀十二兩。此番調撥官兵，爲數甚多。若照向例支給，除夫馬外，幫費尚須二十餘萬兩，未免過多，以後難於應付，應酌減定數，令其一體遵照等語。朕思官兵按站前進，各驛給有廩糧。其自成都至軍前，既無廩給，則鹽菜、口糧，在所必需。至治裝銀兩，官弁起程時，業於各該處支領，今至成都，又重複給發，且爲數浮多，自應量裁。……（高宗三三一、四）

　　（乾隆一三、一二、丁酉） 前任四川布政使高越奏：現駐軍營官兵夫役，月需米二萬一千餘石，今添滿漢官兵，加運夫人等，約添二萬餘石，自本年十二月，至明年五月，統需二十五萬石。現在中書范清注，認運七萬五千石，郎中王鐀，七萬五千石，并前未運竣之米，全數到營，可得二十餘萬石。臣飛飭松潘、打箭爐兩處同知，辦運炒麵。猶慮兵行迅速，軍中日有增兵，糧或不續，且凱旋善後，亦須籌糧。臣接奉署撫臣班第、侍郎兆惠劄商，又派各府州料理正運、帶運米共十四萬石，分頭輓運，以期無誤。至一切需費，計至明年五月，約銀八百七十餘萬兩，署司宋厚，移交銀六十二萬餘兩，又浙江協餉銀二十萬兩，俱已支發無存，現設法供應官兵出口，不致貽誤。至口外收發糧餉，稽查臺站，雖專委道員分司總理，猶恐站夫未能足

數,已飭成都府雇夫一千二百名,委員押送出口,交各臺站添差。報聞。(高宗三三一、一五)

(**乾隆一三、一二、辛丑**)又諭:前據高越奏稱,川省軍需,年內至明年五月,尚須撥銀八百七十萬兩。經軍機大臣酌議,本年十月以後,已撥銀四百萬兩。臘底春初,均可抵川。現在又將湖南、湖北、江西省留備等銀,湊足二百萬兩協濟,如有不足,應俟來春另行籌辦。金川小醜,初不意糜費如許物力,兩年之間,所用幾及二千萬。從前西北兩路,沙磧迢遙,艱於饋運,是以所費不貲,今自成都至軍營,程途幾何,用兵時日幾何,而糧餉之糜費,較彼更甚,其中必有經理不善之處。但辦理至此,勢難中止。今通盤籌畫,各省協撥,數已浩繁,不得已而動至留備。揆此大局,設再有遷延,斷難為繼。豈有因此而額外加徵,重累小民之理?惟望滿兵速到,大功速成,不出朕前諭四月初旬之期,則雖多費帑項,亦尚不至虛擲。一切機宜,連日密諭中備細詳悉,並將軍機大臣等原議,抄發經略大學士閱看。(高宗三三一、三一)

(**乾隆一三、一二、乙巳**)諭軍機大臣等:金川用兵,定不可過四月初旬之期,朕已屢經傳諭。……今各省撥協錢糧,已動及留備,而部庫所存,通計僅二千七百餘萬。若遲至秋冬,則士馬疲憊,饋餉繁難,此二千七百餘萬者,且悉以擲之蠻荒絕徼,設令內地偶有急需,計將安出?此朕四月初旬之諭,所為諄諄也。舒赫德職司國計,并宜體悉,一切留心。其軍前糧務,關係緊要,現有奸棍私買餘米射利一案,經兆惠等參奏,經略大學士自不必分心及此。惟知會兆惠等,令其實心查察,嚴飭官商,無致滋弊可耳。(高宗三三一、四九)

(**乾隆一三、一二、戊申**)前任四川布政使高越奏:通核存貯軍營糧餉,及沿臺屯米,可接至明春二三月間。若奏凱速,米自有餘,遲則不足,必須豫籌接濟。現於飭辦正運米石內,撥二萬石運交雅州,接濟南路軍營,一萬石運桃關,接濟長運卡撒夫糧,一萬三千石運保縣,接濟黨壩長運夫糧,二千石運松潘,接濟甘陝官兵,其餘運成都,接遞轉撥,備應各臺不足之處。又於帶運米石內,撥二萬六千石運卡撒,二萬二千石運黨壩。其商運,官商范清注認運卡撒,王鏜認運黨壩,各七萬五千石,陸續催運。……得旨:覽奏俱悉。有旨諭部。(高宗三三一、五九)

(**乾隆一四、一、壬戌**)陝甘總督尹繼善議奏:署甘肅巡撫瑚寶奏調營兵,所關草乾銀,已留本營,無現銀攜帶。請先在各臺站支領,俟回營按扣。其銀每日止三五分不等。陝省歉收,即將草乾酌中定數,亦多不敷,概於季餉扣除，未免拮据。應將不敷之數，作正報銷。凱旋兵口食，雖應自備，但遠道當差，本年食物又貴，請每日酌給四分。均應如所請。又查各臺站看守帳房兵，一體應差，可否照給口食。得旨：亦著一體給與。(高宗三三二、四〇)

(**乾隆一四、一、丁卯**) 又諭：此番軍需因辦理之始，章程未協，以致支費浩繁，視從前西北兩路，尤爲浮濫。今已納降班師，自宜通盤稽查，支銷均歸實際。尚書舒赫德，職司邦紀。綜核是其專責，歸途著暫留成都，會同兆惠、班第，督率署藩司高越，將用兵以來，一切軍需銀米支用各款，逐一徹底清查具奏，毋致絲毫侵冒。其部撥及各省協濟銀兩，自上年十月後，已解交六百三十餘萬。此項銀兩，除現應支發，並應少加寬裕，留備該省各地方貯用外，如有多餘，即於陝、甘、山西，附近四川省分，查明協解原案數目，酌量分撥，以資儲備。其有解赴中途，尚未抵川者，並於所至之處，就便截留，既可節省運腳，又可補苴庫項，殊屬兩便。其糧米一事，已解至軍前者，昨有旨傳諭經略大學士忠勇公傅恒，令其酌量賞犒小金川番衆，未經起解者，或應存貯省城，或應分撥各省州縣，補倉貯之虛耗，亦宜會商妥辦。舒赫德俟辦有就緒，先行來京，餘交兆惠，詳悉料理完竣，再行回部辦事。(高宗三三三、一三)

(**乾隆一四、二、壬寅**) 四川提督岳鍾琪奏：大營米麰，運回內地，需時增費。查小金川續派土兵二千八百五十名，出力兩年，擬以七千石，半爲補給坐糧，半爲恩賑。又附近大營地方，三年不耕，各寨鳩形鵠面，擬賞米一千石以濟窮番，餘留給現在兵夫，并資運費。大兵全徹，尚有所存，即分賞隨行漢土兵。報聞。(高宗三三五、一九)

(**乾隆一四、二、癸卯**) 欽差戶部尚書舒赫德奏稱：川省舊管新收，共軍需銀七十七萬二千九百餘兩，部撥及外省協濟銀八百七十九萬一千一百餘兩。現存一百五十萬三千餘兩。軍興以來，用司庫及府、廳、州、縣酌留存貯銀五十七萬一千餘兩，查此項銀以備地方緊要，不可久缺，應於存銀照數撥還，尚餘九十二萬一千餘兩，現在應付回兵水陸船隻夫馬之需。又從前雇馬雇夫運米，及鐵斤、草料，價應找給。又出師官兵賞恤，均宜留備。查各省尚有奉撥未到銀，應請將一百萬兩，留備前項支用，餘銀查川省本年額賦，奉恩緩徵，臨邊要地，爐藏各站，歲有供應，寧使多備無缺，應再撥銀一百萬兩，以備歲需。計核少銀四十五萬兩。請於就近湖廣起解銀，截撥足數。其江浙等省未到銀，未出境者解回，出境者於所到省分截收，山西未到銀，必由西安前進，西安庫貯無多，應全數留陝。似此酌量截收，既省沿途腳費，又於各省有濟。行知造報，併候部核。奏入，得旨：軍機大臣會同該部速議。旋議：於江浙等省未到銀二百五萬兩內，撥銀四十萬兩，以補陝省酌留之數；再撥三十二萬兩，以補甘肅備貯之數。餘照所請行。（高宗三三五、二〇）

（**乾隆一四、四、丁酉**）刑部侍郎兆惠、四川總督策楞奏：三月二十二、二十七等日，節據湖廣、江西解到餉銀六十五萬兩，均在舒赫德、兆惠奏明截留川銀二百萬兩外，不應收貯川庫。但查川省錢糧，不敷支給，歲需他省二十萬至三十萬不等，似應即將此銀留川，抵按年協濟之項，以省解費。下部知之。（高宗三三九、一三）

（**乾隆一四、八、庚子**）又諭：上年川省需馬之時，地方官有雇用民馬者，已給有雇價銀兩。凱旋之後，又經陸續發還。但其中尚有倒斃者，同一應差，而無馬領回，未免偏枯。著加恩除雇價外，每匹賞給銀三兩，以示體恤小民急公之意。該部即遵諭行。（高宗三四七、七）

（**乾隆一四、一一、戊午**）大學士等議奏：金川案內倒斃馬，據欽差侍郎兆惠、四川總督策楞等分晰覆奏，查郫、灌兩縣倒斃十五匹，應賠；其桃關、草坡、樹林口三站馬四百六十二匹，內倒斃六十九匹，係十分之一五，應照例開銷；至跟達、美諾等五站，請以十分倒四報銷。應俟該撫查覆再議。此外尚有馬騾一萬三千七十二匹，係省城應差、北站安臺、協濟御塘及接應凱旋官兵長騎入陝等項之用，內共倒斃九千六百九十九匹。查本年二月內奉旨，以此次臺站馬匹，當軍興旁午，非尋常可比，該督撫據實具奏，酌量加恩，應即照十分倒三例，報銷三千九百二十匹；其逾額之五千七百七十九匹，著落各塘站經管之員分賠。再變賣疲乏馬，自與購買不同。應如所請，准照八兩繳價。從之。（高宗三五二、一八）

（**乾隆一五、四、丙申**）諭：據四川總督策楞奏到軍需案內，核減南路運糧烏拉應賠銀三萬五百餘兩，並將辦理不善之撫、藩及總理臺員等，開列名單，著落分股追賠一摺。朕思從前南路各站，供運糧石烏拉，已用價採買，而腳價之外，又添給草乾，較之雇運，為數轉致浮多，自應照例核減。但念彼時實因明正土司等處烏拉短少，雇覓維難，曾經奏明採買辦運，尚非有可雇覓而故為糜費者比。況倒斃烏拉，本屬該員等經理無方，原價自難虧項。至於長途往來輸輓，草乾在所必需，若照雇運之例一併核減，該員等賠補，未免竭蹶。著將議賠草乾等項銀一萬二千餘兩，俱從寬免其賠補。該部即遵諭行。（高宗三六三、一九）

（**乾隆一五、五、癸丑**）四川總督策楞奏：川省各營所需火藥，俱取給於重慶硝局，原領工本銀六千兩，分發廠戶開採煎熬。自來轉運並無不敷，自瞻對、金川相繼出師，通省各營豫貯火藥，俱已撥用，急應購補。但局硝採自各廠，非多發工本，不能趕運。除現在工本銀六千兩外，再於鹽茶耗羨項下，暫借銀四千兩，飭員採辦。下部知之。（高宗三六四、二〇）

（乾隆一七、一一、壬戌）諭軍機大臣等：策楞覆奏，……前奏軍營經費銀二萬一千餘兩，祇係約略纂計之數。今據報詳查動存各項，實費一萬九千餘兩，即將來報銷，亦決不出此範圍。至駐防官兵，每年需用確數，除松岡現經奏明另設土司外，止有雜谷腦移駐各官兵役，俱係裁改抽撥，各有本營本缺之俸薪糧餉，無庸另添。惟是川省邊兵口糧，向係折色，其折價之低昂，各處不同。今議抽撥之兵，較向來米折，應增銀四百九十兩。又威茂營新設參將一員，千總二員，理事同知衙門，所設通事各項，計將來雜谷稅賦，每年所入，尚敷所出；但以現在已費之數而論，則所存抵項，實為所入不償所費。此番用兵之始，祇慮蒼旺緩則有備，並未計及久遠，實屬冒昧。若就目下而論，番民久受蒼旺欺凌，今得勦滅，人皆稱快，並無驚駭。所有駐兵，自當嚴加約束，不致稍有滋擾。得旨：覽。岳鍾琪奏，臣於邊疆重事，何敢不籌及萬全，致啟釁端，惟是蒼旺惡蹟種種，恃強凌弱。土司勒兒悟，畏其攻擊，逃避黑水地方。娘兒吉連次聲請救援。臣再四思維，寧受冒昧擅發官兵之罪，斷不敢於軍事稍有貽誤。故與督臣悉心籌酌，為先發制人之計，乘雜谷腦空虛，率兵直搗賊巢。蒼旺就擒正法之日，各番情形莫不踴躍。謂為番部除一大害。至各番改土歸流之後，恐官兵闌入其境，魚肉番徒，亦皆事之所有。但查下寨、雜谷腦、孟董、九子、龍窩等五溝，其所屬番民，原係內地熟番，非松岡上寨可比，以之歸流，人皆樂從。若慮因蒼旺勦除，各土司人懷疑懼，現在察看情形，番衆相安，並無驚駭。得旨：覽奏俱悉。事已如此，亦不復究，未免始終迴護費詞耳。（高宗四二六、七）

2. 用兵回疆軍需

（乾隆一九、五、己亥）軍機大臣奏：查西北兩路派兵，臣等公同商議，北路派兵三萬，西路派兵二萬，擬派京城滿洲兵四千，黑龍江兵二千，索倫巴爾虎兵八千，綏遠城右衛兵二千五百，西安滿洲兵二千五百，涼州、莊浪滿洲兵一千，寧夏兵一千，察哈爾兵四千，新降厄魯特兵二千，歸化城土默特兵一千，阿拉善蒙古兵五百，哲里木兵二千，昭烏達兵二千，喀爾喀兵六千，和托輝特兵五百，宣化大同綠旗礮手兵一千，甘肅各營安西綠旗兵一萬，共兵五萬，分兩路遣往。計每兵需馬三匹，共馬十五萬。除現在北路軍營所有馬六千餘匹，及交額琳沁多爾濟採買馬一萬，穆爾渾解送二萬外，再令額琳沁多爾濟動軍營餉銀，於喀爾喀四部落買馬三萬；車凌等帶來馬甚多，著將官羊換馬一萬，於内扎薩克六會盟處買六萬，尚不敷一萬四千。應令永常於綠旗營並孳生牧廠内，照數揀派。其北路所需駝，約計一萬。除現在官駝三千外，交額琳沁多爾濟亦動軍營餉銀再買二千，於内扎薩克六會盟處買五千。其口食羊亦於内扎薩克六會盟處採買二十萬。西路兵應需駝六千，羊十萬。除各營現在備戰駝三千二百餘，近經寧夏滿洲營交鄂爾多斯等旗餧養官駝八百，與孳生駝一併取用外，若仍不敷，交永常動餉採買。其口食羊，甘肅所管番子地方產羊甚多，具薩爾楚克、海努克等處牛亦可應用，亦交永常動餉銀，或羊、或牛，酌量共採買十萬豫備。其採買内扎薩克馬駝羊，仍照前於御前乾清門行走之王公額駙内，分派數員前往，會同各盟長採買。其價值每駝一，銀十八兩，馬，八兩，羊，七錢，不得浮用。所有應派蒙古王公等職名，伏候欽定。得旨：依議。著派齊默特多爾濟、索諾木喇布坦、阿喇布坦多爾濟、裕木充、扎拉豐阿、哈穆噶巴雅斯瑚朗圖、班珠爾、喇什塞楞、齊旺班珠爾、喇什納木扎勒、德里克旺舒克、拉里達外、添派鄂實、白衣保、哈清阿、誠林、永興、巴爾品前往辦理採買馬駝事務。（高宗四六五、四）

（乾隆一九、五、丙午）〔軍機大臣等〕又奏：查北路軍營，前經撥銀一百五十萬兩；今調兵及賞厄魯特，皆由此項動用，似尚不敷。請交户部派員再解送一百五十萬兩備用。報聞。（高宗四六五、一八）

（乾隆一九、六、壬申）軍機大臣議覆：陝甘總督永常奏稱，興師進勦，利於火器。擬每百名，用鳥鎗手七十五名，每名於向例帶鉛藥五百出之外，再加帶鉛藥三百出；礟手五名，帶新鑄威遠礟一位；弓箭手二十名，各佩弓二張，梅鍼箭五十枝，隨身插帶戰箭數十支。查現今各處挑選兵丁，奉旨俱令學習馬上長槍。該督按照馬六步四之例，於各標鎮營揀選驍健令其學習長槍擊刺之法。其弓箭器械，雖應豫備，但隨身佩帶，總宜輕捷便利，期於有濟實用。至礟位一項，舉動輒費馱載，曠野殊不適用，無庸備辦。鉛藥亦無庸加添，仍照例用五百出為率。又奏稱：領兵官員，及進勦兵口糧，俱以六個月計算。應備粳米一萬一千二百餘石，炒麵二百二十五萬觔，白麵七十五萬觔，羊，二萬隻；又領兵官員跟役及滿漢兵跟役餘丁等口糧，應備粟米六千七百石，炒麵及青稞麵一百萬觔，白麵四十萬觔，羊七千八百餘隻；再滿漢官員及跟役餘丁，亦以六個月計算，應支鹽菜銀一十七萬九千六百兩等語。查此次進勦，與前不同，攜帶食物簡省，則進攻輕捷，行走便利。現奉諭旨，北路兵進勦，應帶牛羊肉幹，炒麵，棋子可以隨身備用，不必多需馱載。交策楞酌量辦理。今西路官兵，即有應行豫備之處，亦應簡便攜帶，不礙行程，方爲妥協。應令永常，劉統勳另行籌辦具奏再議。得旨：永常議奏進勦官兵器械糧餉摺內，裹帶官兵跟役口糧，至米麵數百萬觔。此係從前岳鍾琪所辦，乃相沿綠旗陋習，已屬失策。況此番情形，與前更自不同。現在準夷內亂相尋，人心離畔，以天朝餘力，乘機進取，正所謂取亂侮亡之時。若裹帶米麵數百萬觔，馱載前往，則兵丁防護不暇，何能輕騎進勦。且與蒙古交戰，惟應仍用蒙古行走之法，加以官軍節制足矣。若輜重爲累，不得鼓勇直前，反啓準夷窺伺攘奪之心，豈非轉資盜糧耶？已據軍機大臣等議，另行籌辦。可將此傳諭知之。(高宗四六七、七)

（乾隆一九、六、丙子）軍機大臣議准：山西巡撫恒文等奏稱，添運本年軍營米二萬石，照前次於綏遠城倉內暫支，雇商人車駝，每石給腳銀九兩八錢。所需口袋繩索等費，即於腳銀內扣算。按照米數，出派滿洲土默特官兵護解。其官兵盤費，即於節省口袋繩索銀內動支；再於此項銀內，帶八千兩，以備沿途買補駝隻牲畜之用，餘銀著交軍營。從之。（高宗四六七、一四）

（乾隆一九、六、丙子）[軍機大臣] 又議覆：臣等前請行令恒文，豫撥炒麵六千石，解赴軍前，併備解軍營緞一千三百疋，齒屐二萬副。俱令恒文等順便附運。今據恒文等奏稱，運送軍營炒麵，每一石，需價銀一兩五錢三分，合計炒麵六千石，共需銀九千一百八十兩。炒麵分量較輕，每石半，作米一石，給腳銀九兩八錢，但每駝一隻，馱載三石，尚覺輕便。今酌量將緞疋，齒屐，即附炒麵內帶運，無庸另給腳價。應如所請，分兩起雇駝運往。所需價腳銀，即於同知庫貯軍需銀內動給。又據稱，運送此項炒麵，由滿洲土默特官兵內，派出大小官各一員，兵十二名，照運米例。大員給銀一百兩，小員六十兩，每兵一名，盤費銀二十兩。分起解送，每起備帶沿途接濟商人銀一千兩有餘，仍交軍營。亦應如所請，即於節省銀內動用。從之。(高宗四六七、一四)

（乾隆一九、六、丁丑）甘肅巡撫鄂昌奏：此次征兵，自肅州嘉峪關出口，前赴哈密，沿途戈壁水草，須先期料理。查從前西路軍興，派兵豫爲開井、刈草，於官兵經過處，逐站分備，今應照例辦理。臣等現委弁員，帶領目兵，前往附近戈壁處所，多挖井眼，並諭各糧員，雇夫割草。曬乾後，解往各站分貯。得旨：諸凡盡心可嘉。（高宗四六七、一六）

（乾隆一九、六、丁丑）[甘肅巡撫鄂昌] 又奏：奉諭辦運北路軍營茶，於六月初八日抵蘭。自蘭州至寧夏，雇騾馱運，需騾一千餘隻。照供應例，每騾一頭，馱茶一百八十觔，每站給脚銀二錢。計茶二十萬觔，共十二站，需脚銀二千六百餘兩。自寧夏至北路軍營，用駝馱運，需駝八百三十餘隻，每駝一馱茶二百四十觔，自寧出口至軍營，約行五十餘日，共需脚銀一萬三千七百餘兩，統計駝騾脚銀一萬六千餘兩。再茶運由口外行走，須派員押送，且駝隻衆多，並須分起前往。擬分爲四起，間日一行，派同知、通判、守備各一員，千、把四員，佐雜四員，分起押送，令甘肅道公泰，督率總理。該道稟稱：情願自備資斧前往，其押運各員，自應酌給路費。今擬同、通，俟臨行之時，酌量給與，餘員照軍需辦差例，守備，跟役三名，千把佐雜，各跟役二名；守備，口內日給銀三錢，口外三錢七分五釐；千把佐雜，口內日給銀二錢，口外二錢五分；至跟役，每名口內日給銀六分，口外八分。並行文駐寧管理蒙古事務理藩院郎中。雇覓能作漢語之蒙古人四名，沿途聽用。得旨：覽奏具悉。（高宗四六七、一七）

（乾隆一九、七、甲申）[軍機大臣等]又議覆：甘肅巡撫鄂昌奏請酌撥餉銀一摺。查西路應備糧餉馬駝各事宜，先經陝甘總督永常具奏，臣等議以此次進勦兵糧，不須攜帶過多，致行走遲滯，請交尚書劉統勳、總督永常等，另外籌辦。鄂昌所奏，大略均照永常辦理，計算甚多。但該省軍興之際，需用銀不妨寬裕備貯。應於本年春撥內，山東撥銀二十萬兩，河南撥銀三十萬兩，四川原有貯司庫銀六十萬兩，又乾隆十五年，備貯銀五十萬兩，應於此二項內，撥銀五十萬兩，通共撥銀一百萬兩。再於戶部撥銀二百萬兩，交該撫備貯應用。從之。（高宗四六八、六）

（乾隆一九、八、乙卯）又諭曰：恒文奏稱，賞給阿睦爾撒納口糧，除已經起運外，所有撥運米二萬石，炒米六千石，若於年內辦齊，即行趕運，如或不能，明年正月即行起運等語。賞給阿睦爾撒納口糧，曾交軍機大臣計算數目，若有二萬四千石，足敷一年之用。前朕已諭方觀承，令其由張家口運送。恒文請運米二萬石，炒米六千石，若於今年運到甚妥，如不能運到，先將軍營現存兵米，撥用接濟阿睦爾撒納，俟明年運到抵還。再兆惠已授爲參贊大臣，遣赴軍營，今只有恒文一人承辦運糧事務，最關緊要。可寄信與恒文，令其盡心妥辦，不可稍有懈怠。（高宗四七〇、一一）

（乾隆一九、八、甲子）軍機大臣等議覆：前任黑龍江將軍清保等奏，派往西北兩路官兵軍行各事宜。一、現派出兵一萬名，以五百爲一營，以總營、協領、副總營，爲營長；每五十名爲一甲喇，每甲喇，應給纛一，畫角一。齊齊哈爾等處兵，令各帶現存单甲一副，巴爾虎官員，各帶現存棉甲一副。打牲烏拉索倫達呼爾官兵，向來未辦軍器，除各帶本身弓箭外，每人應給棉甲一副、腰刀一把、梅鍼箭五十隻,請交部備辦等語。查打牲烏拉索倫達呼爾官兵,皆自有弓箭,今若交部另製梅鍼,不惟一時趕造不及,恐弓力亦多不合。應交新任將軍達勒當阿,令該處派出官兵,將本身弓箭,足數帶往;所需腰刀,於齊齊哈爾等城樓存貯腰刀內撥給;纛旗,畫角,亦將本處現存者支給;至棉甲一項,原爲鼓勵出力兵丁之用,並無派兵一名,即給棉甲一副之例。應請交內務府,工部,將現存棉甲解赴軍營備賞,毋庸另造。餘應如所請。一,火藥、鉛丸、繩索,由京前往兵需用者,應由部撥給;由邊外前往兵需用者,由本處存貯項下支給等語。查火藥、鉛丸、繩索,俱係明年進兵時始用之項,應俟伊等抵軍營後,由將軍酌量撥給。一,員弁例給跟役,除賞皮衣銀二兩外,應給鹽菜口糧。再每兵四名,合用賬房一架,羅鍋一口,應折銀支給等語。應如所請,并行知兩路將軍等。兵丁到營後,毋庸再行支給。一,由克嚕倫赴北路兵五千名,各給馬二匹,每一匹折銀八兩;官員按品支給;跟役二名,合給馱馬一匹,亦折銀支給。由京赴兩路兵五千名,抵京時副都統給馬八匹,總管、協領、副總管、委營長六匹,佐領、防尉四匹,驍騎校,三匹,兵丁各一匹。兩兵合給牛車一輛,俱折銀支給等語。查由邊外赴北路兵五千名,各給馬二匹,折給馬價,應如所請。至由京赴兩路兵五千名,到京後,於張家口、直隸、河南、陝西等處,安設馬臺,轉行解往。非同由該處直抵軍營可比。應行令新任將軍達勒當阿,酌量支給車輛,車如不敷,再補給馬。一,各項軍需,約計用銀六十六萬四千兩。除現存儲備銀二十萬兩,額爾登額解來銀二十萬兩,尚不敷銀二十六萬四千兩。請由盛京戶部撥給支放,俟兵起程後,由京補領歸款等語。應如所請辦理。從之。(高宗四七一、三)

(乾隆一九、八、丙子)陝甘總督永常等奏:進勦官兵,需用駝隻,前以六個月計算,估數太多。今臣等酌議,滿漢官兵,馱載軍裝,共需駝七千七百四十隻,現在本省駝足敷用。至官員兵丁口糧,以三十日計算,需用駝六千三百餘隻,即在現買駝內撥給。得旨:如所議行。(高宗四七一、二〇)

(乾隆一九、一〇、辛未)直隸總督方觀承奏:酌籌西北兩路兵行事宜。一,西路。自京至河南淇門驛,設四大站。用兵部馬,送至良鄉,按站換車,送至淇門驛。北路,自京至張家口,設兩大站。順天府備車,送至懷來縣,換車,送至張家口,給馬駝長行。一兵二名合一跟役,給大車一輛,行裝盔甲,俱可攜載。其車價,按馬騾一匹每百里給銀三錢計算,回空守候,概不支給。官兵沿途住宿,用各標營賬房,每二三名,合給一架。領兵大臣官員,亦用賬房安營駐劄。一,良鄉、清苑、正定、臨洺並懷來五站,車馬

聚集，草豆必昂。請於司庫動項，豫發各州縣備辦，事竣歸款。下軍機大臣等議行。（高宗四七五、一五）

（**乾隆一九、一一、甲辰**）協辦陝甘總督尚書劉統勳等奏：承准廷議，遴員購買馬駝，今買獲馬七千三百二十九匹，駝七千五百六十三隻。查西路進勦兵丁，共約需戰馬五萬八千九百餘匹，駝一萬四千八百餘隻。有本省營馬，涼州滿兵自騎本馬，東晉北口解來馬，合現買馬，共六萬五千七百餘匹。本省備戰，及餘牧孳生，合現買駝，共一萬五千六十一隻。馬駝俱已充裕。青海及沿邊地方，所產馬駝，原屬有限，此次購買非甚從容。臣等度既足用，已飭停買。得旨：所辦尚妥。（高宗四七七、二七）

（**乾隆二〇、五、癸未**）諭軍機大臣等：永常接到諭旨，將立臺運米之處停止，奏請就近解銀一萬二千兩，以八千兩交薩喇勒處，備買口糧牲畜，留四千兩於烏嚕木齊備用。永常從前奏請運米一事，並未詳細籌度其事之可行與否，並有濟與否，冒昧陳奏，經朕屢次訓飭。伊始自知謬誤，奏請停止。此奏尚屬可行，著照所請辦理。（高宗四八八、二一）

（**乾隆二〇、五、癸巳**）定北將軍班第等奏：大兵凱旋，軍糧在所必需，臣與阿睦爾撒納等酌議，從前陸續所送馬駝牛羊，運至屯田處，交親王成袞扎布，以備支用，甚屬妥協。至運米路遠，不若多運茶封，並酌帶銀數萬兩。已移飭莫爾渾遵行。報聞。（高宗四八九、二一）

（**乾隆二〇、一〇、壬寅**）又諭曰：朕命厄魯特台吉噶勒藏多爾濟等，帶領所部四、五千人，會同進勦，應需賞賚銀兩緞疋，著傳諭吳達善，令其酌量，或即於存貯哈密軍需銀十五萬兩內，撥解五、六萬兩至巴里坤，交軍營大臣收貯，行文扎拉豐阿，聽其賞給。其應貯備軍需銀兩，再於內地撥解前往。（高宗四九八、四）

（**乾隆二〇、一〇、丁未**）軍機大臣等議覆：革任協辦陝甘總督尚書劉統勳奏，先後解到軍營馬匹，足供七千兵。恐有疲乏，仍將陝甘存馬挑解，軍營存駝計四千餘隻，再購調撥。糧餉應募殷商，分別程途，給值轉運，俱交吳達善辦理。又請於蘭州司庫，撥銀二十萬兩，分貯甘肅、安西道庫。均應如所請。從之。（高宗四九八、一二）

（**乾隆二〇、一二、庚戌**）又諭：據明德奏稱，西路軍營需用駝，陝甘二省竭力採辦，尚未充裕。晉省歸化城、朔平府一帶，商販駝隻甚多，請勅令採買一、二千隻，由沿邊一帶，迅解肅州聽用等語。昨據黃廷桂奏，伊經過晉省，見有運貨商駝，頗堪適用，隨面商布政使蔣洲，令其設法購解，以應急需，業經朕批諭准行。今又據明德奏請，著照所請，傳諭該撫恒文，令

其就該省商販駝隻,儘力購買,解赴甘省應用,並將辦解數目隨時奏聞。(高宗五○二、三四)

(乾隆二一、四、丁巳)諭曰:策楞等統兵追捕逆賊阿睦爾撒納,既已直抵伊犁,相距甚近,乃不振我軍威,疾馳前進,以擒賊爲事,一接玉保札致,即回駐伊犁;而玉保雖追至庫隴癸嶺,僅獲一額琳沁而返,其額琳沁屬下之人,仍皆相隨叛賊以去。由此觀之,若使策楞、玉保等,早能奮勇協力,急行追捕,則叛賊斷不致遠颺。即玉保當額琳沁就縛時,更能取其屬下馬駝,以濟我師行之用。竭力窮追,尚亦不難掩獲,即使失之意外,其所擒戮,必不止一老邁之額琳沁而已也。此何等重務,而乃輾轉延緩,坐失事機。前已明降諭旨,宣示中外矣。……即以國家經費言之,雍正年間,兩路用兵,費帑至七千萬,今未至二千萬也。而府藏充盈,較前轉多。且朕並未因用兵加徵賦稅,尅減兵餉,而賑卹更較往時爲過優,何至策楞等爲國惜費耶?此不過以怔忡思家之心,託爲忠良爲國之言耳。(高宗五一一、八)

(乾隆二一、六、丙寅)［大學士管陝甘總督黃廷桂］又奏:現於陝甘滿漢各營馬,通爲調解,以足四萬匹之數。第陝省各牧廠,水草平常,臣已檄飭經過州縣,令於永昌之水磨關、甘州之扁豆口等處,就便出口,遇有水草地方,從容牧放,行至赤金一帶,再爲牧養,統俟九、十月間,趕赴巴里坤,收槽餧養。查山南塔爾納沁,哈密等處,距營三、四百里,應分佈馬二、三萬匹,派員餧養,即令巴里坤辦事大臣往來稽察。至陝甘各鎮協營,均屬臨邊要地,倘馬匹調撥一空,於營伍亦有關係,一時購補,所得無幾。應請於河南、山東、山西等省各營,飭選肥壯馬,湊一萬匹調解來營,俾有備貯。得旨:此一萬匹竟可且置不補,況逆賊就擒亦近矣,若各省調馬,必致內地又生議論。餘如議。(高宗五一五、二一)

(乾隆二一、七、丙申)大學士管陝甘總督黃廷桂奏:遵旨停徹各處所調馬匹,仍飭甘省各營將現馬牧放,俟九月後加意餧養備用。得旨:知道了。但今又有沙克都爾曼濟來巴里坤乞恩之事,仍恐似此者不少,可盡力多辦茶米,以爲賑恤之用可也。(高宗五一七、二○)

(乾隆二一、一一、庚戌)又諭曰:黃廷桂所奏,調解西安馬匹摺內,有行文甘、涼各處,俟其到時,沿途分撥,則皆知爲補缺之馬,不致啓人疑議等語。此亦何疑議之有?豈黃廷桂尚未深悉此事機宜耶?阿逆之負恩逃竄,罪在必誅。……至用兵之費,雍正年間,西北兩路,費至五、六千萬。今自用兵以來,統計軍需,纔及一千七百餘萬。即更有多費,而翦此凶頑,永救荒服,朕亦何惜?今所慮者,不過馬不足用。甘肅一省,屢經調撥,缺額自多。現令直隸購馬五千匹，已降旨全數解往。將來即再有需用之處，自當豫爲籌畫，正不必以此鰓鰓過計也。朕非舍逸好勞，務勤遠略，良以揆機度勢，斷無中止之理。既已事在必行，自當明切宣諭，俾衆共曉然於一勞永逸之意。所有辦理軍需事宜，屆期另當降旨黃廷桂，令其來京面諭。著將此先行傳諭知之。（高宗五二七、四）

（**乾隆**二一、一一、**辛酉**）諭軍機大臣等：現在派調各路兵丁，明春進勦，口糧最關緊要。前黃廷桂籌辦軍需，曾請撥餉四、五百萬，彼時以軍務將次告竣，未經准行。今雖不必如此多備，然亦須酌量足敷四、五千兵之用，恐甘肅一省不能猝辦，著將西安糧石，撥運巴里坤應用；再將山西歸化城糧石，撥運安西以備接濟；河南麥麪，於軍需食用，亦爲有益，並著多爲運送。其應如何酌定數目，迅速辦理之處，著各該督撫詳細咨商，妥協辦理。（高宗五二七、二六）

（**乾隆**二一、一二、**丁丑**）大學士管陝甘總督黃廷桂奏：前奉廷寄，命三省轉運軍糧，但約計運費共需四十餘萬兩，不特用車太多，爲時遲久，且明春軍行之際，糧車與兵馬擁塞難行。查巴里坤現貯糧二萬六千餘石，哈密現貯糧八萬一千餘石，似可不必遠計轉輸。得旨：甚好。諭軍機大臣等：據黃廷桂奏，哈密、巴里坤兩處現貯糧石，自可不必遠計轉輸等語，著傳諭圖勒炳阿將辦運麥麪業已起運者，仍令運往，其未經起運者，著停止運送。所有馱載騾頭，即留甘應用。視騾力爲行程期，到甘仍適用也，不必過急。將此傳諭圖勒炳阿知之。（高宗五二八、一四）

（**乾隆**二一、一二、**丁丑**）又諭：前黃廷桂奏，請於晉省購買駝二、三千隻，已有旨令直隸、山西兩省，如數購辦解往。今據黃廷桂奏稱，駝隻一項，宜多爲籌備，務須購足二、三千隻，迅速解往等語。昨裘曰修稱大同一帶，見商駝甚多，若及時購買，尚屬易得。著傳諭明德，即速委員多方購辦二、三千隻，解甘應用。（高宗五二八、一四）

（**乾隆**二一、一二、**庚辰**）諭軍機大臣等：黃廷桂前奏，有膘壯馬三萬匹，已諭令以二萬匹即行運送豫備進勦官兵之用。尚應有馬一萬匹，亦著分起解送巴里坤，以備接濟。至甘省缺額馬匹，前已令方觀承解送五千匹，現又令豫備南巡馬內，再行撥出五千，解往補額。其各營現缺馬額，應照例令各營自爲購補。可一併傳諭知之。（高宗五二九、二）

（**乾隆**二一、一二、**壬午**）直隸總督方觀承奏：直屬官駝已盡數解交山西轉解。南巡需用駝隻，臣於房山一帶煤駝並張家口外商駝內，購得膘壯者一千隻，已敷武備院咨開之數，毋庸添用車輛。得旨：甚妥。（高宗五二九、七）

（乾隆二一、一二、壬辰）大學士管陝甘總督黃廷桂奏：安西綠營兵二千，前往巴里坤，共需馬四千七、八百匹。酌議每兵三名，合給車一輛裝載軍械，兵丁從容步行，以節馬力。若節得一分馬力，將來乘騎進勦，即可多得一分之用。得旨：甚合機宜，嘉許之至，筆不能宣。（高宗五二九、二六）

（乾隆二一、一二、壬辰）［大學士管陝甘總督黃廷桂］又奏：接奉廷寄，始知由內地赴肅出口者，止吉林、察哈爾、阿拉善兵二千五百名，約需馬八千五百餘匹，即應在肅撥給。其索倫及兆惠原帶兵四千名，既經赴巴里坤，所需馬一萬四千餘匹，已飛調陝甘滿漢各營，解赴坤營。並於戈壁各站，將應備草料，一併運供，約明春二月內，即可全抵軍營。報聞。（高宗五二九、二六）

（乾隆二一、一二、壬辰）陝西巡撫陳宏謀奏：陝省臺站馬騾，均已齊備。其住兵房屋，俱與民居隔別。又皆安設柵欄堆卡，各有防閑，易於約束。至甘省道長，臺站較多，馬騾難雇；黃廷桂商令陝省代雇五千餘匹，爲涇州等三臺之用。現上緊派雇，務於兵到之前赴臺，亦可無誤。通計陝省雇用馬騾，比前次較多，誠恐里胥人等，乘機索擾；飭將某縣雇用車馬若干，安於某臺，送兵回空，給價若干，明白出示曉諭，以杜弊端。得旨：所奏俱悉，汝原能辦此也。（高宗五二九、二七）

（乾隆二二、一、辛丑）諭：甘省現在辦理軍需，庫貯宜裕。著該部於應撥省分酌撥銀二百萬兩，解往甘肅，以備軍需之用。（高宗五三〇、二〇）

（乾隆二二、一、癸丑）諭：西路大兵，指日進勦，運送軍糧，利在迅速。其腳價銀兩，若照部議每石給銀一錢五分，恐不敷運戶往回之費。所有甘省現在輓運軍糧，著照雍正九年例，每京石、每百里河西給腳價銀二錢，河東給腳價銀一錢六分，以卹民力。俟軍務告竣，各屬遇有撥補糧石，仍照地方撥運之例辦理。該部即遵諭行。（高宗五三一、九）

（乾隆二二、一、壬戌）欽差吏部侍郎裘曰修奏：嘉峪關外五衛，共貯麥石二十餘萬，哈密貯各色糧石九萬有餘，聞巴里坤亦貯有二萬餘石。查兵丁裹帶口糧，每人日需八合零，現在兵數五、六千名，是六千石便敷裹帶。若先將哈密所貯裹帶，則倉貯尚餘八萬餘石。今爲寬裕儲備起見，再將五衛貯麥酌撥十餘萬石，添貯哈密，是較哈密舊貯之數又爲倍之。由五衛撥糧，止須本衛牛車輓運，夏間再將內地糧陸續輓至五衛補額。此時肅州以內之糧，應暫緩運送。又安西至哈密一路塘站，米麴甚貴，五衛除撥哈密之糧，尚多存剩，若量加運腳分散各站平糶，每站不過二、三百石，價可立平。安西地方稍大，亦止須一、二千石爲率。其價存備糶買，官不費而兵民有益。臣當與督臣黃廷桂，撫臣吳達善公商，如屬應行，即聽其轉飭妥辦。得旨：皆妥。(高宗五三一、二三)

(**乾隆二二、三、乙未**)大學士管陝甘總督黃廷桂奏：臣節次解送出口馬二萬七千五百餘匹，計於三月十五日內，可全抵巴里坤。餘馬二千餘匹，飭布政使武忱等，隨時補解，以足三萬之數。又解靖逆牧放駝九百九十餘隻，晉省駝四千二百餘隻，續到者仍隨時解往。臣即於二月二十四日起程前赴巴里坤。報聞。(高宗五三四、五)

(**乾隆二二、三、辛亥**)又諭：西路大兵現已進勦，馬匹必須多爲豫備。巴里坤地方，應再備馬三、四千匹，以資調撥，方爲妥協。著傳諭黃廷桂速爲籌辦，毋致臨期有誤。送到馬匹，阿里袞務須派兵加意牧養，以備不時之需。再大兵進勦，厄魯特等自必畏罪投誠。如有前赴巴里坤者，即將伊等頭目，先行送赴京師。所屬人衆，亦隨即移至內地。俟過巴里坤後，其應行勦戮者，即行勦戮。所餘妻子，酌量分賞官兵，毋得稍存姑息。(高宗五三五、八)

(**乾隆二二、五、癸卯**)諭：據黃廷桂、陳宏謀等奏，陝省節年辦理供支進勦官兵添雇馬騾等項，共需銀二萬八百餘兩，不便作正開銷。請於糶賣米麥盈餘銀兩內撥補外，尚不敷銀二千四百餘兩，請照金川事例，於各官公費銀內攤捐補足等語。陝省各員節年辦理軍需，差務繁多，此項不敷銀兩，若再令其攤捐，未免益形拮据。著加恩免其攤扣，即於該省耗羨內動支，撥補報部。其甘省供支軍需等項更多，墊項自所必有，其不敷銀兩，亦著撥項補款，不得攤扣各官養廉，以示優卹鼓勵至意。(高宗五三八、二五)

(**乾隆二三、六、壬午**)諭軍機大臣等：甘省辦理軍需，一切運送兵丁轉輸糧餉，需用騾駝，該省難於一時採辦。著傳諭方觀承，於直隸辦解駝四千隻；塔永寧，於山西辦解駝三千隻；吳士功，於陝西辦解駝一千隻，並騾一千五百頭；胡寶瑔，於河南辦解騾一千五百頭。各上緊購買，務得口輕臕壯者，於今歲九月、十月內，趕解到肅，以利軍行。所有辦買官價若不足，不妨據實奏明酌加。一面辦理，一面奏聞。著傳諭各該督撫知之。(高宗五六五、一四)

(**乾隆二三、六、壬午**)又諭：甘省連年辦理軍需，黃廷桂急公集事，俱無貽誤。今歲春夏以來，一切轉運糧餉，復甚妥協。勤勞懋著，深慰朕懷，著加恩再賞銀一萬兩，於軍需正項錢糧內支取，以示體卹。(高宗五六五、一四七)

（乾隆二三、六、甲申）大學士管陝甘總督黃廷桂奏：查兩路大軍在外，併臺站及各處屯田兵，每月口糧，已不下二三千石。近奉諭明年添派官兵二萬，豫備一歲口糧。雖經臣具奏，在於涼、寧、蘭、鞏等府撥十萬石分運哈密、巴里坤存貯，內地距營窵遠，轉輸需時。口外露雪早降，即難行車。應乘此夏秋道路可行，先從哈密存糧內米麪兼撥，儘力運送巴里坤。務於九月前運足五萬石，交收備用。得旨：甚好。（高宗五六五、二〇）

（乾隆二三、七、甲午）又諭：前經降旨，令陝西、河南二省辦騾一千五百頭，恐不敷用，著陝西、河南各增購騾一千頭，山東購騾一千頭，山西購騾二千頭，統於今歲九月，趲解肅州，均毋遲悞。可傳諭鍾音、胡寶瑔、塔永寧、阿爾泰知之。（高宗五六六、一九）

（乾隆二三、七、乙未）軍機大臣等議覆：大學士管陝甘總督黃廷桂，籌增馬匹一摺，前奉諭：令該督豫備明年二萬官兵口糧，係統計進勦兵數而言，並非專用綠旗兵二萬。今該督所奏綠旗兵二萬，人給馬一匹，加以官員隨役，得馬二萬五千匹，已足敷用等語，似屬誤會。查今年若取庫車，大兵前抵阿克蘇，則來年所用綠旗兵，多不過一萬五千，人給馬一匹。再合吉林、索倫、察哈爾等兵，約以五千爲率，人給馬三匹。前陸續派往巴里坤馬，已有三萬。應如所奏。再飭陝、甘各營，撥出五千匹，則官役需用亦足。此外若有急需，可於軍營騎回馬內挑用。至稱巴里坤養馬不便過多，亦應如所奏。酌將續撥馬匹，於十月送至肅州飼秣，俟軍營需用轉解。得旨：來歲進勦回部，合吉林、索倫、察哈爾及綠旗兵，不過一萬五千人，即再多亦不過二萬。該督籌辦一切，具見實心，然看來未免稍形拮据。轉恐遠近傳聞，張皇其事，當以靜鎮密籌爲要。至馬駝騾隻，又交直隸及各省購辦，現又於鄂爾多斯，購馬四千匹，駝一千隻，自可無誤軍行。著再傳諭知之。（高宗五六六、二三）

（乾隆二三、七、癸丑）陝西巡撫鍾音奏：現接督臣黃廷桂咨，令附近甘省之西、鳳、邠、乾等處採買米麥二十萬石，接濟軍需。陝省本年麥收豐稔，市價平減，隨按地方出產之多寡，距甘省道路之遠近，分派西、鳳、邠、乾各屬州縣買麥五萬四五千石。如市價不增，再行採買。倘不足數，查西、鳳、邠、乾及同州屬各廳州縣，現有常平溢額麥九萬八千餘石，亦可通融撥濟。報聞。（高宗五六七、二六）

（乾隆二三、一〇、乙卯）諭軍機大臣等：據吳達善奏稱，自哈密至闢展共運送米麪一萬四千七百餘石，又自闢展至庫車分三起轉運。已行文黃廷桂購驢五六千頭，於來春送至托克三、哈喇沙爾，與駝隻同運糧石等語。從前因增派兵丁，諭伊等趲運糧餉，今回部諸城，迎降相繼，逆酋計日可獲，所至俱有口糧接濟，不須内地運送。可傳諭黃廷桂、吳達善等，現在已送之駝騾，即於水草佳處牧放，備運伊犁駐防屯田兵丁口糧；未送者即在肅州等處飼秣。其驢頭一項，著停止採買。（高宗五七二、三）

（**乾隆二三、一〇、辛酉**）大學士管陝甘總督黃廷桂奏：前欽差大臣在鄂爾多斯、阿巴噶等處購駝五千隻，並直隸、山、陝等省辦解駝八千隻，豫備轉運軍糧及屯田籽種。今已陸續抵肅，擇其臕壯者解送哈密，羸乏者留肅餒養。現通計各項差使止需駝六七千隻，餘駝五六千隻，常年飼養，糜費不貲。且駝不耐暑，恐有倒斃。查巴里坤、哈密、闢展等處均有牧廠，應令該處各大臣擇水草豐美，涼爽廠地牧餘駝備用。得旨：甚好，即照此奏，交伊等辦理。（高宗五七二、一五）

（**乾隆二三、一〇、辛酉**）［大學士管陝甘總督黃廷桂］又奏：甘省河西一帶，運送軍糧，向例每石每百里給腳費銀二錢。今歲蘭、涼、寧、西、甘、肅等府州屬歉收，食物騰貴，例價不敷，請增給銀一錢。至運送軍裝，向例每百里給銀一錢五分，應與運糧一例增給。從之。（高宗五七二、一六）

（**乾隆二三、一〇、丁卯**）又諭：歸化城都統阿爾賓等奏稱，土默特蒙古官兵應交領過整裝銀，已交一萬四千餘兩，尚欠二萬一千餘兩等語。此項銀兩，因派伊等出征支給整裝，伊等未赴軍營，自應繳還。但念伊等居住内扎薩克，賴田畝度日，連年收成歉薄，若照原限交納，恐於伊等生計有妨。著加恩展限分作六年完繳。（高宗五七二、二九）

（**乾隆二三、一〇、丁丑**）又諭：甘省調運陝省西安、鳳翔、邠州、乾州四府州屬採買米麥，以備軍儲。所有應給腳價，除自涇州交界以内，道路平坦，而經過各屬秋成豐稔，照例給發腳價外，其自涇州接運赴蘭，山路崎嶇，沿途之平涼等屬今秋又俱有偏災，若照例給以腳價，往返食用未免拮据。著加恩准照河東運送兵糧之例，每京石每百里給腳價銀一錢六分，回空給銀四分，以資輓運。該部即遵諭行。（高宗五七三、一八）

（**乾隆二三、一一、戊申**）大學士管陝甘總督黃廷桂奏：甘省草豆昂貴，今甫經收穫，宜乘時備辦。現於甘、涼、肅一帶并口外安西等衛，購草二百二十餘萬束。甘、涼、肅種豆甚少，請於河東各屬撥二萬石運河西備用。得旨：甚妥。軍需之事，大約明年夏秋方可完事，此時亟宜加意調劑，總以不傷民力爲要。莫惜費也。（高宗五七五、三五）

（**乾隆二三、一一、己酉**）諭：甘省尚有應辦軍需，所有撥貯銀兩，須寬裕儲備。著該部酌量撥銀三百萬兩，解交黃廷桂收貯備用。（高宗五七五、

三六)

　　(**乾隆二三、一二、己未**)諭：陝、甘滿漢各營餧解馬匹，自去秋以及今春各項借支官銀，據黃廷桂查奏，計五十萬九千二百餘兩，皆應行按限扣還之項。朕軫念邊兵，用昭優卹，著加恩全行寬免，以示鼓勵獎勞至意。該部即遵諭行。(高宗五七六、二七)

　　(**乾隆二三、一二、丙寅**)又諭曰：黃廷桂奏稱，運送來年進勦兵丁口糧，現在關展有駝六千隻，仍需駝四五千隻，方足敷用。請降旨直隸、山西督撫，再行購辦，趕赴甘肅備用等語。可傳諭黃廷桂，適已諭直隸總督方觀承辦駝二千隻，山西巡撫塔永寧辦駝三千隻，今又諭塔永寧量力再辦二、三千隻，隨得隨解，以濟軍需矣。運糧駝隻，購辦不易，朕意自庫車至阿克蘇，若雇回人牛驢，給以腳價，遞相傳送，又於屯田收穫糧石內量爲撥運，亦可稍省轉餉之勞。但此事恐非永貴所能獨辦，可傳諭舒赫德。計此旨到時，伊已應援將軍等回抵阿克蘇，來年不必隨同進勦，仍於阿克蘇、庫車之間，同永貴往來巡查糧運，勸課屯田。至撥運口糧時，或雇回人牲隻，或貧苦回人內有願肩糧步送者，俱酌給價值。但宜視其果否情願，不可勉強派累，致失新附之心。德舒既辦理庫車事務，併著傳諭知之。(高宗五七六、三六)

　　(**乾隆二四、一、乙酉**)大學士管陝甘總督黃廷桂奏：奉諭酌購牛羊接濟軍營。查內地牛不習口外水土，趕解每易倒斃，且耕作屆期，難於購辦。惟各屬羊尚可購四、五萬。但時值騰貴，定價八錢不敷，懇恩每隻准給一兩。口外嚴寒，於來年二月起程。又奉旨，以回部各城有糧可購，哈密等處貯銀宜寬裕。臣於十二月初旬，飭甘肅道將庫貯銀內動撥二十萬兩送哈密，並咨吳達善等酌解阿克蘇備用。得旨：如所議行。昨據舒赫德奏籌辦糧石一摺，已有旨諭。今覽來奏，朕爲糧運一事，可以稍紓懷矣。(高宗五七八、六)

　　(**乾隆二四、一、丙戌**)又諭：從前甘省安臺送兵，多雇民間馬騾，用過腳價及到站守候支給料草銀兩，該部按例察覈，議不准銷。但念領價分雇，俱屬無力里民，且事在乾隆二十年，閱今三載，若復按名查追，邊氓力難完繳。著加恩將送兵雇價銀三萬八千六百餘兩，支過五日料草銀一萬一千九百餘兩，一併准其報銷。其乾隆十九年各標營州縣應賠北口馬四千六百餘匹，自當照數著追。第念該省文武各官，比年承辦軍需，俱能黽勉效力，並著格外加恩，一體免其賠補，副朕獎恤勤勞之意。(高宗五七八、七)

　　(**乾隆二四、二、庚辰**)陞任甘肅巡撫吳達善奏：現辦軍需，官駝難得，而闢展以西，運糧多得一車即可省駝數隻。據糧員申稱，現有車四、五百輛，加緊轉運。惟既過闢展，道路愈遠，裹帶愈難，兼諸物價昂，該運户等口糧草料，腳價不敷。懇准照重運腳價，減半給與回空。得旨：如所議行。今授汝爲總督，一切汝應勉效黄廷桂之居心辦事，勿負朕倚望之意。（高宗五八一、三六）

（**乾隆二四、三、壬午**）諭軍機大臣等：吴達善奏稱，查永貴咨送奏稿，所定購買回人糧石，價值較去秋時尚覺短少，現在内地運糧至闢展，每石即需腳價將二十兩，應請諭照時價增加，庶回人踴躍求售，而運費所省實多等語。所奏亦是。軍營糧運，自應照常接濟。至購買回人糧石，雖較運價甚爲節省，究係一時權宜，非經久之策。若盡收回人積蓄，於伊等生計殊無裨益。嗣後辦買糧石，應酌看其實係情願，始行增價購備，不可勉强從事。（高宗五八二、八）

（**乾隆二四、三、甲申**）又諭曰：兆惠、富德等奏稱，現在辦理進勦，官兵行裝鹽菜等項，需銀四五十萬兩，咨行定長等以駝隻隨數運送。而定長等行查兵數，且必俟闢展駝隻臕壯，再咨行永貴等，將阿克蘇應辦米石、布疋各數覆到，始行辦理，恐誤軍行等語。定長等外任習氣，辦事每多推諉，固屬見小，而兆惠等辦理進勦，亦甚拘泥。查先後解送軍營備用銀兩，將及三十萬，自足應用。朕於軍行之費，非有吝惜，但以官兵所需計之，如衣裝布疋，雖在内地購買，一時亦難得數十萬，則回城所出有限可知。至賞給銀兩，即暫時存貯，俟功成再行補給，亦於伊等生計有益。此時官兵等若購買回人之物，無裨實用者，尚應禁止，豈可任其糜費。且伊等從前所奏捉生詢問及拘執霍集占等所遣回人，一切情形，何以未見奏及？又布嚕特兵丁應否調用，哈薩克錫喇投入回部與否？兆惠等進勦時務宜留心辦理，不可徒託空言。其辦送兵丁之乾清門侍衛敦察，即著在軍營行走。（高宗五八二、一四）

（**乾隆二四、三、己丑**）諭軍機大臣等：吴達善奏稱，續調滿洲索倫等兵五百名，並應需馬匹，當即於甘、涼、肅等處餧養馬内，挑選一千匹起解等語。所奏與現在辦理軍務情形均未得其肯綮。從前節次解送之馬，約計已及二萬匹，陸續趕赴阿克蘇；其所調征兵，如達什達瓦及西安滿兵，皆係勁旅，足資應用。……又另摺所奏，續撥銀兩交五吉轉解阿克蘇一事，從前撥解軍營銀已及三十萬兩，諒亦足敷征兵整理行裝之需。若以所請續解之項，留給將來凱旋兵丁，立業資生，尤沾實惠。若儘數撥解，無論邊地貨物有限，未必需此多銀置買。且阿克蘇雖經歸附，究屬回地，亦未便以内地如許帑項散用於彼處。此中正當留心籌酌，並非爲撙節賞項起見，該督寧不知

之？至哈密駝隻，現資輓運軍糧，亦不宜轉撥解餉。已有旨傳諭五吉，令其停止辦理。將此詳諭吳達善知之。(高宗五八二、二四)

(乾隆二四、三、己丑) 又諭曰：吳達善奏，據定長等咨稱，兆惠調取闢展等處存留索倫、察哈爾兵五百名，應撥馬一千匹，於二月二十八日出口。又撥銀三十餘萬，由哈密解送軍營等語。辦理軍需，當籌實濟，不宜徒張虛數。現在阿克蘇等處會集官兵，陸續趲送馬駝，量已足用。此時調取兵馬，已不及進勦之期，於內地徒增煩擾。且兆惠等所辦，如咨取賞銀四五十萬，多未妥協。阿克蘇非內地都會可比，豈必需用如許銀兩，致官兵人等任意糜費？向來職貢諸國出產金銀，往來禁止越界，今即擒獲霍集占，盡平回部，亦仍係外藩，豈可以中國財貨，耗費於回地而不知惜？已諭吳達善，此次兵馬出口後，無庸再為調撥。其已撥之三十萬兩，五吉接收後，仍存貯哈密。以所辦駝隻運送口糧，尚屬切要，俱著傳諭知之。(高宗五八二、二六)

(乾隆二四、三、壬寅) 參贊大臣舒赫德等奏：准兆惠等咨稱，富德往援和闐，需駝一千隻。查阿克蘇並無另備駝，惟近准陝、甘總督等辦送臺站軍糧駝一千餘，即於此項調撥，但空缺必須撥補，隨移咨軍營。據覆稱，咨取駝一萬隻，即於數內扣除。伏思內地購騾較駝為易，氣候水土亦相宜，謹酌將所辦駝內用騾一千頭抵補解送。得旨：軍機大臣速議具奏。尋議：查上年冬季，有解送阿克蘇軍需駝三千隻，又西安滿兵，達什達瓦綠旗兵及節次糧運駝，請令駐劄哈密、闢展、庫車大臣等挑選，將軍需量為馱載，送至阿克蘇，視其膩分，先撥約可得數千隻。且內地既送羊十萬餘，闢展、庫車以往，俱已屯田，兵進正值麥熟因糧，稍減運駝無礙。所有補駝之騾，應停辦送。現在烏嚕木齊牧放騾四百頭，即交定長、等輕裝送往阿克蘇應用，仍通行兆惠、舒赫德、定長、吳達善等遵辦。從之。(高宗五八三、一八)

(乾隆二四、三、己酉) [陝甘總督吳達善] 又奏：查驗前督臣黃廷桂辦解馬二萬三千匹，自正月初四至二月初三日，共挑解一萬八千六百餘匹，約初十前全數出關。(高宗五八三、三二)

(乾隆二四、三、己酉) [陝甘總督吳達善] 又奏：查本年二、三月起解，直、晉駝隻全數抵肅。共挑健駝解送出關者，八千三百四十餘隻，內挑解行營備戰駝七千隻，並酌帶餘駝數十隻。餘一千二百餘隻，已知會五吉，俟到哈時，即挑出一千隻轉解闢展，交定長等收，酌添各臺馱運軍糧。下剩二百隻，留哈密擇廠牧放，以備差使。得旨嘉獎。(高宗五八三、三三)

(乾隆二四、四、丙辰) 又諭曰：吳達善奏稱，辦送軍營駝隻七千，尚餘一千二百隻。現在糧運緊要，行文五吉，令其擇一千隻送至闢展備用等語。適因富德等將糧運駝隻帶往和闐，購補缺額不易，議將哈密、闢展、庫車等處現有駝騾，輕爲馱載，送至阿克蘇，原屬通融辦理。今哈密既送駝一千隻，即當送往阿克蘇，以應急需。著傳諭定長，不必拘泥前議，止圖節省駝隻，以致糧運稽遲。總之辦理軍需，惟在相機行止，方有實濟。此項駝隻，可即行解送。（高宗五八四、一一）

（乾隆二四、五、己亥）諭軍機大臣：據吳達善奏稱，甘省各提鎮營儲備鉛觔一項，自調撥以來，漸見短縮，而蘭州、寧夏等處出産無多，不敷買補。請於湖北代購黑鉛三十萬觔，委員解赴甘省等語。鉛觔爲軍儲要需，務宜豫爲積備。現在甘省各營存貯無多，本地買補艱難，未可任其缺乏。向來西安鼓鑄鉛觔，俱取資於湖北，買運定有成規，自可挹彼注茲，補完舊額。著傳諭該督碩色，即於楚省收買黑鉛三十萬觔，委員解赴西安，轉解至蘭。其水路腳運，即於該二省耗羨項下動支。解蘭之後，令各提鎮分領回營，以補備貯原項。（高宗五八七、一一）

（乾隆二四、五、戊申）諭軍機大臣等：吳達善奏，甘省應解軍前布疋，現在涼、甘二府採買，尚堪適用，不過市價稍昂等語。所見與朕意不合，已於摺內批諭矣。甘、涼一帶，承辦軍需，且有被災之處，民食未免拮据，朕疊次加恩，猶深軫念。布疋一項，市價既昂，若又官爲採買，則民間愈加騰貴，殊非體恤災黎之意。除已經解送外，餘著停止採買。現在部庫存貯布疋饒裕，已著戶部即查明酌撥數千疋，派司官一員，按站解往肅州，交與該督等轉運備用，以贍軍儲，以便民用。將此傳諭該督知之。（高宗五八七、二七）

（乾隆二四、五、戊申）又諭：據吳達善奏稱，阿拉善等處購買羊隻共十四萬有奇，前後送往巴里坤，由額林哈畢爾噶轉送軍營。此項羊隻係軍營口糧，此時始陸續出口，解送維艱。若急行趲送，則沿途傷損，究屬有名無實。昨據富德奏稱，伊等自和闐進兵，彼處可得口糧。即兆惠進兵，正值收穫之期，又有糧運接濟，朕意將此項羊隻，先送者即於阿克蘇交收，後至者或於烏嚕木齊等處牧放，留備官兵凱旋之用，甚有裨益。因未悉軍前情形，著吳達善、五吉、清馥、定長、德舒、永貴、舒赫德等咨商定議辦理，一面具奏。亦傳諭兆惠等知之。（高宗五八七、二八）

（乾隆二四、六、辛酉）又諭曰：楊應琚奏到內地籌補哈密撥缺糧石一摺，現在軍營需用糧石，陸續輓運，約計足敷應用。兼有牛羊、緞疋等項，可資易換，且和闐等處種植有收，該將軍等軍行所至，因糧之處，當複不少。現在進兵之時，撙節支用，斷不至於缺乏，毋庸汲汲多爲擘畫。著傳諭該督，所有自哈密已經起運之糧，聽其解赴闢展，至內地補項糧石竟可緩緩籌辦。甘省現值歉收，軍儲與民食正當並重，惟應多留餘糧，以給平糶賑濟之用。即所撥亦不過一、二萬石，而內地民情觀望，恐撥運繁多，或不免張皇失恃，此則甚有關係，不可不為深維也。其兆惠等已另行傳諭矣。（高宗五八八、二一）

（乾隆二四、六、癸酉）諭：陝省運送甘肅糧石，現在時值農忙，若照舊例，平路每百里給腳價銀一錢，未免不敷雇覓。著加恩將陝省運送涇州糧石，照涇州以西之例，每石每百里給腳價銀一錢六分。其陝甘運送錢文，並著加恩，於向例每百里給腳價二錢之外，量給回空銀六分，以示體卹。該部速遵諭行。（高宗五八九、一二）

（乾隆二四、閏六、丁酉）又諭：甘省河東地方，所有輓運協濟糧石一項，計自涇州至平番各屬地方，食物料草，現在價值未能平減，向例每京石每百里價銀二錢，往返費用恐有不敷。著加恩暫照河西之例，一體增給，以示優卹。該部遵諭速行。（高宗五九一、九）

（乾隆二五、三、壬申）又諭：據楊應琚奏，巴里坤現存馬一千二、三百匹，而甘肅各營馬匹，每年例應出廠。巴里坤一帶水草豐裕，請於安西等五處提鎮標營，摘撥三千匹，赴巴里坤牧放。即於此內撥出一千五百匹，解赴阿克蘇，其伊犁屯田需馬九百匹，竟由巴里坤解往烏嚕木齊豫備，其餘俱存巴里坤牧放備撥等語。所辦自屬可行，但不知內地馬匹是否足敷調撥，若已經照數撥往，則缺額竟不必亟於籌補。甘肅綠旗額馬視他省較多，原為邊防起見，今西陲平定，則各營馬匹，不過供應差操足矣。況巴里坤水草既佳，同一牧放，而於馬有益，且省飼秣之費，豈不甚便？又如各營額缺，有必須購補者，即於哈薩克馬匹內酌量抽撥亦可，不必於內地採買，致費周章。或秋冬之際，有必須收槽馬匹，臨時豫為奏聞。至該督前奏伊犁等處設官屯田事宜，已據軍機大臣議奏行知矣。總之新疆自應次第經理，不可懈馳，亦無庸急遽。惟各就本地情形，因利乘便，隨時酌辦，以規久遠之計。若又大費內地財力，以為設官屯田之用，殊屬無謂。且軍務現已全竣，而收買駝騾，紛紛滋擾，愚民轉致猜疑，亦豈休息鎮靜之道？併傳諭舒赫德等知之。（高宗六〇九、二二）

（乾隆二五、一一、壬戌）諭軍機大臣等：陝甘各營，承辦軍需馬匹，所有墊用銀兩，自乾隆二十三年春季以前，屢經降旨加恩寬免。今詢問蔣炳，據稱，二十三年夏季起至二十四年春季止，各營餧解官兵進勦馬三萬餘匹，約有墊項八十餘萬兩。又二十四年夏秋，解送軍需馬匹，沿途餧解，亦不免有墊項。現在該督撫詳查覈減，會同具奏等語。此項墊用銀兩，前曾令該督等分別查奏，今軍務久經告竣，所有滿漢各營，前後辦解馬匹之借墊銀兩，或應行抵扣還項，或量予格外加恩，自當速爲完結歸款。著傳諭楊應琚等，即將墊項實數若干詳悉查明，務於年內據實具奏，候朕降旨。（高宗六二五、一三）

（**乾隆二五、一二、庚辰**）諭軍機大臣等：前據蔣炳奏，甘省各營餧解馬匹，賠墊銀兩約有八九十萬。因未得確數，是以傳諭該督撫，令其查明具奏。今該督等奏到之數，殊未明晰。雖奏此摺時尚未接到前諭，但此項銀兩，原欲俟查明實數，以便頒發加恩諭旨。今該督所奏，並未將歷年免過若干，現在餘欠若干，分晰開除，乃豫計明年未扣之公糧，謂可抵補有餘。夫遠域平定，無庸多兵，則省費自是國家經權之道，不可云爲抵補起見，該督所奏轉多牽混。至歷任督臣，前後承辦軍需，事同一體。今該督等以黃廷桂任內所辦，與伊經手之項，分別臚列，未免意存畛域。著傳諭楊應琚，即速據實查明二十一年夏季以後借墊各項，除歷次降旨豁免及曾經抵扣外，現在欠數若干，務於歲內速行奏到，候朕降旨加恩。（高宗六二六、一〇）

（**乾隆二六、一、壬寅**）又諭：甘省連歲承辦軍需，兵民俱爲出力，其民間應徵錢糧，已節年蠲免，而昨歲雨暘時若，稔事大豐，閭閻諒紓拮据。惟是滿漢各營，歷年餧解馬匹，尚有豫借銀兩，雖屢次加恩豁免至八十餘萬，今猶有九十餘萬之多。本應於各該營俸餉內扣還，第念兵弁等日用攸資，按限坐扣，必致艱窘。茲大功既蔵，惠愷宜宣，所有豫借銀兩，著再加恩，悉予豁免，用示朕體卹兵力至意。（高宗六二八、二）

3. 用兵緬甸軍需

（**乾隆三二、六、丙午**）諭軍機大臣等：昨據明瑞等奏軍務情形一摺，看來該處馬匹軍械，俱屬短少，而辦運糧餉，尤爲費力。將來剋期進勦，自當豫爲籌辦寬裕，以資接濟，斷不可因目前軍實未充，略存寬緩之見，以致曠日稽時。其馬匹一項，前已傳旨四川、廣西兩省各購二三千匹備調。昨據阿爾泰奏稱，已撥馬二千八百匹，運送滇省，諒粵西亦可如數辦給。明瑞等當約計軍營所需，或尚覺不敷，並可於鄰省多方購買。所缺軍裝、器械，亦當飭令趕辦精足，毋使貽誤。惟糧餉一事，外省既難於協濟，勢不得不在民間採買及向各土司購辦，果能寬裕給價，伊等自更踴躍從事。前已撥銀三百萬兩解滇，爲軍需之用，現復令戶部再撥銀三百萬兩，運赴該省，俾軍營帑項充盈，則一切自易爲力。凡糧馬等項，不必照尋常覈銷成例，較量時值，止期糗糒充饒,有裨軍食。並當令沿邊內外人民、土司等樂於趨利,而忘其勞,自更易於集事。但不可令不肖員弁及承辦胥役,借端浮冒侵剋,致民間不沾實惠。倘有此等情弊,查出即於該處正法,以昭炯戒。至火藥、鉛彈,尤軍行所必需。現令赴滇兵丁一千三百名,每名酌帶火藥一觔,鉛子四十個,以備進兵應用。此外如有不敷,該督等仍當先時籌辦。即或本省缺少,湖廣向產硝磺,亦當速行知會定長等,令其就近採運。著將此傳諭明瑞、鄂寧知之。(高宗七八六、一一)

（乾隆三二、八、甲申）諭:據御史福陞所奏,此次雲南用兵,動用部庫銀兩三百萬。此項庫銀,亦應籌畫填補,請照豫工例,開捐二年等語。福陞所奏甚屬荒唐,今雖有緬甸軍需,部庫銀兩甚多,何至遽行開捐之例？福陞著嚴加飭行,摺擲還。(高宗七九三、一〇)

（乾隆三三、一、癸丑）軍機大臣等議覆:大學士陳宏謀奏稱,此次賞給直隸、河南、湖北、湖南、貴州五省銀各十萬兩,作為各該處社倉穀本,按出雇車馬之鄉里,酌定數目,發給里民,令於秋後交穀納倉,永為社本等語。查各處社倉,法自古傳,事從民便,聽其自為捐輸,並不官為督責,與此次因兵差加惠群黎之意,本無干涉。若以恩賞之帑金,雜於民輸之糧石,則必派委催追,徒滋紛擾;如令發給里民,任其意為出入,則在出力者,或不獲及時沾被,而司事者,難保無乘間侵牟之弊。況自直隸至貴州,毗連數省,如於秋收時以五十萬官帑收買穀石,市集糧價必致倍增。所奏應毋庸議,但各省辦理,本有不同,請交各督撫詳悉籌盡,如本係按糧均派者,可於應徵錢糧,按數扣還;如係就各鄉有車驟之家備應者,亦可按戶分賞;此外如實有零星難歠者,或將銀兩暫行存貯,俟凱旋時抵補幫貼之用。應令各督撫一面妥辦,一面奏聞。從之。(高宗八〇三、一八)

（乾隆三三、一、戊午）雲南巡撫鄂寧奏:運糧腳價,馬運每站每石給銀二錢,夫運每石用夫三名,每名給銀五分五釐,此滇省向來成例。但永昌騰越一帶夷民,元氣未復,其自內地運至出口,俱用土司人夫馬牛,民力未免拮据,請每石每站加銀一錢,以示體卹。得旨:自應如此。(高宗八〇三、三七)

（乾隆三三、二、丁丑）又諭:現在續派京兵赴滇進勦緬匪,黔省一切辦運差務,派用民夫之外,勢必兼用苗人供役。伊等出力急公,固屬分所應然,而國家軍行所資,甚關緊要,此等民苗均宜隨時留心體恤,俾伊等益知踴躍奉公,則於軍行方為有益。況前有恩旨加賞銀十萬兩,昨經傳諭該撫照軍機處原議,妥協籌辦,民苗等有應行賞賚之處,即可於此項內酌量撥用,以示鼓勵。昨令邁拉遜會同該撫照料，今已改令喀寧阿前來貴州，會同該撫經理，良卿可與喀寧阿悉心體察，固不可過事優柔，徒長苗人驕惰之習，而於服勤襄事之人，亦當酌予獎賞，毋令苗人以勞勩莫恤，稍生含怨，則軍行不致滋擾，而公務尤易於就理。將此傳諭良卿知之。（高宗八〇五、十）

（乾隆三三、三、壬辰）又諭曰：鄂寧奏到籌辦京兵到滇事宜，及查奏民間幫貼銀數各摺，內稱，滇省連年辦理軍務，人夫馬匹，實爲拮据等語。該督辦事勤幹，素無模棱畏難之習，所奏自是地方實在情形。現已降旨，加恩賞給該省銀三十萬兩，令補民間幫貼各數。但此項銀兩，若以零星散給，不獨實數難稽，兼恐吏胥不無從中滋弊之事，莫若即將此項暫行存貯，以爲此次續派京兵到滇之用。該督可即飭屬悉心妥協經理，不得更有絲毫擾累閭閻。至所稱各省解滇馬匹，即於省城分給京兵騎赴永昌一事，已令軍機大臣定議速行矣。所有一切應辦機宜，已詳悉密諭舒赫德，俟伊一到滇省，自可會同阿里袞、鄂寧熟籌妥議。但明年進兵之信，務須密之又密，非特賊匪窺探消息，應行防範，即本省兵民，亦不宜稍有洩漏，致令傳播也。將此詳諭知之。（高宗八〇六、七）

（乾隆三三、三、己亥）諭：雲南現有續辦軍務，著戶部於各省留協項下，再撥銀二百萬兩，解往備用。（高宗八〇六、一三）

（乾隆三三、三、乙巳）閩浙總督崔應階奏：遵旨挑選內地水師兵三千名，照會葉相德，聽候調撥赴滇。每百名酌配鳥鎗手七十名，籐牌手二十名，大礮手十名，並選製造火器工匠隨往。至閩粵洋面毗連。廈門舟行遇風，三五日即抵廣東，由廣東水路至廣西，經梧州、柳州等府，直至貴州獨山州三腳屯，起早赴滇。惟五六月間，南風盛時，海船逆風折餒，竊恐稽延，復查自漳州府陸路，由詔安縣至廣東之海陽縣上船，可通廣西，俟臨期酌看風色辦理。得旨：且不用矣，再候旨可也。（高宗八〇七、二）

（乾隆三三、三、癸丑）諭：滇省進勦緬匪，閭閻急公効力，已疊經降旨蠲免正賦，賞給帑銀，以普恩施。現在續調官兵繼進，一切解運糧石軍裝，並需內地夫馬，接遞護送。所有應支腳價，若仍照定例給發，不足以示鼓舞。著加恩將運送糧石，不論夫馬，每日每石給銀三錢，其擡送軍裝人夫，准照黔省之例，每日每夫給銀八分。該督等其務飭所屬，悉心經理，俾小民均霑實惠，用昭體卹。該部即遵諭行。（高宗八〇七、一二）

（乾隆三三、三、癸丑）〔協辦大學士公署雲貴總督阿里袞，陞任雲南巡撫鄂寧〕又奏：宛頂、遮放、芒市、龍陵等處，前經臣鄂寧陸續運糧貯備，是以木邦、錫箔散回之兵，並額勒登額帶往猛密兵共二萬餘名，於宛頂、遮放駐劄多日，得以供應無誤，茲宛頂剩米二千餘石，大兵徹回後即運回芒市存貯，現在芒市存三千餘石，龍陵存二千餘石，足供支放。報聞。（高宗八〇七、一四）

（**乾隆三三、三、辛未**）又諭：據舒赫德奏稱，貴州大路俱係山嶺，行走甚難，計出境有一千數百里，大兵經過，較別省宿處甚多，所用夫馬，有七分出自苗民。去年送兵三千，今年又復加倍。貴州經過地方甚多，幾有數月之程，請降旨良卿等，將出馬苗民，如何鼓勵施恩之處，請旨辦理，於事更屬有益等語。去歲用兵以來，貴州苗民辦理送兵夫馬，應付無誤，甚可軫念，自應加恩以示鼓勵。著寄信良卿、喀寧阿，此等苗民，應如何施恩獎勵之處，即速定議具奏。尋奏：苗民辦理送兵夫馬，每馬請於正雇定價外，加賞銀三兩。每夫腳價外添給倉米一升，應差之日，再加賞銀二分。報聞。（高宗八〇八、二七）

（**乾隆三三、四、壬午**）軍機大臣等議覆：兩廣總督李侍堯奏稱，查粵西通省常平等倉，現貯米共計一百七十萬石有奇。茲擬於附近水次之南寧、潯州等府屬，動撥倉穀碾米，解滇接濟。自各水次至思恩府屬之百色地方，用船裝載，自百色起旱至滇省廣南府屬剝隘地方，雇夫挑運。統計粵西境內水陸運腳并包裹工價，每石需銀七八錢至一兩一二錢不等，自剝隘至永昌，計陸路三十餘站，挑價銀每石約需銀二兩七八錢，連粵西境內水陸運腳包裹工價等項，統計每石需銀三兩四五錢至九錢不等。於秋深灘淺時陸續起運，約計明年二三月間，可以全抵永昌等語。應如所奏行。但前據鄂寧奏稱，滇省常平倉穀，通計可撥三十五萬餘石，而滇省運送糧石夫馬腳費，現奉旨每日每石增給三錢，民間輓運，必更踴躍。請交與阿里衮、明德酌量，滇省撥用倉穀及今歲所買米石，是否足敷兵食。如已經足數，粵西米石即可無庸撥濟，倘有不敷，或覈計粵省運送價值，與本省採買馱運，所費相同，及轉有浮多之處，亦無庸長途解往；若腳價各項較有節省，即酌定應撥米數若干，一面奏聞，一面咨明粵省，從容碾出，如期派員起運。其廣西至永昌，所有水陸腳價挑費及需用包裹蔴袋等項，俟運送事竣之後，令雲、貴、廣西該督撫等，按本省章程，分別報部。從之。（高宗八〇九、二六）

（**乾隆三三、五、丙午**）又諭：據內務府奏，請將廣儲司銀一百五十萬兩，交戶部收存備用。現在部庫帑藏充盈，此項毋庸存貯部庫，著交戶部照例派員解往雲南，以供軍需之用。（高宗八一一、七）

（**乾隆三三、五、戊申**）諭軍機大臣等：廣西、四川、貴州各省，節經採買馬匹，解滇應用，但臨時購覓，諸凡未免拮据，不若先期留心籌辦，自可從容就理。況廣西等處,本係出產土馬之地,而北省所撥馬匹,到滇又不甚適用,自應豫爲酌量,以裕軍儲。著各督撫等,於所屬產馬處所,各就本地情形,量可得馬若干,陸續採買,從容分廠餵飼臕壯,以收實用。且本年既無須解往,則爲時尚寬,更可隨宜妥辦,斷不得稍涉張皇。一俟明歲軍行應用時,先期照會,再爲分起緩程解送。將此傳諭李侍堯、阿爾泰及鄂寶、良卿等,並將可以購備馬匹若干之處,先行據實奏聞。尋兩廣總督李侍堯奏,粵西雖向產馬匹,節經買補豫備解滇馬,及兩粵福建等省例補營馬,統計不下六七千匹,若欲概買騸馬,恐難購覔。現飭各屬,不拘騸馬,騍馬,派定二千匹之數,一併購備。四川總督阿爾泰奏,請於辦就備解騍馬五千匹外,再採辦三千匹,一體牧養候解。廣西巡撫鄂寶奏,現在查照督臣李侍堯酌定二千匹之數,飭屬購辦。貴州巡撫良卿奏,黔省現在短馬,擬於應差馬內收買二千五百匹,分給撫提等標營兵飼餵,屆期即令各該營解運。俱報聞。(高宗八一一、八)

(**乾隆三三、六、丙子**)諭軍機大臣等:良卿奏,黔省採辦馬匹,可得二千五百,現在加意挑揀,收槽餵養,以備屆期專員解送等語。所辦尚屬妥協。軍營需用馬匹甚多,自應廣爲購買,方足以資接濟。黔省向屬產馬之地,且與滇省毗連,運送較便,若止得二千五百匹,則兩廣、四川三省,即如數合計,亦僅足一萬之數,於軍營未爲寬裕。著傳諭良卿,乘此未即進勦之時,豫爲籌辦,多多益善。但須不動聲色,不可稍涉張皇。至該省馬匹,非購自民間,即向土苗市易,該撫務須酌量定價,勿致有虧本值,並嚴察所屬,毋任絲毫扣剋短發,則伊等以得價較贏,自益踴躍從事,而運滇馬匹,亦倍加充裕矣。並將能否續購若干之處,據實附便奏聞。尋奏:現在購備之馬,酌給價銀十五兩,與本值有贏無絀。除將原派二千五百匹儘數挑足,如再有可選之馬及近地民苗有願賣者,當酌增價值,廣爲買備。得旨:嘉獎。(高宗八一三、七)

(**乾隆三三、七、庚寅**)[軍機大臣等]又議覆:協辦大學士公副將軍暫署雲貴總督阿里袞奏稱:明年進勦緬匪事宜。一,分三路進兵,每路派兵八千,由來卡落卓及猛密、戛鳩前進。查分路進勦,兵勢即分,莫若由一路分隊前進。至進由何路,俟明年進兵時酌定。一,兵止二萬,進勦不敷,請再添派。查現派之索倫、吉林兵二千,尚未起程,應令於明年八月間趕至永昌。再就近調貴州兵五千,湖南兵二千備用。一,馬數不敷撥給,應令滇省將各營額馬餵養備用。並飭貴州、四川、湖廣各營,豫備馬二萬一千三百匹,綠營兵不必給馬,滿洲兵每人給馬二匹,駐防兵每人給馬一匹。一,兵丁口糧，需騾馱載，應令貴州、四川、湖廣各買騾二千，河南買騾四千，於明年解至永昌。一，內地驛站官兵，應給兩月口糧。官兵器械帳房，俱應修補等語。均應如所奏。從之。(高宗八一四、一〇)

（乾隆三三、八、乙酉）協辦大學士公副將軍署雲貴總督阿里袞、雲南巡撫明德奏：永昌、普洱兩路軍糧，派撥採買三十餘萬石，今歲來年俱已敷用。惟沿邊土司所屬，先經緬匪蹂躪，田地荒蕪，請於今冬查明缺乏籽糧牛力之家，於明春借給銀兩，令其購辦，普行耕種，俟秋後按照時價交米還項，不敷軍糧即在各該土司地方採買。得旨：嘉獎。(高宗八一七、四〇)

（乾隆三三、一〇、癸亥）諭軍機大臣等：前據阿里袞等奏，請於貴州、四川、湖南、湖北等省，各買馬二千匹，河南省買騾四千頭，以備馱載之用。今先據阿思哈奏稱，令各州縣豫爲購買，每騾一頭，先給銀六兩，烙印造冊，俟明年取用時覆挑補價等語。辦理殊未妥協，已經軍機大臣議駁矣。軍營馱載馬騾，固當先期籌畫，但滇省尚非急於需用之期，自應各按情形，從容酌辦，若如豫省所奏，未免滋擾閭閻。未知川、黔等省現在如何辦理，著傳諭各該督撫，即行查明據實覆奏。尋湖廣總督定長奏：楚省先期籌備馬騾，價值全給，收槽後官爲飼養。四川總督阿爾泰奏：動司庫存款，豫發州縣備辦，如期購足，即於各該處牧養候解。貴州巡撫良卿奏：現陸續酌辦，已得十分之五，按馬給價，並無滋擾，俱報聞。(高宗八二〇、二〇)

（乾隆三三、一一、戊子）又諭：前以阿思哈奏稱，採辦馬騾一項。每騾一頭先給銀六兩，烙印造冊，仍責令拴餧，以俟取用。恐不無貽累民間，辦理殊未妥協，已令軍機大臣議駁知會，并傳諭湖廣等省詢問現辦情形。今據定長奏，湖北、湖南兩省，採辦馬騾，俱係按數給價購買，官爲收槽飼餧，係屬循照定例採辦，共得馬騾五千四百餘匹，於軍儲實有裨益，著將此傳諭阿里袞等知之。(高宗八二二、六)

（乾隆三四、一、庚子）諭軍機大臣等：今年進勦緬匪，必須合力大舉。經略大學士公傅恒，現擇於二月二十一日起程，其添派之吉林索倫兵四千，亦於二月中分撥前進。各省所購馬騾，亦皆陸續赴滇，一切應行支給款項，屢次所撥帑銀，已及千萬。但自去歲至今，備辦糧馬諸務，支用亦多。又經兩次動用過賞銀六十萬兩。現在所存軍需銀兩，是否尚屬寬裕，自當先期通盤籌畫。著傳諭明德，詳晰確覈。如有尚需添撥多備之處，即速據實具奏，候朕降旨撥解。將此并傳諭阿里袞、阿桂知之。(高宗八二七、一)

（乾隆三四、一、癸丑）署湖廣總督高晉奏：上年准雲貴督臣咨奏准湖北、湖南綠營現存操馬，同加買一倍馬，於本年二、三月全數解滇。此項額設營馬，有關差操，應及時買補。請將馬價銀於北南兩省上年地丁銀內豫支各營，照數採買，俟原設馬起解後，陸續給兵騎操。報聞。（高宗八二七、二四）

（**乾隆三四、二、壬戌**）諭曰：阿桂等參奏，署臨安同知尹均霖，承辦軍營料草，請自芒市運往遮放，照三站半運腳開銷銀二萬兩，實爲利欲薰心，請旨革職等語。當此軍行需馬之時，餧養期歸實濟，似此劣員，意圖侵冒，實屬喪盡天良。尹均霖著革職，交該督等嚴審，定擬具奏。（高宗八二八、一九）

（**乾隆三四、二、丁卯**）諭軍機大臣等：兵部據明德咨，滇省東川營買補馬價，請照各營一例給發。經部議覆，可否循照川省代滇採買馬匹之例，每匹給價十二兩，俟軍需告竣，仍依舊例報銷一摺，已降旨依議。各營買補額缺馬匹，關係緊要，滇省既因年來購辦馬匹，市價不無稍昂，酌議加增買值，尤屬軍需重務，非尋常事件，咨部查覈者可比，理應將現在通融買補情形，據實奏聞請旨，何得僅行咨請部示。明德在督撫中素稱幹練，乃前於買補通省營馬，照舊增價一案，徑咨戶部，並未專摺具奏，今此案復咨兵部議辦，殊不知事理輕重。此等有關軍務錢糧要件，並不隨時入告，豈僅以簡調官員呈報晴雨，遂爲盡督撫奏事之責耶。明德著傳旨申飭。（高宗八二八、三一）

（**乾隆三四、二、壬申**）諭軍機大臣等：彰寶奏，請將江寧藩庫積存銀二百萬兩，咨部候撥一摺。此項銀兩，著交該撫即派委妥員，解送雲南，以充軍需之用，仍一面咨照該部知之。（高宗八二九、七）

（**乾隆三四、二、丙子**）又諭曰：明德奏，雲南現在辦理軍需請再撥銀三百萬兩備用一摺。昨因彰寶奏稱，江寧藩庫有歷年積存銀兩，已諭令撥銀二百萬兩解滇。著戶部再於相近雲南省分應行解部款項內，酌撥銀一百萬兩，即令派委妥員，迅速解往。（高宗八二九、一五）

（**乾隆三四、三、丁亥**）諭軍機大臣等：前據傅恒等奏，請令陝西等省採辦騾三四千頭，解赴滇省，所有原買價值及沿途支應草乾，扣算明確，令滇省官兵等出資認買，已依議行矣。近據明山，文綬先後奏到，陝、甘二省共採辦騾六千餘頭，鄂寶亦奏山西省採辦騾二千二百頭，現在陸續起解，計七月內可到永昌。此次騾頭既備滇省官兵自買馱載之用，自應將各該省採買價值及解官盤費，牽騾夫役口食，並餧養各雜費，統計每匹爲數若干，令其按數交買，方於官項無虧。但此項騾頭多至八千餘，齊解滇省，一時擁擠難消，且歸併各項覈計，成本未免稍重，官兵或因價重，認買不前，臨時未能迅速銷售，殊屬無益。現已諭令鄂寶，將山西所辦之騾二千二百頭，概行停止，并諭文綬將陝西所辦餘騾一千餘，亦停其辦解。計解滇之騾，尚有五千，亦足敷用。著傳諭傅恒，俟解到時，確實覈計，務酌量情形，妥協籌辦，俾成本無虧，而官兵等仍得踴躍認買，方爲盡善。並傳諭明山、文綬及解滇經過各省督撫，將辦解各項雜費，統行知照滇省會覈，並飭承辦各員，據實開報，毋稍浮冒。（高宗八三〇、三）

（乾隆三四、三、辛卯）諭軍機大臣等：昨曾傳諭文綬將陝西所辦餘騾一千餘頭，停其辦解。今思滇省地方，辦理草料非易，現計該處官倭馬騾，已不下七萬餘，再添此項騾頭，飼秣更多糜費，若併倭養所費作價，令官兵如數售買，計值更多，恐衆人觀望不前，急難銷售，於事仍屬無益。現已諭令傅恒悉心籌畫，將陝西所購騾頭，實應需用若干不致耗費草料之處，即速覆奏定奪。著傳諭明山，將甘肅省採辦騾一千頭，即行停辦。至陝西所辦騾頭，已經起程者，仍令解往滇南，其未經起解者，暫停解送，俟傅恒一面覆奏，一面行文該督撫遵照辦理。將此並諭文綬知之。（高宗八三〇、一一）

（乾隆三四、三、辛卯）又諭：前據明山、文綬、鄂寶等奏，共辦騾八千餘頭，曾經降旨減去山西二千頭，陝西六千頭內再減一千。今據傅恒奏，軍需馬匹，請全在進兵附近地方倭養，設法運送草豆等語。看來辦理此事，大費周章。再加售賣騾頭，亦須動用官運草豆，必至分費正項軍需。且作價既昂，官兵安能購買如許，若著落令買，復不成事體。況今年進兵，俱係輕騎，馱載無多，即使各省送往馬匹內間有倒斃，以騾補額，復難用之戰陣。今愈思此項騾頭所辦不妥，是以降旨明山，令於所辦五千騾頭內再減一千，其餘暫停起程。著速寄信傅恒，此項騾頭，約須幾千敷用，現辦四千頭內，仍應酌減若干之處，令其熟悉籌畫，酌定額數，一面奏聞，一面行文明山知之。（高宗八三〇、一一）

（乾隆三四、三、己酉）四川總督阿爾泰奏，現遵旨挑選瓦寺雜谷土兵二千赴滇，並派妥協土目頭人管押。其應賞行裝銀兩及安家坐餉米折等項，均照雍正十二年出師黔省、乾隆十二年出師金川案內舊例支給。每土兵十名，雇給馱馬一匹，亦照例每站給銀一錢二分，以資添補馱運。儻黔滇各站，雇馬不敷，應聽各該省酌撥夫役應用。其沿途至軍營後，口糧鹽菜銀，按綠營兵例支給，土司官員減半。程站應由川東永寧，入黔赴滇，每起以二百名爲率。現已豫撥銀兩，分發附近該管文武，俟選派一定，即行分賞。仍令將素習軍械，整備練習，俟總兵本進忠到川，迅速料理前往。得旨嘉獎。（高宗八三一、一七）

（**乾隆三四、四、壬戌**）諭軍機大臣等：據明德奏，滇省各營備貯火藥，需用硝觔，請於廣西太平府辦運净硝二十萬觔，由水路運至滇省剝隘地方，委員接收。其所需腳價，俟廣西覈實移咨，照例於各營公糧內扣除，解送廣西歸款等語。硝觔爲軍營要需，自應速爲儲備，著傳諭宫兆麟等上緊飭屬，如數採辦，并即速遴員妥協解送，毋得遲滯。（高宗八三二、一五）

（**乾隆三四、五、乙酉**）又諭：據傳恒等參奏，上年分餧馬騾疲乏不能適用，請將該員等俱革職，暫行留任，仍飭令加意餧養一摺，已批諭照所請行矣。軍行馬匹，最關緊要，乃該員等因循貽誤，不肯實心承辦，以致疲瘦不堪，若此僅令革職留任，已屬格外加恩。前曾降旨，將去年支用草料銀兩，著落阿里袞、阿桂、明德三人照數分賠，而該員等奉派餧養，皆有專責，何得聽其安然事外？著傳諭傳恒等，將此項餧馬銀兩，并著落各該參員與阿里袞等一體按數攤派分賠，以昭平允。仍將分賠之數，查明具奏。（高宗八三四、八）

（**乾隆三四、五、乙未**）經略大學士公傳恒等奏：滇省解馬，奏准照川省解甘之例，三馬一夫，每六十里爲一站，俱給銀四分五釐。今歲大舉，各省解辦馬騾六萬餘匹頭，須牽夫二萬餘人，斷難雇募短夫遞送。現令分餧馬匹之各州縣，雇募長夫解送勝越。道遠買食維艱，雇值未免不敷。應每夫按站加足銀一錢二分，回空不復支給，覈算每站空重，各得銀六分，足敷食用。得旨：如所議行。（高宗八三四、二八）

（**乾隆三四、六、壬戌**）諭軍機大臣等：滇省辦理軍需，計前後已撥解帑銀一千三百餘萬，歷年動用若干，未據覈算。現在將屆進勦，兵餉銀兩最關緊要，自當寬爲豫備。著傳諭傳恒，即行查明現存銀數是否寬餘，如尚須酌量增添，即速行具奏，以便早爲撥運。將來大兵凱旋後，即或用有留餘，原可存貯藩庫，以備節年撥給該省兵餉及銅本之需。將此傳諭知之。（高宗八三六、二四）

（**乾隆三四、六、庚午**）又諭：内務府廣儲司現在積存銀兩既多，著撥銀一百萬兩，交户部存貯。但部庫帑藏亦甚充裕，此項銀兩即備撥滇省軍需之用亦可。（高宗八三七、九）

（**乾隆三四、七、癸巳**）又諭：前據明亮奏，官兵併站巡行，馬匹不敷，地方官照例議給折價四錢，因爲數過多，每名定給二錢，並行知後隊領兵侍衛，一體辦理。而富興亦奏，跟役九十六名，因馬匹不敷，通融酌減，並未領取折價。訥根徹又稱，雲南禄豐縣，馬匹不敷，跟役情願步行，並未支領折價等語。是官兵併站以後，所有應領馬匹，辦理並不畫一，恐不肖官吏，從中乾沒，易滋弊混，且未據該督撫等奏及，現已傳諭各該省據實查奏。此等情願步行，不領折價之跟役，以徵末之人，能知大義，甚屬可嘉。所有應得馬價，不可因其不願支領，轉令向隅。著傳諭傅恒，查明未經支領之跟役，即照每站二錢之數補給，仍格外酌量獎賞，以示鼓勵。其已經全領四錢者，同一跟役，視彼並不支領之人能無靦顏。其所得之數，亦覺過多，應照現減二錢之例給與。所有長支銀兩，即於伊等僱主應得鹽菜銀兩，陸續扣還二錢，庶足以昭平允。昨據傅恒奏，七月二十日即赴野牛壩一帶，督辦造船諸事，此旨到時，傅恒已經起程。所有已到車營之兵，著傅恒就近查辦，其續到之兵，即交明德查明辦理。再折價一事，據明亮等奏到者，已如此參差不齊，其未經奏及者，必尚有不能畫一之處，并著一體查辦，將此並諭明德知之，并令速行回奏。（高宗八三八、二〇）

（乾隆三四、七、癸巳）又諭：昨據吳達善奏，第四起京兵跟役保安，在江陵縣地方，索取廩給，毆死縣役，已依擬將保安正法。並傳諭官兵經過省分之各督撫，俟凱旋兵丁過境時，務令領兵之員，彙支散給，不得仍令兵丁等親向地方官支取，致滋事端。適直隸藩司觀音保隨至行在，詢以直隸如何支放廩給。據稱，該省應付官兵等廩給口糧，俱係領兵章京及護軍校，齊持勘合火牌，向地方官彙總支領等語。所辦自屬正理，湖北何竟未籌辦及此。看來今年辦送兵差，直隸、河南俱甚安靜妥協，其餘各省，似未能定有章程，今湖北支放廩給，既有辦理不善之處，則湖南以下，由黔至滇，諒亦相同。著傳諭吳達善，將湖北省給發官兵廩給等項，因何不行彙交領兵官員。且假手吏胥，致有跟役橫索滋費之事，即行據實覆奏。並諭方世儁、良卿、明德，將各該省如何應付廩給，一併查明，各按實在情形具奏。又據副都統明亮奏稱，因所帶官兵，併站遄行，馬匹不敷遞送，地方官照例議以每跟役一名，折給馬價銀四錢，因定價太多，酌減一半，每名給二錢，並行知帶領後隊之侍衛，一體支領。而侍衛富興亦奏，現在間日趲程，遵旨酌量馬力辦理，所有帶領之官兵跟役九十六名，將現備馬五十七匹，每人辦給一匹，其餘未備馬匹，通融酌減，並未領取折價，仍札知後兩隊侍衛，一例酌辦。本日又據哈清阿奏稱，行至貴州鎮遠府，跟役馬匹，即照地方官所定折給馬價。而侍衛訥根徹，又有呈軍機大臣文一件，則稱行致祿豐縣，因馬不敷用，跟役一百餘名，俱情願更替步行前進，不領折價等語。是馬價一項，有全行支領，有減半支給者，亦有並未折領者，且有跟役踴躍前行，情願不領者。已傳諭經略大學士傅恒並諭明德，通行確查，將情願步行不領折價之跟役，予以獎賞，並將全領之人，於伊主鹽菜銀兩追半賠還外，但如此參差不齊，並無畫一章程。難保無不肖官吏，以無作有，以半作全，從中乾没滋弊。若此時不行切實查覈，將來報銷，必致藉端冒混。該撫等竟不一爲稽覈，所司何事？此内支領不一之處，始於貴州境内，良卿何以並未奏及。著傳諭令其明白回奏。至於併站以後，各隊官兵進次雲南，及經由湖北、湖南者，所有馬價如何折給，亦未據該督撫奏聞。並著傳諭吳達善等，逐一查明切實，速行覆奏，毋稍隱飾干咎。並著諭令經略大學士傅恒知之。（高宗八三八、二〇）

（**乾隆三四、八、庚申**）又諭：……朕念切愛民，……辦理軍需諸務，雲南一省，已撥給庫帑一千三百餘萬兩之多，賞銀亦至三十萬兩。（高宗八四〇、一二）

（**乾隆三四、八、甲戌**）諭軍機大臣等：據傅恒等奏，官兵跟役馬匹折價一項，各省支給銀數，參差不齊，現在俟京兵陸續到營，即飭該領隊等分晰開報確數備查。但恐各省地方官吏，不無影射朦混之處，請飭下各該省，將底册彙交明德，馳寄軍營，細加覈對，如數目不符，便係地方官從中滋弊，即令照數賠出，並從重處分等語。所奏甚是。前已諭令官兵併站後之各省督撫，將跟役折給馬價一事，據實查奏。著再行傳諭各督撫，即嚴切飭令各州縣，將支發各隊跟役折給馬價銀數底册，據實封送該督撫查明，彙交明德驗收，即轉送經略軍營，聽傅恒等查覈辦理。各督撫務上緊實力交查，毋稍掩飾遲延干咎。（高宗八四一、一三）

（**乾隆三四、一〇、壬戌**）又諭：據明德奏辦解軍營糧石一摺，已於摺内批示矣。軍營糧餉一項，在内地籌辦軍需者，自應上緊辦運，不得諉之統兵大臣。而大兵所至，自當隨地因糧，用資贍給。其土司望風投順者，即可向其給價購辦。即有頑梗不率者，亦當遣兵搜取，以振兵威而供軍食，屢次所降諭旨甚明。若領兵大臣，恃有内地餽運，惟思坐食，非但於理未協，且我兵漸次深入，道路益遠；必欲令内地源源接濟，勢亦有所不能。即使續運無乏，而進勦阿瓦時尚須經行賊境，又安能分兵護餉，防其稍有疎虞乎？總之事在人爲，即如經略大學士傅恒，七月内由騰越起程，僅裹一月口糧，而自戛鳩渡江至猛拱，並問玀夷等購備，軍中食用裕如，何嘗複取給於内地。乃阿桂等一路糧石，俱經内地陸續解送，並未聞伊等在外購覓儹石，專藉轉饟飽餐，問心寧不知愧。今日又據阿桂、阿思哈奏稱，現在運到糧石，僅敷每日軍營食用，可見伊等但能坐食，此外竟至一籌莫展，總由阿思哈心懷怯畏，惟思豫占地步，屢以辦理拮据爲詞，而阿桂又諸事觀望，不肯實力向前，故存畏難之意，所見適相脗合。似此庸懦無能，豈大臣爲國實心宣力之道？且阿桂等屢經蠻暮新街，各處附近皆有玀夷耕種，何竟至無從籌辦米糧？即如前日所獲東委供稱，南帕地方禾穀遍地，其土司催令收割，或買或取掠，並當相機妥辦，佐我軍儲。又如今日摺內，高里三官之弟烏嗎哇供詞，亦有供獻牛米之語，即應向彼發價購覓，阿桂等何以總未籌辦及此，且豈不聞傅恒數月來到處設措糧食，從無缺乏，阿桂等何至不能稍爲倣傚乎？況昨據明德奏稱，阿桂帶銀一萬兩，阿思哈帶銀五千兩，豈所帶銀兩，仍思原封攜回，以博減省之名乎？抑恐動用之後，不准開銷乎？阿桂等如此漫無措置，幾於無從策勵，統俟傅恒到彼，酌覈機宜，飭令遵辦。此時傅恒諒已攻取老官屯，既得老官屯之後，仍須分兵進勦。阿桂等務遵節次諭旨，於大兵所到之地，各宜設法覓糧，毋再坐待轉運，致有遲誤。至將來官兵凱旋，所需供支糧石，該督等即應早爲籌備，以待臨期敷用。其騎馱馬騾等項，雖據明德稱已如數運足，但現在軍營倒乏者頗多，即明德如數運往者，亦豈能盡皆臕壯。官兵經涉長途，馬力不能保無疲乏，此時亦當豫爲籌辦，以備凱旋時乘騎更換之用。看來明德辦理糧馬，諸事總不知實心經畫，而彰寶一到，即能出力奮勉，此事著交與彰寶，悉心籌酌，迅速妥辦。明德亦不得因有此旨，一切諉之彰寶，不復協力相助，自干罪戾。將此並諭傅恒等知之。(高宗八四四、三九)

（乾隆三四、一一、戊申）署雲貴總督彰寶覆奏：軍營火藥、鉛彈，前已運過五萬五千餘觔，現在騰越存貯尚多，又趲運藥鉛二萬觔、火繩六千六百盤，似足備用。臣即於十一月十二日由騰越前赴老官屯辦事。得旨：知道了。朕審時度勢，定當徹兵。善後事宜，汝當盡心與軍營經略將軍等料理妥協。勉之。(高宗八四七、二八)

（乾隆三四、一一、庚戌）諭軍機大臣等：滇省辦理軍需，計前後撥解帑銀一千三百餘萬，歷來該督撫等，並未將用存數目，分晰具奏。今既降旨徹兵，應用款項，已可約略截數。所有前項銀兩，已用若干，現存若干，著傳諭彰寶、明德，速行詳細確查，開列清單具奏，並將用過各款，即按例覈定實數，報部覈銷。尋奏：遵查前後撥解軍需銀一千三百二十萬一千餘兩，從前隨時支放，今大兵凱旋，約略截數，已用銀九百八十萬二千餘兩，其餘現存庫備支，俟按款覈實，造冊題銷。得旨：覽。(高宗八四八、五)

（乾隆三五、六、丙子）諭軍機大臣等：據梁國治查奏，湖北省辦理兵差，所有不應開銷雜費，勢在必需者，每次公捐養廉銀一萬餘兩，現在按月陸續捐扣，於兩年內即可清完一摺，所奏自屬實在情形。前此楊廷璋、永德回奏，並無額外豫備站費幫貼之語，未免稍有掩飾，轉不若梁國治之直陳無隱，爲足信也。此項捐備銀兩，出自闔省急公，且因此可杜派累百姓之弊，於事理原屬可行，但兵行應需雜費，亦屬有限，何至備及萬餘兩之多？恐在站胥役長隨等，不無浮冒開銷，冀肥私橐；或管站官員，因費非己出，任意虛糜，不知撙節，流弊皆所不免。雖現在已無辦理兵差之事，而各驛站辦過供應之案，在該省自行支銷者，該督撫等，亦宜定以限制，留心覈實，不得任其浮開冒領。……（高宗八六二、五）

（乾隆三五、六、辛卯）又諭：此次辦理滇省軍需，節年撥解帑項，共一千三百餘萬。除陸續支用外，現在存貯實數若干，未據該督撫查明具奏。將來尚有派撥滿洲兵駐防之事，建蓋營房等項，均需經費。所有存餘銀兩，是否足敷動用，著彰寶等，即行確查覈計。如所存尚覺不敷，迅速據實奏聞，以便豫期酌撥備用。只須不動聲色，便可辦理裕如。至軍需支銷案件，頭緒雖屬繁多，而挈領提綱，總目不過數種，其間條分縷析，皆可以類相從。明德、錢度，係始終經手承辦之人，無難逐案清釐，上緊題結。彰寶現任總督，亦有董覈之責，並宜立法查催，斷不可聽屬員等任意延宕，久羈時日，懸案不結也。從前辦理西路軍需，因未即行奏銷，以致世遠年湮，官更吏易，輾轉查駮，閱十餘年，方始辦竣。滇省軍務與陝甘情形不同，自宜及時速結。若明德因見西路奏銷，歷年久遠，亦欲尤而效之，泄泄從事，則自干延緩之咎矣。著傳諭彰寶、明德，即速設法清查，悉心銷算，撥帑起結。至上年冬大兵全徹以前，所有支銷各案，即行逐款陸續題結，統以明年歲底爲限，全行報銷，毋得稍延月日。如或逾限不行辦完，惟彰寶、明德等是問。其徹兵以後，續有辦理動用之項，並著每歲另案報銷，年清年款，毋得稍有牽混遲誤。將此並諭阿桂知之。（高宗八六三、六）

（乾隆三五、九、壬申）〔署雲貴總督〕彰寶又奏：滇省節次奉撥軍需，截至本年六月止，實存庫銀三百三十一萬九千六百餘兩。今籌辦建蓋滿洲官兵房屋，即可於軍需項下動支，無庸另請撥用。至於大兵全徹以前，一切動支案件，趕緊銷算，明年歲底，可以全行完結。徹兵以後，續有動用各款，飭藩司按月造冊，歲底彙總報銷。年清年款，不致稍有牽混。報聞。（高宗八六九、一九）

（乾隆三九、八、丙午）諭軍機大臣等：據圖思德奏，彰寶移交案內，有永昌府屬採買穀石，及邊防用費逾額，又派修舊存箭枝，均未妥協等因一摺，所奏甚是。五、六月間，係青黃不接之時，何獨永昌府屬轉急急於此時添買穀石。且據圖思德委查保山等四廳州縣，現在兵糧及常平，共存米穀三十萬石，尚有無倉收貯，分堆各寺廟，不免黴朽者，更可無庸添買等語。是採買穀石，徒致朽爛狼藉，殊爲可惜。彰寶彼時已在病中，精神自不能照應，然非有屬員稟詳，彰寶何以籌辦及此。則稟詳之員，或希圖採買，從中冒濫侵肥，亦不可知。著圖思德查明，係何人主見稟詳，據實參奏。又永昌邊防經費，既經彰寶酌定，每年需費五、六萬金，何以軍需局册造，自乾隆三十五年以來，每年有用至二十餘萬及十餘萬不等。軍需日有專項，其銅廠公本、借支養廉、採買穀石等項，自應各歸各款，何得與軍需牽混，溢於奏定之數。軍需局承辦，俱係何人，因何如此辦理，亦著圖思德查明參奏，仍令將款項劃清報銷，如有朦混侵虧，即查參重治其罪。至前此由京解貯永昌等處箭枝三十二萬餘，上年諭令挑撥十萬枝，運交川省軍營應用外，餘令該督查驗收存。此項箭枝，解往滇省，不過五、六年，如果愛惜收貯，何致損壞致五、六萬之多。且昨據彰寶覆奏，挑存箭枝二十二萬餘，修飾完好裝貯，因何復有派令通省領修之事。是彰寶於存滇箭枝，從前既不慎收藏，現在又私派領修，實屬辦理不善。所有應需修費四、五千兩，俱著彰寶如數賠補。著圖思德查明實數，咨部行旗，於彰寶名下著追完案。將此傳諭圖思德知之。(高宗九六五、一一)

（**乾隆三九、一〇、戊戌**）又諭：據圖思德另摺所奏，查明由京解貯永昌等處箭枝內，已經損壞，應行分別修整者，共需銀六千七百四十一兩零，咨部行旗，於彰寶名下著追，繳部歸款，一面借項修整。其餘不堪適用箭枝，應請毋庸再製等語。此項應令彰寶賠修箭枝，現經借款重修，將來修竣後，自當飭令加謹置放，毋致再有傷損。其餘無庸再製者，其箭鏃係京城製造，較外省所辦，尤爲堅利，若竟爾拋棄，殊爲可惜。著傳諭圖思德即將此項箭鏃，查明共有若干，即檢點齊全，附便搭解送京，以爲另行配製之用。又圖思德參奏，查出署永平縣沈文亨等，虧空軍需等米穀七萬八千三百餘石，請將沈文亨、王錫等革職審究，並請將原任糧道祝忻，一併革職嚴審，已明降諭旨允行。此項虧空軍需等米穀至七萬八千三百餘石之多，實出情理之外。彰寶向來辦事，尚屬認真，何以於此案率據該道所詳批准，而於虧缺如許之多，又不能查出，頗不類其平日所爲。已就近傳諭彰寶，令其明白回奏。至此項虧缺，自應於兩縣及該道名下追賠，如賠不足數，即著落彰寶名下賠完。仍令該署督等於此案審結之後，妥議具奏。將此由四百里傳諭知之。(高宗九六九、九)

（**乾隆三二、一一、庚子**）諭軍機大臣等：明瑞現在進勦緬匪，計此時可到木邦，至直抵阿瓦城，約在臘月中旬，即軍務速竣，而辦理善後事宜，轉盼即屆春初，爾時若邊議凱旋，途次或值瘴氣漸生之時，殊於軍行無益。

阿瓦城向爲聚落之地，水土自與邊界不同，朕意不若在彼暫駐，一切從長經理，待至來年秋爽，徐回內地，方爲妥協。惟是現在裹帶口糧，不過足支數月之用。已一面傳諭鄂寧，令其將起程辦理情形，并將來作何接濟之處，一一據實籌畫具奏。但思目今剋期銳入，如需攻城打仗，自可因糧於敵；若一舉掃平緬衆，既入其城，則彼舊時窟穴，即我版圖赤子，又須加之體卹。緬酋懵駁，必有歲徵賦稅。明瑞到彼撫定之後，自須酌立章程，即覈其歲收所入，是否足供大兵駐劄供儲；若大兵酌留在彼，是否足資彈壓。如欲令永昌近邊源源接續，而道里相距遼遠，或就阿瓦城附近土司等採辦給軍。而該處甫經懲創，物力不免稍艱，又須酌量寬裕發價，俾不致拮据滋累，以示恩威並濟。此等處務宜先時通盤計議，成算在胸，以便次第行之，無不洞中窾要。將此寄知明瑞，一面留心規畫，一面隨進摺之便，詳悉奏聞。（高宗七九八、一三）

（**乾隆三二、一一、癸丑**）諭軍機大臣等：據明瑞奏稱，伊等領兵至木邦，緬匪棄城而遁，所遺糧米，除給兵丁口糧外，尚有贏糧五六百石，俟珠魯訥到時，碾米以爲木邦駐劄兵丁口糧，其遙遠村莊人戶，俱已逃匿，糧米應令搜查等語。軍行口糧，最爲緊要，明瑞所辦深合機宜。但木邦之人，爲緬匪蹂躪，暫出逃匿，一聞大兵駐劄，必陸續來歸。前據明瑞奏稱，甕團尚屬可用，即將甕團留於珠魯訥處，令其招聚伊屬下逃散人戶。伊等逃竄之際，糧米諒多埋藏，來歸人等，將所知者獻出，加以獎賞，或給價購買，可省內地轉運之勞。著傳諭明瑞、珠魯訥等留意，遵照辦理。再附近木邦土司，宜招撫者，即行招撫，其難信者，亦宜作速辦理，以靖進兵後路。（高宗七九九、一〇）

（**乾隆三三、三、戊戌**）諭軍機大臣等：李侍堯所奏，籌辦牛隻馬匹一摺。前於該督奏解粵省馬匹赴滇時，曾諭令從容頓置，不必過於催趲，致疲馬力。其所辦牛隻，亦經傳諭宋邦綏，以川省所解牛隻，倒斃甚多，並著會同該督，照川省改辦騾馬應用矣。看來牛隻一項，既不耐長途運解，又係民間耕種所需，則粵省竟可毋庸購辦，即騾馬爲軍儲所資，現在辦理時日尚寬，自不妨以次購買餧養，俟應行調撥時，再行分起緩程解送。總期措置妥協，俾一切均歸實用，無須催趲張惶，徒致耗費物力也。將此詳諭該督知之。（高宗八〇六、一二）

（**乾隆三四、二、壬申**）軍機大臣等議覆：雲南副將軍阿里袞、阿桂奏稱，本年進兵，雲南現有滿洲京兵五千，荊州、成都滿兵四千，合續派索倫、吉林、盛京兵共一萬四千餘名。現在馬匹，止合一萬一千滿洲索倫兵之數備辦，請將湖南綠營兵二千名裁汰，並將荊州成都滿兵，裁二千，所餘馬匹，添給續派兵。應如所奏。至稱所裁荊州成都滿兵，令防守宛頂等隘口，並酌調本省綠營兵兼運糧餉。查落卓一路進兵，尚須至彼察看情形，未可懸定。應俟經略至軍營，熟計相機辦理。從之。（高宗八二九、九）

4、第二次用兵金川軍需

（乾隆三六、一○、辛卯）欽差侍郎桂林奏：臣蒙諭馳赴四川，會同阿爾泰辦理軍務，於十月十三日抵成都，見藩司李本、臬司李世傑將軍，需應辦事件，逐條細詢。據稱，三路共調漢土官兵一萬六千五百名；碾運食米十二萬七千三百餘石，已運四萬一千四百餘石，未運八萬五千九百餘石；運送糧米藥彈等項，共雇用民夫一萬二千二百餘名；安設臺站，遞送文報，採買馬一千五百三十二匹等語。查官兵糧米，西路臥龍關，業已運有一萬八千七百石，目下自敷支用。惟南路章谷、木坪二處，官兵較多，糧米尤為緊要。現在查明川省倉穀，共有一百七十萬八千餘石，除節次碾過二十五萬四千六百餘石外，尚存穀一百四十五萬三千石有零，可以陸續動碾，源源接濟。現有川北道吳文煌、松茂道查禮，督催趕運。第查川省山路崎嶇，馱運維艱，悉賴民夫背負，每站需夫，動以千數，此等夫役，皆係各縣雇覓，其彈壓撫綏，必料理得當，毋致伊等稍有失所，別生事端，方為妥協。至日給工價，若僅責令胥役人等，筦司支放，更難保其不無剋扣，必得派委幹員，專司稽察，方有責成。現令兩司於通省中，飛委幹練佐雜，按站分派，嚴飭實力巡查，務令逐程速運。並遴選丞倅，監督站員，散給口糧工價，不得剋扣冒濫，使小民均沾實惠。仍派成都府知府蘇爾通阿、雅州府知府江權、重慶府知府吳一嵩總理其事，倘有不肖官吏從中剋扣，立即從重治罪。至兵械內，鎗礟最為便捷，而於攻打碉卡，更為利器。各營現存火藥十萬九千餘觔，鎗子五百二十八萬餘顆，火繩六萬盤，業經陸續趕運。其攻擊大礟，阿爾泰現在軍營就近製造，尚恐火藥不敷應用，臣令兩司豫為採買硝磺，上緊煎熬配合，以供接濟。如事竣多餘，仍可分貯各營備用。報聞。（高宗八九五、一八）

（乾隆三六、一一、辛亥）［欽差侍郎桂林］又奏：軍需各項，用費浩繁，川省備貯銀一百五萬兩，原為緩急之需，已支用三十七萬七千餘兩，僅存六十七萬餘兩，不敷應用。懇勅近川省分，酌撥銀三百萬兩，迅速解川，以備接濟。得旨：該部速議具奏。尋議：湖北、湖南各撥三十萬兩，廣東撥六十萬兩，又於廣東鹽課內撥六十萬兩，廣西撥一百二十萬兩，共撥銀三百萬兩，令各督撫派員解往。從之。（高宗八九六、三○）

（乾隆三六、一二、乙酉）四川總督桂林奏：川省三路合攻小金川，兵多糧急，現在附近三路各州縣，均已碾辦倉穀，運送軍營，所派遠處州縣，須酌量變通。如川東之重慶、夔州，及川北之保寧、順慶等處，各距省一二千里，派撥米石，必須運省再解，不特運價不貲，亦且行期甚緩。查成都、嘉定二府，素稱產米之鄉，當令兩司飛飭遠處派米州縣，不必碾動倉糧，按照派定米數，前赴成、嘉所屬各處採買，雇夫運送，既可節省腳價，並無庸買補還倉，且可於採辦處起運，更為迅速。至南路一帶，自邛州以南，路險人稀，由清溪至打箭鑪，皆小土司所管，更屬荒僻，官兵夫役，覓食為艱。現飭建昌道白瀛，於最近之清溪、榮經兩縣，碾動倉米，分貯各站，並於續派米糧內，酌量截留，以備支發各夫口糧，無庸另支米折。其巴朗拉、堯磧兩路，亦分飭糧員，畫一辦理。至火藥鉛丸，為軍營最要之物，臣前請調各省火藥，此時諒已起程。當飭督提兩標中軍，俟解到全貯省城，就近分解三路，均得實用。得旨：嘉獎。（高宗八九九、一〇）

（乾隆三六、一二、丁亥）諭：此次辦理小金川，所有溫福自滇省帶往之滿洲兵二百名，又貴州綠營兵原派三千名，續調二千名，陝、甘二省綠營兵原調三千名，續調三千名，均屬遠道跋涉，未免勞頓，與調自本省者不同。俱著加恩，於伊等到營日，各賞給一月錢糧，即著於撥給該省備用軍需項下支給。（高宗八九九、一八）

（乾隆三七、三、乙巳）兵部等部議准：前任大學士管四川總督阿爾泰奏稱，大兵進勦小金川，一切文報緊要，驛馬不敷差遣。請將南路，自新津至打箭鑪十站，每站添馬二十。西路，自成都至汶川縣，向無驛站，應酌設。成都設馬三十，郫縣至汶川縣，設八站，每站馬二十。一馬給價八兩，二馬雇夫一名，棚廠草乾等項，照例分別支給，事竣裁。從之。（高宗九〇四、二三）

（乾隆三七、三、丁未）山西巡撫三寶奏：川省現有軍務，山西南路驛馬，不敷差撥。請照乾隆二十一年西路軍興例，添雇民馬，於通省驛站應支銀內，每兩扣平餘六分，雇馬一匹，日給工料銀八分四釐零。軍務竣，馬還原民，平餘停扣。報聞。（高宗九〇四、三一）

（乾隆三七、三、甲子）四川總督桂林奏：前因軍營添兵，運米需夫，恐民力不繼，奏請招商協運。奉諭旨，以官價令商居名，恐藉端牟利，不若官明增價，俾民樂運。查各路現用民夫數萬，若官加價，必三路全加，費浮商運。且商運，夫無口糧，較官運節省。雖川省商非殷實，因腳價敷足，俱願承充。請照乾隆十二、三年例，憑商領運。仍飭地方官，將定價曉諭民

夫，並嚴查各商，不令剋扣。得旨：有此情節，即如汝所議辦理可也。（高宗九〇五、三一）

（乾隆三七、四、己巳）諭：前以調赴川省之滿洲兵二百名、黔兵五千名、陝甘兵六千名，遠道跋涉，曾經加賞一月錢糧。今據李煦奏，續調之貴州兵三千名，業自畢節起程赴川，並據文綬等奏報，續調之陝甘兵三千名，亦經陸續起程，各該兵丁等，起行迅速，甚屬勇往可嘉。著一體加恩，於伊等到軍營日，各賞給一月錢糧，即在川省軍需項下支發。（高宗九〇六、九）

（乾隆三七、四、甲午）陝西布政使畢沅奏：臣遵旨稽查陝西軍臺事務，自潼關起，至寧羌州屬之黃壩驛止，計一千六百八十里。安設軍臺正站二十八，每站安馬二十四，腰站三十，每站安馬十二，每正站派營弁三員，專司遞送。近緣軍營分路進攻，文報絡繹，寶雞以西，雲棧險峻，額設馬不敷更用，復於通省偏僻州縣，撥馬協濟。現在時當盛夏，雨多溪漲，臣飛飭沿途各官，將棧道橋梁修理，多備船隻，毋得稍遲。報聞。（高宗九〇七、五一）

（乾隆三七、五、壬寅）又諭：川省兩路進勦，軍需關係緊要。前經兩次撥解六百萬兩，此時支用自覺寬餘，但將來厚集兵力，分路深入，所有備用之項，當豫為通盤籌畫，以裕軍儲。著阿爾泰即將前項撥銀，除支用外現存若干，酌量併勦金川，一切需用，約略若干，逐一覈計，迅速奏聞。（高宗九〇八、一四）

（乾隆三七、六、壬申）諭軍機大臣等：宋元俊奏，駕馭各土司，所見頗為合理，是以前據阿桂等奏，綽斯甲布情願出兵助力，即諭宋元俊帶兵前往，督率綽斯甲布土兵進勦。其三雜谷願出兵二千五百名，隨勦底木達、布朗郭宗，亦諭令董天弼帶兵往勦矣。但至今並無進兵實信，乃稱請調湖南、湖北近山營分之兵，再於山西、甘肅兵內撥給數千，共得二萬之數，分路進攻等語，未免過涉張皇。現在由綽斯甲布進攻，原係牽制金川之勢，使其掣兵自衛，以便乘間攻取小金川，俟小金川平定後，再併力會勦金川，此時難以兼辦也。且計節次調赴川省之兵，貴州已有八千，陝甘已一萬七千，加以豫備之五千，覈計共及三萬，合之本省綠營及土兵之數，不為不多。況番地跬步皆山，調往之兵跋涉不易，至於險隘處所，仄經單行，雖多兵亦無從施展。而所云七月內齊集軍營之說，更恐遠道不能如期全至。著傳諭福隆安，會同阿爾泰、阿桂，將該處情形通盤籌畫，並問宋元俊詳悉覈計，是否必須添兵接濟，覈實酌議，以期萬妥。又前此金川用兵，共調兵六萬二千五百餘名，計覈銷銀七百一十二萬七千餘兩，現在軍營約存軍需銀三百五十餘萬，自當敷用。如將來尚須添撥，亦即據實先行奏聞，以便籌辦。（高宗九一

○、九）

（乾隆三七、六、戊子）諭：金川用兵以來，已兩次撥帑六百萬兩，解川備用。今軍務尚未告竣，軍需用項，自當寬爲豫備。著户部查明相近湖廣省分，足敷協撥款項，即酌撥銀二百萬兩，派員解赴湖廣。該省收到後，即派妥員，轉解四川備用。（高宗九一一、二一）

（乾隆三七、六、癸巳）貴州巡撫覺羅圖思德奏：先准前川督臣桂林，咨取辦解軍硝二十萬觔。隨即據布政使蔡應彪詳稱，黔省向辦營硝，每年止可採熬八九萬觔。今川省一時取用二十萬觔，恐難猝辦，請先辦十萬觔解往。臣以事關軍需，不便缺誤，嚴飭該司，廣爲趕辦。嗣據詳報，截至六月初六日，已解川省十一萬觔，現在各屬尚有已辦未解硝九萬餘觔，存貯候撥。所有川省咨取，除將存貯硝觔全行運解，即符前後二十萬觔之數，仍飭令各屬，豫爲採熬，以備撥用。得旨：嘉獎。（高宗九一一、三八）

（乾隆三七、七、甲午朔）又諭：川省本係產硝之區，何以自上年將舊存火藥用完，竟未續行配合，不但火藥須他省協撥，並硝觔亦欲仰藉鄰封，是川省之辦理火藥，與糧運同一懈忽。著傳諭文綬，即速嚴飭運辦配造，並飭沿邊加緊盤詰，毋致透漏外出。（高宗九一二、三）

（乾隆三七、七、丙申）諭：前因陝甘兩省，節次調撥綠營兵二萬一千名，該兵丁等起程時，均有照例應給之項，該二省現在貯庫銀兩，是否寬餘，曾降旨該督撫即行查明具奏，今文綬尚未奉到諭旨。據奏，甘省奉調官兵，俸賞行裝各項銀兩，均於新疆經費內借支動用，請撥銀七十萬兩，以便還款等語。著照所請，交户部於甘肅附近省分，查明照數遞行酌撥。即令該督撫，遴委妥員解往，以資備用。該部遵諭速行。（高宗九一二、五）

（乾隆三七、七、戊戌）諭：前因川省進勦兩金川，軍務尚未告竣，曾降旨令户部於相近湖廣省分，遞撥銀二百萬兩，解川接濟。現在所調官兵，陸續抵川，剋期集事，軍需用項，自應寬爲豫備。著户部再於部庫內，撥銀一百萬兩，即揀派妥員，解往備用。該部遵諭速行。（高宗九一二、七）

（乾隆三七、七、戊申）諭：前據温福奏，川省支給兵米口糧，前後數目不符，請定章程一摺，即批令軍機大臣速議。隨據議，照平定西陲新例，止准日給口糧八合三勺，不應復援舊案，概以一升給與。朕以兵丁等，正當奮勇進攻之時，自應格外優卹，因降旨加恩，仍准日給米一升，所有多給之數，係阿爾泰及軍需局員誤辦，著落分賠示儆。今據阿爾泰奏到認賠一摺，內稱上年十月內，曾將軍需各款咨部，其口糧一項，照舊例日支米一升，經部覆准在案。因阿爾泰奏摺不甚明晰，面詢于敏中等。據奏，前此議覆温福摺，因關係軍務，即日議覆，約計西陲平定事例，不及檢查部檔，旋即查到覆准之案，恐部覆照金川舊例一升之處，辦理錯誤。復寄詢承辦之員，據覆稱，日給口糧八合三勺，係滿洲兵定例，綠營兵雖給米一升，其所得鹽菜銀兩，較滿洲兵爲少，是以定例如此，並非多給，實係臣等錯誤，惶悚請罪。是此項兵米口糧，並非阿爾泰等違例妄費，乃軍機大臣意在節省錢糧，未加詳查檔案所致。所有阿爾泰等請賠之項，著寬免。其原議之軍機大臣等，著交部察議。（高宗九一二、二九）

（乾隆三七、七、辛亥）四川布政使李本奏：前奉諭，軍需火藥飭臣上緊製造，並將籌辦情形，迅速覆奏。查川省鎮標協營，額貯火藥四十二萬餘觔，不宜盡動，以致貯備空虛。前曾酌撥二十萬餘觔，解交軍營外，五月底又分咨雲貴陝甘督撫，各撥十萬觔解川備用。至本省舊有產硝之江油、太平二廠，及渝局、南川等處，嚴飭地方官採煎外，又開採石砫廳屬之巖風、琵琶、二硐，廣元縣屬之麻灣、博子、候家、趙家等硐，趕緊配藥，陸續得四萬三千餘觔。現有本省買硝製造者，有外省解硝配合者，有奏咨鄰省撥濟火藥先後運到者，足敷各路軍營之用。報聞。（高宗九一三、五）

（乾隆三七、八、癸亥朔）四川總督文綬奏：南路軍糧，經阿爾泰增價招商，每石運價十五兩外，加銀二三兩不等。現因食物騰貴，錢價更昂，仍有不敷，酌增至四兩。自章谷至卡丫軍營，業經修整橋座，多雇站夫，自可趲運無阻。其新添綽斯甲布一路，塗經紆仄，人力維艱，亦議照南路給價招商，一例催運。得旨：嘉奬。（高宗九一四、二）

（乾隆三七、八、甲戌）督理糧餉侍郎劉秉恬奏：西路軍糧，七月中官商運出灌口者，已有一萬二千餘石，現運赴曾頭溝者，止二千五百餘石，緣雇夫背運，路遠力疲，勢難迅速。查由灌縣至雜谷腦三百餘里，騎馱可以往來。現於灌縣買米一千石，用騾馬載運。至由雜谷腦抵軍營三百餘里，中有智固山陡峻，騾馬難行。臣文綬已飭就近州縣，雇夫二千，空身至雜谷腦，豫備接運。并募賣食舖戶，給本往曾頭溝一路開張，俾資雇夫買食。現奉諭調臣赴南路，請暫留西路二三日，料理現辦夫糧，及賣食舖戶啓程後，即馳赴南路。得旨：嘉奬。（高宗九一四、二八）

（乾隆三七、八、庚辰）督理糧餉侍郎鄂寶奏：曾頭溝糧運，現在阻滯。查此路惟智固山最險，然非冰雪凝結時，騾馬可行。已飛札崇慶等十州縣，各雇騾三百，速解灌縣，即於灌縣買米三千石趲運。再查一夫負米五斗，日行一站，騾馱可至一石，日行二三站，較爲便捷。請於陝西購騾四千，解川應用。諭軍機大臣等：西路軍糧，既可用騾馱載，南路自可照辦。雖雅州以南，山路崎嶇，然於險仄之地，安設人夫接運，至路寬處，仍用騾頭馱載，日行一二站，自可源源接濟。西南兩路，通融辦理，計共用六千頭，當足濟事。著傳諭劉秉恬、文綬，速與鄂寶通盤籌酌，將兩路所需騾數，飛咨陝省調用。（高宗九一五、六）

（乾隆三七、八、戊子）又諭曰：畢沅奏，陝省市騾稀少，應向民間購備，自宜如此辦理。但須嚴飭地方官，據實給價，無得派累。至節次赴川騾頭，已有七八千之多，不難即以此馱運軍糧，無須陝省廣為購買。著傳諭文綬，查明此項騾頭，現存若干，就近派撥應用。以節糜費而省物力。（高宗九一五、一五）

（乾隆三七、八、壬辰）山西巡撫三寶奏：晉省驛馬，共三千五百餘匹，安設南北兩路。前以南路專遞川省文報，挑撥應用，奏准添雇民馬七百餘，撥補驛額，約計半年歸還，現在尚不致缺乏，惟草豆自應乘賤豫買寬裕。今奉恩旨，准借一季工料銀四萬三千餘兩，接驛分給，以八分買草豆，二分買餘馬，於明歲工料銀內，分四季扣還歸款。得旨：嘉獎。（高宗九一五、二一）

（乾隆三七、八、壬辰）護陝西巡撫布政使畢沅奏：陝省西接新疆，南通蜀道，爲各站差使總匯之區。茲蒙恩准借支工料銀兩，俾得先事豫籌。第一季尚不敷用，請借二季銀一萬三千四百餘兩。再近因進勦金川，軍報旁午，經文綬奏明，沿途地方官，通融辦給馬騾，倒站接替，所用腳價，現俱在通省夫馬工料銀內攤扣。若此項同時坐扣，未免拮据，請以凱旋日為始，棧外分四季，棧內分八季扣還。得旨：允行。（高宗九一五、二二）

（乾隆三七、九、丙申）督理糧餉侍郎劉秉恬等奏：各站人夫，俱非土著，約束殊難，請派州縣印官總其事。至南路清溪、林口、頭道水等處，山險路長，請添設三站。其西路尤溪、映秀灣、興文坪等三站，距省不遠，騾馬馱載可行，應請裁徹。再炒麫性輕，易於裹帶，現於米石外，兼辦數萬勔趲運。再兩路糧運維艱，每米一石，腳價需二十兩上下。現軍營文武員弁跟役，及土兵未出境者，均請照平定金川例，半米半折，每米一石，以八九兩分別折支，其願全支折色者聽。從之。（高宗九一六、一一）

（乾隆三七、九、丁未）諭軍機大臣等：鄂寶奏，督催曾頭溝一路軍糧，其已過維州者，五千七百餘石，現抵納雲達者，九百餘石，足供十八九日之需。所辦甚好。但董天弼現已裹糧進勦，軍糧愈為緊要，著傳諭鄂寶，加緊催趲。其內地續運軍糧，並著文綬，上緊督催。至站夫在途負運，夜無房屋棲止，以致乘間逃亡，本屬經理不善。文綬即添調站夫，補足額數，並委員

沿路督催，並搭蓋窩棚，俾夫役得資棲止，以示軫卹。(高宗九一六、二六)

（**乾隆三七、一○、乙丑**）又諭：自去歲進勦小金川以來，節次撥解川省帑銀，已及九百萬兩，今軍務尚未告竣，軍需用項，自當寬爲豫備。著戶部於四川就近省分留協項下，即酌撥銀二百萬兩，令各該省派委妥員，解往川省備用。該部即行確覈速議具奏。(高宗九一八、八)

（**乾隆三七、一○、戊辰**）督理糧餉侍郎劉秉恬、四川總督文綬奏：臣等馳赴達烏，督催糧運。據雅安縣稟報，九月初八至十七日，官商各米，過雅州府者，計一萬二千二百餘石。又據各路糧員報稱，綽斯甲布之木池，及丹東兩處米石，由打箭爐、資隆卡、喀勒塔爾分路起運者，均經陸續趕運，至卡丫、墨壟溝、果洲與章谷等處糧石，逐日轉運，軍儲並可充裕。報聞。(高宗九一八、一八)

（**乾隆三七、一○、戊辰**）四川總督文綬奏：川省衝途各驛，及西南兩路新設臺站，均已酌增馬數，并添撥營馬，所需草豆，例於軍需項下，及各營草乾銀内，分別支銷。應令口内州縣，照增撥馬數，領項辦理。其口外添設各站，應照馬數覈計，一季需用料豆價值，於軍需項下，豫動銀兩，發給產豆各州縣採買，運交總理糧務處，按站分給。所需草束，令各站員弁，就本地購買。從之。(高宗九一八、一八)

（**乾隆三七、一○、戊子**）諭軍機大臣等：川省進兵，其始不過派用本省兵練，爲數無多，直至上年十一二月内，黔陝各兵，始陸續到營。現在軍營各省兵丁，計有三萬八千餘名，而五月前到營者，數止一萬七千以内，其餘二萬一千餘名，均於六月後到營。川省綠營兵，及土兵、土練等雖有三萬餘名，亦係先後調發，並非用兵之初，即一時並集。況乾隆十三年，金川軍需，通計動支，不及千萬，今所撥已至一千四百萬兩。文綬身爲總督，於軍儲出入，必當覈實清釐，不容聽其稍有浮冒。現交戶部查對上屆金川兵數，與軍需之案，及此次兵數應支各項，據實覈奏。著傳諭文綬，將軍營上年需用若干，本年六月以前需用若干，及現在兵數添足後，每月實用若干，逐一詳查，分晰具奏。(高宗九一九、二四)

（**乾隆三七、一二、癸酉**）副都統舒常奏……諭軍機大臣等：索諾木黨逆助兵，一載有餘，現在尚敢劫掠在途糧石牛隻，情甚可惡。現在各處官軍，均已調齊，所撥軍餉，已一千四百餘萬，當此帑藏充盈，即再費一二千萬，爲一勞永逸之計，朕總無所靳惜。蓋此事實有不容中止之勢。雖其地多山負險，均可計取力勝，非若緬甸之天時水土，難以人力強爲。若持志稍有未堅，遽圖歇手，賊首狡惡難移，必致復煩軍旅，非但不成事體，而目前之

費，與現得之功，皆爲虛擲，亦屬非計。溫福等必能深體朕意，不應復俟丁寧諄諭也。……（高宗九二二、二九）

（**乾隆三八、一、甲午**）又諭：小金川之地，於舊臘悉已蕩平，現在將軍等分路統兵，乘勝直擣金川，一切軍需，自宜寬裕儲備。著再於部庫內撥銀五百萬兩，解往川省備用。（高宗九二四、一三）

（**乾隆三八、一、丙午**）諭軍機大臣等：……今大兵分路進勦，所需糧餉關係緊要，此皆劉秉恬專責。著該督速即妥協籌畫，將人夫糧石，酌辦齊全，加緊趲運，使兩路皆得寬裕接濟，以利軍行。……尋劉秉恬奏：木坪糧已運到四百餘石，其綽斯甲布軍糧，由打箭爐一路長運，甚不足恃，已改由黨壩滾運。至礮位，已鑄成食子十六觔之大礮一尊，攻擊賊碉，甚爲得力。需用銅觔物料，若俟內地調取，勢必遲誤，已飭軍需局多辦數分，運送三路軍營。美諾等處存礮十九位，遇移營時，路險難運，擬分別存貯鎔化，以便取用。其當噶爾拉、綽斯甲布兩路礮位，亦擬照辦。我兵日進日遠，計功噶爾拉每站需夫六百餘名，當噶爾拉每站需夫四百餘名，去歲於原設各站內，抽撥不少，此處又無多餘蠻夫可雇。軍需局去臘雇夫七千，又續雇三四千，現到站者二千。已節次飛催，並扎知督臣富勒渾一體嚴飭速進。得旨：諸凡皆妥。（高宗九二五、一）

（**乾隆三八、三、甲辰**）又諭：現在官兵，分路進勦金川，雖值大雪，未能剋期深入，向後天晴日暖，便易於得手。要之此舉，有進無退，不滅不休。況各路兵精糧足，而運餉一事，董催籌辦，並有專司，自可無虞不繼。新正業經降旨，撥部庫銀五百萬兩，解川備用，連前共一千九百餘萬萬，未知此項銀兩，足敷幾時之用？目下軍務尚未就竣，或再遲數月，亦未可定。國家帑藏方盈，即再撥數百萬，仍屬寬然。著傳諭劉秉恬、富勒渾，將已撥之項，通盤覈計，約可用至今年幾月？如尚須續撥，務豫行奏聞。則自京撥往，更可從容運解，沿途亦不慮稽延，且軍需備項有餘，諸事皆便於措置。果用之得當，朕必不稍有所靳。劉秉恬、富勒渾即速覈實覆奏。（高宗九二八、二五）

（**乾隆三八、閏三、壬戌**）諭：川省自用兵以來，節經降旨，撥解鄰省及部庫銀共一千九百餘萬兩。詢據富勒渾奏到，此項銀兩，約計可用至本年六七月間。現在將軍等，分路統兵進勦金川，屢次攻克賊人碉卡，至其時自可掃穴擒渠，大功告蕆。而軍需一項，不妨寬裕儲備，以資應用。著交戶部，再酌撥銀五百萬兩，解赴川省。其作何分撥解運之處，即著戶部妥議速奏。（高宗九三〇、三）

（乾隆三八、四、丁未）户部議覆：署四川總督湖廣總督富勒渾奏稱，川省所需軍糧，除官爲運送外，招集商人輓運。其腳價照金川成例，分別西南兩路、道路險易、食物貴賤酌量增減，按里計算，每石自六、七釐，至一分五、六釐，及二分不等。其新增糧站，日進日遠，請照美諾等處，每石每站，給腳價銀五錢。商人得資輓運，自當按期無誤。應如所奏辦理。得旨：依議速行。（高宗九三三、一〇）

（乾隆三八、四、辛亥）又諭：現在進勦金川，其隨徵之屯練各兵，每遇攻碉奪隘，無不勇往爭先，歷著勞績，甚屬出力可嘉。但念該屯練等，每年所得犒賞有限，著加恩每屯練一名，月給銀五錢，其土都司守備千把外委，亦以次量給月餉，用示體卹。其作何定數增給之處，著劉秉恬、富勒渾會同妥議。一面賞給，一面奏聞。（高宗九三三、一六）

（乾隆三八、五、辛未）諭：現在三路進攻金川，節次撥過軍需銀二千四百萬兩，約計十月間尚足敷用，但寬裕儲備，更爲有益。著户部，再撥庫銀五百萬兩解川，存貯備用。（高宗九三四、一六）

（乾隆三八、五、甲申）户部議覆：四川總督劉秉恬等奏稱，遵議增給三雜谷屯兵月餉。該處土守備七、土千總十、土把總二十，餉銀足資養贍，無庸議加；惟土外委四十，每名每年給銀六兩，而各兵亦按月領餉五錢，似無區別。請將土外委每名，每年加銀二兩。應如所奏。從之。（高宗九三五、二一）

（乾隆三八、五、戊子）署四川總督湖廣總督富勒渾奏：軍行糧隨，輓運宜速，稽覈宜嚴。川省所辦軍糧，向來官商具報。起運之後，何處實運，何處未運，何處中途截留，何處起運後改運，其間到營遲速，承辦勤惰，及運價應增應扣，辦運孰寡孰多，未立章程。竊思辦運之米，全以倉收爲憑，不惟杜虛報起運之弊，且可清截留改運之糧。現飭軍需局，調取倉收呈驗。查本年正月起，至三月底止，派運米共二十萬四千三百五十石，撥銀二百十一萬一千五百七兩五錢；現繳倉收，計米六萬四百零九石，餘或未起運，或業已在途，檄催剋期趲運，掣取倉收具報。至前年派運未繳倉收者，勒限嚴催。分飭隨營糧務及臺站糧員，將前後收過各州縣及各商人米數，按月造册呈齊覈對。倘領辦官商，仍有延緩情弊，即嚴參追賠究治，並派員專司覈算查催，務期輓運多而且速。此外尚有節年辦運炒麫、料豆、火藥、鉛彈、銅鐵、及鑄礮各物料，其發運之數，與到營之數，亦應照此辦理。得旨：這所辦頗得法，已交部存案矣。（高宗九三五、二九）

（乾隆三八、六、辛卯）諭軍機大臣等：温福等奏，攻勦昔嶺，及達扎克角木柵，均有賊出寨邀截官兵。是賊竟敢公然打仗，實爲可恨，必當剿洗淨盡，不可稍有遊移。至軍需銀兩，共撥二千九百萬兩，約計用至明年四、五月，盡屬寬餘。設或以多費爲可惜，中止徹兵，賊必併吞各土司，聯而爲一，直鬧至維州橋，其時豈能置之不問？是現在所用盡爲虛擲，又須另起爐竈，所費必更不貲，而辦理倍難，謀國者斷不應出此。即或急切未能蕆事，但能掃蕩擒殲，爲一勞永逸之計，即使再多費一千萬兩，朕亦不靳。温福、阿桂、豐升額等，各宜深體朕意。（高宗九三六、五）

（乾隆三八、七、戊辰）［署山西巡撫陝西巡撫覺羅巴延三］又奏：准畢沅咨，陝西舊存火藥，俱已解運，現委員赴晉，購辦淨硝硫磺。臣查晉省硫磺，尚敷採買，惟每年所産硝觔，除供本省及陝西延綏鎮各營採辦外，所餘無幾，此時即上緊購辦，亦恐緩不濟事。應於晉省各鎮標營備操火藥內，先行湊撥十五萬觔，解陝接濟，隨後陸續製補供操。得旨：嘉獎。（高宗九三八、四六）

（乾隆三八、七、庚午）諭：據梁國治奏，湖南各營扣存公糧，歲有定額，今派兵赴川，費用較多，而弁兵踴躍急公，剋期無誤，似應量爲調劑。請將司庫現存恩賞銀內，准借通省一年公糧，仍於公糧內，自明年爲始，分作三年扣還等語。所辦甚是，兵丁調赴川省，一切修理軍裝器械，均須墊辦，情形未免拮据，自應酌劑以示體卹，梁國治此奏，著照所請行。其湖北、陝、甘、雲、貴、四川等省，俱有添派之兵，如有所存公糧，不敷支用者，亦應仿照湖南酌量妥辦。著各督撫等，實力查辦具奏，該部即遵諭行。（高宗九三八、四九）

（乾隆三八、七、辛未）護陝西巡撫布政使畢沅奏：西安局儲火藥，陸續調撥，餘剩無多，已派佐雜前往豫、晉二省購買磺二十萬觔運回西安，上緊配造，以備川省續調。得旨：是。（高宗九三八、五四）

（乾隆三八、七、癸酉）軍機大臣等議覆：四川總督富勒渾、署四川總督湖廣總督文綬奏稱，現在京兵陸續來川，照向例折給夫馬價，辦理章程未能畫一，請按本地情形，酌籌一切等語。查京兵入川，沿途應付騎馱，前據畢沅奏明，毋庸另行辦理，該督等祇應飭令站員，將陝省所備長騾，小心照料，毋任兵役等馳聚損傷。其自成都赴西南兩路分站，現經該督議以口內給與騎馬，口外官員各給馬匹，其兵丁跟役，折給馬價。自屬照例酌辦，與諭旨相符。其雅州灌縣以外，酌添人夫，及映秀灣另立正站之處，亦屬妥協，均應如所請行。惟所稱在口內各站，兵丁跟役步行，不給馬匹一節。查從前由黔赴滇京兵，其跟役每站折給馬價二錢，此次自廣元至成都，程站較近。

應照滇省之例，酌量節減，每站折給馬價一錢。餘均照例辦理，飭屬一體迅速妥備。從之。（高宗九三九、七）

（**乾隆三八、八、壬寅**）四川總督富勒渾奏：此次添調滿漢官兵，爲數甚多，翁古爾壟、綽斯甲布兩路，將來添兵有限，惟西路須厚集兵力，臣已將三路軍需先期豫備，而糧運尤關緊要。西路之米，截至七月底止，已計有一萬二千餘石，但現值大兵過境，需夫較多，各站滾運之米，難免停滯，商民長運之米，亦多寡不齊。已委知府李永祺，運米一萬石，由木坪運至達木巴宗；知縣牛兆鼎、王宓，運米一萬石，由桃關運至日隆；俟大兵到齊，再催商米滾運，源源接濟。至軍火器械，現亦嚴催督辦，迅速解營。得旨：嘉獎。（高宗九四一、四）

（**乾隆三八、八、丁未**）諭：……辦理金川軍務，節次解備軍需銀二千九百餘萬兩，俱動給部庫及外省官帑，方今府藏充盈，足敷撥用，原無籍乎助捐。……（高宗九四一、二〇）

（**乾隆三八、八、庚戌**）四川總督富勒渾、署四川總督湖廣總督文綬奏：向例綠營徵兵，每百名應有餘丁三十，以供樵汲。前西路黔兵，未得餘丁，曾經奏准照餘丁之數，給與長夫。嗣後議得南路各省徵兵，未帶餘丁者，將餘丁應得鹽菜口糧，折價分給，聽其自便。但官兵分派各路軍營，不宜彼此互異，而長夫工價，較餘丁費逾一倍。此次西路滇黔二省官兵，應請照南路之例，折給餘丁鹽菜口糧，無庸給與長夫；其西路舊存兵，並綽斯甲布一路，一例以九月爲始，照此折給。從之。（高宗九四一、三四）

（**乾隆三八、一〇、戊子**）諭軍機大臣等：此次征勦金川，籌辦銀糧各項，只圖寬於儲備，遂至存積太多，實非長策。即如溫福軍營遺失之米，至一萬七千餘石、銀五萬餘兩、火藥至七萬餘觔，因有溫福庸劣乖張，漫無調度，遂至藉寇兵而齎盜糧。但攻勦之兵，務在乘勢突入，非駐劄軍營不須動移者可比，自應籌爲可進可退，迅速遄行。雖軍食宜使充裕，亦當計及得勝再進時，裹帶利便，不可轉以糧多成累。至火藥固攻戰要需，只須略爲寬備，足供十日半月之用，仍籌陸續接濟，則攻具既常有盈餘，而進兵亦易於攜帶，方爲妥協。至於軍營銀兩，計每月所需，官兵鹽菜之項，爲數無多，自應按月解送營中，支給衆兵，令其各自存用。即所備臨時賞需之項，亦只可酌存數千，以備緩急。設有特旨加賞之事，原可由該督處按數解營。除此數項，軍營又有何事，別需銀兩？且積存銀米過多，不能不派兵看守，少則於事無裨，多則徒分兵力，此等皆犯行軍之忌，伊等何竟未見及？現在添兵別籌進勦，所有前此辦理未協之處，均當速爲更張。著傳諭阿桂、豐升額、明亮及富勒渾、文綬等，彼此妥協酌商，將應支官兵鹽菜口糧銀米，按月解營散給，火藥每半月約計若干觔，由各軍營知照該督，如數運送備用。其銀兩酌存數千，緞定更無庸多積。該督等仍計西路、南路及宜喜三處軍營相近之內地，將銀米等項，寬餘存貯，以備隨時續運。其鑄礮銅鐵各項，固為利用要資，但攻得一處，移營進剿，需將鑄成大炮，鑿為碎銅，攜往另鑄，則約計敷鑄之外，亦不必多為堆貯。以上並著該將軍等，同該督立定章程，辦理奏覆。其鄂寶所駐之覺木交，現貯銀米，並著妥議具奏。（高宗九四四、一一）

（**乾隆三八、一一、乙丑**）又諭：據文綬奏，九月分支用軍需銀二百十五萬九千餘兩。不應如此之多。查閱單內，支放米腳價銀一百五萬四千餘兩，摺內聲明，因時近冬令，恐冰雪阻滯，必須趕辦多備等語。是此次並非每月定數，其撥解備用銀九十八萬餘兩，亦係豫為撥補，非盡九月分應用之項。列款殊未明晰。應令文綬將官兵到齊後，實每月需銀若干，現存軍需銀四百餘萬及兩淮、浙江、長蘆、山西解到銀四百六十餘萬兩，約可敷幾月之用，詳悉計算，確實具奏。尋奏：軍營每月費用，總共約需銀一百萬。此後大兵到齊，所增亦按數可計。九月內西南兩路，舊糧無存，加數趕辦，領價實多。至撥解備用銀兩，又因七、八兩月均未撥往，舊餉支盡，除供本月外，並備下月之需。是九月撥解之數，並非九月實用之數。至司庫所存各項銀兩，約可支至明年六月。得旨：覽，前奏殊屬不明。（高宗九四六、一四）

（**乾隆三八、一二、己亥**）定西將軍尚書阿桂、定邊右副將軍尚書公豐昇額、定邊右副將軍廣州將軍明亮、督理糧餉山西巡撫鄂寶、四川總督富勒渾、署四川總督湖廣總督文綬會同覆奏：酌議軍營備儲糧餉等項，查軍米關係緊要，必須寬裕積貯。大率日逐支放外，常餘一月之糧，銀五六千兩，火藥三萬觔，銅鐵等項，止計足用。今大兵克復美諾，迅速前進，西路之日隆宗、達木巴宗、沃克什等處，南路之打箭爐、節木郭、綽斯甲布之梭木松岡、周叟，均當酌量分路轉輸，則接濟既便，亦不致積多成累。諭軍機大臣等：阿桂等酌議軍營備儲糧餉等項，亦只可如此辦理。現在籌定分路剋日進剿，以期迅速深入，則糧運各項，愈進愈遠，護糧夫役，最關緊要，前經傳諭富勒渾等妥選強壯夫役，練習器械護行，如州縣之設立民壯，亦足以資捍衛。昨已據富勒渾等奏稱，遵旨通飭選派。惟在該督等董率糧站各員，酌量緩急，隨時妥辦。（高宗九四八、三二）

（**乾隆三九、五、己未**）又諭：川省軍需銀兩，節經由部撥發，及各省協撥捐解者，通計三千四百餘萬。據文綬奏報，月費存庫銀數，尚屬寬餘。

但籌辦糧運等項，應行先事豫備者多，自須寬裕儲備。即現在進勦金川，將次蕩平，而善後事宜，亦當豫爲籌計。著戶部再於各省存留協撥銀內，動撥銀五百萬兩，令各該督撫派委妥員陸續觧川，存貯備用。（高宗九五八、一〇）

（**乾隆三九、七、辛未**）又諭：昨據富勒渾等奏，大板昭站糧員陳玉麟稟稱，商米每石加耗，約餘一升。通飭量收商米各站員，均以一半繳出充公，並查從前收過商米，如已無存，亦令如數完交。今思糧員責任綦重，稍有遲誤缺少，獲罪匪輕。此次各站糧員，俱能黽勉辦公，趲運無誤。而所有耗餘米石，據該督等稱，凡修理橋道，一切零星公用，以及人役口糧，皆於此內支發，是所餘原屬無多，第向無報案考覈，辦理本未妥協。今大板昭站員，既經報出，此後到站商米，所有餘存之數，令各站員一體開報，尚屬可行。至從前收過商米之處，事皆已往，若復紛紛查覈，未免瑣屑滋擾。現在大功剋日告成，各糧員等，俱應在議敘之列，正當令其互相鼓舞，上緊供運，以期指顧集勦，豈可追咎從前，責令賠繳，致糧員等各懷疑懼，轉恐於運務無裨。況此次軍需，撥解內外帑銀，已三千九百餘萬，豈在此區區升斗，而爲之較及錙銖耶。所有已前收過商米之案，俱無庸查辦，即此後商運觧到餘米，亦衹令該站各按實存報。若必照陳玉麟所報之數爲準，恐不肖人員，因餘米不足，派累商人，額外加增，殊屬不成事體。該督等當實力稽查，或糧員內有藉端累商之人，即嚴參重治其罪。並通飭各糧員，共知朕體卹微員之意，俾其益加感奮。（高宗九六三、一二）

（**乾隆三九、八、丁亥**）辦理糧餉浙江布政使郝碩奏：查西路官兵鹽菜，及各站夫役工食，每月需銀二十萬兩。今宜喜軍營，副將軍明亮，帶兵七千名，每月又需銀十萬兩。自內地觧至楸砥，分爲兩路，一由卓克采運赴北路，一由大板昭運赴西路。而自楸砥至桃關，尚有十站，爲兩路必經之區，向來內地觧送餉銀，每日或十萬、十五萬、二十萬不等，各站均須用夫數百名，口外山高路險，難於照應，且餉鞘需夫既多，則逐日滾運米石自少。嗣後內地觧運餉銀，酌定每起以五萬爲率，按日陸續運行，則各站運夫，不至一時擁擠，即可將所餘夫力，多運米石。得旨：嘉獎。（高宗九六四、一四）

（**乾隆三九、九、丁巳**）又諭：據富勒渾等奏，現在覈計北路軍糧，自可足敷應用。惟西路糧運，前因楸砥至大板昭一帶，已露遲誤情形。節經傳諭富勒渾、文綬等，迅速設法趕運。昨文綬奏到，據催糧道府稟報，近來每日運出桃關米數，總有一千餘石等語，果能似此運供無間，軍糈自不至復虞拮据，但不得稍有粉飾，以致空言無濟。今日據阿桂奏，現在進攻遜克爾宗，計日即可攻克。當此乘勝采入之時，軍食尤關緊要。著再傳諭富勒渾、文綬等，時刻運籌，實力催趲。並飭口內口外各委員，分段督催，上緊輓送。務期源源接濟，以資集事，若稍有延緩，則貽誤軍需，恐富勒渾、文綬不能當此重譴。至軍需銀兩，昨據文綬奏報摺開，存庫尚有一百四十六萬餘兩，纍計各省未經解到銀數，尚有三百七十餘萬，可用至十一月底，彼時大勳諒已告成。即或大兵凱旋，起程略需時日，尚有應用軍需之處，文綬即速豫爲籌畫，不妨先期奏請，再撥二、三百萬兩，以期寬裕妥善。（高宗九六六、二六）

（乾隆三九、一〇、庚子）又諭曰：宜喜一路軍糧，甚關緊要。南路協濟既停，北路自應及早籌協。著傳諭富勒渾、文綬儘力設法，催趲長短各運之米，每日務足四百餘石之數，以裕軍儲。又顏希深奏，就近酌買綽斯甲布土兵之米，是亦調劑之一法。果係專買土兵餘糧，於事固屬有益，但不可買自官兵，致滋流弊。至沿途夫食，固不可缺，然較軍饟究屬有間。今以每日運糧二百五十石，而夫糧轉耗去一百五十石，未免太多。或可照文綬大捷站夫不支正項口糧之例妥辦，或酌量本折搭配，聽站夫等沿途自行買食，則現運可以稍以撙節，於軍食運務，均屬有裨。著富勒渾、文綬，一面嚴飭催運，一面與鄂寶、顏希深迅速妥酌辦理。（高宗九六九、二〇）

（乾隆三九、一一、壬申）諭：現在川省軍營，連奏克捷，直逼賊巢，大功指日告成。約計節次所撥軍餉銀兩，原足敷應用，但大軍正當乘勝采入，移營添站，需費較多，且奏凱後，辦理一切善後事宜及設鎮駐兵，不無尚需軍費。著該部撥銀五百萬兩，解交川省藩渾存貯備用。（高宗九七一、二〇）

（乾隆三九、一二、己亥）諭軍機大臣等：前已降旨，再撥部庫銀五百萬兩，合之九月內所撥之銀，共九百萬。現在各路官軍，乘勝采入，大功指日告成，諒可毋庸復需多費。但恐賊眾自知滅亡在即，衛死堅守，或尚稍延時日，又不得不爲豫備。著傳諭文綬，通纍現在兩次所撥九百萬兩，約敷幾月支用。如尚有應寬餘豫備之處，著文綬即行查明，據實具奏。若果需續撥，候朕另降諭旨撥解。（高宗九七三、八）

（乾隆三九、一二、乙巳）諭軍機大臣等：阿桂等所派官兵等奮勇直前，可期迅奏膚功。惟是賊人當此護巢衛死之時，守拒倍力，攻勦自不免稍難。但不可因此稍生遲待之計，亦不可不籌度利害，令官兵輕率撲碉，致稍挫損，惟在阿桂等妥酌行之。……今所撥軍需，兩次又有九百萬兩，約計可用至來年四五月。阿桂等當與富勒渾、文綬豫爲詢商，如軍需各項，尚覺不

敷，即可據實奏聞，以便及早撥往。總在赳日成功，即再多費數百萬金，亦斷不惜。(高宗九七三、一八)

(乾隆四〇、一、庚午)諭：川省軍營，大功指日告成，計節次所撥軍需銀兩，已足敷用。至平定促浸以後，一切善後事宜，不無尚需經費。著於部庫內再撥銀五百萬兩，即照上年戶部奏准之例，令經由各省督撫，派員承管，遞行轉解，交川省藩庫存貯備用。該部即遵諭行。(高宗九七五、八)

(乾隆四〇、一、庚午)辦理糧餉浙江布政使郝碩奏：目下時屆春初，天氣和暖，運送軍糧，更為便捷。查軍營及頭敵現存米八千餘石，自凱歌坪、達爾扎克，至雪山根、薩爾赤各站，現存米三千八百餘石；梭洛柏吉、大板昭、薩拉等站，共存米三萬三千餘石。似此源源運供，軍儲益加寬裕。至糧運經由道路，有因積雪漸消，途間不無積水泥濘，現在酌撥人夫，或改建高橋，或墊鋪土石，俾得遄行無阻。得旨嘉獎。(高宗九七五、一一)

(乾隆四〇、二、丙戌)又諭曰：郝碩奏，軍營米價，現在稍長，恐至三、四月間，又復加增。所有三路各站人夫，每日需米，約計七百餘石。請於麥收時，採辦灰麪數十萬觔，將站夫口糧，五日內搭放一日，可節省米數千石。其採買灰麪，除站夫沿途支用外，亦可運營以資裹帶等語。著傳諭文綬，即飭附近各路軍營州縣，於春麥收割時，採買灰麪數十萬觔，分給各站，搭放人夫口糧，如有餘剩，仍送軍營備用。(高宗九七六、一五)

(乾隆四〇、二、丁亥)又諭：現在徵勦金川，大功已屬垂成，自可剋期蕆事。惟賊番護巢衛死，守拒益嚴，即得勒烏圍後，尚恐其堅守噶喇依，不免稍需時日。昨據文綬奏，去冬所撥京餉，於正月二十日起，已解到一百五十萬兩，其餘亦可源源續至。前據伊等籌算，此項餉銀，可用至本年四月。今又撥京餉五百萬，約計可用至九月，似不須復籌接濟。但軍需用度，寧可寬餘儲備。著傳諭富勒渾、文綬悉心覈計，前後所撥京餉，約可用至何時，即行據實奏聞，當再撥餉五百萬解往，以期寬裕。(高宗九七六、一六)

(乾隆四〇、二、丁亥)又諭：節次所撥軍需銀兩，已至四千餘萬，將來奏銷，頗屬不易。富勒渾、文綬身為總督，此事乃其專責。但軍需款項繁多，非伊二人耳目所能周察，若由京簡派大員，前往經理，未必深悉該處情形。因思鄂寶督辦糧運數年，一切皆所熟悉。而桂林、劉秉恬曾任四川總督，諸務尤所素諳。著派鄂寶、桂林、劉秉恬，會同富勒渾、文綬，辦理軍需奏銷，實心稽覈，勿使承辦之員，朦混浮開。若查辦未能妥協，致有冒銷舞弊之處，惟伊五人是問。目今軍務將竣，有應陸續稽覈者，鄂寶等當以次清釐，勿致臨時匆遽。將此一併傳諭知之。(高宗九七六、一七)

（乾隆四〇、三、辛未）署四川總督文綬奏：此次新調川兵及各省兵，統計幾及一萬。現在西路軍營存米五萬餘石，甚爲充足。惟北路添兵較多，需糧較廣。查卓克采存米一萬餘石；從噶克存米五千餘石；周叟存米四千餘石；南路協濟之米，又經撥吉地米二千石；打箭鑪倉每月撥米五千石，運交木池。並令揪枰多爲滾運北路，以資接濟。報聞。（高宗九七九、一六）

（乾隆四〇、五、壬申）又諭：現在阿桂、明亮兩路軍營，屢次克捷，計可指日蕆功。節次所撥軍需銀兩，已足敷用。但平定促浸後，一切善後事宜，亦不無尚需經費，尤當多爲儲備，使諸事倍加寬裕。著於部庫內，再撥銀五百萬兩，仍照上年戶部奏准之例，令經由各省督撫派員承管，遞行轉解，交川省藩庫收貯備用。該部即遵諭行。（高宗九八三、一七）

（乾隆四〇、五、甲寅）四川總督富勒渾奏：查我兵攻獲木思工噶克等處，均須建竪木城，挖掘深濠，急需兵力，自無暇復令炊爨。隨飭知糧員，買辦燒餅一萬餘。復撥運灰麪一萬餘觔，分發各鋪戶，令趕做麪餅，運交軍營。如遇官兵打仗時，即將此分給，可省兵丁另自炊爨，兵行益速。再查日旁、宜喜一帶山梁，全行攻得，所有作固頂山梁官兵，業經徹赴前敵，而隨營糧站道遠，難於運米。今將格魯克古一站，移設前敵適中之地，以便分運。現在我兵乘勝長驅，一經攻獲勒烏圍，即須添站。現於附近軍營各站，先備夫三千名，並採辦臺馬數十匹，以備添設新站。至宜喜一路官兵，既進至河岸，不日兩軍會合，其糧運臺站，自應就近併路運供。得旨嘉獎。（高宗九八二、九）

（乾隆四〇、五、丙子）督理糧餉前任四川總督劉秉恬奏：四月二十八日，西路軍營牌傳各站，催調裹帶麪觔。隨令揪砥糧員，在附近各店收買，即日買得麪八千觔，並三松坪糧員稟報，共採買二千餘觔，合計一萬餘觔。於二十八、九兩日運往。又據維州運到五千觔，一併發往西路軍營。嗣後再有運到之麪，臣已飭知各糧員，酌量分運，務期兩路裹帶，均無缺乏。至軍營需用銅觔，查日爾拉之山腳站，原有存銅一千五百觔，當經發往。並查揪砥，有存銅一萬八千七百餘觔，即於此內，先撥出一萬觔，發運前進。再軍營既需銅制礟，自必需鐵鑄子，查樸頭站，存有生鐵十餘萬觔，現已飭知各糧員，每日搭運四、五千觔，以資接濟。得旨嘉獎。（高宗九八三、二七）

（乾隆四〇、七、乙亥）湖廣總督署四川總督文綬奏：南路章谷一帶，存糧甚裕，應將供運站夫酌減。查南路自雅安，至打箭鑪十七站，每站設夫三百名。今於十七站中，將富壯至打箭鑪十一站，每站裁夫一百。雅安、榮經、清溪三縣，每站亦裁夫一百。惟觀音鋪、黃泥鋪、長老坪三站，山高路

第三章　財政支出 / 745

遠，站夫仍循舊額。合計裁站夫一千四百。得旨嘉獎。(高宗九八七、二九)

(乾隆四〇、九、甲戌) 諭：現今大功指日告成，所有節次撥解銀兩，已足敷用。但平定金川後，一切善後事宜，不無尚需經費，儲備尤當寬裕。著於部庫內，再撥銀三百萬兩，仍照上年奏准之例，令經由各省督撫，派員承管，遞行轉解，交川省藩庫存貯備用。該部即遵諭行。(高宗九九一、三〇)

(乾隆四〇、一〇、甲午) [四川總督富勒渾、辦理糧餉兵部郎中劉秉恬] 又奏：北路糧運歸併之後，數月以來，分路加緊趲運。西路計自撒拉起至前敵止，各站共存米六萬一千八百五十餘石；北路卓克采一站，存米四千六百一十餘石；又自勒吉爾博至沙爾尼前敵止，各站共存米三千九百八十餘石。又木池、覺木交兩站，存米一萬三千餘石，約敷兩路軍營三月之用。且日爾拉一帶道路，又大加修整，一律開寬，可無阻滯。現在大兵攻過勒烏圍，今昔情形，又有不同，將前次酌留卓克采一路臺站，全行裁徹，以昭省便。得旨嘉獎。(高宗九九三、一〇)

(乾隆四〇、一二、辛酉) 督理糧餉四川總督富勒渾、山西巡撫鄂寶、浙江布政使郝碩、河南布政使顏希深奏：大兵攻獲則朗噶克丫口，乘勝長驅，直取瑪爾古當噶。本月十七，官兵又將瑪爾古當噶全行攻克。現今西路進取舍齊喇嘛寺，北路攻抵獨松，不數日間，即可蕩平賊境。所有一切軍糧軍火，自應通盤籌畫，用歸節省。查西路自大板昭至勒烏圍各站，存米五萬餘石；北路附近軍營各站，存米一萬三千餘石；又自楸砥至撒拉各站，存米五萬餘石。此項積米，在大板昭以前者，應飭運交勒烏圍存貯；其在大板昭以後者，應由布朗郭宗一路，運交美諾存貯。以上統計米十餘萬石，除供支兩路前敵、後路兵夫及應付凱旋官兵外，勒烏圍、美諾兩處，尚可餘米三四萬石。詢之將軍阿桂，促浸儹拉地方約留防兵六、七千名，以此覈計，足敷防兵二年有餘之糧，已屬充裕。至軍火一項，兩路現存火藥、紅銅、銅礮、生鐵、火繩、鉛子等項，均屬充餘。凱旋之後，存剩軍火，即可留爲防兵駐守之用。所有軍糧軍火，應行停止。再大兵即日凱旋，美諾以前應添各站，業已指調各員加緊安設。其臥龍關一帶舊站，每站原安夫一百名，未免不敷應用。查大板昭一路，現經停運，無用多夫，即將該處一帶站夫，分撥一半，移赴臥龍關一帶，均勻安設。不但可免內地派調之煩，亦且應付從容，軍行更得迅速。得旨嘉獎。(高宗九九九、四)

(乾隆四〇、一二、丁卯) 署四川總督文綬、布政使銜李湖奏：川省軍需報銷，自乾隆三十六年軍興日起，至三十八年六月止，動放銀一千九百七十餘萬兩。現據各屬請銷之數，大率照例造報，似應准銷。及檢閱底案内原報文領，並藩庫月報册開支放之數，有當日領數本少，而現在應銷例價轉多，應行找領者。蓋緣辦事之初，章程未定，承辦之員，無所遵守，恐干駮查，撙節請領，寧少無多，是以不能畫一。但現覈諸成例，有減無浮，是已領之銀數，即實發之工價，自毋庸援例找領。臣等現除原行牌檄，及文領内聲明墊辦有據者，始准找領外，其餘悉以底案文領爲憑，照數覈銷，不准找給，以歸節省而杜流弊。再查官運背米長夫，照乾隆十二、三年金川舊例，折給口糧銀兩一款。檢閱原卷，此項折支口糧銀兩，自乾隆三十六年官運以來，藩庫從未給發，各屬亦無有具報墊辦者，是折支雖有明文，奉行並未照例。今爲期日久，事後補領，斷難按名給發，適以啓浮冒而滋流弊。查舊案計需口糧，折價不下二十萬兩，臣等現將此款覈刪，庶實支實銷，經費皆歸有著。得旨：所辦是。知道了。（高宗九九九、一三）

（**乾隆四一、八、壬寅**）軍機大臣等議覆：西安將軍傅良等奏稱，西安八旗兵丁紅白事件，向以拴養馬匹壓溜節省草料銀兩充用，今將馬廠地畝，一半撥給民人墾種收租，作爲兵丁紅白事件賞項，覈算有餘。所有扣收壓溜馬匹節省銀兩，請停止等語。應如所奏。從之。（高宗一〇一四、四）

（**乾隆四一、三、辛巳**）又諭：向來軍營官兵，凡有奮勉出力者，俱降旨令該將軍等，覈其功績，定爲超等及頭二等，交部分別議賞議敘。兵丁等，常加恩賞給月糧，賞賚不爲不多，自不應復有隨營賞號之事。乃前據桂林奏，絨布軍營，除賞號銀兩外，其自成都取用綢緞茶布等項，計值銀不下一萬數千餘兩。此等賞號，起自何時，曾否奏有成案？且前此平定準部回部時，並未聞備有賞號，何獨川省有此？必係該地方官多備此項，自取其擾。至賞給所需，亦當約有定數，豈有聽憑將軍參贊等自行咨取，漫無節制之理。至軍營取用後，作何賞給，及賞何項兵丁之處，是否行知該糧員等存檔備覈，並著文綬逐一詳查覆奏。至軍營需用賞號銀兩綢緞等項，當征勦之際，將軍參贊等，或藉以示鼓勵士衆，因亦未爲論及。且該地方官已經備辦，其動支賞用，果有確據者，自仍當令其覈實報銷，但不得援以爲例。著交户部存記，嗣後或遇辦理軍需之事，如有請備賞號者，即遵此諭駮飭。將此傳諭文綬，並令户部知之。（高宗一〇〇四、二七）

（**乾隆四一、四、丁未**）又諭：前歲勦捕逆匪王倫一案，徐績等不知其事止係内地捕賊，乃妄照軍需之例辦理，實屬錯誤，自應責令該撫、藩臬分股賠還。今念其究屬因公動用，業已查明，另降諭旨，分別應賠應免矣。但該省前此之誤，因向無一定章程所致。……將各省軍需事例，覈定規條，俾各有所遵守，不致臨事周章。此亦承平時所當講求，以冀有備無患者。即如川省賞號一項，實屬濫設。軍營隨征員弁，奮勉出力者，俱令該將軍等，覈其功績，定爲超等及頭二等，交部分別議賞議敍。兵丁等亦常加賞月糧，其中奮勉出衆者，又特加升用，及賞給巴圖魯號，並賞戴花翎藍翎，所以鼓勵戎行者，至爲優渥，何得更有隨營賞號之事？或將軍等自顧體面，欲格外加賞，以示獎勸，將各人自有之綢緞等物，量行賞給，未爲不可。……賞號一項，斷不應有，昨已諭戶部存記，將川省賞號一項，不准報銷。著令備辦之地方官，及將軍、參贊分賠示儆，嗣後即當永遠刪除。至各省調兵整裝安家等項，或賞或借不同，又土兵安家一項，向係有名無實，及鹽菜口糧等項，多寡不同，以至餘丁馱載數目，並運送軍裝糧石，損擾勔重，參差不齊者甚多，均應推類確查，俾令畫一。著交軍機大臣，會同該部，分別條款，悉心妥定章程具奏，俾得永遠通行遵照。尋奏：軍需章程，應以平定西陲爲正則，參以雲南舊案比較。至現議條款，須俟川省逐案依限題覆，臣部始能依次覈定，統俟奏銷得其大概，再將各項章程酌擬，列款請旨。至各省調派，因地制宜，斷難畫一，亦俟定議時，另爲一款，酌定載入則例。從之。（高宗一〇〇六、一一）

（**乾隆四一、四、己巳**）上親製平定兩金川告成太學之碑，命勒石大成殿阼階前。文曰：……蓋中國之制外域，張撻伐則彼畏而斂迹，主和好則彼輕而生心，漢唐宋明之覆轍，率可鑒也。若謂予窮兵黷武，則予賴天恩，平伊犂、定回部，拓疆二萬餘里，豈其尚不知止足，而欲滅蕞爾之金川，以爲揚赫濯、紀勳烈之圖哉。雖然，平伊黎、定回部，其事大矣，然費帑不及三千萬，成功不過五年。茲兩金川小寇，地不逾五百里，人不滿三萬衆，而費帑至七千萬，成功亦遲至五年。則以跬步皆險，番奴效命死守，故得延至今日。而我將軍阿桂，立志堅定，決機明敏，兩副將軍及參贊領隊諸臣，同心合力，各軍士敵愾奮勇，凡經大小數百餘戰，而後成功，視平伊犂、定回部，費力轉不啻倍蓰，設非天恩助順，衆志成城，則金川未易言滅，而國威或致少損矣。是不可以不記。……（高宗一〇〇七、一九）

（**乾隆四一、七、壬申**）諭軍機大臣曰：……即如近日征剿兩金川，用至六、七千萬。而大功既成，足爲一勞永逸之計，不得謂之糜費，此其明效大驗也。（高宗一〇一二、三）

（**乾隆四一、七、辛卯**）諭軍機大臣曰：勒爾謹奏，此次平定金川，所有甘省綠營調往馬步兵丁借支行裝等項，應扣追銀十五萬餘兩。請代完銀三萬兩，布政使王亶望代完銀二萬兩，餘於總督、提督至道、府、參、遊等員，各照養廉攤扣，以清款項等語。此項應扣銀兩，昨已降旨加恩，照從前平定伊犁回部之例，分作十年坐扣，兵力自可不致拮据。毋庸代爲完繳。將此傳諭知之。（高宗一〇一三、一〇）

（**乾隆四一、八、丁卯**）諭軍機大臣等：前因川省辦理軍需一事，通計節次發往帑銀，共六千一百餘萬兩，聞可以報銷者，僅四千餘萬兩。則其餘二千餘萬兩，將來作何歸著，不可不通盤覈計，使帑項不致虛懸。曾諭令劉秉恬、文綬、富勒渾等，將現在籌辦情形，及日後如何歸款之處，據實查奏，此奏尚未到。昨據户部奏，金川軍需奏銷，原議分爲舊案新案覈計，而舊案又就各布政使任内承辦之案，分爲三段。今劉益任内第一段，共十四案，業經隨案覈覆完結，僅報銷銀九萬二千九百餘兩，較原奏動用銀四十萬一千七十兩之數，尚少銀三十萬八千餘兩。雖題銷各案内，有聲明口外供支銀糧，另行覈造，及覈減長支借墊應繳各項，飭追歸款之語，但其中應另造覈銷者若干，應行追繳者若干，未據聲敍明晰。事關軍需錢糧，未便含糊懸宕。請勅交劉秉恬等，即行徹底清查，據實具奏等因一摺，已依議速行矣。此事實屬大奇，軍需動項已多，原不能悉皆符數銷算，但或零星未清，或所差不過十分之一，尚屬情理所有。今第一段奏結之案，報銷者止十之二，而不能符數者十之八。其故實不可解。即有口外另行覈造之案，爲數諒亦無幾，而所謂飭追歸款者，屬之何人？若云舊案第一段，係阿爾泰、劉益辦理不善，應令追賠，則二人俱已治罪，家產亦皆查抄，又將如何追繳？若應現在承辦之人代賠，則文綬、富勒渾等，安能賠償如許？且此後未結之案尚多，又豈能責令二人獨任之理。而劉秉恬則木果木一案，已賠完五萬餘兩，又豈可復令代賠？若欲於四川通省各員養廉内，分攤扣抵，無論川省歲需養廉有限，完繳無期，且後來之人何辜，而代前人代還欠項，更何以爲辦事之資。則此後除授川省各員，不幾視爲畏途乎？大約前此辦理軍需各員，其中急公辦事，間有賠累者，固不乏人，聞從中染指，侵冒肥橐者，亦復不少。若漫無區別，凡經手者，概行賠償，亦未爲平允。諒從前支發之項，俱有册檔登記，自可按籍而稽。並宜詳細訪查，將承辦各員之曾經侵漁耗費者，察出治罪，即將其貲產抄没抵還。如果曾賠墊辦公者，又當釋之不問，方足以示勸懲而昭公當。至經辦之商人等，如止按其應得之數，謀利自贍，原不爲過。若有曾經壟斷居奇，多獲重利，以致帑項難歸者，此等奸商惡賈，亦應查明確實，查產追賠，不使其得以封殖漏網，亦爲情法之平。倘不分別妥辦，惟俟奏銷全完之日，將無著銀兩，著落數人追賠完事，致積數纍纍，懸宕難追，遲之日久，概以産盡人亡，邀請豁免，有是理乎？征勦兩金川之事,本屬至難,而將士等不避艱險,奮勉宣力,遂成大功。至軍需報銷,雖頭緒繁多,究係坐辦,較之用兵攻戰,其難易相去何如,司事者豈可諉爲難辦,而不實心甄覈乎?朕成此大功,爲一勞永逸之計,多費帑金,原所不惜。然必須實用實銷,使款皆有著,方不負朕籌餉綏逗至意。豈可聽貪黷之徒,侵肥糜耗,而使實發之帑金,消歸烏有乎?設或果有急於辦公之員,當時恐誤軍需,多費錢糧,今覈之部例,難以報銷者,原不妨將實情具摺陳明。如果確有炳據,奏到時,朕原可加恩寬免。但不可因朕有此旨,將無著之項,悉作爲實在賠墊具奏。無論難逃朕之洞鑒,即令伊等捫心自問,可妄爲文飾,而甘蹈欺罔乎?且朕於劉秉恬、文綬、富勒渾等,不令賠償,體恤至此,伊等豈尚忍稍昧天良,負朕恩意乎?至李湖,係朕特命前往之人,熊學鵬,則身獲重愆之人,念其平日尚知認真辦事,是以發往川省,幫辦軍需奏銷。伊二人若不知共發良心,實心查覈,妄以爲隨辦之人,非其專責,輒思顢頇了事,則其獲譴更重,不能復爲寬宥矣。總之此事,非實在用心體察,不能得其要領。今戶部雖曾奏定一年半之限,而現在題結者,僅二百餘萬,不過三十分之一。其六千餘萬,分案覈報,爲數尚多,恐未必果能依限完竣。而其中應行查覈,使帑項不致虛懸,更非可潦草塞責。看來劉秉恬、富勒渾、鄂寶等,尚不宜即赴新任,若不將軍需全局辦清,難離川省。即郝碩、顏希深,雖非總辦大員,亦須將各人承辦之案,逐項查清,方可各回本任。將此由六百里發往,傳諭劉秉恬等,並令轉諭郝碩、顏希深、李湖、熊學鵬知之。仍將如何查辦緣由,先行詳晰速奏。(高宗一〇五、一四)

(**乾隆四一、九、戊戌**)欽差吏部侍郎劉秉恬、四川總督文綬等奏:川省軍興以來,費用浩繁,一切章程,俱從嚴辦理。但動帑至六千餘萬,承辦各官至數百餘員,難保無侵欺浮濫情弊。臣等逐案清查,除實係賠墊辦公者,分別辦理外,其並無實用之項,虧缺帑金者,即根究嚴治,將任所本藉貲財,抄沒賠補。至各商領運米石,俱係零星小商,實無壟斷居奇,多獲重利之人。得旨:覽。(高宗一〇七、二一)

(**乾隆四一、一〇、乙巳**)諭軍機大臣等:據文綬等奏,打箭鑪被水衝失皋和營存貯兵餉等項銀一萬餘兩,飭令遊擊岳澍等,派出弁兵挖出銀四千一百三十餘兩等語。該弁兵等搬運積石,挖至二丈有餘,頗爲出力,著該督酌量獎賞,以示鼓勵。至此項衝失銀兩,僅刨出十分之四,其未得者,爲數尚多,恐附近居民,潛行刨取,或所派之兵丁等,私下擅存,俱未可定。仍著該督等,嚴飭委員,督率弁兵,再行加意跟尋刨挖,毋致日久迷失。將此傳諭知之。(高宗一〇八、一一)

（乾隆四二、三、壬申）又諭曰：戶部議駁，劉秉恬等題銷舊案軍需，內運送雜谷腦、梭磨、曾頭溝等處米石，以官運開銷商運腳價，計多銀二萬二千餘兩，與例不符，難以准銷一摺，按例自應議駁。但據劉秉恬等稱，當日運道初開，山路險窄，糧運均多停滯，軍糈關係緊要，不得不設法趕運，以應急需，實無浮冒等語，所奏亦屬實情。此二案，著加恩准其照商運例開銷，此後不得援以爲例。（高宗一〇二八、一〇）

（乾隆四二、一〇、甲辰）又諭：戶部奏駁，川省報銷軍需，餘丁口糧，違例給以本色米石，未便准銷。應令該大臣等詳查情節，明白回奏一摺，已依議行矣。餘丁口糧，前據劉秉恬等會奏條款內，定以每石折銀六兩。經戶部覆覆奏准，是餘丁在營，並無支給本色之例。即應照伊等原奏覆辦。乃二百一，二百四，二百十，二百十八等四案，應付陝甘餘丁。復請銷本色米石，又據何例？若雲陝甘所帶餘丁，俱實有其人，比他省不同，應以本色支給。該大臣等，從前即應專摺奏聞，或咨戶部存案。今至報銷時，以無案可據之項支銷，無怪該部之指駁也。至滇、黔、湖廣三省綠營兵丁，因各該省未及募帶餘丁，辦夫又屬竭蹶，前經文綬等奏明，照每兵百名，額給餘丁三十名之數，將鹽菜口糧，折價支給。並據富勒渾奏，於到營之日，即照折支。此更係該督等自行奏定之例，何以二百二、三及二百十三、十六等案，仍支給本色米石，更屬違例妄支。且現據該大臣等題到二百七案，又復按奏准例，折銀六兩，是同一餘丁，同一支給。而前後自相矛盾，尤不可解。著傳諭富勒渾等，即將戶部摺內指駁各情節，逐一登答，仍即明白回奏。至此項支放米石，應由該辦糧大臣等覆定，飭知各站遵辦，不得諉其過於糧員。所有此項浮銷銀兩，查明共應覆減若干，即著落大臣等名下，按數攤賠，以爲辦理不善者戒，毋庸攤及糧員。將此由四百里諭令知之。戶部摺，並鈔寄閱看。（高宗一〇四二、二五）

（乾隆四二、一〇、丙午）諭軍機大臣曰：戶部議駁劉秉恬等，奏銷雇騾運送米石，前經戶部奏駁，降旨令劉秉恬等明白回奏。今據覆奏各情節，經戶部逐一指駁，頗爲得理，似伊等竟復難於登答也。如所稱此項騾頭，原係各州縣雇覓解往，並非供備商人之用。其間往來馱運，自應較商運節省。乃以商運之米，即用官雇之騾，又云不多給價值，勢將棄置不前。則是各州縣雇解紛繁，該大臣等之多方籌畫，徒以遂商人謀利之圖，並非爲軍糧起見。設或從前辦理軍糈，實有不得不通融遷就之處，何不隨時奏明？直至報銷議駁之後，始行辯説，又復不協情理，實不能爲伊等曲解也。……以上情節，著富勒渾、鄂寶、劉秉恬、文綬等，明白回奏；並將戶部原摺，朕折角

處,發令閱看。俟伊等回奏到日,再降諭旨。(高宗一〇四二、二八)

(**乾隆四三、一、丁丑**)諭:前據戶部議駁,富勒渾等題銷陝甘餘丁支給本色米石,及滇、黔、湖廣三省綠營餘丁,仍照長夫之例,支給米石,又自灌縣雇騾,運送楸底米,一萬四千五百餘石,照商運開銷腳價。均與例不符,難以准銷二摺。戶部所駁,俱為得理。因諭令富勒渾等將實在情形,明白回奏。茲據富勒渾等奏稱,當日辦理軍需因餘丁有實帶、未帶之異,其口糧遂有本色折色之分。有實丁者,支給本色,無實丁者,即支折色。其長夫一項,未經奏定折價以前,西路兵丁業已照舊支給。當時事勢,實難裁徹,乃軍營共見共聞之事。至騾運一項,實緣彼時軍糧孔急,用騾協濟,承辦各員,均係實支實發,皆臣等所深知各等語。所言自屬實情,並非託詞浮冒,所有富勒渾等題銷軍需餘丁長夫及騾運各案,俱著加恩准其開銷。此後富勒渾等務須實力稽覈報銷,不得因此次恩旨,任聽各員違例冒銷,致干咎戾也。(高宗一〇四九、一)

(**乾隆四三、七、癸丑**)諭軍機大臣等:戶部奏駁富勒渾等題銷長運、滾運人夫折給口糧一摺,所駁甚是,已依議行矣。朕詳閱戶部奏摺,其指駁之處,俱甚得理,朕亦不能代富勒渾等為之分辯。著將戶部原摺寄交富勒渾等,令其於朕折角處,詳悉閱看,逐一明白覆奏。或伊等另有隱情,題疏內未經敘及,亦令其據實奏聞,候朕酌奪。再軍需奏銷,前據富勒渾等奏明,展限至今年八月內,全行辦竣。但現在猶有二千餘萬兩,未經題銷。是各案應需覈算者尚多,而經部議駁,應行查覆者,更復不少。未知富勒渾等作何清結,是否可以依期告竣,並著據實覆奏。尋奏:川省辦運軍糧,長運滾運,本不相同。此次長運人夫,因係軍興之初,里民自相津貼,是以未給口糧,至滾運站夫,常川背運,向例俱於工價外各給口糧一升,由站員照例支給,實用實銷。得旨:這所奏情節,該部議奏。(高宗一〇六三、二〇)

(**乾隆四三、一一、戊戌**)戶部奏:出派金川各省兵丁,製辦衣履銀兩,請於本省未經出師之文武員弁養廉內攤賠。得旨:此項辦送徵兵衣履銀兩,戶部議在本省未經出師之文武員弁,酌量養廉多寡,分別攤賠歸款,固屬允協。第念此次平定金川,大功告成,各省綠營官兵,均能奮勉出力,應予加恩優卹。且此項節次運送衣裝,均在乾隆三十七年,准予開銷恩旨之後,所有陝、甘兩省,應完川省墊支夫價、米價銀二十六七萬兩,俱著加恩准入軍需項下,作正開銷。其湖廣、雲、貴等省,亦著一律開銷。(高宗一〇七〇、四五)

(**乾隆四四、五、癸巳**)諭:戶部議覆,富勒渾等奏銷川省軍需項下,分別民欠商欠、專賠分賠各款一摺，本欲依議行，及閱軍機大臣所查各款清單，其中如民欠一款，係民間津貼雇夫及站夫口糧，先借官項動用，事後自應按限分追，但念辦理金川軍務，買糧運餉，悉發官帑，係毫不以累民。而川省百姓，輓輸負送，踴躍赴公，業經各出其力。今於大功告成之後，復令償還前借帑項，朕心實所不忍，且爲數甚多，每年均須按地勻派，則是正供之外，又加賦斂，亦甚非政體。所有該省民欠津貼及採買站夫口糧，共銀一百九十六萬八千四百餘兩，均著加恩豁免。再商欠一項，未完米價腳價銀九十八萬六千九百餘兩，雖各有虧缺實情，並非侵蝕，但既虧原數，即應賠還，據稱應將各商有家產者，查封變抵，自應如此辦理。其實在家產盡絕，無可著追者，並著加恩一體豁免。又報銷項下，與例案不符各款，請分別專賠、分賠，於通省文職內，按年在養廉內扣半賠補等語，並於富勒渾等及陞調別省知縣以上各官養廉，扣半賠補等語。但念此項扣半養廉，其經手承辦之員，固無可辭咎。若原辦各員，既陸續離任，至接任各員，並未經手，亦將養廉扣半，於情理未爲平允，而扣至五十餘年，亦不成事。且養廉扣半，所餘無幾，衆必視川省爲畏途，並恐不肖之員，因養廉不敷，藉詞貪黷，於該省吏治，尤大有關係。因思朕於平定金川之事，費帑六千餘萬兩，期使番民永除後患，何必以此難於報銷之案，累及各員，所有專賠、分賠銀二百八十三萬二千餘兩、糧米十五萬三千六百餘石，及代賠無著一半商欠，應扣通省一半養廉，並富勒渾等與陞調別省各員，應扣一半養廉，俱著加恩一併豁免。嗣後該省各員，均宜奉公守法，潔己愛民，毋負朕格外施恩至意，將此通諭知之。（高宗一〇八二、一六）

（乾隆四四、一一、丙午）又諭曰：工部議覆，川省軍需報銷案內，採辦鑄礮鐵觔，較之軍器則例，多用銀六萬一千六百餘兩。節經駁查，未據刪減，請於承辦各員名下，照數著追歸款一摺，固屬照例覈駁。但川省軍需項下民欠、專賠、分賠各款，爲數不下千萬餘兩，俱經降旨加恩，一體豁免，所有此項覈減銀六萬一千六百餘兩，亦著加恩准其開銷。（高宗一〇九五、一三）

（乾隆四七、五、庚子）諭曰：甘肅兵丁所領季餉內，尚有從前出征金川，置備軍裝，應行坐扣之項，前經傳諭李侍堯，令其查明據實具奏，候朕酌量加恩。茲據李侍堯奏，該省兵丁扣項，共計十案，內除本省詳准借支及川省咨追查扣，仍應按季扣還歸款外，其第次制辦衣履，運送軍營一款，未完銀一萬八千二百六十九兩零；又川省軍營代製各兵帳房衣履，其借支俸餉接濟一款，尚有未完銀二萬七千八百二十兩零；又征兵隨帶餘丁長支鹽菜銀一千三百九十八兩零,係無可著追等語。該省協調兵丁,所領製備帳房衣履及接濟盤費等項銀兩,本應扣還歸款,但念兵丁等,按季所領餉項無多,若再行坐扣,兵力未免拮据。著將李侍堯所奏,未經扣還前項銀兩,俱加恩豁免,以示朕體恤戎行之至意。該部即遵諭行。(高宗一一五六、一五)

(乾隆四八、六、壬午)暫署四川總督成都將軍特成額奏:進勦金川案內,積存重慶渝局硫磺二十八萬餘觔,恐致黴變有虧工本,若分攤通省各標營,足敷十五年配造火藥之用。請飭各營照例額分領,加謹收貯,將備各顧考成,自必留心照料。從之(高宗一一八三、一一)

(乾隆四九、一、乙卯)諭曰:李世傑奏,查明軍需案內,修理橋梁道路,請銷銀三十三萬一千九百四十餘兩,米三萬六千九百九十餘石,麵十三石八斗八升。准工部以原冊內,並未將丈尺工料做法詳晰開明,與例不符,請交督臣另行詳查覈減。茲據委員等查明,前用工程銀兩等項,委係費歸實用,懇恩查照原冊,一體准銷等語。此項橋梁道路工程,當軍興之際,文報往來,承修各員,支給工費,自不免有逾例限,以致報銷時,屢干部駁。但金川軍需項下,歷經豁免者,已不下千百餘萬兩,此項工程,既據查明費歸實用,且閱時已久,塵案亦早應完結。所有李世傑請銷銀三十三萬一千九百四十一兩零,米三萬六千九百九十四石九斗零,麵十三石八斗八升,俱著加恩全行豁免。該部知道。(高宗一一九七、一三)

(乾隆四九、一一、戊寅)諭軍機大臣等:據李世傑奏川省軍需案內,尚有未完刪減各項及存變鐵觔銀,共二十七萬二千一百餘兩,因其中有離任各員,力不能完,請仍照例於通省各官養廉項下攤扣二成歸款等語。此項部駁刪減及鐵觔各案應賠銀兩,與民欠、商欠不同,自不在豁免之內。但如該督所奏於通省各官養廉項下,攤扣二成完納,在經手承辦之員,固無可辭咎,若原辦各員,陸續離任,接任各員,並未經手,亦將養廉攤扣,殊為未協;而離任陞調各員,轉得坐擁厚貲,置身事外,亦非事理之平。至離任各員,若果有身故家貧及微末員弁,力不能完者,原不妨據實奏明,俟朕降旨,加恩豁免。著傳諭該督,即將此項未完銀兩,查明經手承辦各員,分別有著、無著,詳晰開單奏明。除無可著追之項應加恩豁免外,其中有陞調別省,及回籍而力能完繳者,即傳諭各該督撫,查追歸款。(高宗一二一九、二二)

4. 其他專撥軍需

(雍正一三、一〇、壬午)九卿議奏:西路軍需所用米麥豆草等項,折中定價，繕單進呈。上召總理事務王大臣並九卿，諭曰：西路軍需所用米麥豆草等項，經九卿定議折中價值，令其遵照報銷。朕思從前已辦之軍需，照此計算，尚屬可行，至於將來之年歲收成，豈能預定？年豐則物價必賤，小民可獲餘資，在國家不失惠養之道；若年歉則物價必昂，閭閻何堪賠累之苦？朕心實爲不忍。可曉諭該督撫等，於遵照折中價值外，若遇歉收之年，所定價值，不敷採辦，可據實奏聞，候朕再降諭旨。至於從前該部駁查各案，若果有不敷者，亦著該督撫核實保題，准其報銷。但當仰體朕心，秉公去私，勿爲屬員之所欺蔽，亦勿因朕此旨，而開浮冒之漸。餘依議。（高宗五、一〇）

（雍正一三、一〇、壬午）戶部議准：雲貴總督尹繼善疏言，黔省古州逆苗滋事，現調各省官兵會勦。貴州上游各營，調出兵多，存營單弱，行令照調出兵數，減半捐募新兵，在營操防。復調雲南官兵，分駐貴陽等處彈壓，並飭貴州下游各府州縣，招集難民、團練、鄉勇，均酌給口糧坐餉，以資防禦。至雲南省會重地，及東川地方，夷多漢少之區，並附近黔疆之曲尋鎮，尋霑奇兵二營，既經抽調，亦應招募新兵，分別酌給守糧。其滇省官兵，遠赴黔省苗疆，非本省內地可比，請自副將以下至兵丁等，分別給與賞號銀兩；又調赴軍前辦事之知府等官，亦請月給盤費銀兩；均俟事竣，核實奏銷。得旨：依議速行。（高宗五、一一）

（乾隆一、八、戊辰）諭：西陲自用兵以來，軍需浩繁，有司承辦匪易，其中實有浮冒情弊者，自應著落賠補，若事屬辦公，情有可原者，則當開恩寬免，以示體恤。朕聞甘省地方，前因岳鍾琪檄令豫備餧養馬駝草束，有司不得不遵照辦理。後因買備多餘，責令變價還項，而露積日久，草已霉爛。隨經岳鍾琪有請照燒柴變價之奏，又經許容有十分豁免三分之請。朕思草束豈能久留，事歷多年，必至腐朽，州縣實多賠累。著署總督劉於義，悉心確查，除從前已經完補外，其現在著追者，即全行豁免。又聞巴里坤駐兵時，岳鍾琪檄令臨、鞏、甘、涼等府，買驢三萬頭，以抵羊隻之用，後因驢頭不能遠行，將各州縣解過驢一萬四千餘頭，止收六千餘頭，其餘託言瘦小，退回變價，所有沿途餧養草束，俱不准開銷。今價值尚未清結，州縣實屬賠累。此項亦著劉於義確查，將應行豁免者，全行寬免，俾州縣等同受國恩，益得盡心於職守，以昭朕優恤甘省有司之至意。（高宗二四、五）

（乾隆一、一一、辛卯）戶部議覆：原署四川巡撫王士俊疏言，赴黔協勦土兵，准給雇覓馬騾、船隻銀兩。應如所請。從之。（高宗三〇、二）

（乾隆二、三、壬子）又諭：自貴州用兵以來，楚省運黔軍糈，前後共

計四十餘萬，俱按期償運，並無遲誤。辦理糧運官員，頗屬勤勞。著湖廣總督史貽直，查明具奏，交部分別議敘。(高宗三九、一〇)

(乾隆二、一二、庚子) 豁免核減著追軍需案內，官員兵民二百八十五員名，銀十萬五千六百二十兩有奇；又分賠應追案內，官四員，銀二千七百一十九兩，錢一千一百串有奇；又核減著追案內，官三員，銀一千一百二十七兩有奇。(高宗五九、三)

(乾隆三、一二、戊戌) [王大臣]又議：雍正五年，徵準噶爾虧空軍需，各省旗官兵二十三案，共銀三萬七千七百八十兩有奇，米二百六十三石有奇，馬二百四十二匹。核對原案，或馬匹勞傷倒斃，或製備行裝，或借支盤費，或產業已盡，無力完帑，均屬情有可原，應請豁免。從之。(高宗八三、一四)

(乾隆五、閏六、己酉) 戶部議覆：湖南巡撫馮光裕疏稱，粵苗聚眾滋事，城步橫嶺等寨頑苗，恣逞兇頑，橫捉官兵綁禁。准提臣杜愷咨會調撥湖南各營官兵五千六十餘員名，飛速起程，前赴城步，聽總統鎮篁鎮臣劉策名調度，分佈擒勦，請敕應付。所有一切軍興事宜條款，開列具題。……一、官兵起程，就近在官庫內借支錢糧，製備行裝、盤費等項，照出師黔省及蒲寅山案之例，副將每員借支銀一百二十兩，遊擊一百兩，都司六十兩，守備五十兩，千總三十兩，外委十兩，馬兵六兩，步兵三兩。事竣於應領軍餉內四季扣還。一、官兵過往，照出師黔省例應付，每員名日給米一升，柴三觔，馬每匹日給豆三升，草十觔，無豆給穀五升。米穀豆草，俱照時價實給買用。其解送藥彈、軍裝等項人夫工價，按各地平險，照應付黔省及蒲寅山案之例發給，至裝兵船隻，亦照協勦黔苗及城綏官兵之例，大號花扒桿等船裝兵十六名，中號六倉扒桿等船裝兵十二名，次中號四倉扒桿等船裝兵八名，小號小倒划等船裝兵四名，大小船隻，俱准裝米算。自長、衡以下至常德者，每百里為一站，米一石給銀一分，兵回裝載相同；自常德以至辰、沅等處，皆每六十里為一站，米一石，給銀三分，回時大號四錢，中號三錢，次中號二錢，小號一錢。此番用兵進路，水道頗多。西由洪江，本在常德以上，東由益陽、湘潭等處收口，俱係溪流灘險，應照常德以上給價。一、官兵鹽菜銀兩，除就近調遣未經出境者不支外，其餘俱照例，自起程之日起，徹師回營之日止，千總日給銀四分，把總二分，兵丁一分五釐。一、賞號銀牌，頭等重一兩，二等重五錢，三等重三錢，各一面，臨陣掠殺首惡者，賞銀十兩，如功績甚大者，破格獎賞。一、官兵有帶傷、陣亡及軍前病故者，例應事竣賞恤，但為時稍緩，今亦照例，如兵丁陣亡，賞銀五兩，傷重者一兩,傷輕者五錢,病故者三兩。所賞之銀,在軍前無承領之人,應令領兵官一面報明,一面移司,令本地方官查其的屬,不拘動用何項,會同營員先發,仍造册報司,領正項歸補;外委官悉照兵丁例恤賞,守備以上等官,如有帶傷病故之事,分別資助。千把總傷亡病故者,資助銀二十兩。亦令地方官同營員給發。一、官兵入山搜箐,隨帶一切軍裝、器械、火藥、鉛彈等項,需用長夫。應照例,每官兵一百名,需夫四十名,今派五千名,共應需長夫二千名,於附近雇募。靖州、綏寧、城步、武岡、新寧各三百名,會同二百五十名,通道二百五十名,照例每夫一名,無論行住,自雇募日起,徹師日止,每日給銀五分,米一升;兵數加添,長夫亦隨增。一、火藥鉛彈,就近於城步、綏寧、武岡三州縣盡數解用,不足聽軍需道於沅州府庫取用;再或不敷,或撥北省局藥應用。一、官兵及長夫糧米,將附近倉穀先爲碾用。查靖州現存穀九千餘石,會同七千餘石,城步、綏寧各三千五百餘石,寶慶府四千五百餘石,邵陽縣六千餘石,就近撥用;再有所需,查明路徑撥運。陸路進山,照蒲寅山案例,以六十里爲一站,每夫一名,運米五斗。每站日給工價銀六分,米一升,照市價折給。但時値農忙,暑雨炎夏,山箐深險,易生疾疫,民夫憚往,應稍加回費。每站折半,給銀三分,使其踴躍趨事。水路西由辰河、洪江而抵靖州,東從益陽進口,由邵陽而抵武岡,均屬逆流險灘,應照歲運黔米例,六十里爲一站,每米一石,每站給水脚銀三分,挑錢、碾費、蓆紙、神福等項,概照舊例行。押運官日給銀一錢,隨役雇募者,日給銀二分,制役除每日額編工食外,仍補足二分。一、城步等州縣,隨官兵入山勦捕之嚮導、壯役、鄉勇及派防各要路之聲援諸勇,出力與兵相等,應無論遠近,每名日給銀二分,米一升;一切賞號,論功績大小,照黔例或給牛酒,或賞煙鹽花紅銀牌。一、遞送軍需公文,飛報軍情,自寶慶府北至湘潭,路徑略寬,應設馬塘;其城、綏、靖、寶一帶,山路崎嶇,馬不能馳,原無驛遞,應照蒲寅山案之例,設健夫急遞。但彼案逐日雇募,每名日給銀三分,今此案比前重大,官兵衆多,且時値農忙,日逐雇募,倘一時應募無人,必致誤事。自寶慶府城起,歷邵陽、靖州等處,俱係山僻小徑,應按三十里爲一站,每站健夫四名,令沿途地方官,召募年力壯捷之人充補。彼地米價,每升一分五釐,應再加給銀三分,共給銀六分,俾其贍養家口,以免内顧,專心當差。一、逆苗蠢動,附近城、綏一帶居民,或有驚惶逃散,已飭各該地方官加意撫綏,安插得所。應即於逃居地方,請建棚房,給予棲止;並動倉穀碾米,每大口日給米八合,小口四合。時値酷暑,病症恐多,更應撥醫調治,病故者買棺收殮,大口給銀一兩,中口七錢,小口四錢；其醫生每月給銀三兩。一、城步叢山峻嶺，嵐霧薰蒸，時當炎夏，外營兵丁，保無水土不宜之虞。應請選募良醫二名，日給辛力盤費。但深入軍營，與醫治難民不同，應每名每日給銀二錢。一、委赴軍前各員，雖有本分養廉，可供衙門日用薪水，今在軍營辦事，人役隨從，各有獎賞食用需費之處。今擬道員日支薪水銀一兩，准帶人役三十名；知府八錢，准帶人役二十名；州縣六錢，准帶人役二十名；佐雜四錢，准帶人役四名。各役無論雇募經制，每名概日給銀一分。至於官役日食，深入苗地，無處購買，應即於軍糧內每員多支米一升，馬匹應需豆草，照官兵例一體支給。一、所用錢糧，均請在於乾隆五年春撥冊報後續收四年地丁銀內動支。如不敷用，再於春撥留協鄰省兵餉銀二十萬兩內動支，事竣分晰造冊彙銷。現今即動春撥冊後續收乾隆四年地丁銀三萬兩解交應用，如再有需用，一面支發，一面續題。以上各條，均應如所請。得旨：依議速行。(高宗一二〇、三〇)

（**乾隆五、八、己亥**）户部議覆：原署廣西巡撫安圖奏，擒勦楚粵不法苗猺軍行事宜。一、分路進勦，委員爲監紀，贊理軍務。一、各路所需糧米。請將桂林、柳州等府，並懷遠等縣倉穀碾運，遴員轉送支放。一、隨營長夫，每二十名，管押頭人一名，分別給與銀米口糧；陸路運餉雇夫，一例支給口糧工價。一、官兵過往，並運送藥彈、軍裝等物，需用夫船，分別大小給船價，縴夫並旱路人夫，照例支給工銀。一、各州縣碾運米石，碾費腳價，照例支給，軍營運至各行營糧米，每石銷耗米一升。一、官兵起程，借支錢糧，製備行裝，事竣分扣還款。一、出師千、把、外委、兵丁並土官、土目、土兵，分別給銀、米，以爲鹽菜口糧。沿途州縣，應付糧料、柴觔，照例開銷。至堵禦官兵，所需鹽菜，一例支給。一、隨同官兵之嚮導、壯役、鄉勇，請給鹽菜口糧，照例支銷。一、有功官兵、鄉勇，分別賞銀牌、花紅、牛酒，陣亡帶傷及軍前病故官兵，請先賞銀兩軫恤。一、時當盛夏，兵役恐生疾病，於桂林府選募良醫一名隨往，給與辛苦銀，藥料購買應用。一、遞送公文，除平坦地方，安設馬塘，其山路難行處，應安步站，照例支給口糧銀米。一、委赴軍前道府以下各官，製備行裝等項，勢難捐辦，分別給與薪水銀兩，跟隨人役，隨帶馬匹口糧草料。均應如所請。得旨：依議速行。(高宗一二四、一)

（**乾隆五、九、丙申**）户部議覆：湖廣總督班第奏，勦撫苗猺續行事宜。一、軍需銀地丁項內不敷支用，請於春存並留備協餉各項動支。一、調湖北官兵，口糧、豆料等項，自入湖南境起，凱旋出境止，請於南省支應；其鹽菜銀兩，如湖北未經解到，南省就近墊支，仍令湖北按數補解。再有派調，一例照辦。一、湖北委赴軍營官役，所需食米，苗地無從購買。請於軍糧內支給，其馬亦照官兵例，支給豆料。再官兵凱旋，沿途口糧，至偏僻地方，並無市集，請動倉穀碾支。一、筸城爲邊鎮重地，現在總兵帶兵出徵，勢甚孤懸，今調官兵前往貼防。又派提標、千把總等赴軍前聽用，其起身時請各就近借支錢糧，沿途照例應付。一、官兵出徵，隨帶跟役，請給口糧。一、安撫難民，給與回家路費，並安家口糧。一、隨營長夫，轉運糧米，如遇凶猺，力能擒勦，請照兵丁例獎賞。一、佐雜微員，每員給帳房二頂棲止。一、保固城汛及防堵之鄉勇，請給銀米，如有勞績，酌賞。一、撫綏投出良苗，請分別給折米銀兩，並每户賞牛本銀三兩，蓋房銀二兩，事竣報銷。一、城、綏二縣，拋荒田畝應徵錢糧，確查請豁。一、長夫病故，請給恤賞銀兩，患病發回者，亦給路費。一、粵兵所需長夫，令粵省自雇，應支銀米，仍在粵支給；如入楚境，即令楚省支應。一、載兵船隻，守空放空，請照例給飯米。一、軍營額外提取礟位，另行募夫運送。一、佐雜微員，隨營辦事，分別雇募書識，給與銀米。一、隔屬雇募人夫，遠赴應役，請照長夫例，一體給口糧銀米。均應如所請辦理。得旨：依議速行。（高宗一二七、二一）

（乾隆四〇、三、丁卯）軍機大臣等議覆：勦辦逆匪王倫案內軍需各款，除正項例准開銷外，餘無著銀七萬餘兩，皆因前撫臣徐績等辦理不善，以致糜費，應酌分兩股，令徐績分賠一股，藩司國泰賠十成之六，臬司孫廷槐賠十成之四，以清款項。至錯給官兵鹽菜口糧，共銀一萬六百餘兩，係由戶部先將出征條例頒發，該省遂照軍需例支給。應分作三股，令行文之戶部各官及該省撫藩，均攤賠繳。得旨：此項分股攤賠銀兩，俱屬咎所難辭。但徐績現有另案應賠銀三萬五千餘兩，較國泰應賠之數尤多。所有伊名下，分賠一股銀三千五百餘兩，並著於行文錯誤之戶部堂官名下，均攤分賠。（高宗九七九、八）

（乾隆四六、九、乙卯）諭軍機大臣等：據李侍堯奏，勦滅撒拉爾逆回案內，酌覈軍需報銷一摺。此案起於本年三月，至七月內即行告蕆，一切動支款項，其應動項者，自宜循例報銷。但此案徵調各兵，俱係就近派撥，且自始事以迄蕆功，不過四月有餘，所有用過銀糧等項，必須確實覈算，實用實銷，無任絲毫浮冒。著傳諭李侍堯即董率承辦各員，悉心確覈，迅速奏銷，毋致稽遲時日也。（高宗一一四一、二）

（乾隆四七、一二、壬申）諭軍機大臣等：據李侍堯奏，上年勦捕逆回案內，濫用軍需，斷難開銷各款，共計銀三十餘萬兩，全係無著之項。又前此報銷各案，有奉部覈減銀兩，均應籌補。請將總督兩司及道府養廉，每年各扣二成，陸續歸補等語。所辦未爲允協。該省於上年調集官兵，勦捕逆回，一切軍需，並未酌定章程。濫行動用，明知事多越例，而止顧目前之支應，並不慮日後之覈銷。至今無著銀兩，統計共有三十餘萬之多，又經前後部駁各款，恐尚不止此數。若如李侍堯所奏，請於兩司道府養廉，坐扣二成，則以前任之濫用，而累及後任之攤賠，於事理殊未平允。即如馮光熊，新放甘省藩司，尚未到任，即將其養廉扣去二成，此事始終與伊毫無關涉，又何從而波及乎？且恐該省道府，因扣去養廉，所得者少，不足以養其廉，致有貪黷病民之事，更滋流弊。此內如李侍堯，所得總督養廉本厚，自應准其攤扣二成。福崧原係該省藩司，此事係伊始終經手，且現又加恩陞授巡撫，應著令攤賠五成。至福寧，於冒賑案內，濫行出結，本應革職查抄，發往伊犁，因其首先供出實情，且搜捕賊党尚爲出力，是以加恩，仍留臬司之任，已較他人爲倖，此項攤賠銀兩，應即將其養廉得項，全數坐扣，俟官項全清，方准支給。至承辦道府州縣各員，現在有尚留甘省者，自應分別數目，覈實追賠。即案內革職查抄各員，現在有免死發遣者，其家產雖已查抄，尚不敵其侵冒之數，但伊等原籍，自有兄弟親屬，可以通那幫湊。著李侍堯查明各該員承辦時濫應實數，逐一確覈應賠分數，行文各該犯原籍，覈實追賠。如有托故延宕，不行按數完繳，即將該犯仍照原議治罪，並行文各犯所發地方，諭令知之，軍機處及該部，亦令記檔。又該督題銷軍需一案，內有督標官兵，按日支給鹽菜一款，現在已交部議。該兵丁身隸督標，禦賊守城，是其專責。且在本營堵禦賊匪，並未離汛，該兵丁既有月餉，何得復行支給鹽菜？部臣必行議駁，此項不准開銷，即著濫行支發之承辦各員名下，按數追賠。如其人已經治罪查抄，即著該管武職大員攤賠，並各兵丁名下坐扣歸款。以上各條，著傳諭李侍堯通盤籌畫，另行分晰條款，妥議具奏。將此由六百里發往，並諭福崧知之。（高宗一一七〇、一八）

（**乾隆四九、六、己丑**）又諭：據阿桂奏，京兵所需一切供支，即於陝省代爲籌辦，以分甘省之力，自應如此辦理。本日據畢沅奏稱，京兵車馬一項，按站倒換，未免雇備維艱，已飛飭各屬，雇就長騾應用等語。是甘省過兵事宜，業經畢沅等妥爲豫備，自可迅速前進。至所稱各省解甘餉鞘，若照常運往，恐有疎虞，俟到西安時，截留藩庫，所辦甚是。餉鞘乃陸續支發之項，非比軍中火藥等項，急於應用；況甘省藩庫，現在尚有四百餘萬，足敷給發。此項餉鞘，自應暫留陝省，俟隆德、靜寧一帶，勦除賊匪净盡，再行運往，未爲遲也。（高宗一二〇八、一三）

(乾隆五二、四、丁巳)閩浙總督李侍堯奏：臺灣遠隔重洋，運送兵丁糧餉等項，俱雇民船應用。查部頒軍需則例，但有內河運腳，並無海運明文；其水運條例內，開運糧水腳，順水每石每站三分六釐，逆水每石每站七分等語。海運只趁順風，應即照內河順水之例給價。守候回空，俱不另支口糧。至送兵解銀，及官員奉差往來，則就船之大小，可載若干石數計算，以歸畫一。又鳳山再失之後，賊匪益肆滋擾，府城現添雇鄉勇萬餘人；又彰化縣屬，僅存鹿仔港一處，尚在固守，各村老幼男婦來避匿者，不下萬餘人，無處得食，經該道府等請撥銀十萬兩，米十萬名，接濟賑卹。臣以鄉勇本義民所雇，固屬急公向義，實亦自衛身家；避難民婦，應於勦匪事竣，量爲安插撫卹；是以概行議駁。諭軍機大臣等：現在賊匪勢尚猖獗，竟敢攻犯府城，常青親率官兵鄉勇，臨陣多有斬獲；此時粵東兵丁，陸續到彼，常青得此，自可鼓其精銳，迅速進攻。李侍堯在廈門一帶，籌辦照料，當以催兵速渡，接運軍儲糧餉濟用爲要，餘可徐論。乃李侍堯摺內，鰓鰓慮及多用錢糧，恐事竣後難於報銷，止將常青咨取銀十萬兩解往。而該道府等之另請銀十萬兩，米十萬石，概行議駁，仍飭將用過款項，一一報查。所見甚屬錯謬！所有該道府請發銀十萬兩，米十萬石，即著李侍堯速行照數運往，以備接濟。並著常青就近先行酌量，如有多餘兵糈，或米或穀，散給貧民，務使不致逃散，方爲妥協。不然，非去而從賊，即窮極搶奪。皆足僨事。況鄉勇義民，既爲國家禦賊，兼可衛其資產。是以爲我出力，今既日久賠墊，既有陣傷亡故，又不能保其所有，亦必逃散從賊。兵丁弁備，尚難望其枵腹從事，而況此衆民乎？封疆大吏，遇此要務，惟應以速行勦賊，不誤軍行爲念，何必慮及賠累。此輩無知百姓，轉令其竭貲自効，始終忠義自守，斷不能也。李侍堯，平日心思，尚爲周到，不應不識大體若此。前據常青奏稱，賊匪將所掠錢米，廣爲散給，要結人心，以致日積日衆。豈閱時未久，該督遽致忘懷耶。著傳旨嚴行申飭。(高宗一二七九、八)

(乾隆五二、一○、戊戌)諭：現在臺灣勦捕逆匪，尚未竣事，所有軍需等項，動用較多，著該部於鄰近福建各省分，酌撥銀三百萬兩，令各該督撫派委妥員，迅速解往閩省備用。(高宗一二九○、七)

(乾隆五三、八、壬辰)又諭：昨因西藏現有堵勦巴勒布賊衆之事，該處距打箭鑪尚不下五千餘里，道路窎遠，糧草等項輸送維艱，連日以來，朕爲此事正切廑懷。本日又據慶麟等奏，前後藏地方，因聞有巴勒布聚衆滋擾，商販至者已覺稀少，該處所存糧食，尚不足供藏內現有兵丁五百名之用等語。藏內所存糧食，就現有兵丁五百名已不敷用，茲又由內地添調官兵三千名前往，該兵丁等遠赴西藏協勦，其所帶口糧，想止敷途次口食之用，必不能寬餘攜帶，若到彼處，皆於藏內取給，豈不立虞缺乏？倘由內地發往，不特需用浩繁，且恐緩不濟急，所關匪輕。朕意或於口外一帶，就近採辦青稞糌粑麨食等項，或較市價量為增給，俾商販民番等知有利益，自必爭相踴躍，希圖售賣得利，可資源源接濟。著再傳諭李世傑即設法籌備，斷不可使官兵等有缺食之虞。（高宗一三一〇、七）

（乾隆五三、八、壬子）又諭：據李世傑奏，……西藏道途險遠，挽運維艱，前接慶麟等咨會，當即查明該處郡王波羅鼐之時，曾經就近買米例案，咨復查辦等語。藏內就近採買，從前既有成案可遵，乃慶麟等未經更事，一經煩難，便手忙腳亂，實屬錯誤。除嚴飭慶麟等速行採買供應外，但李世傑仍當竭力妥辦，不可倚侍伊二人，以致或有缺乏。現據該督奏，已撥米一萬二千三百石，趕運打箭鑪，並挨站趕運，直抵西藏，足敷兵食之用，所辦可謂盡心。且郭羅克距西藏尚遠，又經李世傑派兵護送，無虞搶掠，所辦甚是。又據奏，轉運米石軍火，在在需銀，請先於備貯軍需項下動用，事竣另行歸款等語。此項銀兩，既為備貯軍需而設，自當即行動用，俟事竣另籌歸款。（高宗一三一一、一六）

（乾隆五三、八、壬子）又諭：現因巴勒布賊匪，滋擾後藏邊界。四川省派調滿漢官兵，及屯番各兵，前往協勦，軍糈最關緊要。著傳諭巴延三、海寧即於該省藩庫存貯銀兩內，就近各通融動撥銀五十萬兩，派委妥員，速行解赴四川，以備應用。如該二省剩存銀兩，不敷公用，亦即速行奏聞，以便另籌撥款。（高宗一三一一、一八）

（乾隆五三、一〇、辛丑）諭軍機大臣等：前因巴勒布賊匪滋擾藏界，派兵進勦，動撥山西、陝西銀各五十萬兩，復於楚省工賑餘銀改撥五十萬兩，一併解交川省，以備軍需。今賊匪業經敗退，大兵一到，剋日蕆功；續調之兵，昨已降旨停止。糧餉軍火等項，藏內儲備，及官兵隨帶者，亦已寬然有餘，俱毋庸內地續行運送。前撥軍需銀兩，為數較多，自屬有盈無絀。著傳諭李世傑，即將此項官兵赴藏，至將來凱旋時徹回內地，約計應用軍需銀若干，分晰查明，據實覆奏。（高宗一三一四、三九）

（乾隆五三、一〇、辛丑）又諭：前據孫永清奏，分檄附近太平之潯州、梧州、柳州三府屬，碾動倉穀三萬石，輓運寧明、太平、龍州一帶。分起交貯，以資隨時給放；並接孫士毅咨會，豫備賞給廠丁米三、四萬石，接續運往。（高宗一三一四、四〇）

（乾隆五三、一〇、戊甲）軍機大臣議覆：四川總督李世傑奏稱，酌定運藏糧石腳價，每米一石，用牛馬一隻，每站給銀一錢六分；每二隻給夫一名，每名、每站照臺費舊例，折給口糧一分。計每米一石，自鑪直運至藏，需銀二十六兩八錢零。查所定運腳，較節年辦過例案，大爲減省。又稱，運送餉鞘軍火裝械等差，每牛馬一頭，需夫一名照料，較之照例設站，亦屬節省。均應如該督所奏。惟查藏內既有慶麟等所辦糧食，且官兵赴藏，各有裹帶口糧，其藏事徹回，是否將藏內餘米，量爲裹帶？此項米石，是否豫備接濟沿途不敷之用？抑或因察木多等處採買不敷，必須內地接濟之處，原摺均未詳晰聲明，請交該督查明覆奏。得旨：依議。巴勒布賊匪，易於勦辦，目下即可竣事，且藏內備辦糧石充裕，原毋須內地多運米石接濟；所有運送出口米四千餘石，自係豫備沿途支食之用。但官兵赴藏，各有裹帶口糧，自應覈計裹帶糧食若干，足敷幾日支食，足至何處，若自打箭鑪裹帶之糧，是計日到藏之數，則藏地已有慶麟等所辦之糧，足敷三千兵四月之用，又何用自打箭鑪運至藏乎？且此項米石，是否運至察木多，及巴塘、裏塘等處存貯？抑係自鑪直運至藏？該督摺內均未聲敘明晰。著交該督再逐一查明，迅速覆奏。尋奏：前後藏所備糧食充盈，即官兵徹回時，餘剩之糧，盡敷裹帶，無庸內地運供。所有運送出口米四千餘石，本係豫備官兵沿途裹帶之用，內惟察木多距藏尚遠，中有拉里一臺，酌撥米數百石，俾資接濟；餘俱分貯裏塘、巴塘、察木多三處，以備官兵往返按站供支，並未運交西藏。前摺所稱自鑪直運西藏，係合計運價而言，並非實有運藏之米。報聞。（高宗一三一五、一五）

（**乾隆五三、一一、癸亥**）諭軍機大臣等：據李世傑奏稱，該省辦理軍需，前撥陝西、山西銀一百萬兩，儘屬充裕，續撥楚省銀五十萬兩，可無需用，已就近飛行停止等語。此項銀兩，業據畢沅等彼此札商，如所解之銀，已入川境，自應解往川省；若起程不遠，未出楚省，又不妨仍留湖北備用，以省解送之煩。總在該督等酌量妥辦，不必拘執。（高宗一三一六、九）

（**乾隆五三、一一、癸酉**）諭：官兵進勦安南賊匪，所有一切軍需兵餉，需用較繁，自應寬爲籌備，以資接濟。現在粵西庫貯銀兩，恐不敷用，著戶部於附近省分，酌撥銀五十萬兩，解赴廣西備用。（高宗一三一六、二六）

（**乾隆五三、一二、甲寅**）諭軍機大臣等：前據孫士毅、孫永清奏，黎城至廣南二千餘裏，道路險遠，糧運維艱，須安臺五十餘站，雇夫至十餘萬之多。看所奏情形，竟須另辦，已有旨傳諭孫士毅，即酌量作速徹兵。今富綱奏，由雲南出口，至黎城已有四十站，若復安站直至廣南，又須增五十三臺，不但滇省官員，不敷差委，須向黔省調取，而雇用人夫，想亦不下十餘萬名之多。如此紛紛徵調勞費，更屬不貲；況粵西尚因人夫難雇，請令粵東幫同雇募，又安能更爲滇省代運？現在該國境土已全爲收復，阮惠等畏罪逃回占城舊地藏匿。計區區賊巢，豈能負固抗拒。（高宗一三一九、二七）

（乾隆五六、九、丁亥）諭：現在後藏邊境，有廓爾喀與唐古忒因帳目滋擾之事，鄂輝等帶兵前往進勦。著戶部於四川就近省分，酌撥銀二百萬兩，照例解往，仍從戶部補撥，交與該督留備軍需之用。（高宗一三八六、二八）

（乾隆五六、一〇、巳酉）協辦大學士吏部尚書署四川總督孫士毅奏：臣於九月十五日，在梓潼接印任事。查成德、鄂輝等先後派領漢屯兵二千二三百名，加調滇兵二千，察木多兵二千，及先期挑派換班兵丁一千二百餘名赴藏。需用兵食，爲數不少。西藏糧臺，現存糧三千石，喇嘛商上，現有糧四千石，時屆秋收，尚可採買二萬石，並牛羊一萬八千餘隻。我兵進藏後，若能迅速藏事，兵糧儘足敷用。萬一稍需時日，兵數又須加多，自當籌備充裕，應即在藏發價採買。至各糧臺稞麥，計此番兵過，僅供支放，亦當乘時採買。現飭各臺員，在附近部落採買備貯，至應用銀兩，現據藩司詳動備貯軍需一百五萬兩，酌撥支用。……至糧石爲軍行要需，不可不豫爲籌備。此次大兵赴藏，原爲該處僧俗番衆，保衛地方，自應給價令其採辦。但前後藏地窄人稠，蓋藏亦少，現在派調之兵，爲數已多。若再添滇省調往及內地官兵，該處所存稞麥，或至不敷支食。且恐滇兵未到，賊已先竄，多兵在彼駐劄，坐食數月，糜餉必多。著傳諭鄂輝、孫士毅，斟酌緩急，探聽情形，如此時賊匪尚未竄回，必須多兵勦截，即飛咨富綱，將滇兵調發，倘賊已遠遁，現在毋需此次兵丁，將續調各兵，概行停其派調。（高宗一三八八、一三）

（乾隆五七、二、丙寅）諭：此次大兵進勦廓爾喀，前經降旨撥銀二百萬兩，解往川省，以備軍糈，恐尚不敷應用。著戶部再撥銀一百萬兩，解赴川省，交署督孫士毅備用。（高宗一三九七、二五）

（乾隆五七、五、戊戌朔）諭：此次大兵進勦廓爾喀，節經降旨撥銀三百萬兩，解往川省，以備軍糈，恐尚不敷應用，著戶部於附近四川省分，再酌撥銀二三百萬兩，解交川省備用。（高宗一四〇四、一）

（乾隆五七、六、庚辰）……至軍餉一項，尤爲要需。今軍營並無解到銀兩，支用竭蹙，所關甚重。上年秋間，即已降旨，在川省附近省分，撥給銀二百萬兩，嗣又部撥銀一百萬兩。續據孫士毅奏報不敷，又賞撥銀二百萬兩，前後五百萬兩，不爲不多。即後起所撥銀兩，運解需時，其前次所撥銀三百萬兩,閱時已久,早應陸續運到軍營。前據孫士毅奏,所有運送出口軍火餉銀等項,俱已掃數趕送前途,毫無停積。何以前後藏及軍營並無解到者?是孫士毅從前奏報情形,竟爲站員等所愚,並非確實。孫士毅現赴前藏,著即嚴行督察,實力催趲,務須星速趕運。毋任解員等,沿途遲緩,致誤軍行要需。著和琳、鄂輝於解到前藏時,迅速趲運,務期早到軍營,以資應用。(高宗一四〇六、三八)

(乾隆五七、六、丁酉)又諭曰:福康安等奏,道員林儁,在後藏趲催軍糧,將烏拉價值,雇覓商民,設法運送。現已起運二千一百餘石。林儁趲運軍糧,不辭勞瘁,殊屬奮勉。著加恩賞給按察使職銜。……(高宗一四〇七、二〇)

(乾隆五七、一二、戊寅)諭:前因辦理廓爾喀軍務,業經降旨撥銀六百萬兩,以供軍需支用。茲據福康安等奏稱,所有解藏銀兩,除撥支軍需外,其例應支放兵餉各項,尚不敷用,請再酌撥銀兩,解川接濟等語。著照所請。交户部於隣近省分酌撥銀七十萬兩,令各該省派員迅速解往川省,以資支用。(高宗一四一八、三〇)

(乾隆五八、六、己巳)諭曰:孫士毅等奏,辦理廓爾喀軍務報銷各款,除米石價值,遵照部駁覈減外,其餘烏拉加給回空守候,支給牽夫口糧,及採買馬價餧養草乾等項,實因道路險遠,物價加昂,懇請飭部查照原奏准銷等語。此次進勦廓爾喀,盡係蠻荒險道,兼之冰雪載途,節節艱阻,其山逕陡仄之處,並不能乘騎,俱係步行前往。所有烏拉等項運送,在在維艱。較之金川相距鑪城路僅千餘里者,險夷遠近,迥不相同。從前金川軍需,共用七千餘萬,其部駁不准報銷銀六百餘萬,朕尚加恩豁免。今藏內所用,合計東西兩臺。亦不過如金川軍需所免之數,況此項報銷,福康安、孫士毅、和琳、惠齡等,俱係身親其事,彼此酌定,聯銜會奏。伊等皆朕親信大臣,豈尚有瞻顧站員,稍涉虛浮之理?此次著照所請,准其報銷。惟辦理廓爾喀軍務,實緣道途險遠,與他處不同,是以格外加恩,嗣後不得援以爲例。(高宗一四三〇、六)

(五)嘉慶朝

(嘉慶一、四、乙未)撥內庫銀二百萬兩,解往河南,以備軍需。(仁宗四、一三)

(嘉慶一、一〇、己丑)撥部庫銀二百萬兩,解往湖北,以備軍需。(仁宗一〇、一六)

（嘉慶一、一一、己酉）撥部庫銀四百萬兩，分解湖北、湖南，以備軍需。（仁宗一一、六）

（嘉慶一、一一、辛酉）又諭：據魁倫奏，現因緝捕洋匪，經費不敷，請於閩省藩庫借銀八萬兩，除歸還司庫墊款三萬餘兩外，尚存銀四萬有餘，以爲續後支給之用等語。該兵丁等奉派出洋，衝風破浪，若令於所得餉銀內，自備口糧，不足以示體卹。自應照該督所請，於藩庫項下照數借給，於緝捕較爲有益。（仁宗一一、一四）

（嘉慶一、一一、辛未）是月，總督銜湖南巡撫姜晟奏：動碾各州縣倉穀，共辦米六十六萬三千石，以濟軍糧。報聞。（仁宗一一、二六）

（嘉慶二、二、己丑）撥部庫銀三百萬兩，解往湖北，以備軍需。（仁宗一四、一二）

（嘉慶二、五、乙巳）撥部庫銀二百萬兩，解往四川，以備軍需。（仁宗一七、五）

（嘉慶二、五、甲寅）撥部庫銀二百萬兩，解往陝西，以備軍需。（仁宗一七、一一）

（嘉慶二、五、己巳）撥內庫銀二百萬兩，解往湖北，以備軍需。（仁宗一七、一九）

（嘉慶二、六、戊戌）是月，湖南巡撫姜晟奏：准貴州撫臣馮光熊咨稱，黔省籌採楚米十萬石，以濟軍糈。現將楚省各路駐防坐卡兵丁，及展賑供支米石，先行酌撥解運，以期迅速得濟。報聞。（仁宗一八、一九）

（嘉慶二、閏六、庚戌）撥內庫銀四百萬兩，解往四川，以備軍需。（仁宗一九、七）

（嘉慶二、七、甲午）撥內庫銀一百萬兩，解往河南，以備軍需。（仁宗二〇、一九）

（嘉慶二、八、庚子）撥內庫銀三百萬兩，解往湖北，以備軍需。（仁宗二一、三）

（嘉慶二、九、癸巳）撥部庫銀二百萬兩，解往陝西，以備軍需。（仁宗二二、一八）

（嘉慶二、一一、戊辰）撥內庫銀四百萬兩，解往四川，以備軍需。（仁宗二四、二）

（嘉慶三、二、丁酉）撥部庫銀二百萬兩，解往陝西，以備軍需。（仁宗二七、二）

（嘉慶三、三、庚寅）湖南巡撫姜晟奏：湖北撫臣汪新奏截湖南省嘉慶二年漕糧二十萬石，分解武昌荆州，以裕兵糈。經臣酌請先解米十萬石，餘俟麥收後酌解。嗣據湖北司道詳稱，該省滿漢兵丁，歲需米十三萬四千七百七十二石零，請即解往，當即督飭司道，如數運交。現存南省漕米六萬五千二百二十七石零，請撥歸本省苗疆留防項下動用。似此轉移調劑，兩省兵米，均敷供支，而南省市糧民食，亦無虞缺乏。下部知之。（仁宗二八、一四）

（嘉慶三、三、辛卯）撥部庫銀四百萬兩，解往四川，以備軍需。（仁宗二八、一六）

（嘉慶三、五、甲申）湖南巡撫姜晟奏：請於已解荆州漕截米內，先撥三萬石。就近解川，協濟軍米。下部知之。（仁宗三〇、一一）

（嘉慶三、五、丙戌）撥內庫銀二百萬兩，解往陝西，以備軍需。（仁宗三〇、一二）

（嘉慶三、六、丁未）撥山西、河南藩庫銀各三十萬兩，解往甘肅，以備軍需。（仁宗三一、八）

（嘉慶三、六、辛酉）撥部庫銀一百萬兩，解往湖北，以備軍需。（仁宗三一、一七；東一、二九）

（嘉慶三、七、戊子）諭軍機大臣等：德楞泰一路，所帶官兵七千餘名，何至每月需銀九萬餘兩？現已據英善等咨查，德楞泰一路如此，各路亦大概可知。勒保身為總統，並不嚴飭各路加意撙節，恐勒保一路，亦不免有浮支冒銷之事。國家經費有常，軍務一日不竣，不但需費不貲，即轉輸尤多煩擾。著將德楞泰軍營如何濫用之處，據實速奏。（仁宗三二、八）

（嘉慶三、一〇、癸巳）諭軍機大臣等：前因德楞泰奏伊一路軍營支用銀數清單，交軍機大臣查覈，據稱與軍需則例大半不符，約計每月濫支銀四萬餘兩，殊出情理之外。著交勒保遵照例案，將浮支各款覈明確數，著落德楞泰賠補，以示懲儆。德楞泰一路如此，各路大概可知。帶兵大員等勦辦賊匪兩載有餘，未能將各首逆按名擒獲，惟知多請帑銀，又復支銷浮濫，並藉此為冒餉漁利之計。可見伊等每次所請帑項，非帶兵大員等例外濫支，即係派出糧員通融濫應。勒保身為總統，受朕重恩，若亦相率效尤，扶同掩飾，則是有心徇隱，自貽身家之累。懍之慎之……（仁宗三二、八；東一、三一）

（嘉慶三、一一、癸酉）撥部庫銀二百萬兩，解往陝西，以備軍需（仁宗三六、三；東一、三二）。

（嘉慶三、一二、戊戌）撥部庫銀八十萬兩，解往河南，以備軍需。（仁

宗三六、九；東一、三二）

（嘉慶三、一二、己亥）撥部庫銀一百萬兩，歸還貴州藩庫辦理苗匪軍需墊款，並籌備善後事宜。(仁宗三六、九；東一、三二)

（嘉慶四、二、甲辰）諭軍機大臣等：福寧奏籌辦糧餉一摺，殊多浮泛之詞。此次辦理軍務，為期已久，而軍需經費，數逾七千餘萬之多，尤屬向來罕有。總緣伊等倚恃和珅為之護庇，遂致恣意妄為，毫無顧忌。帶兵各大員皆踵福康安、和琳習氣，在軍營中酒肉聲歌，相為娛樂，以國家經費之需，供伊等嬉戲之用。此等積弊，朕聞之熟矣。現在各處奏報，無不直達朕前，軍機大臣除承旨書諭外，多不與聞。一切賞罰，皆斷自朕衷。臣工遇有微勞，非軍機大臣所能保奏錄用，儻獲有罪愆，軍機大臣亦不敢為之挽回匡救。伊等若不痛改前非，則是自甘重戾矣。至軍營支費，原應實用實銷，即或例外供支，通融辦理，亦必有實在情形可以覆覈。若如現在，軍營各路兵勇日費雖多，而遲延不發，多命枵腹將事，至領兵大員，則任意支用，承辦者不敢過問，無怪其浮濫更甚也。勒保係經略大臣，綜理儲備，而福寧係專辦糧餉之人，若再不知撙節，仍前通同欺隱，伊等獨不自為身家慮乎？至訥音，前已有旨飭查，今摺內敘其在開縣駐守，非逗遛而何？其各處留養傷病滿漢官兵，即應通飭查明，各令歸旗回伍，以示體恤而節浮費。將此傳諭知之。(仁宗三九、一七；東續二、一三)

（嘉慶四、二、丁巳）撥部庫銀二百五十萬兩，解往四川，以備軍需。(仁宗三九、三八)

（嘉慶四、二、戊午）諭內閣：昨經降旨於部庫內撥銀二百五十萬兩，解川備用矣。節次解赴川陝軍需，朕從前即聞有在途被賊劫掠之事，伊等俱匿不奏聞。即昨日福寧奏籌計糧餉摺內，亦有各驛站閒被賊擾，俱令改道安設，雇覓健夫，將緊要文報繞山步送之語；恒瑞奏永保齎送經略印信，隨路探聽，斟酌行走，至今尚未到勒保軍營。可見川陝邊界一帶，道途不無梗塞，現在餉銀經過，不可不加慎重。(仁宗三九、三八)

（嘉慶四、三、癸酉）諭軍機大臣等，此次軍需經費，數逾七千餘萬，皆由各路領兵大員任意濫用所致，朕聞之至熟。今福寧摺內稱宜綿總統軍務時，因追勦竄匪，逐日移營，一時權宜齎發，所費不資。即此二語，已包括無數浮支濫用矣。至所稱各路運道，時通時塞，軍火、糧餉等項，閒有被阻被搶之事，尚屬實情。嗣後總宜似此據實具奏，不可稍有粉飾。……將此傳諭知之。(仁宗四〇、三二)

（嘉慶四、四、辛亥）撥部庫銀一百五十萬兩。解往陝西，以備軍需。

(仁宗四三、九)

（**嘉慶四、七、丁卯**）撥安徽、江西藩庫銀各五十萬兩，解往湖北，以備軍需。(仁宗四八、一五)

（**嘉慶四、八、癸卯**）撥內庫銀二百萬兩，命副都御史廣興，副都統托津，押送四川達州，以備軍需。(仁宗五〇、一九)

（**嘉慶四、九、庚辰**）撥部庫銀一百萬兩，解往陝西，以備軍需。(仁宗五二、一八)

（**嘉慶四、一〇、辛丑**）截留湖北漕米六萬石，以備軍糈。(仁宗五三、二〇；東二、四六)

（**嘉慶四、一一、丁丑**）撥部庫銀五十萬兩，解往河南，以備軍需。(仁宗五四、一六)

（**嘉慶四、一一、庚辰**）撥部庫銀一百五十萬兩，解往四川、陝西，以備軍需。(仁宗五五、二八)

（**嘉慶五、一、己巳**）撥部庫銀一百萬兩，解往陝甘，以備軍需。(仁宗五八、一)

（**嘉慶五、一、庚辰**）撥部庫銀四十萬兩，解往湖北，以備軍需。(仁宗五八、二一)

（**嘉慶五、二、乙未**）撥部庫銀一百萬兩，解往陝西，以備軍需。(仁宗五九、三三)

（**嘉慶五、三、壬午**）撥部庫銀五十萬兩，解往陝西，以備軍需。(仁宗六二、三〇；東三、一三)

（**嘉慶五、四、丁亥**）撥廣儲司庫銀十萬兩，熱河銀十萬兩，廣東銀三十二萬兩，分解陝西、湖北，以備軍需。(仁宗六三、八；東三、一四)

（**嘉慶五、四、丁未**）諭軍機大臣等：……現在陝西賊匪，漸次東趨豫省，如陝州、盧氏、淅川、閿鄉、靈寶各處，緊接陝省，著吳熊光轉飭地方官，出示曉諭，剴切開導，總當聚集壯健，結隊保守，……至各邨莊集勇之費，如係官爲辦理，事定後准其據實開銷，若係百姓自行出資捐辦，即將各該處應徵錢糧，奏請加恩蠲免，以示體恤。(仁宗六四、一八)

（**嘉慶五、閏四、癸丑**）撥部庫銀一百萬兩，分解河南、陝西，以備軍需。(仁宗六五、一；東三、一五)

（**嘉慶五、閏四、庚辰**）撥部庫及廣儲司庫銀四十萬兩，解往四川，以備軍需。(仁宗六六、一七)

（**嘉慶五、五、戊戌**）撥部庫銀五十萬兩，解往陝西，以備軍需。(仁宗

六八、一；東三、二一）

（**嘉慶五、六、甲戌**）撥浙江商捐銀五十萬兩，解往陝西，以備軍需。（仁宗七〇、二二）

（**嘉慶五、九、乙未**）撥山西藩庫銀七十萬兩，解往陝西，以備軍需。（仁宗七四、一〇、東三、三一）

（**嘉慶五、九、丙午**）又諭：剿辦教匪五載以來，所發餉銀不下數千萬兩。此項餉銀，原係供支軍營官兵鹽菜口糧之需，乃所發帑金，總不敷用，自由承辦官員，遇有餉項到省，先將例不開銷之款，任情支發，轉將官兵應領之項拖欠，籍口餉銀缺乏。甚至兵丁有因拖欠鹽菜口糧，竟至結隊潛回者。現在承辦各員，雖未必敢如從前濫行支用，但遇有解到餉項，或將本省他項應給之款，先行給付，以致支發軍需，轉形支絀，此則不知事體之輕重緩急。試思頻年在京在外撥給帑項，原爲軍需而設，則支用亦應以軍需爲主，如有牽混之處，將來報銷時，部臣亦必議駁。若地方偶有災賑，自當專摺奏請。如本年夏閒，陝省地方秋禾被旱，有應行賑濟之處，一經台布奏請，於軍需撥銀七十萬兩之外，另發去銀三十五萬兩辦理賑務，原屬兩無牽混。斷不准將此次所發軍需，再於他項動支。著傳諭各路軍營領兵大員及各督撫等，嗣後餉銀一項，於撥解到局時，皆當一體遵照，儘供軍需之用。（仁宗七四、二〇）

（**嘉慶五、一〇、甲子**）撥部庫及廣儲司庫，並山西藩庫銀，各二十萬兩，解往四川，以備軍需。（仁宗七五、二一；東三、三二）

（**嘉慶五、一〇、甲戌**）撥山東、江西藩庫銀各二十五萬兩，解往陝西，以備軍需。（仁宗七五、二九）

（**嘉慶五、一二、庚戌**）諭軍機大臣等：自邪匪滋事以來，剿辦已及五載，總無藏事之日。近據各路奏報，……各股賊匪，統計不過萬餘，……現在各路征兵不下十萬，軍威不爲不盛，而所需餉銀，朕不待伊等奏請，無不預爲籌撥，源源接濟……（仁宗七七、二）

（**嘉慶五、一二、甲寅**）撥山東、江西藩庫銀各二十萬兩，解往湖北，以備軍需。（仁宗七七、一一）

（**嘉慶六、一、戊子**）又諭：自嘉慶元年剿辦教匪以來，所需餉項，部庫及各省撥解，爲數已不下十千萬兩。自朕親政之後，疊降諭旨，嚴飭覈實辦理，各該督撫及承辦之員，尚不敢任意侵漁。是嘉慶四年以後所撥餉銀，覈其成數，較之從前，減少不啻數倍；外省經手支發，尚有條理。其嘉慶三年以前每次所撥餉銀，動輒二三百萬，不逾數月，又復奏請續撥，此三年內撥餉甚多。伊等作何動用，尚未報部覈銷；其中浮冒情弊，自所不免。即如三年以前由部發出軍需，各該省局內動稱平兌短少，而四年以後所發之銀，一經平兌，多屬有贏無絀。是從前經手之員有意侵欺，捏報短少。即此一節，已可概見。若統俟大功告竣，一併題銷，則牽連弊混，必致礙難稽覈。自應截明年分，畫出界限，以清帑項。所有嘉慶三年以前領發軍需，著各該督撫先行題銷。務須逐款詳悉覈查；如有浮冒分肥情弊，即行據實嚴參治罪，並著落照數賠繳。如從前辦理軍需之宜綿、福寧、英善、秦承恩、畢沅、胡齊崙等，俱早經離任抵罪，亦無所用其迴護。各該督撫接奉此旨，務須認真覈查，迅速題報，儻有扶同徇隱情事，一經部臣覈出，則惟該督撫是問。將此傳諭陝、甘、四川、湖北各督撫知之。（仁宗七八、九）

（嘉慶六、一、己丑）諭軍機大臣等：本日據額勒登保奏，督師截勦新過江北大股賊眾，節次痛加斬戮，並楊遇春等連日趕勦股匪各情形。殺賊共一千五百餘名，生擒一千餘名。經略等督兵打仗，竟至露處，辛苦備嘗，可謂不遺餘力。但首逆如高三、馬五究未擒獲，不能辦淨一股，且洵陽地方，又有竄過漢江北岸之賊，奔竄稽誅。推原其故，總由於防堵不力，必須有兵勇加意防範，俾賊匪無處竄逸，勦辦方可得力。長麟、陸有仁身為督撫大員，堵禦是其專責，自應將各處防守兵勇詳細查覈，如實有殘廢無用者，兵則另行抽換，勇則召募添補。現在陝省兵餉，每月需用五十萬兩。與其曠日持久，零星多費而不能集事，莫若厚集募勇，一舉成功，所費咸獲實效。將此傳諭知之。（仁宗七八、一一）

（嘉慶六、一、辛卯）諭軍機大臣等：朕念軍興以來，各路兵勇打仗殺賊，實為勞苦。茲特派大理寺少卿窩星額、太僕寺少卿裘行簡，前赴額勒登保、德楞泰兩路軍營頒賞，以示體卹。其頒賞銀兩，若由京齎往，道途紆遠，未免稍稽時日。著伯麟即於藩庫內動撥十萬兩，遴委妥員，先期解至蒲州守候，俟窩星額、裘行簡到時，仍令原委各員小心護運，隨同前往。至此次動撥之項，如可無需歸款則已，儻該省尚有別項支放不敷之處，該撫據實奏聞，即由部庫照數撥還。（仁宗七八、一二；東四、一）

（嘉慶六、一、壬辰）撥部庫，廣儲司及浙江解京銀六十萬兩，解往陝西，以備軍需。（仁宗七八、一四）

（嘉慶六、三、戊寅）諭軍機大臣等：前因楚省勦賊，兵力不敷，令在本省酌添練勇。今書麟稱，新募鄉勇技藝生疏，不能得力。且口糧厚於官兵，以之禦賊則不足，以之擾民則有餘。並籌將來勦辦事竣後，歸農無田可耕，歸伍無缺可補，難於安置。所見俱是。此項新募鄉勇，既不得力，自應

仍酌留官兵，俾資剿捕。將此傳諭知之。(仁宗八〇、四)

(嘉慶六、四、戊申) 撥廣東鹽課銀二十萬兩，解往四川，兩淮鹽課銀五十萬兩，分解湖北、陝西，以備軍需。(仁宗八二、三)

(嘉慶六、七、甲申) 撥廣東藩庫銀二十萬兩，兩淮運庫銀二十萬兩，解往陝西，以備軍需。(仁宗八五、九、東四、一三)

(嘉慶六、七、丙申) 撥廣東藩庫銀二十萬兩，兩淮運庫銀二十萬兩，解往四川，以備軍需。(仁宗八五、二〇、東四、一三)

(嘉慶六、八、乙酉) 撥湖南米三萬九千石，解往陝西，以備軍糈。(仁宗八六、一二；東四、四)

(嘉慶六、八、丙辰) 撥江西藩庫銀三十萬兩，解往四川，以備軍需。(仁宗八六、一九；東四、一五)

(嘉慶六、八、癸酉) 撥江西、廣東藩庫銀各二十萬兩，解往陝西，以備軍需。(仁宗八六、三六；東四、一五)

(嘉慶六、一〇、乙卯) 撥廣東藩庫銀二十萬兩，解往湖北，以備軍需。(仁宗八八、一九；東四、一八)

(嘉慶六、一一、己丑) 撥兩淮鹽課銀四十萬兩，分解四川、陝西、以備軍需。(仁宗九一、三)

(嘉慶六、一一、癸巳) 撥廣東商捐銀十三萬三千兩，解往陝西，以備軍需。(仁宗九一、一一；東四、二三)

(嘉慶六、一二、甲寅) 截留湖北、江夏等州縣帶徵漕米四萬七千八百石，以備軍糈。(仁宗九二、一二；東四、二四)

(嘉慶六、一二、己未) 撥兩淮商捐銀二十萬兩，解往四川，以備軍需。(仁宗九二、二七；東四、二五)

(嘉慶七、一、甲申) 撥湖南藩庫銀十五萬兩，解往湖北，以備軍需。(仁宗九三、一三)

(嘉慶七、一、戊子) 撥山西藩庫，兩淮、長蘆運庫銀各十萬兩，解往陝西，以備善後事宜之用。(仁宗九三、一四)

(嘉慶七、一、己丑) 撥河南藩庫銀十萬兩，解往陝西，以備善後事宜之用。(仁宗九三、一六)

(嘉慶七、二、癸卯) 撥安徽藩庫銀十萬兩，解往湖北，以備軍需。(仁宗九四、四；東五、三)

(嘉慶七、二、辛亥) 撥河南、山東藩庫銀各五十萬兩，山西藩庫銀一百萬兩，解往四川，以備善後事宜之用。(仁宗九四、八；東五、四)

（嘉慶七、二、庚申）撥雲南積存錢一百萬緡，解往四川，以備軍需。（仁宗九四、一六；東五、四）

（嘉慶七、三、辛卯）撥浙江商捐銀四十萬兩，解往陝西，以備善後事宜之用。（仁宗九六、一三；東五、五）

（嘉慶七、三、庚子）撥江西藩庫銀十萬兩，解往湖北，以備善後事宜之用。（仁宗九六、二五；東五、六）

（嘉慶七、四、甲寅）撥河南藩庫銀二十萬兩，解往陝西，爲寧陝鎮建造營汛兵房之用。（仁宗九七、一二；東五、六）

（嘉慶七、四、辛酉）撥江西、河南藩庫銀各二十萬兩，解往湖北，並准湖北藩庫動支銀十萬兩，以備軍需。（仁宗九七、二七；東五、六）

（嘉慶七、四、辛酉）撥四川米一萬石，解往陝西，以備軍糈。（仁宗九七、二七；東五、六）

（嘉慶七、五、丁亥）撥河南藩庫銀十萬兩，廣東藩庫銀三十萬兩，解往陝西，以備軍需。（仁宗九八、一四；東五、七）

（嘉慶七、七、癸未）撥河南藩庫銀三十萬兩，解往陝西，以備善後事宜之用。（仁宗一〇〇、二一）

（嘉慶七、八、庚子）撥河南藩庫銀三十萬兩，兩淮鹽庫銀二十萬兩，解往湖北，以備軍需。（仁宗一〇二、五；東五、一四）

（嘉慶七、八、乙巳）撥安徽米四萬石、湖南米三萬石、河南小米二萬石，解往湖北，以濟軍糈。（仁宗一〇二、一一；東五、一五）

（嘉慶七、八、己酉）撥河南藩庫銀三十四萬兩、浙江藩庫銀二十六萬兩、廣東藩庫銀四十萬兩，解往陝西，以備軍需。（仁宗一〇二、二一；東五、一五）

（嘉慶七、一〇、丙午）撥兩淮運庫銀二十二萬兩，浙江運庫銀二十八萬兩，解往河南，以備軍需。（仁宗一〇四、五；東五、一七）

（嘉慶七、一〇、丁巳）撥兩淮運庫銀三十萬兩，粵海關稅銀二十萬兩，解往四川，以備軍需。（仁宗一〇四、一四；東五、一七）

（嘉慶八、五、庚申）諭軍機大臣等：陝省從前召募鄉勇四五萬人，前年冬閒陸續裁徹，至上年七月間，經額勒登保奏定，始有給資遣送回籍之例。此等鄉勇前後散遣日期，有無登記，其給予路費及未經給予者，該地方官是否申報上司，立有案據，亦當詳細查訪，勿令致有侵冒捏飾。至遣散之鄉勇，在安分者，無論得受廩給與否，自能各謀生業，若桀驁性成之徒，即給與路費賞銀，亦不能保無流蕩爲匪情事。額勒登保當移知各該督撫等，飭令地方官隨時查察，如有散遣之鄉勇犯法滋事，亦不問其從前曾否給與路費賞銀，總當一律嚴拏懲治，俾知儆畏，自可漸就安輯也。將此傳諭知之。(仁宗一一三、二六)

（嘉慶八、八、癸酉）又諭：前因陝省軍需，日久總未報銷，節經戶部飭催，僅據題到收銀總數，而於支用款項，猶未題銷一案。並聞該省竟無用賬，恐有浮冒情事，特命額勒布、初彭齡馳往清查。茲據查明奏稱，該省支發兵餉，本未定有章程，俱係隨領隨發，只存總數；其支用細數，並無月報底帳。因即調取該司支發底册，與各員文領覈對，領款數目相符，又將各員銷册內用數與領數覈對，亦無短少。及研訊經手各員，亦無餽送侵肥供據。應即就現在查審情節，請旨分別參賠等語。陝省自軍興以來，所糜帑項，計嘉慶元二三年，已用至一千餘萬兩之多。其初未定章程，以致節年多有與例不符之款，茲據各該員開報，均係濫支濫應，並未入己；因思從前師行吃緊之際，各帶兵大員，提取銀兩，以備賞需。今覈其用款，皆稱係屬犒賞兵丁，其實私行挪用，或經手家人從中沾潤，俱所難免。現在大功告蔵，念伊等著有勞績，均不加深究。至濫應各員，一時恐誤軍需，於例外支應，亦係事之所有；而不肖劣員，即藉此名目，影射私肥。此種情弊，自難逃朕洞鑒。特以款項繁多，閱時已久，現又查無侵冒確據，朕不爲已甚，刻意追求。但伊等辦理不善之咎，實無可辭。所有額勒布等請將各該員分別議處及分賠之處，著交該部覈議具奏。(仁宗一一八、三〇)

（嘉慶八、一二、辛巳）諭軍機大臣等：方維甸奏鄉勇一項，資送回籍，安插得所，恐係紙上空談，未可盡信。果能不令失所，何至賊夥內大半俱屬鄉勇？著方維甸飭令地方各員妥爲安置，並隨時管約，有犯必懲，務使散處，毋任聚集一處，或致滋生事端。國家設兵衛民，原不可一日不加整飭，此時兵丁大半撤令歸伍，正可隨時習練，各成勁旅。地方偶有徵調，足資捍禦，亦無藉團練之力矣。該撫當加意整頓營伍爲要。(仁宗一二四、二三)

（嘉慶九、一、戊戌）撥廣東關稅銀一百萬兩，解往四川，備善後事宜之用。(仁宗一二五、五)

（嘉慶九、二、甲申）撥廣東商捐銀四十萬兩、兩淮鹽課銀二十萬兩，解往陝西，以備善後事宜之用。(仁宗一二六、二七；東六、二二)

（嘉慶九、三、戊戌）撥山西糧三萬石，解往陝西，以備兵糈。(仁宗一二七、二；東六、二二)

（嘉慶九、六、丁卯）撥九江、龍江、淮安、滸墅等關稅銀五十萬兩，解往陝西，並撥陝西實存雜項銀十萬兩，備軍營善後之用。(仁宗一三〇、

一一；東六、二七）

（**嘉慶九、一〇、癸未**）德楞泰奏：前散遣陝省鄉勇時，每名賞銀五兩，又格外加賞銀二兩五錢，現徹之四川鄉勇，較前勞苦，請每名給銀十兩。從之。(仁宗一三五、二九)

（**嘉慶一〇、四、己巳**）諭內閣：勒保奏查明嘉慶三年以前軍需報銷案內，部駁駄折人夫，及扣出不准入銷之賞號等款，開單請旨一摺。朕閱單內所開漢土兵丁，及隨征鄉勇、支用長夫、官員駄折並滿兵駝馬駄折銀兩四款，前經部議，以魁倫未奏以前概不准銷。但此項銀兩，從前早經支發，今自魁倫具奏之後，既准其照數報銷。同一款項，自當畫一辦理。除官員駄折一項，據奏減去銀十五萬三千五百六十七兩零外，其餘銀一百三十八萬二千六百十六兩零，均著加恩准其報部覈銷。至軍營賞需一項，前經疊次降旨，申明訓諭，賞罰為軍紀之要，隨征官兵等，如果有奮勉出力者，一經奏聞，無不立沛恩施，或擢授官職，或賞給翎枝勇號，或賞給錢糧銀牌，皆當恩出自上，即必須格外加賞，亦應據實奏明，候旨頒賞。帶兵大員等，何得擅立賞號，用市私恩？是以從前歷次用兵，本無此項名目，我皇考高宗純皇帝曾經屢頒聖訓，著之令典。自福康安出師臺灣等處，始有自行賞給官兵銀兩、紬緞之事。爾時藉其聲勢，向各省任意需索，供其支用，假公濟私，養家肥己。其後各軍營習以為常，帶兵大員等，不得不踵行犒賞；而力有不能，輒於軍需項下動用支銷，以公帑作為私用。今此項銀兩，既經查明，自應責令支用各員按數分賠。但此時大功早經告蕆，閱單內所開各員，均無力追賠，惟勒保尚任總督，廉俸較優；若將其餘寬免，而獨令該督賠繳，亦未免偏枯。所有此次川省軍營賞需，嘉慶三年以前，支用銀五萬一千一百五十四兩零，四年以後，支用銀二萬七百十兩零，均著加恩免其追繳，作正開銷。嗣後設遇辦理軍需時，不得再立賞需名目，惟當恪遵功令，慎重軍儲。儻實有必須賞賚之處，務須奏聞請旨，候朕賞給；如仍擅自動項支給，覈銷時必當全數罰賠，治以違制之罪，不能曲邀恩貸矣。至官員駄折案內覈減一半銀兩，兵勇長領騾價，及額外製備兵勇號帽等項七款銀兩，勒保奏請分別追賠攤扣之處，著照所請辦理。(仁宗一四二、一五)

（**嘉慶一一、二、辛丑**）諭軍機大臣等：臺灣賊匪滋事，商船販運自稀；不但兵米恐有支絀，民食亦未必寬裕，亟應早為籌備。因思四川、湖南、江西三省，均係產米之區，應行豫備撥往。著該督撫於本省倉穀，先行碾動，四川省豫備二十萬石，湖南、江西二省各豫備十萬石，俟有旨諭知撥運時，即行派員運往。將此諭令知之。(仁宗一五七、二〇)

（嘉慶一一、二、辛丑）撥廣東關稅銀三十萬兩，解往福建，以備軍需。（仁宗一五七、二一）

（嘉慶一一、四、戊子）諭內閣：據全保等，將湖北軍需濫用平餘案內前任湖廣總督畢沅名下應追賞兵、濫應等銀六萬九千三百八十七兩三分五釐，查照原奏，在於同案巡撫、司道、府州縣各員名下分攤著賠，並開具款目、員名、銀數清單進呈一摺，軍營濫支濫應各款，理應照數分攤，嚴行追繳。至自行賞兵一項，如果查有支用月日，及分賞確數，尚與濫支濫應者有間，是以前此川楚軍需，福寧等名下應追賞兵銀兩，業經降旨寬免。此項事同一律，且畢沅久經身故，家產查抄，子孫並無出仕之人，所有畢沅自行賞兵銀二萬四千六百六十兩零，著加恩豁免，無庸分攤賠繳。其餘濫應等銀，著照所請，在於單開各員名下照數分攤。行令各原籍及現在任所，照例勒限追繳報撥。（仁宗一五九、一二）

（嘉慶一一、八、癸未）撥山西藩庫銀四十萬兩，解往陝西。以備軍需（仁宗一六五、一○）

（嘉慶一一、九、壬子）撥山西藩庫銀三十萬兩，解往陝西，以備軍需。（仁宗一六六、一九）

（嘉慶一一、一一、乙巳）諭內閣：據全保、瑚圖禮奏，湖北邊界防兵撤歸原營，所有動用銀兩，除借給官兵養廉行裝銀五萬四千餘兩，應照例扣還外，其餘支過鹽糧各項約共銀六萬兩，在於通省督撫、司道、知府養廉內每年扣捐二成，陸續歸款等語。此次湖北因寧陝匪徒滋事，分派官兵，在於邊界防勦，現已次第裁徹。所有動支各款內，如借給官兵養廉行裝銀兩，自應照例扣還，其餘動支鹽糧各項，例應報部覈銷，何必奏請捐廉歸款？且外省捐廉款項，多不出自己資，上司攤派屬員，屬員仍取之百姓，政體殊有關繫。況全保現已調任陝甘，新任總督汪志伊未經承辦此項，亦派令一律按年扣捐，尤屬無謂。全保等所請不准行，仍著瑚圖禮將支過鹽糧、運腳各款銀約六萬兩，造冊報部覈銷。不得任令經手官胥藉端浮冒，致滋咎戾。（仁宗一七○、一）

（嘉慶一一、一二、丙戌）諭內閣：戶部奏，飭催湖北、陝西二省嘉慶四年以後鄉勇報銷，即速併案具題一摺。國家設兵衛民，本不應有鄉勇名目，前此邪匪倉猝滋事，各該省或因一時徵調不及，暫時雇募鄉勇，就近征勦，是亦情事所有。而軍需報銷之弊，大半即以鄉勇為名，恣其浮冒。總緣鄉勇本無定數，可以任意增添，非如各省官兵，有名糧冊籍可考。而其招募裁徹，又無一定月日，或久或速，一聽地方官任意捏報，無從詳悉稽查，因之百弊叢生。凡有軍營內浮支濫應之款，其無可報銷者，無不歸之於應付鄉勇之項。即如户部此次所奏，湖北省題到報銷鄉勇各案，祇在嘉慶三年以前，已開有鄉勇三十六萬六千七百餘人，其鹽糧口食開銷有四百七十餘萬，米亦有二十三萬餘石，浮冒顯然。試思嘉慶三年以前，湖北邪匪，祇不過聶傑人、張正謨等數犯首先起事，其裹脅附從者，亦尚有限。若彼時果實有鄉勇三十六萬餘人，加以本省及徵調鄰省兵數萬人，勢已百倍於賊，又何難立時撲滅淨盡，何至賊匪鴟張，蔓延滋擾？湖北一省，在三年以前，其開報鄉勇，即多至此數，則其後賊匪闌及四川、陝西各省，地方遼闊，直至嘉慶八年，始經一律蕆事，此後各該省開報鄉勇，更不可憑信。所有湖北、陝西省未經題銷之案，著交該督撫等各發天良，大加刪減，覈實具題。巡撫章煦、方維甸，均非當日承辦軍務之人，無所庸其迴護。俟各該省題銷全到，該部再行覈覆具奏。(仁宗一七二、一七)

(嘉慶一三、三、乙丑)又諭：汪志伊等奏，查明楚省正續兩案軍需，覈減隨征鄉勇銀米，據實陳明一摺。湖北征防鄉勇支領銀米，前經户部奏准，將被賊州縣防堵鄉勇酌減二成，近賊州縣防堵鄉勇酌減三成，其隨征鄉勇亦酌減一成，行令該省照數賠交在案。茲據汪志伊等奏，楚省隨征鄉勇，當日悉由督撫帶兵大員札行地方官雇募解營，分撥各隊按數點交，花名人數本有檔冊可查，實與征兵無異。所有應得銀糧，由帶領之人隨時出具領狀，地方官無由高下其手；並有川省鄉勇追賊到楚，由楚支給銀米者，楚省更無從虛捏。此時既未便向原雇地方官著追，又難責營員賠繳等語。所奏自係實在情形。所有部議覈減楚省隨征鄉勇一成銀五十九萬六千五百餘兩，米二萬一千一百餘石，著加恩准其一體報銷，無庸酌減。至該省防堵鄉勇覈減二成、三成銀米，亦著照該督撫所請，先於原辦各名下，查明現在本省及升調別省者，分別勒限催追外，其有事故離任人員，如實係人亡產絕，即著落楚省州縣以上，分別每年攤扣養廉二成還款，俾帑項不致虛懸。(仁宗一九三、二三)

(嘉慶一五、一二、壬午)又諭：户部奏請飭催陝西等省軍需，駁查未結各案一摺。軍需為帑項攸關，本應隨時報銷，以歸覈實，乃陝西、湖北、四川三省，尚有駁查未經覈銷銀至一千八百餘萬兩之多。此項軍需所用銀兩，或在嘉慶三年以前，或在四年以後，迄今已十有餘年，日久懸宕未結，殊非慎重錢糧之道，可見外省辦理案件，任意遲延，致多積壓。著該督撫等務即嚴飭所屬，逐案清釐，趕緊查報完竣。此外尚有各省協濟軍需，及廣東博羅、福建臺灣等處未結各案，銀數雖屬無多，究亦未便久延，著該督撫等

一併速行題報繳銷。（仁宗二三七、二）

（**嘉慶一五、一二、乙未**）又諭：孫玉庭奏勘辦儂匪案內，支用銀兩，請免報銷一摺。據稱此案前於司道庫發銀一萬四千一百六十四兩四錢二分六釐，又各屬墊支銀一萬七千五百五十四兩二錢五分，現於江蘭賠項內，分別歸還發領，並尚有餘銀報撥充公，惟從前支用細數，藩署案卷本不齊全，各屬冊檔又未存留交代，若令已隔數任之員，按款造冊，勢必懸揣捏開，以符原數，跡涉欺罔，可否免其造冊報銷等語。庫帑支發，絲毫必須題報，以歸覈實，此項支用鹽糧、賑卹等銀，雖係著落江蘭賠繳，既已報解藩庫，即屬公帑，自應照例造冊題報，若竟就案完結，則勘辦儂匪一案，日久必至全無稽考，斷無此辦法。如云動支細數，遠隔多任，難於追考造冊，則從前辦理此事，豈竟全無案據？即如司道庫實發銀一萬四千餘兩一款，原請作正開銷，自有冊檔可憑。又各屬墊支銀一萬七千餘兩一款，係江蘭賠繳後陸續發領，該屬等具領時，自應將原墊銀數申詳，此時彙總查出，即可據以造冊具題，何庸懸揣捏開，虛列細數爲耶？所奏不准行，仍俟具題到日，再降諭旨。（仁宗二三七、一四）

（**嘉慶一八、九、壬辰**）撥長蘆運庫銀二十萬兩，解往直隸省城，以備軍需。（仁宗二七五、二五）

（**嘉慶一八、一一、庚辰**）諭內閣：……從前辦理三省邪匪七年之久，餉銀用至八千萬兩，悉由帑藏頒發，從未令臣工輸助。（仁宗二七九、四）

（**嘉慶一八、一二、壬寅**）撥兩淮鹽課銀一百二十萬兩，解往河南備用。（仁宗二八〇、一七）

（**嘉慶一九、一、戊寅**）諭內閣：據那彥成奏，直隸軍需用款約計將及九十萬兩，請照擒捕內地賊匪，本省自行辦理之例，於現在大小官員養廉內，分作十五年均匀攤扣歸款等語。此次教匪謀逆，由林清倡首，該逆伏匿郊畿，借傳教爲名，肆行勾結，以致釀成叛案，延及豫東二省，勞師糜餉。該管官毫無覺察，形同木偶，玩誤因循，莫此爲甚。應照那彥成所奏罰賠示懲。惟州縣等官職分較小，廉俸無多，林清及逆黨犯事地方，又不皆在所轄境內，無庸一律攤扣；至那彥成、錢臻調任皆在事後，攤捐亦未平允。此事著即交那彥成督率錢臻，查明自嘉慶十一年起至十八年止，各歷任總督，順天府尹、藩臬兩司及該管道員等，按其在任年月，秉公覈算，分別攤賠，以清款項。（仁宗二八三、一）

（**嘉慶一九、一、庚午**）諭軍機大臣等：同興等奏，山東軍需已支用者七十餘萬，尚有各州縣應行找領之項，統計約須百萬，懇請一概毋庸報銷，在通省地方官養廉内攤捐，分十年歸款等語。所辦非是。此次賊匪滋事，山東省曹、定一帶雖有剿捕事宜，但官兵在本境剿賊，供支有限，如京營、吉林、黑龍江勁旅以及陝甘他省客兵皆未到境，何至軍需用項計有百萬之多？此必局員等濫支濫應，漫無撙節，因恐報銷致干飭駁，遂倡爲通省捐廉之説，無所稽察，以便浮開冒混。不思國家辦理軍需，例應作正開銷，部臣勾稽考覈，應准應駁，皆有一定準則，豈容臣下博捐輸之名，而轉遂其冒濫之實？所奏不准行。該撫即督率局員，速將軍需支款，按照定例覈實報部，毋任絲毫浮冒。將此諭令知之。（仁宗二八二、九）

（嘉慶一九、四、庚午）諭内閣：據高杞奏，查明南路撫卹及軍需銀兩，照例報銷，其餘各款請捐廉歸補一摺。甘肅秦、階等州縣，聞有陝省被勦賊匪闌入境内，所有撫卹銀二千八十餘兩，自應照例題銷。至該省官兵派赴河南、陝西勦捕賊匪，除鹽菜、口糧等項作正開銷外，此外添設腰站夫馬供支，中途調回馬匹，及防城守卡民夫口食，解運軍火、糧餉，委員盤費，並報銷書識紙張、飯食等項，共用銀二萬七千四百餘兩，著高杞督率藩司覈實確查，造册報部，毋許絲毫冒濫，應准應駁，部中按例覈銷，毋庸令該督與藩臬兩司捐廉歸款。（仁宗二八九、一二）

（嘉慶一九、六、癸酉）諭軍機大臣等：據常明奏，此次勦辦雷波清溪夷匪，調派官兵所需鹽糧、夫價、運腳、犒賞以及安塘設站等事，共需銀三萬三千餘兩，連撫卹難民之費皆在其内；其中有例得准銷者，亦有例不准銷者。該督撫擬與司道各員公同捐辦等語。所奏非是。地方辦理軍務，一切軍需支應，例應報部覈銷，何庸地方官捐辦？何嘗自出己資？仍不過取之於官庫，或剥削小民，假名圖利。若云内有例不准銷之款，即屬濫支濫應，本不應造報。所有此次軍需銀三萬三千餘兩，著該督詳加稽覈，除不應報銷者刪除外，其例應報銷者，照例具題，由部查覈；將來設有部駁之款應行著賠者，該省再行攤賠可也，將此諭令知之。（仁宗二九二、一六）

（嘉慶一九、九、己亥）又諭：廣厚奏，查明苗疆均屯田租，酌將借墊各銀穀分别捐賠一摺。湖南苗疆經費，前經展扣三成軍需銀六萬兩，發交買穀四萬石，並餘銀二萬零五百八十兩以爲儲備。又苗糧盈餘存倉穀二萬一千七百五十三石零，因節年荒歉及墊辦公用，借動前項銀兩，並動用穀四萬九千二十三石零；此内各苗弁借支丈田穀六千五百五十石，著加恩豁免，其餘銀兩穀石，現據廣厚查明，實係因公動用，自應即速補還，以實邊備。著照所請，將倉廠等項抵交穀一萬三百九十七石七斗外，其所短銀二萬五百八十兩，穀三萬二千七十五石六斗，以穀一石作銀一兩，共計銀五萬二千六百五十五兩六錢，准將廣厚捐銀六千兩，翁元圻捐銀四千兩，並通省攤扣三成軍需展攤一年，計銀三萬兩歸補；尚短銀一萬二千六百五十五兩六錢，即著署辰沅永靖道姚興潔照數賠繳。嗣後備儲銀穀，如遇有要需及租穀歉收不敷，非覈實奏明，不得擅動。（仁宗二九六、二九）

（嘉慶一九、一一、乙巳）諭內閣：戶部奏請，飭催陝西等省軍需，駁查未結各案，並直隸等省軍需報銷逾限各一摺。軍需為帑項攸關，自應隨時報銷，以杜延混浮冒之弊。乃陝西一省軍需用過銀兩，在嘉慶三年以前及四年以後，駁查各案，尚有銀五百九萬五千餘兩。事閱十有餘年，未經銷結，又刪減隨徵兵丁加增鹽菜銀十八萬九千餘兩，亦未題報。其湖北、四川及協濟軍需之直隸、甘肅、雲南、貴州、廣東、福建、山東、山西、湖南、江西、安徽等省，共未經銷結銀二百五十二萬五千餘兩；似此多年積壓，日久愈滋轇轕。又上年直隸等省辦理邪匪軍需所用銀兩，降旨飭令趕緊報銷，今已逾限；除河南一省現據陸續題報外，其直隸、山東、陝西、甘肅、山西、安徽、江蘇等省，均尚未據報部查覈。又雲南勦辦緬寧邊外逆目張輔國官兵支用銀米等項，尚未題報，亦屬遲緩。各該督撫等俱著傳旨嚴行申飭。務即各現良心，督飭所屬，將駁查各案趕緊清釐查報。其上年軍營內所用銀兩，亦即迅速造冊報部覈銷，毋再延宕干咎。（仁宗二九九、一七）

（嘉慶二四、四、庚申）諭內閣：程國仁奏，查辦廣慶原參冒攤軍需大概情形一摺。嘉慶十八年，東省辦理軍需，所有正銷副銷銀兩，俱經奏准分別應銷應攤完結；其續攤軍需銀三十三萬五千六百兩一款，乃十九年清查案內，該省籌議彌補章程，奏明虧空各員，有墊辦軍需銀兩。經正銷副銷兩次刪除，覈其實用有據者，通省為之捐廉攤抵，亦經奏明遵辦。是正銷副銷兩案，事屬軍需續攤一案，事屬彌補，兩不相涉。廣慶在東省藩司任內，歷次照辦，及暫護撫篆，忽更前議，創為勻攤之說。是使清查案內，勒追各員有抵之款，頓成無著；軍需案內承辦各員久刪之款，又令找領，實屬顛倒錯謬。廣慶所奏，斷不可行。該撫即照原定章程，逐案詳查，覈實辦理，不可稍有牽混，又開劣員藉口之門。（仁宗三五七、三〇）

二、軍糧運貯

（一）運糧與貯存

（康熙一三、四、丙申）戶部題：河南彰德府，因大兵經行，秣馬需用豻豆，業令採辦運送，甫至中途而大兵已過，應發還民間。得旨：豻豆已經運送，復還民間，恐致苦累。其見在未給草豆，准令存貯，以備續發，供應軍需。（聖祖四七、一）

（康熙二二、一一、癸酉）吏部尚書伊桑阿等題，奉命議運糧黑龍江事宜：臣等議烏喇造船五十艘，除將軍薩布素所發水手一百五十人，再派烏喇兵二百、獵戶四百，候明年冰解時，即以伊屯口席北米，每船載五十石，並副都統穆泰兵三月坐糧，運至黑龍江。二十四年應運者，於前項水手，添發烏喇兵六百運送。得旨：應增船艦，並運二年食糧，二十四年不必運送，其再行確議以聞。尋議：二年食糧，一次全運，船五十艘不足，應增造三十艘。每船設運丁十五人，共需一千二百人。除薩布素處所發水手一百五十人外，再派烏喇八旗獵戶六百九十、寧古塔兵三百六十，選才能協領等官，督運黑龍江。從之。復諭：所發獵戶甚多，其令總管席特庫轄之前往。兵丁、獵戶、水手，各給餉一月。（聖祖一一三、五）

（康熙二二、一二、丙辰）諭大學士覺羅勒德洪等：大兵見駐黑龍江，所需軍食雖已運送，而科爾沁之漠爾渾屯，亦宜多備，造倉儲積，其令戶部、理藩院同吏部尚書伊桑阿詳議以聞。尋戶部等議：漠爾渾屯運米一萬石存貯，其米自包衣屯莊撥給，運費於盛京戶部動支，工部遣官至漠爾渾屯，堅固造倉，米至，交彼處都統、副都統，加意守護。從之。（聖祖一一三、二二）

（康熙三六、三、壬戌）諭大學士等：州縣已各諭其地方大小積貯米穀，兵丁所駐沿邊衛堡，亦屬緊要，其榆林等處衛堡，亦照州縣大小中積貯之例，將米穀積貯預備。著交與該巡撫。（聖祖一八一、七）

（康熙三六、三、丙子）督運都察院左都御史于成龍等奏：運米關係重大，或緊隨大兵或另設策運致，伏候皇上指示遵行。上曰：米隨大軍運往，重載長行，馬駝必致委頓，不若從驛站遞運，更番休息爲宜。鄂爾多斯今已備四月之糧，告請情願效力，著伊等設百站提運甚便。又設站一事，計自寧夏至郭多里巴爾哈孫，大略一千二百里，自郭多里巴爾哈孫至伊克敖拉、巴漢敖拉計行九日之程，爾等扣算此路，酌量安設。又問曰：見有船幾隻？每船裝幾何？一次可運米幾石？于成龍等奏：去歲有船百餘隻，俱在河內，但恐有損壞者，請交總督吳赫作速修整。一船計裝三十石，今有船百隻，則一次可運米三千石。上曰：爾等船裝不盡之米，著以駝馬馱運。三千兵減去五百，則駝馬有餘馱運自裕。爾等計二千五百兵口糧帶往，著作速修船，勿得遲誤。（聖祖一八一、一九）

(康熙三六、七、丙午）户部議覆：陝西巡撫巴錫疏言，各衛堡積貯米穀，宜分撥沿邊各堡運貯，應如所請。上曰：此各衛堡米穀，若責令承收官員自備轉運之費，路遠而險，勢必科派小民，巡撫之奏，户部之議，皆非也。其俟秋成後，令該撫酌支正供買米運貯。（聖祖一八四、二〇）

（康熙四一、七、丁卯）户部議覆山東巡撫王國昌疏言：一、東省積貯倉穀，見存一百七十餘萬石，請遵例存七糶三，於青黃不接之時，照時值稍減平糶，以濟窮黎，秋收時，糶穀還倉。行之三年，則全倉新穀，可免朽爛之虞。一、東省額徵班匠銀四千四百餘兩，請均入地丁項下徵收。一、山東魯藩舊基地土荒廢，請聽民間開墾輸租，即於明年起科，給以印帖，俾爲恒業。一、東省各營兵糧，按季徵收給發。春夏之時，百穀未登，民間設法輸將，實難猝辦，若遲至秋後徵糧，兵丁不能枵腹以待，請動司庫銀兩，照時值採買米石，預充明歲春夏二季兵糧，至明歲秋成之後，四季兵糧，一併向民間徵足，將一半於本年秋冬二季支放，一半留隔年春夏二季支放，轉移之間，兵民兩便。查山東既有積穀，明歲春夏二季兵糧，應即以倉穀支應，不必更動司庫銀採買。餘俱應如所請。從之。（聖祖二〇九、六）

（康熙五二、五、辛巳）又諭曰：今年八九月内，撥江南積貯倉米十萬石，用鎮海將軍標下戰船及松江提標戰船、狼山鎮標戰船裝載，著總兵穆廷栻總管船隻，浙江省積貯倉米内，撥十萬石，用浙江提標戰船及定海鎮標戰船裝載，著總兵吳陞總管船隻，俱運至廣東。此運米兵丁，往返時或遇風勢不順，行船有阻，亦未可定。所需口糧，亦宜預備帶往，不得動用賑濟額米。江南織造署内，朕曾預備米一萬石，如八九月間江南有動用處則已，如無所動用，將此項米石，亦應一併運去。所缺米石，朕另行補貯。著行文該督撫，詳悉速議具奏。（聖祖二五五、五）

（康熙五四、七、丁未）諭議政大臣等：軍務糧餉，關係甚大，天時地利，不可不通徹籌畫。現今運米一事，朕甚爲躊躇。近日直隸、河南巡撫奏稱牲口已如數起解，又稱因雨水過多，恐泥濘不能即到等語，看來今歲雨水實大。此項牲口到湖灘河朔，定疲瘦不堪。且前去路遠，必值冱寒之時，迨回時，更屬歲暮嚴寒，人與牲口，不慣受冷，必致傷損；所遣大臣，雖欲竭力圖效，亦無可奈何。著將此旨發示將軍費揚固並散秩大臣祁里德等，滿洲、索倫、蒙古兵糧，若能節用，支持到明年五月，則今歲預備齊畢，來春青草一發，運米前往，於計爲得也。著詳議具奏。尋議政大臣等遵旨議覆：冬天惟駱駝耐寒，計運送今年米石，三千駱駝可以足用。其直隸、山西騾馬，應令該撫停其解送。各在本省餵養，俟明年青草將出之前，起解湖灘河朔，交都統圖思海等，合山東、河南騾馬，運送餘剩之米，隨兵前進。再圖思海等，亦應令停往湖灘河朔，俟來春前去。得旨：依議。朕有進哨時所用駱駝三百隻，在打布孫諾爾，亦取來發往。(聖祖二六四、一六)

(康熙五七、三、丙寅) 四川巡撫年羹堯疏言：打箭爐地方，外通西域，內皆高山峻嶺，實爲天設之險。皇上救援西藏，令護軍統領溫普帶領滿兵五百赴爐駐扎。臣以爐地素不産米，山路險遠，糧運爲難，動支庫銀買米一萬石，遴選人員先運六千石抵爐，餘米收貯雅州，如有需用，再行酌運。所需草料，亦委官採買運送支給，自此源源買運，必不遲悞軍需。得旨：據奏相機購買米石、草料，委官設法陸續運至打箭爐，年羹堯甚爲實心效力，殊屬可嘉。著復還原職。(聖祖二七八、一三)

(康熙五七、一二、壬子) 戶部議覆：陝西總督鄂海疏言，西寧等處駐扎大兵所需米豆，關係緊要，若臨時採買，恐米價騰貴，請於平、鞏、寧夏等處各倉所貯糧石，撥米四萬石、豌豆六萬石，運至蘭州、莊浪，以備軍需。應如所請。從之。(聖祖二八二、一〇)

(康熙五八、九、庚寅) 議政大臣等議覆：甘肅巡撫綽奇疏言，據料理巴爾庫爾事務道員李宜麟等稱，康熙五十七年，在杜爾博爾金等處種收之青稞，運至軍營五千五百餘石，需脚價銀二萬三千三百餘兩；自哈密運至軍營七千九百餘石裏帶之米，需脚價銀三萬一千八百餘兩。共需銀五萬五千餘兩，懇請撥給，以便輓運。應將現今軍需銀內撥發，令其作速輓運，並將塔爾那秦等處，計算程途遠近，每石應給脚價銀若干之處，令該道員等查明辦理。查先年收穫之糧，運至軍營，並未僱運，應行文將軍富寧安，將種地之處，離軍營近者，作速運到，遠者作何給與脚價之處，定議具奏。從之。(聖祖二八五、一五)

(康熙五八、九、己亥) 議政大臣等議覆：督理軍餉事務侍郎敦稗等疏言，臣等於康熙五十六年八月內，將收過都統圖思海等陸續運到之米，共三萬五百石，放給官兵跟役人等，給過米一萬七千二百五十餘石，今存米一萬三千二百四十餘石。將此米給與官兵跟役人等，並新派來之盛京烏喇官兵跟役人等，仍足用八月。但路途遙遠，不可不將米糧預爲備辦，請明年仍照前運送。應如所請。從之。(聖祖二八五、一九)

(康熙五八、一〇、乙丑) 議政大臣等議覆：靖逆將軍富寧安遵旨覆奏，查杜爾博爾金因離營近，是以將歷年所收之穀，派令滿洲、蒙古、綠旗官兵，以己力運至營中，並未動用錢糧僱運；圖呼魯克康熙五十五、六、七等年官種所收之穀，俱用官駝輪流運至營中，亦未動用錢糧僱運。至運送圖呼魯克所種之青稞，原應將脚價催運到營，但圖呼魯克處所係曠野之地，難以催覓夫騾車輛，兼之支放兵丁青稞，需用緊急，因將圖呼魯克應催運之三千一百九石青稞，用官駝運送至營。將駝臺應運之三千餘石之穀，照依運送圖呼魯克青稞之脚價，催運至營。再查主事達理等，捐種青稞一千八百十六石，理應以己力運送到營，乃止交送哈密倉內，仍動用錢糧七千二百餘兩催運到營，應交與侍郎海壽，著落主事達理等照數追取，令在運糧等項事務使用。又查自哈密來巴爾庫爾之路，已成通衢，聚集之人亦多，應將自哈密催運到營脚價，每石減銀五錢，給銀三兩五錢；額敏在塔爾那秦所種青稞，運至哈密脚價，每石減銀三錢，給銀一兩七錢；又自哈密運送至營，亦每石減銀五錢，給銀三兩五錢，共減銀四千四百兩有奇。見應給脚價銀三萬九百兩有奇，請令甘肅巡撫綽奇照數速行解送，交與侍郎海壽，將哈密收貯裹帶之糧七千九百五十石，並額敏在塔爾那秦所種之青稞六百八石，催運至營。其在圖呼魯克、塔爾那秦等處捐種人等應交之穀，著侍郎海壽令捐種人等以己力運送至營。應如所請。從之。（聖祖二八六、五）

（康熙六〇、一〇、戊辰）議政大臣等議覆：料理糧餉事務陝西總督鄂海疏言，臣遵旨前至甘州，料理糧餉。甘州等處山多田少，所獲糧草無多，不得不預爲多備。今河南、湖廣之糧，已運至陝西。請於此內，運米六萬石、豌豆四萬石，半送甘州，半送涼州。臣前在西安時，因各倉無存貯豌豆，以糧更換豌豆起運，請交與總督年羹堯，照前料理。應如所請。從之。（聖祖二九五、七）

（康熙六一、五、癸巳）議政大臣等議覆：靖逆將軍富寧安疏言，臣接准部咨，今歲大兵移駐烏嚕木齊地方，糧餉馬畜，能否備辦；來年大兵進勦，馬畜口糧，能否接濟；其阿爾泰遣往官兵一萬二千名以及隨役，自十月起支給糧米，若不敷用，應作何增運之處，令臣與總督年羹堯、巡撫綽奇會同定議具奏。臣身在軍營，相機而行，未敢擅離。因移咨總督年羹堯、巡撫綽奇，速行定議。康熙五十四、五十五兩年，臣在肅州辦餉，除按月支給官兵外，又備進勦裹帶隨運之糧二萬一千餘石，運貯軍前。自去年三月，運到軍糧缺少，因令道員王全臣將原貯之糧通融散給，又給與吐魯番官兵羊隻。繼而運到之糧愈少，臣又令王全臣採買米糧、青稞等項，並將銀兩折算配給。是以自去秋以至今夏，不致貽悮。見今巴爾庫爾、吐魯番、科舍圖、俄隆吉等四處，所有滿洲、蒙古、綠旗官兵，共二萬一千一百名，計算隨役，共三萬三千四百九十名，每月需糧六千六百九十餘石；自阿爾泰遣往官兵一萬二千名，計算隨役，約二萬五千名，每月需糧五千石。今年巴爾庫爾耕種青稞，用過籽粒二千石，至秋成，或可獲糧二萬石；吐魯番新墾地畝，所獲糧數，難以預定。今支給吐魯番官兵糧米，自五月以來，便不能接濟。臣因移咨協理將軍阿喇衲，乘回人所種地畝成熟，於六月初旬，催其收穫，借給官兵，俟米糧運到時，照數給還，或將我兵在吐魯番種獲之糧補給。似此酌量設法，庶可接濟無悞。應如將軍富寧安所奏，令伊酌量設法辦理。惟是吐魯番種地之處，不可不嚴爲防守。前經議政議遣步兵五千名至彼防守，今年若進兵至烏嚕木齊，令將軍等酌留官兵看守田畝，若不進兵，則看守田畝之兵，不可無馬。應令將軍等將馬兵酌量派留，照看田地，兼備勦戮潛來侵犯之賊。其米糧足用與否，亦令將軍富寧安查明議奏。從之。（聖祖二九七、一六）

（雍正七、八、壬戌）諭戶部：直隸宣化府屬疙運一事，前經部議改徵折色，令各州縣照撥運之數，每米一石，折銀一兩，解交受運州縣，支給兵丁，既免疙運之煩，又省輓輸之累。是以降旨允行。但查宣屬屯糧，例於九月開徵，而兵米例於季首支領，今改徵折色，恐百姓輸納不前，兵丁支給有待。著該管官，先於藩庫，將應發銀兩，預行給領，俟各州縣徵完之日，解司還項。至萬全縣及獨石、張家二口，地勢稍寒，春夏之間，米價不無增長，過往員役口糧，及兵丁季米，折銀一兩，恐不敷採買之價。亦著該管官，於每年秋成米賤之時，約計需米若干，於藩庫領銀，預先採買，存貯各處倉廒，以備支給；俟州縣折徵完日，解司還項。庶百姓既免從前疙運之累，而兵米口糧，亦無需待不敷之慮矣。（世宗八五、一八）

（雍正八、三、丁丑）戶部議覆：署福建總督史貽直疏言，請自雍正八年爲始，每於春冬，動撥臺粟十六萬六千餘石，運赴廈門，令福興等府屬廳縣，按積穀之數，派運入倉，易換舊存倉穀，平糶給兵。永著爲例。應如所請。從之。（世宗九二、八）

（雍正九、八、戊午）戶部議覆：廣東總督郝玉麟疏言，瓊州一鎮，孤懸海外，產米稀少；又龍門協兀立海中，遇風信不順，商販難渡，兵憂艱食；香山、虎門二協，兵民稠集，廣海一寨，僻處海隅，商販罕到，均應豫籌積貯之法。請將見存鹽政節省及養廉餘剩銀兩，買穀一萬六百石，分貯各鎮協營，遇青黃不接之時，借給兵丁，於秋收散餉時，照數買補，概免加息。應如所請。從之。（世宗一〇九、二五）

（雍正九、一二、乙卯）諭大學士等：今年陝西西、鳳二府，併同華等州屬，輓運甘、涼、西、肅等處兵米十五萬石，各運戶因馱載牛隻疲乏，在甘借領庫銀一萬八千餘兩，另僱牲畜轉運。此項銀兩，應於運戶原籍即行催追還項。朕恐運戶中，不無力量艱難者，已經降旨，寬以一年之限。今據署西安巡撫馬爾泰、布政使碩色等奏稱，藩司衙門，有連年平餘銀兩，請充公用。朕思運戶借領官銀，雖係應還之項，然伊等領運兵米，如期運到，並無遲誤，應加格外之恩，以昭獎賞。藩司衙門既有平餘銀兩，著照數抵還運戶借領之項，免其催追，以示朕體恤秦民之至意。（世宗一一三、二一）

（雍正一〇、五、癸酉）貴州布政使常安摺奏：黔省下游苗疆兵米，有由陸路運送者，需用人夫，應交與地方官僱覓。從前軍興之際，日給三分，今可否量爲加增？庶幾永遠行之，無累於民。又來牛城垣爲八寨之藩籬，通古州之大道，若建石城，益資捍蔽。奉上諭：苗地站路，崎嶇險峻，原非坦途，且將永爲定例。自應仿照時價給發，著署撫元展成等，或計站道之遠近，按站定價，或就站道之里數，按里給銀，每夫每日議定幾分，務使敷用，可以永遠遵行。至來牛地方，即建築土城，未嘗不可以捍蔽，但聞該處土鬆，難保堅固，且取石亦不甚遠，若建石城，可以一勞永逸。著元展成委員確估，妥議具奏。（世宗一一八、一六）

（雍正一三、一二、丙寅）兵部尚書通智疏言：戶部解送明年自歸化城運米赴鄂爾昆軍營腳價銀三十四萬四千兩，面詢商人，僉稱每米一石並口袋等物，給費九兩，已足敷用。又今年內扎薩克官駝一萬，改用牛車一萬輛，運送倉米一萬石，官駝留備軍需之用，較前所定節省。得旨：辦理雖善，必於眾人等，並無弊竇，亦並無艱難，則爲更善。當節省者，自應節省，惟不累商人，方是朕之本意。此處雪已足矣，爾等處所復如何？（高宗八、三）

（乾隆一、三、己酉）定邊大將軍公慶復奏請：於塔密爾城內，添造廠房二百間，將烏里雅蘇台等處運致糧石，就近截留存貯。尚書通智所運糧二萬石，商人范毓馪運糧四萬石，即於鄂爾昆倉內存貯。如此轉移，於兩地兵丁支領，均爲省便。得旨嘉獎。（高宗一四、三〇）

（乾隆二、四、戊辰）王大臣議覆：直隸古北口提督瞻岱疏稱，歸化城應徵粟米，不敷支放之用。查察哈爾右翼，撥於晉省衛所之地畝錢糧，距歸化城較近，若於該衛所撥解採買，可以充補兵食，少減內地輓運。再開墾地畝，徵收米石、草束，赴城輸納，未免累民。請離城五十里以內者，聽民自納；五十里以外者，酌給運價。並屬應行。奏入，報聞。（高宗四〇、二六）

（乾隆三、二、乙巳）川陝總督查郎阿等奏：柳林湖屯種收穫糧石，運赴武威貯倉備用，以供駐涼滿兵糧料。向令鎮番縣民輓運，應請酌撥駝隻。下部知之。（高宗六三、九）

（乾隆三、七、丙辰）戶部議准：湖南巡撫高其倬奏稱，湖南歲運黔省兵米二萬石，請在就近之沅、辰、常三府屬縣沿河者，酌撥分運。但辰黔河道艱險，冬後難行，請於每年七月，即用舊存倉穀碾辦，限八月全數起運。如途中偶遇漂没，令在失米之地買補；其船已擊碎者，船戶所領船價，並免追賠。令辰永沅靖道就近總理催督，其委運各員，即在沅、辰、常三府所屬佐雜內輪派，並飭每年於十月內運竣。所有領運員役、船戶飯食及一切腳費，俱照初次輓運黔省之例支給。從之。（高宗七二、六）

（**乾隆四、八、乙亥朔**）戶部等部議覆：調任四川巡撫碩色條奏，遴員駐防郭羅克地方事宜。一、鹽菜口糧，照例支給。應如所請。至稱全給米石，不必兼支炒麵，與例不符。一、運送軍糈，每夫一名，背米五斗，每站腳價一錢；牛馬馱運，每站每石，腳價銀二錢。再自松潘至郭羅克，中隔大河，冰銷水漲，難以馱運；若按年運送，又無倉囤積。應檄行松潘廳，將全年口糧，按季運交營員收明，自行支放。一、押運軍糈，應委千把一員押送。其騾頭腳價，亦酌量支給。一、官兵出口，宜給馱載。派防兵丁二百名，並子母礮四位，火藥、鉛繩，共需馬一百八匹，每匹折給銀八兩。一、官兵出口，置備行裝。守備一員，借給銀一百兩；千把總二員，每員借給銀四十兩；外委千把總二員，每員借給銀十二兩，共官弁兵丁借銀一千三十二兩。俟回營日，在各俸餉內，分季扣除歸款。均應如所請。從之。（高宗九八、二）

（**乾隆四、九、辛未**）戶部議覆：兩江總督那蘇圖疏請，將續撥江西倉穀十萬石，採買米三萬石內，動支米二萬八千五石二斗零，以補下江蠲緩兵米，其餘米穀酌量分貯備用。應如所請。從之。（高宗一〇一、一五）

（**乾隆五、八、戊辰**）甘肅布政使徐杞奏：涼州府屬，歲需兵糧十餘萬石。現在存倉糧石無多。查甘州貼近涼屬，倉貯尚有餘糧數萬石。應即撥運二萬石；秋收後再採買二萬石，一併運赴涼州，協供滿洲兵糧，及出借籽種、口糧之用。至綠營兵糧，向在額徵糧內估支。現今涼屬額徵米石，勢難即時全完，請先將豫備糧石，酌量借給。俟徵完額糧，照數還倉。得旨：辦理甚屬妥協，可嘉也。（高宗一二五、二一）

（**乾隆六、一、甲戌**）大學士等議覆：大學士查郎阿原奏安西總兵改設提督，酌增兵弁，自嘉峪以西，哈密以東，悉令管轄；甘、涼、肅諸營戰兵，並聽節制調遣；其哈密防兵徹回，止留二千分駐。經川陝總督尹繼善議覆，與原奏同，惟所請增兵三千。查安西兵食，全賴屯田，現額徵糧一萬餘石，尚不敷七千餘人之食；增兵三千，並家屬不下萬口，支給更難。請改中營遊擊為參將，再增城守營都司一，千總一，把總二，兵五百，馬三步七，

俾馬匹寬裕，以便調撥，毋庸增守兵。……（高宗一三四、四）

（**乾隆六、一二、庚申**）甘肅巡撫黃廷桂奏：駐劄莊浪滿兵，每歲糧料，在於河州買運。山路崎嶇，運價不足，民間幫賠銀，至每石二錢五分。查河州至莊浪，有水程一道，距河州五十里，地名蓮花河。順流一百一十里，至焦家河，又三十里，至莊浪河口。起旱，又陸行一百四十里，至莊浪城。共計三百三十餘里。蓮花河及焦家河二處，均隸河州，每歲額徵糧，共有四千餘石，請將此二處應納糧米，就近按數徵收，其餘不敷糧料，即在此一帶採買，統由水路運至莊浪河口，轉運莊浪。較之從前陸運甚便，原定運腳足敷，可免民間幫賠之累。得旨：嘉悅覽之。（高宗一五七、二七）

（**乾隆七、一二、乙卯**）〔江蘇巡撫陳大受〕又奏：崇明鎮四面環海，產米鮮少，本年曾經提臣吳進義奏准將餘存息銀，購米存貯，借給該鎮兵丁。查此項原係營中積貯，若照該地商民之例，令赴上江等處採買，往返需時，有誤差操。若聽在附近採買，誠恐奸商賄通弁兵人等，夾帶多買，致滋透漏。今酌議該鎮採買兵米，每年不過一二次，如遇應買，即在長、元、吳、常、昭等縣倉糧內，照數撥運。船到，立即兌裝開行，不許逗遛。其價值照該處市價扣收，印官買補還倉。得旨：好，知道了。（高宗一八一、三二）

（**乾隆八、閏四、丙辰**）諭：陝西寧夏滿兵，乾隆六、七兩年應需糧草，前因寧郡地震，新渠、寶豐等縣倉貯空虛，不敷估撥，在於平羅縣估撥糧一千七百二十五石，草一萬八千三百餘束，中衛縣估撥糧一萬六千六百餘石。所需腳價，因從前無給予之例，是以部議未准。但寧夏當震災之後，物價昂貴，不能概估折色，使兵自買，故於改支折價之外，於附近之中、平二縣，搭估供支，以濟兵食。其運價一項，勢不能免。況彼時已經照數運交滿兵支用，今若不准找給，小民力難賠補。用是特頒諭旨，將乾隆六、七兩年輓運糧草腳價，准其找給。其乾隆八年滿餉，已經循照舊例辦理，亦不至遂爲成例。該部即遵諭行。（高宗一九〇、三）

（**乾隆一〇、五、戊戌**）戶部議覆：直隸總督高斌疏稱。乾隆九年，天津北倉截留南漕五十萬石，原備荒歉之需。今各屬豐收，倉廒臨水，易致霉變，應早爲變通。請將每歲易州供應陵寢，並滄州駐防、天津水師營兵米應需正耗，共米七萬五千九百四十四石六斗，均在北倉存貯漕米內供支。此項漕糧撥完時，仍舊照例分項，豫請截留南漕支放。倘此際各屬或有緩急應接濟之處，仍照原議，隨時酌量派撥。其運至易州等處，並請給水運、陸運腳價。應如所奏通融辦理。從之。（高宗二四一、一五）

（**乾隆一〇、七、丙申**）〔總理事務王大臣等〕又議奏：京倉現存黑豆，除應給各處駝馬牛鹿需用外，止餘三萬餘石。目今直屬，雖節次得雨，而豆田恐有歉收，自應豫籌。但遠赴豫東二省，及奉天等處採買，未免煩費。查宣化府屬，現存屯豆十一二萬石，若運至京師，以資動撥平糶，較爲便易。得旨：依議。既有餘豆，可於宣府，兼宣、順適中之地，豫行平糶數千石。則回鑾時，衆不苦芻秣之需矣。亦行令那蘇圖妥辦。（高宗二四五、一九）

（**乾隆一〇、九、戊戌**）户部議准：署廣西巡撫託庸疏稱，桂、平二府屬額徵米，除撥支本處駐防兵糧，及各州縣祀典、役食等項米外，存剩之米，請自丙寅年爲始，折色解司，以供太、思二府及鬱林州等處兵糧之用。尚有不敷，在潯州府所屬，額徵本色米内，折解湊支。從之。（高宗二四九、一九）

（**乾隆一〇、一〇、辛亥**）户部議准：湖廣總督鄂彌達等疏稱，乾隆八年，增賞湖南長安營兵眷米，係武岡、綏寧二州縣分領辦碾，武岡交城步縣轉運，綏寧徑運長安。武岡州城至城步縣城一百二十里，道途平坦，每夫負米五斗；城步縣城至扶城二十里，山路次難，每夫負米四斗；扶城由老寨抵長安一百里，與綏寧徑運長安一百三十里，均屬山路最難，每夫負米三斗。其城步縣接運米石，除截留散給老寨，餘應運大營者，請一併存留老寨，建倉貯放。運夫腳價，原題照軍需例，六十里爲一站，每站一夫，給工銀六分，回費銀三分，食米一升，按時價折給。歲運眷米，視辦理軍需有間。請自本年秋季始，每站一夫，給工銀五分五釐，回費銀二分五厘，食米一升，折給銀一分。從之（高宗二五〇、二六）

（**乾隆一〇、一〇、丁巳**）户部議准：福建巡撫周學健疏稱，南澳鎮標左營，月需兵米，前因該同知倉貯廈穀，不敷借碾，議歸詔安縣動碾倉穀，以爲兵糧，派收臺粟歸補。嗣南澳廳倉，撥貯詔安縣監穀五千石，該廳新舊貯穀，已敷借碾。且自臺運澳，較運詔路直費省。請嗣後月需兵米，飭令臺粟竟運澳倉，臺運稍遲，即借該廳倉儲，俟運到歸還。從之。（高宗二五一、五）

（**乾隆一〇、一〇、辛酉**）户部議覆：湖廣總督鄂彌達疏稱，湖南靖州、會同、通道等三州縣，歲辦長安營兵米，請照買補平糶倉穀定價，以一米二穀折給。陸運夫價，按站給銀。查歲辦長安兵米，靖州每石給銀一兩二錢，會同、通道每石給銀一兩。從前米折銀兩，原有定價，況各省兵米折價，向無照買補平糶價值之例。應將該督所請，無庸議。惟陸運夫價，山路險峻，應如所請，以六十里爲一站，每夫負米四斗，每站給銀九分。從之。（高宗二五一、九）

（乾隆一一、二、甲子）戶部議覆：福建巡撫周學健疏稱，臺灣府屬乾隆十一年額徵供粟一十六萬餘石，先奉恩旨全蠲。惟此項係撥支內地及臺、澎各營兵糧之需，雖現查臺粟積存項下，尚有二十餘萬石，儘敷動撥，但海外重地，兵糧倉儲，宜充裕貯備，未便全數動用。請將臺、澎二處，乾隆十一年各營兵應領月糧九萬八千八百餘石，仍於臺郡積存項下動支；其內地所有應支兵糈共八萬六千餘石，請於各營就近地方新捐監穀內，照定數碾給。應如所請。從之。（高宗二五九、二六）

（乾隆一一、三、丁亥）軍機大臣等議覆四川巡撫紀山具奏軍營糧運事宜：一、據稱軍營糧務，已飛飭地近雅郡之州縣，趕碾軍米一萬五千石，飛運打箭爐接濟，至口外炒麪，去秋採買幾盡，倘有不敷，勢必暫給全米，需米又多一倍，尚須碾米二萬石，趕運備支等語，應如所議速行。一、奏稱各路烏拉缺少，若內地採買騾馬運糧，勢必不及，內地民夫出口攙運，亦恐紛擾。請將運糧蠻夫，按照部落大小，均派人夫，擺列臺站，改長途爲轉運，或在爐地稍遠之各土司及各喇嘛寺內，發銀買備烏拉，交現在之運夫管押馱運，現飭糧道妥議，詳到酌辦等語。應令於詳到時，斟酌地方情形，務使便於攙運，軍食可以接濟，人夫不至苦累，即行酌定，作速償辦。得旨：依議速行。（高宗二六一、一〇）

（乾隆一一、閏三、戊戌）軍機大臣等議覆：四川巡撫紀山奏酌辦糧運，據司道等議得擺站轉運之法，未便行於蠻地，惟有以兩蠻抵一烏拉，於所定脚價外，給以炒麪、茶油，尚可權宜辦理；至發銀購買蠻地別部烏拉一事，實有不得不然之勢。查明正土司，爲糧運總匯。分運北路至子龍計七站，一月轉回；南路至裏塘計十一站，四十五日轉回；每月共應運米三千餘石。又有解運火藥軍裝雜差。且現調兵日增，止存疲乏烏拉二千五百頭，蠻夫一千名，抵烏拉五百頭，不敷運送。應發價與明正土司，買烏拉一千五百頭添運。再子龍糧務，每月應轉運米一千八百餘石。中北兩路官兵，將來有增無減，止存烏拉五百頭，每月三運，僅可一千五百石。應請發價與孔撒、麻書二土司，買烏拉三百頭添運。其裏塘章穀等處，各按烏拉不敷之數，酌核買用。如將來口外炒麪不接，加運全米，倍增烏拉，亦照此購辦。惟是現在辦運各土司部下，所有烏拉，既經倒斃過半，又向別部購買，勢必昂貴。且運糧烏拉，日夜奔馳，較驛遞尤疲倦，請照驛馬之例，每烏拉一頭，無論馬、騾、牛，給價八兩，准十分倒三。再查驛馬例以年計，今運糧烏拉，久暫難定，應以月計，每月准報倒二釐五毫。又買備烏拉，既係官物，應請每一頭照例日支草乾銀八分等情到臣，臣因軍糧緊急，已照議飭辦等語。均應如所奏辦理。但蠻夫於額外給以炒麵、茶油等項,保無侵溢?烏拉一頭,果否應給價八兩?再駝運烏拉,似應牧放,何須餧養?今復議給草乾銀,或有浮開多給之弊。俱應令該撫查核。得旨:依議速行。(高宗二六二、五)

(**乾隆一三、一、癸卯**)又諭:據四川副都統卓鼐所奏雇覓蠻民運餉一摺,著抄寄班第會同張廣泗、紀山閱看,於彼處情形是否有濟,應否准行,詳晰酌量妥協定議。如屬可行,著一面辦理,一面具摺奏聞。尋會奏:據卓鼐奏稱,雜谷等土司所轄蠻民,家口數萬有餘,山多地少,一年產穀,僅敷半年食用,每於九月收穫後,約計五六萬口入內地各州縣傭工。現因大金川用兵,禁其入內,恐至青黃不接時乏食滋事,不若雇令運糧。並稱安臺遞運,官定腳價,每米一石,每百里給銀一錢。計算每夫負米三斗,日行四十里,始得銀二分二三釐,實不敷用等語。查此乃內地運糧情形,非口外現辦之事也。緣內地自重慶、瀘州、嘉定、眉、邛等屬運糧,西至成都、灌縣,南至雅州等處,皆係各地方官雇民夫輓運,道路既平,食物非貴,每米一石,每站給銀一錢。計程七、八十里不等,負重之日給價,回空停給,每石夫二名,以往返計之,每夫日止得銀二分有零,此向例也。至由口外輓運軍營,自進兵以來,西南兩路臺站及隨軍輓運兵糧,因番徑崎嶇,雪山重疊,烏拉難行,俱先儘僱蠻夫,不特雜谷之民,久經應募,即瓦寺、沃日、小金川、木坪、明正、革布什咱、巴底、巴旺、綽斯甲各土司所屬番民,概行派雇。繼因蠻夫不足,於內地添派漢夫,每夫運米五斗,負重之日,給腳價銀八分,口糧米一升,回空止給口糧一升。緣山路險峻,每站俱在三四十里之間,並無過遠。至雜谷等處蠻民入內傭工者,因山多田少,收穫一畢,即各挈男婦老幼赴成都、重慶各州縣傭工餬口,名曰下壩。至春三月內,仍俱回巢耕種。上年因用兵需雇蠻夫,是以禁止下壩,令其運糧。其餘老弱男婦,間亦有入內地餬口者。卓鼐所奏,俱未確悉。報聞。(高宗三〇七、二)

(**乾隆一三、一、乙未**)四川巡撫紀山奏:西南兩路軍營,漢土官兵暨各色人等,五萬有餘,日需米麪五百石。蠻夫不敷,雇雅州、天全、蘆山,及成、重、保、順、敘、嘉等府州人分運,又不敢親往。雇人價昂,禁私幫,則軍裝貽誤,聽幫貼,則民間賠累……等語,殊屬舛謬。……其所奏籌餉之處,著寬裕撥給,令其妥協辦理,寬給腳力,使腹內兵民,不致稍有擾累。倘伊仍不善為辦理,或如伊所奏擾累滋事,或於張廣泗軍務,稍有齟齬掣肘,以致貽誤軍機,必將瞻對前後罪案,一併從重議處。並將此旨傳諭張廣泗知之。(高宗三〇六、一六)

(**乾隆一三、一、癸卯**)諭軍機大臣等:前據巡撫紀山奏稱,現在運送軍糧蠻夫不足供役，添雇內地人夫分運等語。看其情形，甚屬艱苦，價值亦極昂貴。幾與最前康熙年間北路軍營運價相等。紀山既深以運餉爲難，恐其辦理未能妥協；且伊原有巡撫應辦事務，難於兼顧。是以特遣尙書班第前往調度糧運。……（高宗三〇七、二）

（乾隆一三、一、己酉）軍機大臣等議奏：喀爾喀四部落運軍營米，前經副都統保德奏稱，商運費多，不若令喀爾喀四部落各派駝五百隻，每駝給製鞍屜等銀三兩；兵一名，管駝五隻，賞銀三兩；章京一員，管五十隻，賞銀六兩。每部落派圖薩拉克齊二員，每員賞銀十二兩。由歸化城至軍營，計駝二千隻，運米四千石，費較商運十之一，於蒙古人等有益。經臣等請旨交額駙策凌酌議，尋策凌議稱：喀爾喀四部落均願出駝運米，其酌派官兵賞銀事宜，應如保德所請辦理。再查鄂爾昆、塔米爾二城，現貯米五萬八千餘石，大麥二萬四千三百餘石，小麥九十餘石。軍營每年支放官兵，需米八千石，大麥九百五十餘石，小麥九十餘石。現米足敷六年之用。若每年再運四千石，加之本處所產大小麥，久貯恐至霉爛。請於此一二年內，驗其米色改變者，照數支放；將好米加謹收貯。仍照從前原議，足敷二三年食用。應請於庚午年起，令四部落照新定之例，派駝運米。其米請嗣後祇給內地官兵，喀爾喀蒙古，仍請給羊價銀兩。得旨令臣等議奏。查從前喀爾喀兵，原無給米之例，止給羊價銀兩。自乾隆六年，始議以月給銀一兩五錢，米一斛。現據策凌以蒙古素不食米，給與羊價實屬妥便爲請。但軍營存貯米麥甚多，現在綠旗兵經裁，每年支放無幾，必致積久霉爛。應仍支給喀爾喀兵米。又查軍營搭放米麥，每年給米三百零六日，大麥四十八日，小麥六日。今大麥一項，現存二萬四千三百石有奇。若將米麥酌量均搭，現存數目，足支內地官兵十年，喀爾喀兵丁八年食用。今酌議給喀爾喀兵丁米麥，至乙亥年停，全給羊價銀兩。其內地官兵米麥，亦俟給放至乙亥年。令額駙策凌奏聞。以丙子年爲始，照現在所議支給。派出喀爾喀四部落官兵，運送米石交軍營存貯。再查軍營羊價，每隻銀五錢，後因價昂，陸續自七錢增至一兩。今大兵盡徹，羊價平減，應仍給七錢。從之。（高宗三〇七、一三）

（乾隆一五、四、庚子）貴州巡撫愛必達議覆：……〔大學士張允隨〕又奏稱，貴州平糶米，秋成買補，照一米二穀之數，俱令買穀還倉等語。查黔省倉儲，乾隆四年奉部覆准，地氣潮濕者全貯穀，不甚潮濕者，米穀兼貯，涼燥者全貯米。緣連年豐稔，借者甚少，糶亦乏人，民間以穀出售，又復無多，至今十載之久，易換維艱。除全貯米之處不計外，所有應全易穀之處，尚未全易。其米穀兼貯之處，仍皆米多於穀。竊思黔省山高霧重，潮濕處居多，貯米在倉，蟲蛀黴蒸，實所難免，應就地方燥濕，再加分別酌辦。將前議全易穀之處，令其速易；前議米穀兼貯之處，照大學士張允隨所奏，嗣後平糶米，秋成買補，一體買穀還倉；其前議貯米處，亦飭米穀各半兼貯。傳旨：如所議行。(高宗三六三、三一)

（**乾隆一五、一一、壬寅**）户部議覆：兩江總督黃廷桂等奏稱，京口駐防兵米改支漕糧各事宜。一、漕糧定例，原係歲內全完，祗因留充兵餉，以致挪用私收。應請將丹徒等縣留充兵米漕糧，務於歲內通完，遲誤，照漕例參處。一、請將兵米六萬六千四百二石，於丹徒漕米內，截留三萬三千二百二石，丹陽漕米內，截留二萬三千二百石，金壇漕米內，截留一萬石，遇閏增米五千五百三十八石，並於徒、陽二邑漕米內各半截撥。一、春夏二季，先儘丹徒米監放，丹陽、金壇米，各貯縣倉，陸續提解府倉，隨收隨放。其運府腳費，請於節省漕費內動支。一、責成旗員，每屆放期，兵丁齎檔具領，按名散票，按票關支，倘米票不到，即行嚴查，並令全數關領。放米後，隨出具並無賣檔抵兌情弊甘結，送府存案。倘事後查有賣檔情事，兵則移旗究治，民則枷責示衆，其失察該管官，查參議處。均應如所請行。從之。(高宗三七六、七)

（**乾隆一六、七、丁卯**）户部議覆：甘肅布政使楊應琚奏稱，哈密駐防官兵二千一百餘員名，歲需口糧麥五千餘石。該處倉儲，止存一萬四千餘石。僅敷三年之用。前准督臣尹繼善請，採買備用，所購無多。現柳溝、沙洲兩衛均有節年餘麥，請撥二萬五千石。以本年秋始，於每歲農隙時，節次運交哈密。腳價照口外運糧之例。應如所請，准如數酌撥。至腳價一項，從前口外運糧，係軍需急迫，現應酌減。飭督臣妥議具奏。從之。(高宗三九四、五)

（**乾隆一七、四、丁巳**）户部議覆：盛京將軍阿蘭泰條奏奉天海運通倉豆石章程。一、募船裝運，應定限期。上年運通豆石，至津河凍難行。嗣後錦屬州縣，請於開印後十日內，將應行起運數目，註明海口，造冊移咨直督。以文到日一月內，募船出口。奉屬於船到日，一月內裝運出口。並將各日期呈報，咨會稽查。遲延，照漕運例處分。無誤，量加議敍。應如所請。至處分議敍之處，運通豆石，不若漕運繁多，無庸辦理。一、押運官兵盤費，請照乾隆十二年運東例，官弁每員，日給飯食銀一錢，兵役每名，日給五分。陸路回奉，日給車腳銀一兩。查乾隆十二年東省偏災，急於運米接濟，是以議給飯食車腳銀。今運通豆石，歲以爲常。若照東例，未免過多。且回奉車腳一項，作何分別給與官兵之處，應令該將軍再行妥議。一、海船鹹水浸潤，最易發潮，請照運東例，每豆百石，准用蓆六領，秫秸二十束，爲墊艙之具。應如所請，事竣報銷。一、沿途稽查，奉屬委員，俱係佐雜，且係隔省。請責成直屬文武官弁，一體嚴查，以杜船戶水手攙雜沙土，偷竊變賣諸弊。亦應如所請。令直督轉飭沿途地方官，協同奉屬運員嚴查。得旨：依議行。（高宗四一三、一七）

（乾隆一九、四、丙申）軍機大臣議覆：山西巡撫恒文等奏稱，前軍機大臣奏准，今於綏遠城所轄倉貯米內，碾米三萬石，運送軍營。查托克托城等處倉貯米，碾運需時，且費脚價，請於綏遠城倉貯內動撥運往等語。應如所議行。至所稱即雇歸化城商人駝車運送，查雍正十三年，原任尚書通智，雇商駝車運送，並無遲誤，此次亦應如所議。又稱，現在軍營移駐烏里雅蘇台，較前稍遠，酌量地方給價。查雍正十三年，鄂爾坤運送米，每斛共給銀七兩。今運送烏里雅蘇台，加增十三站，應每斛共給銀九兩八錢零。查雍正年間，需用蒙古牲畜甚多，脚價稍昂。今非雍正年間可比，照前計算，未免過浮。其作何節省之處，應令斟酌近日實在情形，再行裁減。又稱，此次運送米，照雍正十三年，派副都統一員，地方大員八員，微員十六員，兵一百名。查綏遠城、歸化城，副都統各有應辦之事，難以欠懸。請欽點在京大臣一員，照管運糧。其撥派官兵，即由該處滿洲土默特內派出。亦應如所請。至歸化城與烏里雅蘇台，相距窎遠，水草不足，難免牲畜倒斃，須豫爲籌畫。亦應如所請，撥銀二萬兩，交派出大臣帶往備用。得旨：依議。著派台柱辦理運糧事務，侍郎兆惠，總理照看。（高宗四六一、一）

（乾隆一九、五、乙酉）又諭：軍機大臣議，歸化城撥米六萬石，分兩年解往軍營。所辦甚好。著寄信恒文、富昌等，於次年運米三萬石之時，再增添一萬，運解四萬。（高宗四六四、一四）

（乾隆二〇、七、壬辰）協辦陝甘總督尚書劉統勳奏：上年河西各屬承餧馬駝料豆，軍需初動，市價騰貴，應設法平糶，是以奏請撥運河東倉豆三十萬石備用。今軍務全竣，無應餧馬駝，河西豐稔，豆價漸平，所有河東未運豆十七萬石，毋庸轉運。得旨：好。（高宗四九三、三）

（乾隆二〇、一〇、庚申）又諭曰：哈達哈等奏，現在烏里雅蘇台存貯米石及今歲可以運到米石，共十二萬有餘，足支官兵五、六年之用等語。此奏惟計算給發官兵數目，其接濟厄魯特等口糧，並未籌及。著交達勒當阿、哈達哈等，於現在米石內，除應給官兵數目外，計一年之內，應支給厄魯特等口糧，需用若干，即以今年成數爲準，通盤籌畫，再行具奏。並傳諭山西巡撫恒文等，於今年採買米石數目，減半豫備，俟明年陸續運至軍營。此項

雖非急需，亦不得過於遲滯。（高宗四九九、二〇）

（**乾隆二三、二、丁丑**）又諭：解送軍營羊隻，乃官兵口食所需，關係緊要。領解官員，理應小心分起運送，不致傷損倒斃。今哈尚德，自巴里坤送羊二萬五千隻，沿途即遇霜雪，何至傷損過半？是全不以軍食爲念！哈尚德不必候阿里袞查參，著即革職枷號，著落照數賠補。（高宗五五七、一一）

（**乾隆二三、一〇、己卯**）又諭曰：扎拉豐阿等奏稱，護送軍需馬牛羊隻至巴里坤，查得商都達布遜諾爾等牧群送馬六千匹，全數交收。太僕寺所送馬匹及牧群羊隻，雖有倒斃，不及原定一成之數。惟牧群所送牛六千三百隻，染疫倒斃，踰額一千五百九十有奇，應著落解送官兵賠補等語。此項解送軍需馬匹羊隻，或全數無虧，或倒斃不及分數，牧群官兵，殊屬勤慎，著查明議敘。至倒斃牛隻踰額，雖云染疫，究係牧養疏忽，自應照所奏賠補。但獲咎尚屬有因，著加恩作爲二成，准其銷算。其餘應賠牛隻無多，事關軍需，未便概行豁免。著寬限三年，令副牧長額琳沁等及牧群兵丁分賠完項。似此從寬辦理，特念伊等效力行走之故。可傳諭知之。（高宗五七三、二二）

（**乾隆二三、一一、壬辰**）大學士管陝甘總督黃廷桂奏：烏嚕木齊添派屯兵一萬三千四百名，需籽種二萬四千餘石，農具七千副，此時尚未全數運到。查自肅州至哈密十九站內，各有商民承買官騾，共安車三千八百輛，應俱遣送哈密，交撫臣吳達善等裝載籽種農具，全赴闢展。仍令各回本處，分安各臺輓運糧料。哈密現有之車輛牲畜，全行運送闢展，以備前往烏嚕木齊等處輓運之資。得旨：好，可謂悉心籌畫矣。（高宗五七四、一七）

（**乾隆二四、三、癸未**）諭軍機大臣等：據兆惠奏，將烏里雅蘇台存貯戰箭十萬枝調送軍營。又據清馥奏，巴里坤有箭三萬枝，哈密有箭七萬枝，即派員先送軍營。仍行文五吉，將續到之箭，暫貯巴里坤豫備等語。烏里雅蘇台戰箭，仍須巴里坤轉送，長途既難剋期，且清馥等業經照數發往，自不必續送。可傳諭成袞扎布等，此時若未經解送，即行停止。或起程未遠，亦即追回。（高宗五八二、九）

（**乾隆二五、一、乙亥**）是月直隸總督方觀承奏：山海關駐防兵糈，歲需添買米石，例交通判於奉省進關之米，併中衛、中前所等處採辦。上年錦州、寧遠一帶歉收，市價加昂，尚有未買米一萬二千七十石，即酌增價值而購買數多，恐妨奉省民食。請借撥山海關備貯穀一萬二千二百五石零，及臨榆縣常平溢額穀二千二百七十石，撫寧縣溢額穀一千五百六石，按二穀一米碾放，並臨榆溢額米三千九百七十石零，已可足數。除山海關、臨榆米穀，即在本處支放，其撫寧倉穀碾運腳價，照例於永宣屯耗項下動支。至所撥備

貯穀，仍令秋後買還，其溢額米穀扣存銀，報部撥用。得旨：如所議行。（高宗六〇五、一五）

（乾隆二五、四、癸未）辦理陝甘總督事甘肅巡撫吳遠善奏：哈密留牧孳生羊四萬餘隻，經五吉查辦，挑出瘦癩羊四千三百餘隻，變價交內地另買。現於甘、涼、西寧三府屬商販收買，並於正羊外，每百帶餘羊十隻，以備補缺。此項購辦之羊，先交地方官在本處暫行牧放，俟五月間，青草茂盛時，即解往哈密。再查孳生羊，原議分撥哈密，巴里坤屯田處一併牧放，巴里坤入冬寒甚，且設廠之始，數尚不多，應請先於哈密設廠牧放。報聞。（高宗六一〇、一〇）

（乾隆二五、一〇、壬辰）又諭曰：舒赫德奏，范時綬自闢展解羊一萬三千四百餘隻，至阿克蘇，沿途倒斃不及十分之一，請將官兵議敘等語。范時綬此次管解羊隻，督率官兵，甚屬勤慎，著加恩賞給參領職銜，各官兵著交部議敘。（高宗六二三、七）

（乾隆二六、三、戊申）又諭曰：成袞扎布等奏，遵旨解送伊犁駝一千隻，牛三千隻，羊三萬隻，業已編群分起。所派杜爾伯特、扎哈沁人等於行糧外，各賞銀五兩。其派出官兵，俱支給一歲錢糧。現在烏里雅蘇台軍營，尚餘駝六百隻，羊四千餘隻，牛二百餘隻。請將缺額羊隻，仍於來春由牧群送補外，餘俱暫為停止，俟需用時，再行支給等語。成袞扎布等辦理伊犁牲隻，甚屬妥速。今烏里雅蘇台牲隻，既尚足用，除羊隻外，俱著暫停補額。並傳諭巴爾品知之。（高宗六三二、一二）

（乾隆二六、三、癸丑）駐劄闢展郎中德爾格奏：闢展喀喇和卓、托克三共貯糧二萬五千石，計歲需不過四千石，其餘一時難以出糶，應運至巴里坤，接濟兵丁口糧。查闢展雇覓回空商駝，若照肅州、哈密解糧之例，自闢展至巴里坤七百七十里，每石共需運費三兩八錢三分七釐有奇，較內地運送，似為省便。得旨：軍機大臣速議具奏。尋議：從前由肅州、哈密至巴里坤所運糧，以官價運費合算，約十有餘兩。今以闢展糧運計之，所費不過三分之一，自應為此辦理。請將歲需之數，約存三年以內，餘俱運送巴里坤。其運費於兵餉內動用。從之。（高宗六三二、二〇）

（乾隆二六、四、癸未）又諭曰：楊應琚奏，哈密、巴里坤二處，尚存糧七萬餘石，可敷二千官兵，暨過往員役六、七年供支。此外附近哈密屯田，歲收糧數千石，又可接濟。至安西官兵，向來止撥本色數百石。現在各該縣倉糧，充裕有備等語。前諭該督等籌運糧石，原為哈密、巴里坤等處官兵接濟之計，今既稱充裕，即停運闢展等處餘糧，亦無不可。而該督復有嗣後各回部往來貿易，寧使多爲運貯之語，又未免因前降諭旨，意存遷就。朕辦理庶務，惟以隨事制宜，用歸實際爲要，初不拘執成見。如果内地需糧接濟，即當輓運屯田餘積，若本不需用，而必强符前説，致糜運費，又何如即留之本處，不必官爲經理之尤得乎？楊應琚所奏安西折價一摺，現令軍機大臣議奏，此摺所奏亦未甚明晰，著一併傳諭該督知之。（高宗六三四、二二）

（**乾隆二七、二、癸巳**）陝甘總督楊應琚奏：哈密、巴里坤從前雇民車運送口糧物件，俱照向例給與腳費。自乾隆二十二、三、四等年，因軍興經巴里坤辦事大臣阿里袞、甘肅巡撫吳達善先後奏准，不拘常例，逾格加增。今大功告成，屯田日闢，此時需運但紙張、藥材、綢緞、銀兩等項，非軍糧可比，應停止加增之例。並行文口外各處辦事大臣，嗣後悉照向例支發。得旨：是。（高宗六五五、一八）

（**乾隆二七、一〇、戊午**）山西巡撫明德奏：綏遠城滿營官兵馬匹，歲需料豆一萬八千餘石，現存豆僅敷支至明秋，若俟完後採買，恐臻價昂，應先時備貯。擬將黑碗二豆，牽算購辦，每石酌發銀一兩三錢，採買一萬五千石。得旨：如所議行。（高宗六七三、二七）

（**乾隆二八、四、丁酉**）軍機大臣等覆奏：詢各廠監糶大臣，據稱，原撥豆五萬石，除糶去外，尚存一萬六千餘石。官員承買者，陸續出倉，市價亦漸平減等語。查本年豫、東、奉天等處，採運豆四十餘萬石，計本年二月至來年三月，各項支放所餘，尚可存十三萬石。請交户部酌撥存廠備糶。得旨：現在存倉黑豆，計各項備用外，爲數甚屬充裕。著該部即於存貯豆石内，每城分撥八千石，以資各廠平糶接濟之用。（高宗六八四、一五）

（**乾隆二八、八、甲寅**）山西巡撫和其衷奏：大同一府，地處沿邊，城内建大有倉，現存穀豆及應買補之數，幾及二十萬石，向係豫備軍營。其出易定例，每年不得過數萬石，積壓年久，黴變堪虞。邇年蕩平底定，似毋庸仍於大同多貯軍糧。查大同毗連之朔平府，爲沿邊要隘，人煙綢密，右衛滿兵，食指浩繁。該府向未設常平倉，所徵民糧，恒不敷供支旗兵糧餉。應請將大同現貯穀豆十萬石，作爲常平定額，每年借糶出易，不必均定一萬石之數，以免紅腐。其溢額糶價，撥給朔平，設常年平倉，並酌撥地丁銀，陸續買足糧六萬石，長爲定額，於民食兵粯兩便，照例出易。該府出口二十里即歸化城，該地糧多價平，買貯尤易。其建倉之處，已委員勘明，該府内城現有地基，足以蓋造。得旨允行。（高宗六九三、一九）

（**乾隆二八、一〇、丙午**）又諭：據舍圖肯參奏，裝載官豆運通船户佟方等，棄票私逃。驍騎校于紹性、巡檢温覺恕向船户訛索銀錢等語。于紹性、溫覺恕俱著革職，交盛京刑部審明治罪。至裝載官豆船雙，如可攜帶米穀，裝載些須，至內地售賣，尚屬兩有裨益。但未經明白曉示，以故微員胥役，藉端訛索，不若明示船戶等，令於裝載官豆外，有情願攜帶米穀者聽便，則官役自無可訛索矣。況船戶既載官豆，又有官役押隨，不過未曾領票，輒行起運而已，將逃之何地哉？舍圖肯所奏，殊不明悉。著傳詢舍圖肯，此項船戶，究係逃往何處，並行知方觀承查辦。尋方觀承奏：查奉天粟米高粱價值常賤，且有益民生日食，請嗣後豆船止准裝載粟米、高粱，其芝麻、小豆、大麻子等項，概不准帶。從之。（高宗六九七、一三）

（乾隆二九、一一、丙寅） 諭：前據嵩椿奏稱，西安移駐涼莊第二起兵丁，請於明春撥往等語。現在陝省協濟甘肅米三十萬石，俱由西安等處運送，車輛牲隻，需用必多，若明春又將兵丁撥往涼莊，豫備車輛，不無拮据。著傳諭新柱、明德等，應撥兵丁，或於明歲秋收後，或俟後年春令，再行撥往。（高宗七二三、四）

（乾隆三〇、一、丙子） 大學士管陝甘總督楊應琚奏：哈密協駐防兵八百名，每年應需四本兵糧，向折本色支給。近年屯田收成豐裕，請將三十年應需本色兵糧，酌撥小麥八百石，豌豆八百石搭支。此後遞年豐穫，更可多估本色，減運折價。報聞。（高宗七二七、一三）

（乾隆三〇、二、乙巳） ［護理山西巡撫布政使文綬］又奏：綏遠城駐防官兵，向來歲需口糧粟米五萬餘石，每年於歸化城各廳及莊頭，並土默特、蒙古、大青山、十五溝等處額徵米四萬四千六百餘石，同舊存倉糧支放。現在綏遠城出旗漢軍，改補綠營官員，俱已起程。其漢軍兵二千一百十七名，陸續調補綠營，約一年可全出旗。此後所收一年之糧，足供兩年兵糈。請將現存倉粟米十二萬餘石，酌留六萬九千餘石，以供今年明年兵糧；其餘五萬餘石，變價解司充餉。得旨：如所議行。（高宗七二九、一四）

（乾隆三二、七、辛卯） 陝甘總督吳達善等奏：哈密倉貯歷年軍需案內下剩，並塔勒納沁屯田收穫等項，共存豌豆一萬六千餘石，每年各處進馬，並哈密應差駝隻、屯田牛馬等項零星支用，祇需豆一千六百餘石。近年哈密雨水較勤，恐盈餘久貯，難免黴濕之虞。查軍臺奉旨改由安西舊路，哈密所管營塘，安設馬騾，暨應差馬匹，每年應需飼餧豆五千九百餘石，向由淵泉、玉門二縣在額徵豆石內按年運供，每年計需腳價銀二萬五千餘兩，使費較繁。應請將哈密倉內舊存豆石，除每歲酌留一千六百餘石外，其餘一萬四千餘石，即按年撥供軍臺營塘暨應差馬匹之用，所有淵泉、玉門二縣應運豆石，暫令停止。得旨嘉獎。（高宗七八九、一四）

（**乾隆三二、九、七、庚申**）是月，盛京户部侍郎瓦爾達奏：臣部所屬莊頭，每年秋收後應交黑豆四千八百八十五石，入臣部內倉收貯，又於內倉地糧項下撥出黑豆二千三百四石，二共豆七千一百八十九石，於來年春夏之交，派員由內倉運至牛莊暫貯，由牛莊運到海口上船，遞運至通州交納，每年共用腳價銀二千二百餘兩。查莊頭等多住居遼陽，其餘散處於盛京牛莊界等處，遼陽距盛京一百二十里，距牛莊亦係一百二十里。莊頭等每年所交黑豆，運至盛京內倉交納，臣部復派員由內倉運至海口，兩番腳價折耗，殊屬虛糜。應請嗣後除地丁項下所撥黑豆，仍照向例運送外，其莊頭等應交豆四千八百八十五石，秋收後毋庸運至盛京內倉，即徑赴牛莊旗倉內交納，俟明春起運時，計程不過三十里，即可運至海口上船，腳費無多，較爲便捷。得旨；著照所請行。（高宗七九五、一七）

（**乾隆三三、四、丙子**）［尚書參贊大臣舒赫德、雲貴總督暫管巡撫鄂寧］又奏：查緬匪敢於抗拒王師，必當大申天討。特以邊末禽獸，其事本不足辦，且滇省山多路遠，一切籌辦不易。查滿兵千名，須騎馬二千，馱馬三百，裹糧及跟役需馬一千五百。是滿兵萬名，須馬三萬八千；綠旗兵千名須騎馬三百，馱馬三百，裹糧餘丁須馬一千三百；是綠旗兵萬名，須馬一萬九千，若三萬名，即須用五萬七千。而官員乘騎，馱載裹糧及安臺續運軍裝糧石，又須備馬數萬。以滿漢兵四萬名計算，共需馬十萬。各省撥解，既費周章，購備草料，亦復匪易，此辦馬之難也。至於米石，查永昌地處極邊，官鮮積貯，民少蓋藏，且連年用兵，米糧消耗。今計兵備糧，兵四萬名，日需米四百石，以十個月計算，需米十二萬石。永昌無馬料，以米代之，馬十萬匹，每馬一升，日需米千石。現在通省可撥之倉糧，只三十五六萬石。糧既不敷，加以每三夫運米一石，用夫百餘萬人；且遠者二三十站，往返轉運沿途須三四十萬人，路費腳價甚繁。此辦糧之難也。又查永昌出口道路，一由騰越之虎踞等關，一由永昌之宛頂等處，兩路山峻道窄，兩人不能並行。每路數萬人，綿長至數十餘里，前營已到，後營尚未起程，前後難以相顧。聞邊外更險，勢難遄行。至永昌之潞江以外，騰越之南甸以外，俱係土司地方，連年用兵，夷民逃避，一切軍裝糧運，無夫可雇。內地民人，雇令赴口，雖重價不應；即迫脅使行，往往半路逃亡。若仗馬騾馱載，馬夫亦無從雇覓。若用兵牽趕，需兵又復不少口糧草料，在在掣肘。又永昌所產食物菜蔬，僅敷一郡之用，今聚兵累萬，不獨食物昂貴，且恐不給，是以臣等現議分駐，以裕兵食。（高宗八〇九、七）

（**乾隆三五、二、丁丑**）陝西巡撫文綬奏：洛川縣歲徵兵糈二千六百七十七石,領支一千四百餘石,積存一萬八千餘石,縣倉不敷貯,添建滋費,山路難以撥運,歲久或致黴浥。請以一萬五千石爲存額,餘者及續徵餘糧,隨時出糶,報部充餉。非常平倉穀可比,糶時照市價不減。得旨:如所議行。(高宗八五三、二〇)

(乾隆三五、九、壬申) 是月,直隸總督楊廷璋奏:前奉諭旨,以古北口地方,旗民雜處,官兵衆多,應多儲備米穀。查古北口,向有儲備米一萬餘石,今再添貯三萬石,令於熱河四旗、喀喇河屯三廳,共撥穀六萬石,作米三萬石,運交存貯。得旨:允行。(高宗八六九、一四)

(乾隆三五、九、壬申) [直隸總督楊廷璋]又奏:唐三營存貯熱河廳撥抵米石,從無動用之處,惟貯過五年後,復運歸熱河等倉,搭放兵餉。查熱河、喀喇河屯二倉米,足敷八旗支放,所有唐三營米,自此次運交熱河後,嗣後毋庸再撥。其各莊頭應交差糧新米,及熱河廳應添買不敷兵米,均就近交貯熱河、喀喇河屯二倉。至空出唐三營倉厫,分歸熱河四旗二廳,爲分貯採買米穀之用。其原設看倉千總一員、兵三十名,查布達拉廟工,將次完竣,應照從前普寧寺之例,添設弁兵看管,請即將該弁兵移撥,其俸餉照舊支給。得旨:如所議行。(高宗八六九、一五)

(乾隆三五、一〇、辛卯) 軍機大臣議覆:陝甘總督明山奏稱,前提臣巴彥弼奏,濟木薩三臺糧石,存積日多,請抽撥兵三百名,種瑪納斯地畝,供支伊犁糧石。經軍機議令臣等赴勘,查濟木薩地界遼遠,若抽撥三百名,僅留二百,恐不敷巡邏;而墾熟地畝,令就荒蕪,亦誠可惜。應毋庸議撥。其每年屯積糧石,除就近支放籽種外,設屯車五十輛,即在五百名兵內,抽出五十名,作爲差兵,將糧石運送特訥格爾官倉。所需拉車馬,於巴里坤哈密孳生廠內,撥五十匹應用。車輛,責成烏嚕木齊糧務同知製造,一應交收督察,令阜康城縣丞經理。至前瑪納斯屯兵,撥赴伊犁,其空出地畝,請撥陝甘各標營單身兵三百名,前往耕種,五年更換。應如所奏。從之。(高宗八七一、五)

(乾隆三六、一〇、丙子) 諭軍機大臣等:據阿爾泰覆奏,籌辦調兵事宜,及接運糧石各摺,……即董天弼一路,原有兵練及添派之兵,共六千八百餘名。而董天弼派赴木坪者,共三千八百餘名,尤當奮勇速進,使賊酋首尾不能相顧,方合行軍要領。至福昌在巴朗拉一路,亦有兵三千餘名,兵力不爲單弱。縱其地現有賊人拒阻,難於直入,亦當籌酌形勢,相機攻打,俾賊衆疲於支應,以挫其鋒。……(高宗八九四、三一)

(乾隆三六、一一、丙寅) 護山西巡撫布政使朱珪奏:綏遠城駐防官兵口糧，每年需米四萬一千餘石，現綏遠城倉貯米石，及應徵本年各廳莊頭，並托克托城碾運米石，截至三十六年年底，約存米三萬八千五百九十餘石，不敷來年搭放。請將歸綏兩城同知倉儲穀內，每年各撥出穀一萬七千餘石，以一穀六米折算，共折米二萬四百餘石，同綏遠城倉各項徵收一併搭放，於三十七年春季爲始，按年分撥，仍於穀價平賤時，買補還倉。得旨：如所議行。（高宗八九七、六五）

（**乾隆三八、七、戊午**）調任署四川總督湖廣總督富勒渾奏：軍米一項，從前陸續出口，長運滾運，業已在途，今因軍營失事，觀望不前。臣沿途曉諭，並出示背夫，運米一背至明郭宗交收，賞銀一兩；又派專員逐站趲催，復派總理大員督率。現今商夫漸增，沿途趕運，計三、四日內，出臥龍關之米，並美諾、明郭宗現存米，共有四千餘石，陸續至營，足敷月餘之食。又據文綬扎稱，桃關出口米，又有三千餘石，自可源源接濟。（高宗九三八、八）

（**乾隆三八、八、癸丑**）陝甘總督勒爾謹奏：巴里坤滿營需用兵糧，向由甘州、涼州、西寧三提鎮營孳生駝廠內，挑選堪用駝隻解送巴里坤，駝運奇臺、古城、吉布庫等處民屯糧石，以供滿兵支用。但據各營送到駝隻中，挑選可用者，僅止二百三十八，運糧不敷。現送涼州移駐滿兵出口車二千六百餘輛，送至烏嚕木齊，仍須空回內地，必由奇臺經過。應於此項車內，挑選壯健車騾，每百里運糧一石，給腳價銀二錢帶運，約可得糧萬石，較雇覓民車，及買車騾運送，殊爲節省。得旨：如所議行。（高宗九四一、三九）

（**乾隆三八、一〇、壬子**）督理糧餉山西巡撫鄂寶奏：現存大營，並分貯章谷等站，及資隆改運之米，共二萬三千餘石，雖計算可供至十一月之糧，但天冷站長，輓輸不易，或有缺乏，所關匪細。查省城運米至章谷計三十八站，即雅州至章谷亦三十一站，各屬派運之米，自應嚴立限期，上緊催趲。擬由省城者限以十一月二十日，由雅州者十一月十五日，其餘辦運鑪城者，亦統以十一月內全數運完，逾限參處。諭軍機大臣等：糧糈關係軍行，自當源源接運。著傳諭富勒渾、文綬通盤籌劃，將每月應運軍營之米，實需若干，其留貯章谷以備續運者，約需若干，妥爲酌定程限，使站夫不致繁雜難行，糧運不致稽遲貽誤，方能兩得其益。其如何妥立章程，仍著該督等會摺覆奏。（高宗九四五、二七）

（**乾隆三九、六、壬辰**）辦理糧餉浙江布政使郝碩奏：查各站限滿應換長夫，多有仍留本站謀生，臨時應募，充當客夫者。臣思此項人夫，供役既久，道路熟悉，一切均爲得力。若於更換時，逐一查詢，如有情願留站者，即行知該州縣，給發安家銀兩，於本籍換班夫內，按數扣除。不特免雇募之煩，亦可省口糧之費，而內地解換夫數既減，到站自更迅速。得旨：嘉獎。（高宗九六〇、一五）

（乾隆三九、六、甲辰）督理糧餉四川總督富勒渾、浙江布政使郝碩奏：接文綬咨稱，借動成都所屬社倉穀六萬石，碾米由灌汶一路滾運西北兩路軍營。又於嘉、眉二屬，動碾常平監穀四萬石，由雅州轉運打箭爐，以資接濟，自是通融之法。但查西路及凱立葉官兵，並沿途夫役，每日需米五百餘石，計軍營現存米，尚可供三月之用。若此時將新添之六萬石，一齊趕運，恐夫價米價，乘勢居奇。不如仍照舊，以每日五百石，按月轉輸。則米石不致昂貴，腳價亦可節省。其南北兩路，亦應照此辦理。得旨嘉獎。（高宗九六一、一八）

（乾隆四〇、八、乙巳）閩浙總督鍾音奏：臺灣府屬，每年撥運內地兵眷米穀，向令商船輪流搭運，按次給單，四次後，優免一次。其文武員弁渡海坐船，亦分別減免。查該船户，以得免單，恒有影射脱漏等弊。請嗣後無論商船差船，均按次配運，從前免差名色革除。得旨：好。如所議行。（高宗九八九、三三）

（乾隆四〇、一一、甲午）四川總督富勒渾奏：大兵屢捷，功屆垂成，領運官商，倍加踴躍。查現存米石，除北路自巴占至沙爾尼軍營，並木池、覺木交兩站，存米二萬餘石外，西路自楸砥至果羅木前敵各站，約存米九萬石，儲備實屬充盈。但官兵指日凱旋，一切應付事宜，在在均需夫力，勢不能將存積米石，同時轉輸，自應權其緩急，先爲調度。臣已飭撒拉以前各站，乘此大功垂成之際，多撥人夫，將存米陸續加緊趕運，於巴占一帶，酌量備貯。將來勒烏圍等處分設防兵，轉運更爲捷近。而且後路積米，得以及早疏通。其撒拉以內，自楸砥至沙壩各站，仍令照常運供，所存之米，留爲分貯美諾一帶防兵之用，亦屬省便。至生鐵一項，需用浩繁，各兵軍裝，尤關緊要。自閏十月初一日起，至本月十五日止，運過梭洛柏古生熟鐵四十餘萬觔，各省官兵衣履鍋帳等項，共八千餘背，均無貽誤。得旨嘉獎。（高宗九九七、一三）

（乾隆四一、三、丙戌）四川總督文綬奏：大兵凱旋，三月內全數進口，其口內西北路自灌縣至雜谷，南路雅安等處，尚有存糧。查成都、雅州等屬，額貯常社倉穀，節年都已碾運，應將前項軍米，及時出借，秋後照一米二穀例，如數還倉，免其加息。得旨嘉獎。（高宗一〇〇四、五〇）

（乾隆四一、三、癸巳）〔督理糧餉吏部侍郎劉秉恬、調任四川總督富勒渾、山西巡撫鄂寶、浙江布政使郝碩、河南布政使顏希深〕又奏：臣等前奏准，分撥軍糧，視各處駐兵之多寡，爲存糧之盈縮，覈計道路遠近，妥爲分貯。查促浸、儹拉，及明正司所屬，共駐漢屯兵六千五百名。計現存米數，自楸砥至梭洛柏古等處，尚有七萬餘石；勒烏圍現有米一萬二千石，應再運八千石，茹寨、噶爾丹寺等處兵，即於勒烏圍支領；噶喇依現有米二千餘石，應再運一萬二千餘石；美諾現有米一萬餘石，應再運二萬石，僧格宗、翁古爾壟等處兵，即於美諾支領；底木達現有米四千石，應再運六千石，餘二萬貯大板昭；南路運貯章谷米九千石，約咱兵即於章谷支領；馬爾邦米五千石，曾達兵即於馬爾邦支領，約計足敷二年有餘。加以辦理屯田官役人等口糧，均屬充裕。現分路轉輸，並派分段總理各員查催。報聞。（高宗一〇〇五、一五）

（乾隆四四、五、辛丑）山西巡撫覺圖巴延三奏：綏遠城駐防官兵馬匹，歲需料豆，係採買供支，今年市價較上屆昂貴，請於大同、懷仁、陽高等縣存貯未糶豆石內，撥運綏遠城倉備用，仍俟價平時採買。得旨嘉獎。（高宗一〇八三、三）

（乾隆四四、八、辛巳）山西巡撫覺羅巴延三奏：大同府屬之豐鎮廳、朔平府屬寧遠縣廳，向未設有常平倉糧，後將二廳應解綏遠城兵米，截留十年，以充倉儲，現共有本息穀十萬四千餘石。每歲出陳易新，不過十分之一，紅朽堪虞。而綏遠城自移駐右衛官兵七百餘名，加放米一萬餘石，口外各廳，徵解不敷。請將該二廳倉儲，均以三萬石爲額，餘照一穀二米之例，碾運綏遠城爲兵糈。報聞。（高宗一〇八九、二九）

（乾隆四五、一、壬寅）戶部議覆：直隸總督袁守侗議奏，密雲駐防兵米運放事宜一摺。查豫、東二省，每年停運薊州粟米五萬七千石，前准保定、雄縣二駐防兵米，於此項撥給。今密雲事例相符，所需一半本色，應如所奏，即於山東、河南，各水次應存停運米石內撥運，每年隨漕運通。再此米運赴縣倉，收放責成該縣，自應專令該縣承辦領運。該督奏令駐防人員，同往通州收領之處，毋庸議。至所稱運米經由陸路，查通州至密雲，有漕、白二河，可以水運，較陸運爲省。應令酌看情形，如遇旱乾及水大時，自應陸運，若河水平順，即應水運。至奏稱，本年豫、東漕船已行，所有本年夏、秋、冬并四十六年春季，應需米石，請於豫、東二省，現運四十五年，漕糧正供項下截撥之處，查本年豫漕普歉，應於山東新運漕糧內，暫行撥放，次年運補。從之。（高宗一〇九九、五）

（乾隆四六、一、甲申）軍機大臣等議覆：署烏里雅蘇台將軍巴圖條議科布多積穀運赴烏里雅蘇台並酌減耕田兵丁事宜。一、科布多屯田，應暫停十五分，祇屯種六分。倉內大麥較多，現放官兵口糧，先儘此項支給。嗣後惟種小麥、青稞，俟收存相等，再行勻放。一、原設屯田兵丁六百四十餘名，現議祇屯六分，每分三十三人，應留蒙古兵一百五十名、綠營兵四十八名屯種。再留綠營兵九十二名，派充看守倉庫等差，餘均徹回。仍酌留遊擊一員、千總一員、把總三員，分管屯田等事。蒙古章京內留三人，派管各部落人等。均交台吉噶爾旺統轄。一、駄運倉穀，應用烏里雅蘇台官駝一千二百隻，並由該處房租項下動支銀兩，交喀爾喀四部落修理屈繩一千副。其備用口袋，交歸化城道員採辦。一、烏里雅蘇台倉房六十間，除積穀及貯存茶、煙外，閒房無多。請先建二十間備用，如不敷，另行奏添。一、兵丁口糧，向由倉穀放給，各兵自行碾食。前經奏准，每斗加給二升。惟黍麥等項，一經碾春，耗蝕較例得米粆之數，仍屬減少，兵食尚形拮据。請於每年加支二升外，再加二升。均應如所請。從之。（高宗一一二二、一一）

（乾隆四七、二、甲申）諭軍機大臣等：據陳輝祖等奏，准巴延三咨會船戶謝元興於四十六年六月內，由臺灣裝載客貨，並領彰化縣搭載兵粟八十石，折給花銀六十四圓，又船腳銀五圓。該船戶開行後，遭風飄至粵省海豐縣，擊碎船隻，沉失貨物，拯救得生。咨明原籍等因，現在飛飭臺灣道府，迅速確切嚴查，據實揭參究辦，以清積弊等語。此事甚奇，不可不徹底查辦。閩省臺灣各屬，撥運內地米穀，原以該省產穀不敷，藉資臺灣接濟，乃彰化一縣，擅將折給銀兩，令船戶在內地採買交倉，其中顯有違例折徵及短發價值，并抑勒船戶承領，或船戶籍圖多載客貨等弊，不可不嚴行查究。其臺屬各廳縣，運交內地米石，是否俱照彰化之例辦理，其起自何年，該管道府何以漫無覺察？必須逐層根究，不得稍涉顧預。陳輝祖現辦海塘工務，不能親赴該省，提犯研訊，此案著交楊魁，即行提集案內人證，悉心研鞫，據實具奏，仍即回奏。將此由五百里傳諭楊魁，並諭陳輝祖知之。（高宗一一五一、四）

（乾隆四九、三、庚子）陝甘總督李侍堯奏：查嘉峪關至哈密一帶，戈壁重重，水泉稀少，向例運糧腳費，每百里以一兩六錢定價。今據烏嚕木齊查明，近年歲豐糧賤，每百里給銀一兩已敷雇覓，奏准減給。嘉峪關至哈密，亦屬相仿，自應一體議減。倘年歲不齊，或有急需不敷，再行覈辦。下部知之。（一二〇〇、二八）

（乾隆五二、七、辛未）諭軍機大臣等：據何裕城奏，碾運閩省米石，全由五福陸路運送。李世傑等，前因江西米石，應由海運，已經豫備船隻。

今江西之米，既仍由該省陸路起運，無需江南海船。前諭保寧將川米備辦二十萬石，即由川江運至江南，正需海船撥運。現在江南豫備分運江西米石船隻，將來即留爲運送川米之用，可以星速配渡，豈不一舉兩得？著將此傳諭李世傑、閔鶚元遵照妥辦。並著保寧將應運川米，務即迅速運赴江南，配船接運，以期迅速抵閩，得資接濟。並諭何裕城知之。(高宗一二八四、八)

（乾隆五二、七、乙亥）又諭：現在臺灣軍務，尚未告竣，一切兵食，及平糶撫卹等事，在在急需，不妨多爲儲備。川省素爲產米之區，連歲收成豐稔，積儲較裕，著保寧再行採買米三十萬石，如或市糧不敷採辦，即於附近川江各縣常社倉內碾動穀石，以足三十萬之數，接續運赴江南，交李世傑等一併委員運往閩省，以資接濟。其碾動倉穀，不妨暇時買補。至此次運閩米數，需用海船較多。著傳諭李世傑、閔鶚元將海船寬爲預備，俟前次川米二十萬石抵江起運後，所有續辦米石，一經運到江省，即接續配船起運，以期迅速抵閩，毋誤要需。(高宗一二八四、一三)

（乾隆五二、七、戊寅）又諭：此次湖北所碾米石，亦由江西運赴閩省，著何裕城即將江西米石，於何時可以運竣，其湖北米石，接續由該省運閩道路便捷之處，一面酌定，一面飛咨舒常，令其速將碾就米石，分起撥運，由江西五福一路前進，不可似前次推諉，以致遲延。如江西實有礙難辦理之處，一面飛即知會舒常等，令其將米石裝載撥船，由水路運往江南，交李世傑等由上海出口，運往閩省。但前經先後降旨，令保寧豫備米五十萬石，陸續由川江載赴江南，備船運閩；爲數較多，恐江蘇船隻驟難添雇，轉恐有誤要需，莫若即由五福早運爲是。(高宗一二八四、二三)

（乾隆五二、七、辛卯）又諭：前因臺灣勦捕逆匪，需用軍糈，且漳、泉一帶地方缺雨，恐米糧市價昂貴，民情不無拮据。已有旨諭令該撫查明妥辦，並節經降旨，於浙江、江西、江南、四川、湖廣等省，派辦米共一百餘萬石，令該督撫等迅速運閩接濟。是閩省米石，日逐充盈，除應付軍糈之外，儘有多餘。漳、泉二府如有缺雨成災處所，該督撫務須詳悉查明，一面奏聞，一面即行督飭所屬妥爲撫卹，俾閭閻均霑實惠，毋使一夫失所，以副朕軫念民依至意。(高宗一二八五、三一)

（乾隆五二、八、甲辰）四川總督保寧奏：續辦運閩米三十萬石，船隻不敷裝載，現飭忠夔等屬。並檄調湖北荆州、宜昌二府將各處船隻，通查留雇。諭：此項運閩米石，本爲軍儲要需，寬爲儲備之用，止須源源接濟。若如該督所奏，將川省及湖北宜昌、荆州等處船隻，紛紛押雇，既有累商民，且恐不肖州縣及吏胥等從中需索，藉端滋事，尤爲未便。況江浙等省，全賴川米接濟，若將川省湖廣船隻，盡行封雇，則商販無船裝載，川米即不能轉運，各省米價，必致騰貴，於民食大有關係。該督何見不及此？著保寧務須設法妥辦，止須陸續撥運，期於要需無誤，而商販仍不致有所妨礙，方爲妥善。（高宗一二八六、一八）

（**乾隆五三、二、壬戌**）閩浙總督李侍堯奏：臺灣軍興以來，撥運浙江、江西、江蘇、湖北、湖南、四川等省米石。嗣因台州等九幫漕米凍阻，復奉旨就近運閩備撥。今軍務業經告竣，無須多爲籌備，除台州等幫漕米現已飛咨停運，其各省撥運米，除陸續運臺及內地供支口糧，需米四十八萬餘石；又臺、澎及福州等五府，每年應放兵米，因臺屬疊蒙蠲免，無項可支，應需米十五萬三千一百石零；又五十三、四兩年班兵眷米，及凱旋內渡沿途口糧，共需米三萬四千六百餘石；又漳泉二府應需酌撥平糶米三十萬石。以上共需米九十七萬石，覈之各省運到米數，已一百三十九萬石，實屬有贏無絀；即再需濟糶，亦不致周章。所有湖南未經運到米七萬五千石，現咨明何裕城照數截留。四川未經運到米二十四萬石，亦已飛咨書麟、閔鶚元截留江蘇。諭軍機大臣等：各省撥運米石，原以接濟軍糈。今臺灣全郡平定，大功告蕆，各省業經運到閩境之米，既足敷應用，其未經運到者，自可毋庸再行撥運。所有浙江台州等九幫，及湖南第二三四起，川省第二三四五起米石，俱著停止趲運。此內川省應行截留米石，現在面詢書麟。據稱，該省倉儲充足，無須買補。是此項米石，亦可毋庸截留江蘇，著同浙江、湖南二省停運米石，一體分年隨幫灑帶運通。如米數較多，不能於下年全數帶交，即分作二三年陸續灑帶，亦無不可。該督撫必須飭屬加意收貯，勿致黴變，方爲妥善。（高宗一二九九、二五）

（**乾隆五六、一〇、癸亥**）又諭：據孫士毅奏，籌辦糧運各事宜，實在盡心，可嘉之至。摺內稱，軍行所用糧石，從內地運至西藏，每石需價三十餘兩，若就藏地採辦，即倍價收買，每石不過三兩等語。若果能如此，則所省至十倍，尤見盡心籌覈，不致帑項虛糜。節經降旨，不令多兵前往坐食藏米，亦即爲此。孫士毅務當事事如此酌籌妥善，俟明春大兵進勦時，使糧餉得以源源接濟，即孫士毅一人之功也。著隨報賞給孫士毅御用大荷包一對，小荷包四個，以示獎勵。至口外軍糧，全資烏拉運送。向來官給價值，土司既有從中剋扣之弊，烏拉因之裹足不前，或中途拋棄脫逃，殊有關係。或令地方官將應付價值，當面散給，俾豫備烏拉之番衆，咸受實惠，自必更加踴躍，並著孫士毅酌量辦理。若土司等果能急公報効，不敢暗中剋扣，上緊雇備運送，所有應給價值，仍可發交土司轉給，不必拘泥遵旨。孫士毅自能仰

體朕心，辦理俱臻妥協也。（高宗一三八九、二二）

（乾隆五七、四、辛丑）諭軍機大臣等：糧運爲軍營首務，臺站烏拉，最關緊要。經福康安與達賴喇嘛、濟嚨呼圖克圖等剖商，使各站俱有受雇牛隻，照例給價，到站即行，可期無誤，但必統理得人，應付更爲妥協。已有旨令惠齡領兵勦賊，不必再回前藏，其一切藏務，令和琳妥爲經理。和琳此次馳驛赴藏，行走迅速，約計閏四月內可以抵藏。所有此項臺站烏拉等事，著交和琳督率統理，可資得力。至請將川省備調兵三千名，派令來藏。廓爾喀賊匪，既侵占隣近部落三十餘處，地方不小，我兵乘勝窮追之時，後路愈長，撥兵接續，以防賊人抄截。已降旨令孫士毅，即將前次備調川兵三千名，迅速派撥，催促帶兵將弁，剋日起程赴藏矣。藏內現備糧食，已足一萬五、六千人一年有餘口糧，此時藏內原有兵丁，及派調、續調屯土各兵，並索倫達呼爾兵，統計共有萬餘，今再加以添調川省兵三千名，亦不過一萬三千餘名，糧石儘有敷餘。著福康安等再行酌量，如大兵深入賊境後，賊匪風聞逃竄，自應乘勝窮追，若兵力尚不敷追勦，或於川省兵丁，及屯練降番內，就近再行添調三四千名，亦不爲多。福康安可一面飛咨孫士毅檄調，一面遇便奏聞，以期膚功迅奏。或先將此續調之三千名，竟行帶往進勦，再酌量就近調撥三四千名，以爲後路接續聲援，亦無不可。……（高宗一四〇〇、五）

（乾隆五七、閏四、乙亥）又諭：軍火錢糧，關係緊要，今經和琳酌立限期，分別懲賞，自可期迅速無誤。但口外烏拉，俱係該處土司出派受雇，與內地民夫情形不同。內地民人運送糧餉等項，尚有臨時觀望，不聽約束者，何況此等土民，本屬野性難馴，若過於嚴緊，或致躲避不前，並別滋事端，轉爲未妥。自應善爲招集，酌加獎賞。然賞賚亦當有節制，不可過優，倘過於優厚，伊等貪得無厭，不特難乎爲繼，且不足以見恩，於事轉屬無益。著傳諭和琳、孫士毅一體留心，妥協經理。務使土民等知所懲勸，聞風爭赴，以期軍火錢糧，源源接濟，賞罰得當，不致遲逾滋事，方爲妥善。至巴塘土司吹忠扎布請照西藏所屬，於現備烏拉之外，添備三百隻，伺候受雇。該土司急公報效，殊屬可嘉，業經和琳獎賞。著孫士毅再傳旨賞給大緞二匹，以示鼓勸。（高宗一四〇二、一七）

（乾隆五七、八、庚寅）諭：據梁肯堂奏，山海關駐防兵丁，五十八年，應需兵米一萬七千七百餘石。請敕下奉天府尹，仍照舊在寧遠州、錦縣協撥一萬石，交山海關通判領回供支。其餘米石，於徵收屯米動放外，仍令永平府屬州縣領價採買支放等語。本年直隸地方，被旱較廣，此項兵米，若令全數就近採買,未免辦理稍難。著照該督等所請,即著奉天府尹於寧遠州、錦縣協撥一萬石,其餘米石,仍著梁肯堂照舊辦理,據實報銷。該部即遵諭行。(高宗一四一一、一八)

(乾隆五八、六、辛卯)[四川總督惠齡]又奏:各站因軍需告藏,尚有停運子藥、火繩等項。臣於催辦報銷之便查明,令該站員等就近運交駐防兵丁臺汛收貯,作爲操防之用。再米石一項,前經續派天全、清溪兩州縣動碾食穀,運交鑪城米二千三百九十石,又採買米六千三百五十石,運赴出口,以爲搭放官弁口糧之需。今軍務已竣,各起官兵進口,此項餘剩米石,飭交裏塘等四臺存貯,將來作爲臺米開銷。得旨:好。知道了。(高宗一四三一、二一)

(乾隆六〇、七、丁巳)又諭:戶部覆議,湖南軍營准駁各款一摺。朕初閱時惟恐部臣覆議未免過於從嚴,及逐加披閱,內如水路運送軍糧給發水腳一款,定例順水每站給水腳銀三分六釐,逆水給水腳銀七分,逆水水腳增幾一倍,原即爲幫縴雇夫之用,何得又於例外請添縴夫支給回空口糧?又運送軍火軍糧雇夫一款,向來雇覓人夫,回空給與口糧,業屬從優,從無空閒之日給與雇價之例。又製給口袋一款,定例每米五斗裝口袋一條。今該督等以二斗五升用布袋一條,已屬加倍,又於例外添出取土口袋,軍需運送米石,不下數十萬,而拏卡取土,更無定數,似此任意加增,糜費不知凡幾。(高宗一四八二、二一)

(嘉慶三、八、癸巳)貴州巡撫馮光熊奏:銅仁松桃新添官兵,應需糧餉,除照例籌撥外,尚不敷五千七百六十餘石。現擬照古州等鎮、協,折給兩月兵米例,折給米二千一百六十餘石。又該處紳耆呈請,將每年額徵耗銀,改納米一千三百三十七石零。又府廳應行變價耗米,及小竹山案內逆產田畝租米,共得米四千三百餘石,均可就近撥給。其餘不敷,應令該府縣採買支給。下部知之。(仁宗三三、三)

(嘉慶四、一〇、辛丑)截留湖北漕米六萬石,以備軍糈。(仁宗五三、二〇)

(嘉慶六、一、壬寅)命湖南碾米十五萬石,解往陝西,以濟兵糈。(仁宗七八、二〇)

(嘉慶六、四、壬戌)諭內閣:……茲據德楞泰奏,年來湖北辦理糧餉,總不能隨時接濟,以致軍行乏食,賊匪不能剋期勦竣,實由於此。此次德楞泰追勦徐添德,糧餉不繼,賴書麟捐給銀兩,俾兵丁沿途購買,得以無誤。其長齡、明亮、孫清元各路軍糧,亦皆不能接濟。並據奏,前歲德楞泰在湖北勦賊時，兵丁行走四十五日，僅得五日之糧等語。倭什布本由湖廣總督降補湖北巡撫，皆伊任內之事，昨年因該省辦理軍務，總未奏請撥餉，經朕降旨查詢，遂不待伊等奏請，節次撥發餉項，計本年兩次所發，已有六十萬兩，何至不能接濟軍食？前此伊等不奏請撥餉之故，不過欲圖見好，殊不思糧餉不繼，軍務一日不完，則軍需一日不減，所費更大。且勦賊本以安民，朕從不於帑金稍有吝惜。即近日川陝兩省餉銀，亦皆不待奏請，先行撥發。朕豫籌軍食，時刻縈懷，豈忍令兵丁等効命戎行，枵腹從事？乃楚省數年以來，積玩因循，並不視為要務，自書麟到後，雖極力整頓，尚不能隨時接濟。倭什布在楚省督撫兩任，時日最久，其玩誤之咎，實無可辭，有忝封疆重寄，豈可復邀升擢？倭布希即著解任來京候旨。所有湖廣總督員缺，著吳熊光補授，即馳驛前赴新任，其河南巡撫員缺，著顏檢補授，亦著馳驛速赴新任，以便吳熊光交卸赴楚。（仁宗八二、二四）

（嘉慶六、五、癸未）諭內閣：前因德楞泰奏，年來湖北辦理糧餉，不能隨時接濟，軍行乏食，是以賊匪不能剋期勦竣。近日德楞泰追勦徐添德，糧餉不繼，僅賴書麟捐給銀兩，俾兵丁沿途購買。即長齡、明亮、孫清元各路軍糧，亦皆不能接濟，當即明降諭旨，以倭什布本由湖廣總督降補湖北巡撫，皆伊任內之事，乃積玩因循，其罪實無可辭，因令解任來京候旨。本日倭什布奏到之摺，力為申辯，正在降旨查辦，適額勒登保奏到密陳湖北情形一摺。據稱，久聞湖北辦理糧餉甚不妥協，因囑德楞泰於赴楚時留心察訪，現據伊來札內稱，楚省所派防堵官兵，竟不給發糧餉，以致官兵有勒索百姓之事。而鄉勇等係每月給銀三兩，不給糧食，近則數月以來，並銀兩亦未給發，甚至擾累居民等語，殊堪駭異。各省派調兵勇，原以勦賊安良。數年以來，糜帑至數千萬，何嘗稍有吝惜？昨年因楚省軍營久未奏請撥餉，經朕降旨查詢，並不待伊等奏請，節次撥發餉銀，計自上年至今，所發銀數已及一百七十餘萬兩，並撥鄰省米石，何至不能接濟軍食？此必承辦之員任意侵扣，私肥囊橐，竟忍令兵勇枵腹從事，累及閭閻，是國家派撥兵勇，未能安民，先已病民。不料該省大小官員喪心昧良，一至於此。倭什布在楚有年，種種紕繆，著即革職拏問，交軍機大臣會同刑部嚴審治罪。計倭什布已將行抵河南，著交顏檢傳旨，將伊鎖解來京，派委誠妥大員小心押送，毋令稍有疏虞。（仁宗八三、七）

（嘉慶六、八、庚戌）撥湖南米三萬九千石，解往陝西，以備軍糈。（仁宗八六、一二）

（嘉慶七、八、乙巳）撥安徽米四萬石、湖南米三萬石、河南小米二萬

石，解往湖北，以濟軍糈。(仁宗一○二、一一)

(嘉慶一○、九、庚午) 諭內閣：倭什布奏，部駁軍需確覈實用情形一摺。除糧臺僱募護臺鄉勇名數，及背運民夫口糧二款，均據遵照刪減造報外，其運糧馬騾加給守候回空銀兩，及料草餒夫口食，又兵丁支給長夫，每兵百名給長夫四十名，又辦運麥麵搗簸人夫磨工，又由陝入甘隨征鄉勇口食等四款，據稱均係實在必需，業經按數支給，確查並無浮冒，自屬實在情形。以上四款動用銀兩，均著加恩准其作正報銷。該督仍當督率局員，覈實清釐，毋任稍有浮濫。(仁宗一五○、二七)

(嘉慶一二、五、庚午) 又諭：和寧奏，接准部咨，將徵收春借籽種、籌運州倉糧石二款分晰聲覆一摺。據稱烏嚕木齊所屬州縣，並無地丁錢糧，祗按地畝徵收糧石，支放官兵口食，與內地情形不同。所借籽種，係爲農民及時播種春田、體卹邊黎起見，亦與內地常平社倉偶因歲歉借給籽種者有別。詢據該鄉民等，僉稱春借籽種本色，秋成後情願每石加糧一斗交倉。又撥運昌吉、呼圖壁兩處倉糧十萬石，分作五年運赴州倉，仍用官駝一百八十九隻馱運，約需餒飼及牽夫口食銀二千五百餘兩，即在加糧一斗充公項下支銷等語。著照所請，該處户民春借籽種，准其照社倉之例，每石於秋成後加收一斗。所撥昌吉、呼圖壁倉糧十萬石，准其分作五年，用官駝馱運。所需運費，即於各户民領借籽種每石加糧一斗充公項下支銷。(仁宗一八○、二八)

(嘉慶一五、一、戊午) 諭軍機大臣等：昨據松筠面奏，塔爾巴哈台所屬之額魯特官兵等牧放滋生羊隻內，向於每年照原定數目，撥出羊二萬零八十隻，解送烏嚕木齊作爲滿洲官兵口糧。但塔爾巴哈台地方雪大，所有滋生羊隻，未免間有傷損，而額魯特等，每於動撥此項羊隻，因以本身自養之羊賠抵，是以日漸艱窘。查從前伊犂所屬之察哈爾、額魯特等牧放滋生之羊，作爲該處滿洲官兵口糧，日久不免拮据。松筠曾奏請，每羊一隻，折銀三錢，甚有裨益。請嗣後每年於草長時，由塔爾巴哈台撥羊一萬五千餘隻，派委官兵，或解赴瑪納斯，或解往科布多售賣。每羊一隻，可得銀六錢，共計得銀九千餘兩，按每羊一隻價銀四錢折給烏嚕木齊官兵，其餘羊五千隻，分給貧苦之額魯特等度日。每年如此，則生計充裕，盜案自息。松筠因起程後始思及此，是以未及與晉昌等商議等語。松筠此奏，於額魯特生計雖覺稍爲寬裕，然究於烏嚕木齊官兵是否有益，亦當熟籌。著寄知晉昌、祥保、興奎等，將塔爾巴哈台牧放滋生羊隻，照依如此折價解送烏嚕木齊官兵之處，互相商酌，妥議具奏。儻有意見不合之處，即各以所見，單銜具奏。(仁宗二

二四、三)

　　(嘉慶一五、五、辛巳) 又諭：方維甸奏，臺灣積年未運內地兵穀，擬照舊例分年帶運一摺。據稱臺灣每年額運官穀八萬五千餘石，遇閏加增四千餘石，因積年停緩積壓，共有未運穀一十六萬六千餘石，本年額穀配運亦屬無多，應行酌定章程，分年趲運等語。臺灣額運官穀，係供內地兵糧眷穀之需，今積壓太多，以致近年需用穀石，多於內地倉內借支，難敷供用，亟應認真籌辦。除現將十一年欠運，及本年應運穀共已撥運一萬一千石外，所有嘉慶十年至十四年止，未運穀一十五萬七千餘石，著照方維甸所請，自本年七月初一日為始，分作五年扣限運完，每年帶運穀三萬一千餘石，其每年額運之穀，亦不得再有遲誤。至船戶領運後，如有捏飾稽延，以及臺灣內地官員，有延玩捏飾，苦累商船各情弊，俱著該督撫等隨時查明，分別參奏。(仁宗二二九、三〇)

　　(嘉慶一五、六、丙午) 又諭：景安奏，漵浦等縣碾運兵米腳費，請准報銷，以免賠累一摺。據稱漵浦、黔陽、永順、龍門等縣，碾運綏靖、永綏二鎮協嘉慶八、九、十、十一等年兵米，並買補倉穀，及永綏廳接收各縣解到米穀，背運上倉，所有墊用腳價銀兩，經部議駁，仍請准予開銷等語。該省採買倉穀，向係每石五錢，加增水腳一錢五分，共需銀六錢五分。漵浦等縣碾運米石，既係於本境採買准銷水腳成例外，另有運送別境腳價，又永綏同知接運米穀運腳，亦與買穀各縣情形不同，原報採買時均未經聲敘明晰，遽請開銷，該部照例議駁，自是正辦。第念此項運費，業經該廳縣先行墊給，如不准其開銷，又恐有藉詞賠累，致滋短價、勒派等弊。姑念其尚無浮冒情事，著照所請，准令報銷，嗣後如有似此聲敘不明，牽混冒銷之案，不惟不准開銷，並當予以議處。(仁宗二三一、一五)

　　(嘉慶一八、九、辛巳) 撥京倉小米五萬石，運赴大名一帶，以備軍糈。(仁宗二七四、一八)

　　(嘉慶一九、三、丙辰) 諭內閣：孫玉庭奏請將溢額兵米糶價充餉一摺。雲南嵩明等九州縣溢額米石，因倉廒不敷，收貯民房、廟宇，日久潮溼，難免黴變之虞，自應量為調劑。著照所請，將此項米石飭令各該州縣按照市價就近糶賣。其糶獲米價，隨時解交藩庫，報撥充餉，以歸實用。(仁宗二八八、一八)

(二) 撥運中的損失

　　(乾隆二一、四、丁巳) 豁福建臺灣出洋遭風被漂督標兵米並穀一千十

九石有奇。(高宗五一一、一一)

（**乾隆三三、三、庚戌**）豁福建臺灣外洋遭風漂没兵米一千一百六十石有奇。(高宗八〇七、一〇)

（**乾隆三四、四、戊午**）豁免福建出洋遭風漂没兵米二百七十石有奇。(高宗八三二、五)

（**乾隆三五、二、辛酉**）豁免福建遭風沉没應賠兵米三百六十石。(高宗八五二、二二)

（**乾隆三五、三、辛卯**）豁免福建遇風沉没兵米三百六十石。(高宗八五四、三三)

（**乾隆三八、閏三、甲戌**）豁免福建臺灣、鳳山、諸羅等縣遭風没兵米一千二百四十七石有奇。(高宗九三〇、三〇)

（**乾隆三九、三、辛巳**）豁免遭風漂没之福建海澄、龍溪二縣船户林瑞等撥運兵米三百六十七石、穀一千一百六十六石有奇。(高宗九五五、二二)

（**乾隆四〇、四、庚寅**）豁免外洋遭風漂没之福建船户陳義興等，承載兵米、兵穀八百六十一石有奇。(高宗九八〇、一五)

（**乾隆四三、三、壬午**）豁免遭風漂没之臺灣船户鄭時春等撥運内地兵米三百六十石。(高宗一〇五三、一〇)

（**乾隆四六、三、壬辰**）豁福建臺灣府配載補運内地兵餉船户陳德泰等在洋遭風漂没米五百四十石有奇。(高宗一一二七、七)

（**乾隆四八、五、戊戌**）豁免遭風漂没福建台灣撥運内地兵米四百八十石有奇。(高宗一一八〇、一〇)

（**乾隆五三、三、己卯**）閩浙總督李侍堯奏；運送軍米船隻，前後遭風失水者共十七號，内蔡球琳等六船，有搶撈米石，並淹斃水手，自屬可信。其曾長益等船，船米俱失，而船户水手，並未據報淹斃，恐有盜賣捏飾情事，現移咨撫臣就近提訊。又外委蔡永勝從九品官正邦二員，於轉遞軍報，畏怯風濤，逗留灣泊，以至貽誤，現咨部斥革，枷號示懲。諭：運送軍米，如並未遭風，捏報沉失，自應查明治罪，但海洋風汛不常，船隻破溺在所不免，且船户等運送軍米，事屬因工。今遭風沉破，並有一船淹斃水手十七名，殊堪憫惻，著傳李侍堯等即將淹斃人口，照漕船失風淹斃之例賞卹，其餘送遞文報等船，如有因風淹斃者，亦照此賞給，以示軫卹。至蔡永勝等，因畏怯灣泊，貽延軍報，怠玩已極，非發遣不足以蔽辜，俟枷號滿日，即發往伊犁、烏魯木齊等處，充當苦差。(高宗一三〇一、三)

（**乾隆五三、一一、癸未**）諭：據徐嗣曾奏，查明曾長鎰等運送軍米船隻，於上年十月十一日內先後駛到鹿港，實因風大浪湧，漂出外洋，擊破船隻，致糧米全行沉失、淹斃水手兵丁。並查出遞送公文之林合等四船，亦有淹斃水手，合之蔡球琳等六船，共沉失軍米三千六百七十餘石等語。海洋風信不常，船隻破溺，在所不免。且運送軍米本屬因公，今既據該撫查明，實因猝遇颶風，人力難施，致遭沉失，淹斃多人，殊堪憫惻。所有各船內淹斃水手兵丁，著該撫等查明，照例賞卹。其沉失軍米三千六百七十餘石，俱著全行豁免，以示軫恤。(高宗一三一七、一七)

(**乾隆五八、四、癸未**) 豁免遭風漂沒臺灣運赴內地兵米七百二十石有奇。(高宗一四二七、一四)

(**乾隆五九、四、乙酉**) 豁免福建臺灣撥運內地遭風失水兵米、兵穀四百八十石。(高宗一四五一、二一)

三、馬駝等軍需的飼養與購買

(一) 牧廠與內廄馬駝

(**康熙三九、八、丁卯**) 諭太僕寺卿喇錫等：八旗察哈爾所交爾衙門牧場之馬，撥八百匹，給賜翁牛特多羅杜楞郡王頒第旗分。伊等馬匹短劣，分給牧場，令其生息。此馬即著喇錫前往，分給台吉鄂齊爾可也。(聖祖二○○、一三)

(**康熙四四、四、乙未**) 吉林烏喇將軍宗室楊福疏請吉林烏喇、白都納等處，動支庫銀買馬，給兵丁牧養。上曰：此事不准行。朕屢以太僕寺之廠馬並茶馬，賞給京師兵丁及各處駐防兵丁，所以兵丁無賠馬之苦。歷觀宋明之時，議馬政者，皆無善策，牧馬惟口外為最善。今口外馬場孳生已及十萬，牛有六萬，羊至二十餘萬，若將如許馬與牛羊，驅至內地牧養，即日費萬金不足。口外水草肥美，不費餇而馬畜自然孳息。前巡行塞外時，見牲畜彌山谷間，歷行八日，猶絡繹不絕也。(聖祖二二○、一三；東一六、四)

(**乾隆三、四、癸巳**) 大學士鄂爾泰等遵旨議奏：察哈爾八旗總管興德，蘇魯克總管覺和托、博泰等人會奏，商都達布遜諾爾地方，請添設駝馬一疏。牧廠添設馬匹，原為滋生蕃庶起見，若添騸馬八千匹，於牧事無益；應減去二千匹，改添騍馬二千匹，仍足八千匹之數，此外更添騸駝五百隻，庶於牧事有濟。再查扎薩克五處盟會所存騸馬二萬六千餘，騍馬一萬二千餘，駝一千八百餘，不無倒斃；而扎薩克蒙古管理官畜，亦屬艱辛，今馬廠議添駝馬，與其派員另行採買，不若就伊現存馬匹內領取牧放，更為兩便。應令扎薩克挑取騸馬六千匹，騍馬八千匹，騸駝五百隻，遴員於今秋送交覺和托、博泰等收牧；如一時不能全交，俟明歲草盛時再行補送。又商都原屬牧廠，今既稱達布遜諾爾地方狹隘，應如所請，即於商都添設新廠；仍令覺和托等查明舊廠基址設立，不得藉此侵佔他人遊牧。至舊廠人員，不能兼顧，請於舊設翼長一員外，更添設一員，牧長、牧夫，俱循例增補，亦應如所請。從之。（高宗六六、一三）

（乾隆四、一一、辛酉）（兵部）又議：太僕寺少卿成德奏，查驗牧群馬匹，照額分群牧放，四萬匹之外，共多馬七千二百二十四匹，或趕赴京城，或交別處辦理。經臣部覆行該寺，查稱左翼馬廠，尚可容設十六群，右翼馬廠，尚可容設十數群。應即令該寺計馬設群，加謹牧放，以滋蕃息。至挑取牧長人等，俱照例辦。其大小騍、駝一百七十隻，照舊牧放，孳生備用。從之。（高宗一〇五、七）

（乾隆五、八、甲辰）兵部議覆，原任綏遠城將軍伊勒慎奏，先經巡查員外郎海常疏請於綏遠城馬廠，添派官兵牧放，停止雇覓蒙古。查駐防馬匹，夏秋派撥官兵，赴廠牧放，乃分內之事。但兵丁甫來未久，不能深知水草美惡，惟蒙古熟悉，是以上年每佐領輪派兵丁六名，每馬一匹，用銀一錢，雇覓蒙古牧放。如有倒斃遺失，俱係蒙古賠補，兵丁並無賠累。請俟三年後，兵丁熟悉地方，再行添派，停止雇覓。應如所請。從之。（高宗一二四、九）

（乾隆九、二、庚午）綏遠城建威將軍補熙奏：綏遠城馬匹，向雇蒙古人等與兵同牧，前任將軍伊勒慎奏請停止。今查牧場地狹，與眾扎薩克連界，且蒙古往來貿易者甚眾，所有之井，俱係本地蒙古等自行刨挖。若將馬場各分地方牧放，停蒙古等盤費，恐不免偷盜馬匹，爭競水草。請仍給蒙古等盤費，按月每人給價八分，五個月共銀四錢，令其與兵同牧，有遺失，蒙古等照數擬償。得旨：著照所請行。（高宗二一一、一三）

（乾隆一六、八、己亥）盛京錦州副都統烏正額參奏牧群總管等失察偷換隱匿馬匹一摺。得旨：烏正額始行接任，即將偷換隱匿馬匹之人查奏，甚屬可嘉。其前任牧群總管，疎忽不行稽察可見，著交盛京兵部，照例議處。仍令上駟院、太僕寺將所屬馬群，有無此等偷換隱匿之弊，查明具奏。（高宗三九六、一〇）

（乾隆一六、八、丁卯）又諭：近年八旗發往馬廠之馬，每多疲瘦，而今年為尤甚。此俱因馬廠大臣官員等不行稽察所致。相沿既久，將至旗人不諳牧放之法。若不即令整飭，則馬不得實用矣。蒙古人嫻於牧放，且無別項差役。嗣後八旗官馬發往時，著察哈爾總管將一半派蒙古人牧放。即令其詳悉指示旗人。至馬匹如何護往，及牧馬之蒙古應賞盤費之處，著軍機大臣會同八旗大臣妥議。尋奏：牧場參領請仍由京派往。其餘官兵，擬定額數，一半派自各旗，令由京解馬起程，一半派蒙古兵丁。並將出口日期及齊集何處知會察哈爾總管，豫行遣往守候。其彈壓管束，於察哈爾左右兩翼，各派副總管、參領二員，每年再派散秩大臣一員，額魯特侍衛二三員，協同管理。總管酌定班次輪番効力。辦理妥協，奏聞鼓勵。如不加意牧放，仍致疲瘦，官兵一并議處。其盤費銀，散秩大臣照副都統、副總管、參領，侍衛等照京城參領，察哈爾官兵照京城官兵，一體支給。再蒙古遠近不一，請由察哈爾起程日始，暨解馬來京，回到本處日止，按照支領。旗員正月派定，行裝需費臨期給予外，其春季俸暫免坐扣借項。從之。（高宗三九八、八）

（**乾隆一六、八、己巳**）諭軍機大臣等：陝甘等處餧養駝隻，每年需用草料銀兩，原定價值浮多。前經西寧總兵張世偉、安西提督永常奏明，歷歲多有節省。因交尹繼善酌定價值。據尹繼善奏，請將西寧草料，每歲減去銀二千兩。安西等處每歲減去銀三千兩。並稱張世偉任內節省之處，實因撒買草豆，減料餧養，駝隻多有疲瘦，難以為例等語。已交軍機大臣，俟劉順來京，將實在情形，詢明定議。現在該處餧養駝隻，是否仍照張世偉任內，每歲節省銀五千兩辦理，抑或已照尹繼善所奏數目辦理。若所減二三千兩，而能餧養臕壯，雖節省無多，尚於駝隻實有裨益。倘所養駝隻，仍不免於疲瘦，與張世偉任內相同，則雖稱稍為節省，究屬虛糜帑項，有名無實。著傳諭黃廷桂，將作何稽查辦理之處，令其詳悉查明具奏。尋奏，奉諭，即札行各提鎮查覆。據覆西寧、甘、涼、寧、肅等處，自乾隆十四年冬後，均照尹繼善減定數目辦理。現俱餧養臕壯。細訪亦無浮冒。但設法稽查，事無專責，難免弁役暗中剋減。嗣請拴槽時，專派參遊，責成經管。該提鎮仍不時親查。每季底加委道員，公同查驗。再據陞任提臣永常咨稱，安西戰駝八百餘隻，於乾隆十三年奏准，一半長川牧放，一半於冬春二季，收槽飼養。每隻酌減原數，領銀十八兩，為草料之價。現在遵辦。其查驗亦請照西寧之議。報聞。（高宗三九八、一三）

（**乾隆一七、四、丁未**）兵部議准：盛京將軍阿蘭泰疏稱，養息牧哈岱郭洛地方，向設牧群三十，除裁汰外，現止八群。若仍前補放翼長二員，未免浮冗。請將翼長富勒赫革職員缺，毋庸補放。即以現在六品翼長改授副總管。嗣後六品副總管缺出，照翼長缺出例，揀選保送。從之。

（**乾隆一八、一一、壬子**）軍機大臣議覆：甘肅提督豆斌奏稱，牧廠窄狹，請酌撥孳生一摺。查甘、涼、西、肅，乾隆元年議各設馬一千二百匹，擇廠牧放，三年均齊一次，以備撥補營馬之用。甘州歲久蕃息，除撥補營缺，現存馬八千九百餘匹，自應設法牧養。今該提督既稱札商陝甘督臣，於延、綏、寧夏、固原、河州等鎮，飭查草廠，撥分牧放。俟三年均齊，仍照原議考成。應如所請，行令督臣遵辦。從之。（高宗四五〇、三）

（**乾隆一九、一二、庚申**）軍機大臣等議覆：盛京將軍阿蘭泰奏請，將養息牧牧群，裁歸大凌河牧養等語。查養息牧現有騸馬二群，騍馬六群，滋生有限，需費繁多，應准移於大凌河，裁汰牧長人等，均照十五年之例辦理。至養息牧騸馬，均歸大凌河騸馬群内。騍馬為數較多，請另設四群，各五百匹，餘匀入大凌河騍馬群内。草豆，照大凌河例支給。每群各設牧長一員，副牧長一員，牧副一員，牧丁十五名，應添牧長等，令總管揀補。牧丁，請於大凌河騸馬十群，每群牧丁二十五名内，各酌裁五名撥補，尚少十名，亦令總管揀補。其養息牧原給官防，交禮部銷燬。再養息牧口外牧廠，留交大凌河牧放；口內牧廠，交該將軍酌辦。從之（高宗四七九、二）

（**乾隆二〇、一、己丑**）又諭：此次用兵平定準噶爾，特為開拓喀爾喀游牧，使登衽席。乃喀爾喀扎薩克等，不甚奮勉，求似從前丹津多爾濟者，竟無其人。即如採買馬匹，朕聞伊等部內短少，是以令於內扎薩克六會盟處採買。特因所買馬匹稍瘦，現在出兵不能得力，故差大臣前往衆喀爾喀游牧，另行揀選。伊等勿以從前業稱馬少，恐以欺隱得罪，致生疑懼。即此次亦只酌量挑選，並非盡行取用，況仍照數給還。現在所給之馬，不過略覺欠臕，伊等收留牧放，即可肥壯，亦無所損。著傳諭阿蘭泰等，會同衆扎薩克，酌量採取，無得刻求，有傷伊等生計。並寄哈達哈、阿思哈知之。（高宗四八〇、二四）

（**乾隆二〇、一、己亥**）諭軍機大臣等：前命哈達哈等，往喀爾喀部內揀選馬匹備用。查軍營現存馬六千匹，已足為哨探兵乘騎之用。各處購買馬匹，亦陸續送至，自更充裕。哈達哈等，不必於喀爾喀部內挑馬過多。如有臕壯騸馬，量為揀選，帶往軍營，將彼處臕欠馬匹，換交蒙古牧廠，數月間即可肥壯。則既於我兵有益，而蒙古生計，亦屬無損。至兒馬、騍馬，則彼所賴以孳生，不必挑取。著傳諭哈達哈、阿蘭泰、阿恩哈等，遵旨妥協辦理。（高宗四八一、一八）

（**乾隆二〇、六、辛巳**）軍機大臣議覆：定北將軍班第奏，遵查蒙古地方，向例遇有差務，供應馬駝，但數年準噶爾騷亂，各游牧生計艱窘，所有令伊等照喀爾喀供應之處，請緩一二年辦理。此時遇緊差，需派無多，仍照

舊派遣。其欽差官員，多需馬駝者，照西寧之例，地方官承辦。應如所議，從之。（高宗四九二、一二）

（**乾隆二一、一〇、丙寅**）總理臺站總管惠色奏：所屬達裏剛愛地方牧場，應設緝盜官兵。查該處現有羊群一百六十，請撥出二十群，攤分牧放；即將此項牧兵四十六名，派爲緝盜兵，交本群防禦管轄。得旨：如所請行。（高宗五二四、四）

（**乾隆二二、一〇、辛未**）又諭：現在酌議駐兵過冬，著傳諭成袞扎布、兆惠、雅爾哈善等，軍營所有馬匹若仍令各官兵自行餧養，恐多疎懈，甚至有偷宰等事。自應官爲收查，按數特派官兵，擇水草佳處，加意牧放。（高宗五四八、三二）

（**乾隆二二、一二、癸酉**）又諭曰：黃廷桂奏稱，來春烏嚕木齊屯田，准巴里坤大臣，咨取耕牛五、六百隻。甘、涼、肅等處牛隻，僅敷耕種，難於購辦，除將收取厄魯特等牛二百餘隻備用外，請與巴里坤牧放之揀剩馬匹，一同解送等語。駑馬、菜馬，不堪乘騎者，雖可資耕犁之用，但軍營馬匹，關係緊要，巴里坤牧放之馬，即有臕分不齊，總宜留備乘騎，不得因牛隻短少，遂爲遷就。至烏嚕木齊一帶地方，自宜廣爲開墾，已傳諭管理屯田大臣，令其不必拘泥，即以人力犁鋤，亦無不可。如綠旗兵果能出力，自當量爲獎賞，黃廷桂可並知此意，隨宜辦理。至甘省現存馬五千匹，朕意尚須豫備馬一萬匹，方足供緩急之用。昨歸化城副都統法起奏稱，陝省營馬，已買補萬餘匹等語，黃廷桂可飭令各營，善爲餧養，以備來年三、四月間調遣。其價值草料，或於定例外，因時量爲加增，總期實足濟用。可將此傳諭知之。（高宗五五二、三一）

（**乾隆二三、二、戊辰**）諭軍機大臣等：據黃廷桂奏稱，軍需辦解將竣，請暫停可緩之糧運，以便農功，具見悉心調劑。其所稱豫備正、餘馬一萬七千匹，四月初間，可抵肅州等語，著飭交各該員，加意飼秣。至春深時，口外青草豐茂，陸續酌撥，送赴巴里坤一帶，分廠牧放。臕分易於滋長，兼可省內地芻豆，且免五六月間經行戈壁之勞。將來遇有調遣，自可就近趲赴，不患長途疲乏。可傳諭知之。（高宗五五六、一五）

（**乾隆二五、六、辛卯**）軍機大臣議奏：據陝甘總督楊應琚奏稱，甘省各提鎮營，向俱有孳生馬廠，自軍興以來，屢經動撥，牧廠所存數目參差。內有平常數處，一交冬令，草枯不能飽噉，致馬羸瘠，孳生亦難茂育。若將此項兒騍馬，改撥巴里坤牧放，於孳生甚爲有益等語。查甘省各標營牧廠，其水草平常之處，改撥尤爲要務。但巴里坤水草，較之內地固佳，恐綠營官兵不善經理。現在烏嚕木齊一帶，土沃草肥，該處駐防及屯田官兵俱可就近照管，將來蕃息，又可就近調用，並省巴里坤撥解之煩。應令該督查明此項平常牧廠馬現有若干，趁此水草豐盛時，徑解烏嚕木齊擇廠牧放，其分起解送各事宜請交阿桂、安泰等會同楊應琚酌議妥辦。得旨：依議速行。但今年竟至烏嚕木齊，恐已至秋深草黃時，在巴里坤過冬亦可。並諭該督等知之。（高宗六一五、七）

（乾隆二六、一、己酉）軍機大臣等奏：查阿桂等請買喀爾喀牛、羊、駝編設牧群，經臣等議，以恐礙喀爾喀等生計，仍照原議，從達里剛愛等處牧群，揀選送往。但路遙不無疲乏，正在遵旨籌議，適將軍成袞扎布來京，會同商酌。據稱，烏里雅蘇台有官駝一千六百隻、牛二千八百隻、羊二萬四千餘隻。蒙古等舊欠牲隻，現在陸續交納等語。臣等擬將阿桂所取，即於前項內揀送，既無礙喀爾喀生計，又可省遠送之勞。至編群解送，必須間隔行走，不致蹂踐水草，官兵亦易照看。其烏里雅蘇台缺額，應行文牧群總管等照數送補，再從前解送牲隻。請旨特派侍衛等官，今既由烏里雅蘇台解送，即以該處察看水草侍衛數員、扎薩克一員，照看官兵，緩行運送。其抵補烏里雅蘇台牲隻，亦令該總管等派出官兵，俱照例給與行糧及整裝銀兩。所有派出在京侍衛停。從之。（高宗六二八、一〇）

（乾隆二六、九、己未）軍機大臣等議復：定邊左副將軍成袞扎布奏稱，烏里雅蘇台有馬六千八百餘匹，又喀爾喀四部落，官馬亦多，現在需用處少，請量撥四五千匹，送內地牧群等語。該地既需馬無多，自應撥解，但內地牧群，馬亦足用。議派給八旗及聽直隸兵民購買。再來年往伊犁回部換班官兵須給馬。巴里坤官馬六百餘匹，尚不敷用。請將此項官馬量撥四五千匹，送巴里坤牧放備用。從之。（高宗六四五、一五）

（乾隆二七、閏五、辛卯）〔陝甘總督楊應琚〕又奏：孳生馬匹，最爲邊儲要務。西寧鎮孳生馬廠，軍興以來，動撥外，僅存馬一百三十五匹，以水草豐厚之區，任其間曠，殊爲可惜。查甘州提標牧廠，尚存節年考成過兒騍騸馬，並產獲馬駒，四千七百餘匹，儘堪分撥。請酌撥一千一百四十六匹，趕赴西寧。又涼州鎮孳生馬，七百十九匹，本廠水草平常，亦請就近改撥，連西寧現存之馬，共二千匹，派撥諳練弁目，加意牧養，自必日見蕃盛。得旨：甚好！如所議行。（高宗六六三、二二）

（乾隆二七、七、甲申）又諭：索倫馬匹，前經出兵乘騎，及每年倒斃，現在牧養甚少，於伊等生計，恐有妨礙，應爲之籌畫。今官牧群內，馬駒充足，著加恩借給索倫兵糧二千分，即以馬匹撥給，於伊等應支餉項內，酌定年限扣還。至索倫地方，滋生馬匹，以何種爲宜？需得若干匹，始能敷用？著傳諭綽勒多會同各城副都統，定議具奏。再黑龍江並無滋生牧廠，今若於官牧群內，撥往數千匹，在彼設廠，派餘丁牧放，每年將滋生之馬，選擇佳者，解送京師，餘即留於彼處，則索倫牧養日蕃，於伊等生計，大有裨益。著傳諭綽勒多若能辦理，甚妥。或勢有不能，亦無庸勉強。（高宗六六七、一一）

（**乾隆二八、一、戊寅**）烏嚕木齊辦事副都統旌額理等奏：烏嚕木齊歲易哈薩克馬，數不過三千餘匹。本年九月至十二月，已得四千二百匹，積久增多。除撥補新疆額缺及肅州籌處標營倒斃馬外，撥於烏嚕木齊常留馬一千匹應差，七百匹備阿克蘇調，餘於來年四月牧放巴里坤，供安西提標及肅州等處撥補。得旨：軍機大臣議奏。尋議：現奏諭旨，令索倫、察哈爾餘丁，及涼州、莊浪駐防兵丁續赴伊犁，須增牧幕。先請將孳生馬送往，騸馬暫留烏嚕木齊備撥。如應留馬外仍有餘，即續送伊犁。此後與哈薩克交易，以孳生馬爲要，俟新疆足額，再撥補內地。從之。（高宗六七九、六）

（**乾隆二八、一〇、壬寅**）軍機大臣等議奏：據巴爾品奏稱，商都達布遜諾爾太僕寺馬，共六千匹。除應給察哈爾馬二千三百二十六匹外，俟牧場馬駒養成，仍可得二、三千匹等語。查現在直隸綠營缺馬，皆需買補，請將商都達布遜諾爾太僕寺所餘騸馬四千餘匹，交直隸總督提督，令其抵補所屬空額。其應如何定價，著方觀承、巴爾品會議具奏。再據巴爾品所稱，牧場馬駒陸續長成，俟二、三年後，可用者實係若干，令其呈報。從之。（高宗六九七、七）

（**乾隆二九、九、辛未**）又諭曰：楊應琚復奏廠地孳生馬匹一摺。該督前因巴里坤廠地寬廣，水草豐美，是以將安西等處存剩馬匹，改撥巴里坤牧放。該處自立廠以來，節年孳生，自應日就蕃庶，何以綜計各處所報，爲數僅及萬匹？因思烏嚕木齊貿易馬匹尚多，巴里坤廠地既佳，何不陸續趕赴牧養？此處應與綽克托等會商。至奏內所稱本標暨附近各營陸續撥用一節，亦未詳明。標營馬匹缺額，合例者准其買補，過多者另應著賠，斷無營馬數虧，逕將廠馬抵數之理！或者甘省向例如此，亦應詳悉聲明，此後何以廣爲孳生？設法妥辦之處，著傳諭該督，令其再行詳查復奏。（高宗七一九、七）

（**乾隆三〇、一、庚戌**）大學士管陝甘總督楊應琚奏：巴里坤牧廠，前經奏准，將安西、涼州、肅州等處撥剩馬解往孳生。現屆三年，按部定額數，有贏無絀。惟烏嚕木齊現存多係騸馬，應俟雅爾駐兵時，貿易撥解孳生。生息既蕃，遇營馬倒斃，在五年限外者，即以孳生馬抵補，無庸動項；

未滿五年，應按日月分賠者，亦以廠馬補給，令其交價充公。報聞。（高宗七二六、五）

（乾隆三一、九、辛卯）軍機大臣等議復：察哈爾都統安泰參奏，商都達布遜諾爾牧廠，共一百六十座，除袞布扎布等十六廠並未虧缺外，各廠共虧空馬三萬九百三十六匹，駝二百一十一隻。應著落原任都統巴爾品，暨歷年查廠侍衛等分賠，牧長等分別革職，留廠效力贖罪。其原任小總管索諾木達爾扎等，俱從重擬絞監候。得旨：依議。值年侍衛訥默音等查出虧短駝馬，即行具奏，並未隱匿，著施恩免其交部議處。袞布扎布等十六牧廠，並未虧短駝馬，宜加恩獎勵。著交安泰，將袞布扎布十六牧廠之人查明，將如何加恩之處，定擬具奏請旨。（高宗七六九、一三）

（乾隆三一、五、戊子）諭：各回城需馬甚多，烏什係回疆腹地，土地遼闊，水草豐美，宜照伊犁設立牧廠數處，孳生馬匹，以備接濟喀什噶爾、葉爾羌等處調用。將此傳諭永貴等，現與哈薩克交易馬匹，著多換駒騍，於烏什地方，擇水草佳處，多置牧廠，加意蓄養，以廣孳生。（高宗七六一、六）

（乾隆三一、九、癸巳）軍機大臣等議覆：副都統索諾木策凌等奏稱，臣等查看牧廠馬匹，覈對巴爾品查奏印冊，除二十四廠並無缺額，其餘一百六十八廠，共缺馬二萬九千九百七十一匹。各廠馬匹內，間有未烙火印者。臣等傳集兩翼小總管羅布藏班珠克等詢問，據稱二十六年以前，原有缺額，近來滋生有限，倒斃過多，年復一年，以致累有數萬。至未烙火印馬匹，原有鈐烙不真，漸至泯滅者，亦有倒斃缺額，陸續買補者，此皆實在數目，斷不敢輾轉頂換。臣等議將現有馬三萬六千八百四十八匹，交值年侍衛永平、齋庫納等，嚴行查辦。該總管羅布藏班珠克等應請查明治罪，著落分賠。統轄上司巴爾品及太僕寺堂官，並歷年值年侍衛，分別議處等語。除將太僕寺歷任堂官免其交部議處，令其按照一成分賠外，其餘均應照依商都達布遜諾爾之例辦理。（高宗七六九、一六）

（乾隆三四、二、辛未）軍機大臣等議復：雲貴總督明德奏稱，滇省每馬每日例給乾銀五分。連年糧料價昂，所給銀，除草價外，止得料米一升，不敷餧養。今秋儹餧六萬馬騾之料，業經購辦。除湖北、湖南、貴州秋間始行解到外，滇省現存及川、粵、河南解交馬騾春夏料米，請加給日三倉升。再山場不敷牧放，并應於盛暑時量加牧放，夜間仍收槽飼秣。均應如所請。從之。（高宗八二九、六）

（乾隆三四、七、己酉）陝甘總督明山奏：甘省西寧鎮牧廠，生息蕃庶，廠地窄小。酌分撥甘提標馬五百匹、涼州鎮馬三百匹、肅州鎮馬三百匹，於大草灘、上方塞、石門寺、黑山湖等處擇廠分牧。報聞。（高宗八三九、二九）

（**乾隆三六、一、辛未**）諭曰：常青等奏，達里岡愛場馬虧缺二百餘匹，請令總管翼長等賠繳一分，定限三年；牧長等折銀賠繳二分，定限六年等語。場馬虧至二百餘匹，理宜賠繳。總管翼長等，著照常青等所奏行；其牧長等應賠銀，若定限六年，恐未免拮据，今爲伊等生計起見，著施恩改限八年。嗣後以此爲例。（高宗八七七、一三）

（**乾隆四〇、八、乙巳**）陝甘總督勒爾謹奏：巴里坤牧馬，原分東西兩廠，嗣因滿兵移駐巴里坤，將東廠馬移歸西廠。查西廠在木壘奇台一帶，今該地陸續墾種，水草不敷。請將東廠馬移至東北山大小紅旗溝牧放。報聞。（高宗九八九、三四）

（**嘉慶九、八、庚辰**）又諭：前因富俊、宜興聯名奏請，將大凌河馬群五千六百餘匹內，選出二千四百匹，以備朕明年恭謁祖陵，爲隨從官兵校尉等騎乘之用，經總理行營王大臣等議駁。朕即以爲該處馬匹，未必足敷分撥，復經降旨，令富俊查明具奏，旋據富俊單銜覆奏，大凌河實存馬一萬九千四百餘匹。今經宜興等遵旨馳往查驗，據稱查明該處五歲以上騸馬二千二百五十六匹，除照例備用外，僅餘二百六十六匹，留備補額尚恐不敷，實在無從挑選，等語。果不出朕所料。錦州大凌河地方，本係該將軍所轄，何難就近移咨確查馬數，據以入奏？乃率稱現存馬一萬九千四百餘匹，及至朕特派宜興等往查馬匹，僅止二千有餘，竟致無可挑選。富俊前奏實屬冒昧，著傳旨申飭，並交部議處。至宜興於富俊初次具奏時，亦並未查明，率行聯銜奏請，亦有不合，並著傳旨申飭，仍交部察議。現在內扎薩克蒙古王公恭進馬一萬匹，已交總理行營王大臣等會議賞收章程。所有盛京差務需用馬匹，自可按照舊例分撥。其大凌河馬匹，除現備之一千九百九十匹，仍照例備辦外，不必再行籌辦，致滋煩擾也。（仁宗一三三、三三）

（**嘉慶一二、四、甲戌**）諭內閣：前因八旗官兵分拴馬匹，必有弊端，若不妥爲經理，恐馬政日壞，特降旨八旗都統、副都統會同兵部查明從前官圈餧養之制，妥議具奏。連日朕再三詳審，並召對諸臣，廣加諮詢，有稱復設官圈爲便者，亦有言不如仍交官兵分養爲宜者，議論殊覺不一。因思向來會議之件，大都由承辦衙門主稿，其會同商榷者不過數人，此外惟畫諾列銜，並未悉心參酌。及至議上之後，則又退有後言。往往經朕垂詢，又復奏稱前議未妥，祇緣有人定議在先，隨同具奏，其實非伊主見。此等附和推諉之習，實於政治無益。此次籌畫馬政，若不周諮博採，令其各抒所見，將來定議之後，又將言人人殊，成何政體？所有八旗分拴馬匹及應否改設官圈之處，著滿洲、蒙古八旗每一旗都統、副都統六人，詳悉面商，合具一摺，毋庸與別旗連銜，亦不准彼此關照。其一旗內滿洲、蒙古都統、副都統六人中，設又有意見不符者，准其另行陳奏。但總當詳查例案，斟酌事宜。如以設圈官養爲是，即著將官圈當設之何處，如何妥定章程，可期經久無弊，詳悉具陳；如以官兵分拴爲妥，亦應將如何設法稽查，不致馬匹短少疲瘦，官兵虛領馬乾，種種滋弊，一併詳悉議上。或用清字摺，或用漢字摺皆可，亦不限以時日，其奏摺不妨先後呈遞。總須熟慮深思，中有定見，毋得含糊遷就。如定議時不詳悉敷奏，轉於事後嘵嘵，即當加以懲處。俟議上時候朕裁度，其節次交部會議馬政一事，此時兵部且暫緩議奏。（仁宗一七七、二）

（嘉慶一二、四、丙戌）諭內閣：前經降旨，令八旗滿洲、蒙古都統、副都統，各將官馬應否設圈餧養，抑應仍交官兵分拴之處，詳悉會商，分別具奏。旬日以來，各該都統等陸續議上，主復圈者六摺，其主不復圈者三摺。朕詳加酌覈，自以復圈者爲正辦。蓋圈馬聚集一處，便於調用，點驗易周，即有弊端，亦可隨時查察。若分拴則散養各處，點驗甚難，如或疲瘦短少，無從稽察。再遇調集之際，虛頂捏報，其弊更不可勝言。此時籌畫馬政，正當詳慮熟籌，以期行之永久。所有會議摺內，除正藍旗都統、副都統恭阿拉等六人，以馬圈難復，請分交下五旗王公及武職大員暫行餧養，實屬妄言國事，不成政體。又鑲紅旗滿洲都統、副都統長麟、裕瑞、明志，及該旗蒙古副都統哈寧阿四人，請於滿洲旗分棚養馬七十匹，蒙古旗分棚養馬二十五匹，餘馬盡交察哈爾牧放，迴護缺額，裁減太甚。二者皆斷不可行，毋庸置議外，其餘各摺內，主復圈者持論固是，但所議條款不同，尚須斟酌盡善。其主分拴者固屬難行，但其條款內亦不無可採之處。除原議各旗都統等毋庸再行入議外，著於軍機大臣內派董誥、戴衢亨，兵部堂官內派明亮、劉權之、萬承風、邵自昌，漢軍都統內派博興、瑚圖禮、丹巴多爾濟，會同悉心論討，詳立章程，妥議具奏，候朕酌定。（仁宗一七七、二〇）

（嘉慶一二、五、己未）諭內閣：董誥等奏，會議復設滿洲、蒙古八旗圈馬章程並放馬各事宜，分列十款進呈，朕詳加披覽。所議圈馬數目，請遵照乾隆年間初定章程，滿洲每旗各養二百匹，蒙古每旗各養一百匹，以符舊制。著照議行。惟此時設圈伊始，正當將從前各官兵分拴馬匹覈實收回。而現據摺內聲敍，該官兵等積習相仍，恐不免有拴養空頭者，請飭令該管大臣查驗，除有馬呈驗勿計外，其無馬可交者，可否責令各交價銀七兩，由俸餉坐扣，以便另籌買補等語。從前散圈之後，將馬匹交官兵拴養，該官兵等竟不認真餧養，敢於虛拴空頭，侵食馬乾，以致現當設圈之時，不能將原馬交出，其罪甚重。本當查明懲治，問以遣戍，皆所應得。即從寬辦理，亦當徹底究明，將該官兵等拴養空頭、虛食馬乾，究竟始自何年何月，侵用若干，全數追出，亦爲正辦。姑念人數衆多，積弊已久，著加恩免其治罪，並免其追繳馬乾，即照所請扣繳馬價銀每匹七兩，以備買補。所有此項馬價，應歸貯何處，及如何買補馬匹，均著原議大臣再行詳悉議奏。又摺內以出圍官兵屢有偷賣紅單等弊，今擬將官兵向領馬二匹、三匹、四匹者，俱各減至一匹；向領五匹者，減至二匹；其原領馬一匹者，詢明如係實在有馬之人，不願再領，亦聽其便，總不得混領紅單，等語。但官兵等差使應分緩急，有領馬數目雖同，而裁減不能一律者，不可不詳加查覈，區別辦理。著原議大臣再將各官兵領馬多少數目，按其差使之輕重，分別酌減，俾各足敷乘騎，不形支絀。俟奏上，候朕酌定施行。至擇立圈地一節，此時滿洲、蒙古每旗所養之馬，共衹三百匹，馬數既減，圈座即不必過寬。竟著每一旗滿洲、蒙古共立一圈，八旗共爲八圈，無庸分設十六處。惟每一圈內，須酌量地勢，用牆垣間隔，分別餧養。所有應行履勘定地等事，著照所議，交工部奏派大員，會同各該旗都統等妥協經理，動項開銷。其馬乾數目，自應悉照定制，毋庸額外增添。惟立圈之後，費用繁多，若不酌予經費，勢必又於馬乾內侵扣，蹈從前虛拴惡習。著照所請，於滿洲各旗每月給公費銀二百兩，蒙古各旗每月給公費銀一百兩，交各該旗妥協經理；所有圈馬事宜，並著各旗都統、副都統一體管辦。又所議查驗馬圈一事，除各該旗自行隨時點驗外，其奏請欽派大臣點驗一節，無庸由兵部年終請旨。自設圈之後，著各該旗每月將馬匹是否臕壯足額，有無捏報殘斃之處，各行陳奏一次。朕不拘時日，派員點驗抽查，倘有弊端，惟該都統等是問。其餘各條，均照所議辦理。（仁宗一八〇、三）

（嘉慶一五、一、壬戌）軍機大臣議奏：前據盛京將軍富俊請更定大凌河馬群餧養章程，經臣等以牧丁額設有定，不敷分撥議駁。今復據該將軍奏稱，大凌河馬匹，向係十月入圈餧養，四月出青。入圈之例，係按照應餧之數，交各莊頭輪流餧養，每十數日趕換一處，責成不專，往往苟且塞責，是以出圈時倒斃甚多。臣富俊於便道往各莊頭餧馬處所查看，棚槽窄狹，馬匹擁擠，餧養不盡如法，既無益騸馬臕分，又有礙騍馬孳生，莫若按照莊頭等第，均勻分養，令其一手經理。現有一等莊頭六十六名，每名應餧馬四十四五匹，二等莊頭四十四名，每名應餧馬三十八九匹，三等莊頭四十四名，每名應餧馬三十二三匹，四等莊頭一百十三名，每名應餧馬二十五六匹。自十月十五日入圈，驗明臕分，登記號簿，按月點驗，臕分有起色者記功，不足者懲責。至出圈日，按匹駞明，將記功者歸於均群時，在牧長、牧丁應得賞項內酌量分給。其雖未長臕，覈與入圈時相等者免議。推故不餧，及餧養平常倒斃多者，將該莊頭斥革示儆。其牧長、牧丁等，衹須令其在所管之群，輪流查察，每莊頭餧養之所，分撥牧丁一人，已敷照管，亦不致顧此失彼。應如所請。從之。（仁宗二二四、七）

（嘉慶一六、閏三、壬辰）又諭：貢楚克扎布等奏，審擬福珠靈阿罪名一摺。此案福珠靈阿身任遊牧總管，輒於所管部落內，索取駝馬牲畜多隻，又將備用廠內牛羊私自侵挪，孳生廠內牛馬勒價賤買，種種卑鄙營私，殊出情理之外，且將馬匹私行借給哈薩克台吉魯斯塔木等，尤屬荒謬。塔爾巴哈台係邊疆重地，福珠靈阿如此妄為，其罪甚重。乃貢楚克扎布等摺內，僅擬照監臨官吏索借所部財物，計贓准不枉法論，於杖流本例上從重發往回疆充當苦差，殊屬輕縱。福珠靈阿自應問擬絞候，入於本年秋審情實辦理。著交軍機大臣會同行在刑部，按律更正，並將其餘各犯聲請免議之處，一併查覈具奏。（仁宗二四一、八）

（嘉慶一八、四、己酉）諭內閣：昨因南苑馬匹被竊一案，派員審訊，今據訊出已革廠長哈豐阿供稱，自伊充當廠長以來，每年冬圈內皆有分養丹巴多爾濟馬一二十匹不等，本年正月俱已牽回，現在尚有阿那保馬一匹在圈餧養等語。南苑圈養官馬，地屬天閑，該管大臣等，何得將私馬混入餧養？實屬膽大妄為。今查明此一廠內，丹巴多爾濟私餧之馬，已有一二十匹，則其餘五廠，諒必相同。伊係該處總管大臣，首先弊混，無怪各官員、太監人等紛紛效尤，以致私馬日益增多，官給芻豆不敷餧養，廠長等遂將官馬違例放青。侵蝕草豆，諸弊叢生，實由於此。使丹巴多爾濟尚在，必當重治其罪。今既查出，不可不盡數清釐。著派英和、文孚會同桂芳，即親赴各廠逐一確查。從前丹巴多爾濟私餧之馬統計各廠共有若干匹，現在曾否一併收回；阿那保名下，除現在查出馬一匹外，尚有若干匹；阿勒精阿有無私餧馬匹；桂芳自接管上駟院以來有無私自交餧馬匹之事，查明開具確數，據實參奏，毋稍迴護。至其餘私交馬匹餧養之官員、太監人等，本應按名治罪，姑念陋習相沿日久，一概免究。限三日內，著將私馬盡行驅除出圈，勒令本人迅即領回，如有遷延不領者，即行入官。其圈內所存官馬，俱著於三五日內，照例烙印，以昭區別而杜混淆。嗣後如再有將私馬混入官廠餧養者，著該管大臣參奏；如該管大臣徇隱，別經發覺，將伊等一併懲處。再南苑本有阿哥等額餕官馬，嗣後阿哥等如有新增馬匹，著交上駟院試驗，如馬匹堪臻上選，即歸入額內官爲餕養；若係駑下者，無庸存留，致逾定額。(仁宗二六八、八)

(**嘉慶一八、四、壬子**) 又諭：英和等奏，查明南苑各官廠內，丹巴多爾濟共交養馬一百二十餘匹，阿那保共交養馬六匹，阿勒精阿曾交馬一匹，餕養二十餘日即行取回。請將阿那保等交部嚴加議處，廠長等交部分別議處，桂芳失於查察並自請議處等語。南苑圈養官馬，地屬天閑，該管大臣何得將私馬混入餕養？今查明各廠內，丹巴多爾濟私餕之馬，共有一百二十餘匹，朕豈不知一百二十餘匹之多，必有委託借名等事。今不難按名追求，朕不爲已甚，姑從寬免究。(仁宗二六八、一二)

(二) 軍營馬駝

(**康熙三四、八、辛卯**) 議政大臣等遵旨議奏：八旗每佐領、護軍校以下弓匠以上共兵五十六名，著一半拴馬，每佐領下該拴馬二十八匹，給與草豆錢糧餧養。從之。(聖祖一六八、一)

(**康熙三四、一〇、甲午**) 諭議政大臣、八旗都統等：朕觀京城八旗兵卒，俱已熟練，器械亦俱整齊，倘有舉動，惟馬匹少缺。前命滿洲、蒙古、漢軍，各佐領下拴馬一半，給草豆錢糧喂養。但軍行以馬爲重，今可令衆兵一概置馬一匹，春冬則全給草豆錢糧，自四月起，發一半放青，留一半拴喂，至九月驅回，照常拴喂。此所置馬匹，令兵丁各自小心飼養，各交與該管官嚴行稽察。設有怠玩從事，以致馬匹羸瘦、遲誤公用者，則將該管大臣從重治罪；其參領以下，撥什庫以上，以及拴馬之人，俱照軍法治罪。俟噶爾丹事畢之日，仍照常養馬一半，可通行曉諭。(聖祖一六八、二〇)

(**康熙三五、四、乙未**) 議政大臣等奏：京城送來馬三千，作何給發兵丁？上諭曰：自京城每佐領下出兵七名，每人給馬四匹，四人共騾一頭，今每旗留八十名，則八旗共留六百四十名矣。合綠旗兵、察哈爾兵自京城趕馬護軍二百名，通共計算，比原數仍多。計每旗所留八十名兵丁之馬騾，共三百四十有餘。於此馬匹內，揀膘壯者，可得馬一百五十匹，再添自京城帶來馬一百五十匹，則每旗三百匹矣。若給火器營兵每旗一百匹，二總兵官下綠旗兵各五十匹，馬自有餘。所留兵八十名，著留十五日口糧，其餘米糧，給與前去兵丁。其補還此項米糧，俟于成龍運米到時，照數補給。此馬三千匹內，撥給兵丁所剩，著交與上駟院，其趕馬護軍二百名，令歸各旗營內行走。尋又諭：在前之兵若將趕來馬匹，復趕送前去，則馬匹勞苦。內御馬群，有馬八百匹在前，將此馬內給前鋒兵一百匹，給兩黃旗三百匹；其在前行走之綠旗兵，給兵部馬五十匹。著馬思喀、達利善、安布祿看給。其在後六旗兵、漢軍火器營兵、綠旗兵馬匹，著索額圖將兵部趕來馬匹，取其臕壯者五百匹，並自京城趕來旗下馬匹，照數看給。內御馬群馬一千匹，不用給與。其所留之兵，著左都御史傅臘塔、副都統海瀾在此駐扎，總管兵馬，遣人察看哨口，偵探消息。（清聖祖一七二、六）

（康熙三五、六、乙未）諭大學士等：軍士所乘出征馬匹，到時監收，仍給錢糧，照常飼養；缺者毋令按補。每佐領駱駝二隻，馬或二十匹或三十匹，定數飼養。凡有軍事可供需用，爲益良多。至內廐發與騎乘之馬，到時亦俱交送內廐。隱匿不交者，亦或有之，著各都統嚴察，令其盡數送入。（聖祖一七四、六）

（康熙三六、二、戊戌）諭右衛將軍宗室費揚固、山西巡撫倭倫等：頃給發右衛官員兵丁米豆草價值，較時價減少，以致窮兵苦累，亦未可定。又詢察大同府所屬州縣衛所之民，運送右衛官兵馬匹，所用草束，殊爲苦累。可將官兵之馬，各留一匹於右衛，餘馬發附近州縣衛所，酌派官員、兵丁，看守飼養，小民可免運送之苦。此後每草一束作何給價，著議政大臣、大學士、在事官員，會同爾等議奏。（聖祖一八〇、二一）

（康熙三七、三、庚子）諭大學士等：今承平無事，八旗佐領所飼馬匹，每佐領或留六騎，或留七騎，其餘以四月發往牧地，於九月初旬，仍復來京。每歲如此，則錢糧不致虛耗，而羸馬亦得以蘇息矣。其更代監視，每旗副都統一員、參領二員，率領官員、兵丁，於水草佳處遊牧。（聖祖一八七、二二）

（康熙四一、閏六、癸未）戶部議覆：山西巡撫噶禮疏言，右衛駐防官兵浮給康熙三十六年分草束折色銀兩，請交各該旗追還。得旨：此浮給官兵草束折色銀兩，復行追賠，殊爲可憫；若向誤給官吏追補，必致派累小民，其免之。（聖祖二〇八、一六）

（康熙五四、四、庚辰）諭議政大臣等：八旗馬匹俱已出廠，著照出廠馬數，令佐領殷實之家並該佐領人，公派拴養，照常給發錢糧。目下雖稍覺煩難，後來究竟有益。如有行動，則從此騎馬前去。一到口上，彼處之馬又到，諸凡便益。著詳議。其拴養駱駝之處，並著詳議具奏。（聖祖二六三、一〇）

（康熙五四、四、辛巳）議政大臣等遵旨議覆：八旗出廠之馬，共一萬四千九百十四匹，駝七百九十一隻。今照出廠馬駝之數，每佐領下添設馬十七匹，八旗共添設駝七百九十一隻，交與八旗喂養。照例給與錢糧。得旨：依議。其有不能添設之佐領，著借與庫帑。（聖祖二六三、一一）

（**康熙五八、二、癸亥**）議政大臣等議：送往甘肅之五千駱駝，應送至寧夏，令巡撫綽奇撥派官員並兵丁，在察罕托灰水草佳處牧放，冬時進口，在寧夏支領草料餵養。得旨：此事議未周詳。駱駝何必交付漢人，仍令蒙古大臣、侍衛並兵丁，看守牧放；冬時，亦在與駱駝相宜之處牧放，何必支領草料？著另行詳議具奏。尋議：送往甘肅之五千駱駝，應令沿路撥派官兵遞送至鄂爾多斯地方，此送駱駝之散秩大臣殷扎納、策零並侍衛等，各分兩路，一出張家口，一出殺虎口，徐送至鄂爾多斯時，帶領伊處官兵，在水草佳處牧放，冬時，亦仍在與駱駝相宜之處牧放，以備巡撫綽奇、侍郎色爾圖調撥。從之。（聖祖二八三、一五）

（**雍正一二、一、辛丑**）定邊大將軍平郡王福彭摺奏：軍中駝馬最關緊要，現今喀爾喀、扎薩克諸藩臣，感戴隆恩，莫不竭力辦理。如喀爾喀貝勒班第等進獻駝馬猶力，請停其賞給價值。伏念遠臣當此軍興之際，不肯私其所有，況臣等宗臣，如諸王、貝勒、貝子公等，皆有馬場滋生馬匹，當需用之時，而置之閒散無用之地，豈不內愧於心？即臣家稍淡薄，現有馬場滋生馬五百匹，情願自送軍前備用，伏乞皇上俯鑒微忱，恩准所請，並將臣摺交諸王、貝勒、貝子公等，一同閱看。臣料諸宗臣等必以臣言為當，踴躍爭先，彌切急公之義矣。得旨：著交宗人府與諸王等閱看。（世宗一三九、八）

（**乾隆三、十、丙戌**）諭：各營喂養馬匹，惟恃馬乾銀兩。查直隸河間、通州一帶，每馬一匹，夏秋二季，月支銀九錢，冬春二季，月支銀一兩二錢。惟天津鎮標左右城守三營，大沽等四營，每馬一匹，夏秋月支銀五錢，冬春月支銀九錢，較之別營，為數減少，蓋以天津地勢窪下，水草茂盛，便於牧放，故酌減其價也。但天津鎮標三營，及大沽、王慶坨二營，地處水濱，為九河下梢，連年遭值水患，田禾淹浸，非平時可比；目下兵丁採買料草，價值加昂，深可軫念。著將鎮標城守三營，並大沽、王慶坨二營，實在差操馬兵三百一十四名，冬春二季，每月應支乾銀九錢外，加賞銀三錢，與河間、通州二協之例相等。俟明年夏季，仍照舊例關支，使兵丁等寒天牧馬，不致拮据，示朕體恤之意。（高宗七八、二〇）

（**乾隆五、八、甲辰**）［兵部］又議覆：西安將軍綽爾多奏，西安馬兵七千名，每名養馬三匹。因節年帶往軍營，殘傷倒斃，共缺馬七千匹。請嗣後令馬兵，每名養馬二匹。其空缺馬匹，於伊等七八月間，預領冬春二季草料銀內，每名扣銀五兩，三年扣銀一十五兩，作為一匹馬價存貯。如應用馬時，即行買補。至坐扣銀兩，查有佐領兼協領之空房數所，請擇一所收貯。修理牆壁等項，於生息銀內動支。所扣銀兩，由協領內揀選二員辦理。應如所請。從之。（高宗一二四、一〇）

（**乾隆六、三、丁亥**）議政大臣等議：綏遠城建威將軍補熙奏，右衛、綏遠城二處，向例每名得折價馬三匹，實拴一匹。嗣經原任將軍伊勒慎，奏令拴養二匹，餘一匹牧放。查右衛附郭地，草少，綏遠城冬春亦無草可用，折價不敷喂養。請右衛兵馬匹，仍照向例拴養一匹外，令二人合駝一隻牧放。綏遠城馬匹內如有倒斃至四匹者，令四人合駝一隻，抵馬二匹，餘二匹，折價存公，價每匹八兩，俱由草料項內，月扣銀五錢。應如所請。至所奏官員願拴駝，亦准每隻作扣馬價二匹拴養，未免馬少，差務不敷騎坐，應毋庸議。從之。（高宗一三九、一六）

（**乾隆六、三、庚寅**）兵部議准：署福州將軍策楞奏稱，閩地潮濕，馬匹易斃，無牧廠牧放，兼料草昂貴，倒斃赴口購買，路遠費重。以故福州駐防旗員馬匹拴養，俱未足額。請減定實拴額數，協領四，參領三，防禦二，驍騎校、筆帖式各一，倘再空拴，即行舉劾。從之。（高宗一三九、二四）

（**乾隆六、一一、辛卯**）西安將軍綽勒多奏：查西安八旗兵丁牧場，在武功縣所屬渭川兩河之間，兩岸現已耕種，周圍雖生青草，不甚茂盛，八旗馬匹，未能肥壯。然自四月迄八月，儘可牧放。所有兵丁馬匹，每年一匹出青，一匹留養。所有出青馬匹，俟草黃後趕回餵養，則估領銀糧既足，而馬匹亦可肥壯。得旨：知道了。所有派出牧場兵丁，妥為管束，勿令滋事。（高宗一五五、二九）

（**乾隆七、九、乙丑**）諭大學士等：哈密、赤靖等處防所，現有馬駝，皆係昔年陸續騎馱，撥往軍營者，用力已久，勞傷過甚，連年以來，多有倒斃，亦非防所弁兵，不盡心經理之故。今仍照常例，責令買補，弁兵未免苦累。著該督提，變通辦理，將現今齒老有病之馬駝，查明不拘價值，就近發賣。若一時無人購買，即分群牧放，如有倒斃，委員驗看，准其開銷。其尚足備防所之用者，仍令弁兵加意牧放。如倒斃過額，照例著賠。又安西牧放之駝隻，前後倒斃一千有餘，定例每百隻內，准其開銷四隻，其餘俱著弁兵賠補。但塞外弁兵，多係寒苦，若令賠償此項，力有不支。查該管官弁，報稱歷年所養駝隻，產獲駝羔六百餘隻，不在交牧之額。朕思若以孳生之駝羔，即補倒斃之駝數，免其賠補，於弁兵甚為有益。著該督提查明，遵諭辦理，其餘駝隻，若有年久勞傷者，亦照哈密、赤靖等處之例行。該部即行文該督提知之。（高宗一七四、二〇）

（乾隆八、三、乙亥）户部奏：八旗官兵馬駝需用料豆，於每年九月回廠起，如例放給，至次年四月出廠後停止，今歲恭逢謁陵，各旗馬駝已奏准留養，其料豆若紛紛購買，市價必昂，且恐缺乏，未便停給。查倉貯豆甚多，請將八旗留京馬駝，於閏四月起，酌量放給，其價照例坐扣。得旨：所奏甚是。依議。（高宗一八七、九）

（乾隆一四、一〇、乙巳）陝甘總督尹繼善、西安巡撫陳宏謀奏：陝甘督標、撫標、西安城守營、潼關協、神道嶺營、興漢、延綏、寧夏、河州四鎮各營馬，在臺支過草料，除按各該營額支馬乾，盡數扣除外，尚不敷銀三千四百七十四兩零，應即以今歲買豆還倉之節省銀抵補。至旗營馬，共應扣馬乾銀二萬五千七百八十七兩零，若一時並扣，兵力未免拮据，應請自庚午年春季起，分四季扣還。得旨：覽奏俱悉。（高宗三五一、三五）

（乾隆一六、九、壬午）軍機大臣等遵旨議覆通融籌辦餧養官馬一事。查八旗官馬二萬七百七十三匹。每匹月給馬乾銀三兩。近因豆草價值日昂，不敷購買。現今京外各處草料，雖貴賤不一，較之京師，究屬縣殊。請酌撥一萬匹派出餧養。在京師減馬萬匹，草料自可平減，而各處兵丁，所領馬乾銀亦屬寬裕。熱河分撥一千匹。近京各莊頭分撥二千匹，此外七千匹，交總督方觀承派督提二標及宣化等五鎮各營餧養。其草料銀兩，熱河及莊頭，由戶部給發。直隸各標營，就藩庫動支。於本年十月派出，至明年三月下廠前趕回，如減剋草料以致馬匹疲瘦。該管官議處，兵丁莊頭治罪。從之。（高宗三九九、七）

（乾隆二一、七、己巳）［軍機大臣等］又議復：河南巡撫圖勒炳阿奏稱，河南駐防滿兵八百名，每名拴馬三匹，除存價一匹外，實拴馬二匹，共拴馬一千六百匹。原備騎射調撥，前因料昂馬貴，致不敷額。現存新陳馬九百十五匹，半係殘疾疲瘦，不堪騎射。一遇調遣，重價購買，按兵扣價，兵力拮据。請於應拴馬二匹內，酌減半匹，每二名合養三匹，通共餧養一千二百匹，務使實養在槽等語。應如所請。但二兵實馬三匹，每兵實拴一匹外，其合養一匹，總交該駐防，另派旗員，合槽飼餧。其每兵應存半匹馬價六兩，照數在各兵餉銀內，按六個月扣存貯庫，以備調遣時買補。亦應如所請，從之。（高宗五一六、五）

（乾隆二二、一二、丁亥）軍機大臣等奏：前遵旨傳諭黃廷桂，於屯田綠旗兵內，抽撥三千名，再於甘省各營添派五千名，給與口糧馬匹，令總兵馬得勝、丑達帶領，再派總兵一員同領。今該督奏稱，從屯田兵撥出一千三百名外，添派一千七百名，仍於各營先派五千，共八千名，派馬得勝、丑達及總兵五福，一同帶領。其領隊將弁，速行各該提鎭遴選等語。俱係遵旨辦理，應如所奏行。又據奏減半撥給馬匹，每兵各給一馬，官兵跟役，亦俱減半給馬，是需馬不過八千數百匹。今甘省有未解餘馬二千匹，又直隸解甘馬五千匹，自應卽於此內選用，仍於各營挑選足額。其軍裝器械等項，統照進剿之例辦給。內盔甲一項，不過壯觀，徒費馱載，應停帶往。查巴里坤有存貯棉甲，應按數給與，事竣交回。再甘省現辦駝二千隻，僅供撥運行營口糧之用；卽塔永寧前後協辦駝五千隻，恐一時不能卽到。該督所奏，暫雇車輛，每兵餘丁四人，合給一車，自屬通融籌辦。亦應如所奏辦理。至各兵口糧，實不便多行裹帶，今該督既稱於巴里坤裹帶一月口糧，又辦羊二萬隻，作一月口糧，俟駝隻解到，再爲接濟。事屬可行。所有應增羊價及沿途草料，統於軍需項內覈銷。再屯田兵丁，自應廣爲墾種，臣等現遵旨傳諭該督，於備剿兵內，酌量抽撥。應令遵照辦理。從之。（高宗五五三、三五）

（**乾隆二三、二、庚午**）諭軍機大臣等：據兆惠等奏，現在軍營口糧不敷，官兵以馬爲食等語。看伊等如此情形，不獨進兵遲滯，且將所送肥馬，盜作口糧，亦未可定。已飭諭兆惠等，嚴行查拏，稍有疎縱，定將伊等治罪。著傳諭巴圖濟爾噶勒等，送馬到軍營時，暫行不必分給官兵，照常分廠牧放。俟兆惠等到伊犂等處，再行分給。仍於途次，嚴飭送馬官兵，加意查拏盜竊。庶馬匹胥歸實用，以利軍行。（高宗五五六、一九）

（**乾隆二五、八、癸未**）［軍機大臣等］又議覆：總督管甘肅巡撫吳達善奏稱，陝甘綠營馬，定例於夏秋放廠，冬春收槽。現各標存營馬，除征騎外出及摘缺裁扣外，其現存較原額不及十分之八。今屆收槽之期，請將安提、肅鎭二處現存馬以七分收槽，三分下廠。其餘陝甘二提，西、涼、寧、河四鎭等營馬，統以六分收槽，四分下廠，既於差操無誤，兼可節飼餧之費等語。查肅州、安西俱邊口要地，現軍務雖已告竣，而遞送文報及各處屯田差使往來，俱係派撥營馬供應，實與內地營分不同。其陝甘二提等情形，亦大略相似。應如所請。從之。（高宗六一八、一四）

（**乾隆二六、七、庚戌**）軍機大臣等奏：平定準噶爾回部後，陝甘等處裁徹之綠旗兵臺站及滿漢營馬，每年於三、四月牧放，合計可節省銀六十二萬兩有奇。所有伊犂、葉爾羌等處大臣養廉、官兵鹽菜銀，請卽於節省項下動撥。報聞。（高宗六四〇、一三）

（**乾隆二六、七、辛亥**）［軍機大臣等］又議覆：陝甘總督楊應琚奏稱，陝甘營馬按期牧放，每歲節省草料銀九萬兩。將來新疆歲需經費，請將此項就近酌留撥用等語。應如所請。從之。（高宗六四〇、一六）

（**乾隆二六、七、丙辰**）西安將軍嵩椿奏：西安兵七千名，前用兵時，每名養馬三匹，嗣奏准每名養馬二匹。今西師告成，需馬無多，請令每名養馬一匹，合計得馬七千，足備調用。從之。（高宗六四一、五）

（**乾隆二七、一一、丁丑**）軍機大臣等議准：古北口提督色克慎奏稱，營馬分給兵丁拴養，倒斃賠補艱難，致多缺額。請嗣後各營馬，照向例收集本營，交參將遊擊等派員監管餵養，每年出青時，於節省馬銀內支領買補缺額。從之。（高宗六七五、五）

（**乾隆二七、一二、庚子**）軍機大臣等議復：黑龍江將軍國多歡奏稱，打牲烏拉兵丁，應給孳生馬匹，須按其人數多寡，地方相宜之處，分別辦理。索倫請給騸馬一千匹，兒騍馬一千匹，呼倫貝爾給騸馬一千匹、兒騍馬一千匹。齊齊哈爾、黑龍江、墨爾根、呼蘭等四處，給騸馬一千匹，兒騍馬一千五百匹等語。應如所請。交巴爾品分等定價，行文該管副都統，派兵往牧廠領取。至此項馬價，限三年，於兵丁錢糧內扣完。從之。（高宗六七六、二一）

（**乾隆三〇、八、乙巳**）軍機大臣等議覆：前鋒統領努三奏，請於直隸餵養官馬內徹回一千匹，分給八旗武職官員拴養。查八旗官馬，原係官兵拴養。嗣因兵丁或將馬乾銀花銷，並不加意餵養；或任缺額，空食錢糧，種種滋弊。且從前草豆昂貴，並無贏餘，是以交直隸餵養。現草豆價減，官兵情原拴養，業徹回四千五百匹，交前鋒護軍及親軍等餵養供差。如官員亦各分養一匹，於當差均有裨益。但一千不敷分給，應如所奏，請徹回二千匹，給三營前鋒參領、護軍參領等，每人拴養一匹外，滿洲每旗一百匹，蒙古每旗五十匹。除兼文職官員外，每員分養一匹，餘給各營行走人員及勤慎護軍校等分養。每年出青，留一千匹差用，以一千匹牧放，仍交該都統等嚴查。從之。（高宗七四二、二）

（**乾隆三三、四、丁亥**）雲南巡撫明德奏：查各省協濟，及本省採辦軍需馬騾，除解永昌外，其截留本省者，不下二萬匹頭，需用草料繁多，運送堆貯，俱費周章，擬分撥附近省城州縣飼餵較便。至今秋辦理普洱一路，現有荊州兵及綠營土練兵共八千餘名。將來阿里袞等進兵，又添新舊兵六千名，官員跟役不下萬人，以及馬騾草料，普洱地方需糧較多。現在商辦豫籌，以備供支。得旨：俱屬得要。（高宗八〇九、三三）

（**乾隆三五、七、庚申**）軍機大臣等議覆：福州將軍弘晌奏稱，福州八旗滿兵，共一千五百六十名，每名拴官馬三匹，其二匹，各扣價銀，於需馬時售買外，其實拴馬一千五百六十匹。請裁馬一千，每旗酌留馬七十，八旗共留馬五百六十，以備巡察操演。所留拴之馬，設立官圈，派妥員餧養。其兵丁實拴馬，除扣徹餧養二項外，所餘二馬草豆銀兩，仍給予兵丁，俾資生計。每月扣銀四錢，以備官圈餧馬墊斃之用。其裁馬一千，變價建造棚厰槽柵官兵房屋等項，餘銀存公備用等語。係屬按照該處情形，通融辦理，應如所請。再查廣州滿兵，與福州一體駐防，情形無異，兵丁官馬，應照此辦理。從之。（高宗八六五、一）

（乾隆三五、一〇、甲申）［軍機大臣等］又議覆：廣州將軍特克慎奏稱，廣州滿洲、漢軍，領催、前鋒、馬甲，共三千名，每名額馬三匹。廣州地方時氣，與福州無異，易致倒斃，斃則扣兵餉買補，實爲受累。請將官馬裁二千四十匹，餘照福州例，交與各旗官員，立圈餧養。至兵丁裁馬一匹，仍得兩匹馬草豆銀，每月官扣銀四錢，以備餧養，及買補鞍轡之用，餘銀以備買補倒斃馬。應如所請。從之。（高宗八七〇、三二）

（乾隆三九、一二、己亥）［軍機大臣等］又議覆：烏嚕木齊都統索諾木策凌奏巴里坤移駐古城滿兵各事宜。……一、巴里坤滿兵，給馬三匹，俱拴馬二匹，存一匹馬價，遇有倒斃坐扣，於生計無益。請照烏嚕木齊例，每兵准拴馬一匹，其一匹馬價，令其常存，以備置馬外。其一，令歸生息銀內，以備每年填補，並幫備出差兵丁之用。一、巴里坤滿城內，前奏准建蓋官房三百間，所得租息，爲兵丁紅白賞銀。今滿兵一半移駐古城，請於巴里坤、古城各建一百五十間，交鎮西府收租。……均應如所請。從之。（高宗九七三、一〇）

（嘉慶九、一、丁未）諭內閣：刑部奏，審明本月十二日紫光閣叩閽之護軍新德那定擬一摺。新德那違例叩閽，理應治罪，朕憫其情節，酌量從寬，改爲枷號一箇月，已另降諭旨矣。惟新德那所控八旗官員、兵丁拴養馬匹，空額甚多，各倉庫該班兵丁，雇人替代，此二款，朕亦曾風聞。八旗官兵拴養馬匹，原因備派隨圍等項差務，所關甚要，必須各照實數拴養，始可供緊急差務，亦不致虛費錢糧。著八旗管理各營大臣及放馬大臣、官員等，嗣後分給官員、兵丁拴養馬匹，務照實數放給，勿得折價。領馬之官員、兵丁，亦不得領價，俱著領馬，途間亦斷不可使其倒斃，務照數領取，妥爲餧養。至各倉庫，俱係重地，該班兵丁私行雇替，曾經禁止。著各該管大臣嚴傳所屬官員等，將各處該班馬甲留心查覈，各令正身該班，儻有代替者，一經查出，即行懲辦，不可因循怠忽。將此通諭知之。（高宗一二五、一四）

（嘉慶一五、三、庚辰）諭內閣：兵部奏，議復福州將軍慶成請酌裁駐防馬匹，即以節省馬乾銀兩，添設養育兵月餉一摺。福州駐防額馬五百六十匹，既據該將軍奏，地土蒸溼，馬匹易於受病，若合棚餧養，恐致傳染，今酌留四百匹，足敷操演，分給兵丁拴餧，亦可專心照料。係爲調劑馬政起見，著照所請辦理。至旗兵生齒日繁，度日未免拮据，今既有裁減馬乾，若以之添設養育兵，俾資養贍，亦於八旗生計有益。著加恩亦照所請，添設養育兵一百六十名，每旗各添二十名，作爲定額，即以此項酌減馬乾抵充月餉。所有減馬添兵各事宜，即著該將軍妥議具奏。（仁宗二二七、二五）

（嘉慶二三、一二、丁丑）諭軍機大臣等：盛京風俗淳樸，滿洲等向皆拴養馬匹當差。百餘年來，生齒日繁，有力養馬者少，或遇有官差，借雇馬匹乘騎，此種習氣，斷乎不可。馬上技藝，係滿洲至要之事，儻不自拴馬匹，則技藝必漸至生疏，將來竟有不能乘馬者。著傳諭賽沖阿、富俊、松寧詳細察看三省情形，令兵丁自行拴馬，使滿洲不失舊俗。其應如何辦理之處，著會同妥議具奏。（仁宗三五一、一八）

（三）馬駝的撥用與購買

（康熙一六、八、丁未）諭議政王大臣等曰：外藩蒙古等進獻馬甚多，江西逼近湖廣、廣東，乃適中之地，可撥五千匹，發往南昌，令總督董衛國遴委賢能官員，督視秣養，並簡選兵部餵養馬及營驛馬二千匹，發往湖廣、武昌飼秣備用。（聖祖六八、一三）

（康熙一八、二、庚辰）寧南靖寇大將軍多羅順承郡王勒爾錦疏言：臣兵在彝陵諸處更番來往，水土不宜，致馬多斃。請以近地所備馬，速行撥給，以資進勦。得旨：茲正前往徵勦之際，於武昌預備馬內撥一千匹，委才能官員速送大將軍順承郡王軍前。（聖祖七九、二〇）

（康熙一八、六、庚寅）諭兵部：爾部見餵馬匹及營驛之馬，可選擇二千送至武昌，令善加芻秣備用。（聖祖八一、二二）

（康熙一八、七、丁巳）諭兵部：江西南昌備養之馬二千四百餘匹，湖廣、武昌備養之馬一千匹，移文該撫，令遣能員解赴長沙。沿途愛護，勿致缺額。付巡撫韓世琦加意飼秣，毋令羸瘦。馬畢到長沙，仍令韓世琦報部。（聖祖八二、一二）

（康熙一八、九、甲午）又諭議政王大臣等：以內廄馬一千匹、兵部太僕寺馬一千匹，頒給進取辰州大兵。（聖祖八四、二）

（康熙五五、八、壬辰）先是上諭議政大臣等，富寧安處需用馬匹，可將八旗添設之馬，及直隸、山東、山西、河南喂養之馬，酌量撥給，著議奏。至是，議四省之馬，前後已將一萬四千八百匹，撥送尚書富寧安處，至

八旗添設之馬，應停其撥送。從之。(聖祖二六九、一一)

（**乾隆七、一、庚午**）大學士鄂爾泰等議覆：將軍補熙奏稱，自殺虎口距額爾德尼昭相隔三千餘里。倘經調動，適值青草暢茂之時，沿途歇養馬駝，必須二十餘日始到。雖有備派兵丁，恐不能應期而至。懇賞價，先於額爾德尼昭沿途地方，置備馬駝聽用。查現在喀爾喀四部落所存餘駝二萬七千餘隻，馬三萬四千餘匹。內地扎薩克哲里木等處五盟長所存駝一千餘隻，馬二萬五千餘匹。無須另行置買。而此項兵丁，與尅期起行者不同，調聚日久，必致傷損。若屆期備辦，又恐趕送不及，應令額駙策凌等，由該處探賊消息，將喀爾喀等部落所存馬駝，就近豫備。俟補熙兵到時，酌量撥補更換。又奏稱綏遠城右衛兩處，所存子母礟四十八位，向無馱駝。遇有調遣，運礟維艱。請陸續買駝備用。查現在右衛兵三千五百餘名，馬三千五百餘匹，駝一千七百餘隻。綏遠城兵三千九百名，馬三千九百匹，駝九百九十餘隻。合計兩處，共馬七千四百餘匹，駝二千六百餘隻。所有此項備派兵二千名，如有調用，約計每人給馬三匹，兩人合給駝一隻。惟需馬六千匹，駝一千隻，尚餘馬一千四百餘匹，駝一千六百餘隻，礟位即撥餘駝九十六隻馱往。又奏稱蒙古地方用兵，棉甲最爲有益。本處惟自熱河撥來兵一千名，攜有棉甲，懇再賞給棉甲三千副，令綏遠右衛兵丁備貯。查現在軍營收存備用軍器內，有棉甲二千副。補熙既稱棉甲有益，兵行時請免其攜帶鐵甲，即將備用棉甲一千副，令其攜往。抵軍營後，無甲兵丁，行令額駙策凌查明，於此項棉甲內，撥給充用。從之。(高宗一五八、九)

（**乾隆一九、一二、乙丑**）諭：衆喀爾喀扎薩克、爾喀爾喀，均係世僕，受恩深重。從前爾祖父等，盡心宣力，亦閱有年；後因日久弛玩，朕曾降旨申飭。近年以來，青滾雜卜、車木楚克扎布、車布登扎布等，在軍營奮勉行走，朕特加恩賞給王貝勒貝子職銜。今辦理準夷，正欲自茲以往，息兵罷戍，爲爾等擴開游牧之地。如能奮勉出力，朕必厚加恩賚。但進兵時，馬匹最爲緊要，現由各處採買馬匹，尚多未到，是以諭令公哈達哈，前往爾各部落，選撥馬二萬匹。爾等必須挑選臕壯之馬，以備軍用。俟各處採買馬匹到時，照數給還。至前此令爾等所辦備賞新降準夷馬匹，雖官爲給價，然爾喀爾喀地方，暫令伊等居住，究於汝等生計有礙。俟事成後，仍令伊等各回游牧，爾等即可久遠安居。朕於爾等，亦必重加恩賚。汝等各宜仰體朕期望成功之意。勉之。特諭。(高宗四七九、一○)

（**乾隆一九、一二、甲寅**）協辦陝甘總督尚書劉統勳等奏：西路所需戰馬，約計幾六萬匹。前准廷議，摘調本省，及東晉二省營馬，並本省沿邊及伊克昭等盟購買之馬應用。今各該盟解來實數，止得二萬三千七百餘匹，且疲瘦居多。西路戰兵，須於明年四月內，全抵軍營。正月間，即應由倭馬處所，陸續起解。前項馬，即加意牧養，斷難增其膘力。查甘省遞送滿洲蒙古官兵，係於陝省標營，及西安、涼州駐防各營馬內抽調。前准廷議，於甘省分設五大站，撥營馬應用。今北口馬匹難資備戰，若用以遞送官兵尚可不至竭蹶。其原派安站營馬，皆膘力充足，請移以備戰。查此項遞送官兵，除雇覓民馬、原調營馬，合以甘省各營，並涼州滿兵自騎本馬，及東晉二省解到，與本省沿邊採買，可得馬六萬一千餘匹，儘足敷用。再甘省口內各標營馬，並涼州寧夏滿營撥調之外，共缺額馬二萬八千八百餘匹。現議安站之口馬，及將來西安滿兵、固提兵，騎赴肅州馬，合計三萬二千餘匹，臣等擬以七分留甘，三分還陝，補各標營調缺之額，不敷者購補。至甘肅安提一營，摘缺馬六千匹。查現到哈密之察哈爾，及明春赴軍營之厄魯特、阿拉善等官兵，換存騎馬，數可相抵，即令就近留補。再陝省各標馬，既資備戰，解送時，仍令本營住支馬乾，於沿途照東省撥來戰馬例支給。得旨：如所議速行。（高宗四七八、一四）

（**乾隆二〇、六、丙辰**）軍機大臣等議奏：現在口馬，備用軍需，甚屬有餘。據江寧將軍錫爾鏑、京口將軍海常、兩江總督尹繼善，共請買馬三千餘匹，並委員赴領前來。查明歲巡行南省，江浙需馬甚多。若以此次軍需備用餘馬，暫行撥給，亦通融之法。現今都統莫爾渾軍營，餘馬二萬餘匹，除備厄魯特朝覲之用，餘馬俱令牧放，酌量分隊，於八、九月間趕至張家口。錫爾鏑等，請領馬匹，應令各委妥員，於八月間赴部報明，會同理藩院司官一員，至張家口照數撥給。馬價即交藩庫，無庸解京。山東、浙江如有缺馬之處，均令咨明，照此辦理。從之。（高宗四九〇、三三）

（**乾隆二二、一〇、壬申**）又諭：明春前往沙喇伯勒兵丁二千五百名，其派馬八千匹，已交黃廷桂等辦理。今思冬寒之候，解送維艱，酌籌人給馬二匹，合之大臣官員，共五千五百匹。成衮扎布等，於軍營馬匹內，挑選二千五百匹，加意牧養，以符人給三匹之數。而解送之馬，亦可暫存，以備辦理回部之用。是否可行，成衮扎布等，酌議具奏。此時八千馬匹，仍照數預備。計解送之日，伊等即咨行黃廷桂，酌量派撥。（高宗五四八、三七）

（**乾隆二二、一一、乙卯**）又諭：前據黃廷桂，挑選馬八千匹，解送軍營，今成衮扎布等奏到，現在臺站及官員乘騎，尚需馬二千匹，已咨行該督等語。著傳諭黃廷桂，如接到將軍等咨文，即照數挑選膘壯馬二千匹，委員解往，同前項馬匹一併交與巴圖濟爾噶勒，帶赴應用。仍飭解員，沿途小心

餒飼，毋至疲瘦。（高宗五五一、一八）

（**乾隆三〇、閏二、甲子**）又諭：據德福奏稱，卞塔海領兵前往烏什，伯克薩里等助馬一百匹。今因運送口糧，又與阿布都噶普爾，並請助牛二百頭。又賽哩木阿奇木伯克阿瓜斯伯凱，署拜城阿奇木伯克阿爾租默特，亦請每城助馬一百匹等語。薩里等急公效力，協助牲隻，甚屬可嘉，自當示以獎勸。所助牛馬，俱著賞給價值。仍將朕加恩獎賞之意，傳諭伊等知之。（高宗七三一、五）

（**乾隆二四、九、己未**）軍機大臣等議覆：甘肅總督楊應琚奏稱，陝甘二省，分派朋餒馬五千匹，臕分已壯。又屢次撥解巴里坤備用馬，可擇取五千匹，合計得戰馬萬匹。先期調至甘、肅二府州屬分餒，就近轉解。至沿途草豆，俱已籌備等語。查各處馬匹甚多，挑解軍營既資接濟，而內地亦省飼秣之費。現據該督查明一路芻豆，俱足供支。應如所奏。即將各處馬調至近地，速解哈密。現在奉旨派清馥及侍衛等管解。應先解送五千匹，隨後續挑五、六千匹。其如何分起行走，及沿途照料，令該督會同清馥等商辦。得旨：依議速行。（高宗五九六、二一）

（**乾隆二四、九、甲子**）諭軍機大臣等：楊應琚奏，軍需駝隻，現可得壯健者一千二百餘，隨同馬匹解送軍營。所辦甚妥。（高宗五九七、五）

（**乾隆二八、一一、丁丑**）又諭曰：成衮扎布等奏稱，三等侍衛穆森泰，向哈薩克勒買馬匹，私許物件，並未給與。又蒙古密濟特勒索哈薩克馬匹，許給倭緞，亦未交付。除將伊等原索馬匹，交前來之哈薩克額德格等轉給本人外，穆森泰請交部嚴加議處，密濟特請枷責等語。前經降旨，哈薩克帶來馬匹，官定價值，不許私相貿易。乃侍衛穆森泰輒敢私換馬匹，所許之物，又不給與，甚屬不堪。即穆森泰所稱給過羊隻，並銀三十兩，亦未可信。伊如果給過銀物，哈薩等何以又索取轡頭等項？且哈薩克豈有以馬二匹換羊二匹之理？顯係穆森泰婪索敗檢，捏造虛言，冀圖掩飾。成衮扎布等不行細加詰問，僅請交部議處，何足示警？穆森泰著革去侍衛，即於該處枷責，以昭炯戒。並傳諭成衮扎布等，俟哈薩克到時，即諭以我處官員，因私換爾等馬匹，具奏治罪，倘爾等捏詞陷害，亦必從重辦理，斷不寬恕。仍即將穆森泰勒索馬匹給還。其蒙古密濟特，著照所請枷責。（高宗六九九、一五）

（**乾隆三二、五、丁丑**）諭軍機大臣等：雲南現在進勦緬匪，軍行馬匹最關緊要，應豫為籌畫，以應急需。四川、廣西兩省地方，接壤滇南，協濟較為便捷。著該督等悉心部署，就營驛馬匹內，妥協抽撥，能得臕壯堪用者，每省多則三千匹少則二千匹，一面解交滇省應用。四川現有調用之兵，馬匹即可隨便酌量帶往，其粵西馬匹，可遴委妥員押赴，務令先時豫備，毋誤秋間進勦之期。將此傳諭阿爾泰、李侍堯並宋邦綏知之。李侍堯著即速往廣西辦理此事。（高宗七八四、三一）

（乾隆三二、閏七、丙午）四川總督阿爾泰奏：查川省派赴滇省兵八千名，除解馬列之兵二千二百五十名，分爲十餘起前進外，尚有兵五千數百名，隨會飭各營，以三百名爲一起，逐日起程。計自六月十九日至七月十二日，省標十營及川北、松藩、重慶各鎮官兵，全數起程。臣令領兵總兵達興阿，及各隊將備等官弁，加意照料，務期八月以內趕至永昌軍營，以備調遣。至川省前准滇咨代辦牛馬等項，除抽撥營驛馬二千二百五十匹，業已全數起行外，其餘又添辦馬七百五十匹，現亦陸續代買解滇。其牛隻一項，滇省需用既多，臣已催令各屬，將先辦之二千頭，趕緊起運，餘再設法盡力湊辦。得旨嘉獎。（高宗七九〇、一八）

（乾隆三四、九、甲辰）又諭曰：軍機大臣會同戶部議覆，明德奏軍需馬匹倒缺各案一摺，已依議行矣。摺內稱，湖北應解馬騾五千一百四匹頭，湖南應解馬騾五千七百二十匹頭，共一萬八百二十六匹頭，並未聲明湖北湖南省分，其所短少馬匹，是否即係前奉諭旨內，著令湖廣總督撫分賠之數，未經分晰等語。此項馬匹，數既不符，又未將湖北湖南兩省應賠之數逐一分列，殊未明晰。著傳諭明德、吳達善，即逐細查明，詳悉具摺覆奏。（高宗八四三、一六）

（乾隆五五、三、甲辰）［陝甘總督勒保］又奏：准哈密辦事大臣咨，該處供差馬匹，爲數無幾，請將巴里坤廠馬，照例派解三百匹應用。經移令巴里坤鎮和倫選派弁兵，將前項馬解赴哈密交收。並據稱該廠尚有出群馬四百五十餘匹，足以籌備五十六年差馬之用。應如議備派，其餘馬留爲該廠抵補倒缺年額。報聞。（高宗一三五一、二八）

（乾隆五六、一二、壬寅）又諭：此次所派索倫等兵，不過一千名，騎馱馬匹，三千已足敷用。今青海蒙古等，已辦馬三千匹，又豫備一千五百匹，爲數已多。勒保乃於各營內，預備馬千餘匹，又令阿拉善王旺沁班巴爾辦馬一千匹，實爲多事。試思一千餘名之兵，何需馬至七千餘匹之多。況索倫兵於本月二十間，始能至京，及至西寧，已須二月初旬，此項馬匹，若於月內齊到西寧，並無牧廠餵養，反致瘦損，辦理尤爲錯誤。勒保著嚴行申飭，仍交部議處。所有青海蒙古等豫備馬匹，除留存三千匹備用外，餘俱著速行停止。朕平日撫卹內外各扎薩克蒙古等，惟使安樂得所，不肯稍致勞瘁。此次因勦辦廓爾喀，官兵經西寧行走，需用馬匹，不得不交青海蒙古等備辦。是以前經降旨，特令照從前採買價值給與，以昭體卹。蓋青海蒙古等，非內扎薩克可比，牲畜不甚充餘。現當天寒雪大，牧廠平常之際，備辦三千匹，即不能不形拮据，乃又令多爲豫備，實爲勞苦已甚，朕心深爲不安。勒保接奉此旨，著曉諭青海扎薩克等，以爾等所辦馬匹，甚屬妥速，急公奮勉，皇上極爲嘉悅。今止需用三千匹，餘俱無庸豫備。其三千匹亦且不必即時送來，俟官兵將至西寧，再行調取。並於其來時，即照數給價，毋使稍有拖累。（高宗一三九二、三）

（**嘉慶五、七、癸巳**）諭內閣：前因東三省官兵調赴軍營，日久不無疲乏，續行調派吉林、黑龍江官兵一千五百名，前往更換，其需用馬匹，已飭令河南省上緊備辦乘騎，並於直隸營馬內，先後撥給八百匹解往應用。因思直省額設營馬，節經酌撥，一時不能足額。著加恩於官馬內挑出堪用者八百匹，撥還直隸省，補足所缺營馬之數。著兵部行文直隸總督胡季堂，派員來京接收，俾營馬足敷應用。（仁宗七一、一一）

（**嘉慶七、三、丙申**）諭內閣：據蘊端多爾濟等奏，勦辦逆匪指日大功告竣，所用牧場馬匹，應如數補足，且本年進哨，需用馬匹較多，據土謝圖汗車登多爾濟、車臣汗瑪哈錫哩及哲布尊丹巴呼圖克圖，請各進馬一千匹備用一摺。車登多爾濟、瑪哈錫哩及哲布尊丹巴呼圖克圖等累世遊牧，安居樂業，馬匹牲畜滋生繁庶，今感戴朕恩，請各進馬千匹，殊屬可嘉。惟是車登多爾濟等，皆資牲畜爲生，哲布尊丹巴呼圖克圖乃出家之人，伊之牲畜，皆係衆人佈施，若照數全收，不足以示體卹。著將車登多爾濟、瑪哈錫哩等二部落所進馬各賞收五百匹，哲布尊丹巴呼圖克圖所進馬，賞收三百匹，即照蘊端多爾濟所奏，派員於八月初旬，送至達哩岡愛牧場地方，交觀明等以備需用。所有賞哲布尊丹巴呼圖克圖黃哈達一條，蘊端多爾濟等接到時，著即賞給。其車登多爾濟等，及哲布尊丹巴呼圖克圖應如何加恩賞賚之處，著理藩院議奏。（仁宗九六、一八）

（**嘉慶一八、一〇、乙未**）又諭：前經有旨令貢楚克扎布在該處牧群內挑馬三四千匹，預備吉林、黑龍江馬隊官兵到京更換，著再傳諭該都統，此項馬匹，不必全行解京，即先挑選臕壯堪勝馳驟者二千匹，烙具火印，委員解赴保定，交章煦收備吉林、黑龍江官兵過直更換。（仁宗二七六、七）

（**嘉慶一八、一〇、辛酉**）又諭：前經降旨，令貢楚克扎布等於察哈爾牧廠內挑選臕壯馬二千匹，徑解直隸，預備吉林、黑龍江官兵乘騎，再挑馬二千匹來京，預備該官兵等更換。本日據章煦奏，解交直隸馬二千匹內，該督率同劉榮慶挑退瘦小難供乘騎者二百餘匹。又據兵部奏，吉林頭起官兵五百名應換馬匹，據該領隊副都統色爾袞呈請，仍將本處乘來馬匹騎往，其察哈爾牧廠馬匹不願更換，等語。此次所調察哈爾馬匹，係豫備出征官兵乘騎之用，貢楚克扎布等並不認真挑選，以駑馬充數，實屬玩泄。本日復據太僕寺奏，自嘉慶十一年至十七年三次均齊，較八年以前原交馬數，虧缺至一萬一千二百八十八匹。牧廠孳生馬匹，原應歲有贏餘，以備調撥，乃自八年以後，經三次均齊，每次均有虧缺，此次缺少尤多。貢楚克扎布、來靈，俱著交部嚴加議處。其來靈前於正黃旗漢軍副都統任內，失察曹綸父子逆謀之案，竟無庸再議，即著來京候旨。此次來京備換馬匹，吉林頭起官兵既不願更換，暫留備續到官兵挑換之用；其預備黑龍江官兵更換馬一千匹，著將疲駑者挑出五百匹，迅速截回，以省糜費。所有由京及直隸駁回馬匹一應往返費用，俱不准開銷，著貢楚克扎布、來靈，分賠示罰。並著貢楚克扎布會同新任副都統福珠隆阿查明此次派辦馬匹各官員及嘉慶八年以後太僕寺左右兩翼牧廠官員，分別查明，開送職名，交部嚴加議處。尋議上，得旨：貢楚克扎布著降為二品頂帶，仍帶革職留任，來靈著革職。（仁宗二七七、三二）

（**嘉慶一八、一一、甲戌**）諭內閣：此項察哈爾解京預備吉林、黑龍江官兵乘騎馬匹，除更換撥補外，其瘦小者至六百十匹之多，實屬辦理不善。此六百十匹往返路費草斤口分，俱不准開銷，著責令貢楚克扎布、來靈及解馬總管等照數分賠。貢楚克扎布身任都統，其咎較重，著再罰賠馬一千匹，補入牧廠缺額，以示懲儆。（仁宗二七八、一五）

（四）馬駝倒斃賠補與孳生獎勵

（**康熙二二、三、辛酉**）兵部議覆：雲南驛傳道郭廷弼等，解送部撥賴塔軍前馬二千匹，止送到七百餘匹，其餘馬匹行查違限未報。應交與吏部議處，其馬匹仍令該撫確查。上曰：此馬原撥閩省，由閩省轉送粵東賴塔軍前，因賴塔進勦雲南，又追送至滇中。此三省路途遙遠，山徑崎嶇難行，馬匹多斃是實。伊等不能賠補，故不報明，以致違限。如責令賠補，似屬冤抑。從前定例令賠補馬匹者，因用兵之際，不如此，恐送馬人員任意怠惰，以致馬匹多斃耳。今四方平定，著免行查賠補，其遲報各官，亦免議。（聖祖一〇八、一三）

（**康熙三五、一〇、辛亥**）以西路出征兵丁勞苦，倒斃馬匹一千二百三十四匹，免其賠償。（聖祖一七七、一八）

（**康熙三六、八、己酉**）先是，諭大學士阿蘭泰，前者古北口總兵官馬進良率兵往克魯倫時，倒斃駱駝五百有餘，至今尚有一百五十匹未經抵償。

此項理應償補，但恐官弁科派累兵，今噶爾丹已滅，著免其抵償。到古北口時，爾可召集官兵，將此徧行曉諭。至是，古北口總兵官馬進良率所屬官軍迎駕，阿蘭泰遵旨召集官兵，徧宣上諭，官兵皆歡呼謝恩。（聖祖一八五、一）

（康熙四一、九、丁卯）太僕寺等衙門會議：左右二翼孳生馬匹，應與上駟院一體，三年查核，不論騍馬、兒馬、駒子，於三匹馬內出馬一匹，數多者賞，不及數者罰。其噶賴大、阿墩大、梅倫等賞罰，俱照上駟院舊例，分別有差。從之。（聖祖二〇九、二一）

（康熙五七、閏八、乙亥）九卿議覆：兵部奏稱，直隸各省歷年驛站奏銷冊內，倒斃馬匹數目多寡不一，若不定額規，恐不肖官員，希圖冒銷錢糧，捏報銷算。應自康熙五十七年爲始，將直隸、河南、山東、湖廣、雲南、貴州並盛京沙河站、鳳凰城、寧古塔、黑龍江等處驛站地方馬匹，十分之內，倒斃不許過三分；惟江寧、安徽、江西、偏沅，此四省之內，驛站地方潮濕，馬匹易於倒斃，不許過四分。應如所請。從之。（聖祖二八一、八）

（雍正一、一〇、辛亥）兵部奏言：山西出征兵丁，倒斃馱載輜重馬匹，應令賠補。得旨：山西兵丁遠馳異域，甚屬勞苦，其倒斃馱載輜重馬匹，著照川陝例，免其賠補。（世宗一二、八）

（雍正二、一、丁酉）諭宣化總兵官許國桂：宣鎮兵丁，出征勞苦，軍前倒斃馬匹，從寬免其賠補。（世宗一五、一一）

（雍正七、閏七、丁亥）兵部議覆：川陝總督岳鍾琪疏言，陝西官兵馬匹，向例不報倒斃；嗣後，請照各省之例，准其開報，不得過十分之三；甘屬等處，除番民貢馬抵補外，其有不敷，亦照例給與馬價買補。應如所請。從之。（世宗八四、一五）

（雍正七、九、戊寅）命將甘肅西寧、大同歷年軍需各案應賠倒斃駝隻銀兩，全行豁免。（世宗八六、五）

（雍正一〇、一〇、辛未）諭內閣：直隸、河南等省驛馬，有每年准報倒斃三成四成之例，而陝、甘兩省，向因地僻差少，不在准報之中。今西路軍興，羽書絡繹，地方有司，不無賠補之苦，朕心軫念。除偏僻州縣仍照舊例外，其自潼關至西安一路，自西安由泰鞏南路、平涼北路至蘭州，又自蘭州由涼甘一帶至肅州嘉峪關，由莊浪一帶至西寧，又自榆林、延綏、寧夏沿邊一帶至涼州，各路驛遞馬匹，俱照直隸、河南等省之例，十分之內，准報倒斃三分，領銀買補，作正項開銷，如有過三分之數者，勒令賠補。儻恃恩旨，或扣剋草料，不加謹飼餧者，著該督撫即行題參。其准報三分之數，俟

軍務告竣，仍照舊例停止。（世宗一二四、二三）

（**乾隆一三、一、甲寅**）暫理陝甘二省事務甘肅巡撫黃廷桂覆奏：安西五衛孳生羊，因乾隆十年冬間陡遭大雪，凍斃過多，難符原議三年十分考核之數，是以再請展限一年。上年冬底屆期，但冬季孳生確數，必次年春初始作能查辦。至孳牧羊，原因從前口外羊價昂貴而設，近年準夷進貢貿易，帶來羊甚多，又兼回民商販，從青海各路來者絡繹，若仍搭放兵食，扣價還項，則兵無餘利，一時雍積，轉售舖戶，價必更平。不惟無濟，反致苦累，何敢固執原議，不籌變通？再前奏請將應行搭放之羊，擇口老與不懷羔者，仍照每斤三分價值，令各衛自行變賣。蓋以羊老則易例斃，不懷羔則無益孳生，均未便留牧，徒糜公項。且秋冬臕肉尚肥，出售無難，若必俟春考覈之後，恐冰凍草枯，臕減肉落，且一切雇覓夫工之費，更屬虛糜。是以請變價易糧，並不敢因礙難考覈，故意迴護，亦非為留牧無益，全請變價也。再查口外多有牧地，孳生原屬有益，現委員赴各衛牧廠，將節年所生羊羔，勘明確數，合算牧放工本有無贏虧，乃可定其有益無益再奏。得旨：這迴奏情節，該部覈議具奏。（高宗三〇七、二九）

（**雍正一三、八、丙戌**）諭辦理軍機大臣等：北路軍營駝馬牲畜，交與蒙古牧放，聞未定倒斃數目。以數萬牲畜，經年牧放，即倍加謹慎，難保無一倒斃。乃悉令蒙古賠補，殊為可憫。自軍興以來，喀爾喀蒙古等，甚屬效力。令特沛恩施，嗣後交與伊等之牲畜，一年於一百匹內倒斃六匹以下者，免其賠補。如倒斃不至定數，酌量賞賜，以示鼓勵。著行文大將軍平郡王等，曉諭眾蒙古知之。（世宗一五九、一八）

（**乾隆二、二、丁卯**）諭總理事務王大臣：軍營撥給兵丁官駝馬匹，值寒冬風雪之時，不無倒斃，兵丁賠補，未免苦累。今特加恩，凡在軍營兵丁拴養馬駝，每年每百匹准倒四匹，遇有行走之處，每百匹內准倒八匹，其倒斃駝馬，著動公項補給開銷，仍交該管將軍、大臣等，飭令兵丁加謹牧放，毋得恃有此恩，以致駝馬過於傷損。（高宗三六、一一）

（**乾隆二、三、丙申**）兵部議准，浙江黃巖鎮總兵吳進義疏稱：嗣後浙省倒斃營馬，扣出存價馬匹數目，將實在喂養馬匹數內，覈明倒斃報銷，俟有需用買補馬匹之時，一例准其開銷倒斃。其每年奏銷朋馬，務將扣存馬匹銀兩數目，造冊送部查覈。如有隨丁存價馬匹，混入額內，捏報倒斃，該督查明題參，將冒銷銀兩，照數追賠外，仍將該員照例議處。從之。（高宗三八、一五）

（**乾隆二二、一一、庚戌**）署定邊左副將軍車布登扎布奏：欽奉恩旨，喀爾喀應賠馬駝牲隻，酌量於伊等生計有益，寬限辦理。臣委管理收牧之扎薩克等，自乾隆十八年至二十二年，收牧動用銷算倒斃數目，擬定應免應賠，及交還限期具奏。得旨：軍機大臣議奏。尋議：查軍營收牧定例，按年銷算，若未經動用者，每年每百匹准銷倒斃四匹；已經動用者准銷八匹。今車布登扎布，未將倒斃數目，按年銷算，與例不符。但蒙皇上愛養喀爾喀，降有恩旨，臣等仰體皇上仁慈，俾喀爾喀生計饒裕，酌議應如車布登扎布所奏，將乾隆十八年收牧馬六千匹，駝三千隻，照未經動用例，每百准銷四匹；十九年以來，收牧馬駝，照已經動用例，每百准銷八匹，不計所牧年歲，作爲一年應免之數銷算。其牛羊係屬口糧，自難照動用馬駝之例，應准其每百內倒斃四隻外，仍有額外倒斃。亦應如所奏。先將車臣汗部落收回各數於一年內追交完項，再自己卯年起，展限五年交納，仍將現在牧放馬駝牲隻，飭交扎薩克等，加意牧放。其應追各項數目，令該副將軍分晰造册報部，按限催交。從之。（高宗五五一、一〇）

（乾隆二四、九、丙子）軍機大臣等議覆：定邊左副將軍成衮扎布等奏稱，喀爾喀四部落積歉之餘，民力尚多拮据。查自乾隆十八年起，有交喀爾喀等牧放之馬、駝、羊，除軍需及寬免倒斃外，應賠尚多。又二十年進兵及擒青滾雜卜，亦有應賠之項。此時西三部落，將二十一年盜竊各牲隻並代償車臣汗部落之項，賠補尚未足數，懇寬限二、三年，似於蒙古等生計有裨。又查此時北路軍營，事件無多，臺馬足用。請嗣後換班之侍衛官員等停止派取蒙古馬匹，專由臺站辦理並各予以限制。均應如所請。至所奏布延圖之兵暫行駐箚，各部落互相推諉，請飭交副將軍盟長及烏梁海等，照例均管。查布延圖駐兵，現在無事，自應裁徹。但副將軍車布登扎布尚在伊犂堵截逃賊，請俟事竣徹回。從之。（高宗五九七、三三）

（乾隆二五、一二、乙酉）軍機大臣議覆：馬廠總管巴爾品奏稱，太僕寺左翼馬，乾隆二十三年查看，除三十九群無缺外，其餘五十七群共缺馬八千九百餘匹。當經動項買補，於該管牧群官兵俸餉內按年坐扣一半，陸續歸款，未免年數過多。請將不欠馬匹官兵等俸餉，一併坐扣，速結官項。其事尚屬可行，應令巴爾品善爲調劑。得旨：巴爾品此奏，軍機大臣等即照所請議覆，均屬非是。坐扣原欠馬匹官兵俸餉，其咎本屬應得，即多扣數年，亦無不可，何得以速完官項而以不欠馬匹人等俸餉，令代他人賠補乎？殊非懲勸之道！且管牧群官兵，知有一體賠補之例，又豈肯盡心牧養？況原欠之人，或已發遣，或已斥革，補其遺缺者，並未缺欠馬匹，亦不當扣伊俸餉。嗣後著免其坐扣。其原欠馬匹人等，除本人現在及有產業者，仍令照舊賠繳，其業經治罪及無產業者，著加恩寬免。朕此番曉諭之後，管理牧群人等如再不盡心牧放，復蹈前轍，仍行缺欠，不惟定行著落賠補，必且從重治罪。（高宗六二六、一五）

（乾隆二六、一、辛酉）［軍機大臣等］……又議准：黑龍江將軍綽勒多奏稱：西北二路徹回兵，倒斃馬匹甚多，應照原給額數，於伊等俸餉內坐扣賠補。其陣亡病故各兵，應賠馬三百七十餘匹，無可著追，請豁免。從之。（高宗六二九、六）

（乾隆二八、二、壬寅）烏嚕木齊辦事副都統旌額理奏：烏嚕木齊屯田牛馬每年准銷倒斃分數，照巴里坤作二分銷算。查屯田非馬力所習，且例不支食料豆，傷損者多，自一二分至五七分不等。請嗣後馬准銷二分半、牛一分半，若數太多，仍著賠補。至屯田牛爲優，現存牛一千餘，再將哈薩克等所帶牛補額，馬可漸減。報聞。（高宗六八〇、二九）

（乾隆二八、四、戊子朔）又諭：據鍾音等奏，參革副將哈尚德應賠倒斃羊隻，尚欠銀一萬二千九十餘兩，將伊枷號嚴催，至五年之久，又分釐未完。請交部嚴審，一併行查原藉，照例辦理等語。哈尚德屢經獲罪，朕加恩寬宥，用至總兵，伊又以婪贓革職，仍賞給副將職銜效力。乃解送羊隻，全不經意照管，至倒斃一萬五千餘隻之多，即應重治其罪。朕尚恐購辦官員，以疲瘦充數，致有屈抑，特命黃廷桂行查，據奏此項羊隻，俱係伊揀選收領，始令革職枷號賠補，力不能完，即久遠枷號，亦所應得。今鍾音等奏請解部審理，不思解部之後，該部又將加之刑訊耶？若訊無欺隱情節，即將伊正法耶？此特欲設法送回，大概出鍾音之意。鍾音歷任巡撫，凡事苟且因循，乃駐劄巴里坤以來，一味沽名，今又徇庇哈尚德，濫行具奏，甚屬不合。温敏隨同附和，亦屬非是。著將哈尚德未完銀一萬二千九十餘兩，令鍾音賠補八千兩，温敏賠補二千兩，其二千餘兩，仍令哈尚德賠補。（高宗六八四、二）

（乾隆二八、六、乙卯）諭：據明瑞等奏稱，副護軍參領七十六、扎薩克頭等台吉達瑪林扎布帶領官兵，自烏里雅蘇台，補行解送伊犁孳生羊三萬隻。到日照數交納外，又在途孳生羊羔一萬三千十七隻，俱已交納訖。請將副護軍參領七十六交部議敘。台吉達瑪林扎布暨兵丁等，請賞給緞布等語。著照明瑞所奏，將副護軍參領七十六交部議敘，扎薩克頭等台吉達瑪林扎布暨兵丁，俱分別賞給緞布。所有應賞之緞布，著成衮扎布照依前次在烏里雅蘇台牧貯緞布內，動支賞給。（高宗六八九、二〇）

（乾隆二九、一二、壬辰）軍機大臣等議准：黑龍江將軍富僧阿等奏稱，二十三年，調赴西路軍營兵二千五十四名。二十七年，隨總管羅爾本泰徹回二百一名。本年全數徹回，除留營效力及陣亡病故，並逃兵六名外，現存兵一千五百八十三名。中途倒斃馬駝，按例覈計，應賠馬二百八十四匹，駝七十五隻，均請於官司兵俸餉內扣完。其軍器係打仗損傷，應免賠補，請將所貯額餘器械照數抵補等語。均應如所奏辦理。得旨：依議。（高宗七二四、二七）

（**乾隆三一、三、戊寅**）又諭：據成袞扎布奏，去歲因雪大災疫，官馬駝額外倒斃者甚多，現在彼處馬四千二百餘匹，駝一千八百餘隻，需用無多，請解送馬廠備用等語。在伊意中，謂彼處馬匹駝隻甚多，遇有倒斃，屬下人等賠補未免苦累，現今馬廠馬駝儘足敷用，毋庸解送。但彼處倒斃既多，如照例即令賠償，伊等未免竭蹶。著加恩將本年應賠馬駝，俱展限一年，以紓其力。（高宗七五六、一二）

（**乾隆三一、一一、癸未**）軍機大臣等議覆：烏什辦事大臣永貴疏稱，伊犁臺站馬匹，屯田牛隻，因立有勸懲章程，倒斃數目，均未至原定分數。請嗣後耕田馬匹，每年准其倒斃三分，牛隻每年准其倒斃一分五釐。逾者著賠，少者量獎。其臺站亦以三分為率，至管臺筆帖式，三年內辦事妥協，而倒斃少於定額者，為一等；辦事好而倒斃符額者為二等；辦事平常而倒斃逾額者為三等。三等者即行責革。各回城亦照此辦理。應如所請。從之。（高宗七七三、二）

（**乾隆三四、六、壬申**）又諭：據明德奏，查驗湖北省解滇馬騾內，除沿途倒斃及留餧九百六十五匹外，尚有一千四百七十三匹。或鼻濕患病或勞瘠疲瘦，均難收用。現將陝西所辦騾頭抵補，並經解員等借銀就近購買賠還。其湖南馬匹已到一起，逐一查驗，與湖北大概相仿，現在督令上緊買補等語。軍營馬匹最關緊要，該督撫等自應詳加挑選臕分肥壯者解送，並飭解員沿途小心管解，以資軍行實濟。且該督等曾經奏及解滇馬騾，俱加意選擇，如法運送。乃今湖北解送之馬騾，倒斃疲乏不堪適用者，至一千餘匹之多；而湖南續到之馬，大略相等。皆該督撫等漫不經心、辦理不善所致。現照明德所請，令解員等就近買補。所有抵補陝省騾頭各項價費及解員暫借買馬之項，俱著原辦之督撫等分賠。其因何將此等疲乏不堪馬匹解往充數之處，著傳諭吳達善揆義、方世儁即行明白回奏。其不能小心管押之解員，並著該督撫查參。明德原摺併鈔寄閱看。（高宗八三七、一三）

（**乾隆三六、五、庚申**）又諭：兵部前次議處解馬倒斃各官一案，馬之駙解馬一千有餘，倒斃八十餘匹，為數雖不及十分之一，但其人本平常，是以照議革職。至周成謨，管解營馬三千餘匹，竟倒斃至一千一百九匹之多，較馬之附數甚懸絕，革職之外，自應治其餘罪，以示懲儆。舊例所定，倒斃六十匹以上，不計多寡，概予革職而止，實未平允。著軍機大臣，會同該部，另行按所解馬成數，分晰定例具奏。周成謨，著即照新定之例辦理。尋奏：凡解送軍營馬匹，其分起解送之文武各員，照軍營賠補馬匹之數，每百匹准其倒斃三匹。如倒斃至四五匹者，定以罰俸六個月；六七匹者，罰俸一年；八九匹者，降一級留任；十匹十一匹者，降一級調用；十二三匹者，降二級調用；十四五匹者，降三級調用；十六匹至二十匹者，革職；二十匹以上者，杖一百；三十匹以上者，杖六十、徒一年；三十五匹以上者，杖七十、徒一年半；四十匹以上者，杖八十、徒二年；四十五匹以上者，杖九十、徒二年半；五十匹以上者，杖一百、徒三年。如有盜賣別情，從重治罪。至總理督解之員，合其督解總數，按其倒斃多寡，亦即照此分別議處治罪。從之。（高宗八八五、七）

（乾隆四四、二、庚申） 諭：據常青等奏，上年隨往盛京官員兵丁等，換回商都、達布遜諾爾、達里剛愛牧場馬一萬一百七十七匹，駝一千二百六十四隻，因路途遙遠，倒斃者多，請於此次十分之中，准賞倒斃二分，後不爲例等語。昨官兵等，所換太僕寺馬三千九百餘匹，業已加恩，寬免一半。今常青等所奏，商者、達布遜諾爾、達里剛愛牧場馬駝，亦係向盛京官員兵丁等換回者，著加恩亦照太僕寺牧場馬匹之例，寬免一半。（高宗一〇七六、一六）

（乾隆四四、一〇、辛未） 又諭：據車布登扎布等奏，牧放駝群之官兵，於三年內孳生駝駒二千三百十一隻，請照例賞給緞匹等項。貝勒德沁喇木丕勒，接續伊父管理駝群，未滿三年，應否給予議敘之處，請旨等語。德沁喇木丕勒雖未滿三年，伊父管理駝群時，伊即隨同辦理，著加恩交部議敘，餘著照所奏賞給。（高宗一〇九三、一一）

（乾隆四八、二、庚寅） 又諭：據理藩院議奏，錫林郭勒盟長所屬十旗，牧放大凌河孳生馬匹內，三年生息二成者，該扎薩克給予紀錄，協理台吉賞予牲畜等語。此項牧放馬匹內，生息多者議敘，倒斃多者議處，固屬允當。但哲哩木、昭烏達、錫林郭勒、伊克昭四盟所有原交牧放之軍需用剩馬匹，雖動公項售買，俱係騙馬，非大凌河孳生馬匹可比。此項馬匹，皆乾隆十九年、二十年陸續交給牧放，每有倒斃，皆令墊補足數。歷年已久，若仍照原數如特穆爾馬匹一例牧放，則四盟扎薩克等，屢經填補，力所不及……（高宗一一七五、一五）

（乾隆五〇、五、甲戌）又諭：據薩克愼查奏大淩河牧廠馬匹數目一摺，內稱本年二月被風雪，倒斃馬匹四千七百二十五匹，另行著落賠補，並將現在牧廠馬匹數目查奏等語。從前據薩克愼奏稱，大淩河牧廠馬匹，忽被風雪，倒斃數千等語，朕恐其中有弊，降旨著永瑋親身往查。因永瑋係該處將軍，是以特旨派出，令伊據實確查。續經永瑋奏稱，此項倒斃馬匹，俱係該管官員等平時喂養不善，以致馬匹倒斃數千，請將該管大臣官員等分別定罪，其倒斃馬匹數目，著落各員分賠等語，業經准行。適聞本年二月大淩河一帶地方，風雪過大，被災屬實，民人房屋俱有傷損，大淩河一帶地方，因遭風雪，以致馬匹倒斃，其事尙無可疑。彼時永瑋等何不據實奏聞？若係該員等平時喂養不善，有捏災妄報侵蝕之弊，又豈止革職分賠而已，即應從重治罪；若果因雪被災，永瑋等據實奏聞，朕亦必加恩施，何必隱匿朦混塞責了事？永瑋等著申飭外，將此仍交永瑋立即親往，將本年風雪情形據實查明。其應如何減等分賠，從輕定罪辦理之處，務須會同薩克愼秉公分別定擬具奏。永瑋到彼，必須傳集官兵等，將前次並未確查，含糊具奏，現經皇上睿鑒指示，特降恩旨，諭令復行查明施恩之處，詳細曉諭。（高宗一二三一、二〇）

（嘉慶一〇、八、辛巳）諭內閣：本年大淩河馬群，被災馬一千三百四十五匹，現在懸額，前已令該官丁等如數賠補。而此次齊群餘出馬匹，及臺站調取交回馬匹，共應變價馬二千一百餘匹，此項餘馬既須變價，而應賠之馬又須購買，徒多周折。著照常貴所請，將騸馬群應行變價馬匹內，劃出一千三百四十五匹，補足定額；所有此項馬價銀一萬三千四百五十兩，除將富疆阿及翼領穆特布所停二年俸銀歸款覈算外，其餘不敷之項，著於該副牧長、牧副、牧丁等應得錢糧內坐扣歸款。該副牧長等均係窮苦官丁，若照常貴所請，分作二年坐扣，未免生計維艱，著加恩分作三年扣完，以示體卹。（仁宗一四八、一）

（嘉慶一八、八、丙申）又諭：慶惠等奏，查明大淩河牧群馬匹情形，分別定擬一摺。前據福疆阿奏，大淩河牧群，本年倒斃及生癩馬匹爲數過多，經朕派令慶惠、阿勒精阿前往確查，據實具奏。茲據慶惠等詳細訊明，該牧長等尙無盜賣捏飾情弊，奏請分別革職賠補等語。該處牧群馬匹，經慶惠等查明現在生癩者一千六百四十餘匹，倒斃者一千三百二十餘匹，雖訊無盜賣捏飾情事，該牧長等餧養失宜，以致生癩、倒斃竟有如是之多，其咎甚重。牧長多倫布等七員所管四群馬匹，盡數損傷，若照慶惠等所奏，僅予革職，尙屬寬縱。牧長多倫布、音德訥、多儀，副牧長穆特恩布、常布、德陞

額、保德七員，俱著革職，在該處枷號三箇月，滿日充當牧丁差使。（仁宗二七二、五）

（嘉慶一八、九、壬辰）諭內閣：那彥成奏，孳生馬匹因災倒斃，虧額無著，據實參辦一摺。巴里坤孳生馬匹，偶被風雪，何至凍斃二千七百七十餘匹之多，點查皮張又復短少，恐有捏詞抵飾情弊，所有總理東廠護遊擊守備龍九成，經牧東廠五群外委千總訥恩德布俱著革職，如已提至蘭州省城，著長齡秉公審辦，如尚未解省，即交松筠就近審辦。（仁宗二七五、二三）

四、其他軍用物資的購置

（康熙二二、六、庚辰）兵部等衙門議覆：發往荊州、漢中、江寧、西安駐防官兵，給房居住，派戶兵二部賢能司官各一員，會同督撫，量度圈給。民房作何給價，并添造房屋價若干，令其報部。得旨：依議，房屋未造完之前，若將官兵發往，無處棲止，必致借住民房，兵民受累。著俟房屋蓋造將完，具報到日，再將官兵發往。（聖祖一一〇、三）

（康熙三六、一、戊午）諭大學士等：兩路出征兵丁，其盔甲、器械、百日口糧、當用牲口幾何？此次兵丁行李，須較去年春季兵丁行李從輕估算，著與部院大臣會議。尋議：今次出兵，每兵一名，從僕一人，給馬五匹，四兵合為一伍，其帳房、器用等物，俱照前帶去，前帶八十日口糧，今帶百日，將馱子比前減輕，每馱得九十四觔。其于成龍、上國昌、喻成龍、李鈉、喀拜、辛保、范承烈等俱情願效力運米，應將寧夏兩路隨運之米交伊等運往。命下之日，著于成龍等速往寧夏，將押米綠旗兵丁口糧等物及派管理管員等事與該督撫會同料理。所買牛羊，隨其所得押送。得旨：陝西總督及甘肅巡撫內著一員來寧夏理事，一員往肅州理事，餘如所議。（聖祖一七九、四）

（雍正二、三、丁酉）賞各旗窮乏兵丁置備盔甲、兵器銀兩，定限屆期齊備。該管官點勘，如有典質盔甲、兵器等物，嚴行禁止。（世宗一七、二五）

（乾隆八、三、癸未）四川副都統永寧奏，兵丁甲面，舊壞應修，惟川省向無繡匠，甲面多用素色，不足壯觀。請於八旗官兵內，選派幹練官一員，領催、馬甲八名，赴江寧採辦繡花甲面，一律修整。其需費，即於滋生項內息銀，並牧場地糧糶價內動用。得旨：著照所請辦理。此滋生銀兩，免令兵丁補還。（高宗一八七、二四）

（乾隆九、六、甲戌）工部議覆：山東布政使喬學尹奏稱，東省產硝之區，實止德州、東平、聊城、博興、菏澤五處，其餘概不產硝。祇因辦硝之款，列於地丁項下，從前通省州縣，派定數目，俱令採買，以致不產硝之州縣，俱差役遠赴出產地方購買，又復運至省城交收，有遠隔七八百里及千餘里者。州縣養廉有限，力不能賠，保無暗中轉派里民之弊？請照直省採辦香勯、顏料之例，委員赴產硝處採買，如法煎熬，馬牙足色，解省驗明，即令採買之員，運交工部。應如所請，其不產硝之州縣，概免均派。再直隸、河南事同一例，亦應各按產硝地方，委員就近採買，無致派累。從之。（高宗二一九、一三）

（乾隆一〇、四、甲辰）又諭軍機大臣等：寧古塔解交樺皮，武備院不能盡用。與其采解浮多，徒勞兵力，何若計其足用數目，覈減解交？可寄知該將軍，嗣後照武備院定額，每次解交花白樺皮，共一萬張。（高宗二三八、五）

（乾隆一五、五、辛未）四川總督策楞、提督岳鍾琪奏：川省頻年出師，弓箭、鳥槍，半皆損壞。從前馬步兵，本未練硬弓，自帶往軍營，更加軟弱，箭則折斷無鏃者甚多，鳥槍尚可施放者，亦體質不厚，食藥無多，均須修補添造。共估需銀一萬八千四百二十三兩零，豫借司庫公費，分給各營，勻作五年，於各營公費兵餉內，按季扣還。得旨：著照所請行，咨部知之。四川武備，廢弛極矣。此不過整頓其外觀而已。至於作興鼓勵，推在人心，卿等宜留心，毋以事過而忘之。（高宗三六五、三三）

（乾隆二二、一、辛丑）軍機大臣等奏：各省駐防兵數，原視各該地方情形。今應製綿甲一項，若統計兵數造辦，似屬紛繁。查盛京、吉林、黑龍江、綏遠城、右衛、西安、莊浪、涼州、寧夏、成都等十處，俱係沿邊，應計兵數三分之一，豫備綿甲。請分勅三處織造，與京城兵綿甲一體製辦，解內務府轉行各該處委員領取。其製造經費，於各該處兵丁錢糧，照例坐扣。得旨：依議。（高宗五三〇、二一）

（乾隆二三、二、丙戌）[直隸總督方觀承]又奏：宣鎮派往鄂爾坤軍營官兵，換防屆期，需用駝隻價昂，請照乾隆二十一年採買軍需例，每駝給價十八兩。得旨：今次竟且不必換，多住一、二歲何妨？或明歲，或後歲，駝價平時再奏，則一切皆不致周章矣。（高宗五五七、三八）

（乾隆二四、一、丁未）又諭：據蔣炳奏稱，永貴咨取藍白布各八、九千疋及針線等物，辦送哈密，轉解庫車、阿克蘇等處備賞兵丁等語。兵丁衣履殘敝，官為辦給，事理宜然。但軍營效力各兵，自應一體恩恤，若擇其衣履殘敝者始行賞給，即非均平之道。或有情願支領，於鹽菜銀內坐扣還項，

尚屬可行，惟不可令其現支銀兩。可傳諭永貴所辦賞項，是否向有成例，及作何分賞之處，聲明具奏。（高宗五七九、一九）

（乾隆二六、五、甲子）諭軍機大臣等：據楊應琚奏稱，現在庫貯硝磺，不敷各營需用，而邊外無硝磺處所，又復咨取等語。從前軍需硝磺，俱取之庫車等處，並不專藉內地。即如從前準噶爾之人，亦有鎗礮，其所用火藥，不過本地所產，豈有取之內地之理乎？著傳諭楊應琚，嗣後火藥，各宜查訪出產硝磺之區，採辦使用，不必取之內地。即間有一二不產硝磺處所，亦宜由附近地方取用，庶可省內地輓運之力？將此通諭各處遵行。（高宗六三七、一三）

（乾隆二六、六、丁丑）陝甘總督楊應琚奏：請改撥軍臺糧料。口外庚濟、懕肋巴泉至蘇魯圖等七臺，應需馬料，向由哈密所屬之塔勒納沁屯糧內運往。但查塔勒納沁至蘇魯圖等七臺，計程自一千一百四十里至六百一十里不等，需馬料五百餘石，照例每石每百里連加增回空腳價三分之一，應給銀七錢九分零，共需腳價銀三千三十八兩零。其哈密至蘇魯圖等六臺，計程自九百二十里至三百九十里不等，需口糧一百八十餘石，共需運腳銀九百三十兩零。在當時各臺附近處所，產糧無多，故由哈密等處撥運。現在屯墾較廣，口外地方，在在糧石充裕。查闢展至蘇魯圖等臺，計程自六十里至六百六十里不等，所有各臺糧料，若改由闢展撥運，每石給腳價銀四錢九分零，共需銀一千二百八十九兩零。嗣後除各臺官兵應需鹽菜銀兩，照舊由哈密支領外，其口糧馬料，請改由闢展撥運。得旨：如所議行。（高宗六三八、一三）

（乾隆三四、六、乙丑）經略大學士公傅恒等奏：粵東辦送阿魏三千觔解騰，臣等統計兵數，概行散給。查沿邊雖有瘴氣，訛傳太甚，人心遂因疑生畏，今使人人得有避瘴良藥，不特實能避瘴，並可釋其疑懼，於軍營大有裨益。報聞。（高宗八三六、三一）

（乾隆三五、七、丙午）又諭曰：雅德奏，查辦收存斟舊盔甲，俟吉林等處需用鐵觔時，按鎔化淨鐵之數折給，應需驛車，照例撥用，先經咨部請示，茲准兵部行令具奏再議等語。兵部所辦非是。前因各部院，將應行奏辦事件，駁回該處，令其自奏，以致輾轉稽延，最爲惡習，屢經嚴切飭諭，並定有咨駁處分，今兵部辦理此案，何得復行駁令自奏？著將該堂司官，交部議處，並再行通諭部院八旗各衙門，嗣後凡遇各該處請示咨報之案，除有例可循者，仍照常覈議咨覆外，若係必須奏請定奪之事，無論應准應駁，即著據咨議准議駁奏聞，並將應奏不奏之大臣等，附參交議，不得狃於推諉錮

習，貽誤公事。倘不知悛改，復蹈故轍，一經察出，定將違例咨駁之大臣等，一併嚴加議處。著爲令。（高宗八六四、七）

（**乾隆三六、一一、乙巳**）［定邊右副將軍尚書溫福］又奏：調撥黔兵三千，由汶州出口後，天寒非內地可此。現在所調川兵，每兵除棉襖棉褲外，尚備皮掛皮帽。今黔省兵，除棉袍已由該省置備，其皮掛皮帽，在所必需，飭令加緊備辦，按名分給。應用價銀，行知軍需局動支墊辦，於官兵俸餉內扣還。得旨：此項即著賞給，不必扣還。（高宗八九六、一四）

（**乾隆三七、六、乙酉**）又諭曰：阿爾泰奏，川省火藥舊存二十餘萬觔，今據軍需局詳稱，所存無幾，是川省自辦軍務以來，已用過火藥二十餘萬觔。鎗礮固爲攻勦所必需，然施放亦有節制，何以用至如此之多？況官兵所有火藥，尚需各省撥解，金川蕞爾蠻陬，硝礦出產幾何，彼亦常時放鎗抵拒，所用諒亦不少，安得火藥時時接濟，殊不可解。或係兵練等，將官給火藥私自偷賣，均未可知。著溫福、阿桂留心嚴察，無任絲毫透漏，致貽藉寇兵而齎盜糧之弊。並查兩路軍營，各用過火藥若干觔，向來作何稽覈，及兩金川賊人所用火藥，得自何來，其多少情形若何，一併覆奏。（高宗九一一、一六）

（**乾隆三七、七、壬戌**）河南巡撫何煟奏：現准陞任陝西撫臣勒爾謹咨稱，四川攻勦金川，陝省所有火藥撥用無存，現委員赴河南採辦毛硝十七萬觔應用。查開封、歸德、陳州三府，每年產硝止供本省及湖廣、浙江、江南、江西、廣東等省採買，並部硝之用。第四川現勦金川，比各省更關緊要。臣已飭司籌備，先儘陝省，俟委員一到，即照數交給，不至遲誤軍需。得旨：嘉獎。（高宗九一三、二五）

（**乾隆三八、六、甲寅**）又諭：現因四川火藥不敷，故於鄰省辦解。今京城所存火藥甚多，既派滿洲兵前往，著令豫備十觔一包，交兵丁等帶往，以省運費。領隊之大臣侍衛，留心查管，毋使沿途或有潮濕遺失。（高宗九三七、四一）

（**乾隆三八、一一、甲申**）陞任陝西巡撫畢沅奏：川省需用火藥甚多，現趁各路差務稍閒，將西安清軍廳局積貯之山西協濟火藥十五萬觔，運送成都，就近備用。得旨：甚好，可謂留心。（高宗九四七、二八）

（**乾隆三八、一二、丙申**）署湖廣總督湖北巡撫陳輝祖奏：兩湖各標協營器技，鳥鎗與弓箭各居十之四，刀牌等項十之二。查鳥鎗一項，演放既壯聲威，臨陣尤資利用，舊制鎗箭相等，未免鎗少箭多，請於南北兩省各添一千六百二十桿，於弓箭兵內挑出能施放者，令其領執演習。仍令各食戰守原

糧，每桿工料一兩二錢，共需銀四千餘兩，借項添製。從之。（高宗九四八、二六）

（**乾隆四六、一、甲申**）陝甘總督勒爾謹奏：甘省各提鎮營，節年派往伊犁等處屯田及進勦金川，缺損器械，業經分別補製，並奏准於司庫借支，分年扣還。陝省事同一例，估需銀四萬六千兩有奇，請由西安司庫借給，除提標於歲取馬廠地租內扣還，餘營均按額設公費，分作六年、八年歸款。報聞。（高宗一一二二、一二）

（**乾隆五一、四、辛丑**）陝西巡撫永保奏：西安火藥鉛丸等項，現存清軍廳局庫者，共有火藥三十萬八千數十觔、火繩三十四萬一千三百餘丈，積貯年久，恐致朽壞，請酌撥各營，以供操演之用。除延綏鎮屬距省較遠，無須議給外，餘俱均勻撥給，火藥酌給三年，火繩酌給二年，俱照陝省製造報銷例價，在各營公費銀內扣貯司庫。報聞。（高宗一二五三、二一）

（**乾隆五一、四、辛丑**）四川總督保寧、提督成德奏：新疆五營，額兵二千六百七十八名，現設鳥鎗手一千五百名，今擬添一百五十名，即從弓箭守兵改補。舊存鎗筒，除炸損改農具外，現有堪用者一百五十桿，無庸另製。藥彈等項，現存章谷大板昭等處，取攜不便，查各營俱有演武廳，倉廠局庫，均極寬敞，應照各營兵數分領回營。得旨：嘉獎。（高宗一二五三、二一）

（**乾隆五六、九、辛丑**）是月，山西巡撫馮光熊奏：太原駐防滿洲兵，原額五百四十名，乾隆五十一年，添設兵一百名。所需兵糧，准於山西各州縣額設繁費內，每年抽撥銀四千兩充用。每年除支給新兵歲餉，并操演火藥，加增閏糧外，所餘之項，僅足製備弓箭鳥鎗，所需盔甲腰刀，無項可動。今查臣標右營太原營及大同鎮標之神機庫，俱有舊存盈餘軍裝，係從前裁營汰兵，及刪除額外軍裝案內，分交收貯。當即行文各標營，派員挑出馬盔甲六十頂副，步盔甲四十頂副，腰刀一百把量爲修整，令該兵等領用。報聞。（高宗一三八七、三二）

（**乾隆六〇、七、戊寅**）貴州布政使賀長庚奏：滇、黔、川三省官兵，續赴軍營勦捕苗匪，糧運最關緊要，額設夫馬應付不敷，須加雇民間夫馬，分途運送。再大兵進勦，恐有逆苗竄入內地，已嚴飭地方官於各關津隘口，選撥兵役稽查。得旨：覽奏俱悉，以實爲之。又稱，雇用民間夫馬，辦理稍有不善，恐致派累。現值農忙，嚴行各屬將長當腳夫之人及經商所用駄馬雇覓，不致有妨農務。批：正當如此。（高宗一四八三、二四）